U0541526

常用名言警句辞典

修订版

魏励 编著

商务印书馆
The Commercial Press

图书在版编目(CIP)数据

常用名言警句辞典/魏励编著.—修订本.—北京:商务印书馆,2023(2024.8重印)
ISBN 978-7-100-22885-5

Ⅰ.①常… Ⅱ.①魏… Ⅲ.①格言－世界－词典 ②警句－世界－词典 Ⅳ.①H033-61

中国国家版本馆 CIP 数据核字(2023)第 166046 号

权利保留,侵权必究。

CHÁNGYÒNG MÍNGYÁN JǏNGJÙ CÍDIǍN
常用名言警句辞典(修订版)
魏励 编著

商 务 印 书 馆 出 版
(北京王府井大街 36 号 邮政编码 100710)
商 务 印 书 馆 发 行
北京市白帆印务有限公司印刷
ISBN 978-7-100-22885-5

2023 年 11 月第 1 版　　开本 850×1168　1/32
2024 年 8 月北京第 2 次印刷　印张 15¼
定价:75.00 元

目 录

编写说明 …………………………………………………… 1
分类目录 …………………………………………………… 3
音序目录 …………………………………………………… 4
正文 …………………………………………………… 1—480

编写说明

名言警句,析言之,名言指著名的言论或话语,警句指含有劝诫和教育意义的言简意赅的话;统言之,名言和警句是出于名人(或有一定知名度的人)之口的、寓意深刻的语句。它虽然不过三言两语,却是人生宝贵经验的总结,是作者思想的闪光,智慧的结晶。其内涵丰富,或喻明事理,或反映某一方面的知识、经验、教训;其寓意深长,富于哲理,发人深省,给人以启迪,具有警世、教育的作用,催人奋发向上、积极进取;其语言凝练,生动形象,富有感染力。恰当地应用名言警句,可以使我们谈吐生色,笔下生花,提高语言交际和写作的能力。

本书选收古今中外流传广、影响大的名言警句1万多条,按内容分为"人生、爱情、婚姻、健康、志向、事业、命运、奋斗、友情、幸福、贫富、学习、真理、时间、历史、科学"等85类。有些名言警句存在跨类现象,或者难以准确分类,我们尽量选择合适的类别予以归纳。考虑分类不宜太琐细,因而把那些不便归类的放在"其他"类。

为了方便引用与查核,每个条目都注明作者或书名。中国的古代作者或书名,前边注出朝代;外国的作者或书名,后边注出国籍。个别作者有双重国籍,则只注一个通常提及的。

条目次序按内容分类排列。每一类中,中国的在前,外国的在后。中国的分古代和现代,清代以前的按朝代依次排列;同一朝代以及现代的,按作者姓名或书名的音序排列。外国的不分时代,按作者姓名或书名的音序排列。

为了帮助阅读,在生僻字、易误读的字之后注出读音,对难理解的字词做了简单注释。考虑到一个条目中往往有几个字词需要注释,为了节省篇幅,注释号一律标在全句之末。

正文之前有全部条目的分类目录和音序目录,便于检索。

本书涉及的作者广泛,有的语句虽佳,但作者不是很有名。尤其需要指出是：这些作者有古今中外之别，社会地位、政治立场、人生观、学术见解、对于社会诸多问题的看法等或许各有不同，读者阅读时应当注意鉴别，择善而从。

法国作家列那尔说："一句名言胜过一本较差的书。"德国哲学家尼采说："金子一般的名言和警句，无论任何时代都像食物那样具有滋养，而且能活上几世纪。"我们把这本小书献给广大读者，希望能对大家有所裨益。

本书修订工作由魏励执笔，在2011年第1版的基础上完善体例，增删内容，尤其新增了一些当代年轻学者或作家的名言警句，进一步提高了知识性和实用性。

本书适用于中小学师生、中等及以上文化程度的各界读者。

分 类 目 录

(按类别排序,左边数字为类目序号,右边数字为正文页码)

1	人生	1	30	成败;得失	172	59	治国;安民	307
2	生命;死亡	12	31	勤奋;勤劳	181	60	法令;赏罚	312
3	生活	20	32	懒惰	188	61	公平;廉正	315
4	爱;爱憎	26	33	勇敢;大胆	190	62	谋略;机智	319
5	恋爱	34	34	怯懦	195	63	教育;为师	320
6	爱情	37	35	诚信;真实	198	64	学习;求知	332
7	婚姻	45	36	虚伪;虚假	203	65	思考;钻研	340
8	家庭;社会	50	37	谦虚	206	66	书籍	346
9	养生;休闲	57	38	骄傲;自满	211	67	读书	351
10	健康;运动	63	39	知足;满足	214	68	知识;学问	361
11	疾病;医疗	69	40	谨慎;认真	216	69	理论;实践	372
12	志向;理想	72	41	友情;团结	221	70	天才;人才	376
13	信念;信仰	81	42	朋友	232	71	智慧;才干	382
14	希望;欲望	85	43	敌对;憎恨	240	72	真理;正确	389
15	事业;工作	91	44	安危;祸福	243	73	谬误;错误	395
16	道德;道义	95	45	幸福	245	74	聪明	401
17	品格;节操	100	46	欢乐;欢笑	251	75	愚蠢;无知	404
18	感情;性格	107	47	苦难;痛苦	258	76	善良;邪恶	408
19	意志;毅力	111	48	忧患;忧愁	262	77	美好;丑陋	413
20	为人处世	118	49	寂寞;孤独	266	78	时间	416
21	礼貌;礼节	126	50	离别;思念	270	79	历史	429
22	言语;言行	129	51	同情;怜悯	275	80	军事;战争	433
23	命运;时机	137	52	羡慕;嫉妒	278	81	文学;写作	439
24	幸运;不幸	147	53	宽容;谅解	282	82	艺术	445
25	处境;境遇	150	54	金钱;财富	287	83	科学;技术	450
26	奋斗;进取	155	55	贫富	295	84	物情;事理	455
27	竞争	161	56	慷慨;吝啬	299	85	其他	472
28	发明;创造	162	57	节俭;奢侈	300			
29	名誉;利益	166	58	爱国;报国	303			

音序目录

(按读音排序,右边数字为正文页码)

爱	26	欢乐	251	理想	72	生活	20	虚假	203
爱国	303	欢笑	251	历史	429	生命	12	虚伪	203
爱情	37	婚姻	45	利益	166	时机	137	学问	361
爱憎	26	祸福	243	怜悯	275	时间	416	学习	332
安民	307	机智	319	廉正	315	实践	372	言行	129
安危	243	疾病	69	恋爱	34	事理	455	言语	129
报国	303	嫉妒	278	谅解	282	事业	91	养生	57
不幸	147	技术	450	吝啬	299	书籍	346	医疗	69
才干	382	寂寞	266	满足	214	思考	340	艺术	445
财富	287	家庭	50	美好	413	思念	270	意志	111
成败	172	健康	63	名誉	166	死亡	12	毅力	111
诚信	198	骄傲	211	命运	137	天才	376	勇敢	190
丑陋	413	教育	320	谬误	395	同情	275	忧愁	262
处境	150	节操	100	谋略	319	痛苦	258	忧患	262
创造	162	节俭	300	朋友	232	团结	221	友情	221
聪明	401	金钱	287	贫富	295	为人处世	118	愚蠢	404
错误	395	谨慎	216	品格	100	为师	320	欲望	85
大胆	190	进取	155	其他	472	文学	439	运动	63
道德	95	竞争	161	谦虚	206	无知	404	憎恨	240
道义	95	境遇	150	怯懦	195	物情	455	战争	433
得失	172	军事	433	勤奋	181	希望	85	真理	389
敌对	240	慷慨	299	勤劳	181	羡慕	278	真实	198
读书	351	科学	450	求知	332	邪恶	408	正确	389
发明	162	苦难	258	人才	376	写作	439	知识	361
法令	312	宽容	282	人生	1	信念	81	知足	214
奋斗	155	懒惰	188	认真	216	信仰	81	志向	72
感情	107	离别	270	善良	408	幸福	245	治国	307
工作	91	礼节	126	赏罚	312	幸运	147	智慧	382
公平	315	礼貌	126	奢侈	300	性格	107	自满	211
孤独	266	理论	372	社会	50	休闲	57	钻研	340

1 人生

吾十有五而志于学,三十而立,四十而不惑,五十而知天命,六十而耳顺,七十而从心所欲,不逾矩。①
——[春秋]《论语》

发愤忘食,乐以忘忧,不知老之将至云尔。②　——[春秋]《论语》

后生可畏,焉知来者之不如今也?③
——[春秋]《论语》

老冉冉其将至兮,恐修名之不立。
——[战国]屈原

人生天地之间,若白驹之过郄(xì),忽然而已。④　——[战国]《庄子》

人生寄一世,奄忽若飙(biāo)尘。何不策高足,先据要路津?⑤
——[汉]《古诗十九首》

人生天地间,忽如远行客。
——[汉]《古诗十九首》

人生七十古来稀。　——[唐]杜甫

浮生恰似冰底水,日夜东流人不知。⑥　——[唐]杜牧

人生若波澜,世路有屈曲。
——[唐]李白

昨日胜今日,今年老去年。黄河清有日,白发黑无缘。——[唐]刘采春

相逢头白莫惆(chóu)怅(chàng),世上无人长少年。⑦　——[唐]周贺

若将世路比山路,世路更多千万盘。
——[宋]范成大

哀吾生之须臾(yú),羡长江之无穷。⑧　——[宋]苏轼

尘世难逢开口笑,人生待足何时足。
——[宋]赵善括

世事云千变,浮生梦一场。
——[金]王庭筠

人生一世,草木一秋。
——[明]冯梦龙

剑老无芒,人老无刚。⑨
——[明]冯梦龙

---

① 逾:越过。矩:一定的法则、规则。
② 发愤:下定决心努力;振奋精神追求。云尔:语气助词,用于句尾,表示如此而已。
③ 焉:哪里;怎么。来者:后来的人;将来的人。今:指现在的人;我们。
④ 白驹:白马,比喻日光。郄:同"隙",裂缝。忽然:非常快的样子。
⑤ 奄忽:忽然。飙尘:狂风卷起的尘土。策:扬鞭驱马。津:渡口。要路津:水路主要交通的汇合点,比喻险要的地位。
⑥ 浮生:指短暂虚幻的人生。
⑦ 惆怅:伤感;失意。
⑧ 须臾:片刻,极短的时间。
⑨ 芒:指锋芒。刚:坚强。

人生富贵驹过隙,唯有荣名寿金石。① ——[清]顾炎武

英雄出于少年。
——[清]《儒林外史》

即使我们是一支蜡烛,也应该"蜡炬成灰泪始干";即使我们只是一根火柴,也要在关键时刻有一次闪耀;即使我们死后尸骨都腐烂了,也要变成磷火在荒野中燃烧。 ——艾青

有生之年,一起去看看这个美丽易碎的世界。凡有等待,就有启程。
——安妮宝贝

青年是人类的希望。 ——巴金

人生不过是午后到黄昏的距离,茶凉言尽,月上柳梢。 ——白落梅

人生要迈两道坎儿:情、钱。
人生要会两件事:挣钱,思考。
人生的两种状态:谋生,乐生。
人生要做两件事:感恩,结缘。
人生的两个基本点:糊涂点,潇洒点。
人生三件事:学会关门,学会计算,学会放弃。
人生三问:尽快有多快? 稍后有多后? 永远有多远?
人生三处:发现长处,理解难处,不忘好处! ——白岩松

人生有无数的岔道在分歧的路口,多半摆着诱惑,我们常常被物质的光怪陆离耀花了眼睛。 ——毕淑敏

真正开始细细端详自己容貌的是青春将逝的人们。 ——毕淑敏

人生如梦,把梦看得太认真,固然是个大傻瓜;但以为人生如梦,就以为不必认真,也是个头等大傻瓜。 ——曹聚仁

我羡慕那些有一双透明的慧眼的人,静静地沉思体会这包罗万象的人生,参悟出来个中的道理。我也爱那粗野的耕地大汉,睁大一对孩子似的无瑕的眼,健壮得如一头母牛,不深虑地过着纯朴真挚的日子。 ——曹禺

人生如逆水行舟,不进则退。
——陈独秀

人生的目的是奉献,而不是索取。
——陈景润

一生中奉献大于索取,人生就灿烂;奉献等于索取,人生就平淡;奉献小于索取,人生就无光。 ——陈俊武

儿童是人类的未来,是我们的一切希望。 ——邓拓

人生是个积累的过程,你总会有摔倒,即使跌倒了,你也要懂得抓一把沙子在手里。 ——丁磊

人生就像爬坡,要一步一步来。
——丁玲

童年是一场梦,少年是一幅画,青年是一首诗,壮年是一部小说,中年是一篇散文,老年是一部哲学。人生各个阶段都有特殊的意境,构成整个人生多彩多姿的心身的历程。 ——丁思逸

----

① 隙:裂缝。成语"白驹过隙":白马在细小的缝隙前一闪而过,比喻时间过得飞快。

我们活着不能与草木同腐,不能醉生梦死,枉度人生,要有所作为。
　　——方志敏

人生就像解方程,运算的每一步似乎都无关大局,但对最终求解却是必要的。结果往往令人神往,我却更喜欢过程本身,过程就是结果的奥秘所在。
　　——冯定

人生不能设计,你只能面对。
　　——冯仑

人生的意义就在这个过程上,你要细细体会和玩味这过程中的每一节,无论它是一节黄金或是一节铁,你要认识每一节的充分价值。人生的丰富就是经验的丰富,而所谓经验,就是人生过程中每个细节之严肃的认识。——傅东华

人的发展总是波浪似的,和自然界一样,低潮之后还有高潮再起的可能。
　　——傅雷

说人生味道苦多于甜,要比相反地说甜多于苦实在些。因为有甜,人才乐生不乐死;因为苦多,人才多向往、期待、追求和争取甜。——耿庸

人世间,比青春更可宝贵的东西实在没有,然而青春也最容易消逝。
　　——郭沫若

青年是人类的春天。——郭沫若

在无限的时间的河流里,人生仅仅是微小又微小的波浪。——郭小川

我们的人生,尤其是未成年时期的人生,常常为了一时的误判影响了整个人生。——黄金雄

每个人都争取一个完满的人生。然而,自古及今,海内海外,一个百分之百完满的人生是没有的。所以我说,不完满才是人生。——季羡林

青年兴则国家兴,青年强则国家强,青年有希望,未来的发展就有希望。
　　——江泽民

每一个人都有青春,每一个青春都有一个故事,每个故事都有一个遗憾,每个遗憾都有它的青春美。——九夜茴

人生最有趣的事情,就是送旧迎新,因为人类最高的欲求是时时创造新生活。——李大钊

一生最好是少年,一年最好是新春,一朝最好是清晨。——李大钊

从以前的人手中接过火炬,再将它传给后来者,使火炬不熄灭,或更进一步增加它的光,便是人生的意义和价值。
　　——李霁野

人生有很多次"如果",但是没有一次"但是"。——李开复

人生总要走走小路,过过小桥,穿穿小鞋,受受磕绊。——李佩芝

中年的妙趣,在于相当的认识人生,认识自己,从而做自己所能做的事,享受自己所能享受的生活。——梁实秋

老不必叹,更不必讳。花有开有谢,树有荣有枯。——梁实秋

以清净心看世界,以欢喜心过生活,以平常心生情味,以柔软心除挂碍。
——林清玄

人生的真谛在于享受淳朴的生活,尤其是家庭生活的欢乐和社会诸关系的和谐。
——林语堂

人生不过如此,且行且珍惜。自己永远是自己的主角,不要总在别人的戏剧里充当着配角。
——林语堂

青春没有选择,只有试一试。
——刘同

有一点缺陷有一点遗憾的人生,是有味道的人生。有一点怪异有一点风险的命运,是有意思的命运。
——刘心武

人生的道路虽然漫长,但紧要处常常只有几步,特别是当人年轻的时候。
——柳青

踏上人生的旅途吧。前途很远,也很暗,然而不要怕。不怕的人的面前才有路。
——鲁迅

青年应该有朝气,敢作为。
——鲁迅

人生便是这样的野蔷(qiáng)薇。硬说它没有刺,是无聊的自欺;徒然憎恨它有刺,也不是办法。应该是看准那些刺,把它拔下来!
——茅盾

人生的路上,有洁白芬芳的花,也有尖利的刺,但是自爱爱人的人儿会忘记了有刺只想着有花。
——茅盾

人生如大海,出海越远,然后愈感到其浩渺无边。
——茅盾

人生三修炼:看得透,想得开;拿得起,放得下;立得正,行得直。
——蒙曼

人生有三样东西是无法挽留的:生命、时间和爱。我们能做的就是去珍惜。
——蒙曼

人生的许多追求,其实也可以中途下车的——只要不失去人之为人的一些基本原则。
——潘向黎

人生如路,须在荒凉中走出繁华的风景来。
——七堇年

只有饱尝人生百味的人,才算是领略了个中滋味,饱览人生的奥秘。
——秦文君

人活着,就是要给别人以愉快。人生的意义,就是要通过自己的劳动,在人类的文明史上,画下一道闪光的痕迹。
——曲啸

人类往往少年老成,青年迷茫,中年喜欢将别人的成就与自己相比较,因而觉得受挫,好容易活到老年仍是一个没成长的笨孩子。我们一直粗糙地活着,而人的一生便也这样过去了。——三毛

成长是一种蜕变,失去了旧的,必然因为来了新的,这就是公平。——三毛

人生实在是一本书,内容复杂,分量沉重,值得翻到个人所能翻到的最后一页,而且必须慢慢地翻。
——沈从文

人生有三种根本的困境:第一,人生来注定只能是自己,人生来注定是活在无数他人中间,并且无法与他人彻底沟通。这意味着孤独。第二,人生来就有

欲望,人实现欲望的能力,永远赶不上他欲望的能力。这是一个永恒的距离。这意味着痛苦。第三,人生来不想死,可人生来就是在走向死。这意味着恐惧。
　　　　　　　　　　——史铁生

　　人生是跋涉,也是旅行;是等待,也是相逢;是探险,也是寻宝;是眼泪,也是歌声。　　　　　　　——汪国真

　　一个人就是一个能源,人的一生就是燃烧,就是能量的充分释放。能量应该发挥出来,燃烧愈充分愈好。
　　　　　　　　　　　——王蒙

　　人生的最高境界应该是追求所追求的,逃避所逃避的。　　——王书春

　　人在年轻时,最头疼的一件事就是决定自己这一生要做什么。——王小波

　　青春是美丽的,但一个人的青春可以平庸无奇,也可以放射出英雄的火光;可以因虚度而懊悔,也可以用结结实实的步子,走到辉煌壮丽的成年。
　　　　　　　　　　　——魏巍

　　青春应该怎样度过,有的如同烈火,永远照耀别人;有的却像萤火,甚至也照不亮自己。不同的生活理想,不同的生活态度,决定一个人在战斗中站的位置。
　　　　　　　　　　　——吴运铎

　　青春没有亮光,就像一片沃土,没长庄稼,或者还长满了荒草。——吴运铎

　　此生不学,一可惜;此日闲过,二可惜;此生虚度,三可惜。　——吴作人

　　人的一生应该为自己而活,应该不要太在意别人怎么看我,或者别人怎么想我。其实,别人如何衡量你也全在于你自己如何衡量你自己!——席慕蓉

　　青春的美丽与珍贵,就在于它的可遇而不可求,在于它的永不重回。
　　　　　　　　　　　——席慕蓉

　　在一回首间,才忽然发现,原来,我一生的种种努力,不过只为了要使周围的人对我满意而已。为了要博得他人的称许与微笑,我战战兢兢地将自己套入所有的模式,所有的桎梏。走到途中才突然发现,我只剩下一副模糊的面目,和一条不能回头的路。　——席慕蓉

　　人生价值的大小是以人们对社会贡献的大小而制定。　　——向警予

　　人生应该如蜡烛一样,从顶燃到底,一直都是光明的。　　——萧楚女

　　逆来顺受,你说我的生命可惜,我自己却不在乎。你看着很危险,我却自己以为得意。不得意怎么样? 人生是苦多乐少。　　　　　　　　——萧红

　　中年是个阅遍人生、不动声色的年龄。唯因如此,中年的爱情格外珍重,中年的感动格外深沉。　——杨东平

　　人生是很不定的,就像我乘热气球的经历。热气球的操作员能做的只是调整气球的高度以捕捉不同的风向,而气球的具体航线和落点,就只能听天由命了。这也正是乘坐热气球的魅力所在:有控制的可能性,又保留了不确定性,所以比任何精确设定的飞行都来得刺激。其实人生的乐趣也是如此,全在这定与不定之间,

你也永远不会知道自己究竟成功与否,享受过程才最重要。　　　——杨澜

一个人的成功和挫折可能着眼于一个偶然因素或某一个重大决定而改变了人生。而他越来越发现人生中做的任何事都不是徒劳的。他笃信积累的力量。
　　　　　　　　　　　——杨澜

年轻的时候,当你一开始得到太容易了,你觉得那是我努力的结果,只有回头了,当你更成熟了以后,你发现实际上是很多人托着你的。　　——杨澜

一个人如果碌碌无为只为自己渺小的生存而虚度一生,那么,即使他高寿活到一百岁,又有什么价值和意义呢?
　　　　　　　　　　　——杨沫

作为一个人,要是不经历过人世上的悲欢离合,不跟生活打过交手仗,就不可能真正懂得人生的意义。　——杨朔

人生的最大挑战,其实不是征服别人,而是克服自己。　　　——杨晓晖

人生是伟大的,因为有白发,有诀别,有无可奈何的失落。　——余秋雨

人生的路,靠自己一步步走去,真正能保护你的,是你自己的人格选择和文化选择。那么反过来,真正能伤害你的,也是一样,自己的选择。　——余秋雨

我们对这个世界,知道得还实在太少。无数的未知包围着我们,才使人生保留迸发的乐趣。当哪一天,世界上的一切都能明确解释了,这个世界也就变得十分无聊。人生,就会成为一种简单的轨迹,一种沉闷的重复。　——余秋雨

对于三十岁以后的人来说,十年八年不过是指缝间的事,而对于年轻人来言,三年五年就可以是一生一世。
　　　　　　　　　　　——张爱玲

人的一生是短暂的,要使自己的一生有意义,就要把自己仅有的一点儿光和热献给人民。　　——张海迪

在人生的道路上,谁都会遇到困难和挫折,就看你能不能战胜它。战胜了,你就是英雄,就是生活的强者。
　　　　　　　　　　　——张海迪

人生的意义在于付出而不是索取。
　　　　　　　　　　　——张洁

人的一生,虽然都说短暂,其实又很漫长。正是这漫长,让人毫不珍惜时光流逝。　　　　　　——赵健雄

人生中辉煌的时刻并不多,大多数时间都是在对这种时刻的回忆和期望中度过的。　　　　　　——周国平

人世间的一切不平凡,最后都要回归平凡,都要用平凡生活来衡量其价值。伟大、精彩、成功都不算什么,只有把平凡生活真正过好,人生才是圆满。
　　　　　　　　　　　——周国平

每个人都睁着眼睛,但不等于每个人都在看世界,许多人几乎不用自己的眼睛看,他们只听别人说,他们看到的世界永远是别人说的样子。　——周国平

人生本来就是一种广义的艺术,每个人的生命史就是他自己的作品。
　　　　　　　　　　　——朱光潜

老年人是又一度的孩子。
　　　　——阿里斯托芬[古希腊]

谁踏踏实实地看待人生,谁就能将人生看透。　　——阿诺德[英国]

我永远都没有长大,但我永远都不会停止生长。　——阿瑟·克拉克[英国]

人生如集市,众人在此相聚,却不久留;人生如客栈,路人在此歇脚,而后又走。　　　　——艾霍·布朗[美国]

即使断了一根弦,其余的三根弦还是要继续演奏,这就是人生。
　　　　　　　　——爱默生[美国]

一个人的年轻时代是诗的时代。
　　　　　　　　——安徒生[丹麦]

人生不是一个悲剧,就是一个喜剧。人们在悲剧中灭亡,但在喜剧中结为眷属。　　　　——安徒生[丹麦]

在人生的大风浪中,我们常常学船长的样子,在狂风暴雨之下把笨重的货物扔掉,以减轻船的重量。
　　　　　　　　——巴尔扎克[法国]

凡是历尽人间辛酸的人,都是靠他的经历而不是年龄来领悟人生的真谛。
　　　　　　　　　——拜伦[英国]

人生就好像一本书,傻瓜们走马观花式地随手翻阅它;聪明的人用心地阅读它,因为他知道这本书只能读一次。
　　　　　　　　——保罗[德国]

人生如同在浩瀚的大海中航行,理想是罗盘针,热情是疾风。
　　　　　　　　——波普尔[英国]

四十岁是青春的暮年,五十岁是暮年的青春。被青春看作水晶的东西,在老年看来只是露珠。——勃朗宁[英国]

人生的最大悲痛莫过于辜负青春。
　　　　　　　　——薄伽丘[意大利]

年轻人是春天的美,而老年人则能使人体味到一种秋天的成熟和坦率。
　　　　　　　　——池田大作[日本]

人生恰恰像马拉松赛跑一样……只有坚持到最后的人,才能称为胜利者。
　　　　　　　　——池田大作[日本]

人生如同道路,最近的捷径通常是最坏的路。——弗兰西斯·培根[英国]

人生,对痛苦的人来说是漫长的岁月,对幸福的人来说是短暂的片刻。
　　　　　　——弗兰西斯·培根[英国]

有一天,当回顾自己走过的路时,你会发现这些奋斗不息的岁月,才是最美好的人生。——弗洛伊德[奥地利]

人生就像弈棋,一步失误,全盘皆输,这是令人悲哀之事;而且人生还不如弈棋,不可能再来一局,也不可能悔棋。
　　　　　　　　——弗洛伊德[奥地利]

一生中最光荣的一天并非功成名就的那一天,而是从悲叹与绝望中产生对人生挑战与勇敢迈进的意志的那一天。
　　　　　　　　——福楼拜[法国]

人生应为生存而食,不应为食而生存。　　　　——富兰克林[美国]

人的一生就如同下棋一样,每一个

棋子都有自己的走法,如果没有这个规则——棋也就下不成了。
——高尔基[苏联]

只有在童年时代人们才生活得幸福,因为孩子们的生活是无忧无虑的。
——高尔基[苏联]

青春是一个普通的名称,它是幸福美好的,但它也是充满着艰苦磨炼的。
——高尔基[苏联]

人生最大的光荣,不在于永不失败,而在于能屡仆屡起。
——哥尔斯密[英国]

只有经历过人生的辛劳,才知道人生的真正价值。 ——歌德[德国]

谁要是游戏人生,他就一事无成;谁不能主宰自己,就永远是一个奴隶。
——歌德[德国]

二十岁的人是孔雀,三十岁是狮子,四十岁是骆驼,五十岁是蛇,六十岁是狗,七十岁是猿,八十岁什么也不是。
——格拉西安[西班牙]

人生是一匹马,轻快而健壮的马。人,要像骑手那样大胆而细心地驾驭它。
——海塞[瑞士]

人生最大的幸福就是一辈子有老师。 ——黑格尔[德国]

人生是绘画,不是做算术。
——霍姆斯[美国]

人生包括两部分:过去的是一个梦,未来的是一个希望。 ——霍桑[美国]

青年时期是一个美好而又一去不可再得的时期,是将来一切光明和幸福的开端。 ——加里宁[苏联]

人生好像一盒火柴,严禁使用是愚蠢的,滥用则是危险的。
——芥川龙之介[日本]

我们要把人生变成一个科学的梦,然后再把梦变成现实。
——居里夫人[法国]

我们应该不虚度一生,应该能够说:"我已经做了我能做的事。"
——居里夫人[法国]

老年时像青年一样高高兴兴吧!青年好比百灵鸟,有它的晨歌;老年好比夜莺,应该有它的夜曲。 ——康德[德国]

欲了解人生只能向后追溯,但是要度过人生则应向前瞻望。
——克尔恺郭尔[丹麦]

越来越老并不可怕,可怕的是让人觉得越来越老。
——肯尼·罗杰斯[美国]

青年人应当小心地防备一切腐败的根源,例如不良的社交、不良的谈话、没有价值的书籍之类。
——夸美纽斯[捷克]

不论人生多不幸,聪明的人总会从中获得一点儿益处;不论人生多么幸福,愚蠢的人总觉得无限悲哀。
——拉罗什富科[法国]

爱是阳光,恨是阴影,人生是光影的

交错。　　　——朗费罗[美国]

人生不是一种享乐,而是一桩十分沉重的工作。

——列夫·托尔斯泰[俄国]

人生有两种很真实的罪过:后悔和生病。唯一的好事是没有这两种罪过。

——列夫·托尔斯泰[俄国]

人就是一条河,河里的水流到哪里都还是水,这是无异议的。但是河有窄、有宽、有平静、有清澈、有冰冷、有混浊、有温暖等现象,而人也一样。

——列夫·托尔斯泰[俄国]

人生的价值,是由人自己决定的。

——卢梭[法国]

人生而自由,却无往不在枷锁中。

——卢梭[法国]

十岁时被点心、二十岁被恋人、三十岁被快乐、四十岁被野心、五十岁被贪婪所俘虏。人到什么时候才能只追求睿智呢?

——卢梭[法国]

人生的钟摆永远在两级中摇晃,幸福仅是其中的一级;要使钟摆停止在它的一级上,只能把钟摆折断。

——罗曼·罗兰[法国]

只有在到达终点之时,人们才能更好地享受走过的道路的乐趣。

——罗曼·罗兰[法国]

人生不出售返程车票,一旦出发了,绝不能返回。　　——罗曼·罗兰[法国]

人生是一场赌博。不管人生的赌博是得是损,只要该赌的肉尚剩一磅,我就会赌它。　　——罗曼·罗兰[法国]

人的一生有两大目标:第一,得到你想要的东西;第二,享有你得到的东西。只有最聪明的人才能实现第二目标。

——洛根[美国]

人生就是学校。在那里与其是幸福,毋宁是不幸才是好的教师,因为生存是在深渊的孤独里。

——马丁·海德格尔[德国]

在人生的前半,有享乐的能力而无享乐的机会;在人生的后半,有享乐的机会而无享乐的能力。

——马克·吐温[美国]

人生像一张洁白的纸,全凭人生之笔去描绘。玩弄纸笔者,白纸上只能涂成一摊胡乱的墨迹;认真书写者,白纸上才会留下一篇优美的文章。

——梅特林克[比利时]

老人是对老年一无所知的孩子。很多老人并没有做好面对老年的准备,以为这段路与以前走过的童年、少年、青年、中年路段没有太大的不同,但他们不知道,虽然路面还是原来的路面,但此段路的沿途风景,与以往走过的相比,已相去甚远。　　——米兰·昆德拉[捷克]

人生在世,并非遂己所愿,而是尽己所能。　　——米南德[古希腊]

人生并不如想象的那么美丽,亦不如想象的那样丑恶。——莫泊桑[法国]

每当我追溯自己的青春年华时,那

些日子就像是暴风雪之晨的白色雪花一样,被疾风吹得离我而去。

——纳博科夫[美国]

人的一生可能燃烧,也可能腐朽,我不能腐朽,我愿意燃烧起来!

——尼古拉·奥斯特洛夫斯基[苏联]

在美丽的希望的星光下,未来正如仙女的花园。可是一踏进了嘈杂的人生,我们才知道这是错误的意见。

——裴多菲[匈牙利]

人生只有两分半钟的时间:一分钟用于笑,一分钟用于叹,半分钟用于爱。因为人在第三分钟里死去。

——普鲁塔克[古罗马]

要是已经活过来的那一段人生只是一个草稿,另有一段誊写的人生,该有多好!

——契诃夫[俄国]

人生一世,总有些片段当时看着无关紧要,而事实上却牵动了大局。

——萨克雷[英国]

人生如同一出戏,重要的不是长度,而是表演的出色。——塞涅卡[古罗马]

真正的人生,只有在经过艰苦卓绝的斗争之后才能实现。

——塞涅卡[古罗马]

青春在它即将逝去的时候最具有魅力。——塞涅卡[古罗马]

让我们珍惜并热爱晚年吧。如果人们懂得如何安度晚年,那么晚年的生活将充满快乐和幸福。最美的佳肴往往留在最后享用。——塞涅卡[古罗马]

青春时代是一个短暂的美梦,当你醒来时,它早已消失得无影无踪。

——莎士比亚[英国]

人生苦短,若虚度年华,则短暂的人生就太长了。——莎士比亚[英国]

在人生的道路上每跌一跤,就会增加一道皱纹。平静的心境,只有在渐入老境中才能产生。——石川达三[日本]

人在一生当中的前四十年,写的是正文;在往后的三十年,则不断地在正文中加添注解。——叔本华[德国]

在人生开始的时候,我们眼前展现出一片宏伟的未来;而到人生结束时,我们所看到的是一片漫长的过去。

——叔本华[德国]

人生就像一些低劣的商品,总在外表包上一点儿光彩的东西。

——叔本华[德国]

人越老,人世之事则看得越轻。

——叔本华[德国]

人生就是石材。要把它雕刻成神的姿态,或是雕刻成魔鬼的姿态,悉听个人的自由。——斯宾塞[英国]

一个人应当摈弃那些令人心颤的杂念,全神贯注地走自己脚下的人生之路。

——斯蒂文生[英国]

人的一生,或多或少总是难免有沉浮,不会永远如旭日东升,也不会永远痛苦潦倒。反复地一浮一沉,对一个人来说正是磨炼。因此,浮在上面的不必骄傲,沉在底下的更用不着悲观。必须以率直、谦虚的态度,乐观进取,向前迈进。
——松下幸之助[日本]

世界上最难了解的,恐怕就是"人生"了。除了摸索前进以外,别无良策。如果能够抱着寻求答案的心情,一步步探索未知的人生,那就不会有什么危险。为人之道,应该是谦虚而认真地去接受别人的教诲和引导,一步步向前踏上人生的旅途,这样才不容易出错。让我们共同朝着未知的人生,摸索前进吧。
——松下幸之助[日本]

一个人的青春时期一过,就会出现像秋天一样的优美的成熟时期,这时生命的果实像熟稻子似的在美丽的平静的气氛中等待收获。——泰戈尔[印度]

人生虽然只有几十个春秋,但它绝不是梦一般的幻域,而是有着无穷可歌可泣的深长意义。符合真理,生命便会得到永生。——泰戈尔[印度]

人生的道路就像一条大河,由于急流本身的冲击力,在从前没有水流的地方,冲刷出崭新的意料不到的河道。
——泰戈尔[印度]

在人生的道路上,所有的人并不站在同一场所。——有的在山前,有的在海边,有的在平原边上。但是没有一个人能够站着不动,所有的人都得朝前走。
——泰戈尔[印度]

人世中,欢乐与忧愁,机遇与不幸,疑虑与危险,以及绝望与悔恨总是混杂在一起的。——泰戈尔[印度]

人生是一次航行。航行中必然遇到从各个方面袭来的劲风,然而每一阵风都会加快你的航速。即使有暴风雨,也不会使你偏离航向。
——西·切威廉斯[美国]

春天是自然界一年中的新生季节,而人生的新生季节,就是一生只有一度的青春。——西塞罗[古罗马]

人生中,有两条道路是畅通的:一条通向理想,一条通向死亡。——席勒[德国]

人生不是一支短短的蜡烛,而是一支由我们暂时拿着的火炬,我们一定要把它烧得十分光明灿烂,然后交给下一代的人们。——萧伯纳[爱尔兰]

人生好比两瓶必喝的啤酒,一瓶是甜蜜的,一瓶是酸苦的,先喝了甜蜜的,其后必然是酸苦。——萧伯纳[爱尔兰]

一个尝试错误的人生不但比无所事事的人生更荣耀,并且更有意义。
——萧伯纳[爱尔兰]

人生最终的价值在于觉醒和思考的能力,而不在于生存。
——亚里士多德[古希腊]

青年时种下什么,老年时就收获什么。——易卜生[挪威]

没有风浪,就不能显示帆的本色;没有曲折,就无法品味人生的乐趣。
——雨果[法国]

无论在哪里,人生都是一样,要忍受

的多,可享受的少。　——约翰逊[英国]

人生是短促的,这句话应该促醒每一个人去进行一切他所想做的事。虽然勤勉不能保证一定成功,死亡可能摧折欣欣向荣的事业,但那些功业未遂的人,至少已有参加行伍的光荣,即使他未获胜,却也算战斗过。　——约翰逊[英国]

沉溺于父母的权势和金钱里,只能是吃馋了嘴,懒散了筋骨,毒化了灵魂,搞不好还会葬送青春、葬送事业。
　　　　　　——约里奥-居里[法国]

人生的全部意义在于无穷地探索尚未知道的东西,在于不断地增加更多的知识。　　　——左拉[法国]

2　生命;死亡

未知生,焉知死?①
　　　　　　——[春秋]《论语》

死生有命,富贵在天。
　　　　　　——[春秋]《论语》

志士仁人,无求生以害仁,有杀身以成仁。　　　——[春秋]《论语》

必死则生,幸生则死。②
　　　　　　——[战国]《吴子》

君子生以辱,不如死以荣。
　　　　　　——[汉]董仲舒

死人无知,厚葬无益。
　　　　　　——[汉]《论衡》

人固有一死,死有重于太山,或轻于鸿毛。③　　——[汉]司马迁

君子以义死难,视死如归。④
　　　　　　——[汉]司马迁

有生者,必有死;有始者,必有终。
　　　　　　——[汉]扬雄

生为百夫雄,死为壮士规。⑤
　　　　　　——[三国]王粲

虽死之日,犹生之年。
　　　　　　——[晋]《三国志》

厚葬无益于死者。
　　　　　　——[晋]《三国志》

生不可不惜,不可苟惜。涉险畏之途,干患难之事,贪欲以伤生,谗慝(tè)而致死,此君子之所惜哉;行诚孝而见贼,履仁义而得罪,丧身以全家,泯躯而济国,君子不咎(jiù)也。⑥
　　　　　　——[北朝]《颜氏家训》

非其义,君子不轻其生;得其所,君子不爱其死。　——[唐]白居易

---

① 焉:表示疑问,相当于"哪里""怎么"。
② 幸:侥幸。
③ 固:本来;原来。重:分量大,比喻重要而有价值。太山:一作"泰山"。或:有的。轻:轻微而不足道。鸿毛:大雁的羽毛。
④ 义:正义;道义。
⑤ 百夫:众多男子。雄:英雄。规:楷模;典范。
⑥ 慝:邪恶;罪恶。泯躯:捐躯。咎:责备。

凭君莫话封侯事,一将功成万骨枯。
——[唐]曹松

生而不淑,孰谓其寿?死而不朽,孰谓之夭?①
——[唐]韩愈

不可死而死,是轻其生,非孝也;可死而死,是重其死,非忠也。
——[唐]李白

生者为过客,死者为归人。
——[唐]李白

宁(nìng)为有闻而死,不为无闻而生。②
——[唐]柳宗元

古人不惧死,所惧死无益。
——[唐]姚合

生当作人杰,死亦为鬼雄。③
——[宋]李清照

但忧死无闻,功不挂青史。④
——[宋]陆游

壮心未与年俱老,死去犹能作鬼雄。
——[宋]陆游

盛必有衰,而生必有死。
——[宋]欧阳修

宁(nìng)以义死,不苟幸生。⑤
——[宋]欧阳修

生而为英,死而为灵。
——[宋]欧阳修

人生自古谁无死,留取丹心照汗青。⑥
——[宋]文天祥

老不足叹,可叹是老而虚生;死不足悲,可悲是死而无补。
——[明]陈继儒

生得其名,死得其所。
——[明]《三国演义》

莫道古人多玉碎,盖棺定论未嫌迟。⑦
——[明]张煌言

文死谏(jiàn),武死战。⑧
——[清]《红楼梦》

与其忍耻贪生,遗臭万年,何如含笑就死,流芳百世。
——[清]《镜花缘》

达人观之,生死一耳。何必生之为乐,死之为悲?⑨
——[清]蒲松龄

生命的意义在于付出,在于给(jǐ)予;而不在于接受,也不在于索取。
——巴金

为着追求光和热,人宁愿舍弃自己的生命。生命是可爱的。但寒冷的、寂寞的生,却不如轰轰烈烈的死。
——巴金

要交出生命是很容易的事情,但是困难却在如何使这生命像落花一样化作春泥,还可以培养花树,使来春再开出灿

---

① 淑:善良;美好。孰:谁;什么。夭:夭折,早亡。
② 宁:宁可;宁愿。
③ 人杰:人中豪杰。鬼雄:鬼中英雄,用于称颂壮烈而死的人。
④ 青史:史书。
⑤ 苟:随便。
⑥ 丹心:赤诚的心。汗青:史册。
⑦ 盖棺论定:指一个人的是非功过到死后做出结论。
⑧ 谏:规劝(帝王、尊长等),使改正错误。
⑨ 达人:通达事理的人。一:相同;一样。

烂的花朵。　　　　　　——巴金

那么就让我做一块木柴罢。我愿意把我从太阳那里受到的热放射出来，我愿意把自己烧得粉身碎骨给人间添一点点温暖。　　　　　　　　——巴金

为着追求光和热，将身子扑向灯火，终于死在灯下，或者浸在油中，飞蛾是值得赞美的。在最后的一瞬间它得到光，也得到热了。　　　　　　——巴金

生命对于每个人，都是上苍只有一次的馈赠。　　　　　　——毕淑敏

假如生命是无味的，我不要来生；假如生命是有趣的，今生已是满足的了。
　　　　　　　　　　　——冰心

死其实并不可怕，可怕的是像死一样地活着。　　　　　　——陈染

昨天的太阳，照不到今天的树叶。每一个属于我们生命的太阳是多么美好呀！珍惜生命，不在乎得多少钱财和权势，而是生命有没有充分燃烧。——程乃珊

生命是一种轮回，终点之后抵达的不过是起点。只是我们在到达终点之前，往往会疏忽起点的美丽。——邓皓

人生只有一生一死，要生得有意义，死得有价值。　　　　——邓中夏

一个人不怕生前有人评论，而怕在死后遭到非议。更可悲的是一个人生前为众人所不敢评论，只能称好，但在死后却有人暗地称快。　　——丁玲

死亡并非凄惨，并非一片空茫。死亡也是诗，是生命化入永恒的延续。
　　　　　　　　　　——冯骥才

生死本是一条线上的东西。生是奋斗，死是休息；生是活跃，死是睡眠。
　　　　　　　　　　——郭沫若

凡是一个有见识的人，能够辨别得出生死的分寸。有的时候，死是永生；有的时候，生不如死。　——郭沫若

生要生得光明，死要死得磊落。
　　　　　　　　　　——郭沫若

只要生命存在，失去的永远不是全部。　　　　　　　——郭延庆

在死的面前，一切重的东西都变轻了，轻得鸿毛不抵；一切轻的东西又都变得凝重了，凝重得化解不开。
　　　　　　　　　　——郝华忠

劝君莫惜头颅贵，留得中华史上名。
　　　　　　　　　　——何香凝

与其忍辱生，毋宁报国死。
　　　　　　　　　　——何香凝

人生的棋局，只有到死亡才算下完。若是生命还存在，就有挽回棋局的可能。
　　　　　　　　　　——胡廷楣

人的生命是有限的，可是，为人民服务是无限的。我要把有限的生命，投入到无限的为人民服务之中去。——雷锋

人生的目的在于发展自己的生命。可是也有为发展必须牺牲生命的时候，因为平凡的发展，有时不如壮烈的牺牲足以延长生命的音响和光华。绝美的风景、悲凉的韵调、高尚的生活，常在壮烈

的牺牲中。　　　　——李大钊

　　萎落的花并非死亡,而是一种成长,一种等待,等待下一个季节。
　　　　　　　　　　——林清玄

　　生命的路是进步的,总是沿着无限的精神三角形的斜面向上走,什么都阻止他不得。　　　　——鲁迅

　　只要能培一朵花,就不妨做做会朽的腐草。　　　　——鲁迅

　　成千成万的先烈,为着人民的利益,在我们的前头英勇地牺牲了,让我们高举起他们的旗帜,踏着他们的血迹前进吧!　　　　——毛泽东

　　人的生命是一个灿烂的过程,每个人都是世上的一个过客。要做怎样的过客,那是每个人的选择。　　——秦文君

　　衡量一个人活得有没有意义,不在于这个人在世界上取得了多少物质享受,而在于他向世界贡献了多少。
　　　　　　　　　　——曲啸

　　出生是最明确的一场旅行,死亡难道不是另一场出发?　　——三毛

　　生命的意义就在于你能创造这过程的美好与精彩。　　——史铁生

　　我没有权利休息。生命的冲刺没有终点,只有速度。　　——舒婷

　　为国家效死,死重于泰山。
　　　　　　　　　　——孙中山

　　人类牺牲的价值,有比生命还要贵重的,就是真理和名誉。——孙中山

　　活着,要有自己的价值。——夏宁

　　生命开始的一瞬间就带着斗志而来的草才是坚韧的草,也只有这种草,才可以傲然对那些玻璃棚中的盆花耻笑。
　　　　　　　　　　——夏衍

　　一个人从生以后一直到死,都要做对人民有益的正大光明的事,虽然肉体死去,而精神是不灭的。　——萧楚女

　　我掌握不了自己如何死法,但我能掌握自己如何活法。　——萧乾

　　死亡是一所黑色的学校,教我们认识光明、快乐和生活的美好,教我们认识人生的短暂、脆弱和不堪一击,教我们学会爱、宽容、珍惜和赶紧生活。
　　　　　　　　　　——杨东平

　　生命是一种缘,你刻意追求的东西或许终身得不到,而你不曾期待的灿烂反而在你的淡泊从容中不期而至。
　　　　　　　　　　——杨晓晖

　　倘若我们活着不能向这个世界,向我们的民族、我们的国家,做更大更多的贡献;至少,我们要活得像一个人,像一个有灵魂、有头脑、略知生命意义的人。
　　　　　　　　　　——尹雪曼

　　有的人活着,他已经死了;有的人死了,他还活着。　　——臧克家

　　生命如流水,只有在他的急流与奔向前去的时候,才美丽,才有意义。
　　　　　　　　　　——张闻天

　　总把死者看得比活人还重,也没意思。我们所有的人总有一天要死的。我

想——最好人们先就看重我们,不要等我们死后才开始尊重,给去年的庄稼灌溉有什么用处? ——艾略特[英国]

只有为了别人而活着,生命才有价值。 ——爱因斯坦[美国]

人只有献身于社会,才能找出那短暂而有风险的生命的意义。
——爱因斯坦[美国]

记住,死就是一个伟大的搬家日。
——安徒生[丹麦]

丧礼、墓地与葬仪,与其说是安置死者,毋宁说是抚慰活人。
——奥古斯丁[古罗马]

死是一个人的旅行到了终点。
——巴尔扎克[法国]

死亡使一个伟大的声音沉寂之后,他生前平淡无奇的话,都成了至理名言。 ——勃朗宁[英国]

一个人无论怎样弃世,自杀不是开悟的办法。不管德行多高,自杀的人想要达到圣境也是遥远的。
——川端康成[日本]

有时,人死或许可以是一种刑罚,但并不等于赎罪。 ——大仲马[法国]

所有地上的东西,都有一个死的命运,一如你们自己;有的东西似乎能够久存,其实是个人的生命太短了。
——但丁[意大利]

可怕的不是死,而是临死。
——菲尔丁[英国]

所有人的贪婪、侵略、破坏、毁灭以及自我毁灭的欲望,都是死亡本能的表现。 ——弗洛伊德[奥地利]

据说,一个聪明人自杀是有道理的,但是一般来说,任何人剥夺自己的生命都没有充分理由。 ——伏尔泰[法国]

我们在哭声中出世,抱怨中生活,失望中死去。 ——富勒[英国]

生由死而来。麦子为了萌芽,它的种子必须要死了才行。——甘地[印度]

人自生下那天起就一天天地接近死亡。 ——高尔基[苏联]

只有我自己才是我的生命和灵魂的唯一合法的主人。 ——高尔基[苏联]

唯一的运命,不要想得太复杂,生存是义务,哪怕只有一刹那。
——歌德[德国]

死,对于智者并不是恐怖,对于善者并非是终点。 ——歌德[德国]

人活到七十五岁,总不免时时想到死,不过我对此处之泰然。因为我深信人类精神是不朽的,它就像太阳,用肉眼来看,像是沉落下去了,实际上它不是沉落,而是永远不停地在照耀着。
——歌德[德国]

当你了解生命的一切奥秘,你就渴望死亡,因为它不过是生命的另一个奥秘。生与死是勇敢的两种最高贵的表现。 ——纪伯伦[黎巴嫩]

死亡,和老人的距离并不比和婴儿

的距离更近,生命也是如此。
　　　　　——纪伯伦[黎巴嫩]

　　懦夫在他未死之前,已身历多次死的恐怖了。　　——恺撒[古罗马]

　　活在活着的人的心里,就是没有死去。　　——坎贝尔[澳大利亚]

　　自杀是可恶的,因为上帝禁止这样做;上帝禁止自杀,因为这样做是可恶的。　　　　　——康德[德国]

　　人是生命链索的一环,生命的链索是无穷无尽的,它通过人,从遥远的过去伸向渺茫的未来。——柯罗连科[俄国]

　　死亡是那些自由不能解救的人的解脱者,是药物不能医治的病人的医师,是时间不能使之释怀的人的慰藉。
　　　　　——克尔顿[英国]

　　死是伟大的激情唯一纯洁、美丽的线路。　　　——劳伦斯[英国]

　　当人的心愿得到满足的时候,溘(kè)然长逝是最幸福不过的了,这宛如一只苦果瓜熟蒂落一般。
　　　　　——劳伦斯[英国]

　　生命是人的光。光在黑暗中照耀,黑暗却不理会它。
　　　　　——列夫·托尔斯泰[俄国]

　　生命,真正的生命永远存在着,因而对于人来说它不能生,也不能死。
　　　　　——列夫·托尔斯泰[俄国]

　　衡量生命的尺度是思想和行为,而不是时间。　　——卢伯克[英国]

　　有人可能一百岁时走向坟墓,但是他可能生下来就已经死亡。
　　　　　——卢梭[法国]

　　自由自在地生活和对人间的事物毫无挂虑,这就是懂得怎样死亡的最好方法。　　　　——卢梭[法国]

　　一切关于死的苦闷,对于强者无异是猛烈的鞭挞(tà),把求生的力量刺激得更活泼了。　——罗曼·罗兰[法国]

　　累累的创伤,就是生命给你留下的最好的东西,因为在每个创伤上面,都标志着前进的一步。
　　　　　——罗曼·罗兰[法国]

　　我们可以设法延长我们的生命,而且在一定限度内,每一个正常的人都可以这样做,然而我们不能最终免于一死。因此,沉思死亡是一个无益的问题。再说,它会泯灭人们对别人和别事的兴趣,唯有对外界事物抱有兴趣才能保持人们精神上的健康。　　——罗素[英国]

　　一个老年人如果能有广泛的兴趣,学会关心他人,使自己的生活汇入到整个世界的生活中去,他就会像一滴水归入大海,慢慢地忘记了自己的存在,最终,也不会再有对死的恐惧。
　　　　　——罗素[英国]

　　生命的意义在于活得充实,而不是在于活得久长。
　　　　——马丁·路德·金[美国]

　　既有生,必有死;终了是开始的结果。　　——马尼利乌斯[意大利]

　　假如我的生命重新开头,我要像过

去一样生活。我不埋怨既往,也不害怕未来。　　　　　——蒙田[法国]

生命的用途并不在长短,而在于我们怎样利用它。许多人活的日子并不多,却活得很长久。　——蒙田[法国]

死免除我们一切债务。
　　　　　　　　——蒙田[法国]

人生是一道山坡。大家正上着的时候,都望着顶上,并且都觉得快乐;但是走到了高处的时候,就忽然望见了下坡的道儿和那个以死亡做结束的终点。上坡的时候是慢慢走的,但是下坡就走得快了。　　　——莫泊桑[法国]

死神时时刻刻在暗算人类:当它袭击人的时候,是不预先提醒我们的。
　　　　　　　　——莫里哀[法国]

生命在于运动,不运动等于死亡。
　　　　　　　　——莫里斯[英国]

人最宝贵的是生命,生命每个人只有一次。人的一生应当这样度过:当回忆往事的时候,他不至于因为虚度年华而悔恨,也不至于因为过去的碌碌无为而羞愧。在临死的时候,他能够说:"我的整个生命和全部精力,都已经献给世界上最壮丽的事业——为人类的解放而斗争。"
　　——尼古拉·奥斯特洛夫斯基[苏联]

人的生命,似洪水在奔流,不遇着岛屿、暗礁,难以激起美丽的浪花。
　　——尼古拉·奥斯特洛夫斯基[苏联]

死亡为他有限的尘世生命落了幕,同时又揭起另一个幕,使他的光芒耀眼的一面永垂不朽。　——聂鲁达[智利]

隆重的葬礼不过是活着的人的一种虚荣。　　　——欧里庇得斯[古希腊]

生命的长短用时间计算,生命的价值用贡献计算。　——裴多菲[匈牙利]

如果死后还有一个世界,他如今生活在福中;如果没有第二个世界,他已充分利用了此生。　——彭斯[苏格兰]

死是一切悲哀的结束。
　　　　　　　　——乔叟[英国]

当灵魂离开你的躯壳,何在乎死于宝座或是荒郊?　——萨迪[波斯]

一朝生命告了终结,帝王、奴隶毫无区别。　　　　　——萨迪[波斯]

生命的存灭有如晨风去来,哀乐、美丑都难永远存在。　——萨迪[波斯]

生命,只要你充分利用,它便是长久的。　　　——塞涅卡[古罗马]

生命是一篇小说,不在于长,而在于好。　　　——塞涅卡[古罗马]

生和死是无法挽回的,唯有享受其间的一段时光。死亡的黑暗背景衬托出生命的光彩。　——桑塔亚那[西班牙]

旷达的人长寿。
　　　　　　　　——莎士比亚[英国]

活着的人谁都要死去,从生活踏进永久的宁静。　——莎士比亚[英国]

懦夫一生数死,丈夫只死一遭。
　　　　　　　　——莎士比亚[英国]

死的惨痛大部分是心理上造成的恐

怖,被我践踏的一只无知的甲虫,它的肉体上的痛苦,和一个巨人在临死时所感到的并无异样。　　——莎士比亚[英国]

只要活在世上,无论衰老、病痛、穷困和监禁给人怎样的烦恼苦难,比起死的恐怖来,也就像天堂一样幸福了。
　　　　　　　　——莎士比亚[英国]

我们谁都免不了一死,世上偷生苟活,拖延着日子,还不如轰轰烈烈地死去。　　　——莎士比亚[英国]

望见了海岸才溺死,是死得双倍凄惨。　　　　——莎士比亚[英国]

为了惧怕可能发生的祸患而结束自己的生命,是一件懦弱卑劣的行为。
　　　　　　　　——莎士比亚[英国]

死虽然是苦事,却可以结束人生的惨痛。　　　——莎士比亚[英国]

一个人的临死遗言就像深沉的音乐,有一种自然吸引注意的力量。
　　　　　　　　——莎士比亚[英国]

你本是尘土,仍要归于尘土。
　　　　　　　　　　——《圣经》

我们都是必死的,如同水泼在地上,不能收回。　　　　　——《圣经》

唯一可接受的自杀方法是自行饿死。　　　　——叔本华[德国]

死亡是造物者为人类安排的一种自然的、需要的、普遍的灾害。
　　　　　　　　——斯威夫特[英国]

没有一个人长生不老,也没有一件东西永久长存。　——泰戈尔[印度]

使生如夏花之绚烂,死如秋叶之静美。　　　　——泰戈尔[印度]

死之印记给生的钱币以价值,使它能够用生命来购买那真正的宝物。
　　　　　　　　——泰戈尔[印度]

死像大海的无限的歌声,日夜冲击着生命的光明岛的四周。
　　　　　　　　——泰戈尔[印度]

死亡隶属于生命,正与生一样。举足是走路,正如落足也是走路。
　　　　　　　　——泰戈尔[印度]

生命像个孩子,边笑边摇动死亡的拨浪鼓向前奔跑。——泰戈尔[印度]

死叶消失于土壤中时,便渗透在森林的生命里了。——泰戈尔[印度]

死,是将我们所有的秘密、阴谋、奸诈的面纱揭开的东西。
　　　　　　——陀思妥耶夫斯基[俄国]

给活着的人一朵玫瑰,胜于在他死后献上众多华美的花圈。
　　　　　　　　——沃特曼[英国]

懂得生命真谛的人,可以使短促的生命延长。　　——西塞罗[古罗马]

死亡并不困难,生存则是非常艰难的。　　　——萧伯纳[爱尔兰]

地狱和天堂将化为乌有,留给你的只是永恒的宇宙。——雪莱[英国]

至少让我们怀有一种信念,这信念会给人以安慰,那就是,死亡本身也必然像其他的事物是一场空幻。
　　　　　　　　　——雪莱[英国]

死,是被用作一种惩罚的形式。人们认为,形形色色的犯法行为一旦达到罪大恶极的程度,则只有死刑才足以惩戒。　　　　——雪莱[英国]

死亡是不可避免的,也绝不是人力和金钱所可以转移或挽救的。
　　　　——《一千零一夜》[阿拉伯]

死不是死者的不幸,而是生者的不幸。　　——伊壁鸠鲁[古希腊]

死亡,这最可怕的坏事,其实对我们并无关紧要。因为当我们存在时,死亡并未来到;而当死亡来到时,我们已不复存在。　　——伊壁鸠鲁[古希腊]

在我们的生命临近结束时,死去只是意味着离去;在我们的生活刚刚开始时,离去便意味着死去。　——雨果[法国]

生命的意义并不是你偶然的发现,就像发现谜底或找到宝藏。生命的意义需在生活中去体验。
　　　　——约翰·加德纳[英国]

看到别人死,是最能使我们感到充满生命力的。那是生命的感觉——感到我们还留在世上。　——詹姆斯[美国]

3　生活

爱真理、忠实地生活,这是至上的生活态度。　　　　　　——巴金

生活从来是斗争,认真体验即分明。庸夫总欲平平过,实境偏多曲曲程。
　　　　　　　　——董必武

清贫、洁白朴素的生活,正是我们革命者战胜许多困难的地方。——方志敏

生活是欺骗不了的,一个人要生活得光明磊落。　　　——冯雪峰

人的一辈子都在高潮低潮中浮沉,唯有庸碌的人,生活才如死水一般。
　　　　　　　　　——傅雷

生活,留心处处皆学问。只要认真地学习,潜心地钻研,就会学有所得,学有所长。　　　　——高士其

生活也是一条河,一条流着欢乐也流着痛苦的河,一条充满着凶险而又兴味无穷的河。　　　——古华

真正善于生活的勇敢者并不是只会一味开快车的人。　　——顾晓鸣

生活真像这杯浓酒,不经三番五次的提炼呵,就不会这样可口!
　　　　　　　　——郭小川

愿每次回忆,对生活都不感到负疚。
　　　　　　　　——郭小川

享受平凡质朴的生活,便是人间至幸至福。　　　　——郝华忠

凡是有生活的地方就有快乐和宝藏。　　　　　——何其芳

凡是自己说得出"为什么这样做"的事,都可以说是有意思的生活。
　　　　　　　　　——胡适

保险的意义只是今日做明日的准备，生时做死时的准备，父母做儿女的准备，儿女幼小时做儿女长大时的准备，如此而已。今天预备明天，这是真稳健；生时预备死时，这是真旷达；父母预备儿女，这是真慈爱。能做到这三步的人，才能算作是现代人。　　——胡适

许多大师，恰恰是有很好的生活质量，才保证了卓越的生命质量和工作质量。　　　　　　　　　——蒋子龙

生活是种律动，须有光有影，有左有右，有晴有雨，滋味就含在这变而不猛的曲折里。　　　　　　　　——老舍

顺着天时地利与人和，各有各的办法，各有各的味道，才能算作生活的艺术。　　　　　　　　　——老舍

人类的生活，必须时时刻刻拿最大的努力，向最高的理想扩张传衍、流传无穷，把那陈旧的组织、腐滞的机器一一地扫荡摧清，别开一种新局面。
　　　　　　　　　　——李大钊

无论如何，人类的一切智能和知识所要解决的问题都是：人类如何保养自己，如何最大限度地享受生活。
　　　　　　　　　　——林语堂

享受悠闲的生活绝不需要金钱，有钱的阶级不会真正领略悠闲生活的乐趣。　　　　　　　　——林语堂

悠闲的生活始终需要一个怡静的内心、乐天旷达的观念和尽情欣赏大自然的胸怀。　　　　　　　——林语堂

生活对一切人都是公平的。愚弄生活的人，最终将被生活愚弄。　——刘吉

我微笑地看待生活，于是生活也对我呈现出一个微笑。　　——刘心武

在诚实劳动、竭诚奉献的前提下，自自然然地享受单属于自己的那一份生活。　　　　　　　　——刘心武

快乐也好，不幸也好，即便不是命定的，也已构成一种存在，你就得承认它、接受它。这样，你不但不会受到妨碍，而且已经把这种生活的原料——快乐或痛苦，酿成了诗的美酒。　——刘湛秋

在生活的路上，将血一滴一滴地滴过去，以饲别人，虽自觉渐渐瘦弱，也以为快乐。　　　　　　　　——鲁迅

生活太安逸了，工作就被生活所累。
　　　　　　　　　　——鲁迅

生活不能等待别人来安排，要自己去争取和奋斗；而不论其结果是喜是悲，但可以慰藉的是，你总不枉在这世界上活了一场。有了这样的认识，你就会珍重生活，而不会玩世不恭；同时，也会给人自身注入一种强大的内在力量。
　　　　　　　　　　——路遥

太如意的生活便是平凡的生活，太容易获得的东西便不是贵重的东西。
　　　　　　　　　　——茅盾

不是你战胜生活，就是生活将你压碎。　　　　　　　　　——茅盾

生活，是一本最大最厚的书，是一本最生动，最激动人心，似乎好懂，其实难懂的书。　　　　　——秦兆阳

优裕的生活是我们的理想,但沉溺其中也可能一辈子没出息。——沈嘉禄

一个人只有物质生活没有精神生活是不行的;而有了充实的精神生活,就算物质生活差些,就算困难大些,也能忍受和克服。——陶铸

我微笑着走向生活,无论生活以什么方式回敬我。——汪国真

生活的道路,有时需要两手着地爬、滚、攀、挣扎、搏斗。——王安忆

生活不能改变,我就改变,谁都不能改变我的好心情。——王朔

在生活中没找到位置的人,多半是因为还没有找到自己。他要么不知自己能干什么,要么误会自己什么都行,结果什么也不行。——夏中义

生活就是这样严峻,如果你不去战胜困难,困难就会吞没你。——徐悲鸿

"酷"不仅仅是音乐和包装,更是一种生活态度。——杨澜

辛辛苦苦,过舒服日子;舒舒服服,过辛苦日子。——杨澜

生活中总会遇到压力,须学会具备弹簧的属性:向下的压力越大,向上的冲力也就越强。——杨小海

生活对每个人都一样:他既沉重又美好,当你走出个人患得患失的小天地,你便会得到一片更宽广明丽的世界。——杨晓晖

生活中的大磨难,也时常会把人换一个样子,其结果往往非始料所及。——赵健雄

最大的悲哀是生活中缺少选择的机会,人到老年所以迟暮,也在于他们已经无力选择了。——周国平

我们的生活丰富不丰富,全在我们对于生活的处置如何,不在环境的寂寞不寂寞。——宗白华

越是无所求的生活,就越是有幸福;越是被厌弃的生活,就越是有价值。——爱·扬格[英国]

若无自由,生活便枯燥乏味,失去光彩。——爱迪生[美国]

生活是一辆永无终点的公共汽车,当你买票上车后,很难说你会遇见什么样的旅伴。——爱默生[美国]

生活充实就是幸福。——爱默生[美国]

和平庸的人在一起,你会觉得自己的生活也是平庸的。——爱默生[美国]

我们生活在冰的表层,真正的人生艺术就是在冰上滑行自如。——爱默生[美国]

凡是认为他自己的生命和人类的生命是无意义的人,他不仅是不幸得很,而且难以适应生活。——爱因斯坦[美国]

只要你有一件合理的事去做,你的生活就会显得特别美好。——爱因斯坦[美国]

一个人很难知道他自己的生活中什

么是有意义的,当然也不应当以此去打扰别人。鱼对于它终生都在其中游泳的水又知道些什么呢?

——爱因斯坦[美国]

生活本身就是一个最美丽的童话。

——安徒生[丹麦]

生活之术,像角斗术,而不像舞蹈艺术。因而,它应该心甘情愿、坚定地迎接突然出现、未预料到的袭击。

——奥勒留[古罗马]

生活的花朵只有付出劳力才会开的。 ——巴尔扎克[法国]

人不像动物,人生活的唯一目的就是享受生活。 ——巴特勒[英国]

生活是不公平的,你要去适应它。

——比尔·盖茨[美国]

在生活中,你不会永远有特权去做你高兴的事,但是你有权利从你的所作所为中得到最多的乐趣。

——比尔·利特尔[美国]

真正重要的不是活着,而是活得好。

——柏拉图[古希腊]

生活从不简单容易,即使你活在愉悦顺遂的境遇中,也会遇到你要克服的困难。 ——柏拉图[古希腊]

不经历感情的青春、战斗的成年和思考的晚年,生活就不会十全十美。

——布伦特[英国]

生活只有在平淡无味的人看来,才是空虚而乏味的。

——车尔尼雪夫斯基[俄国]

对于人,什么最可爱呢?生活。因为我们的一切欢乐,我们的一切幸福,我们的一切希望,只与生活关联。

——车尔尼雪夫斯基[俄国]

一个好好过生活的人,他的时间该分作三部分:劳动、享乐和消遣。

——车尔尼雪夫斯基[俄国]

平庸的生活使人感到一生不幸,波澜万丈的人生才能使人感到生存的意义。 ——池田大作[日本]

应该让别人的生活因为有了你的生存而更加美好。 ——茨巴尔[苏联]

一旦你知道,你对别人也还有些用处,这时候你才感到自己生活的意义和使命。 ——茨威格[奥地利]

生活中美好的情景都是短暂的,而艰辛则是永远伴随着的。

——德莱塞[美国]

一个要求适中的人,生活才能美满。
——狄更斯[英国]

生活越紧张,越能显示人的生命力。
——恩格斯[德国]

有所作为是生活中的最高境界。
——恩格斯[德国]

生活本身就是幸福。
——费尔巴哈[德国]

应该笑着面对生活,不管一切如何。
——伏契克[捷克斯洛伐克]

充分利用你的时间,如果你希望获得闲暇的生活。 ——富兰克林[美国]

生活只是由一系列下决心的努力所构成的。　　——富勒[英国]

生活中并非全是玫瑰花,还有刺人的荆棘。　　——冈察洛夫[俄国]

没有牺牲,不做努力,不经艰难困苦便不能在世上生存;生活不是一个只生长鲜花的花园。　　——冈察洛夫[俄国]

生活的美妙就在于它的丰富多彩,要使生活变得有趣,就要不断地充实它。
　　——高尔基[苏联]

生活在前进,谁跟不上它的步伐,谁就会孤零零地落在后头。
　　——高尔基[苏联]

谁要是不会爱,谁就不能理解生活。
　　——高尔基[苏联]

当劳动是一种快乐时,生活是美的;当劳动是一种责任时,生活就是奴役。
　　——高尔基[苏联]

世界上只有两种生活方式:腐烂和燃烧。胆小如鼠、贪得无厌之徒选择前者,见义勇为、慷慨无私之士选择后者。　　——高尔基[苏联]

走正直诚实的生活道路,必定会有一个问心无愧的归宿。
　　——高尔基[苏联]

我们在劳动过程中学习思考,劳动的结果,我们认识了世界的奥妙,于是我们就真正来改变生活了。
　　——高尔基[苏联]

相信生活,它给人的教益比任何一本书籍都好。　　——歌德[德国]

有一些宝贵的东西作为它的目标时,生活才有价值。　　——黑格尔[德国]

有理想的、充满社会利益的、具有明确目的的生活是世界上最美好的和最有意义的生活。　　——加里宁[苏联]

生活是很艰难的。小娃娃吸第一口气的时候很痛苦,老年人喘最后一口气的时候也很痛苦,可是当他向死神怀抱里走去的时候,很不情愿,颠颠踬踬,跌跌绊绊,回头看了又看,一直挣扎到底。
　　——杰克·伦敦[美国]

最坏的生活可能是没有选择的生活,对新事物没有任何希望的生活,走向死胡同的生活。——坎贝尔[澳大利亚]

人最稀罕但又最不经心的东西就是生活。　　——拉布吕耶尔[法国]

生活中既有阳光,又有阴影。
　　——朗费罗[美国]

假如你觉得自己的日常生活很贫乏,不要去指责生活,而应该指责你自己。　　——里尔克[奥地利]

生活就像一叶扁舟,摇摇晃晃;又像山中的一条小路,忽上忽下。
——列·拉捷米沙-劳里逊[马达加斯加]

心灵纯洁的人,生活充满甜蜜和喜悦。　　——列夫·托尔斯泰[俄国]

生活得最有意义的人,并不是年岁活得最大的人,而是对生活最有感受的人。　　——卢梭[法国]

做有意义的事情,其本身就是对生活的享受。　　——卢梭[法国]

生活是一阕（què）交响乐,生活的每一时刻,都是几重唱的结合。
——罗曼·罗兰[法国]

内心的欢乐是一个人过着健全的、正常的、和谐的生活所感到的喜悦。
——罗曼·罗兰[法国]

生活生活,就是要活,必须活得兴致勃勃,充满好奇心,无论如何也绝不要拿背对着生活。 ——罗斯福[美国]

生活好比橄榄球比赛,原则就是:奋力冲向底线。
——罗斯福[美国]

生活是一种充满快乐和希望的冒险活动,这种活动是基于建设的愿望,而非保持自己的所有财产或是获取他人的财产的欲望。 ——罗素[英国]

对未来生活充满信心的人,就比那些认为死后一切皆空的人,对疾病更少害怕,或在同困难的斗争中有更多的勇气。 ——罗素[英国]

生活本身既不是祸,也不是福,它是祸福的容器,也看人自己把它变成什么。
——蒙田[法国]

生命的价值不在于能活多少天,而在于我们如何使用这些日子。
——蒙田[法国]

生活不可能像你想象的那么好,但也不会像你想象的那么糟。
——莫泊桑[法国]

对任何事都漠不关心的人是不会懂得生活的,在任何年龄阶段,生活都是值得花时间与经历的。
——纳撒尼尔·布拉登[美国]

一个人知道自己为什么而活,就可以忍受任何一种生活。——尼采[德国]

只有像我这样发疯地爱生活、爱斗争、爱那新的更美好的世界的建设的人,只有我们这些看透了和认识了生活的全部意义的人,才不会随便死去,哪怕只有一点儿机会就不能放弃生活。
——尼古拉·奥斯特洛夫斯基[苏联]

生活有时候就是这样变幻莫测,一会儿是满天云雾,转眼间又现出鲜明的太阳。
——尼古拉·奥斯特洛夫斯基[苏联]

有目标,生活才有意义。
——帕克赫斯特[美国]

生活,只有当你知道如何使用它时,才是长久的。 ——塞涅卡[古罗马]

生活同寓言一样,不是以它的长短来衡量,而是以它的内容来衡量。
——塞涅卡[古罗马]

仅仅活在世上并不值得称道,值得称道的是生活得美好。
——塞涅卡[古罗马]

生活的最大缺陷,在于它永远不是十全十美的。 ——塞涅卡[古罗马]

生活就像洋葱,你一层一层地剥开,总有一层会让你流泪。
——桑德伯格[美国]

我们的生活样式,就像一幅油画,从近处看,看不出所以然来,要欣赏它的美,就非站远一点儿不可。
——叔本华[德国]

年少时,当我们思量未来的生活,我们就如同在开幕之前坐在剧场里的儿童一样,兴奋而急切地等待着戏的开演。
——叔本华[德国]

美好的生活不花代价是得不到的。
——斯大林[苏联]

那些有理想的人的生活才充满意义。——斯大林[苏联]

生活如山路,向前跨一步,便可发现一条更好的路,使生活更充实,更有乐趣。——松下幸之助[日本]

爱你自己现在的生活。即使在穷人家里,你也可能拥有一些愉快的、令人悸动的、光耀的时刻。映照在贫民院窗户上的落日,与映照在夫人屋宇上的,是一样的灿烂。——梭罗[美国]

人应该带有生活的色彩,但不应该对生活中的细节耿耿于怀。细节总是低级趣味的。——王尔德[英国]

如果我们不能建筑幸福的生活,我们就没有任何权利享受幸福,这正如没有创造财富就无权享受财富一样。
——萧伯纳[爱尔兰]

生活是可爱的,这要看你戴什么眼镜去看它。——小仲马[法国]

无中不能生有,无缝的石头流不出水来。谁不能燃烧,就只有冒烟——这是定理。生活的烈火万岁。
——亚历山大·奥斯特洛夫斯基[俄国]

生活赋予我们一种巨大的和无限高贵的礼品,这就是青春,充满着力量,充满着期待、志愿,充满着求知和斗争的志向,充满着希望、信心的青春。
——亚历山大·奥斯特洛夫斯基[俄国]

要想生活得快乐,就必须热爱生活。
——约翰逊[英国]

生活并不像一条小溪那样总是有节奏地平静地潺(chán)潺流动着。生活中会有激动和震荡,有高潮和低潮。
——赞科夫[苏联]

4 爱;爱憎

欲人之爱己也,必先爱人;欲人之从己也,必先从人。——[春秋]《国语》

爱者,憎之始也;德者,怨之本也。
——[战国]《管子》

仁者爱人,有礼者敬人。爱人者,人恒爱之;敬人者,人恒敬之。①
——[战国]《孟子》

老吾老以及人之老,幼吾幼以及人之幼。② ——[战国]《孟子》

虽有慈父,不爱无益之子。
——[战国]《墨子》

----

① 恒:持久;经常。
② 老吾老:前边的"老",义为赡养;后边的"老",指父母。吾:我;我们。及:推及。吾幼:前边的"幼",义为抚育;后边的"幼","人之幼"的"幼",均指子女。

慈父之爱子,非为报也。
　　　　　——[汉]《淮南子》

爱而知其恶,憎而知其善。
　　　　　——[汉]《礼记》

人必其自爱也,然后人爱诸;人必其自敬也,然后人敬诸。① ——[汉]扬雄

父母之爱子,则为之计深远。
　　　　　——[汉]《战国策》

不以爱之而苟善,不以恶(wù)之而苟非。② ——[三国]嵇康

爱之则不觉其过,恶(wù)之则不知其善。 ——[南朝]《后汉书》

爱己者,仁之端也,可推以爱人也。
　　　　　——[宋]王安石

凡生养子女,固不可不爱惜,亦不可过于爱惜。爱惜太过,则爱之适所以害之矣。③ ——[清]陈确

有了深沉的爱,才可能有深刻的憎。
　　　　　——艾煊

爱比恨更有力量。 ——巴金

因为受到了爱,认识了爱,才知道把爱分给别人,才想对自己以外的人做一些事情。 ——巴金

爱的力量要超过死,爱才是永生的。
　　　　　——巴金

忠实地生活,正直地奋斗,爱那需要爱的,恨那摧残爱的。 ——巴金

我爱我的祖国,爱我的人民,离开了她,离开了他们,我就无法生存,更无法写作。 ——巴金

天伦之爱的特质,为爱而爱,没有条件。 ——柏杨

我对于生命的前途,并没有一点儿别的愿望,只愿我能在一切的爱中陶醉、沉没。这情爱之杯,我要满满的斟,满满的饮。 ——冰心

爱在右,同情在左,走在生命路的两旁,随时撒种,随时开花,将这一径长途,点缀得香花弥漫,使穿枝拂叶的行人,踏着荆棘,不觉得痛苦,有泪可落,也不是悲凉。 ——冰心

不抵抗善,使善滋长,固是爱;抵抗恶,使恶消绝,也便是爱。 ——陈望道

人生其实很简单,就是学会爱。你对社会有多爱,决定你的人生成就有多高;你对亲人有多爱,决定你的家庭有多幸福。 ——陈云英

对世界我们不过是一介尘埃,但在爱我们的人心目中,却是那样珍贵重要。
　　　　　——程乃珊

我是中国人民的儿子,我深情地爱着我的祖国和人民。 ——邓小平

爱是一首美丽的歌,只有用心演奏,才能弹出醉人的旋律。 ——丁凯隆

能够使人不断变得善良和美丽的,

————————
① 诸:代词"之"和语气助词"乎"的合音。
② 苟:随便。恶:厌恶。
③ 固:本来;原来。

只有爱;美是一朵花,爱是它生长的深厚的土壤。　　　——丁凯隆

珍惜才是最极致的爱。——冯骥才

诗人常说爱是盲目的,但不盲目的爱毕竟更健全更可靠。　——傅雷

为了求爱成功而尽量隐藏自己的缺点的人,其实是愚蠢的。　——傅雷

爱不可怕,可怕的是爱得不够。最可怕的是爱得不够还要勉强。——顾城

醉过才知酒浓,爱过方知情重。
　　　　　　　　　　——胡适

自由、平等的生活,都是以爱为基础的生活。　　　　　——李大钊

爱的法则,即是牺牲的法则。
　　　　　　　　　　——李大钊

浪漫的爱,有一最显著的特点,就是这爱永远处于可望而不可即的地步,永远存在于追求的状态中,永远被视为一种极圣洁极高贵极虚无缥缈的东西。一旦接触实际,真个的与这样一个心爱的美貌女子自由结合,幻想立刻破灭。
　　　　　　　　　　——梁实秋

当爱和恨交织在一起的时候,人们就有了不怕牺牲去夺取胜利的无穷力量。　　　　　　——刘心武

人在天性上不能没有憎,而这憎,又或根于广大的爱。　　——鲁迅

一个人只有将对方的苦衷包容在一起,才称得上爱得尽心。——秦文君

爱人不仅仅是爱优点,还会爱许多说不清的东西。爱太复杂,太复杂。
　　　　　　　　　　——秦文君

爱是双方面的事,要彼此付出,彼此吸收。　　　　　　——琼瑶

爱的本质是给(jǐ)予,而不是获得。
　　　　　　　　　　——曲啸

"爱"与"不忍"会使人不敢堕落,不能堕落。　　　　　——沈从文

我行过许多地方的桥,看过许多次数的云,喝过许多种类的酒,却只爱过一个正当最好年龄的人。——沈从文

在爱的名义下,一切的荒谬也可以变得中规中矩,合情合理,都是应该原谅的。　　　　　　——沈嘉禄

为爱而牺牲是动人的,但为爱而避免牺牲却更加合理。　——苏青

一个人既享有爱的生活,即使在社会活动上有时失败,亦可因爱力的激励而重振奋斗的勇气。——苏渊雷

爱是发自心灵深处的脉动,更应该是富于高超学问的艺术。——孙士杰

不是不想爱,不是不去爱,怕只怕,爱也是一种伤害。　——汪国真

知道了自己能给(jǐ)予他人爱的温暖,这比自己获得许多更觉幸福。
　　　　　　　　　　——王小鹰

爱常常比恨更为强有力得多。
　　　　　　　　　　——王朝闻

爱与恨是人类的两种基本情感,也是最容易偏离理性轨道的两种难以驾驭的情感。　　　　　——文清源

爱是一种唯有经过艰苦的锻炼而获得的一种"精神本能",一个人对世界的爱不是因为世界"可爱",而是他能爱。
　　　　　　　　　　——吴伯凡

爱到痴迷的人,是真正的爱人。
　　　　　　　　　　——吴伯箫

爱的价值,不仅仅在于拥有。有时,牺牲了爱,却可能让爱成为永恒。
　　　　　　　　　　——肖复兴

爱与恨是一双互通有无的孪生姐妹。她们彼此渗透,亲密无间。
　　　　　　　　　　——谢选骏

爱是比恨更有利的抵抗方式,它能达到恨所难以企及的抵抗高度。
　　　　　　　　　　——谢选骏

爱是实现生命的唯一途径。
　　　　　　　　　　——徐志摩

人们通常都以为只有被爱才幸福,都希望别人能爱自己,事实上,能主动地爱别人才是真正的乐趣。　——叶兆言

爱是单纯的,无所谓的,无所谓回报,也无所谓崇高。爱本身就是一种荷尔蒙。　　　　　　　——叶兆言

最遥远的距离,不是生与死的距离,不是天各一方,而是我就站在你面前,你却不知道我爱你。　——张小娴

在对的时间,遇见对的人,是一种幸福;在对的时间,遇见错的人,是一种悲伤;在错的时间,遇见对的人,是一声叹息;在错的时间,遇见错的人,是一种无奈。　　　　　　　——张小娴

没有东西比健全的爱更伟大,它导引着一切。　　　　——郑振铎

如果我们深爱着我们的伴侣,如果我们致力于充裕我们爱侣的生活,我们自然会竭尽所能地表现出自己的才华。
　　　　　　——阿德勒[奥地利]

倘若你爱,你会受苦;而若不爱,你就不懂得一个基督徒的生命的意义。
　　　　——阿加莎·克里斯蒂[英国]

爱是一种主动活动,而不是一种被动的情感;它是"分担",而不是"迷恋"。在最一般的意义上,爱的主动性特征可这样来描述:爱主要是给(jǐ)予,而不是接受。　　　　——埃·弗洛姆[美国]

爱本质上应是一种意志行为,用自己的生命完全承诺另一个生命的决心。
　　　　　　——埃·弗洛姆[美国]

关心和责任是爱的组成因素,但是没有对所爱者的尊重和认识,爱就会堕落成统治和占有。
　　　　　　——埃·弗洛姆[美国]

爱是一门艺术,正如生活是一门艺术一样。　　——埃·弗洛姆[美国]

人通过爱和理性,在精神上和情感上理解世界。　——埃·弗洛姆[美国]

爱上某人不只是一种强烈的感情,还是一种决心、一种判断、一种承诺。
　　　　　　——埃·弗洛姆[美国]

只有痛苦的离别才能使我们爱得深沉。　　——艾略特[英国]

为爱牺牲一切,服从你的心,朋友、亲戚、时日、名誉、财产、计划、信用与灵感,什么都能放弃。　——爱默生[美国]

爱是火热的友情,沉静的了解,相互信任,共同享受和彼此原谅。爱是不受时间、空间、条件、环境影响的忠实。爱是人们之间取长补短和承认对方的弱点。　　——安恩·拉德斯[英国]

爱的河流在不停地流,在我们人间的生活中流。　　——安徒生[丹麦]

关于爱情,人们有许多定义:爱情是生活中的诗歌和太阳。
　　　　　　　　——别林斯基[俄国]

一个人总是最爱那些他认为和自己有一致利益,和自己得失祸福与共的东西的。　　——柏拉图[古希腊]

只有拥有高尚目标的爱才是崇高的,值得赞美的。　——柏拉图[古希腊]

我是幸福的,因为我爱,因为我有爱。　　　　——勃朗宁[英国]

情人的爱会冷却,丈夫会厌恶妻子,唯独父母之爱,与我们终生同在。
　　　　　　　　——勃朗宁[英国]

在各种事物的常理中,爱情是无法改变和阻挡的,因为就本性而言,爱只会自行消亡,任何计谋都难以使它逆转。
　　　　　　　　——薄伽丘[意大利]

爱一个人意味着什么? 这意味着为他的幸福而高兴,为使他能够更幸福而去做需要做的一切,并从这当中得到快乐。　——车尔尼雪夫斯基[俄国]

典型的具有献身精神的爱是母爱。将自己的一切奉献给孩子——母爱就是如此彻底。　——池田大作[日本]

爱为美德的种子。
　　　　　　　　——但丁[意大利]

爱的痛苦要比其他一切欢乐都要甜美。　　　　——德莱顿[英国]

宁肯爱过而又失却,也不愿做从未爱过的人。　　——丁尼生[英国]

爱之花开放的地方,生命便能欣欣向荣。　　　　——凡·高[荷兰]

会爱的人才会生活,会生活的人才会工作。　　　——凡·高[荷兰]

假如你不让树木长叶、开花、结果,它便会枯死;假如你不让爱表现自己,爱便会呛死于自己的血液中。
　　　　　　　　——费尔巴哈[德国]

一个人如能在心中充满对人类的博爱,行为遵循崇高的道德律,永远围绕着真理的枢轴而转动,那么他虽在人间也就等于生活在天堂中了。
　　　　　　——弗兰西斯·培根[英国]

夫妻的爱,使人类繁衍;朋友的爱,给人以帮助;但那荒淫纵欲的爱,却只会使人堕落毁灭啊!
　　　　　　——弗兰西斯·培根[英国]

仁爱不会过度。
　　　　　　——弗兰西斯·培根[英国]

无论你怎样地表示愤怒,都不要做出任何无法挽回的事来。
——弗兰西斯·培根[英国]

所谓永恒的爱,是从红颜爱到白发,从花开爱到花残。
——弗兰西斯·培根[英国]

真诚的爱在奉献的时候最为丰富。如果认为这是牺牲的话,就已经不是真正的爱了。
——盖贝尔[德国]

如果缺少了爱,一切的美妙景象都将黯(àn)然无光。
——冈察洛夫[俄国]

没有爱的生活不是生活,而是生存。
——高尔基[苏联]

没有太阳,花朵不会开放;没有爱,便没有幸福;没有妇女,也就没有爱;没有母亲,既不会有诗人,也不会有英雄。
——高尔基[苏联]

不能恨就不能真挚地爱,必须把灵魂分作两半,一定要透过恨才能爱。
——高尔基[苏联]

世间的流逝,许多往事已经淡化了。可在历史的长河中,有一颗星星永远闪亮,那便是亲情。世间可以让人丢失一切,可是亲情是割舍不去的。即使有一天,亲人离去,但他们的爱却永远留在子女灵魂的最深处。
——高尔基[苏联]

诗人要有一些憎恨,凡是不可忍受的、丑恶的,不让它和美好的并存。纯真的爱不会亵渎神明,反而使它喜悦。
——歌德[德国]

爱使生命燃烧,使生活充实。
——歌德[德国]

爱与憎在本质上是同一种感情,只不过前者是积极的,而后者是消极的而已。
——格庞斯[德国]

关于爱,我们可以说,越纯洁,越含蓄。
——哈代[英国]

不时常涌溢的爱就往往死掉。
——纪伯伦[黎巴嫩]

你是你所爱的人的奴隶,因为,你爱了他;你也是爱你的人的奴隶,因为,他爱了你。
——纪伯伦[黎巴嫩]

除非临到了别离的时候,爱永远不会知道自己的深浅。
——纪伯伦[黎巴嫩]

我们可以把一切的憧憬全舍弃,却舍弃不了爱的憧憬。
——今道友信[日本]

现实生活中的爱是有起伏的、无常的,很可能不是永恒的。
——今道友信[日本]

爱是不可抑制的欣悦,同时它又与令人心碎的痛苦相连。
——今道友信[日本]

爱是自然流溢出来的奉献。
——今道友信[日本]

爱是不容欺骗的信任,爱是永不熄灭的希望之火,爱决不追求自身利益。
——克尔恺郭尔[丹麦]

爱着一个不再爱你的人是很难过

的,但是被一个你不再爱的人所爱,更加糟糕。
——库特林[法国]

爱是一种旅程、一种运动、一种聚合的速度,爱是一种创造力。
——劳伦斯[英国]

爱得愈深,苛求得愈切,所以爱人之间不可能没有意气的争执。
——劳伦斯[英国]

只有肚子饿的时候,吃东西才有益无害;同样,只有当你有爱心的时候,去同人打交道才会有益无害。
——列夫·托尔斯泰[俄国]

所谓爱,正是把他人的"我"认作自己的。
——列夫·托尔斯泰[俄国]

爱是最复杂的情感,但是也可能最单纯;爱是恒久忍耐,但也可能容不了一粒尘埃。
——刘墉[美国]

我宁肯为我所爱的人的幸福而千百次地牺牲自己的幸福。
——卢梭[法国]

爱是生命的火焰,没有它,一切都将变成黑夜。
——罗曼·罗兰[法国]

真正爱的人没有什么爱得多爱得少的,他是把自己整个儿给了他所爱的人。
——罗曼·罗兰[法国]

爱是一种甜蜜的痛苦。
——罗曼·罗兰[法国]

爱是需要彼此牺牲的,单方面的牺牲,只能造成单方面的爱。
——罗曼·罗兰[法国]

只有通往真理的爱,才是不会背叛我们的唯一的爱。
——罗曼·罗兰[法国]

最充实的爱是愉快与良好的愿望这两种因素不可分割的结合。
——罗素[英国]

虽然爱与知识都是必不可少的,但是在某种意义上,爱是更基本的,因为它会引导聪明的人寻求知识,以便找到如何为自己所爱的人造福的方法。
——罗素[英国]

只要爱是自由和自然的,它必然兴旺茂盛;而如果爱是一种责任,那它只能凋谢枯萎。
——罗素[英国]

爱使有关人的欲望产生协调,而不是造成冲突。两人彼此相爱则成功与失败命运相连,而互相憎恨则任何一方的成功就是另一方的失败。
——罗素[英国]

我的所有心事,所有的想法和念头,一切一切,过去、现在、将来,只归结为一个声音、一个象征、一个语调,如果它响起来,那么它只能是:我爱你!
——马克思[德国]

被爱的对象既是病又是药,这种药使疾病缓解或加剧。
——马塞尔·普鲁斯特[法国]

生活的一大悲剧不是人类将消亡,而是爱的枯竭。
——毛姆[英国]

母爱是世间最伟大的力量。
——米尔[英国]

为爱而备受无情打击的人,总比从

未爱过的人幸运一千倍。
　　　　　——米尔恩斯[英国]

　　爱情是一位伟大的导师,教我们重新做人。　　——莫里哀[法国]

　　爱,人与人之间纯真、挚诚的爱产生了温暖,这种温暖将激励人们顶狂风,冒暴雪,顽强地踏上一条富有深刻含义的人生之路。
　　　　　——穆尼尔·纳素夫[科威特]

　　失去了爱,你的生活就离开了轨道。
　　　　　——拿破仑[法国]

　　真正的爱并不要求是互惠的。
　　　　　——尼采[德国]

　　只要有爱,就值得去战斗和歌唱,就值得活在世上。　——聂鲁达[智利]

　　爱和死有点儿相同:不论帝王的高堂大殿,或牧人的茅屋草舍,它都闯进去。　　——塞万提斯[西班牙]

　　爱,可以创造奇迹。
　　　　　——莎士比亚[英国]

　　爱和炭相同,烧起来,得设法叫它冷却。让它任意着,那就要把一颗心烧焦。
　　　　　——莎士比亚[英国]

　　即使用二十把锁,把"美"牢牢地锁在密室,"爱"也照旧能把锁逐个打开而斩关直入。
　　　　　——莎士比亚[英国]

　　我最初爱慕的是一颗闪耀的星星,如今崇拜的是一个中天的太阳。
　　　　　——莎士比亚[英国]

　　爱愈强大,忧烦愈深,芝麻之事也令人牵肠挂肚,而强大的爱便由此诞生。
　　　　　——莎士比亚[英国]

　　我愿跟随你,将地狱化为天堂,死在我深爱的人的手中。
　　　　　——莎士比亚[英国]

　　可以量深浅的爱是贫乏的。
　　　　　——莎士比亚[英国]

　　爱意味着献出,意味着把自己心灵的力量献给所爱的人,为所爱的人创造幸福。　——苏霍姆林斯基[苏联]

　　有一个词,能使我们摆脱人生的一切重负和苦痛,这个词就是"爱"。
　　　　　——索福克勒斯[古希腊]

　　只有爱人,才真实地知道他是被爱的。　　——泰戈尔[印度]

　　爱就是充实了的生命,正如盛满了酒的酒杯。没有表现出来的爱是神圣的,它像宝石般在隐藏的心的朦胧里放光。　　——泰戈尔[印度]

　　不知节制的爱不能持久,它像溢出杯盏的酒浆的泡沫,转瞬便化为乌有。
　　　　　——泰戈尔[印度]

　　爱情是理解和体贴的别名。
　　　　　——泰戈尔[印度]

　　我爱你,我爱的只有你,我的爱永不熄灭——直到太阳冷却,星星老去。
　　　　　——泰勒[美国]

　　爱的反面不是仇恨,而是漠不关心。
　　　　　——特蕾莎[塞尔维亚]

　　没有完全的平等,就没有爱。
　　　　　——屠格涅夫[俄国]

爱,我想,比死和死的恐惧更强大。只有依靠它,依靠这种爱,生命才能维持下去,发展下去。 ——屠格涅夫[俄国]

温和的爱是一种可畏的力量,比一切都更为强大,没有任何东西可以和它相比。 ——陀思妥耶夫斯基[俄国]

爱的继续像一把神奇的钥匙,可以打开被爱者心灵的迷宫。
——瓦西列夫[保加利亚]

去爱就是去信任,去希望,去了解;爱就是尝试,就是人间的尝试!
——沃勒[英国]

爱能使伟大的灵魂变得更伟大。
——席勒[德国]

有时候,爱比人的坚定信念更强大。
——辛格[爱尔兰]

爱的需求或力量一旦死去,人就成为一个活着的墓穴,苟延残喘的只是一副躯壳。 ——雪莱[英国]

凡是不爱同类者,尽其一生必是贫瘠的,而且到老只有一个凄惨的坟墓在等待着他。 ——雪莱[英国]

爱根植于生命之中,无条件地与生命等同,所以爱是历史性的。
——雅斯贝尔斯[德国]

爱的表现是无保留地奉献,而其本质却是无偿地索取。
——有岛武郎[日本]

人生是花,而爱是花蜜。
——雨果[法国]

爱是人们心里的火头,它是无尽期、无止境的,任何东西所不能局限、任何东西所不能毁灭的。人们感到它一直燃烧到骨髓,一直照耀到天际。
——雨果[法国]

爱是感情的升华,它有如阳光照耀大地,给万物一股生长的力量,使其欣欣向荣。 ——雨果[法国]

爱是不知足的。有了幸福,还想极乐园;有了极乐园,还想天堂。
——雨果[法国]

最能折磨男子,莫过于女人那充满魅力的双眸。 ——约·弗莱彻[英国]

爱是不会老的,它留着永恒的火焰与不灭的光辉,世界的存在就以它为养料。 ——左拉[法国]

5 恋爱

窈(yǎo)窕(tiǎo)淑女,君子好逑。①
——[春秋]《诗经》

愿得一心人,白头不相离。
——[汉]乐府古辞《白头吟》

愿为双飞鸟,比翼共翱翔。
——[三国]阮籍

---

① 窈窕:文静;美好。淑女:美好的女子。逑:配偶;伴侣。

在天愿作比翼鸟,在地愿为连理枝。① ——[唐]白居易

身无彩凤双飞翼,心有灵犀一点通。② ——[唐]李商隐

得成比目何辞死,愿作鸳鸯不羡仙。③ ——[唐]卢照邻

恋爱的人,展现给对方的都是自己最美的羽毛,一颦一笑,一举一动,都是最中人意的,哪怕是小小的争执,都以爱的方式传递,都有一种诱人的魅力,而这些,其实并不都是准确的实在的。
——谌容

恋爱的过程,其实也就是人生走向充实、走向丰满、走向成熟与美丽的过程。 ——丁凯隆

恋爱是火,火是不能随便玩的。
——丁玲

没有一株杨柳不为李花而癫狂,没有一水不为东风吹皱,没有一个恋人不为恋人恼着。 ——冯雪峰

恋爱有如路人看到走在前面的一个异常有魅力的背影,渴望追上并得到这个人,充满了理想主义的激情;而结婚则好像是走到这个人前面去了,回过头来一看,天哪,一张歪嘴,一只眼睛还是瞎的。 ——耿庸

一个人如果曾经进入过情感世界里,这是一种至高至上的境界,而一旦失去它,就会像从云端里跌落下来。
——关鸿

失恋是一剂奇妙的蒙药。越是失望,越是激情难抑,幻想联翩。——关鸿

老头子恋爱,听说像老房子着了火,烧起来是没有救的。 ——钱锺书

对于弱者,一次真正的失恋经历足以摧毁一个世界;对于强者,则会获得一个世界。 ——赵鑫珊

过分亲昵的后果,常常是在情侣们最需要含蓄的时刻过早丧失了神秘感,减弱甚至消除了恋爱阶段最可宝贵的对朦胧意念的心理追求,降低了对方的性爱想象力,因而也降低了自己的审美价值。 ——朱一强

恋爱原是一种可以提高生命价值的很华贵的东西。 ——霭理士[英国]

一个心灵经过无数年间的思考所能得到的自我了解,赶不上恋爱的热情在一天所教给的为多。——爱默生[美国]

恋爱是我们第二次的脱胎换骨。
——巴尔扎克[法国]

恋爱是一个谜,它只活在人们心中。
——巴尔扎克[法国]

---

① 比翼鸟:古代传说中的一种鸟,生活在南方,雌雄在一起,飞翔时翅膀挨着翅膀。连理枝:两棵树交互生长在一起的枝条,犹如一棵树。

② 灵犀:古代传说,犀牛角中心色白,根末相通,感应灵敏,被视为灵异之物。心有灵犀一点通:比喻男女双方彼此心领神会,感情共鸣。

③ 比目:两眼居于一侧的一种鱼,必须两条鱼并排在一起才能向前游动。比喻形影不离的情侣或朋友。也叫比目鱼。

大凡囚徒争取自由，恋人要达到恋爱的目的，都会运用激动的理智做最后挣扎，想出一些巧妙的办法来。
——巴尔扎克[法国]

在少女身上，恋爱本来就是自然法则在起作用，当钟爱的对象是一位出类拔萃的男人时，热情就会在少女的芳心泛滥。
——巴尔扎克[法国]

既然失恋，就必须死心，断线而去的风筝是不可能追回来的。
——巴尔扎克[法国]

初恋，在现实中虽没有结果，但在回忆中却是朵永不凋谢之花。
——白石浩一[日本]

恋爱能使生命燃烧，使生活充实。
——歌德[德国]

我希望获得一切，而跟她分享一切；我情愿抛弃一切，如果她，唯一者，属于我。
——歌德[德国]

青年男子谁个不钟情？妙龄女人谁个不善怀春？这是我们人性中的至圣至神。
——歌德[德国]

恋爱是人的第二生命。
——歌德[德国]

谁能放弃了憎恨之念，躲避开尘寰浊世，怀里拥抱着一位挚友，同享着人所不知、人所梦想不到的乐趣，就在这样的夜间，在心曲的迷宫里漫游，那真是幸福无边。
——歌德[德国]

谁要是第一次钟情，尽管不幸，也是个神；可是再陷情网，依然很不幸，那就是蠢。
——海涅[德国]

初恋自古有之，但它永远是新鲜的。
——海涅[德国]

一个恋爱着的人，可比魔鬼和天使更有力量，能够做到一切。
——海涅[德国]

失恋可能会带来某些痛苦，它伤害脆弱者的心灵，毁掉幸运者的前途；但倘若他是个有活力的人，他的苦恼就可在各种事物的忙碌中得到解脱。
——华·欧文[美国]

好的记忆是友谊的基础，却是恋爱的毁灭。
——雷马克[德国]

当你真正感到对方的话是肺腑之言的时候，自己的心灵也一定会敞开来接受一个陌生心灵的真情的流露；一个教育家的全部箴言也赶不上你所爱恋的一个聪明女人情意缠绵的话语。
——卢梭[法国]

没有一场深刻的恋爱，人生等于虚度。
——罗曼·罗兰[法国]

在情场上，如果你对爱表示怀疑，就是不懂得恋爱，除了使自己遭到惨败以外，是没有什么好处的。
——莫里哀[法国]

一个人因为失恋而伤心的时候，如果向人家表示出来，只能说明自己太懦弱，除此以外，毫无用处。
——莫里哀[法国]

一个热恋的人，本能地会在他天然的优点之上增加许多后天的魅力。
——莫洛亚[法国]

当着情人的面,最坚决的心也会游移,最勇敢的舌头也会懦怯。
——塞万提斯[西班牙]

恋爱是戴着眼镜看东西的,会把黄铜看成金子,贫穷看成富有,眼睛里的斑点看成珍珠。 ——塞万提斯[西班牙]

恋爱是盲目的,恋人们瞧不见他们自己所干的傻事。——莎士比亚[英国]

青春的恋爱就像阴晴不定的四月天气,太阳的光彩刚刚照耀大地,片刻间就遮上了黑沉沉的乌云一片!
——莎士比亚[英国]

一个女人要是以为恋爱在达到目的以后,还是像热情未获满足以前一样甜蜜,那么她一定从来不曾有过恋爱的经验。 ——莎士比亚[英国]

恋爱总是比婚姻更令人愉快,恰似小说总比历史更令人愉快。
——尚福尔[法国]

恋爱是人生永久的音乐,它给青年以灿烂的光辉,给老人以圣洁的灵光。
——斯迈尔斯[英国]

绿叶恋爱时便成了花,花崇拜时便成了果实。 ——泰戈尔[印度]

爱神奏出无声旋律,远比乐器奏出的悦耳动听。 ——托·布朗[英国]

单恋即使能触发人的感情,也必然会给人带来严重的创伤,使人自卑和失望。 ——瓦西列夫[保加利亚]

真正的恋爱具有提高人们人格的能力,而绝不会使之降低。因而,态度卑劣又恬不知耻的人,不配享受真正的爱情。
——武者小路实笃[日本]

恋爱是人生的诗,是花,是喜悦,是美。 ——武者小路实笃[日本]

人生倘若没有恋爱,就会变得枯燥乏味,文学、美术也就黯(àn)然失色了。
——武者小路实笃[日本]

初恋不过是一分傻气加上九分好奇。 ——萧伯纳[爱尔兰]

恋爱不是慈善事业,所以不能慷慨施舍。 ——萧伯纳[爱尔兰]

获取一颗没有被人进攻的经验的心,也就像夺取一座没有守卫的城池一样。 ——小仲马[法国]

不论是月光或雨声,唯有恋爱,才会产生新的颜色和音乐。
——永井荷风[日本]

如果你是石头,便应当做磁石;如果你是植物,便应当做含羞草;如果你是人,便应当做意中人。 ——雨果[法国]

6 爱情

相思想见知何日,此时此夜难为情。
——[唐]李白

东边日出西边雨,道是无情却有情。
——[唐]刘禹锡

两情若是久长时，又岂在朝(zhāo)朝(zhāo)暮暮。　　——[宋]秦观

多情却被无情恼。　　——[宋]苏轼

含情欲语独无处，传与琵琶心自知。
　　　　　　　　——[宋]王安石

问世间，情是何物？直教生死相许。① ——[金]元好问

在爱情里只有相信不相信的问题，并没有什么配不配。　　——巴金

抑制久了的爱情，一旦到了爆发的时候，变成了不可克制的激情了。
　　　　　　　　　　　　——巴金

这世上，不是只有烈酒才能醉人，不是只有热恋才会刻骨。有时候，一份清淡，更能历久弥香；一种无意，更能魂牵梦萦；一段简约，更可以维系一生。
　　　　　　　　　　　——白落梅

爱情是不按逻辑发展的，所以必须时时注意它的变化；爱情更不是永恒的，所以必须不断地追求。　　——柏扬

天地间真正不能替代的，恐怕只有爱情。金钱、权势、地位、荣誉，可以满足任何一方面，但不能填补心灵的空虚。
　　　　　　　　　　　　——柏扬

真挚的持久的爱情，不是"一见倾心"，因为相互的全面的了解，思想观点的谐和，不是短时间能达到的，必须经过相当长的时期才能真正了解，才能实际地衡量双方的感情。　　——邓颖超

爱情能够天长地久，往往不是由于本身的完美，而是由于双方都有一片宽阔的胸怀，能容纳对方的不完美。
　　　　　　　　　　　　——丁凯隆

爱情之所以永恒，就在于它蕴含着美的吸引力。　　——丁凯隆

感情是动态的美，理智是静态的美，若能将两者融合在一起，爱情就会闪烁永恒的光华。　　——丁凯隆

没有爱情的滋润，美会容易凋零；而没有美的内涵，爱情便会沉沦为庸俗的情欲。爱情常常排斥友谊，然而只有当爱情同时融合着友谊时，爱情之美才会纯洁无瑕。　　——丁凯隆

并不是美貌的女人都拥有美丽的爱情。有时恰恰相反，越美丽的女人距爱情越远。　　——丁凯隆

从倾倒于美色开始的爱情，也常因美色而告终。　　——丁凯隆

爱情之花并非生长于含情脉脉的絮语里或小心谨慎的防范中，她像那并蒂的雪莲、傲雪的红梅一样，需要阳光的照拂和风雨的洗礼。　　——杜卫东

从心跳开始的爱情，才是爱情；从眼热开始的爱情，只是买卖。 ——郭因

爱情使人变傻：情话是一堆傻话，情书是傻话连篇，情人是一个个小傻瓜。
　　　　　　　　　　　　——何怀宏

爱情的代价是痛苦，爱情的方法是要忍得住痛苦。　　——胡适

---

① 教：使；令。

真正的爱情是用整个生命去爱,是用整个灵魂去探索和追求。——黄秋耘

爱情是支配生活的一种力量。
——李霁野

爱情若是一座辉煌的大厦,忠贞就是它的地基;爱情若是一朵绚丽的鲜花,忠贞则是它扎根的沃土。——刘大昌

爱情,可以经受外界的阻挠和干涉,而经不起彼此之间的猜疑、冷漠和嫉妒。
——刘启林

脱离了男女双方在思想上、情感上、情味和气质等方面的共鸣倾慕,仅是单纯的两性关系,是不能称之为爱情的。
——刘心武

爱情必须是时时更新、生长、创造。
——鲁迅

爱情的两方不在于相互媲(pì)美,在于合适,就如瓶盖与瓶身,尺寸对头才能拧紧。——秦文君

真正的爱情,绝对是天使的化身;一段孽缘,不过是魔鬼的玩笑。——三毛

爱情是不能够靠结婚来保障的。
——苏青

如果说嫉妒是友谊的不可逾越的障碍,那么猜疑就是爱情的最危险的敌人。在爱情上,没有相互的忠诚,就没有相互的信任。——孙泱

我们的一生,也许都是在惊自己的梦。忽然就遇到了,就心动了,就满心满眼全是他了,没有比爱情更惊梦的事了,我们所等的,所盼的那个人,其实是寻了又寻找了又找的人,是那个前世就埋下伏笔,等待来生用各种记号一一去验证的人吧。 ——雪小禅

真正的爱情不在于金钱,但金钱却是考验爱情的试金石。 ——杨楚民

能够说出的委屈,便不算委屈;能够抢走的爱人,便不算爱人。 ——亦舒

没有爱情的性欲与没有性欲的爱情同样荒谬。 ——张乐天

我以为爱情可以填满人生的遗憾,然而,制造更多遗憾的,偏偏是爱情本身。 ——张小娴

想要忘记一段感情,方法永远只有一个:时间和新欢。要是时间和新欢也不能让你忘记一段感情,原因只有一个:时间不够长,新欢不够好。 ——张小娴

好的爱情,是性的吸引与人的吸引的统一;好的婚姻,是性的和谐与人的和谐的统一。 ——周国平

爱情走入婚姻不外乎三种下场:沉淀、溶解、挥发。 ——朱德庸

异性之间的崇拜、喜欢、欣赏……容易导致爱情,也容易被自己错认为是爱情。崇拜居于爱情之上,喜欢居于爱情之下,欣赏居于爱情之畔,它们都不是爱情。但是爱情一旦发生,能够将它们囊括其中。 ——朱苏进

爱的失意者,往往比爱情满足者更宽容更深刻地认识人间,也比过去更痛彻更不宽容地鞭策着自己。——朱苏进

双方靠婚床结成的爱情,比靠对法

典宣誓的爱情更牢固,因为柔情蜜意使他们坚守信约。
——埃斯库罗斯[古希腊]

爱情是相互了解的别名。男女双方只有相互真正了解对方的思想、习惯、性格、情操,才更能建立真正的爱情。
——爱因斯坦[美国]

青春短暂,美貌也同鲜花一样命薄,但爱情却如同珠宝,与世长存。
——奥尼尔[美国]

爱情是魔鬼,是烈火,是天堂,是地狱;那里有欢乐,有痛苦,也有苦涩的忏悔。
——巴恩菲尔德[法国]

爱情本身就是生命,它不会死亡,只会迁徙。
——巴尔德斯[古巴]

爱情像大海,粗浅的人说它是单调的,而高尚的人却可以从中寻到丰富多彩的生活情趣。
——巴尔扎克[法国]

爱情应该存在于完完全全的、孩童式的、无限的安全感之中。
——巴尔扎克[法国]

坦白的爱情自有它的预感,知道爱能生爱。
——巴尔扎克[法国]

忠贞便是培养爱情的养料。
——巴尔扎克[法国]

爱情会给忧伤的眼睛里注入生命,使苍白的面孔泛起玫瑰色的红润。
——巴尔扎克[法国]

只有在想象中,爱情才能永世不灭,才能永远环绕着夺目的诗的光轮。
——巴乌斯托夫斯基[苏联]

世界上,只要有男女存在的一天,爱情就会永远存在。——白石浩一[日本]

爱情可以,而且应该永远和婚姻共存。
——拜伦[英国]

爱情中的欢乐和痛苦是交替出现的。
——拜伦[英国]

爱情需要合理的内容,正像熊熊烈火要油来维持一样;爱情是两个相似的天性在无限感觉中的和谐的交融。
——别林斯基[俄国]

爱情,只有爱情,可以使人敢于为所爱的人献出生命;这一点,不但男人能做到,而且女人也能做到。
——柏拉图[古希腊]

纯洁的爱情是人生中的一种积极的因素、幸福的源泉。
——薄伽丘[意大利]

真正的爱情能够鼓舞人,唤醒他内心沉睡的力量和潜藏的才能。
——薄伽丘[意大利]

女人拒绝异性的追求,是先天性的特权,即使拒绝了一个最热烈的爱情,也不会被认为残酷。但是,如果命运女神错乱了安排,让女人打破了羞怯的本性,不顾一切地向一个并无把握的异性献出她的热爱,而对方表示着冷淡和拒绝时,那结果就不堪设想了。男人拒绝女人的追求,等于损伤了她的最高贵的自尊。
——茨威格[奥地利]

爱情激荡着活跃的情绪,它可以使死亡的心复活,它可以使沙漠里有人居

爱情

住,它可以使爱人的幻影重新显现。
　　　　　　　——大仲马[法国]

忠诚和互相信任是爱情的首要条件。　　　　　——邓肯[美国]

爱情埋在心灵深处,并不居住在双唇之间。　　　——丁尼生[英国]

对爱情来说,严峻的生活考验以及对初恋的生动回忆,都是同样不可缺少的。前者把人联系在一起,后者令人永葆青春。　　——法捷耶夫[苏联]

相互信赖、尊重、真诚相待——这才是真正爱情赖以建立的基础。
　　　　　　——菲纳谢德金[苏联]

爱情是所有人类感情中最脆弱的一环。　——弗兰西斯·培根[英国]

爱情可以化陋室为宫殿。
　　　　——弗兰西斯·培根[英国]

在爱情里,人们可以原谅严重的不谨慎,但不能饶恕那些不忠实。
　　　　　　　——福楼拜[法国]

爱情的视觉不是眼睛,而是心灵。
　　　　　　——富兰克林[美国]

不懂爱情就不懂生活。
　　　　　　　——盖伊[英国]

野蛮的兽性的爱情是忘形的,而理智的爱情是应该持重的。
　　　　　　——冈察洛夫[俄国]

获得爱情你可以随便使用什么方法,而保持爱情却需要智慧。机智是智慧的一个方面,这里一点儿没有可鄙的

地方。　　　　——冈察洛夫[俄国]

痛苦是爱情无法逃避的影子。
　　　　　　　——高尔基[苏联]

在爱情里,一旦有了争风吃醋的成分,一个人就会变得非常毒辣凶狠。
　　　　　　　——哈代[英国]

有限的爱情要求占有对方,而无限的爱情则只要求爱的本身。
　　　　　　——纪伯伦[黎巴嫩]

如果一个人把生活兴趣全部建立在爱情那样暴风雨般的感情冲动上,那是会令人失望的。　——居里夫人[法国]

爱情在一切感情中最可怕,同时也最慷慨。它是唯一的一种在其自身的梦幻中含有另外一个人的幸福的情感。
　　　　　　　　——卡尔[美国]

爱情是充满烦恼的喜悦。
　　　　　　——卡蒙斯[法国]

真正的爱情不是靠一个男人和一个女人之间盲目的利己的情欲就可以建立起来的,它必须建立在互相了解、友谊的温存的基础上。——拉福雷特[西班牙]

经过患难的火的洗礼的爱情才是坚贞的爱情。　　——拉格洛夫[瑞典]

真正的爱情世上只有一种,而模仿出来的爱情却有千种万种。
　　　　　　——拉罗什富科[法国]

爱情,是一根魔杖,能把最无聊的生活也点化成黄金。　——劳伦斯[英国]

爱情是一片炽热的狂迷的痴心,一

团无法扑灭的烈火,一种永不满足的欲望,一份如糖似蜜的喜悦,一阵如痴如醉的疯狂,一种没有安宁的劳苦和没有劳苦的安宁。
　　　——理查·德·弗尼维尔[英国]

在我们所有的感情中,最令人迷惑与神魂颠倒的,就是爱情与嫉妒。
　　　——卢梭[法国]

经历过痛苦而成熟的爱情,是最热烈的爱情。——罗曼·罗兰[法国]

毫无经验的初恋是迷人的,但经受得起考验的爱情是无价的。
　　　——马尔林斯基[俄国]

真正的爱情是表现在恋人对他的偶像采取含蓄、谦恭甚至羞涩的态度,而绝不是表现在随意流露热情和过早的亲昵。　　——马克思[德国]

爱情是耗尽锐气的激情,爱情是置意志于一炬的火焰,爱情是把人骗入泥潭的诱饵,爱情将剧毒抹在命运之神的箭上。　　——梅斯菲尔德[英国]

发号施令在爱情中是行不通的。
　　　——蒙田[法国]

爱情是生活中唯一美好的东西,但却往往因为我们对它提出过分的要求而被毁坏了。　　——莫泊桑[法国]

普通的花卉必须经过相当时间的栽培才会吐露芬芳,爱情的花朵更不会突然开放,所以一见钟情的爱是靠不住的。
　　　——莫泊桑[法国]

把爱情置于生活之外,也就等于把快乐置于生活之外。——莫里哀[法国]

爱情更能承受的是生离和死别,而不是猜疑和欺骗。——莫洛亚[法国]

真正的爱情必定是在倾慕对方外表和心灵的基础上建立起来的,缺乏内涵的外表美是容易凋谢的花朵。
　　　——莫洛亚[法国]

伟大的爱情能使最平庸的人变得敏锐,勇于献身,充满信心。
　　　——莫洛亚[法国]

爱情的聪慧在于要使对方永远保持新鲜感。　　——莫洛亚[法国]

植根于沃土中的爱情大树是风吹不摇、雨打不动的。
　　　——穆尼尔·纳素夫[科威特]

爱情和怨恨往往是同时存在,形影不离。有时,爱得真挚,便恨得真切。
　　　——穆尼尔·纳素夫[科威特]

水会流失,火会熄灭,而爱情却能和命运抗衡。
　　　——纳撒尼尔·布拉登[美国]

爱情是人生的盐,借助于它,人们才体味得出人世间的情趣。
　　　——欧文·斯通[美国]

没有爱情的人生是什么?是没有黎明的长夜!　　——彭斯[苏格兰]

爱情充满蜜汁。它先让你尝点儿甜头,然后趁你还没过瘾就溢出苦涩的胆汁来。　　——普劳图斯[古罗马]

一见钟情的事确实是有的!这种爱

情到后来不是在逐渐熄灭,就是在逐渐燃烧起来。　——普里列扎耶娃[苏联]

爱情和情欲之间的区别,就像黄金和玻璃一样。　——普列姆昌德[印度]

面貌的美丽当然也是爱情的一个因素,但心灵与思想的美丽才是崇高爱情的牢固基础。　——契诃夫[俄国]

谁能在爱情中最有耐心,谁就有最大的成功。　——乔叟[英国]

青年人无法无天,玩弄爱情;中年人食髓知味,追求爱情;老年人寂寞无聊,回忆爱情。　——秋田雨雀[日本]

爱情是生命的火花,友谊的升华,心灵的吻合。如果说人类的感情能区分等级,那么爱情该是属于最高的一级。
——莎士比亚[英国]

爱情的三角绞刑台,专叫傻瓜送命。
——莎士比亚[英国]

爱情是叹息吹起的一阵烟,恋人的眼中有它净化了的火星,恋人的眼泪是它激起的波涛。它又是最智慧的疯狂,哽喉的苦味,吃不到嘴的蜜糖。
——莎士比亚[英国]

最甜的蜜糖可以使味觉麻木,不太热烈的爱情才会维持久远;太快和太慢,结果都不会圆满。——莎士比亚[英国]

真诚的爱情之路永不会是平坦的。
——莎士比亚[英国]

爱情要懂得珍惜,随着岁月加倍珍惜。　——施企巴乔夫[苏联]

爱情是一本永恒的书,有人只是信手拈来,浏览过几个片段;有人却流连忘返,为它洒下热泪斑斑。
——施企巴乔夫[苏联]

眼泪是爱情的香料,浸在眼泪中的爱情是最可爱的爱情。
——司各特[英国]

人人都有享受人生幸福的权利,而获得爱情是人生的一种幸福。
——司汤达[法国]

爱情是一朵开在悬崖绝壁上的芬芳的花,摘取它必须有足够的勇气。
——司汤达[法国]

爱情,是一种炽热的感情,一定要让理智做心灵的主宰。
——苏霍姆林斯基[苏联]

爱情是无价的精神财富,需要珍爱它。　——苏霍姆林斯基[苏联]

纯洁的爱情使青年人健康成长,轻浮的爱情、消愁解闷的爱情使他们堕落。
——苏霍姆林斯基[苏联]

爱情能在平凡的事物中发现不平凡。　——泰戈尔[印度]

友谊与爱情的区别在于:友谊意味着两个人和世界。然而,爱情意味着两个人就是世界。在友谊中一加一等于二,在爱情中一加一还是一。
——泰戈尔[印度]

贞操是从丰富的爱情中生出来的资产。　——泰戈尔[印度]

看中了就不应太挑剔,因为爱情不

是在放大镜下做成的。
　　　　　——托·布朗［英国］

　　在爱情上最初的一瞥往往只是一颗火星,长期观察,才能点燃情感的火焰,形成燎原之势。
　　　　　——瓦西列夫［保加利亚］

　　突发的爱情,并不都能得到深情的回报。——瓦西列夫［保加利亚］

　　情人,尤其是真心相爱的情人,必须同时也是朋友。
　　　　　——武者小路实笃［日本］

　　爱情要彼此给(jǐ)予,然后去丰富两人共享的世界。——西蒙·波娃［法国］

　　年轻人对于爱情,要提得起放得下,那才是一个智者。——西塞罗［古罗马］

　　真正的爱情是专一的,爱情的领域是非常狭小的,它狭小到只能容下两个人生存;如果同时爱上几个人,那便不能称作爱情,它只是感情上的游戏。
　　　　　——席勒［德国］

　　爱情在本质上既是最慷慨的,又是最自私的。　　——席勒［德国］

　　贫穷知朋友,离乱识爱情。
　　　　　——席勒［德国］

　　大凡爱情是相互的、诚挚的、志同道合的,婚姻就必定是美满的。
　　　　　——夏洛蒂·勃朗特［英国］

　　爱情,这不是一颗心去敲打另一颗心,而是两颗心共同撞击的火花。
　　　　　——伊萨科夫斯基［苏联］

　　爱情是人类整个感情世界中欲望最为强烈的一种情感。
　　　　　——尤里·留利柯夫［苏联］

　　幸福的爱情能使一天等于一年,而使一年等于长生不老。爱情能使人变成神,使人长生不老。
　　　　　——尤里·留利柯夫［苏联］

　　初萌的爱情看到的仅是生命,持续的爱情看到的是永恒。——雨果［法国］

　　真的爱情是永不凋谢的。
　　　　　——雨果［法国］

　　爱情——天作之合,心灵纯洁的联系!当两颗心在倾爱中渐渐老去……尽管失去了火焰,却依然保持着光辉。
　　　　　——雨果［法国］

　　人在相爱的时候,最美妙的是缄(jiān)默的时刻。在这个当口儿,你好像在把爱情堆积起来,然后爆发成甜蜜的碎片。　　——雨果［法国］

　　爱情是各种热情的混合物,包括对肉体的崇拜和精神的崇拜。
　　　　　——雨果［法国］

　　爱情从回顾过去与憧憬未来中吸取养料。　　——雨果［法国］

　　爱情离开了幻想,好像人没有食粮一样。爱情需要热情的培养,不管是生理上的爱情也好,精神上的爱情也好。
　　　　　——雨果［法国］

　　建筑在美貌上的爱情定会如美貌一样很快地消失。　——约·多恩［美国］

　　在爱情的季节里,最值得回味的是

初恋;最难驾驭的,是初恋;最恼人烦人的,也是初恋。爱情是生命的盐。
——约·谢菲尔德[法国]

爱情是两颗灵魂的结合。
——约翰逊[英国]

一见钟情是唯一真正的爱情,稍有犹豫就不是真爱了。
——赞格威尔[英国]

7 婚姻

男女居室,人之大伦也。①
——[战国]《孟子》

婚姻者,居室之大伦也。
——[汉]《史记》

结发(fà)为夫妻,恩爱两不疑。
——[汉]苏武

夫妻本是同林鸟,大限来时各自飞。②
——[明]冯梦龙

好姻缘配偶,望天长地久。
——[明]刘兑

男大当婚,女大当嫁。
——[明]《香山记》

夫妇和而后家道成。
——[明]《幼学琼林》

千里姻缘一线牵。
——[清]《红楼梦》

夫妻无隔宿之仇。
——[清]《儒林外史》

少年夫妻老来伴。 ——[清]王晫

婚姻生活者,半睁眼半闭眼地生活。天下没有十全十美的男女,如果眼睛睁得太久,或用照妖镜照得太久,恐怕连上帝身上都能挑出毛病。 ——柏杨

婚姻乃是一条空船,靠着两种东西为它压舱,一是爱情,一是子女。 ——柏杨

夫妻间的事,有一半以上不足为外人道,有他们所特有的秘密,也有他们所特有的对问题的解决方法,局外人不知道内幕,最好勿加干涉。 ——柏杨

离婚是解决错误爱情和错误婚姻的最妙良法。 ——柏杨

无论什么鞋,最重要的是合脚;不论什么样的姻缘,最美妙的是和谐。
——毕淑敏

夫妻关系是人际关系中最密切最长久的一种。 ——冰心

丈夫和妻子的平等应像雨后的水洼,倒映着特别蓝的天、特别美丽的阳光和特别绿的树叶,这里有许多温柔的爱和同情,这是世界上所有平等中最好的一种。 ——陈丹燕

男女的结合,不重在仪式的如何严

---

① 伦:人伦,社会道德规定的人与人之间的正常关系。
② 大限:旧指指寿数已尽、注定死亡的期限(迷信)。

肃,应全以恋爱为基础。无恋爱的婚姻,不管它是"百年偕老",也不过是长期的奸淫。　　　　　　——陈望道

　　吵架也是一种宣泄和沟通。可是当一对夫妻连吵架的热情也没有了,他们的婚姻必已濒临死亡。　——陈祖芬

　　问题不在于找一个全无缺点的对象,而是要找一个双方缺点都能各自认识,各自承认,愿意逐渐改,同时能彼此容忍的伴侣。　　　　——傅雷

　　以为恋爱时期的感情的高潮也能在婚后维持下去,这是违反规律的妄想。
　　　　　　　　　　　　——傅雷

　　对终身伴侣的要求,正如对人生一切的要求一样不能太苛刻。　——傅雷

　　无爱的婚姻是痛苦的,婚后的无爱是十倍的痛苦。　　　　——耿庸

　　离异,只是婚姻关系的结束,并不意味着人与人关系的断绝。　——胡思升

　　婚姻是爱的结束,也是爱的尝试,也是爱的起头。　　　　　——老舍

　　在婚姻的围城里,你很容易羡慕城外的风景,那是很美;可那对你也许只是海市蜃楼,你抓不住啊!即使抓住了,你能保证回过头来看城内,不是另一座海市蜃楼吗?　　　　　——李红

　　在明了爱的艺术的人,结婚不是爱情的终结,却是爱情的延续。　——李霁野

　　没有爱情的婚姻与没有婚姻的爱情都是可悲的。　　　　　——刘吉

　　婚姻是杆秤,理由和期待太多,注定投入要同样的多,期待和付出不平衡时,婚姻必定失衡。　　　——马笑虹

　　夫妇间的恩爱,两个人的灵魂的合一,也只有这默然相对忘言的当儿,才是人生中最难得的真味。　——茅盾

　　婚姻是生命的赞歌,它需要爱心、责任、理智、勇气和牺牲这些多声部的配合,才能伴随你的一生。　——沫沫

　　婚姻仅仅靠一种责任来维系是很危险的,没有爱,责任将会变得相当脆弱易碎。　　　　　　　——沫沫

　　如果你爱一个人,那就和她去旅行。如果旅行过后你们仍旧相爱,那就结婚吧。　　　　　——钱锺书

　　有时婚姻也会使一个女性迷失自己——不然,世界上杰出的女性原应多得多。　　　　　　　——三毛

　　两个人的世界,是不应该有一个人向隅(yú)而泣的。　——沈嘉禄

　　婚姻是理性的结合。　　——沈扬

　　婚姻是人世的一项工作,在流水的时光里,用柴米油盐点燃几十年的人间烟火,年年月月,讲究的是两个人同舟共济、精诚合作。　　　　——素素

　　结婚是一份情,更是一份缘。唯其情也有限,缘也有终,才要格外珍惜,牢牢守护。　　　　　　　——素素

　　夫妻一旦争吵,头一个退出"战场"的,不是逃兵,而是理智的强者。
　　　　　　　　　　　　——泰生

婚前只是爱情,婚后是爱情加义务。
——汤祷

爱情是花,婚姻是果实。花总是美丽的,而果实却不一定都是美好的。
——汪国真

恋爱是一首可长可短的抒情诗,婚姻通常是一本凑不成言情小说的流水账。
——吴淡如

一见钟情的婚姻往往潜伏着悲剧。
——吴冠中

婚姻是社会的规范,是对个人的自由的一种束缚。
——谢选骏

没有爱情的婚姻是一种可怕的束缚。它的可怕在于,使人痛苦献身的同时,却不给人提供一个哪怕是虚幻的归宿感。
——谢选骏

在结婚前要睁开眼,在结婚后要闭上眼。
——宣永光

婚姻需要爱情之外的另一种纽带,最强韧的一种不是孩子,不是金钱,而是关于精神的共同成长,那是一种伙伴的关系。在最无助和软弱的时候,在最沮丧和落魄的时候,有他(她)托起你的下巴,扳直你的脊梁,命令你坚强,并陪伴你左右,共同承受命运。那时候,你们之间的感情除了爱,还有肝胆相照的义气,不离不弃的默契,以及铭心刻骨的恩情。
——杨澜

爱情有时候也是一种义气,不光是说这个人得了重病,或者他破产了你仍然跟他在一起。还有另一种是,当他精神上很困惑、很痛苦,甚至在你身上发脾气的时候,你依然知道他是爱你的。
——杨澜

精神恋爱的结果永远是结婚,而肉体之爱往往就停顿在某一阶段。
——张爱玲

婚姻关系中,性的关系既属中心,但并不是唯一的关系。许多婚姻的研究都认为性情投合是婚姻幸福的最大钥匙。
——霭理士[英国]

婚姻不是一个未定的问题吗?自从开天辟地就有人说,在婚姻制度内的人想要出来,而在婚姻制度外的人想要进去,有人问苏格拉底他是否应当娶妻,苏格拉底至今也还是很有理由:"不论他娶不娶,他都会懊悔的。"
——爱默生[美国]

爱情的婚姻是心灵结合的最美的外部象征,没有爱情的婚姻是亵渎世界的最不干净的买卖。
——奥·旭莱纳[南非]

在婚姻上,最具毁灭性的问题在于缺乏沟通,尤其是爱情、性和金钱方面。
——奥茨[荷兰]

在婚姻大事上,机会和命运常常良莠不分,叫人难以捉摸。
——奥斯丁[英国]

幸福的婚姻不仅需要交流思想,也要感情交流,把感情关在自己心里,也就把妻子推到自己的生活之外了。
——奥斯丁[英国]

人生最大的幸福是美满的婚姻,不

幸的婚姻无异于活着下地狱。
　　——奥斯瓦尔德·施瓦茨[奥地利]

　　许多不幸的婚姻都只不过是情爱死亡后的漫长挣扎罢了。
　　——奥斯瓦尔德·施瓦茨[奥地利]

　　婚姻的幸福并不完全建筑在显赫的身份和财产上，却建筑在互相崇敬上。这种幸福的本质是谦逊和朴实的。
　　——巴尔扎克[法国]

　　恋爱视快乐为目的，而结婚视整个人生为目标。　　——巴尔扎克[法国]

　　婚姻成功的秘诀存在于"顺从"和"忠诚"两个词中。
　　——巴尔扎克[法国]

　　婚姻产生人生，爱情产生快乐，快乐消灭了，婚姻依旧存在，且诞生了比男女结合更可宝贵的价值。故欲获得美满的婚姻，只需具有那种对于人类的缺点加以宽恕的友谊便够了。
　　——巴尔扎克[法国]

　　恋爱不会因结婚而终止，爱的事业是永无止境的。　　——大仲马[法国]

　　哪里有没有爱情的婚姻，哪里就有不结婚的爱情。　　——富兰克林[美国]

　　结婚前眼睛要睁圆，结婚后眼睛要半睁。　　　　——富兰克林[美国]

　　夫妻之争没有胜者，只能是两败俱伤。　　　　——盖伊[英国]

　　婚姻是两个人精神的结合，目的就是要共同克服人世的一切艰难困苦。
　　——高尔基[苏联]

　　结婚是青春的终点，也是奔向幸福人生的出发点。为了让它结出美好果实，千万不要焦急，要慎重，要有诚意。
　　——国分康孝[日本]

　　婚姻实质上是伦理关系，婚姻是具有法的意义的伦理性的爱。
　　——黑格尔[德国]

　　婚姻中的爱应该是一个美梦的达成，不该如它通常那样，是一个结束。
　　——卡尔[美国]

　　对同床共枕的人，永远应该推心置腹，这是使婚姻美满的基本条件。
　　——奎恩[美国]

　　所有婚姻都是快乐的，只是后来的共同生活才会引起麻烦。
　　——雷蒙·赫尔[英国]

　　只有爱情才能使婚姻神圣，只有使爱情神圣的婚姻才是真正的婚姻。
　　——列夫·托尔斯泰[俄国]

　　我不仅把婚姻描写为一切结合之中最甜蜜的结合，而且还描写为一切契约之中最神圣不可侵犯的契约。
　　——卢梭[法国]

　　甜蜜的结合既是你心地善良的报偿，也是你忠实于爱情的报偿。
　　——卢梭[法国]

　　婚姻是两心相印、相忍、相让的结合。　　——罗曼·罗兰[法国]

　　婚姻的唯一伟大之处，在于唯一的爱情，两颗心的互相忠实。如果婚姻丧失了这个伟大之处，它还剩下什么呢，除了一些实际生活上的便利?

——罗曼·罗兰[法国]

在婚姻中,每个人都要付出代价,同时也要收回点儿什么,这是供求规律。

——罗曼·罗兰[法国]

离婚是婚姻的安全阀。

——罗素[英国]

要想美好地度过一生,就只有两个人结合,因为半个球是无法滚动的,所以每个成年人的重要任务就是找到和自己相配的一半。 ——马克思[德国]

离婚仅仅是对下面这一事实的确定:某一婚姻已经死亡,它的存在仅仅是一种外表和骗局。 ——马克思[德国]

婚姻可以比作笼子,笼外的鸟儿拼命想进去,笼内的拼命想出来。

——门肯[美国]

只有视而不见的妻子和充耳不闻的丈夫才能有美满的婚姻。

——蒙田[法国]

为了处世,我们人人都全副武装。但是,紧密连接在一起的夫妻,就无须穿戴铠甲了。 ——摩洛瓦[法国]

人们多半在狂热中结婚,到头来造成一生的懊悔。 ——莫里哀[法国]

在幸福的婚姻中,每个人应尊重对方的趣味与爱好。以为两个人可有同样的思想、同样的判断、同样的欲望,是最荒唐的念头,这是不可能的,也是要不得的。 ——莫洛亚[法国]

婚姻的悲剧,如同其他许多悲剧一样,在于一个人所看到的对方的一切并非全都是事实。 ——莫洛亚[法国]

在真正幸福的婚姻中,友谊必须与爱情融合在一起。 ——莫洛亚[法国]

和睦夫妻间的谈话是亲切、平凡、饶有滋味的,如同这些菜肴,虽配料简单,但比珍奇美味更受欢迎。

——莫洛亚[法国]

婚姻固然带来甜时蜜月,却也少不了烦雾愁云。 ——莫扎特[奥地利]

婚姻的失败,对于一个家庭来说,其影响就是灭顶之灾。

——穆尼尔·纳素夫[科威特]

婚姻是一本书,第一章写的是诗篇,其余则是平淡的散文。

——尼克斯[匈牙利]

婚姻成功最大的秘诀便是把所有的灾难看成意外的事件,而任何意外事件都不当作灾难。 ——尼寇尔泰[德国]

信任是婚姻关系中两个人所共享的最重要特质,也是建立愉快的、成长的关系所不可短缺的。

——尼娜·欧尼尔[美国]

选这样的女人做你的妻子:如果她是一个男的,你会选他做朋友。

——诺贝尔[瑞典]

人们求爱的时候做着美梦,一旦结婚就从梦中醒来。 ——蒲柏[英国]

充满矛盾的结合还不如地狱,互敬互爱的婚姻可与天堂媲美。

——乔·库克[美国]

一个好妻子,心地光明,行动正直,就不该监视;至于一个坏妻子,监视她也是白花了工夫,守也守不住。
——乔叟[英国]

婚姻是青春的结束,人生的开始。
——莎士比亚[英国]

不如意的婚姻好比是座地狱,一辈子鸡争鹅斗,不得安生,相反地,选到一个称心如意的配偶,就能百年谐和、幸福无穷。
——莎士比亚[英国]

切莫失去与聪明贤惠的女子结亲的良机,一位贤妻的价值赛过黄金。
——《圣经后典》

婚姻就像一把剪刀,两片刀锋不可分离,虽然使用的方向相反,但是对介入其中的东西总是联合起来对付。
——史密斯[英国]

恋爱是结婚的过程,结婚是恋爱的目的。
——叔本华[德国]

结婚就意味着平分个人权益,承担双份义务。
——叔本华[德国]

贤妻和健康是一个男子最宝贵的财富。
——斯珀吉翁[美国]

互相研究了三周,相爱了三个月,争吵了三年,彼此忍耐了三十年——然后,轮到孩子们来重复同样的事,这就叫作结婚。
——泰恩[法国]

结婚就是两颗心结合在一起。
——泰戈尔[印度]

打算讨老婆的男人,应有如下的觉悟:权利将减半,义务将倍增。
——汤川秀树[日本]

夫妻间的和睦也同友情一样,最美满的是双方都既不掩饰自己,又能协调相处。欺骗性的结婚是不幸的。
——武者小路实笃[日本]

如果两个人的结合只是性意义上的结合的话,那么他们的幸福只能是短暂的一瞬间。度过灿烂辉煌的一瞬间之后,接踵而来的是空虚和漠然。
——箱崎总一[日本]

婚姻的持久靠的是两颗心,而不是双方的肉体。
——绪儒斯[英国]

恋爱是美丽的,婚姻却是神圣的。
——伊丽莎白[英国]

只为金钱而结婚的人其恶无比,只为恋爱而结婚的人其愚无比。
——约翰逊[英国]

结婚有不少痛苦,单身却没有乐趣。
——约翰逊[英国]

8 家庭;社会

积善之家,必有余庆;积不善之家,必有余殃。①
——[周]《周易》

---

① 余:多余的;不尽的。庆:吉祥;幸福。殃:灾祸;祸害。

父母之年,不可不知也。一则以喜,一则以惧。① ——[春秋]《论语》

知子莫如父。 ——[战国]《管子》

慈母有败子。
——[战国]《韩非子》

家必自毁,而后人毁之。
——[战国]《孟子》

人人亲其亲,长(zhǎng)其长(zhǎng),而天下平。② ——[战国]《孟子》

不孝有三,无后为大。③
——[战国]《孟子》

夫孝,天之经也,地之义也,民之行也。 ——[战国]《孝经》

父子笃(dǔ),兄弟睦,夫妇和,家之肥也。④ ——[汉]《礼记》

父母之所爱亦爱之,父母之所敬亦敬之。 ——[汉]《礼记》

建大功于天下者,必先修于闺门之内。⑤ ——[汉]陆贾

父慈子孝,夫信妻贞,家之福也。⑥
——[汉]《史记》

孝在实质,不在于饰貌。⑦
——[汉]《盐铁论》

丈夫虽有志,固为儿女忧。⑧
——[晋]陶潜

父不慈则子不孝,兄不友则弟不恭,夫不义则妇不顺矣。
——[北朝]《颜氏家训》

兄弟敦和睦,朋友笃诚信。⑨
——[唐]陈子昂

慈母手中线,游子身上衣。⑩
——[唐]孟郊

谁言寸草心,报得三春晖(huī)?⑪
——[唐]孟郊

父子不信,则家道不睦。
——[唐]武则天

国清才子贵,家富小儿骄。
——[宋]《五灯会元》

儿孙自有儿孙计,莫与儿孙作马牛。
——[宋]徐守信

读书,起家之本;勤俭,治家之本;和顺,齐家之本;循礼,保家之本。
——[宋]朱熹

---

① 年:指年纪、岁数。喜:指喜其高寿。惧:指惧其衰老。
② 亲其亲:前边的"亲"义为爱,后边的"亲"义为父母。长其长:前边的"长"义为尊敬,后边的"长"义为年纪大的人。平:太平。
③ 后:后代;子孙。
④ 笃:(感情)深厚。
⑤ 闺门:内室的门,指家庭。
⑥ 信:诚实可靠。贞:旧时指女子不失身、不改嫁等。
⑦ 孝:孝敬。实质:朴素真诚。饰貌:装样子;做表面文章。
⑧ 丈夫:大丈夫,指胸怀大志的人。固:本来;原来。
⑨ 敦:宽厚;诚恳。笃:忠实。
⑩ 游子:离家在外或久居外乡的人。
⑪ 寸草:小草,比喻游子、子女。晖:阳光。三春晖:比喻慈母博大无私的养育之恩。

儿孙自有儿孙福,莫为儿孙作远忧。
　　　　　　　　——[元]关汉卿

家多孝子亲安乐,国有忠臣世泰平。
　　　　　　　　——[明]冯梦龙

家丑不可外扬。① ——[明]冯梦龙

妻贤夫祸少,子孝父心宽。
　　　　　　　　——[明]冯梦龙

家和万事成。 ——[明]毛晋

勤俭,治家之本;和顺,齐家之本;谨慎,保家之本;诗书,起家之本;忠孝,传家之本。
　　　　　　　　——[清]金缨

清官难断家务事。
　　　　　　——[清]《儒林外史》

成家子,粪如宝;败家子,钱如草。
　　　　　　　　——[清]石天基

当家才知柴米贵,养儿方知父母恩。
　　　　　　　　——[清]史襄哉

兄弟和顺,家必昌。
　　　　　　　　——[清]史襄哉

凡一家之中……和字能守几分,未有不兴;不和未有不败者。
　　　　　　　　——[清]曾国藩

朋友是暂时的,家庭是永久的。
　　　　　　　　——巴金

家庭里充满着层出不穷的小小情趣,才是一个正常的和健康的家庭。
　　　　　　　　——柏杨

一个人的悲剧,往往是个性造成的,一个家庭的悲剧,更往往是个性的产物。
　　　　　　　　——柏杨

如果自己爱子女超过爱父母,那就不必指望自己的子女例外。 ——柏杨

家庭的基础有两个码,一曰爱情,一曰金钱,缺一不可。 ——柏杨

爱情和亲情不同。亲情爱其强,更爱其弱,一个断了腿、又瞎又聋的孩子,父母爱他会更加倍;而爱情就不然矣,爱情乃爱其强,不爱其弱。 ——柏杨

一个美好的家庭,乃是一切幸福和力量的根源。 ——冰心

家庭者,人生最初之学校也。
　　　　　　　　——蔡元培

父母必须提供充满了爱、有原则、有意义的家庭,因为家庭是对儿童进行教育的一个基本单位。 ——蔡元培

要有良好的社会,必先有良好的个人,要有良好的个人,就要先有良好的教育。 ——蔡元培

只要能回家,不幸便会过去。
　　　　　　　　——陈村

我们固然希望我们胜过我们的父亲,我们更希望我们不如我们的儿子。
　　　　　　　　——陈独秀

人生是舞台,是前线,而你的家庭、你的朋友们,则是你的后台,你的宿

————
① 家丑:家庭内部的不体面的事。

营地。　　　　　　——程乃珊

事业是飞翔的天空,家庭是栖息的枝头。　　　　　　——丛珊

在父母的眼中,孩子常是自我的一部分,子女是他理想自我再来一次的机会。　　　　　　——费孝通

家并不排斥爱情,它只是给爱情提供一个扎根的地方。　——高竟轩

经过坎坷生活的家庭,都往往有着最丰富的情感体验和天伦之乐。
　　　　　　　　　——顾晓鸣

一个合理安定的社会就是靠着这些伟大的平凡人来维持的。——黄金雄

子女可以接着父母的路走,但不必跟在父母后面走。　　——金克木

家庭,是一架琴,既能奏出和谐动人的音乐,也会奏出刺耳触心的噪声。
　　　　　　　　　——李伦新

世界上没有一个地方比自己的家更舒适,无论那个家是多么简陋、多么寒碜。　　　　　　——梁实秋

夫妻间平等相待,是创造幸福家庭的基础。在一个家庭无论是男尊女卑,还是女尊男卑,都不可能有夫妻关系的和谐与幸福、美满。——廖沫沙

当闲情逸致和柔情蜜意存在之时,家居生活才能成为一种艺术和享受。
　　　　　　　　　——林语堂

家庭生活不像谈恋爱那样轻松、愉快、迷人,它是以沉重的步伐向前迈进的。　　　　　　——刘忠信

无情未必真豪杰,怜子如何不丈夫。[①]　　　　　——鲁迅

野蛮社会,体力可以统御财力和智力;资本社会,财力可以雇用体力和智力;信息社会,智力可以整合财力和体力。　　　　　——牛根生

家,对每一个人,都是欢乐的泉源啊!再苦也是温暖的,连奴隶有了家,都不觉得他过分可怜了。——三毛

家,顶顶重要的是有爱情,有亲情,有同这些情感血肉相连的甜酸苦辣。
　　　　　　　　　——孙士杰

社会即学校。　　　——陶行知

没有什么东西可以与健康相比,但是家庭可以。　　　——王蒙

自己丰富才能感知世界的丰富。自己善良才能感知世界的美好。自己坦荡才能逍遥地生活在天地之间。——王蒙

女人,只有在做了母亲,才更有女人味,更成熟,对人生的理解也才更深刻。
　　　　　　　　　——王英琦

孩子是世界上最天真、最纯洁、最轻信、最容易被感动的。
　　　　　　　　　——杨晓晖

有一个幸福的家庭,你可以心情愉快地生活,精神振奋地工作;相反,如果家庭不和,就会感到痛苦,无法集中精力

---

① 丈夫:大丈夫,指胸怀大志的人。

搞好工作。　　　　——杨越

爱,像一颗种子埋在了地下,爱的须根深埋在家庭的泥土里,延伸到家庭生活的每一个角落。　　——湛容

家庭也是个小世界。一方面互相依存,另一方面又难免冲突。——赵健雄

成功的时候,谁都是朋友。但只有母亲——她是失败时的伴侣。
——郑振铎

有两样东西似乎是公认的人生支柱,在讲究实际的人那里叫职业和家庭,在注重精神的人那里叫事业和爱情。
——周国平

一切直接引向快乐家庭的步骤中的第一步,便是慎择你的终身伴侣,并且聪明地使两个生命合而为一。
——爱默生[美国]

家,是父亲的王国,母亲的世界,儿童的乐园。　　——爱默生[美国]

只要你是天鹅蛋,就是生在养鸡场里也没有什么关系。——安徒生[丹麦]

一个人真正在自己家里是永远不会感到冷清的。　　——奥尼尔[美国]

每种动物都有本能,人的本能是家庭观念。　　——巴尔扎克[法国]

家庭将永远是人类社会的基础。权力和法律的作用是在这儿开始的。
——巴尔扎克[法国]

尊重是一道栅栏,既保护着父母,也保护着子女。——巴尔扎克[法国]

父亲的名声有时无助于儿子,反而会淹没他:他们彼此站得太近,阴影扼杀了成长。　　——本·琼森[英国]

社会充满不公平现象。你先不要想去改造它,只能先适应它。
——比尔·盖茨[美国]

创造人的是自然界,启迪和教育人的却是社会。——别林斯基[俄国]

爱人至少要在心灵方面没有欠缺,如果只是身体的欠缺,那还不失其为可爱。　　——柏拉图[古希腊]

凡人以自己如何适应既定社会为天职,而天才则开拓适合于自己的社会。
——长与善郎[日本]

对孩子来说,家庭应该是歇息的场所,培养丰富的人性的土壤,以及明亮无比的孩子之梦的温床。
——池田大作[日本]

没有和睦的家庭,便没有安定的社会。　　——池田大作[日本]

理想的幸福的家庭既不遥远,也不会自天而降。它应靠自己的力量去求得,靠全家人齐心协力去建立。
——池田大作[日本]

对男子来说,社会是战场,是令人不断处于紧张状态的舞台,而家庭则是心灵唯一的绿洲和安息之地。
——池田大作[日本]

家庭和睦金不换。
——池田大作[日本]

和睦的家庭空气是世界上的一种花

朵,没有东西比它更温柔,没有东西比它更知道把一家的天性培养得坚强、正直。人生真正的幸福和快乐,浸透在亲密无间的家庭关系中。　——德莱塞[美国]

我们给子女最好的遗产就是放手让他自奔前程,完全依靠他自己的两条腿走自己的路。　——邓肯[美国]

对于世界而言,你是一个人;但是对于某个人,你是他的整个世界。
——狄更斯[英国]

成了家的人,可以说对于命运之神付出了抵押品。因为家庭难免拖累于事业,使人的许多抱负难以实现。
——弗兰西斯·培根[英国]

什么叫家? 一个当你想回去而别人不能拒你于门外的地方。
——弗罗斯特[美国]

对于亚当而言,天堂是他的家;然而对于亚当的后裔而言,家是他们的天堂。
——伏尔泰[法国]

世界上的一切光荣和骄傲都来自母亲。　——高尔基[苏联]

亲人是不会拿你的生活开玩笑的,也不会把你的幸福视作儿戏。
——高尔基[苏联]

家庭和睦是人生最快乐的事。
——歌德[德国]

能在自己的家庭中寻求到安宁的人是最幸福的人。　——歌德[德国]

浪迹天涯的游子最终又会思念故土,并在自己的茅屋内,在妻子的怀抱里,在儿女们的簇拥下,在为维持生计的忙碌操劳中,找到他在广大的世界上不曾寻得的快乐。　——歌德[德国]

人不能孤独地生活,他需要社会。
——歌德[德国]

我宁愿用一小杯真爱织成一个美满的家庭,不愿用几大船的家具组成一个索然无趣的家庭。　——海涅[德国]

家是爱情的中心地,我们心灵中最好的期望都环绕着这个中心地。
——荷尔[英国]

父母的美德是最大财富。
——贺拉斯[古罗马]

一个美满的家庭,有如沙漠中的甘泉,涌出宁谧(mì)与安慰,使人洗心涤虑,怡情悦性。　——黑格尔[德国]

家庭不单是身体的住所,也是心灵的寄托处。　——黑塞[瑞士]

家庭是每个人的城堡。
——柯勒律治[英国]

爱家的人才会爱国。
——柯勒律治[英国]

你将拥有的家庭,比你出身的那个家庭重要。　——劳伦斯[英国]

幸福的家庭都是相似的,不幸的家庭各有各的不幸。
——列夫·托尔斯泰[俄国]

个人离开社会不能得到幸福,正如植物不能离开土地,被扔到荒漠上不可能生存一样。
　　　　　——列夫·托尔斯泰[俄国]

　　家庭生活的乐趣,是抵抗坏风气的毒害的最好良药。　——卢梭[法国]

　　社会就是书,事实就是教材。
　　　　　——卢梭[法国]

　　男人的最好财富就是拥有一个爱妻。　　——罗·伯顿[英国]

　　如果想让孩子长成一个快乐、大度、无畏的人,那这孩子就需要从他周围的环境中得到温暖,而这种温暖只能来自父母爱情。　　——罗素[英国]

　　社会偏见屡见不鲜,它长得如此硕壮,即使它的受害者也很快就把它看作理所当然的事情。
　　　　　——马·埃梅[法国]

　　这个家庭的历史是一架周而复始无法停息的机器,是一个转动着的轮子,这只齿轮,要不是轴会逐渐不可避免地磨损的话,会永远旋转下去。
　　　　　——马尔克斯[哥伦比亚]

　　父母对自己的子女爱得不够,子女就会感到痛苦。但是,过分的溺爱虽然是一种伟大的情感,却会使子女遭到毁灭。　　——马卡连柯[苏联]

　　以溺爱这种方式去对待儿童,只会造成儿童的不诚实、虚伪和自私自利。
　　　　　——马卡连柯[苏联]

　　要想建立爱的家庭,必须先有爱家的思想。　　——梅恩[法国]

　　一个家也没有的人是流浪汉,有两个家的人是放浪者。　——门福[美国]

　　只有做母亲的人,才懂得母亲的爱心。　　——蒙塔古夫人[英国]

　　管理一个家庭的麻烦,并不少于治理一个国家。　——蒙泰格尼[法国]

　　家庭是我们自己的小天地,我们在这里制定自己的生活法则,在这里播种幸福的种子,灌溉快乐的秧苗,并将它们散布到世界的大园圃中。
　　　　　——米勒[法国]

　　家庭成员的平等是家庭和睦幸福的基础。家是呼吁不平、治疗愤懑最好的地方。　　——米勒[法国]

　　一个朋友能因你的聪慧而爱你,一个情妇能因你的魅力而爱你,但一个家庭能不为什么而爱你,因为你生长其中,你是它的血肉之一部分。
　　　　　——莫洛亚[法国]

　　人生真正的幸福和欢乐,浸透在亲密无间的家庭关系之中。
　　　　　——穆尼尔·纳素夫[科威特]

　　每个家庭都有不愿外人知道的秘密。　　——萨克雷[英国]

　　在孩子们的口中和心底,母亲就是上帝的名称。　——萨克雷[英国]

　　在和睦的家庭里,每对夫妻至少有一个是"傻子"。女人应当具有使家庭生活舒适的天性。从来没有什么十足的美满,因为两个人永远也不会真正地成为一个人。
——莎士比亚[英国]

爱情的纯洁、高尚、忠贞,这是把人们结成牢固的细胞——家庭的力量。
——苏霍姆林斯基[苏联]

建立和巩固家庭的力量——是爱情,是父亲和母亲、父亲和孩子、母亲和孩子相互之间的忠诚的、纯真的爱情。
——苏霍姆林斯基[苏联]

在良好的家庭中,父母善良和睦、互敬互爱和互让是教育影响的主要力量。
——苏霍姆林斯基[苏联]

屋是墙壁与梁所组合,家是爱与梦想所构成。
——泰戈尔[印度]

世界上最幸福的事情,就是拥有一个美满的家庭,家庭的每一分子都应该和睦相处,而且彼此属于对方。
——维斯冠[德国]

家是世界上唯一隐藏人类缺点和失败的地方,它同时也蕴藏着甜蜜的爱。
——萧伯纳[爱尔兰]

家庭关系的和谐依赖于各方履行自己的义务。
——雪莱[英国]

你希望子女将来怎样待你,你就怎样待你的父母。
——伊索[古希腊]

家庭是社会的核心。
——易卜生[挪威]

社会犹如一条船,每个人都要有掌舵的准备。
——易卜生[挪威]

每个人对于他所属的社会都负有责任。那个社会的弊病,他也有一份。
——易卜生[挪威]

9 养生;休闲

君子有三戒:少之时,血气未定,戒之在色;及其壮也,血气方刚,戒之在斗;及其老也,血气既衰,戒之在得。
——[春秋]《论语》

食不语,寝不言。
——[春秋]《论语》

今之养生者,谷肉菜果,顺其自欲。唯恐儿之饥也,儿不知节,必至饱方足。宝贵之儿,脾胃之病,多伤饮食也。
——[战国]扁鹊

起居时,饮食节,寒暑适,则身利而寿命益;起居不时,饮食不节,寒暑不适,则形体累而寿命损。①
——[战国]《管子》

饮食有节,起居有常,不妄作劳,故能形与神俱,而尽终其天年。②
——[战国]《黄帝内经》

肥肉厚酒,务以自强,命之曰烂肠之食。
——[战国]《吕氏春秋》

食能以时,身必无灾;无饥无饱,是

---

① 累:辛劳。损:损耗。
② 天年:指人的自然寿命。

之谓五藏(zàng)之葆。①
——[战国]《吕氏春秋》

晚食以当肉,安步以当车,无罪以当贵。
——[汉]刘向

养气自守,适食节酒,闭明塞聪,爱精自保,适辅药物,性命可延,斯须不老。②
——[汉]《论衡》

不欲极饥而食,食不过饱;不欲极渴而饮,饮不过多。
——[晋]葛洪

知好生而不知有养生之道,知饮食过度之蓄疾病,而不能节肥甘于其口也,知极情恣欲之致枯损,而不知割怀于所欲也。
——[晋]葛洪

欲得长生,肠中当清;欲得不死,肠中无滓。
——[晋]葛洪

口之所嗜,不可随也;心之所欲,不可恣也。③
——[晋]葛洪

先寒而衣,先热而解。
——[晋]葛洪

食过则结积聚,饮过则成痰癖。
——[晋]葛洪

所食愈少,心愈开,年愈益;所食愈多,心愈塞,年愈损焉。
——[南朝]陶弘景

食慎勿使多,多则生病;饱慎便卧,卧则心荡,心荡多失性。
——[南朝]陶弘景

莫忧思,莫大怒,莫悲愁,莫大惧,莫跳踉,莫多言,莫大笑,勿汲汲于所欲,勿悁悁怀忿恨……则得长生也。④
——[南朝]陶弘景

性静情逸,心动神疲。
——[南朝]周光嗣

神静而心和,心和而形全。神躁则心荡,心荡则形伤。
——[北朝]刘昼

多思则神殆(dài),多念则智散,多欲则智昏,多事则劳形。⑤
——[唐]孙思邈

养老之要,耳无妄听,口无妄言,身无妄动,心无妄念,此皆有益老人也。
——[唐]孙思邈

养性之道常欲小劳,但莫大疲及强所不能堪耳。且流水不腐,户枢不蠹(dù),以其运动故也。⑥
——[唐]孙思邈

爱精保神,如持盈满之器,不慎而动,则倾竭天真。
——[唐]王冰

睡侧而屈,觉正而伸,早晚以时。先睡心,后睡眼。
——[宋]蔡元定

饱肥甘,衣轻暖,不知节者损福;广积聚,骄富贵,不知止者杀身。
——[宋]林逋

凡食,温胜冷,少胜多,熟胜生,淡

① 五藏:同"五脏"。
② 斯须:须臾,片刻,一会儿。
③ 随:听任;顺从。恣:放纵;纵容。
④ 跳踉:跳跃。汲汲:心情急切地追求的样子。
⑤ 殆:同"怠",怠惰,懈怠。
⑥ 户:门。枢:门的转轴,用于固定和开合。蠹:蛀蚀;损害。户枢不蠹:比喻经常运动的东西不易被腐蚀。

胜咸。　　　　　——[宋]蒲处贯

善养生者,慎起居,节饮食,导引关节,吐故纳新。　　——[宋]苏轼

一曰安分以养福,二曰宽胃以养气,三曰省费以养财。　——[宋]苏轼

已饥方食,未饱先止。
　　　　　　　　——[宋]苏轼

养生者不过慎起居饮食,节声色而已。节慎在未病之前,而服药于已病之后。　　　　　——[宋]苏轼

天气寒暄不一,不可顿去绵衣,老人气弱骨疏体怯,风冷易伤腠(còu)理,时备夹衣,遇暖易之。一重渐减一重,不可暴去。①　　　　——[金]丘处机

留七分正经以度生,留三分痴呆以防死。　　　　　——[明]陈继儒

戒久睡,久睡倦神。
　　　　　　　　——[明]董其昌

酒是烧身硝焰,气是无烟火药。
　　　　　　　　——[明]冯梦龙

不贪花酒不贪财,一世无灾无害。
　　　　　　　　——[明]冯梦龙

发(fà)宜多栉,齿宜多叩,液宜常咽,气宜清炼,手宜在面。此为修昆仑之法。②　　　　　——[明]高濂

色欲火炽(chì),而一念及病时,便兴似寒灰;名利饴(yí)甘,而一想到死地,便味如嚼蜡。③　——[明]洪应明

心要常操,身要常劳,心愈操愈精明,身愈劳愈强健,但自不可过耳。
　　　　　　　　——[明]吕坤

大怒不怒,大喜不喜。
　　　　　　　　——[明]钱琦

吃饭防噎(yē),行路防跌。④
　　　　　——[明]《水浒传》

太饥伤脾,太饱伤气。
　　　　　　　　——[清]曹庭栋

食取称意,衣取适体,即是养生之妙药。　　　　——[清]曹庭栋

冬寒犹可近火,火在表也;夏热必戒纳凉,凉入里也。　——[清]曹庭栋

欲延生者,心神宜恬静而无躁扰,饮食宜适中而无过伤。
　　　　　　　　——[清]程杏轩

吃饭先喝汤,不用请药方。
　　　　　　　　——[清]李光庭

饥饱之度,不得过于七分是已。
　　　　　　　　——[清]李渔

晚饭少吃口,活到九十九。
　　　　　　　　——[清]钱大昕

居心要宽,持身要严。
　　　　　　　　——[清]申居郧

身安不如心安,心宽强如屋宽。
　　　　　　　　——[清]石成金

---

① 暄:温暖;暖和。腠理:中医指皮肤的纹理和皮下肌肉之间的空隙。暴:急骤;过急。

② 昆仑:道教指头脑。

③ 火炽:像火一样旺盛。饴甘:像饴糖一样甘甜。

④ 噎:食物堵住食管。

养生之法,顺其自然之意。
——[清]曾国藩

每日饭后走数千步,是养生家第一秘诀。
——[清]曾国藩

你必得一个人和日月星辰对话,和江河湖海晤谈,和每一棵树握手,和每一株草耳鬓厮磨,你才会顿悟宇宙之大、生命之微、时间之贵、死亡之近。
——毕淑敏

有健全之身体,始有健全之精神;若身体柔弱,则思想精神何由发达?
——蔡元培

养生在动,养心在静;知足常乐,无求常安。
——陈立夫

一个民族,老当益壮的人多,那个民族一定强;一个民族,未老先衰的人多,那个民族一定弱。
——郭沫若

基本吃素,坚持走路,遇事少怒,劳逸适度。
——毛泽东

睡眠和休息丧失了时间,却取得了明天工作的精力。
——毛泽东

是中学生,一定得有这样的气魄:有一个挨得起饿,受得起冻,经得起跌打的身体;有一个不怕风吹,不会失眠,不知道什么叫作晕眩的脑袋。
——茅盾

精神畅快,心气和平。饮食有节,寒暖当心。起居以时,劳逸均匀。
——梅兰芳

常动常走,戒色戒酒;饮食均匀,粗细适口;早睡早起,烫脚洗手;不急不躁,常开笑口;开阔心胸,勿恼勿愁;持之以恒,摄生有求。
——米觉民

节饮食,戒偏嗜(shì),保脾胃,是养生延年一大关键。
——孙允中

适当的休息,是健身的主要秘诀之一。
——陶行知

不贪名,不图利,不争权,方能心气和;不贪吃喝,不养尊处优,心胸豁达,方能知足常乐。顺乎天地之规律者,必能长寿。
——熊式一

休息和工作是同等重要的,妨碍休息和睡眠是直接自杀。
——徐特立

养生宜动,养心宜静,动静适当,形神共养,培元固本,才能使身心健康。
——杨志才

所谓养生之道,其本身当为平衡之道。从生理到心理失去平衡的人便呈病态,一旦恢复平衡,就可大胆地向前迈进了。
——张冰隅

健全自己身体,保持合理的规律生活,这是自我修养的物质基础。
——周恩来

忙里偶然偷闲,闹中偶然习静,于身于心,都有极大裨(bì)益。
——朱光潜

通往长命百岁之路,除了家庭的遗传因素和意外的灾祸之外,主要要看自己是否注意养生。
——阿酋木阿吉[法国]

我宁肯生就一副强壮的脊背去承受沉重的负担,也不愿生一副羸弱的肩膀去负载生活的行囊。
——埃·哈伯得[美国]

休闲给身体和头脑提供养料。
　　　　　　——奥维德[古罗马]

谁要想寿命和钱财两旺,请你从今天开始即早睡早起。　——拜伦[英国]

早睡早起最能使优美的脸鲜艳,并降低胭脂的价钱——至少几个冬天。
　　　　　　——拜伦[英国]

劳心可以使身体得到休息,劳力可以使精神得到休息。
　　　　　　——俾斯麦[普鲁士]

生活保健——自尊自爱:无论是别人在跟前或者自己单独的时候,都不要做一点儿卑劣的事情。最要紧的是自尊。　——毕达哥拉斯[古希腊]

身体最强健的人不容易受饮食或劳作的影响,最壮的草木也不容易受风雨之类影响。　　——柏拉图[古希腊]

不论有多么出众的才能和力量,不论有多么高明的见识,一旦卧床不起,人生就将化为乌有。——池田大作[日本]

寿命的缩短与思想的空虚成正比。
　　　　　　——达尔文[英国]

对于一切沉溺于口腹之乐,并在吃喝、情爱方面过度的人,快乐的时间是短的。　——德谟克里特[古希腊]

我们得到生命的时候带有一个不可少的条件:我们应当勇敢地保护它,一直到最后一分钟。——狄更斯[英国]

克制了食欲,你便征服了人的本能。
　　　　　　——狄更斯[英国]

给你的朋友以时间,给你的妻子以闲暇,放松你的头脑,让你的身子休息,这样你就能更好地完成你所习惯的工作。　　——费德鲁斯[古罗马]

要是你一直把弓弦绷得太紧,你的弓很快就会断裂。
　　　　　　——费德鲁斯[古罗马]

食物之于人好像油之于灯,油很多,灯就会亮;油太少,灯就会熄灭。
　　　　　　——弗莱明[英国]

人在身强力壮的青年时代所养成的不良嗜欲,将来到了晚年是要一并结算总账的。　——弗兰西斯·培根[英国]

在吃饭、睡眠和运动的时候,心中坦然,精神愉快,这是长寿的秘诀之一。
　　　　　　——弗兰西斯·培根[英国]

食疗比药疗高明,尤其是自古以来每一百个医生中总有九十八个是庸医或骗子。　　　——伏尔泰[法国]

饮食节制常常使人头脑清醒,思维敏捷。　　　——富兰克林[美国]

放纵食欲的人从某种意义上说等于用自己的牙齿挖掘自己的坟墓。
　　　　　　——富勒[英国]

使身体充满精力的最有效的办法是快活的习惯。　——葛德文[英国]

饮食之乐不在昂贵的香味,而在吃的人自己。　——贺拉斯[古罗马]

半夜前睡一小时,抵得上半夜后睡三小时。　　——赫伯特[英国]

保持一生壮健的真正方法是延长青春的心。
——柯林斯[英国]

能做到快乐、节制和静养,就可把医生拒之门外。
——朗费罗[美国]

谁不会休息,谁就不会工作。
——列宁[苏联]

节制和劳动是人类的两个真正医生。
——卢梭[法国]

如何享有空闲的时间和如何工作,是同等的重要。
——罗曼·罗兰[法国]

一种美好的心情,比十服良药更能解除生理上的疲惫和痛楚。
——马克思[德国]

有健全的身体才有健全的精神。
——马克思[德国]

应该使孩子面带笑容入睡。无论大人还是小孩,都应抱着对明天的欢乐期望而入睡。同时,也应以愉快的心情早起,这是长寿的秘诀。
——木村久一[日本]

一个人除非养成稳定的习惯,否则是难以休息的。
——乔治·艾德[美国]

你不必担心自己老化,该担心的是自己生锈。
——乔治·本斯[法国]

心情愉快是肉体和精神的最佳卫生法。
——乔治·桑[法国]

睡眠是医治醒时所遇烦恼的最佳药方。
——塞万提斯[西班牙]

吃得太急了,难保食物不会哽住喉咙。
——莎士比亚[英国]

休息是滋养疲乏的精神的保姆。
——莎士比亚[英国]

由于工作产生的疲劳,能使人在休息时感到愉快;而由怠惰产生的疲劳,只能使人在休息时感到烦躁和悔恨。
——石川达三[日本]

世上最高级的三个医生:节食博士、安宁博士、快乐博士。
——斯威夫特[英国]

休息与工作的关系,正如眼睑与眼睛的关系。
——泰戈尔[印度]

乐观是养生的唯一秘诀。常常忧思和愤怒,足以使健康的身体变得衰弱而有余。
——屠格涅夫[俄国]

睡眠真是一种灵丹妙药!它不仅能恢复人的体力,而且在一定程度上也能恢复人的心灵,使它返璞归真。
——屠格涅夫[俄国]

强忍着自己的眼泪,就等于慢性自杀。
——威廉·弗雷[美国]

当你没有空休息的时候,就是你该休息的时候。
——西德尼[英国]

闲暇的目的不是为了心灵获得充足,而是为了心灵获得休息。
——西塞罗[古罗马]

饥饿是最好的调味品。
——西塞罗[古罗马]

抑郁使人衰竭,最易于损害一个人的,莫过于长期不从事体力活动。
——希波克拉底[古希腊]

过多的休息和过少的休息同样使人疲劳。
——希尔泰[瑞士]

真正的闲暇并不是说什么也不做,而是能够自由地做自己感兴趣的事情。
——萧伯纳[爱尔兰]

长寿几乎是每个人的心愿,但生活得称心如意,却是少数人的雄心。
——休斯[美国]

精力旺盛的人与疲惫懒散的人在生命的二分之一时间中是不相上下的,因为所有的人在睡着时都是一样的。
——亚里士多德[古希腊]

由于人们不能持续不断地工作,所以要休息。休息并不是目的,它为了现实活动而出现。
——亚里士多德[古希腊]

身体的经久比美丽更好。
——伊索[古希腊]

平平静静地吃粗茶淡饭,胜于提心吊胆地吃大酒大肉。——伊索[古希腊]

对逐渐衰老的人,要时刻吸引着你的大脑皮层处于活跃状态;老年人延年益寿的方法,是让其去做有益的脑力活动。
——约翰·波特斯[英国]

健全的思想寓于健全的身体。此话虽短,却道出了世间何为幸事的真谛。两样兼有者,无须再渴望得到其他什么东西;两样皆无者,也不配得到其他东西。
——约翰·洛克[英国]

10　健康;运动

身怕不动,脑怕不用。
——[明、清]《增广贤文》

水之生不杂则清,封闭而不流,亦不能清,此养神之道也,散步所以养神。
——[清]曹庭栋

一身动,则一身强;一家动,则一家强;一国动,则一国强;天下动,则天下强。
——[清]颜元

健康长寿必得看淡名利得失,要使自己安静下来,规律、乐观地生活,专心致志去努力实现美好的事业。——冰心

轻快活动如散步,是一种"主动休息",可以调换脑子活动区域。——蔡翘

要让身体健,必须天天练;手舞足蹈,九十不老。
——陈盛甫

拥有健康并非拥有一切,失去健康就会失去一切。
——丁明月

健康对于生命,犹如空气对于飞鸟。有了空气,鸟儿才能展翅飞翔。珍惜生命,就必须爱护健康。
——顾方舟

青年人有的是健康,因而他也就浪费健康。一旦觉得健康值得宝贵的时候,那犹如已经把钱失掉了的败家子,是

已经失掉健康了。　　　——郭沫若

要说保持健康有什么秘诀的话,那就是思想开朗,精神乐观,不计较个人得失。　　　——李贞

无论做什么事,健康的身体是基本条件。　　　——梁实秋

人的精神面貌很重要,什么时候精神也不能垮,这是健康长寿的又一个重要条件。　　　——林启武

运动是健康的源泉,也是长寿的秘诀。　　　——马约翰

发展体育运动,增强人民体质。
　　　——毛泽东

坚实在于锻炼,锻炼在于自觉。
　　　——毛泽东

你不能赤手空拳地开始你的行程,你必须用知识把自己武装起来,你必须锻炼出健壮的身体和足够的勇气。
　　　——宋庆龄

锻炼身体,短时间内效果不显,但持之以恒,其功自见。就像储蓄一样,零存整取,积久即成巨款。　——孙允中

伟大的事业基于高深的学问,坚强的意志在于强健的体魄。　——孙中山

忽略健康的人,就是等于在与自己的生命开玩笑。　　　——陶行知

我们深信健康是生活的出发点,也就是教育的出发点。　——陶行知

人世间最大的财富,便是年轻和健康。　　　——王幅明

凡是有志为社会出力、为国家成大事的青年,一定要十分珍惜自己的健康。　　　——徐特立

有幸福是永远不离母亲抚育的孩子,有健康是永远接近自然的人们。
　　　——徐志摩

当健康存在的时候,像阳光、空气一样不足为奇,似乎天经地义,享用不尽;而当它一旦丧失,则无异于天塌地陷,任何事业、财富、情感都毫无意义。
　　　——杨东平

生命在于运动,也在于静养。
　　　——杨志才

强国必先强种,强种必先强身。
　　　——张伯苓

读书佳者,宜有健全身体,道德高者宜有健全身体。　　　——张伯苓

健身之术在于"动",换言之:有路自己走,有活自己干。　——张镜玄

锻炼身体要经常,要坚持,人同机器一样,经常运动才能不生锈。　——朱德

健康是人生的第一财富。
　　　——爱默生[美国]

健康使人快乐,快乐使人健康。
　　　——爱默生[美国]

面色红润的健康之神在阳光里生活,在大海里游泳,在野外呼吸着清新的空气。　　　——爱默生[美国]

对我而言,旅游是恢复青春活力的秘方。——安徒生[丹麦]

肉体与灵魂的安宁就是生物体井然有序而和谐的生命和健康。
——奥古斯丁[古罗马]

有规律的生活原是健康与长寿的秘诀。——巴尔扎克[法国]

愉快可以使你对生命的每一跳动,对生活的每一印象易于感受,不论躯体和精神上的愉快都是如此,可以使身体发展,身体健康。——巴甫洛夫[苏联]

人们并非像想象的那样脆弱,把生活节奏安排适度紧张些,人只会从紧张状态中有所收益,有利于健康长寿。
——拜伦[英国]

疾病有千百种,而健康只有一种。
——贝克尔[美国]

健康本身是欢乐与满足的源泉。
——彼德[美国]

没有什么比健康更快乐的了,虽然他们在生病之前并不曾觉得那是最大的快乐。——柏拉图[古希腊]

第一财富是健康,第二财富是美丽,第三财富是财产。——柏拉图[古希腊]

健康在人的心目中永远不会失去它的价值。——车尔尼雪夫斯基[俄国]

生命是美丽的,对人来说,美丽不可能与人体的正常发育和人体的健康分开。——车尔尼雪夫斯基[俄国]

运动是一切生命的源泉。
——达·芬奇[意大利]

水若停滞即失其纯洁,心不活动精气立消。——达·芬奇[意大利]

发一次怒对于身体的损害,比发一次热还厉害,所以一个常常心怀不平的人不能得到健康的身体。
——大仲马[法国]

为了金不换的健康,到野外去打猎吧!不要等到病了再去求医吞药。聪明人治病靠运动,上帝是不会给人类炼制补品的。——德莱顿[英国]

人们在祈祷中恳求神赐给他们健康,而不知道他们自己是健康的主人。他们以无节制的行为违反了健康而行事,这就是以自己的情欲背叛了健康。
——德谟克里特[古希腊]

人们的健康是幸福和国力的真正基础。——迪斯累里[英国]

健康的身体是灵魂的客厅,病弱的身体是灵魂的监狱。
——弗兰西斯·培根[英国]

生命在于运动。——伏尔泰[法国]

保持健康,这是对自己的义务,甚至也是对社会的义务。
——富兰克林[美国]

早眠早起,使人健康、富有而明智。
——富兰克林[美国]

失去了健康,什么爱情、荣誉、财富、权力,就都不能使人振奋。识利害者为俊杰!没有健康,一切喜悦都将无从谈起。——盖伊[英国]

健康就是金子一样的东西。
——高尔基[苏联]

生命在于矛盾，在于运动。一旦矛盾消除，运动停止，生命也就结束了。
——歌德[德国]

我最宝贵的思维及其最好的表达方式，都是当我散步时出现的。
——歌德[德国]

走路对脑力劳动者，特别是对创造性劳动的人来说，是一种生理活动的最好方式。
——哈拉里德[英国]

一个国家最宝贵的财产，并不是它储备的大量黄金或外汇，更不是它的地下资源或工业，而是人民的健康。
——哈桑二世[摩洛哥]

干一点儿活，多一点儿健康。
——赫伯特[英国]

如果没有健康，智慧就不能表现出来，文化无从施展，力量不能战斗，财富变成废物，知识也无法利用。
——赫拉克利特[古希腊]

轻快的步行，如同其他形式的运动一样，是治疗情绪紧张的一服理想的"解毒剂"，并能改善人们的一般健康。
——怀特[美国]

在男人或女人身上，一个洁净、健强而坚实的肉体，比最美丽的面孔更美丽。
——惠特曼[美国]

美是必要的，快乐是必要的，爱情也是必要的，但是这一切都应该有健康的基础。
——季米特洛夫[保加利亚]

我们要使每个人在各方面都发展，既会跑，又会游泳，既走得快，又走得好，使整个身体都很健康。
——加里宁[苏联]

若要培养出健康、强壮、灵敏、机智、勇敢，既善于克服困难，又满怀信心正视前面的人，则体育和运动乃是很重要的因素。
——加里宁[苏联]

我们相互为别人的健康干杯，却损坏了自己的健康。
——杰罗姆[美国]

良好的健康状况和高度的身体训练，是有效的脑力劳动的重要条件。
——杰普莉茨卡娅[苏联]

科学的基础是健康的身体。
——居里夫人[法国]

健康人不知道健康的珍贵，只有病人才知道——这是医生的格言。
——卡莱尔[英国]

幸福的首要条件在于健康。
——柯蒂斯[美国]

最穷苦的人也不会为了金钱而放弃健康，但是最富有的人为了健康心甘情愿放弃所有的金钱。
——柯尔顿[美国]

以过分严格地控制饮食为代价来保持健康，实在是一种令人厌烦的毛病。
——拉罗什富科[法国]

体育和运动可以增进人体的健康和人的乐观精神，而乐观情绪却是长寿的一项必要的条件。
——勒柏辛斯卡娅[苏联]

你每天一定要抽出一两个小时散

步。这样埋头用心做功课,是会损害健康的。　　　——列宁[苏联]

散步促进我的思想。我的身体必须不断运动,脑筋才会开动起来。
　　　　　　　——卢梭[法国]

从锻炼角度看,躺着不如坐着,坐着不如站着,站着不如走着。
　　　　　　　——卢梭[法国]

健康确实是珍宝,为了找回它,保住它,我们忍受一切痛苦,吞服苦药,慷慨施予。　　——罗·伯顿[英国]

健康的人最重视的是生活;特别是有天才的人,因为他比别人需要生活。
　　　　　　——罗曼·罗兰[法国]

快乐就是健康,忧郁就是疾病。
　　　　　　——马克·吐温[美国]

不是任何生命都有生气,唯有健康的生命才充满了生气。
　　　　　——马提雅尔[古罗马]

世界上没有任何一件衣裳能比健康的皮肤和发达的肌肉更美丽。
　　　　　——马雅可夫斯基[苏联]

身体健康者常年轻,无负于人者常富有。　　——玛尔托夫特[美国]

健康是自然所能给我们准备的最公平、最珍贵的礼物。——蒙田[法国]

健康的价值,贵重无比。它是人类为了追求它而唯一值得付出时间、血汗、劳力、财富——甚至付出生命的东西。只要失去健康,生活就充满痛苦和压抑。没有健康,快乐、智慧、知识和美德都黯(àn)然失色,并化为乌有。
　　　　　　　——蒙田[法国]

健康和聪明是人生的两大幸福要素。　　——米南德[古希腊]

理想的人是品德、健康、财富三位一体的人。　——木村久一[日本]

最有利于增进身体健康的是愉快和满足。　——木村久一[日本]

一个人若想求得健康的一生必须从年轻的时候做起。青春期是人身体健康至关重要的时期,是人一生中体质、素质、感情和幸福的基础。
　　　　——穆尼尔·纳素夫[科威特]

健康是人的身体和心灵的健康,两者缺一不可,否则,就不能称之为健康。
　　　　　　　——尼采[德国]

愉快的笑声——这是精神健康的可靠标志。　　——契诃夫[俄国]

消化为健康而存在,健康为生命而存在,生命为音乐和美好的事物之爱而存在。　　——切斯特顿[英国]

如果损害了心理健康,不辞烦劳地试图保持躯体健康也是徒劳的。
　　　　　　——切斯特顿[英国]

健康——富人的幸福,穷人的财富!
　　　　　　　——琼森[英国]

要保持健康的身体,除了节食、安静这两位医生外,还有一位,就是快乐。
　　　　　　——丘吉尔[英国]

身体健康,起居有节,能延年益寿。

生活没有节制,往往缩短生命。
——塞万提斯[西班牙]

凡不锻炼身体的人,就不能执行身体所应执行的任务;同样,凡不锻炼心灵的人,也不可能执行心灵所应执行的任务。这样的人既不能做他们所应当做的,也不可能抑制住自己不做他们所不应当做的。
——色诺芬[古希腊]

要是您在狂暴的感情冲动之下牺牲您的健康,生命也将不免于毁灭。
——莎士比亚[英国]

健康为最好的天赋,知足为最大的财富,信任为最佳的品德。
——释迦牟尼[古印度]

健康的乞丐比有病的国王幸福。
——叔本华[德国]

我们当尽力维护健康,唯有健康方能绽出愉悦的花朵。
——叔本华[德国]

我们的幸福十分之九是建立在健康基础上的,健康就是一切。
——叔本华[德国]

人类所能犯的最大错误,就是拿健康来换取其他身外之物!
——叔本华[德国]

良好的健康状况和由之而来的愉快的情绪,是幸福的最好资金。
——斯宾塞[英国]

良好的健康和充沛旺盛的精力,这是朝气蓬勃感知世界、焕发乐观精神、产生战胜一切艰难险阻的意志的一个极重要的源泉。
——苏霍姆林斯基[苏联]

当我们健康的时候,我们都会给生病的人出好主意。
——泰伦提乌斯[古罗马]

健康是幸福的主要因素,锻炼是健康的重要保证。
——汤姆逊[英国]

健康是至上的快乐,也可以说,是一切快乐的根本。
——托马斯·曼[德国]

很多健康的人并不美,但是没有一个美的人是不健康的。
——瓦西列夫[保加利亚]

民族的健康比国家的财富重要。
——威尔·杜兰特[美国]

人通常总是不重视健康和光明,除非到了他失去它们的时候。
——薇拉·妃格念尔[俄国]

劝君多保重身体;如果你有了健康,就更感谢上帝,它的珍贵仅次于善良的心;因为健康是我们人类得以享受的第二快乐——一种金钱买不来的快乐。
——沃尔顿[英国]

没有一个朋友能够比得上健康,没有一个敌人能够比得上疾病。
——《五卷书》[印度]

健康不是人生的目的,而是最基本的条件。离开了健康就不能工作,至少不能像健康时那样生气勃勃地工作。
——武者小路实笃[日本]

健康的时候,人们会忘记肉体,专注地从事各自的工作;而当健康受到影响时,人们才感觉到肉体的痛苦。
——武者小路实笃[日本]

长寿不是人生唯一的目的,健康也不是目的,但是从人在这个世界上应该完成自己的使命来看,又离不开健康、长寿。　　——武者小路实笃[日本]

优雅的美不可能与健康分开。
　　　　　　——西塞罗[古罗马]

运动和节欲能使人在暮年还保持青春的活力。　　——西塞罗[古罗马]

绝不是非得参加马拉松比赛才能增强体质。即使一周参加三次锻炼,每次快走三十分钟,就可延长十年寿命。
　　　　　　——谢勃德[法国]

运动太多和太少,同样损伤体力;饮食过多与过少,同样损害健康;唯有适度可以产生、增进、保持体力和健康。
　　　　　——亚里士多德[古希腊]

养成简单朴素的生活习惯,是增进健康的一大因素,使人对于生活必需品不加挑剔。　——伊壁鸠鲁[古希腊]

保持健康的秘密就是适当地节制食物、饮料、睡眠和爱情。——雨果[法国]

健康是为我们的事业和我们的福利所必需的,没有健康,就不可能有什么福利、有什么幸福。——约翰·洛克[英国]

身体的健康在很大程度上取决于精神的健康。　　——约翰·洛克[英国]

身体健康的主要标准在于能忍耐劳苦,心理健康的标准也是一样。
　　　　　　——约翰·洛克[英国]

人们要能工作,要有幸福,须先有健康;人们要能出人头地,也必须先有强健的身体。　　——约翰·洛克[英国]

健康当然比金钱更为可贵,因为我们所赖以获得金钱的,就是健康。
　　　　　　——约翰逊[英国]

11　疾病;医疗

人处疾则贵医。
　　　　——[战国]《韩非子》

不治已病治未病,不治已乱治未乱。
　　　　——[战国]《黄帝内经》

良医者,常治无病之病,故无病;圣人者,常治无患之患,故无患。
　　　　——[汉]《淮南子》

饮食不节,以生百病。
　　　　　　——[三国]嵇康

病从口入,祸从口出。
　　　　　　——[晋]傅玄

百病不愈,安得长生?
　　　　　　——[晋]葛洪

内疾不生,外患不入。
　　　　　　——[晋]葛洪

治疾及其未笃(dǔ),除患贵其未深。①
　　　　——[晋]《三国志》

----

① 笃:(病)重。

良医不能救无命,强梁不能与天争。①
——[南朝]《后汉书》

多病所需惟药物,微躯此外更何求?
——[唐]杜甫

医得眼前疮,剜(wān)却心头肉。
——[唐]聂夷中

凡大医治病,必当安神定志,无欲无求。
——[唐]孙思邈

饱食即卧,乃生百病。
——[唐]孙思邈

壮心与身退,老病随年侵。②
——[唐]王维

心安病自除。
——[宋]陆游

善治病者,必医其受病之处;善救弊者,必寻其起弊之源。
——[宋]欧阳修

病身最觉风霜早。
——[宋]王安石

养身以却病为急。
——[明]高濂

人有贵贱少(shào)长(zhǎng),病当别论;痾有新久虚实,理当别药。
——[明]李时珍

老来疾痛都是壮时落的。
——[明]吕坤

大凡快意处,即是受病处。老年人随时预防,当于快意处发猛醒。③
——[清]曹庭栋

病至宜忘病,病去不宜忘病。④
——[清]陈确

服药千裹,不如一宵独卧;服药千朝(zhāo),不如独卧一宵。
——[清]杜文澜

病来如山倒,病去如抽丝。
——[清]《红楼梦》

无病之身,不知其乐也;病生,始知无病之乐。
——[清]史典

不乱离不知太平之难,不疾痛不知无病之福。⑤
——[清]魏源

生病是生活里的一部分,是生命的一种体验。许多大智者都是在一次次生命的重创与濒临死亡的绝境之后,茅塞顿开,豁然开朗的。
——陈染

心胸宜开不宜郁,郁则百病生,开则百病除。
——罗明山

危卧病榻,难有无神论者。
——史铁生

起居之不时,饮食之无节,侈于嗜欲,而吝于运动,此数者,致病之大源也。⑥
——王国维

防病如防火,防之于先,则不救之于后。
——熊式一

紧张与弹力,这就是由生活发动的两种相辅相成的力量。如果我们的身体

---

① 强梁:强劲;勇武。
② 侵:侵入,(外来的或有害的事物)进入(内部)。
③ 快意:心情爽快舒适。
④ 宜:应该;应当。
⑤ 乱离:因遭战乱而流离失所。
⑥ 不时:不按时。无节:没有节制。侈:过,超过。吝:舍不得。

严重地缺乏这两种力量,那就会出现各式各样的意外,发生残废或疾病。
——柏格森[法国]

每个病人都是一个英雄,即使不是对世界或对家庭来说,至少对他本人来说是如此。
——邓恩[英国]

体弱病欺人,体强人欺病。
——费德鲁斯[古罗马]

当有病时,就要努力恢复健康;当健康时,则应当经常从事锻炼。
——弗兰西斯·培根[英国]

无病时不要滥用药物,否则疾病降临,药就可能不生效了。但也不要忽视身体中的小毛病,应当注意防微杜渐。
——弗兰西斯·培根[英国]

疾病能感觉到,而健康则一点儿感觉不到。
——富勒[英国]

身体上的疾病,我们往往以为仅仅与身体有关,然而说到底,它也许只是心灵有恙(yàng)的一个症结。
——霍桑[美国]

适切的话是治疗心病的良药。
——吉卜林[英国]

我只知道人生有两种很真实的罪过:后悔和生病。唯一的好事是没有这两种罪过。
——列夫·托尔斯泰[俄国]

疾病乃谦逊之母,因其使我们想起自己并非永寿不死。当我们在尘世事务中煊赫盛极之时,她揪住我们的耳朵,让我们认识自己。
——罗·伯顿[英国]

世界上最出色的医生是兽医,他无法向他的患者询问病痛——他必须得找出病情。
——罗杰斯[美国]

人类的温暖也可以治病。
——罗佐夫[苏联]

凡是爱无法治愈的,药物也无能为力。
——马尔克斯[哥伦比亚]

你在健康时要为病时着想,你活着时当为死后着想。
——穆罕默德·艾玛勒[埃及]

疾病是加在悲惨的人生上的赋税,有的人纳税多一些,有的人纳税少一些,但每个人都要纳税。
——切斯特菲尔德[英国]

心理常常保持快乐,这样就能防止疾病,延长寿命。
——莎士比亚[英国]

长期的身体毛病使最光明的前途蒙上阴暗,而强健的活力就使不幸的境遇也能放金光。
——斯宾塞[英国]

不能很好地处理情感的人,经常会代之以身体上的疾病。
——斯摩勒[美国]

对于一个病人来说,仁爱、温和、兄弟般的同情,有时甚至比药物更为重要。
——陀思妥耶夫斯基[俄国]

河川的泛滥会产生掘土耕田的作用。同理,疾病对心灵也会发生掘土耕田的作用。正视疾病,勇于忍受的人,将变得更坚强、壮大。
——希尔泰[瑞士]

人们能隐藏心灵的疾病,但侵袭肉

体毁坏官能的疾患却是掩盖不住的。
———夏洛蒂·勃朗特[英国]

12 志向;理想

得志,泽加于民;不得志,修身见(xiàn)于世。① ———[战国]《孟子》

穷则独善其身,达则兼善天下。② ———[战国]《孟子》

燕雀安知鸿鹄(hú)之志哉?③ ———[汉]《史记》

老骥伏枥,志在千里;烈士暮年,壮心不已。④ ———[三国]曹操

丈夫志四海,万里犹比邻。⑤ ———[三国]曹植

志当存高远。 ———[三国]诸葛亮

丈夫为志,穷当益坚,老当益壮。 ———[南朝]《后汉书》

志不求易,事不避难。 ———[南朝]《后汉书》

大丈夫处世,当扫除天下,安事一室乎?⑥ ———[南朝]《后汉书》

大丈夫当雄飞,安能雌伏?⑦ ———[南朝]《后汉书》

弃燕雀之小志,慕鸿鹄(hú)以高翔。 ———[南朝]丘迟

大丈夫必有四方之志。 ———[唐]李白

昂昂独负青云志,下看金玉不如泥。⑧ ———[唐]李渤

壮志未酬三尺剑,故乡空隔万重山。 ———[唐]李频

腹中贮书一万卷,不肯低头在草莽。⑨ ———[唐]李颀

老当益壮,宁(nìng)移白首之心?穷且益坚,不坠青云之志。⑩ ———[唐]王勃

器大者声必闳(hóng),志高者意必远。⑪ ———[宋]范开

———

① 泽:恩惠。见:同"现",显露,露出。
② 穷:困窘,指不得志。善:妥善对待。达:显达、显贵,指得志。
③ 燕雀:燕子、麻雀一类的小鸟,比喻目光短浅、胸无大志的人。安:哪里;怎么。鸿鹄:天鹅,比喻志向高远的杰出人物。
④ 骥:骏马。枥:马槽。已:止,停止。
⑤ 丈夫:大丈夫,指胸怀大志的人。四海:古人认为我国四面环海,故指全天下。万里:指非常遥远。比邻:近邻;街坊。
⑥ 事:从事;做。一室:指自己的居室。
⑦ 雄飞:雄鸟飞翔,指奋发图强有作为。雌伏:雌鸟居巢,指不求进取而无为。
⑧ 昂昂:形容精神振奋、很有气魄的样子。
⑨ 草莽:草丛,比喻民间。
⑩ 宁:岂、难道,表示反问。白首:指头发白的老年人。穷:困厄,处境艰难。坠:落、掉下来。
⑪ 闳:宏大;高昂。

人惟患无志,有志无有不成者。
——[宋]陆九渊

宜守不移之志,以成可大之功。①
——[宋]苏轼

心不清则无以见道,志不确则无以立功。——[宋]《省心杂言》

立志欲坚不欲锐,成功在久不在速。
——[宋]张孝祥

立志不坚,终不济事。
——[宋]朱熹

百学须先立志。 ——[宋]朱熹

不安于小成,然后足以成大器;不诱于小利,然后可以立远功。②
——[明]方孝孺

不可以一时之得意而自夸其能,亦不可以一时之失意而自坠其志。③
——[明]冯梦龙

英雄者,胸怀大志,腹有良谋,有包藏宇宙之机,吞吐天地之志者也。
——[明]《三国演义》

经一番挫折,长一番识见;多一分享用,减一分志气。
——[清]申涵光

有志不在年高,无志空长百岁。
——[清]石成金

志正则无不可用,志不持则无一可用。④ ——[清]王夫之

立志要远大,持身要紧严。⑤
——[清]张履祥

理想不抛弃苦心追求的人,只要不停止追求,你们就会沐浴在理想的光辉之中。 ——巴金

没有人因为多活几年几岁而变老。人老只是由于他抛弃了理想,岁月使皮肤发皱,而失去热情却让灵魂出现皱纹。
——巴金

单调的生活中,梦是个更换;乱离的生活中,梦是个慰安;困苦的生活中,梦是个娱乐;劳瘁的生活中,梦是个休息。
——冰心

没有志向的人往往是一生安宁,充满活力的人往往一生艰辛。——陈祖芬

世上多少辉煌的成就,说穿了其实也很简单:把每一步都认作目标。
——陈祖芬

理想是可以捉住的希望。——敦源

理想多、向往杂的人,满树都是乱枝,怎么也得不到花果的丰收。
——敦源

真正的抱负用不着伟大。
——郭沫若

理想是征服现实的指南针。理想是陶铸现实的模型,是创造现实的图案,是建立现实的设计。 ——贺麟

---

① 宜:应该;应当。
② 大器:指钟、鼎等国家重宝,比喻有大才能、能干大事业的人。
③ 以:因为。坠:从高处掉落下来,比喻灰心丧气,意志变得消沉。
④ 持:守住不变。
⑤ 持身:对待自己;要求自己。

向导指方向,路靠自己走。
——侯外庐

人的生命是生活在不断的理想和希望里。
——柯蓝

如果确信自己的理想崇高美好,就孜孜以求地去做,不必害怕别人反对。
——柯灵

理想使现实透明,美好的憧憬使生命充实,而人生也就有所寄托,使历史岁月延续于无穷。
——柯灵

人人会走路,但不一定能走正路。人人都有理想,但不同的理想会引向不同的路。光明的路只有一条,那是靠崇高的理想来照亮的。
——蓝翎

有理想,有出息的青年人必定是乐于吃苦的人。
——雷锋

人生最高之理想,在求达于真理。
——李大钊

梦想无论怎样模糊,总潜伏在我们的心境永远得不到宁静,直到这些梦想成为事实。
——林语堂

理想不是一只细瓷碗,破碎了不能够补;理想是朵花,谢落了可以重新开放。
——刘心武

少年幻梦的破灭诚然令人心酸,但没有幻梦、没有破灭、没有酸楚的人生才是最可怕的。
——刘心武

理想是罗盘,给船舶导引方向;理想是船舶,载着你出海远航;但理想有时候又是海天相吻的弧(hú)线,可望不可即,折磨着你那进取的心。
——流沙河

理想是石,敲出星星之火;理想是火,点燃熄灭的灯;理想是灯,照亮夜行的路;理想是路,引你走到黎明。
——流沙河

理想使忠厚者常遭不幸,理想使不幸者绝处逢生。平凡的人因理想而伟大,而理想就是一个"大写的人"。
——流沙河

世界上总有人抛弃理想,理想却从来不抛弃任何人。给罪人新生,理想是还魂的仙草;唤浪子回头,理想是慈爱的母亲。
——流沙河

凡事以理想为因,实行为果。
——鲁迅

倘若一定要问我青年应当有怎样的目标,那么,我只可以说出我为别人设计的话,就是:一要生存,二要温饱,三要发展。有敢来阻碍这三事者,无论是谁,我们都反抗他,扑灭他。
——鲁迅

一个人悬了理想的标准去追求,或者只会得了似是而非的目的;因为他的眼睛被自己的理想所迷,永远不能冷静地观察。
——茅盾

人贵立志……立了志,我们学习起来才有动力,才有毅力,才会发愤,才会持之以恒。
——钱伟长

君子图远大,小人计目前。
——《清史稿》

很多的人,分不清理想与梦想的不相同。理想,是一种可能实现也可能不实现的观念;而梦想,可以想得天花乱坠,随人怎么想,要实现起来,大半是不

成的。　　　　　　　——三毛

　　立志须存千载想,闲谈无过五分钟。
　　　　　　　　　　　——沈钧儒

　　以天下为己任。　——孙中山

　　立大志,做大事,探讨大学问。
　　　　　　　　　　　——陶行知

　　一个精神生活很充实的人,一定是一个很有理想的人,一定是一个很高尚的人,一定是一个只做物质的主人而不做物质的奴隶的人。　——陶铸

　　你既踏上了人生的道路,你就要严肃地考虑你究竟是抱着什么样的生活目的。因为它将主宰你一生的行为,并且将从"人"的价值上给你短促的一生做出严峻的结论。　　——魏巍

　　理想必须要人们去实现它,这就不但需要决心和勇敢,而且需要知识。
　　　　　　　　　　　——吴玉章

　　能够献身于自己祖国的事业,为实现理想而斗争,这是最光荣不过的事情了。　　　　　　——吴玉章

　　革命理想,不是可有可无的点缀品,而是一个人生命的动力。有了理想,就等于有了灵魂。　——吴运铎

　　不同的生活理想,不同的生活态度,决定一个人在战斗中站的位置。
　　　　　　　　　　　——吴运铎

　　没有崇高的生活理想的人,像大海里的一片小舟一样,它时刻都会被狂风巨浪袭击而沉没海底。　——吴运铎

　　一个人有无成就,决定于他青年时期是不是有志气。　——谢觉哉

　　一个人有了远大的理想,就是在最艰苦困难的时候,也会感到幸福。
　　　　　　　　　　　——徐特立

　　台阶是一层一层筑起的,目前的现实是未来理想的基础。只想将来,不从近处现实着手,就没有基础,就会流于幻想。　　　　　　——徐特立

　　理想是事业之母。　——叶圣陶

　　人生的奋斗目标不要太大,认准了一件事情,投入兴趣与热情坚持去做,你就会成功。　　　　——俞敏洪

　　每个人的生命都是一条小船,理想是小船的风帆。　——张海迪

　　一个没有远大理想和崇高生活的人,就像一只没有翅膀的鸟,一台没有马达的机器,一盏没有钨丝的灯泡。
　　　　　　　　　　　——张华

　　一切伟大的理想,都从现实社会的具体分析得来。　——张闻天

　　生活的理想,就是为了理想的生活。
　　　　　　　　　　　——张闻天

　　没有崇高的理想就没有伟大的目标。　　　　　　——张治中

　　每一个人要有做一代豪杰的雄心壮志!应当做一个开创一代的人。
　　　　　　　　　　　——周恩来

　　理想是需要的,是我们前进的方向。现实有了理想的指导才有前途;反过来,

也必须从现实的努力奋斗中才能实现理想。　　　　　　——周恩来

志气太大,理想太多,事实迎不上头来,结果自然是失望烦闷;志气太小,因循苟且,麻木消沉,结果就必至于堕落。
　　　　　　——朱光潜

只要是理想,里面就暗含着侥幸。侥幸心稍一美化就成为理想;完全没有侥幸也就不会有理想,完全没有侥幸就意味完全没有偶然。
　　　　　　——朱苏进

众所周知,胸有大志者能屈能伸。
　　　　　　——埃德蒙·伯克[英国]

任何黑暗要比光明更容易使人产生崇高的理想。——埃德蒙·伯克[英国]

理想与现实之间,动机与行为之间,总有一道阴影。　——艾略特[英国]

心中没有理想,生活便索然无味。
　　　　　　——艾略特[英国]

或许正因为有了理想,生活才显得这样甜蜜;或许正因为有了理想,生活才显得如此宝贵。
　　　　——艾特玛托夫[吉尔吉斯斯坦]

那些出类拔萃的人正是在生活的早期就清楚地辨明了自己的方向,并且始终如一地把他的能力对准这一目标的人。　　　　——爱德华[英国]

每个人都有一定的理想,这种理想决定着他的努力和判断的方向。就在这个意义上,我从来不把安逸和快乐看作是生活目的本身——这种伦理基础,我叫它猪栏的理想。——爱因斯坦[美国]

有些理想曾为我引过道路,并不断给我新的勇气以欣然面对人生,那些理想就是真、善、美。——爱因斯坦[美国]

人们努力追求的庸俗的目标——财产、虚荣、奢侈的生活,我总觉得都是可鄙的。　　　——爱因斯坦[美国]

凡配称为理想的事物,就必带有善美的本质。　　　——奥斯丁[英国]

立志、工作、成功,是人类活动的三大要素。立志是大事,工作随立志而来,成功随工作而来。　——巴斯德[法国]

无论在斗争中或牺牲中,我们都只对准一个目标,坚守一个信念,这样我们就可以克敌制胜。——白求恩[加拿大]

如果你已经制订了一个远大的计划,那么就在你的生命中,用最大的努力去实现这个目标吧。
　　　　　　——比尔·盖茨[美国]

人生应该树立目标,否则你的精力会白白浪费。　　——彼德斯[美国]

雄心壮志是茫茫黑夜中的北斗星。
　　　　　　——勃朗宁[英国]

人的活动如果没有理想的鼓舞,就会变得空虚而渺小。
　　　　——车尔尼雪夫斯基[俄国]

没有目标,哪来的劲头?
　　　　——车尔尼雪夫斯基[俄国]

生活没有目标就像航海没有指南针。　　　　——大仲马[法国]

理想是人生的太阳。
　　　　　　——德莱塞[美国]

人生的最高理想是为人民谋利益。
　　　　　　——德莱塞[美国]

一切都靠一张嘴来谈理想而丝毫不实干的人,是虚伪和假仁假义的。
　　　　　——德谟克里特[古希腊]

没有目的就做不成任何事情,目的渺小就做不成任何大事。
　　　　　　——狄德罗[法国]

幻想固然美,但并不能比这甜蜜的现实更美。　　——狄更斯[英国]

我伸出伤残的信仰之掌,摸索着搜集灰尘和糠秕,呼唤那我感觉是上帝的东西,而模糊地相信更大的希望。
　　　　　　——丁尼生[英国]

毫无理想而又优柔寡断是一种可悲的心理。　——弗兰西斯·培根[英国]

一个人的理想越崇高,生活越纯洁。
　　　　　　——伏尼契[爱尔兰]

伟大的抱负造就伟大的人。
　　　　　　——富勒[英国]

幻想能害人,也能救人。
　　　　　　——富勒[英国]

当大自然剥夺了人类用四肢爬行的能力时,又给了他一根拐杖,这就是理想!　　　　——高尔基[苏联]

生活的意义在于美好,在于向往目标的力量。应当使生活的每一个瞬间都具有崇高的目的。　——高尔基[苏联]

一个人追求的目标越高,他的才力就发展越快,对社会就越有益,我确信这也是一个真理。　——高尔基[苏联]

我们的生活就像旅行,思想是导游者。没有导游者,一切都会停止,目标会丧失,力量也会化为乌有。
　　　　　　——歌德[德国]

理想——一串跳荡的音符,奏响了我们心中青春的乐章;理想——一束心灵的阳光,点燃了我们胸膛里的火焰。
　　　　　　——歌德[德国]

每走一步都走向一个终于要达到的目标,这并不够,应该每一步就是一个目标,每一步都自有价值。
　　　　　　——歌德[德国]

否定理想的人可能容易找到,不过,他是将卑鄙当作美好。——歌德[德国]

人生重要的事情就是确定一个伟大的目标,并决心实现它。
　　　　　　——歌德[德国]

尚未实现的崇高目标,要比已经达到的渺小的目的更为珍贵。
　　　　　　——歌德[德国]

成功的经理人员在确定组织和个人的目标时,一般是现实主义的。他们不是害怕提出高目标,而是不让目标超出他们的能力。　——亨利·艾伯斯[美国]

一个崇高的目标,只要不渝地追求,就会成为壮举。　——华兹华斯[英国]

孩提时代可以没有什么宏伟目标,成人时代则不可无此。
　　　　　　——霍兰德[美国]

让你的理想高于你的才干,你的今

天才有可能超过昨天,你的明天才有可能超过今天。　　——纪伯伦[黎巴嫩]

生活不能没有理想。应当有健康的理想,发自内心的理想,来自本国人民的理想。　　——季米特洛夫[保加利亚]

无论哪个时代,青年的特点总是怀抱着各种理想和幻想。这并不是什么毛病,而是一种宝贵的品质。
　　　　　　　　——加里宁[苏联]

只有向自己提出伟大的目标并以自己的全部力量为之而奋斗的人,才是幸福的人。　　　——加里宁[苏联]

必须从一种理想主义中去寻求精神力量。在不使我们骄傲的情况下,这种理想主义可把我们的希望和幻想上升到一个很高的境界。——居里夫人[法国]

如果能追随理想而生活,本着正直自由的精神、勇敢直前的毅力、诚实不自欺的思想而行,则定能臻于至善至美的境地。　　　——居里夫人[法国]

人若没有目标,很快会一无所有。有个低微的目标也胜似毫无目标。
　　　　　　　　——卡莱尔[英国]

没有目标而生活,恰如没有罗盘而航行。　　　　——康德[德国]

现实是此岸,理想是彼岸,中间隔着湍急的河流,行动则是架在川上的桥梁。
　　　　　　　——克雷洛夫[俄国]

一个人如果胸无大志,即使再有壮丽的举动也称不上是伟人。
　　　　　　——拉罗什富科[法国]

目光远大的人应当将自己的每一个愿望摆好位置,然后逐一地去实现它。贪得无厌常常把这种秩序打乱,使我们同时去追逐许多目标,以致贪小失大。
　　　　　　——拉罗什富科[法国]

走得最慢的人,只要他不丧失目标,也比漫无目的地徘徊的人走得快。
　　　　　　　　——莱辛[德国]

我们命定的目标和道路,不是享乐,也不是受苦,而是行动,每个明天,都是比今天前进一步。　——朗费罗[美国]

理想是指路明灯。没有理想,就没有坚定的方向;没有方向,就没有生活。
　　　　　——列夫·托尔斯泰[俄国]

只要坚定不移地向着目标前进,就一定会达到目的。
　　　　　——列夫·托尔斯泰[俄国]

凡是以追求自己的幸福为目标的人,是坏的;凡是以博得别人的好评为目标的人,是脆弱的;凡是以使他人幸福为目标的人,是有德行的。
　　　　　——列夫·托尔斯泰[俄国]

要向大的目标走去,就得从小的目标开始。　　　——列宁[苏联]

如果一个目的是正当而必须做的,则达到这个目的的必要手段也是正当而必须采取的。　　——林肯[美国]

理想失去了,青春这花也便凋零了,因为理想是青春的光和热。
　　　　　　——罗曼·罗兰[法国]

暂时的是现实,永生的是理想。
　　　　　　——罗曼·罗兰[法国]

一种理想,就是一种动力。
——罗曼·罗兰[法国]

一旦自私的幸福变成了人生唯一的目标,人生就会变得没有目标。
——罗曼·罗兰[法国]

自古能成功成名的无一不是靠理想和抱负,没有一个庸才能靠人事关系而名垂青史。 ——罗曼·罗兰[法国]

实现明天理想的唯一障碍是今天的疑虑。 ——罗斯福[美国]

失败不是罪过,目标太低才是罪过。
——洛厄尔[美国]

一个人向前瞻望的时候,如果看不到一点儿快乐的远景,他在世界上就不能活下去。 ——马卡连柯[苏联]

具有新想法的人在其想法实现之前是个怪人。 ——马克·吐温[美国]

不要放弃你的幻想。当幻想没有的时候,你还可以生存,但是你虽生犹死。
——马克·吐温[美国]

使人生具有意义的不是权势和表面的显赫,而是寻找那种不仅满足一己私利,且能保证全人类幸福的完美理想。
——马克思[德国]

一个人若是没有确定航行的目的港,任何风向对他来说都不是顺风。
——蒙田[法国]

灵魂如果没有确定的目标,它就会丧失自己,因为俗语说得好:"无所不在等于无所在。" ——蒙田[法国]

不想当将军的士兵不是好士兵。
——拿破仑[法国]

一个志向高远的人,不仅要超越他的行为和判断,甚至也要超越公正本身。
——尼采[德国]

理想对我来说,是一种非凡的魅力。我的理想……总是充满着生活和泥土的气息。我从来都不去空想那些不可能实现的事情。
——尼古拉·奥斯特洛夫斯基[苏联]

现在永远也不是我们的目的。过去和现在都是我们的手段,唯有未来才是我们的目的。 ——帕斯卡[法国]

感到自己在这个世界上是件多余的装饰品,那是很难堪的。活着而又没有目标是可怕的。 ——契诃夫[俄国]

目标的坚定是性格中最必要的力量源泉之一,也是成功的利器之一。没有它,天才也会在矛盾无定的迷途中徒劳无功。 ——切斯特菲尔德[英国]

有人活着没有任何目标,他们在世间行走,就像河中的一棵小草,他们不是行走,而是随波逐流。
——塞涅卡[古罗马]

若欲到达指定的目的地,必须循由一条道路前进,不要在许多路上徘徊。
——塞涅卡[古罗马]

目标愈高,志向就愈可贵。
——塞万提斯[西班牙]

理想并不是一种空虚的东西,也并不玄奇;它既非幻想,更非野心,而是一种追求善美的意识。
　　　　　——莎菲德拉[英国]

　　理想如晨星——我们永不能触到，但我们可以像航海者一样，借星光的位置而航行。　　——舒尔茨[美国]

　　有理想的人,生活总是火热的。
　　　　　——斯大林[苏联]

　　抱负永远是一种欢乐,是一种如地产一般可靠的财产。
　　　　　——斯蒂文生[英国]

　　我们一生中,必须立下志愿,必须有奋斗的目标。否则浑浑噩噩地过日子,那岂不是白活一生了吗？
　　　　　——松下幸之助[日本]

　　如果一个人的头上缺少一颗指路明星——理想,那他的生活将会是醉生梦死的。　　——苏霍姆林斯基[苏联]

　　人终究会将设定的目标实现。虽然一时的挫败难免,最好还是要立下远大的目标。　　——梭罗[美国]

　　生活中没有理想的人,是可怜的人。
　　　　　——屠格涅夫[俄国]

　　一个没有理想和目标的人,在思想上往往偏于保守,在行动上常常想维持现状。　　　——土光敏夫[日本]

　　没有理想,即没有某种美好的愿望,也就永远不会有美好的现实。无论是人类还是民族,如果没有崇高的理想,就不能生存。　——陀思妥耶夫斯基[俄国]

　　进步就是理想的实现。
　　　　　——王尔德[英国]

　　什么是伟大的一生？少年时的志愿在寿终前得以实现就是伟大的一生。
　　　　　——维尼[法国]

　　使人年老的不是岁月,而是理想的失去。　　　——乌尔曼[匈牙利]

　　生活的目标是人类美德和人类幸福的心脏。　——乌申斯基[俄国]

　　理想是一种特殊的阳光,没有阳光的赋予生命的作用,地球会变成石头。
　　　　　——谢德林[俄国]

　　一个人若没有远大的目标,他一定只注意眼前个人琐事。一个仅仅注意个人琐事的人,永远达不到远大的目标。
　　　　　——谢德林[俄国]

　　凡是胸怀大志的人,最后总是会有所成就的。　——伊索[古希腊]

　　人有了物质才能生存,人有了理想才谈得上生活。你要了解生存与生活的不同吗？动物生存,而人则是生活。
　　　　　——雨果[法国]

　　人类的心灵需要理想甚于需要物质。　　　——雨果[法国]

　　梦想就是创造,希望就是召唤,制造幻想就是促成现实。　——雨果[法国]

　　人的理想志向往往和他的能力成正比。　　　——约翰逊[英国]

　　一个人提到理想,必然充满感情,他会想到流露真心的那种缥缈美丽的梦境。　　——詹姆斯[美国]

13 信念；信仰

我有我的爱，有我的恨，有我的欢乐，也有我的痛苦。但是我并没有失去我的信仰，对生活的信仰。 ——巴金

支配战士行动的是信仰，他能够忍受一切艰难、痛苦，而达到他所选定的目标。 ——巴金

如果把人生比之为杠杆，信念则好像是它的"支点"，具备这个适当的支点，才可能成为一个强而有力的人。
——薄一波

人，只要有一种信念，有所追求，什么艰苦都能忍受，什么环境也都能适应。
——丁玲

敌人只能砍下我们的头颅，决不能动摇我们的信仰！因为我们信仰的主义，乃是宇宙的真理！ ——方志敏

明天的渺茫全仗昨天的实在撑持着，新梦是旧事的拆洗缝补。 ——老舍

只有对前途乐观的人，才能不怕黑暗，才能有力量去创造光明。
——李广田

信念、理想，是使人苦斗的精神支柱和力量。
——孙叔阳

自己的信念未建立以前，则最重要的工作是虚心地热忱地把自己的信念树立起来。 ——陶行知

永远打不断的是脊梁，永远撕不碎的是信念。 ——汪国真

信仰、劳动、恋爱，这三者融合一致的生活才是我们的理想生活。
——夏丏尊

信仰要坚固，生活要圆转，也可以说，质要硬，形要软。 ——夏衍

信仰是努力的先导，而努力却是成功的要素。 ——杨贤江

人活着，总得有一个坚定的信仰，不光是为了自己的衣食住行，还要对社会有所贡献。 ——张志新

可以牺牲我的生命，决不可放弃我的信仰。 ——张志新

信念对支撑一个人是至关重要的。即使是寿命的长短也往往取决于信念。
——赵鑫珊

我们爱我们的民族，这是我们自信心的源泉。 ——周恩来

由大智中产生大勇，由理解中加强信心，是最坚毅的大勇与最坚强的信心。
——邹韬奋

有两件事我最厌恶：没有信仰的博学多才和充满信仰的愚昧无知。
——爱默生[美国]

信念！有信念的人经得起任何风暴。 ——奥维德[古罗马]

以利益为主的阵营总是会动摇的，但以信念为主的是分化不了的。
——巴尔扎克[法国]

如果你不知道自己想去哪儿的话，你就不会到达。 ——比尔·盖茨[美国]

我们若凭信仰而战斗，就有双重的武装。 ——柏拉图[古希腊]

我愿意在我最困难的地方锤炼我的信仰。因为相信那些寻常和可见的对象并非信仰，只是劝告。 ——布朗[英国]

一个没有受到献身的热情所鼓舞的人，永远不会做出什么伟大的事情来。
——车尔尼雪夫斯基[俄国]

一个人的活动，如果不是被高尚的思想所鼓舞，那它是无益的、渺小的。
——车尔尼雪夫斯基[俄国]

聪明人说，只有人们自愿做的事才做得好。 ——车尔尼雪夫斯基[俄国]

信仰不是逢场作戏，不是作为形式上的信仰，而是生平一贯地作为精神支柱的信仰。 ——池田大作[日本]

你有信仰就年轻，疑惑就年老；有自信就年轻，畏惧就年老；有希望就年轻，绝望就年老；岁月使你皮肤起皱，但是失去了热忱，就损伤了灵魂。
——戴尔·卡内基[美国]

真正的信仰是建立在岩石上的，而其他的一切都颠簸在时间的波浪上。
——弗兰西斯·培根[英国]

信念不付诸生活实践，等于没有信念。 ——富勒[英国]

你不能失去信念，不能因为怀疑而毁灭那伟大的爱。 ——高尔基[苏联]

缺乏信念是由于无知。
——高尔基[苏联]

信仰是人类认识自己智慧的力量的结果，这种信仰创造英雄，却并不创造而且将来也不会创造上帝。
——高尔基[苏联]

信仰是伟大的情感，一种创造力量。
——高尔基[苏联]

智慧是做事用的，对于灵魂来说，靠的是信仰。 ——高尔基[苏联]

通向真正信仰的道路，是要经过无信仰的沙漠才会达到的。
——高尔基[苏联]

只要我们能把希望的大陆牢牢地装在心中，风浪就一定会被我们战胜。
——哥伦布[意大利]

每个人都有足够的余力去实现自己的信念。 ——歌德[德国]

信念是储蓄在自己家里的私人资本。 ——歌德[德国]

每个人都应该坚持走他为自己开辟的道路，不被权威所吓倒，不受现实的观点所牵制，也不被时尚所迷惑。
——歌德[德国]

信心是命运的主宰。
——海伦·凯勒[美国]

信仰与怀疑相辅相成，没有怀疑没有真正的信仰。 ——海塞[瑞士]

信仰是没有国土和语言界限的,凡是拥护真理的人,就是兄弟和朋友。
——亨利希·曼[德国]

我的信念是把最好的留着别说。
——惠特曼[美国]

没有信仰,则没有名副其实的品行和生命;没有信仰,则没有名副其实的国土。
——惠特曼[美国]

在任何一块土地上挖掘,你都会找到珍宝,不过你应该以农民的信心去挖掘。
——纪伯伦[黎巴嫩]

宁无知,勿有错。没有信念的人比有错误信念的人更接近真理。
——杰弗逊[美国]

人是为了某种信仰而活着。
——卡莱尔[英国]

不要认为取胜就是一切,更重要的是要有信念。倘若你没有信念,那胜利又有什么意义呢?
——柯克兰[英国]

坚持你一定会成功的信念,不论有多大困难。同时要面对现实中最残酷的事实,无论它们是什么。
——柯林斯[英国]

信念是储备品,行路人在破晓时带着它登程,但愿他在日暮以前足够使用。
——柯罗连科[俄国]

社交场上的信心比机智更为重要。
——拉罗什富科[法国]

信仰是人生的动力。
——列夫·托尔斯泰[俄国]

信仰是生命的力量。信仰所给(jǐ)予人生之谜的答复含有人类的最深刻的智慧。
——列夫·托尔斯泰[俄国]

人的信仰愈是坚决,其生活愈不致动摇。没有信仰的人的生活,无非是动物的生活。
——列夫·托尔斯泰[俄国]

决心即力量,信心即成功。
——列夫·托尔斯泰[俄国]

喷泉的高度不会超过它的源头。一个人的事业也是这样,他的成就绝不会超过自己的信念。
——林肯[美国]

你什么也舍不得牺牲,结果你什么也得不到。你一心追逐你的欲念,结果你是永远也不能够满足你的欲念的。
——卢梭[法国]

最可怕的敌人,就是没有坚强的信念,只顾谈论、批评优柔寡断的同僚。
——罗曼·罗兰[法国]

居于一切力量之首的,成为所有一切的源泉的是信仰,而要生活下去就必须有信仰。
——罗曼·罗兰[法国]

信仰不是一门学问,信仰只是一种行为。它只在被实践的时候,才有意义。
——罗曼·罗兰[法国]

归根到底,所有的信仰都一样:为了永生。
——罗曼·罗兰[法国]

怀疑与信仰,两者都是必需的。怀疑能使昨天的信仰摧毁,替明日的信仰开路。
——罗曼·罗兰[法国]

能够始终如一地爱,始终如一地信仰是多么好!凡是被爱过的,都是不

死的。　　——罗曼·罗兰[法国]

如果迷上那种空中楼阁似的信仰,便会像染上一种不良的嗜好,毁掉一生。
　　——罗曼·罗兰[法国]

信念的力量是神奇的,它可以使千千万万的老弱信徒和衰弱的年轻人毫不迟疑、毫无怨言地从事那种艰苦不堪的长途跋涉,毫不懊悔地忍受因此而来的痛苦。　　——马克·吐温[美国]

有信仰的人,比集团中的掌权者或因利害而乌合起来的九十九人更有力量。　　——穆勒[德国]

信仰与迷信不同。维护信仰到了迷信的程度,相反却使信仰毁灭。
　　——帕斯卡[法国]

信仰是精神的劳动。
　　——契诃夫[俄国]

当喉咙发干时,会有连大海也可以一饮而尽的气概——这便是信仰;一等到喝时,至多只能喝两杯——这便是科学。　　——契诃夫[俄国]

世上没有一种信仰能防止人变成叛徒。　　——琼森[英国]

为某个信念而死并不难,难的是实践信念。　　——萨克雷[英国]

自信是走向成功之路的第一步,缺乏自信是失败的主要原因。
　　——莎士比亚[英国]

信仰犹如爱慕,它不能被强制。任何强制的爱,都必会变成恨。因而,那种强制信仰的企图,其结果首先是真正的不信仰。　　——叔本华[德国]

善恶只在一念之间,悲欢、贫富亦复如此。　　——斯宾塞[英国]

信念是由一种愿望产生的,因为愿意相信才会相信,希望相信才会相信,有一种利益所在才会相信。
　　——斯特林堡[瑞典]

信念只有在积极的行动中才能生存,才能够得到加强和磨砺。
　　——苏霍姆林斯基[苏联]

信念是鸟,它在黎明仍然黑暗之际,感觉到了光明,唱出了歌。
　　——泰戈尔[印度]

信仰会是而且会永远是人类最后的希望之锚,人类即使达到了最高的尘世幸福,这个信仰也是不能缺少的。
　　——威廉·魏特林[德国]

信仰坚定的人是一刻也不会迷失方向的,他的灵魂将冲破炼狱的烈焰,直奔天堂极乐世界。
　　——温塞特[挪威]

如果一个人有足够的信念,那么他就能创造奇迹。　　——温塞特[挪威]

有信心的人,可以化渺小为伟大,化平庸为神奇。　　——萧伯纳[爱尔兰]

信仰,是事业的千斤顶,失去了它,就失去了人生前进的精神支柱。
　　——亚米契斯[意大利]

信仰是人们所必需的。什么也不信的人不会有幸福。　　——雨果[法国]

不要害怕生活,坚信生活的确值得

去生活,那么你的信念就会有助于创造这个事实。——詹姆斯[美国]

我们靠信仰生活,比自己所想到的多;我们靠信仰获得的成就,也比自己所意识到的多。我相信,信仰是我们一切思想的先行官。如果没有信仰,就不可能有假设、原理、科学或数学。我相信,信仰是思想的延展。有了信仰,我们才可以承认不可能的事情。否定信仰,即等于反对自己,反对我们一切创造力的精神源泉。——卓别林[英国]

信仰是力量的源泉。
——卓别林[英国]

14 希望;欲望

欲速则不达,见小利则大事不成。
——[春秋]《论语》

己所不欲,勿施于人。①
——[春秋]《论语》

欲刚必以柔守之,欲强必以弱保之。积于柔必刚,积于弱必强。
——[战国]《列子》

事随心,心随欲。欲无度者,其心无度。心无度者,则其所为不可知矣。
——[战国]《吕氏春秋》

欲不正,以治身则夭,以治国则亡。②
——[战国]《吕氏春秋》

欲知平直,则必准绳;欲知方圆,则必规矩。③——[战国]《吕氏春秋》

养心莫善于寡欲。
——[战国]《孟子》

鱼我所欲也,熊掌亦我所欲也;二者不可得兼,舍鱼而取熊掌者也。
——[战国]《孟子》

路曼曼其修远兮,吾将上下而求索。④——[战国]屈原

民之性,饥而求食,劳而求佚(yì),苦则索乐,辱则求荣。⑤
——[战国]《商君书》

凡有血气,皆有争心。
——[战国]《左传》

欲人勿闻,莫若勿言;欲人勿知,莫若勿为。——[汉]《汉书》

欲致鱼者先通水,欲致鸟者先树木。水积而鱼聚,木茂而鸟集。⑥
——[汉]《淮南子》

患生于多欲,害生于弗备。
——[汉]《淮南子》

---

① 欲:想要;希望。施:施加;给予。
② 夭:夭折;早亡。
③ 准:水准器,测定平面的工具。绳:取直线用的工具。规:画圆形的工具。矩:画方形或直角的工具。
④ 曼曼:形容距离远,又作"漫漫"。修:长。兮:相当于"啊"。
⑤ 佚:安闲。
⑥ 致:求得。树木:植树;种树。

多欲亏义,多忧害智,多惧害勇。
————[汉]《淮南子》

省事之本,在于节欲。
————[汉]《淮南子》

饮食男女,人之大欲存焉;死亡贫苦,人之大恶存焉。————[汉]《礼记》

同欲者相憎,同忧者相亲。
————[汉]《战国策》

欲致其高,必丰其基;欲茂其末,必深其根。————[晋]葛洪

欲穷千里目,更上一层楼。①
————[唐]王之涣

欲利己者,必损人;欲利财者,必敛怨。————[宋]《二程集》

修身以寡欲为要,行己以恭俭为先。②————[宋]胡宏

人心难满,豀(xī)壑(hè)易填。③
————[宋]普济

君子之所取者远,则必有所待;所就者大,则必有所忍。————[宋]苏轼

衣不求华,食不厌疏。④
————[宋]王安石

保生者寡欲,保身者避名。
————[宋]《省心杂言》

人到无求品自高。————[宋]俞文豹

人有欲,则无刚,刚则不屈于欲。⑤
————[宋]朱熹

溺爱者不明,贪得者无厌。
————[宋]朱熹

人心不足蛇吞象。————[明]冯梦龙

欲人勿恶,必先自美;欲人勿疑,必先自信。————[明]冯梦龙

鱼不忍饥钩上死,鸟因贪食网中亡。
————[明]韩贞

吃着碗里,看着锅里。
————[明]《金瓶梅词话》

贪欲者,众恶之本;寡欲者,众善之基。————[明]王廷相

一念之欲不能制,而祸流于滔天。
————[明]薛瑄

福寿康宁,固人之所同欲;死亡疾病,亦人所不能无。
————[明]《幼学琼林》

人之心胸,多欲则窄,寡欲则宽。
————[清]金缨

欲求真受用,须下死功夫。⑥
————[清]陆世仪

寡欲以清心,寡染以清身,寡言以清口。————[清]颜元

想象是风筝,而现实是手中的线,放得好,风筝便飞起来。————艾青

———————
① 穷:穷尽。千里:泛指极远、很远。更:再;又。
② 要:重大的值得重视的内容。
③ 豀、壑:山谷。
④ 疏:粗;粗劣。
⑤ 刚:刚强。
⑥ 受用:享用;得益。

希望是人生之需要。人如没有希望,何异江河干涸(hé)了流水? ——巴金

鼓舞人前进的是希望,而不是失望。 ——巴金

人类所追求的都是同样的东西——青春、生命、活力、爱情,不仅为他们自己,而且也为别的人。失去了这一切以后所产生的悲哀,乃是人类共有的悲哀。 ——巴金

欲望使我们勇敢,欲望也使我们迷失。 ——毕淑敏

现实终归是现实,你在现实中不能获得的东西,也别想在梦里得到。 ——陈荒煤

凡是人渴望得到的东西,带给人的痛苦总大于快乐。 ——陈家琪

人们首先需要的,是弄清自己到底需要什么。这是多少人活了一辈子也未必清楚的。 ——陈祖芬

对精神的追求、对物质的追求都是无止境的。但是脱离了前者的后者,是空虚、堕落;脱离了后者的前者,是虚假、倒退。 ——陈祖芬

潇洒和浪漫后边必有对某些事物的执着追求。 ——冯世则

我对于一切享受的欲望都非常淡薄,唯独知识欲却是极端的旺盛。 ——顾颉刚

希望是努力的母亲。 ——老舍

人类最高的欲求,是时时创造新生活。 ——李大钊

从绝望中寻找希望,人生终将辉煌。 ——李开复

人生不可无梦,世界上做大事业的人,都是由梦得来;无梦则无望,无望则无成,生活也就没有生趣。 ——林语堂

希望是附丽于存在的,有存在便有希望,有希望便有光明。 ——鲁迅

希望是本无所谓有,无所谓无的。这正如地上的路,其实地上本没有路,走的人多了,也便成了路。 ——鲁迅

人之所以异于禽兽,就因为人知道希望。 ——鲁迅

各人有各人的心愿,然而各人的心愿也只有他自己最懂得明白,最能摸到细微曲折之处,如果说给别人听,只得个粗枝大叶。 ——茅盾

天下只有两种人。譬如一串葡萄到手,一种人挑最好的先吃,另一种人把最好的留在最后吃。照例第一种人应该乐观,因为他每吃一颗都是吃剩的葡萄里最好的;第二种人应该悲观,因为他每吃一颗都是吃剩的葡萄里最坏的。不过事实上都适得其反,缘故是第二种人还有希望,第一种人只有回忆。 ——钱锺书

人生虽痛苦,却不悲观,因为它终抱着快乐的希望。 ——钱锺书

枯燥冗长的生活犹如沙漠,人能生存下去,不被吞噬,细细寻去,必是那人心里有些希望和欢乐。 ——秦文君

人活得愈简单愈轻松,欲望愈低愈富足。——三毛

人真正的名字叫欲望。——史铁生

地球上如果都是那么平展展的,虽然希望都都是良田,但事实上那很可能全是沙漠。——史铁生

追求使你充实,失败和成功都是伴奏。——史铁生

一个民族有一些关注天空的人,他们才有希望;一个民族只是关心脚下的事情,那是没有未来的。——温家宝

是什么让我们在不断的失望后继续前行?是一种叫作"希望"的东西。——杨澜

现实总是不够完美,使得希望就像是一场赌博。输了很痛苦,那么宁可不追求吗?——杨澜

哪怕是最没有希望的事情,只要有一个勇敢者去坚持做,到最后就会拥有希望。——俞敏洪

人只有从物欲的泥淖中挣脱出来,才能维护尊严,获得自由。——袁隆平

只有不可知,不可得的,才有人去追求。——朱自清

人世间的大多数烦恼都是由那些想成为重要人物的人惹出来的。——艾略特[英国]

首先对你自己说出想要做的事,然后去做你所能做的事。——爱比克泰德[古罗马]

做重大决定时优柔寡断,追求人生目标时冲劲不足,是使我们失意沮丧的两大主因。——爱迪生[美国]

欲求是一个不断成长的巨人,"现状"的外套对他永远也不够大。——爱默生[美国]

只要一个人还有所追求,他就没有老。直到后悔取代了梦想,他才算老。——巴里穆尔[美国]

人生最大的快乐不在于占有什么,而在于追求什么的过程。——班廷[加拿大]

世界上有这样一些幸福的人,他们把自己的痛苦化作他人的幸福,他们挥泪埋葬了自己在尘世间的希望,它却变成了种子,长出鲜花和香膏,为孤苦伶仃的苦命人医治创伤。——比彻·斯托[美国]

希望是忧愁的最佳音乐。——波温[美国]

人类的伟大不在于他们在做什么,而在于他们想做什么。——勃朗宁[英国]

希望往往会落空,并且是在最有希望的时候。——查斯特菲尔德[英国]

未来是光明而美丽的,爱它吧,向它突进,为它工作,迎接它,尽可能地使它成为现实吧!——车尔尼雪夫斯基[俄国]

生活于愿望之中而没有希望,是人生最大的悲哀。——但丁[意大利]

人不能像走兽那样活着,应该追求

知识和美德。　　——但丁[意大利]

　　人类最可宝贵的财富是希望。希望减轻了我们的苦恼,为我们在享受当前的乐趣中描绘出来日乐趣的远景。
　　　　　　　　　——伏尔泰[法国]

　　人类最宝贵的财富是希望。如果只着眼于当前,我们就不会去播种。
　　　　　　　　　——伏尔泰[法国]

　　追求享乐,这种现代的欲望是万恶之源。　　　　——福楼拜[法国]

　　希望是生命的源泉,失去它,生命就会枯萎。　　——富兰克林[美国]

　　如果你的欲求无穷尽,那么你的心事和担忧也会无穷尽。——富勒[英国]

　　瞄得太高如同瞄得太低一样,都会射不中目标。　　——富勒[英国]

　　谁需要的越小,他的幸福就越大;谁希望的越多,他的自由就越少。
　　　　　　　　　——高尔基[苏联]

　　感觉不到自己心里有愿望存在,就等于没有生命。——高尔基[苏联]

　　人的心灵是有翅膀的,会在梦中飞翔。　　　　——高尔基[苏联]

　　幻想并不等于生活。
　　　　　　　　　——高尔基[苏联]

　　不知道明天要干什么事的人,是不幸的人。　　——高尔基[苏联]

　　希望是生命的灵魂、心灵的灯塔、成功的向导。　　——歌德[德国]

　　希望是不幸者的第二灵魂。
　　　　　　　　　——歌德[德国]

　　当我们自以为达到了所希望的目的的时候,那恰恰是离我们的希望最远的时候。　　　　——歌德[德国]

　　对任何事情,抱希望总比绝望好。
　　　　　　　　　——歌德[德国]

　　希望是引导人成功的信仰。如果没有了希望,便一事无成。
　　　　　　　　——海伦·凯勒[美国]

　　从希望中和从绝望中可以感受到同样的力量。　　——荷马[古希腊]

　　抵制内心冲动的欲望是困难的。凡是它所需求的,它会不惜以灵魂的代价去获取。　　——赫拉克利特[古希腊]

　　想象能使人理智地观察一个新世界,想象可以通过暗示令人满意的目标来使人保持对生活的热情。
　　　　　　　　　——怀特海[英国]

　　昨日只是今日的回忆,而明日只是今日的梦想。　　——纪伯伦[黎巴嫩]

　　让今日用回忆拥抱着过去,用希望拥抱着将来。　——纪伯伦[黎巴嫩]

　　愿望是半个生命,淡漠是半个死亡。
　　　　　　　　　——纪伯伦[黎巴嫩]

　　也许人就是这样,有的东西不知道欣赏,没有的东西又一味追求。
　　　　　　　　　——凯勒[瑞士]

　　希望和忧虑是分不开的。没有希望就不会有忧虑,没有忧虑也就没有希望。
　　　　　　　　——拉罗什富科[法国]

情欲不是别的,而是思想发展的最初阶段,是属于青春心灵的。谁要是以为人一辈子都会被情欲所激动,那真是十足的傻瓜。许多平静的河流都是从喧闹的瀑布开始的,却没有一条河流直到海洋都汹涌澎湃、浪花飞溅。
　　——莱蒙托夫[俄国]

　　如果你想射中目标,你就必须瞄得略高一些,因为脱弦之箭都受到地心引力的影响。　　——朗费罗[美国]

　　为了取得前进的力量,我们就必须怀抱达到一个乐土的希望。
　　——列夫·托尔斯泰[俄国]

　　每人心中都应有两盏灯光,一盏是希望的灯光,一盏是勇气的灯光。有了这两盏灯光,我们就不怕海上的黑暗和风涛的险恶了。——罗曼·罗兰[法国]

　　希望是坚韧的拐杖,忍耐是旅行袋,携带它们,人可以登上永恒之旅途。
　　——罗素[英国]

　　狂热的欲望,会诱出危险的行动,干出荒谬的事情来。
　　——马克·吐温[美国]

　　人类的历史表明,人的欲望是随着他的财富和知识的增长而扩大的。
　　——马歇尔[英国]

　　蚊子和大象为同样的欲望所苦。
　　——蒙田[法国]

　　希望是人在逆境中的救星。
　　——米南德[古希腊]

　　希望是热情之母,它孕育着荣誉、孕育着力量,孕育着生命。一句话,希望是世间万物的主宰。
　　——普列姆·昌德[印度]

　　当现实折过来严丝合缝地贴在我们长期的梦想上时,它盖住了梦想,与它混为一体,如同两个同样的图形重叠起来合而为一一样。　　——普鲁斯特[法国]

　　正如煤灶加盖反而增强了火力,情欲愈是抑制,那颗火热的心更将十倍地燃烧起来。　　——乔叟[英国]

　　填不满的是欲海,攻不破的是愁城。
　　——乔治·桑[法国]

　　没有求知欲的学生,就像没有翅膀的鸟儿。　　——萨迪[波斯]

　　不抱任何希望的人,也就不会绝望。
　　——塞涅卡[古罗马]

　　希望是苦难的唯一药方。
　　——莎士比亚[英国]

　　一个最困苦、最微贱、最为命运所屈辱的人,只要还抱有希望,便可无所怨惧。　　——莎士比亚[英国]

　　最有把握的希望,往往结果终于失望;最少希望的事情,反而出人意料地成功。　　——莎士比亚[英国]

　　希望是永远的喜悦,有如人类拥有的土地,是每年有收获而且绝不会耗尽的确实财产。　　——斯蒂文生[英国]

　　我宁可坐在一个大南瓜上,由我一个人占有它,也不愿意和他人挤在天鹅绒的垫子上;我宁可坐一辆牛车,自由自在来去,也不愿意坐什么花哨的游览车去天堂,一路上呼吸着污浊的空气。

——梭罗[美国]

希望在烧毁"旧事物"的火焰顶上出现光辉灿烂的"新事物"。

——泰戈尔[印度]

人在必然世界里有一个有限之极,在希望的世界里则有一个无限之极。

——泰戈尔[印度]

由于你不可能做到你所希望做到的一切,因此,你就应该做到你能够做到的一切。 ——泰伦提乌斯[古罗马]

切莫垂头丧气,即使失去了一切,你还握有未来。 ——王尔德[英国]

我们总是在期待着什么,我们的生命就是在期待中耗费掉了。

——伍里采维奇[塞尔维亚]

人是为了自己的希望才活着的。

——肖洛霍夫[苏联]

只要有生命,就有希望。

——雪尔邦狄斯[挪威]

希望会使你年轻,因为希望与青春是同胞兄弟。 ——雪莱[英国]

人们如欲有所作为,必须注意两项标底——可能标底和适当标底。人们努力以赴各自的标底,尤应注意这些标底可能性和适当性确实与本人的情况相符合。 ——亚里士多德[古希腊]

我以为,克制自己欲望的人比战胜敌人的人更勇敢,因为征服自我是最艰难的。 ——亚里士多德[古希腊]

放纵自己的欲望是最大的祸害,谈论别人的隐私是最大的罪恶,不知自己的过失是最大的病痛。

——亚里士多德[古希腊]

人的心只容得下一定程度的绝望,正如海绵已经吸够了水,即使大海从它上面流过,也不能再给它增添一滴水了。

——雨果[法国]

希望本身是一种幸福,也许是这个世界能提供的主要幸福。

——约翰逊[英国]

失望虽然常常发生,但总没有绝望那么可怕。 ——约翰逊[英国]

15　事业;工作

能周小事,然后能成大事;能积小物,然后能成大物。[①]

——[春秋]《关尹子》

无为而无不为。

——[春秋]《老子》

人有不为也,而后可以有为。

——[战国]《孟子》

建大事者,不忌小怨。

——[南朝]《后汉书》

———————

① 周:谨慎地做到。

人生逐日,胸次须出一好议论。若饱食暖衣,惟利欲是念,何以自别于禽兽? ——[宋]苏辙

志于事业,则富贵不足道;志于富贵,则其人不足道。 ——[宋]俞文豹

我不想多说空话,多说大话,我愿意一点一滴地做点事情,留点痕迹。 ——巴金

一个人,只要他能胜任自己的本职工作,能在貌似平凡的生活中追求过,思索过,感情燃烧过,他就成功了。 ——程乃珊

少说空话,多做工作,扎扎实实,埋头苦干。 ——邓小平

美好的前景如果没有切实的措施和工作去实现,就有成为空话的危险。 ——邓小平

事业是雷,爱情是电,雷鸣电闪才构成灿烂夺目的人生。 ——丁东澜

对事业达到入迷的时候,才智恰恰最清醒。 ——敦源

人的生活中,最能吸引人的力量,最能激发人经久不懈热情的是什么呢?那就是事业。 ——冯定

人是生活的主人,透过事业的棱镜,人才能看到自我生存的价值。 ——冯定

当一个人用工作去迎接光明,光明很快就会来照耀着他。 ——冯雪峰

一个人要干成一番事业,其中放开眼界、抓紧时机、百折不挠、艰苦创业占百分之九十五的因素。 ——霍英东

凡能办大事、复大仇、成大业者,皆有热力为之。 ——康有为

注重自己的名声,努力工作,与人为善,遵守诺言,这样对你们的事业非常有帮助。 ——李嘉诚

创事业者,需要有大刀阔斧的魄力、众醉独醒的精神,潮流影响不了他,风气麻醉不了他。 ——罗兰

一个人这一生是否成功,不在你做哪一类的工作,而在你是否肯认真地把自己发动起来,花力气和工夫去工作。 ——罗兰

古往今来,凡成就事业,对人类有所作为的,无一不是脚踏实地、艰苦攀登的结果。 ——钱三强

一切事业,要从益人而不是损人的原则出发和归宿。 ——饶宗颐

古今之成大事业、大学问者,必经过三种之境界:"昨夜西风凋碧树,独上高楼,望尽天涯路",此第一境也;"衣带渐宽终不悔,为伊消得人憔悴",此第二境也;"众里寻他千百度,蓦然回首,那人却在灯火阑珊处",此第三境也。 ——王国维

梦想虽不见得都是伟大的事业的起点,但每种伟大的事业必定源于一种梦想。 ——王小波

年轻人刚踏入社会之时,不要东挑西拣,任何工作都可以做,都有前途;特别在企业界,只要你努力学,一年就可以

得其要领,而三年有成,可以一展雄才大略。
　　　　　　　　　　　——王永庆

　　一个人只能把他的才智、力量,全部地勤恳地用在工作上、事业上,并且做出成绩来,这样的生活才有价值,才有意义。
　　　　　　　　　　　——吴玉章

　　神圣的工作在每个人的日常事务里,理想的前途在于一点一滴地做起。
　　　　　　　　　　　——谢觉哉

　　最好不要在夕阳西下的时候幻想什么,而要在旭日初升的时候就投入工作。
　　　　　　　　　　　——谢觉哉

　　假如你一开始就想做比尔·盖茨,学哲学的一上来就想超过黑格尔,忽略手头的工作,最终可能会一事无成。可以骑驴找马,但不要虐待那头驴。
　　　　　　　　　　　——徐小平

　　要想在事业上真正干出名堂来,首要的是有一颗强烈的事业心,以及在这种事业心支配下产生的超人钻劲和出奇的迷劲。
　　　　　　　　　　　——袁伟民

　　创业总是艰难的,敢于创业的人,便不应计较艰难。世界上没有一帆风顺的革命。
　　　　　　　　　　　——恽代英

　　把每一件简单的事做好就是不简单,把每一件平凡的事做好就是不平凡。
　　　　　　　　　　　——张瑞敏

　　聪明才智往往靠不住,真正要干出一番事业,得靠自己顽强的意志。
　　　　　　　　　　　——张之俭

　　有志于某种事业者,与其临渊羡鱼,毋宁退而结网。结网无他,即当对于此事业所需要之能力先加以充分的准备。
　　　　　　　　　　　——邹韬奋

　　天才不能使人不必工作,不能代替劳动。要发展天才,必须长时间地学习和高度紧张地工作。人越有天才,他面临的任务也越复杂、越重要。
　　　　　　　　——阿·斯米尔诺夫[苏联]

　　一个人只有以他全部的力量和精力致力于某一种事业时,才能成为一个真正的大师。
　　　　　　　　　　——爱因斯坦[美国]

　　谁若只做了一半,就等于没有做。
　　　　　　　　　　　——巴比塞[法国]

　　任何事业都可能遭到挫折,虽然为事业而奋斗的人是伟大的。
　　　　　　　　　　　——本涅特[英国]

　　在事业上为了获得成功,并没有什么十全十美的方式,如果要说有的话,拼图游戏的经验中,被证明为众所周知的基本原则有二三条,具有果断力就是其中之一。
　　　　　　　　——查斯特菲尔德[英国]

　　人必有一个无法放弃、无法搁下的事业,才能变得无比坚强。
　　　　　　　　——车尔尼雪夫斯基[俄国]

　　一旦你的事业获得成功,你将发现正是你自己掌握了实现你的希望所需要的时机。
　　　　　　　　——戴尔·卡内基[美国]

　　对准一个目标,毫不动摇,豁出命来全力以赴。只有这样才能逐渐扩大自己成功的可能性,甚至实现一番意想不到的事业。
　　　　　　　　　　——德田虎雄[日本]

希望你们年轻的一代,也能像蜡烛为人照明那样,有一分热,发一分光,忠诚而踏实地为人类伟大的事业贡献自己的力量。　　　——法拉第[英国]

过于求速为做事上最大的危险之一。　——弗兰西斯·培根[英国]

做事是否快捷,不在一时奋发,而在能否持久。——弗兰西斯·培根[英国]

不经巨大的困难,不会有伟大的事业。　　　　——伏尔泰[法国]

如果你想永远做个雇员,那么下班的汽笛吹响时,你就可以暂时忘掉手中的工作;如果你想继续上进,去开创一番事业,那么汽笛仅仅是你开始思考的信号。　　　　——福特[美国]

天才是由于对事业的热爱感而发展起来的,简直可以说,天才就其本质而论,只不过是对事业、对工作过程的热爱而已。　　　——高尔基[苏联]

事业是一切,名声是虚幻。
　　　　　　　——歌德[德国]

今天所做之事,勿候明天;自己所做之事,勿候他人。要做一番伟大的事业,总得在青年时代开始。——歌德[德国]

为了明天把工作干好的最好准备,就是今天把工作干好。
　　　　　　——哈伯德[美国]

想要成就大事业,要在青春的时候着手。　　　　——康德[德国]

一代人,如果年轻时没有事业,老了就不会有遗产可以传下去。
　　　　　　——肯尼迪[美国]

要勇往直前,在斗争中锻炼自己的智慧、自己的身体,不要为无谓的感伤所征服,把你全部心灵、全部意志、全部精力,都献给你终生的事业。坚强的战斗,直到老死。　　——列别捷夫[俄国]

要成就一件大事业,必须从小事做起。　　　　——列宁[苏联]

在所有一切有益人类的事业中,首要的一件,即教育人的事业。
　　　　　　　——卢梭[法国]

不会做小事的人,也做不出大事来。
　　　　——罗蒙诺索夫[俄国]

敢于开创伟大的事业,赢得光荣凯旋的人,即使要经受失败的考验,也比那些既不遭受什么风险,也享受不了什么欢乐的可怜虫要好得多。
　　　　　　——罗斯福[美国]

我的人生正是:使事业成为喜悦,使喜悦成为事业。　——罗素[英国]

在科学事业中,真正的天才是那些发明新的研究方法的人。
　　　　　　　——罗素[英国]

虚荣的人注视着自己的名字,光荣的人注视着祖国的事业。
　　　　　　——马蒂[古巴]

对什么都有兴趣的人是讨人喜欢的。但是干事业,就应在一定的时间内,专心致志于一个目标。
　　　　　　——莫洛亚[法国]

缺乏对事业的热爱,才华也是无用的。　　——尼柯拉耶维奇[俄国]

一个人如若从未入迷于比其自身更重大的事业,那就失去了人生登峰造极的经验之一。只有入迷,他才能自知。只有入迷,他才能发现他从来不知道自己所具有的、否则将仍然是休眠着的一切潜在力量。　　——尼克松[美国]

不能爱哪行才干哪行,要干哪行爱哪行。　　——丘吉尔[英国]

事业常成于坚韧,毁于急躁。
　　——萨迪[波斯]

我们喜欢的工作,可以使我们忘记劳苦。　　——莎士比亚[英国]

要是一年四季全是游戏的假日,那么游戏也会变得像工作一般令人烦厌。
　　——莎士比亚[英国]

做少许事情而做得很好,胜于做许多事情而做得很糟。
　　——苏格拉底[古希腊]

果实的事业是尊贵的,花的事业是甜美的,但是让我做叶的事业吧,叶是谦逊地、专心地垂着绿荫的。
　　——泰戈尔[印度]

自尊自爱,作为一种求完善的动力,是一切伟大的事业的渊源。
　　——屠格涅夫[俄国]

任何行业中,走向成功的第一步,是对它产生兴趣。
　　——威廉·奥斯勒[英国]

人们在一起可以做出单独一个人所不能做出的事业。智慧、双手、力量结合在一起,几乎是万能的。
　　——韦伯斯特[美国]

工作对于人来说是一种享受。
　　——伊索[古希腊]

16　道德;道义

朝(zhāo)闻道,夕死可矣。①
　　——[春秋]《论语》

德不孤,必有邻。
　　——[春秋]《论语》

不义而富且贵,于我如浮云。②
　　——[春秋]《论语》

君子喻于义,小人喻于利。③
　　——[春秋]《论语》

不矜细行,终累大德。④
　　——[春秋]《尚书》

恃(shì)德者昌,恃力者亡。⑤
　　——[春秋]《尚书》

道德当身,故不以物惑。
　　——[战国]《管子》

---

① 道:道理,这里指大道理;真理。
② 不义:不讲道义;违背道义。
③ 喻:明白;知晓。
④ 矜:顾惜;慎重。累:连累;牵连。
⑤ 恃:凭借;依靠。

仁之所在,天下归之;德之所在,天下归之。　　——[战国]《六韬》

仁者无敌。　　——[战国]《孟子》

生亦我所欲也,义亦我所欲也;二者不可得兼,舍生而取义者也。
　　——[战国]《孟子》

人之情,心服于德,不服于力。
　　——[战国]《文子》

太上有立德,其次有立功,其次有立言。　　——[战国]《左传》

不以一眚(shěng)掩大德。①
　　——[战国]《左传》

多行不义,必自毙。②
　　——[战国]《左传》

唯令德为不朽兮,身既没(mò)而名存。③　　——[汉]班昭

正直者顺道而行,顺理而言,公平无私,不为安肆志,不为危易行。④
　　——[汉]韩婴

古之欲明明德于天下者,先治其国;欲治其国者,先齐其家;欲齐其家者,先修其身;欲修其身者,先正其心;欲正其心者,先诚其意;欲诚其意者,先致其知。致知在格物。⑤　　——[汉]《礼记》

君子乐得其道,小人乐得其欲。
　　——[汉]《礼记》

富润屋,德润身,心广体胖(pán)。⑥
　　——[汉]《礼记》

德无细,怨无小。　　——[汉]刘向

树高者鸟宿之,德厚者士趋之。⑦
　　——[汉]刘向

贱而好德者尊,贫而有义者荣。
　　——[汉]陆贾

德不优者,不能怀远;才不大者,不能博见。　　——[汉]《论衡》

不患位之不尊,而患德之不崇;不耻禄之不夥,而耻智之不博。⑧
　　——[汉]张衡

立德之本,莫尚乎正心,心正而后身正。⑨　　——[晋]傅玄

朝与仁义生,夕死复何求。⑩
　　——[晋]陶潜

百行以德为首。⑪
　　——[南朝]《世说新语》

人心所归,惟道与义。
　　——[唐]《晋书》

----

① 眚:眼睛上的白斑,遮蔽视线,引申为过失。掩:掩盖;遮蔽。
② 毙:仆倒,引申为失败、灭亡。
③ 令德:美好的品德。兮:相当于"啊"。没:同"殁",死。
④ 肆:任意去做;不顾一切。易:改变。行:举止。
⑤ 致:达到。知:知识。格物:推究事物的原理法则而总结为理性知识。
⑥ 润:润泽,修饰使有光彩;滋润,补益。身:自身。心广体胖:心情舒畅,身体健壮。
⑦ 趋:依附。
⑧ 夥:多。
⑨ 尚:推崇;注重。
⑩ 与:从、追随,这里指懂得、了解。
⑪ 百行:指众多的善行。

有源之水,寒冽不冻;有德之人,厄穷不塞。① ——[宋]胡宏

君子之游世也以德,故不患乎无位;小人之游世也以势利,故患得患失,无所不为。 ——[宋]胡宏

上赏赏德,其次赏才,又其次赏功。② ——[明]冯梦龙

钱财如粪土,仁义值千金。 ——[明]冯梦龙

以威胜,不如以德胜。 ——[明]冯梦龙

富以能施为德,贫以无求为德。 ——[明]吕坤

种树者必培其根,种德者必养其心。 ——[明]王守仁

铁肩担道义,辣手著文章。③ ——[明]杨继盛

仁义为友,道德为师。 ——[清]史襄哉

"仁"字从人,"義(义)"字从我,讲仁讲义者,不必远求。 ——[清]王永彬

君子多思不若养志,多言不若守静,多才不若蓄德。 ——[清]曾国藩

倚富者贫,倚贵者贱,倚强者弱,倚巧者拙。倚仁义,不贫,不贱,不弱,不拙。 ——[清]曾国藩

若无德,则虽体魄智力发达,适足助其为恶。 ——蔡元培

道德是人性的上限,法律是人性的下限。 ——曹明华

教导儿童服从真理、服从集体,养成儿童自觉的纪律性,这是儿童道德教育最重要的部分。 ——陈鹤琴

道德是社会对个人行为的制裁力,使他们合于规定下的形式,用以维持该社会的生存和绵续。 ——费孝通

不要考验人性,千万不要——它根本不堪一击。 ——李碧华

道德是生活这个大鱼缸的玻璃外壁,原以为看似透明无妨穿游,却原来无比坚硬不许超越。 ——刘心武

道德这事,必须普遍,人人应做,人人能行,又于自他两利,才有存在的价值。 ——鲁迅

养成他们有耐劳作的体力,纯洁高尚的道德,广博自由能容纳新潮流的精神,也就是能在世界新潮流中游泳,不被淹没的力量。 ——鲁迅

驯良之类并不是恶德。但发展开去,对一切事无不驯良,却绝不是美德,也许简直倒是没出息。 ——鲁迅

道德是做人的根本……没有道德的人,学问和本领愈大,就能为非作恶愈大。 ——陶行知

---

① 厄穷:艰难穷困。塞:阻塞,指时运不通。
② 赏:奖给;赐予。
③ 铁肩:比喻刚正不阿的肩膀。辣手:比喻顽强正直的手。

要使艰苦朴素成为我们的美德。
——周恩来

一切人类的价值的基础是道德。
——爱因斯坦[美国]

人类最重要的努力,是在我们的行为中追求道德。我们内心的安定,甚至我们的生存,都离不开道德。只有道德的行为,才能给生命以美和尊严。
——爱因斯坦[美国]

一个人的美德不应由他特殊的行动来衡量,而应由他日常的品行来衡量。
——巴斯卡[法国]

人的美德的荣誉,比他财富的荣誉不知大多少倍。 ——达·芬奇[意大利]

爱是美德的种子。
——但丁[意大利]

宁可贫乏而有德,不愿意巨富而犯罪。 ——但丁[意大利]

道德常常能填补智慧的缺陷,而智慧却永远填补不了道德的缺陷。
——但丁[意大利]

应该热心地致力于照道德行事,而不要空谈道德。
——德谟克里特[古希腊]

有德行的人之所以有德行,只不过受到的诱惑不足而已;这不是因为他们生活单调刻板,而是因为他们专心一意奔向一个目标而无暇旁顾。
——邓肯[美国]

如果道德败坏了,趣味也必然会堕落。 ——狄德罗[法国]

脸红是美德的颜色。
——第欧根尼[古希腊]

道德教育要求按这样一条规则行事:己所不欲,勿施于人。也就是要实现完全平等和兄弟友爱。
——恩格斯[德国]

美德好比宝石,它在朴素背景的衬托下反而更华丽。
——弗兰西斯·培根[英国]

庸人难以理解真正伟大崇高的美德,最廉价的品德最容易受到称颂,稍高一点儿的德行也能引致他们的惊叹。
——弗兰西斯·培根[英国]

人的美德犹如名贵的香料,在烈火焚烧中会散发出最浓郁的芳香。
——弗兰西斯·培根[英国]

德行高的人们,其德愈增则受人嫉妒之机会愈减。
——弗兰西斯·培根[英国]

由恶德而来的快乐,在快乐之中仍能伤害我们;由美德而来的痛苦,在痛苦之中仍能安慰我们。 ——哥尔顿[英国]

甘居下位不算美德,能往下降才是美德。承认低于我们的事物高于我们,也是一种美德。 ——歌德[德国]

真正的美德如河流,越深越无声。
——哈利法克斯[英国]

白银不如黄金贵,黄金不如美德好。
——贺拉斯[古罗马]

避开恶行就是美德,最高的智慧就是摆脱愚蠢。 ——贺拉斯[古罗马]

道德普遍地被认为是人类的最高目的,因此也是教育的最高目的。
——赫尔巴特[德国]

品德和名誉,有如一棵树的生命和枝叶,枝叶是否茂盛,全看生命有无生气。 ——华伦[美国]

一切美德都是由放弃自我而成的。果实之所以极度甘美,便是由于企求萌芽使然。 ——纪德[法国]

美德不是装饰品,而是美好心灵的表现形式。 ——纪德[法国]

世界上有两件东西能震撼人们的心灵:一件是我心中崇高的道德标准,另一件是我们头顶上灿烂的星空。
——康德[德国]

凡是在知识上有进展而在道德上没有进展的人,那便不是进步而是退步。
——夸美纽斯[捷克]

德行的实现是由行为,不是由文字。
——夸美纽斯[捷克]

美德在自我利益中失落自己,正如小溪在大海里失落了自己。
——拉罗什富科[法国]

道德方面的伟大就在于对朋友有始终不渝的爱,对敌人有不可磨灭的恨。
——莱辛[德国]

没有感恩就没有真正的美德。
——卢梭[法国]

在一切道德品质之中,善良的本性在世界上是最需要的。——罗素[英国]

谦卑、慷慨、贞洁、温顺、节制、友爱、勤奋,是与七种罪恶相对的七种美德。
——麦卡弗里[美国]

自尊心是一种美德,是促使一个人不断向上发展的一种原动力。
——毛姆[英国]

多数人都只叹赏美德而不能照其实行。 ——弥尔顿[英国]

人类最高的道德是什么?那就是爱国心。 ——拿破仑[法国]

德行之力,十倍于身体之力。
——拿破仑[法国]

美德像奇丽的宝石一样,如果镶嵌得淡雅,就显得更有风采。
——尼尔[法国]

凡是那不论公私都以道德为上、一心要做出高贵的事来的人,方可算得最可尊崇的人。 ——乔叟[英国]

值得骄傲的是你自己的德行,而不是你的血统。 ——萨迪[波斯]

血统是从上代传袭的,美德是自己培养的。 ——塞万提斯[西班牙]

美德的道路窄而险,罪恶的道路宽而平,可是两条路止境不同:走后一条路是送死,走前一条路是得生,而且得到的是永生。 ——塞万提斯[西班牙]

生命短促,只有美德能将它留传到遥远的后世。 ——莎士比亚[英国]

有德必有勇,正直的人绝不胆怯。
——莎士比亚[英国]

道德的低下和智慧的无能是两个紧密联系,同本同根的东西。
——叔本华[德国]

道德教育的核心问题,是使每一个人确立崇高的生活目的。
——苏霍姆林斯基[苏联]

许多人并不真想有德行,而只是想要显得有德行。 ——西塞罗[古罗马]

道德的最大秘密就是爱,或者说就是逾越我们自己的本性,而融入旁人的思想、行为或人格中存在的美。
——雪莱[英国]

一个人如果不是真正有道德,就不可能真正有智慧。 ——雪莱[英国]

德可以分为两种,一种是智慧的德,一种是行为的德。前者是从学习中得来的,后者是从实践中得来的。
——亚里士多德[古希腊]

愉快的生活是不能与各种美德分开的。 ——伊壁鸠鲁[古希腊]

败坏道德的东西是愚蠢、贫穷和丑恶的生活! ——易卜生[挪威]

17 品格;节操

人不知而不愠(yùn),不亦君子乎?① ——[春秋]《论语》

君子和而不同,小人同而不和。②
——[春秋]《论语》

岁寒,然后知松柏之后凋也。③
——[春秋]《论语》

石可破也,而不可夺坚;丹可磨也,而不可夺赤。④ ——[战国]《吕氏春秋》

君子之守,修其身而天下平。⑤
——[战国]《孟子》

人必自侮,然后人侮之。⑥
——[战国]《孟子》

举世皆浊我独清,众人皆醉我独醒。
——[战国]屈原

芷兰生于深林,非以无人而不芳。⑦
——[战国]《荀子》

君子务知大者远者,小人务知小者近者。 ——[战国]《左传》

何可屈曲从俗,苟求富贵?⑧
——[汉]《汉书》

大寒至,霜雪降,然后知松柏之茂也。 ——[汉]《淮南子》

---

① 知:知道;了解。愠:生气;怨恨。
② 和:和顺;融洽。同:苟同,没有独立见解或个性。
③ 凋:(草木花叶)枯萎,脱落。
④ 赤:红;红色。
⑤ 守:操守;节操。
⑥ 侮:侮辱。
⑦ 芷:白芷,一种香草。古书上也以"芝"指白芷。
⑧ 苟:随便;草率。

欲影正者端其表。①

——[汉]《盐铁论》

不以穷变节,不以贱易志。②

——[汉]《盐铁论》

君子好(hào)人之好,而忘己之好;小人好己之恶,而忘人之好。

——[汉]扬雄

宁(nìng)作清水之沉泥,不为浊路之飞尘。③　——[三国]曹植

君子修道立德,不谓穷困而改节。④

——[三国]《孔子家语》

恢弘志士之气,不宜妄自菲薄。

——[三国]诸葛亮

贵而不骄,胜而不恃(shì),贤而能下,刚而能忍。⑤　——[三国]诸葛亮

良将不怯死以苟免,烈士不毁节以求生。⑥　——[晋]《三国志》

建大业者不拘小节。

——[晋]《三国志》

志士不饮盗泉之水,廉者不受嗟(jiē)来之食。⑦　——[南朝]《后汉书》

无人赏高节,徒自抱贞心。⑧

——[南朝]刘孝先

贞操与日月俱悬,孤芳随山壑(hè)共远。⑨　——[南朝]沈约

丹可磨而不可夺其色,兰可燔(fán)而不可灭其馨(xīn),玉可碎而不可改其白,金可销而不可易其刚。⑩

——[北朝]刘昼

金可柔而不可夺重,石可破而不可夺坚。　——[北朝]刘昼

宁可玉碎,不能瓦全。

——[唐]《北齐书》

白头惟有赤心存。　——[唐]杜甫

不为五斗米折腰。⑪

——[唐]《晋书》

安能摧眉折腰事权贵,使我不得开心颜。⑫　——[唐]李白

猛石可裂不可卷,义士可杀不可羞。⑬　——[唐]李朝威

看取莲花净,方知不染心。

——[唐]孟浩然

竹死不变节,花落有余香。

——[唐]邵谒

---

① 端:使端正。表:古代测日影计时的标杆。

② 穷:困窘,指不得志。

③ 宁:宁可;宁愿。

④ 困:困厄;境遇艰难。

⑤ 骄:自高自大;看不起别人。恃:凭借;依靠。

⑥ 苟免:苟且求免。

⑦ 盗泉:指名声不好的泉水。嗟来之食:指带有侮辱性的施舍。

⑧ 徒自:空自。抱:怀有。

⑨ 壑:山谷。

⑩ 燔:焚烧。馨:香气。销:熔化(金属)。刚:坚硬。

⑪ 折腰:弯下腰,指屈身事人。

⑫ 摧眉:低着眉。事:侍奉。开心颜:心情快乐舒畅,眉头舒展。

⑬ 猛石:顽石;坚石。裂:破开;破碎。卷:卷曲。

身是菩提树,心如明镜台。时时勤拂拭,勿使惹尘埃。　　——[唐]神秀

无义而生,不若有义而死;邪曲而得,不若正直而失。　——[五代]王定保

饿死事极小,失节事极大。
　　　　　　——[宋]《二程遗书》

不以物喜,不以己悲。①
　　　　　　——[宋]范仲淹

富贵何足求,节操为可尚。②
　　　　　　——[宋]《鹤林玉露》

双鬓多年作雪,寸心至死如丹。③
　　　　　　——[宋]陆游

月缺不改光,剑折不改刚。④
　　　　　　——[宋]梅尧臣

正心以为本,修身以为基。
　　　　　　——[宋]司马光

豪杰之士,必有过人之节。
　　　　　　——[宋]苏轼

见善明,则重名节于泰山;用心刚,则轻生死如鸿毛。⑤
　　　　　　——[宋]《省心杂言》

不临难(nàn),不见忠臣之心;不临财,不见义士之节。
　　　　　　——[宋]《省心杂言》

出淤泥而不染,濯(zhuó)清涟而不妖。⑥　　　——[宋]周敦颐

君子于细事未必可观,而才德足以任重;小人虽器量浅狭,而未必无一长可取。　　　——[宋]朱熹

君子之为利,利人;小人之为利,利己。　　　——[明]方孝孺

成大事者,不恤(xù)小耻;立大功者,不拘小谅。⑦　　——[明]冯梦龙

欲做精金美玉的人品,定从烈火中煅来;思立揭地掀天的事业,须向薄冰上履过。　　　——[明]洪应明

吾头尽可断,吾节不可移。
　　　　　　——[明]侯峒曾

闻人之谤当自修,闻人之誉当自惧。⑧　　　——[明]胡居仁

玉可碎而不可改其白,竹可焚而不可毁其节。　——[明]《三国演义》

人无刚骨,安身不牢。
　　　　　　——[明]《水浒传》

自敬,则人敬之;自慢,则人慢之。⑨　　　——[明]薛瑄

宁(nìng)让人,勿使人让我;宁

---

① 物:外物,外界事物。
② 尚:推崇;注重。
③ 作雪:因年纪大而鬓发都变白了。丹:指赤子之心。
④ 刚:坚硬。
⑤ 刚:坚强。
⑥ 染:沾染;污染。濯:洗涤。清涟:清澈的水波。妖:妖艳,艳丽而不正派。
⑦ 恤:顾虑;忧虑。拘:受束缚,不知变通。谅:固执;坚持成见。
⑧ 谤:恶意中伤;说人坏话。誉:称赞;表扬。
⑨ 敬:尊敬;敬重。慢:轻慢;怠慢。

（nìng）容人，勿使人容我。①
——［明］杨继盛

名节重泰山，利欲轻鸿毛。
——［明］于谦

千锤万击出深山，烈火焚烧若等闲。粉骨碎身全不惜，要留清白在人间。②
——［明］于谦

一身轻似叶，所重全名节。
——［清］李玉

做人不可有傲态，不可无傲骨。③
——［清］陆陇其

凡权要人声势赫然时，我不可犯其锋，亦不可与之狎，敬而远之，全身全名之道也。
——［清］曾国藩

高下贵贱，在人之品格，而与职业无关。
——蔡元培

大雪压青松，青松挺且直。要知松高洁，待到雪化时。
——陈毅

人格是承担理想的主体，也是实现理想的结果。
——冯契

没有廉价的检讨。人格比任何东西都可贵。
——傅雷

冰霜雪压心犹壮，战胜寒冬骨更坚。
——何香凝

以冰霜之操自励，则品日清高；以穹苍之量容人，则德日广大。
——弘一法师

人格只是已养成的行为习惯的总和。
——胡适

理必求真，事必求是；言必守信，行必踏实；事闲勿荒，事繁勿慌；有言必信，无欲则刚；和若春风，肃若秋霜；取象于钱，外圆内方。
——黄炎培

人不自立，则唯有无耻而已。
——康有为

一个读书人最珍贵的东西是他的一点儿气节。
——老舍

如果你在小事上苟且，那么在大事上、在一生中，你也一定是一个苟且的人。
——李亦非

人可以普通，不闻达，但不能失志；人可以平淡，可以轻易淹没，但内心的丰富无人可以裁决剥夺。
——梁凤莲

作为有人格的人最要紧的是履行一个堂堂正正的人的义务。
——林放

忍受屈辱，也许要比流血付出更大的代价。
——林贤治

有勇气做真正的自己，单独屹立，不要想做别人。
——林语堂

无耻是卑鄙者的通行证，卑鄙是无耻者的墓志铭。
——刘心武

人都有两面，一面是自尊，一面是自卑，这两面永远矛盾地存在在人的心灵深处。
——琼瑶

---

① 宁：宁可；宁愿。
② 这里借赞美石灰来比喻志士仁人不怕牺牲的精神和廉洁品德。全：一作"浑"。
③ 傲态：骄傲自大的言行举止。傲骨：高傲不屈的性格。

在打倒一切之先,先须打倒自己的私心;在建设一切之先,先须建设自己的人格。苦求本身十全十美的人,那份认真强求,就是人格的不完美。——三毛

有廉耻,有气节,便是我们的光荣。
——孙中山

一个人有了崇高的伟大理想,还一定要有高尚的情操。没有高尚的情操,再崇高、再伟大的理想也是不能达到的。
——陶铸

垂下头颅只是为了让思想扬起,你若有一个不屈的灵魂,脚下就会有一片坚实的土地。
——汪国真

海浪的品格,就是无数次被礁石击碎又无数次地扑向礁石。 ——王建云

一个人不必要行走在高原大漠,但内心一定要海阔天空。 ——魏克

我有我的人格、良心,不是钱能买的。我的音乐,要献给祖国,献给劳动人民大众,为挽救民族危机服务。
——冼星海

不是不能见义,怕的是见义而不勇为。 ——谢觉哉

轻微的自卑感,也许是激人奋发的要素,但强烈的自卑,却使人难以振作。
——谢选骏

人不可有傲气,但不可无傲骨。
——徐悲鸿

观念的最高形式是人格。
——徐复观

凡建功立业,以立品德为始基。从来有学问而能担当大事业者,无不先从品行上立定脚跟。 ——徐世昌

任何人都应该有自尊心、自信心、独立性,不然就是奴才。但自尊不是轻人,自信不是自满,独立不是孤立。
——徐特立

谁都要讲求修养,青年正当发展成长的旺盛时期,尤其要讲究。
——叶圣陶

一个人的胸怀能容得下多少人,才能赢得多少人。 ——一凡

一个人如果同时具有孔子提倡的爱心、孟子的正义、墨子的实践、韩非子的直面人生、老子的智、庄子的慧、荀子的自强,就一定能成为领袖。 ——易中天

品格是道德所滋养的花朵。
——原野

品格并不能用好与坏这种二极的看法来衡量。意志力、忍耐力、协调能力、眼界等都是品格的外在表现。——原野

天性与磨炼决定着品格。 ——原野

一个人的人格应该"至大至刚",这是很对的。一方面要宽大,另一方面却要坚定。
——张闻天

伟大的热情产生于伟大的人格。
——张中晓

一个人不管男女,不管老幼,不管何种职业,堂堂血肉之躯,生长在天地间,就应该有一点儿凛凛正气。——朱伯儒

教养是所有财富中最昂贵的一种。做一个有教养的中国人，比做一个有钱的中国人远为重要。　　——朱大可

品性一半是生成，一半是教养；品性的表现出于自然，是整个儿的为人。
　　　　　　　　　　　——朱自清

自尊心是进步之母，自贱心是堕落之源，故自尊心不可无，自贱心不可有。
　　　　　　　　　　　——邹韬奋

世界上没有比正义更伟大、更神圣的美德。　　　——艾迪生[英国]

品格是一种内在的力量，它的存在能直接发挥作用，而无须借助任何手段。
　　　　　　　　　　——爱默生[美国]

品格可以为青春增添光彩，为皱纹和白发增添威严。　——爱默生[美国]

要记住，那些优秀和高尚的人总是孤独的——也必须这样——而也就是因为这样，他们能够孤芳自赏。
　　　　　　　　　——爱因斯坦[美国]

把别人的幸福当作自己的幸福，把鲜花奉献给他人，把棘刺留给自己！
　　　　　　　　　——巴尔德斯[古巴]

谁自重，谁就会得到尊重。
　　　　　　　　　——巴尔扎克[法国]

衡量一个人是高贵还是低贱，要看他具有什么样的品质，而不是看他拥有多少财富。　　——比彻[美国]

最幸福的人和达到了最理想目的的人，是那些养成了一个普通公民应具备的善良品质的人。——柏拉图[古希腊]

品德可能仅仅在于有勇气做出抉择。　　　　——布鲁斯[美国]

品格可能在重大的时刻中表现出来，但它却是在无关重要的时刻形成的。
　　——菲利普斯·布鲁克斯[美国]

品格能决定人生，它比天资更重要。
　　　　　　　——弗·桑德斯[英国]

与其卑躬屈节以求小利，还不如减少零星的花费较为得体。
　　　　——弗兰西斯·培根[英国]

每个人都有自己的人格。
　　　　　　　——富兰克林[美国]

站着的农夫比跪着的绅士高尚。
　　　　　　　——富兰克林[美国]

品行是一面镜子，从这上面可以照出每个人的形象。　——歌德[德国]

只有伟大的人格，才有伟大的风格。
　　　　　　　　　——歌德[德国]

不企求任何报偿的博爱，正是它体现了我们的精神最高、最符合心愿的境界。　　　　——海塞[瑞士]

一个人的品质就是他的守护神。
　　　　　　——赫拉克利特[古希腊]

唯有人的品格最经得起风雨。
　　　　　　　　——惠特曼[美国]

只有道德和能具道德的人格，才是有尊严的。　　——康德[德国]

使人高贵的是人的品格。
　　　　　　　　——劳伦斯[英国]

少年以正直为百行之基。
　　　　　　——劳伦斯[英国]

一个人在讲述别人的品格时,最能暴露出他自己的品格。
　　　　　　——里克特[美国]

没有单纯、善良和真实,就没有伟大。　　——列夫·托尔斯泰[俄国]

朴素,这便是我所希望的比其他一切更重要的品格。
　　　　　　——列夫·托尔斯泰[俄国]

品格如同树木,名声如同树荫。我们常常考虑的是树荫,却不知树木才是根本。　　　　——林肯[美国]

风大时,要表现逆的风骨;风小时,要表现顺的悠然。——刘墉[美国]

我们之所以爱一个人,是由于我们认为那个人具有我们所尊重的品质。
　　　　　　——卢梭[法国]

每一个正直的人,都应该维护自己的尊严。　　　——卢梭[法国]

没有伟大的品格,就没有伟大的人,甚至也没有伟大的艺术家、伟大的行动者。　　——罗曼·罗兰[法国]

伟大的人格,形成了崇高的举止:不为自己活,也不为自己死。
　　　　　　——罗曼·罗兰[法国]

真正的英雄绝不是永远没有卑下的情操,只是永不被卑下的情操所屈服罢了。　——罗曼·罗兰[法国]

自尊,迄今为止一直是少数人所必备的一种德行,凡是在权力不平等的地方,它都不可能在服从于其他人统治的那些人身上找到。——罗素[英国]

人是唯一知道羞耻和有必要知道羞耻的动物。　——马克·吐温[美国]

卑鄙与伟大、恶毒与善良、仇恨与热爱是可以互不排斥地并存在同一颗心里的。　　　　——毛姆[英国]

只为自己活着的人是渺小的。
　　　　　　——蒙田[法国]

衡量一个人的真正品格,是看他在知道没有人会发觉的时候做些什么。
　　　　　　——孟德斯鸠[法国]

我只有一个忠告给你——做你自己的主人。　　——拿破仑[法国]

灵魂高尚的人必自尊。
　　　　　　——尼采[德国]

钢铁是怎样炼成的?钢铁是在烈火和急剧冷却里锻炼出来的,所以才能格外坚硬和无所畏惧。
　　——尼古拉·奥斯特洛夫斯基[苏联]

对人来说,最最重要的东西是尊严。
　　　　　——普列姆昌德[印度]

一个人的人格可以从他的眼神、笑容、言语、热忱、态度显示出来。
　　　　　——乔·吉拉德[美国]

且看那雄狮的高贵品质!一只苍蝇打扰他,咬他,他不过轻轻地摇一摇巴,将它赶走:原来他秉性高尚,不愿和一只小蝇计较,他绝不像恶狗或其他野兽那般一步不让。品行高贵的人就该有所节制,遇事能权衡轻重,从不忘记自己的身份。　　——乔叟[英国]

假如你的品德十分高尚,莫为出身低微而悲伤,蔷(qiáng)薇常在荆棘中生长。　　　　　　——萨迪[波斯]

品行是一个人的内在,名誉是一个人的外貌。　　——莎士比亚[英国]

世上没有比正直更丰富的遗产。
　　　　　　——莎士比亚[英国]

在命运的颠沛中,最容易看出一个人的气节。　　——莎士比亚[英国]

患难可以试验一个人的品格,非常的境遇方才可以显出非常的气节。风平浪静的海面,所有船儿都可以并驱竞胜;命运的铁拳击中要害的时候,只有大勇大智的人才能够处之泰然。
　　　　　　——莎士比亚[英国]

没有自尊心的人,即近于自卑。
　　　　　　——莎士比亚[英国]

自尊心是一个人品德的基础。若失去了自尊心,一个人的品德就会瓦解。
　　　　　　——斯特娜夫人[法国]

一个正直的人要经过长久的时间才看得出来,一个坏人只要一天就认得出来。　　——索福克勒斯[古希腊]

自尊自爱,作为一种力求完善的动力,却是一切伟大事业的渊源。
　　　　　　——屠格涅夫[俄国]

人假使没有自尊心,那就会一文不值。　　　——屠格涅夫[俄国]

无论您把卑下的情操捧得多么崇高的程度,罪恶终究是罪恶,劣迹终究是可耻、卑鄙、不光彩的劣迹。
　　　　——陀思妥耶夫斯基[俄国]

正义比别的任何东西更值得重视。
　　　　　　——西塞罗[古罗马]

情操要高尚!成为我们真正荣誉的,是我们自己的心,而不是他人的议论。　　　　——席勒[德国]

做一件好事并不难,难的是养成一种做好事的习惯。
　　　　——亚里士多德[古希腊]

优良的品行是内心真正的财富,而衬托这品行的是良好的教养。
　　　　　　——约翰·洛克[英国]

18　感情;性格

君子坦荡荡,小人长戚(qī)戚。①
　　　　　　——[春秋]《论语》

吾善养吾浩然之气。②
　　　　　　——[战国]《孟子》

---

① 坦荡荡:非常直率、坦然的样子。长:总是;时常。戚戚:形容忧虑、害怕的样子。
② 浩然之气:正大刚直的精神。

太刚则折,太柔则废。①
——[汉]《汉书》

人之性如水焉,置之圆则圆,置之方则方。 ——[晋]傅玄

气直则辞盛,辞盛则文工。②
——[唐]李翱

江山易改,本性难移。
——[元]《谢金吾》

能忍人之所不能忍,乃能为人之所不能为。 ——[清]胡林翼

小人专望人恩,恩过不感。君子不轻受人恩,受则难忘。 ——[清]曾国藩

咬定青山不放松,立根原在破岩中;千磨万击还坚劲(jìng),任尔东西南北风。③ ——[清]郑燮

曾几何时,我们做了世上那最柔情的人,为一朵花低眉,为一朵云驻足,为一滴雨感动。 ——白落梅

任何一个人都会有感恩的情操。问题是,年轻人对别人的不孝事件,无不义愤填膺,但自己做起来,却毫不动心。
——柏杨

人类最浓挚最深沉的感情不在眉开眼笑之时,乃在悲哀不得意无可奈何的时节。 ——胡适

不要论他人短处是非,也不必计较自己短处是非让人去论,不热羡,不怨恨,以自己的生命体验着走,这就是性格和命运。 ——贾平凹

韧,是成功的基础。 ——柯灵

表面上很轻微的轶事,往往比大事件更容易表现一个人的真性格。
——李霁野

幽默是一种人性修养,也是一种人生态度。 ——梁晓声

人类最不能受伤的地方是感情与自尊,人类最脆弱的地方也是感情与自尊。 ——琼瑶

自信的性格是一个男子必需的性格,在爱或事业上,都依赖着这一种性格,才能有惊人的成绩。 ——沈从文

真正有独特个性的人并不竭力显示自己的独特,他不怕自己显得与旁人一样。 ——周国平

性格,既不坚固也不是一成不变的,而是活动变化着的,和我们的肉体一样也可能会生病。 ——艾略特[英国]

性格像一首回文诗——无论顺读、倒读、还是交叉读,都是一样的。
——爱默生[美国]

没有热情,任何伟大的业绩都不可能成功。 ——爱默生[美国]

性格是由习惯演变而来。
——奥维德[古罗马]

感情在无论什么东西上面都能留下

―――――――
① 刚:坚硬。废:失去用处。
② 工:精巧;精致。
③ 劲:坚强有力;直立挺拔。任:任凭。尔:那。

痕迹,并且能穿越空间。
——巴尔扎克[法国]

热情是一种非常可贵的动力,但是同一切动力一样,必须充分认识各方面的影响,才能用得恰当。
——贝弗里奇[英国]

个性和魅力是学不会,装不像的。
——伯尔[德国]

每个人都是他自己个性的工程师。
——布特曼[德国]

有什么样的思想,就有什么样的行为;有什么样的行为,就有什么样的习惯;有什么样的习惯,就有什么样的性格;有什么样的性格,就有什么样的命运。
——查·霍尔[美国]

毫无主见的"好好先生"成不了大器。
——查斯特菲尔德[英国]

一次的失误不会毁掉一个性格坚强的人。
——车尔尼雪夫斯基[俄国]

性情的修养,不是为了别人,而是为了自己增强生活能力。
——池田大作[日本]

脾气暴躁是人类较为卑劣的天性之一,人要是发脾气就等于在人类进步的阶梯上倒退一步。
——达尔文[英国]

没有感情这个品质,任何笔调都不可能打动人心。
——狄德罗[法国]

好脾气是一个人在社交中所能穿着的最佳服饰。
——都德[法国]

你不能凭梦想形成自己的个性,你一定要千锤百炼为自己构成个性。
——夫鲁德[法国]

要形成一个有道德的性格,既需要一种天赋的向善心,又需要良好的生活环境。
——弗兰克·梯利[美国]

人的天性虽然是隐而不露的,但却很难被压抑,更很少能完全根绝。即使勉强施以压抑,只会使它在压力消除后更加猛烈。
——弗兰西斯·培根[英国]

只有长期养成的习惯才能多少改变人的天生气质和性格。
——弗兰西斯·培根[英国]

没有一点儿热情则将一事无成。
——伏尔泰[法国]

人的性格是扎根在骨头和血液里的。
——高尔基[苏联]

没有感情也就不存在真正的艺术。韵律有一种魔力,它甚至会使我们相信我们怀有最崇高的感情。
——歌德[德国]

最足以显示一个人的性格的,莫过于他所嘲笑的是什么东西。
——歌德[德国]

无论大事还是小事,只要自己认为是办得到的,就坚定地去办,这就是性格。
——歌德[德国]

看一个家庭,立刻就看出主人的性格。
——歌德[德国]

天才在孤独中最易培养,性格在暴风雨中最易形成。　　——歌德[德国]

一棵树上,很难找到形状完全一样的两片叶子;一千个人之中,也很难找到在思想情感上完全协调的两个人。
　　——歌德[德国]

道德最本质的要素之一就是坚韧。
　　——葛德文[英国]

顽强是妙不可言的东西:它可以把山移动,使你不敢相信和想象。
　　——杰克·伦敦[美国]

每个人都有三重性格:他所表现出来的性格,他所具备的性格和他认为自己所具有的性格。——卡尔[美国]

感情有着极大的鼓舞力量,因此,它是一切道德行为的重要前提。
　　——凯洛夫[苏联]

没有胆量就谈不上杰出的统帅,也就是说,生来不具备这种感情力量的人是决不能成为杰出的统帅的。因此,我们认为这种感情力量是成为杰出的统帅的首要条件。——克劳塞维茨[德国]

理智总是感情捉弄的对象。
　　——拉罗什富科[法国]

造就那些中常才能的性格,与造就那些伟大天才的性格是截然相反的。
　　——拉罗什富科[法国]

卑劣的好恶之情只能支配软弱的人,而对性格坚强的人是起不了多大作用的。　　——卢梭[法国]

感情有理智所根本无法理解的理由。　　——毛姆[英国]

性格是一个人看不见的本质。
　　——穆迪[德国]

性格只不过是长期形成的习惯而已。　　——普鲁塔克[古罗马]

荣耀地位会改变习性。
　　——普鲁塔克[古罗马]

过于卓越的性格常难容身于社会生活之中,因此我们不带金块而带小额款项去市场。　　——桑弗[法国]

就像从很小的孔穴能窥见阳光一样,细小的事情能刻画出人的性格。
　　——斯迈尔斯[英国]

我们不必羡慕他人的才能,也无须悲叹自己的平庸。各人都有他的个性魅力,最重要的,就是认识自己的个性,而加以发展。　　——松下幸之助[日本]

善良的感情和情感的修养是人道精神的中心。——苏霍姆林斯基[苏联]

个性,这是最重要的。一个人的个性应该像岩石一样坚强,因为所有的东西都建筑在它上面。
　　——屠格涅夫[俄国]

唯独具有最高尚的和最快乐的性格的人,才会具有感染周围的人的快乐。
　　——陀思妥耶夫斯基[俄国]

人的快乐——这是最能使人原形毕露的。有的人的性格您很久还捉摸不

透,可是只要这个人由衷地纵声大笑起来,您对他的整个性格就会忽然了如指掌。　　——陀思妥耶夫斯基[俄国]

修养之于心地,其重要犹如食物之于身体。　　——西塞罗[古罗马]

所谓的性格是一种习惯,是那不加熟虑的自然而然从灵魂流露出来的一定的行为。　——伊卜恩·斯依恩那[英国]

习惯形成性格,性格决定命运。
——约·凯恩斯[英国]

人是无法超脱自己性格的。
——约·莫利[英国]

在每一个人的性格上,都可以找到一些小小的黑点。　——詹姆斯[美国]

一个人的房子、一个人的家具、一个人的衣服、他所读的书、他所交的朋友,这一切都是他自身的表现。
——詹姆斯[美国]

19　意志;毅力

三军可夺帅也,匹夫不可夺志也。①
——[春秋]《论语》

天将降大任于斯人也,必先苦其心志,劳其筋骨,饿其体肤,穷乏其身,行拂乱其所为,所以动心忍性,曾益其所不能。②　　——[战国]《孟子》

志行万里者,不中道而辍(chuò)足。③　　——[晋]《三国志》

有志者,事竟成。④
——[南朝]《后汉书》

丈夫为志,穷当益坚,老当益壮。⑤
——[南朝]《后汉书》

蒲柳之姿,望秋而落;松柏之质,经霜弥(mí)茂。⑥
——[南朝]《世说新语》

男儿立身须自强。　——[唐]李颀

古之立大事者,不惟有超世之才,亦必有坚忍不拔之志。⑦　——[宋]苏轼

壮心欲填海,苦胆为忧天。
——[宋]文天祥

一息尚存,此志不容少懈。
——[宋]朱熹

苟有恒,何必三更眠五更起;最无

---

① 三军:泛指军队。夺:强取;剥夺。匹夫:一个人;泛指普通人。志:意志。
② 大任:重大使命或责任。斯:又作"是",此,这个。心志:内心;精神。拂乱:扰乱;搅乱。曾:同"增",增加。
③ 中道:中途;半途。辍:停止。
④ 志:意志,指决心和毅力。竟:终于。成:成功。
⑤ 丈夫:大丈夫,指胸怀大志的人。穷:处境困窘。
⑥ 蒲柳:即水杨。落:凋零。弥:更加。
⑦ 不惟:不但;不仅。

益,莫过一日曝(pù)十日寒。①
——[明]胡居仁

日日行,不怕千万里;常常做,不怕千万事。
——[明]吕坤

世上无难事,只怕有心人。
——[明]《西游记》

天下无难事,只怕有心人。天下无易事,只怕粗心人。
——[清]袁枚

人而无恒,终身一无所成。②
——[清]曾国藩

士人第一要有志,第二要有识,第三要有恒。
——[清]曾国藩

坚其志,苦其心,劳其力,事无大小,必有所成。
——[清]曾国藩

不是所有坚持都有结果,但是总有一些坚持,能从一寸冰封的土地里,培育出十万朵怒放的蔷薇。
——八月长安

我很自信,因为只有自信才有成功的希望。如果没有自信,成功永远在你可望不可即的对岸嘲笑你。
——包玉刚

决心要成功的人,已经成功了一半。
——陈祖芬

做成了了不起的事情需要了不起的精神,但有了了不起的精神,不一定就能做成了不起的事。没有做出了不起的事而始终保持一种了不起的精神,这就尤其了不起。
——陈祖芬

一个人的垮,不是垮在客观压力上,而是垮在自己的意志的不坚定上。
——邓友梅

凡事总要有信心,老想着"行"。要是做一件事,先就担心着:"怕不行吧?"那你就没有勇气了。
——盖叫天

人,只怕自己倒,别人骂不倒。
——郭沫若

"难"也是如此,面对悬崖峭壁,一百年也看不出一条缝来。但用斧凿,能进一寸进一寸,得进一尺进一尺,不断积累,飞跃必来,突破随之。
——华罗庚

有时一个问题不是一下子就能学懂,没有坚韧的学习精神,往往就会半途而废。
——华罗庚

天下无难事,唯"坚忍"二字,为成功之要诀。
——黄兴

如果你认为毅力是每分每秒的"艰苦忍耐"式的奋斗,这是很不足的心理状态,毅力是一种心态,不是一种生活。
——李嘉诚

当你不懂得放弃的时候,你可以告诉自己,你还懂得坚持。
——李开复

自信与骄傲有异:信者常沉着,而骄傲者常浮扬。
——梁启超

人之能有自信力者,必其气象阔大,其胆识雄远。
——梁启超

有韧性的人对突如其来的变故能够镇定自若地应付,承受得住打击,不改变初衷。
——刘景全

---

① 苟:如果。恒:恒心。曝:晒。
② 恒:恒心。

做一件事,无论大小,若无恒心,是很不好的。而看一切太难,固然能使人无成,但若看得太容易,也能使事情无结果。————鲁迅

自信是一种吸引力。只有当一个人有自信的时候,他才会成为别人注意的焦点。当一个人有自信的时候,别人才会放弃他们那游移不定的意见来附和他。————罗兰

有人放弃了梦想,从前进的行列中败退下来,是因为失去了自己的意志。
————罗兰

自信人生二百年,会当水击三千里。
————毛泽东

为有牺牲多壮志,敢教日月换新天。
————毛泽东

我们中华民族有同自己的敌人血战到底的气概,有在自力更生的基础上光复旧物的决心,有自立于世界民族之林的能力。————毛泽东

人必须有勇气,有朝气,有雄心壮志,有顽强不屈的斗争精神。
————彭德怀

不要失去信心,只要坚持不懈,就终会有成果。————钱学森

毅力,比一时的拼搏、冲刺重要得多。————秦牧

水激石则鸣,人激志则宏。
————秋瑾

谚云:"世上无难事,只畏有心人。"有心之人,即立志之坚者也,志坚则不畏事之不成。————任弼时

吾志所向,一往无前,愈挫愈奋,再接再厉。————孙中山

天下之事其不如人意者固十常八九,总在能坚忍耐烦,劳怨不避,乃能期于有成。————孙中山

成熟与自信同步。————王大海

自强和自信是一对孪生兄弟,总是联系在一起的。————王若谷

铁是愈锤炼愈坚韧的。————闻一多

世界上力气最大的是植物的种子。一粒种子可以显现出来的力,简直是超越一切的。————夏衍

多一分耐性,即多一分效果。
————徐特立

就是有九十九个困难,只要有一个坚强的意志就不困难。————杨根思

攻城不怕坚,攻书莫畏难。科学有险阻,苦战能过关。————叶剑英

要生活得漂亮,需要付出极大忍耐。一不抱怨,二不解释,绝对是个人才。
————亦舒

工作上的执着实际上是人的一种意志。————张近东

有恒心,有胆量,方能成功。
————周恩来

挫折磨难,是锻炼意志、增强能力的好机会。————邹韬奋

自觉心是进步之母,自贱心是堕落之源,故自觉心不可无,自贱心不可有。
——邹韬奋

伟大人物的最明显标志,就是他坚强的意志,不管环境变幻到何种地步,他的初衷与希望仍不会有丝毫的改变,而终于克服障碍,达到期望的目的。
——爱默生[美国]

自信是英雄的本质。
——爱默生[美国]

培养意志是我们生存的目标。
——爱默生[美国]

由百折不挠的信念所支持的人的意志,比那些似乎是无敌的物质力量有更强大的威力。——爱因斯坦[美国]

耐心和恒心总会得到报酬的。
——爱因斯坦[美国]

苦和甜来自外界,坚强则来自内心,来自一个人的自我努力。
——爱因斯坦[美国]

所有坚韧不拔的努力迟早会取得报酬的。——安格尔[法国]

凡是意志起作用的地方,在其作用的基础里就存在着需求;因此,历史现象的一切因素都可以归结为个人的各种需求。——巴甫洛夫[苏联]

字典里最重要的三个词,就是:意志、工作、等待。我将要在这三块基石上建立我成功的金字塔。
——巴斯德[法国]

涓滴之水终可以磨损大石,不是由于它力量强大,而是由于昼夜不舍的滴坠。 ——贝多芬[德国]

毅力就是永久的享受。
——布莱克[英国]

艰苦能磨炼人的意志。
——布朗[英国]

如果一个人只是态度温和,而意志不坚定的话,这样的人将会变得只是和蔼可亲,但是卑躬屈膝,意志力软弱,个性消极。 ——查斯特菲尔德[英国]

如果一个人只是意志坚强,但是态度粗暴的话,这样的人将会变成粗暴而做事莽撞的人物。
——查斯特菲尔德[英国]

顽强的毅力可以克服任何障碍。
——达·芬奇[意大利]

艰苦是一把锋利的雕刀,时刻都在雕琢着人们的灵魂。——大仲马[法国]

朝着一定目标走去是"志",一鼓作气中途绝不停止是"气",两者合起来就是志气。一切事业的成败都取决于此。
——戴尔·卡内基[美国]

意志不可摧毁,就像火的天性一样,一等障碍除去,便要恢复原状,实验一千次也不会改变。 ——但丁[意大利]

意志若是屈从,不论程度如何,它都帮助了暴力。 ——但丁[意大利]

顽强的毅力可以征服世界上任何一座高峰。 ——狄更斯[英国]

如果问在人生中最重要的才能是什

么?那回答是:第一,无所畏惧;第二,无所畏惧;第三,还是无所畏惧。
　　　　——弗兰西斯·培根[英国]

否定意志的自由,就无道德可言。
　　　　——弗劳德[英国]

意志不是人性格以外所具有的抽象能力,相反,意志只是性格的表现。
　　　　——弗洛姆[美国]

有耐心的人,能得到他所期望的。
　　　　——富兰克林[美国]

当你的力量只能悄声低语时,就不要让你的意志狂呼怒吼。
　　　　——富勒[英国]

人最凶恶的敌人,就是他意志力的薄弱和愚蠢。　　——高尔基[苏联]

凡事皆有终结,因此耐心是赢得成功的一种手段。　——高尔基[苏联]

只有满怀自信的人,才能在任何地方都怀有自信,沉浸在生活中,并实现自己的意志。　　——高尔基[苏联]

意志坚强的人能把世界放在手中,像揉泥块一样任意揉捏。
　　　　——歌德[德国]

时代在动荡,如果人心也动荡,只会使灾难增加,使灾祸更加蔓延;而心志坚定的人,会创造自己的世界。
　　　　——歌德[德国]

只有你能够自信,人才会相信你。
　　　　——歌德[德国]

流水在碰到抵触的地方,才把它的活力解放。　　——歌德[德国]

应该具有尝试失败的勇气,力求改进,而不应畏惧风险而停滞不前。
　　　　——葛·克拉克[美国]

在没有开始履行自己的使命以前,要有钢铁般的意志和耐心,不要害怕险峻、漫长得几乎是没有尽头的阶梯。
　　　　——果戈理[俄国]

一旦有了意志,脚步也会轻松起来。
　　　　——赫伯特[英国]

不做什么决定的意志不是现实的意志,无性格的人从来不做出决定。
　　　　——黑格尔[德国]

坚硬优质的钢条是经过千锤百炼而成的,瑰丽美观的贝壳是经过水冲日曝而得的。我们的意志和毅力也必须在火热的斗争中接受严峻的考验,去经受长期的锻炼。　——加里宁[苏联]

我们应该有恒心,尤其要有自信心。
　　　　——居里夫人[法国]

我的最高原则:不论遇到什么困难,都决不屈服。　——居里夫人[法国]

一只牛虻有意志力,就能征服一头优柔寡断的牛。——卡赞扎基[古希腊]

只要有决心和毅力,什么时候学也不算晚。　　——克雷洛夫[俄国]

滴水穿石,不是因其力量,而是因其坚忍不拔、锲(qiè)而不舍。
　　　　——拉蒂默[法国]

意志薄弱的人不可能忠诚。
　　　　——拉罗什富科[法国]

如果没有自信心的话,你永远也不会有快乐。　　——拉罗什富科[法国]

激昂太多则易转低沉。持续不断、始终不懈地尽自己的本分,所需要的毅力并不亚于完成英雄事业所需要的毅力。　　——卢梭[法国]

忍耐是痛苦的,但它的果实是香甜的。　　——卢梭[法国]

意志是组织自己走向某一目标的能力。　　——罗洛·梅[美国]

意志的出现不是对愿望的否定,而是把愿望合并和提升到一个更高的意识水平上。　　——罗洛·梅[美国]

凡是天性刚毅的人,必有自强不息的能力,也就是生存的本能,挣扎图存的本能。　　——罗曼·罗兰[法国]

意志是一种事实,它可能和命运同样地久长。　　——罗曼·罗兰[法国]

软弱主要是由于意志的麻痹,惧怕独立判断和精神的怯懦。让人牵着鼻子走,要比独立思考容易得多。
　　——罗曼·罗兰[法国]

生活就像海洋,只有意志坚强的人,才能达到彼岸。　　——马克思[德国]

一经打击就灰心泄气的人,永远是个失败者。　　——毛姆[英国]

谁有历经千辛万苦的意志,谁就能达到任何目的。　　——米南德[古希腊]

意志越是坚决,嗓音越要温柔。幸运的是,微笑可以纠正揭穿谎言的过激冲动。　　——莫洛亚[法国]

达到目的有两个途径,即势力与毅力。势力只为少数人所有,但坚韧不拔的毅力却是多数人都有的,它的沉默力量,往往随时达到无法抵抗的地步。
　　——拿破仑[法国]

胜利属于最坚忍之人。
　　——拿破仑[法国]

财宝是财产,知识是财产,健康是财产,才能是财产,而意志也是财产。意志胜过其他财产的原因,是任何人一旦占有了它以后,就可以随心所欲地使用它。
　　——内村鉴三[日本]

一个人如果做事没有恒心,他是任何事也做不成功的。　——牛顿[英国]

意志过程,是为了达到有意识地提出来的目的,而克服其前进道路上的障碍所做的一种特殊的努力。
　　——普拉东诺夫[苏联]

人类的心理统统就是这样,而且似乎永远是这样:愈是得不到手的东西,愈是想得到它,而且在实现这一愿望的过程中所遇到的困难愈大,奋斗的意志愈是坚强。　——乔万尼奥里[意大利]

自信是人生走向成功之路的第一步,缺乏自信是失败的主要原因。
　　——莎士比亚[英国]

斧头虽小,但经多次劈砍,终能将一棵最坚硬的橡树砍倒。
　　——莎士比亚[英国]

意志,是唯一不会耗竭的力量,也是

人人永远具备的力量。
——叔本华[德国]

意志是在黑暗中极准确无误地追随它的冲动。到了这一级别，它就为自己点燃了一盏明灯。
——叔本华[德国]

意志自身在本质上是没有一切目的、一切止境的，它是一个无尽的追求。
——叔本华[德国]

只要你有耐心，总有成功的机会。
——叔本华[德国]

伟大的热情能战胜一切。因此我们可以说，一个人只要强烈地坚持不懈地追求，就能达到目的。
——司汤达[法国]

意志，是一种能力，一种心灵借以肯定或否定什么是真、什么是错误的能力，而不是心灵借以追求一物或避免一物的欲望。
——斯宾诺莎[荷兰]

意志引人入坦途，悲伤陷人于迷津。
——斯宾塞[英国]

一个没有原则和没有意志的人就像一艘没有舵和罗盘的船一样，他会随着风的变化而随时改变自己的方向。
——斯迈尔斯[英国]

坚持正义的事业，称之为坚韧不拔；坚持罪恶之事，就叫顽固不化。
——斯特恩[英国]

如果一个人只依自己的意志而行动，一旦遭遇到事故时，就容易动摇。但如相信自己是被一股巨大潮流所推动着，而又是顺着这股力量而行动的，那自然会产生安全感。
——松下幸之助[日本]

许多赛跑者失败，都是失败在最后的几步。跑"应该跑的路"已经不容易，"跑到尽头"当然更难。
——苏格拉底[古希腊]

太顽强的意志最容易受挫折。你可以时常看见最顽固的铁经过淬火炼硬之后，被人击成碎块和破片。
——索福克勒斯[古希腊]

上天完全是为了坚强我们的意志，才在我们的道路上设下重重的障碍。
——泰戈尔[印度]

只要有坚强的意志，就自然而然地会有能耐、机灵和知识。
——陀思妥耶夫斯基[俄国]

意志是一个十分强劲的杠杆，它不仅能改变精神、战胜自我，也能改变身体及其对精神的影响。
——乌申斯基[俄国]

意志坚强的乐观主义者用"世上无难事"的人生观来思考问题，越是遭受悲剧打击，越是表现得坚强。
——西尼加[古罗马]

意志的本质并不在于对未来抱有欲望的状态，而在于目前的、现在的活动。
——西田几多郎[日本]

只有恒心可以使你达到目的，只有博学可以使你明辨世事，真理常常藏在事物的深底。
——席勒[德国]

自我控制是最强者的本能。
——萧伯纳[爱尔兰]

世界上最强有力的人是最有独立精神的人。
——易卜生[挪威]

人们不缺少力量,而缺少意志。
　　　　　　——雨果[法国]

别人放手,他仍然坚持;别人后退,他仍然前冲;每次跌倒,立刻站起来——这种人一定没有失败。——雨果[法国]

真正的坚忍是当一个人无论遇到什么灾祸或危险的时候,他都能够镇定自处,尽责不辍(chuò)。
　　　　　　——约翰·洛克[英国]

成大事不在于力量的大小,而在于能坚持多久。　　——约翰逊[英国]

20　为人处世

鱼欲异群鱼,舍水跃岸则死;虎欲异群虎,舍山入市即擒。①
　　　　　　——[春秋]《关尹子》

君子求诸己,小人求诸人。②
　　　　　　——[春秋]《论语》

贤者识其大者,不贤者识其小者。
　　　　　　——[春秋]《论语》

与人交,推其长者,违其短者,故能久也。
　　　　　　——[春秋]《论语》

吾日三省(xǐng)吾身:为人谋而不忠乎?与朋友交而不信乎?传不习乎?③
　　　　　　——[春秋]《论语》

玩人丧德,玩物丧志。④
　　　　　　——[春秋]《尚书》

投我以桃,报之以李。⑤
　　　　　　——[春秋]《诗经》

天时不如地利,地利不如人和。
　　　　　　——[战国]《孟子》

力能则进,否则退,量力而行。
　　　　　　——[战国]《左传》

无道人之短,无说己之长。⑥
　　　　　　——[汉]崔瑗

君子不失足于人,不失色于人,不失口于人。　　——[汉]《礼记》

入国而问俗,入门而问讳。⑦
　　　　　　——[汉]《礼记》

防事于未萌,避难于无形。
　　　　　　——[汉]刘向

夫贤士之处世也,譬若锥之处囊中,其末立见(xiàn)。⑧　——[汉]《史记》

---

① 擒:捉;被捉。
② 诸:代词"之"和介词"于"的合音。
③ 三:指多次。省:反省。忠:尽心。信:诚信。传:传授,指老师传授的知识。习:复习;温习。
④ 丧:丢掉;失去。
⑤ 投:掷;扔。桃:桃子。报:回报。李:李子。此句指有赠送,即有报答,比喻礼尚往来或友好往来。
⑥ 无:同"毋",不要,不可以。
⑦ 讳:避忌,因有所顾忌而不敢说或不愿说的事。
⑧ 末:末端,指锥子尖。见:同"现",显现。

人之有德于我也,不可忘也;吾有德于人也,不可不忘也。
——[汉]《战国策》

勿以身贵而贱人,勿以独见而违背众,勿恃功能而失忠信。
——[三国]诸葛亮

知人,圣人所难。
——[晋]《三国志》

记人之善,忘人之过。
——[晋]《三国志》

无传不经之谈,无听毁誉之语。①
——[晋]羊祜

此处不留人,自有留人处。
——[南朝]陈叔宝

以小人之虑,度(duó)君子之心。②
——[南朝]《世说新语》

不责人所不及,不强(qiǎng)人所不能,不苦人所不好(hào)。③
——[隋]王通

乐人之乐,人亦乐其乐;忧人之忧,人亦忧其忧。④ ——[唐]白居易

天可度(duó),地可量,唯有人心不可防。⑤ ——[唐]白居易

惟有人心相对间,咫尺之情不能料。⑥ ——[唐]白居易

逢人不说人间事,便是人间无事人。
——[唐]杜荀鹤

君不见山高海深人不测。
——[唐]贯休

宁(nìng)人负我,无我负人。⑦
——[唐]《晋书》

处世忌太洁,至人贵藏辉。
——[唐]李白

欲人不知,莫若不为;欲人不闻,莫若勿言。 ——[唐]《贞观政要》

不以求备取人,不以己长格物。⑧
——[唐]《贞观政要》

但知行好事,莫要问前程。
——[五代]冯道

天下事当论是非,不当论难易。
——[宋]刘克庄

莫言闲话是闲话,往往事从闲话来。
——[宋]《唐诗纪事》

好德乐善而无求。——[宋]王安石

轻财足以聚人,律己足以服人,量宽足以得人,身先足以率人。⑨
——[宋]《省心杂言》

---

① 不经之谈:荒诞的、没有根据的话。毁誉:毁谤和称赞;说坏话和说好话。
② 度:推测;估计。
③ 责:要求。强:硬要;迫使。苦:因某事而痛苦、难受。
④ 乐人之乐:前边的"乐"是动词,对某事感到快乐。忧人之忧:前边的"忧"是动词,对某事感到忧愁。
⑤ 度:推测;估计。
⑥ 咫:八寸。咫尺:比喻很近的距离。
⑦ 宁:宁可;宁愿。负:背弃。无:同"毋",不要,不可以。
⑧ 格物:推究事物的道理。
⑨ 率人:为人表率,起模范作用。

好胜者必争,贪荣者必辱。
——[宋]《省心杂言》

遇急思亲戚,临危托故人。
——[元]关汉卿

上山擒虎易,开口告人难。
——[元]《琵琶记》

小事糊涂,大事不糊涂。
——[元]《宋史》

与人方便,自己方便。
——[元]《幽闺记》

一身做事一身当。
——[明]《钗钏记》

君子有四贵:学贵要,虑贵远,信贵笃(dǔ),行贵果。① ——[明]方孝孺

逢人且说三分话,未可全抛一片心。
——[明]冯梦龙

势不可使尽,福不可享尽,便宜不可占尽,聪明不可用尽。
——[明]冯梦龙

若要人不知,除非己莫为。
——[明]冯梦龙

处治世宜方,处乱世当圆,处叔季之世当方圆并用。② ——[明]洪应明

害人之心不可有,防人之心不可无,此戒疏于虑者。宁受人之欺,毋逆人之诈,此警伤于察者。二语并存,精明浑厚矣。③ ——[明]洪应明

处世不宜与俗同,亦不宜与俗异;做事不宜令人厌,亦不宜令人喜。
——[明]洪应明

好(hào)便宜者,不可与共财;多狐疑者,不可与共事。 ——[明]洪应明

宁(nìng)为有瑕玉,不作无瑕石。④
——[明]焦竑

事遇机关须退步,人逢得意早回头。⑤ ——[明]《金瓶梅词话》

善疑人者,人亦疑之;善防人者,人亦防之。 ——[明]刘基

士君子只求四真:真心,真口,真耳,真眼。 ——[明]吕坤

肯替别人想,是第一等学问。
——[明]吕坤

不与居积人争富,不与进取人争贵,不与矜饰人争名,不与简傲人争礼节,不与盛气人争是非。⑥ ——[明]吕坤

处人不可任己意,要悉人之情;处事不可任己见,要悉事之理。⑦ ——[明]吕坤

待人要丰,自奉要约;责己要厚,责人要薄。 ——[明]吕坤

干大事而惜身,见小利而忘命,非英

---

① 笃:忠实;一心一意。果:果敢,态度坚决而不犹豫。
② 叔季之世:叔世与季世,指末世,即衰亡之世。
③ 毋:不要;不可以。
④ 宁:宁可;宁愿。瑕:玉上的斑点。
⑤ 机关:计谋,陷阱。
⑥ 矜饰:夸耀、修饰。简傲:高傲;傲慢。盛气:骄傲、蛮横。
⑦ 悉:知道;了解。

雄也。　　　——[明]《三国演义》

世情看冷暖，人面逐高低。①
　　　——[明]《水浒传》

须知豪杰同心处，利断坚金不用疑。②　　　——[明]《水浒传》

在人矮檐下，怎敢不低头。
　　　——[明]《水浒传》

人情冷暖异，世态炎凉同。③
　　　——[明]司守谦

待人接物，存心谦和，人自相敬。④
　　　——[明]薛瑄

可憎者，人情冷暖；可厌者，世态炎凉。　　　——[明]《幼学琼林》

丈夫之志，能屈能伸。⑤
　　　——[明]《幼学琼林》

凡事当留余地，得意不宜再往。
　　　——[明]朱柏庐

知己知彼，将心比心。
　　　——[明、清]《增广贤文》

大事化为小事，小事化为没事。
　　　——[清]《红楼梦》

不经一事，不长一智。
　　　——[清]《红楼梦》

大丈夫行事，论是非，不论利害；论逆顺，不论成败；论万世，不论一生。⑥
　　　——[清]黄宗羲

对痴人莫说梦话，防所误也；见短人莫说矮话，避所忌也。　　　——[清]金缨

待小人宜宽，防小人宜严。⑦
　　　——[清]金缨

岂能尽如人意，但求无愧我心。
　　　——[清]金缨

当家才知柴米贵，处世方识世情艰。
　　　——[清]史襄哉

不听老人言，吃苦在眼前。
　　　——[清]史襄哉

严以律己，宽以待人。
　　　——[清]汪琬

善处事者，但就是非可否审定章程，而不必利于己。　　——[清]王永彬

无论作何等人，总不可有势利气；无论习何等业，总不可有粗浮心。⑧
　　　——[清]王永彬

敬他人，即是敬自己；靠自己，胜于靠他人。　　　——[清]王永彬

十分不耐烦，乃为人大病；一味学吃

---

① 世情：社会上的情况。冷暖：指得意、失意。人面：人脸；人的表情。高低：指地位高下。

② 利：锐利。金：金属。

③ 世态炎凉：指有钱有势时，别人就巴结；无钱无势时，别人就冷淡。

④ 待人接物：跟别人相处。

⑤ 丈夫：大丈夫，指胸怀大志的人。

⑥ 大丈夫：指有志气、有作为的人。逆顺：指是否顺应天理、民心。万世：比喻久远的时间。一生：比喻较短的时间。

⑦ 小人：指人格卑鄙的人。

⑧ 势利：形容看财产、地位分别对待人的表现。

亏,是处事良方。　　——[清]王永彬

求备之心,可用之以修身,不可用之以接物。①　　　　——[清]王永彬

心不可太大,心太大,则舍近图远,难期有成矣。　　——[清]王永彬

知人者有三:知人之短;知人之长;知人短中之长,知人长中之短。
　　　　　　　　——[清]阎循观

责己则攻短,论人则取长。②
　　　　　　　　——[清]恽敬

天下事当于大处着眼,小处下手。
　　　　　　　　——[清]曾国藩

与人共事,要学吃亏。
　　　　　　　　——[清]左宗棠

沟通是人与人之间的事情,用心才有效;梦想是现在和未来之间的事情,踏实地行走才能靠近。　　——白岩松

议论别人的优缺点是没有多大价值的:我们喜爱或是排斥一个人,往往只是因为他的特点。　　——陈祖芬

人在伤害别人时,一点儿也感觉不到;但人在受伤害时,一点点就能感到了。　　　　——程乃珊

一个人断不能旋乾转坤,所以我们不必把自己看得太重,天下事往往成功于一念,所以也不要把自己看得太轻。
　　　　　　　　——杜重远

问题要从大处着眼,而事情却要从小处着手。　　——冯英子

低头要有勇气,抬头要有底气。
　　　　　　　　——韩寒

处难处之事愈宜宽,处难处之人愈宜厚,处至急之事愈宜缓。
　　　　　　　　——弘一法师

处事须留余地。　　——弘一法师

小人以己之过为人之过,每怨天而尤人;君子以人之过为己之过,每反躬而责己。　　　——弘一法师

人家帮我,永志不忘;我帮人家,莫记心上。　　　　——华罗庚

真正的强者会示弱,弱者才不断逞强。　　　　　　——蒋方舟

看透了自己,便无须小看别人。
　　　　　　　　——老舍

对待同志要像春天般的温暖,对待工作要像夏天般的火热。——雷锋

我们是人类,却不是一类人。
　　　　　　　　——李尚龙

我相信:你敬人一尺,人敬你一丈。
　　　　　　　　——李晓华

我发现了一般人处事的一条道理,那便是:可以无须让的时候,则无妨谦让一番,于人无利,于己无损;在该让的时候,则不谦让,以免损己;在应该不让的时候,必定谦让,于己有利,于人无损。
　　　　　　　　——梁实秋

————————
① 接物:与人交接,即交际。
② 责:要求(做成某件事或达到一定标准)。

孩子是要别人教的,毛病是要别人医的,即使自己是教员或医生。但做人处事的法子,却恐怕要自己斟酌,许多人开来的良方,往往不过是废纸。

——鲁迅

老实人,敢讲真话的人,归根到底,于人民事业有利,于自己也不吃亏。

——毛泽东

尊重别人是个原则问题,只有尊重别人,才能团结别人。 ——毛泽东

人是要有帮助的。荷花虽好,也要绿叶扶持。 ——毛泽东

做人做事,唯有眼低手高,才能意气平和。看事眼高手低,除了怨叹之外,还有什么效用? ——三毛

做人和写文章一样,包含不断的修正。 ——沈从文

人,不需要有那么多过人之处,能扛事就是才华横溢。 ——苏芩

做人的信念与乐趣就是扬长避短,将自己的优势发挥到极致。 ——素素

人在失意的时候得罪了人,可以在得意的时候弥补;在得意的时候得罪了人,却不能在失意的时候弥补。

——王鼎钧

别人做不了的,我要去做;人人都可做的,我何必去抢? ——王光英

一个人应该知道能够做什么,应该做什么,必须做什么,更应该知道不应该做什么,不要做什么。 ——王蒙

一个人对于社会等于身体的细胞,要一个人身体健全,不用说必须每个细胞都健全。 ——闻一多

做人也要像蜡烛一样,在有限的一生中有一分热发一分光,给人以光明,给人以温暖。 ——萧楚女

世界上没有便宜的事,谁想占便宜,谁就会吃亏。 ——徐特立

端庄的仪表与整洁的服饰就是最好的推荐信。 ——原一平

外表决定了别人对你的第一印象。
——原一平

许多人所谓的成熟,不过是被世俗磨去了棱角,变得世故而实际了。那不是成熟,而是精神的早衰和个性的夭亡。真正的成熟,应当是独特个性的形成,真实自我的发现,精神上的结果和丰收。

——周国平

只有够聪明的人才能装傻。

——朱德庸

不要相信任何人,凡事都要自己用心。即使是有意任人恭维,也是可怕的。

——爱·扬格[英国]

不管你有多么强大,你的成就多么辉煌,只有保持你与他人之间的关系,这一切才会有持久的意义。

——爱德华[美国]

处世之道,贵在礼尚往来。如果你想获得友谊,你必须为你的朋友效力。

——爱默生[美国]

我们所知道的最好、最可靠、最有效

而又最无副作用的兴奋剂便是社交。
——爱默生[美国]

人人都担心自己受骗上当;但当有一天,他们反过来担心自己欺骗别人时,社会就达到了完美的程度。
——爱默生[美国]

你信任别人,别人才对你忠实。以伟人的风度待别人,别人才表现出伟人的风度。
——爱默生[美国]

凡有良好教育的人有一禁戒:勿发脾气。
——爱默生[美国]

进入社交界以后,千万不能被任何事情冲昏头脑,遇事要小心提防,特别要提防最讨我喜欢的事。
——巴尔扎克[法国]

只有在打算彼此开诚布公的人们之间,才能建立起心灵上的交流。
——巴尔扎克[法国]

有望得到的要努力,无望得到的不介意,则无论输赢姿态都会好看。生活不是单行线,一条路走不通,你可以转弯。
——比尔·盖茨[美国]

人民是土壤,它含有一切事物发展所必需的生命汁液,而个人则是这土壤上的花朵与果实。
——别林斯基[俄国]

我们所处的这个社会,人际关系非常重要。如果能够慎重地建立关系,而且妥善地维持的话,成功是指日可待的。
——查斯特菲尔德[英国]

你伤害了谁,也许早已忘了,可是被你伤害的那个人永远不会忘记,他绝不会记住你的优点。
——戴尔·卡内基[美国]

如果你要别人喜欢你,或是改善你的人际关系,如果你想帮助自己也想帮助别人,请记住这个原理:真诚地关心别人。
——戴尔·卡内基[美国]

要使别人喜欢你,首先你得改变对人的态度,把精神放得轻松一点儿,表情自然,笑容可掬,这样别人就会对你产生喜爱的感觉。
——戴尔·卡内基[美国]

记住人家的名字,而且很轻易地叫出来,等于给别人一个巧妙而有效的赞美。
——戴尔·卡内基[美国]

人与人之间的关系是微妙的,不容易相处好的。有时小小的关心照顾成了人与人之间的润滑剂,相反,有时由于一时出口不慎,也会伤了对方的感情。
——德田虎雄[日本]

人类在相互的交往中寻求安慰、价值和保护。
——弗兰西斯·培根[英国]

人与人之间最大的信任是精诚相见。
——弗兰西斯·培根[英国]

和蔼可亲的态度是永远的介绍信。
——弗兰西斯·培根[英国]

对所有的人以诚相待,同多数人和睦相处,和少数人常来常往,只跟一个人亲密无间。
——富兰克林[美国]

人与人之间的相互关系中对人生的幸福最重要的莫过于真实、诚意和廉洁。
——富兰克林[美国]

把别人对你的诋毁放在尘土中,而

把别人对你的恩惠刻在大理石上。
——富兰克林[美国]

态度是你与人见面时最先给人的一个印象,它的重要不可言喻。
——富兰克林[美国]

鱼放三天发臭,客住三天讨嫌。
——富兰克林[美国]

知识使人变得文雅,而交际能使人变得完善。
——富勒[英国]

你要记住,永远要愉快地多给别人,少从别人那里拿取。
——高尔基[苏联]

无论你出身高贵或者低贱,都无关宏旨,但你必须有做人之道。
——歌德[德国]

接受忠告,就是增加自己个人的能力。
——歌德[德国]

不要夸奖自己,也不要贬低自己,你的行为不言自明。
——赫伯特[英国]

绝不要向另一位姐妹称赞一位姐妹,但愿你的赞美词送进恰当的耳朵里去。
——吉卜林[英国]

自由不是让你想做什么就做什么,自由是教你不想做什么,就可以不做什么。
——康德[德国]

人与人之间,最可痛心的事莫过于在你认为理应获得善意和友谊的地方,却遭受了烦扰和损害。
——拉伯雷[法国]

在生活交往中,我们更经常的是由于我们的缺点而不是由于我们的优点讨人喜欢。
——拉罗什富科[法国]

任何人,包括诚实可靠的人,都会遭到别人说闲话。
——列夫·托尔斯泰[俄国]

施予人,但不要使对方有受施的感觉;帮助人,但给予对方最高的尊重。这是助人的艺术,也是仁爱的情操。
——刘墉[美国]

根据外表判断是多么容易上当,而俗人又是多么重视这种根据外表的判断啊!
——卢梭[法国]

成功的第一要素是懂得如何搞好人际关系。
——罗斯福[美国]

对于大多数人而言,耻辱比死亡更令人难受,因此,在集体风潮的时候,很少人和舆论不一致。
——罗素[英国]

人就像藤萝,他的生存靠别的东西支持,他拥抱别人,就从拥抱中得到了力量。
——蒲柏[英国]

乐于助人者即圣人。
——普林尼[古罗马]

困厄时若想得到援助,在平日就应待人以宽恕。
——萨迪[波斯]

记住该记住的,忘记该忘记的。改变能改变的,接受不能改变的。
——塞林格[美国]

信任一切人是个错误,对一切人都不信任也同样是个错误。
——塞涅卡[古罗马]

信任少数人,不害任何人,爱所

有人。　　　——莎士比亚[英国]

吃得太饱的人,跟挨饿不吃东西的人,一样是会害病的,所以中庸之道才是最大的幸福。　　——莎士比亚[英国]

你们愿人怎么待你们,你们就怎么待人。　　　　　　——《圣经》

人的社交根本不是本能,也就是说,并不是为了爱社交,而是为了怕孤独。
　　　　　　——叔本华[德国]

好习惯是一个人在社交场中所能穿着的最佳服饰。——苏格拉底[古希腊]

一个人如果站在自己的立场上来看待别人,常常会把人看错,所以我看人,从来不看他对我如何,而是看他对待别人如何。　　——苏格拉底[古希腊]

五年寒窗固然能培养出工程师,但学会做人,则需要一辈子。
　　　　　——苏霍姆林斯基[苏联]

你可以从外表的美来评论一朵花或一只蝴蝶,可你不能这样来评论一个人。
　　　　　　——泰戈尔[印度]

感激是高尚灵魂的标志。
　　　　　　——伊索[古希腊]

亲善产生幸福,文明带来和谐。
　　　　　　——雨果[法国]

感激是有良好教养的产物,你在粗俗的人当中不会发现它。
　　　　　　——约翰逊[英国]

只有尊重自己的人,才会尊重别人。
　　　　　　——詹姆斯[美国]

21　礼貌;礼节

不学礼,无以立。
　　　　　——[春秋]《论语》

非礼勿视,非礼勿听,非礼勿言,非礼勿动。　　——[春秋]《论语》

君子敬而无失,与人恭而有礼,四海之内皆兄弟也。①——[春秋]《论语》

衣冠不正,则宾者不肃。②
　　　　　——[战国]《管子》

仓廪(lǐn)实则知礼节,衣食足则知荣辱。③　　　——[战国]《管子》

礼者,人道之极也。④
　　　　　——[战国]《荀子》

人无礼则不生,事无礼则不成,国家无礼则不宁。　——[战国]《荀子》

让,德之主也,让之谓懿德。
　　　　　——[战国]《左传》

礼尚往来,往而不来,非礼也;来而

――――――
① 四海:古人认为我国四面环海,故指全天下。
② 肃:恭敬。
③ 仓廪:粮仓。实:充实。
④ 人道:泛指人与人之间的关系、做人的道理。

不往,亦非礼也。① ——[汉]《礼记》

让礼一寸,得礼一尺。②
——[三国]曹操

人之有礼,犹鱼之有水矣。
——[晋]葛洪

酒以成礼,过则败德。③
——[晋]《三国志》

人之所以为贵者,以其有信有礼;国之所以能强,亦云惟信与义。④
——[唐]张九龄

不敬他人,是自不敬也。
——[五代]张昭远

慢人者,人亦慢之。⑤
——[明]冯梦龙

礼无不敬,法无不肃。⑥
——[明]《三国演义》

人无礼而何为,财非义而不取。
——[明]《水浒传》

老不拘礼,病不拘礼。⑦
——[清]《儒林外史》

国尚礼则国昌,家尚礼则家大。⑧
——[清]颜元

人的相貌是天生的,但人的仪表却是后天的,是可控制也可以转变的。
——何新

修饰是对自己的一种爱护,对他人的一份尊重。最重要的是它可以提升美丽的内涵。
——王爽

生命并非短促得连讲究礼节的时间都没有。 ——爱默生[美国]

礼仪是聪明人想出来的与愚人保持距离的一种策略。 ——爱默生[美国]

宁可让人待己不公,也不可自己非礼待人。 ——爱默生[美国]

在人生道上能谦让三分,即能天宽地阔,消除一切艰难困苦,解除一切纠葛。 ——戴尔·卡内基[美国]

过分有礼貌或过分粗暴,把人不是当神便是当鬼。 ——德莱顿[英国]

最好的礼貌是不要多管闲事。
——狄更斯[英国]

越伟大的人,越有礼貌。
——丁尼生[英国]

礼仪是微妙的东西,它既是人们交际不可或缺的,又是不可过于计较的。
——弗兰西斯·培根[英国]

一切的门户都向礼貌敞开。
——富勒[英国]

礼貌是最容易做到的事,也是最珍

---

① 礼尚往来:在礼节上讲究有来有往。
② 让礼:即礼让,礼貌地谦让。
③ 败:损坏;毁坏。
④ 云:说。
⑤ 慢:轻慢,对人不敬重,态度傲慢。
⑥ 肃:庄重。
⑦ 拘:受束缚,不知变通。
⑧ 尚:推崇;注重。

贵的东西。　　——冈察尔[乌克兰]

尊敬别人就是尊敬自己。
　　　　　　——高尔斯华绥[英国]

一个人的礼貌,就是一面照出他的肖像的镜子。　　——歌德[德国]

生活里最重要的是有礼貌,它比最高的智慧,比一切学识都重要。
　　　　　　——赫尔岑[俄国]

礼貌是有教养的人的第二个太阳。
　　　　　　——赫拉克利特[古希腊]

对人不尊敬,首先就是对自己的不尊敬。　　——惠特曼[美国]

在人与人的交往中,礼仪越周到越保险,运气也越好。
　　　　　　——卡莱尔[英国]

有礼貌不一定显得有智慧,无礼貌却常常显得很愚蠢。——兰道[美国]

礼貌是第一美德。礼,即人与人相处之道。　　——李光耀[新加坡]

怀着善意的人,是不难于表达他对人的礼貌的。　——卢梭[法国]

作为一个人,对父母要尊敬,对子女要慈爱,对穷亲戚要慷慨,对一切人要有礼貌。　　　　——罗素[英国]

礼貌经常可以替代最高贵的感情。
　　　　　　——梅里美[法国]

讲礼貌不必花钱,但可以买到一切。
　　　　　　——蒙塔古夫人[英国]

由于过分注重礼貌,反而举止失礼。
　　　　　　——蒙田[法国]

礼貌使有礼貌的人喜悦,也使那些受人以礼貌相待的人们喜悦。
　　　　　　——孟德斯鸠[法国]

有教养不是吃饭不洒汤,而是别人洒汤时不去看。　——契诃夫[俄国]

礼貌周全不花钱,却比什么都值钱。
　　　　　　——塞万提斯[西班牙]

社交的起因在于人们生活的单调和空虚。社交的需要驱使他们来到一起,但各自具有的许多令人厌憎的品行又驱使他们分开。终于,他们找到了能彼此容忍的适当距离,那就是礼貌。
　　　　　　——叔本华[德国]

礼貌是人类共处的金钥匙。
　　　　　　——松苏内吉[西班牙]

如果你想要受人尊敬,那首要的一点就是你得尊重你自己;只有这样,只有自我尊敬,你才能赢得别人的尊敬。　——陀思妥耶夫斯基[俄国]

礼貌是儿童与青年所应该特别小心地养成习惯的第一件大事。
　　　　　　——约翰·洛克[英国]

礼仪不良有两种:第一种是忸怩羞怯,第二种是行为不检点和轻慢。要避免这两种情形,就只有好好地遵守下面这条规则:不要看不起自己,也不要看不起别人。　——约翰·洛克[英国]

22 言语;言行

君子以言有物,而行有恒。①
——[周]《周易》

二人同心,其利断金;同心之言,其臭(xiù)如兰。②——[周]《周易》

防民之口,甚于防川。③
——[春秋]《国语》

为川者决之使导,为民者宣之使言。④ ——[春秋]《国语》

信言不美,美言不信。
——[春秋]《老子》

知(zhì)者不言,言者不知(zhì)。⑤
——[春秋]《老子》

名不正则言不顺,言不顺则事不成。⑥ ——[春秋]《论语》

言必信,行必果。⑦
——[春秋]《论语》

君子欲讷(nè)于言而敏于行。⑧
——[春秋]《论语》

君子耻其言而过其行。
——[春秋]《论语》

君子寡言而行,以成其信。⑨
——[春秋]《论语》

始吾于人也,听其言而信其行;今吾于人也,听其言而观其行。
——[春秋]《论语》

君子不以言举人,不以人废言。⑩
——[春秋]《论语》

鸟之将死,其鸣也哀;人之将死,其言也善。⑪ ——[春秋]《论语》

言之者无罪,闻之者足以戒。
——[春秋]《诗经》

言不得过实,实不得延名。⑫
——[战国]《管子》

君子不蔽人之美,不言人之恶。
——[战国]《韩非子》

志不强者智不达,言不信者行不果。⑬ ——[战国]《墨子》

---

① 恒:长久不变的意志。
② 利:锋利。金:金属。臭:气味。兰:兰花。
③ 防:堵塞。口:指言论。川:河流。防川:指堵塞河流,会造成河水泛滥。
④ 决:疏通水道。
⑤ 知:同"智",有智慧,明智。
⑥ 名:名义;名分。正:合乎标准或规范。
⑦ 信:诚信。果:态度坚决而不犹豫。此句原指固执己见,坚信自己的言行;后指说话有信用,行动坚决。
⑧ 讷:说话迟钝;不善言谈。
⑨ 信:信用,能履行诺言而取得的信任。
⑩ 举:推荐;选拔。
⑪ 善:亲善;友好。
⑫ 实:实际。名:名分。
⑬ 达:得志,取得成功。信:诚信。果:实现;成为现实。

附耳之语,流闻千里。
——[战国]《文子》

口能言之,身能行之,国宝也;口不能言,身能行之,国器也……治国者敬其宝,爱其器。①
——[战国]《荀子》

赠人以言,重于金石珠玉。
——[战国]《荀子》

君子赠人以言,庶人赠人以财。
——[战国]《荀子》

持之有故,言之成理。
——[战国]《荀子》

井蛙不可语于海者,拘于虚也;夏虫不可语于冰者,笃于时也。
——[战国]《庄子》

君子之言,信而有征。②
——[战国]《左传》

高行微言,所以修身。
——[秦]黄石公

知之为知之,不知为不知,言之要也;能之为能之,不能为不能,行之要也。③
——[汉]韩婴

直言之路开,则四方众贤不远千里。④
——[汉]《汉书》

桃李不言,下自成蹊(xī)。⑤
——[汉]《汉书》

言不苟出,行不苟为,择善而后从事。⑥
——[汉]《淮南子》

夫言与行者,智、愚之表也,贤、不肖之别也。是以智者慎言慎行,以为身福;愚者易言易行,以为身灾。⑦
——[汉]贾谊

有其言无其行,君子耻之。⑧
——[汉]《礼记》

谨于言而慎于行。
——[汉]《礼记》

君子之言,寡而实;小人之言,多而虚。
——[汉]刘向

一言而适,可以却敌;一言而得,可以保国。⑨
——[汉]刘向

能行之者未必能言,能言之者未必能行。
——[汉]《史记》

貌言华也,至言实也,苦言药也,甘言疾也。⑩
——[汉]《史记》

究天人之际,通古今之变,成一家之言。⑪
——[汉]司马迁

---

① 国宝:指国家的栋梁之材。国器:指国家的有用人才。
② 信:诚信;真实。征:验证;证明。
③ 要:重大的值得重视的内容。
④ 直言:毫无顾忌地说出来。
⑤ 桃李:桃树和李树。蹊:小路。
⑥ 苟:随便;草率。
⑦ 不肖:品行不好。
⑧ 言:说;议论。行:行动;实际做事。
⑨ 适:相合;恰当。却:使后退。得:得当;适合。
⑩ 貌言:好听的话。华:花朵。至言:至理之言。实:果实。苦言:苦口规劝的话。药:治病之药。甘言:甜蜜的谄媚的话。疾:疾病。
⑪ 究:推求;探索。通:全面了解;彻底懂得。

谗言三至,慈母不亲。①
——[三国]曹植

良药苦口利于病,忠言逆耳利于行。② ——[三国]《孔子家语》

一言之善,贵于千金。
——[晋]葛洪

妙不可尽之于言,事不可穷之于笔。③ ——[晋]郭璞

立片言而居要,乃一篇之警策。④
——[晋]陆机

言过其实,不可大用。
——[晋]《三国志》

良药苦口,惟疾者能甘之;忠言逆耳,惟达者能受之。⑤
——[晋]《三国志》

明者慎言,故无失言;暗者轻言,自致害灭。 ——[北朝]刘昼

无多言,多言多败;无多事,多事多患。⑥ ——[北朝]《颜氏家训》

言者无罪闻者诫,下流上通上下泰。⑦ ——[唐]白居易

冰炭不言,冷热自明。
——[唐]《晋书》

立志言为本,修身行乃先。
——[唐]吴叔达

容直言,广视听。⑧ ——[唐]元稹

共君一夜话,胜读十年书。⑨
——[宋]程颐

节食则无疾,择言则无祸。
——[宋]何坦

行谨则能坚其志,言谨则能崇其德。⑩ ——[宋]胡宏

妙论精言,不以多为贵。
——[宋]欧阳修

一言出口,驷马难追。⑪
——[宋]欧阳修

言多变则不信,令频改则难从。
——[宋]欧阳修

能言未是难,行得始为艰。⑫
——[宋]邵雍

知无不言,言无不尽。⑬
——[宋]司马光

———————

① 谗言:毁谤的话;挑拨离间的话。三:指多次。
② 忠言:诚恳劝告的话。逆耳:刺耳,因话语尖锐而直率,听起来不顺耳,使人感到不舒服。
③ 穷:用尽。
④ 要:重要,值得重视的。警策:简明扼要、含义深刻、有告诫作用的文句。
⑤ 疾者:有病的人。甘:感到甘甜。达者:通达事理的人。受:接受,采纳。
⑥ 无:同"毋",不要,不可以。
⑦ 泰:通达,安宁。
⑧ 容:允许;让。直言:毫无顾忌地说出来。
⑨ 共:同;跟。
⑩ 崇:尊重;重视。
⑪ 驷马:共同拉着一辆车的四匹马。
⑫ 始:才。
⑬ 言:说;说话。尽:全。

服人以诚,不以言。　——[宋]苏轼

交浅言深,君子所戒。
　　　　　　　　——[宋]苏轼

言有尽而意无穷者,天下之至言也。
　　　　　　　　——[宋]苏轼

毋(wú)拒直言,勿纳偏言。①
　　　　　　　——[宋]《新唐书》

谗言巧,佞(nìng)言甘,忠言直,信言寡。②　——[宋]《省心杂言》

耳不闻人之非,目不视人之短,口不言人之过。　——[宋]《省心杂言》

多言则背道,多欲则伤生。③
　　　　　　　——[宋]《省心杂言》

耳虽闻,目不亲见者,不可从而言之。　　　——[宋]《省心杂言》

言有尽而意无穷。　——[宋]严羽

作事必谋始,出言必顾行。
　　　　　　　　——[宋]张绎

心之所感有邪正,故言之所形有是非。　　　——[宋]朱熹

心平气和则能言。　——[宋]朱熹

君子千言有一失,小人千言有一当(dàng)。④　——[元]关汉卿

贤路当广而不当狭,言路当开而不当塞。　　　——[元]《宋史》

良言一句三冬暖,恶语伤人六月寒。
　　　　　　　　——[元]王实甫

酒逢知己千杯少,话不投机半句多。⑤　　　——[元]杨景贤

真人面前说不得假话。
　　　　　　　——[明]冯梦龙

要知心腹事,但听口中言。
　　　　　　　——[明]冯梦龙

阿(ē)谀(yú)人人喜,直言个个嫌。⑥　　　——[明]冯梦龙

得闭口时须闭口,得放手时须放手。　　　　——[明]冯梦龙

君子一言,快马一鞭。
　　　　　——[明]《金瓶梅词话》

养德莫如慎言语,养身莫如节饮食。　　　　——[明]李梦阳

人言未必皆真,听话只听三分。
　　　　　　　　——[明]吕坤

言语之恶,莫大于造诬;行事之恶,莫大于苛刻。⑦　——[明]吕坤

有所不言,言必当(dàng);有所不为,为必成。　——[明]吕坤

吉人之词寡,长者之情真;言寡则可

---

① 毋、勿:不要;不可以。偏言:单方面的、不全面的话。
② 谗言:毁谤的话;挑拨离间的话。佞言:谄媚、奉承的花言巧语。忠言:真诚无私的话。信言:诚实可信的话。
③ 背:违反;不遵守。
④ 当:合适;适宜。
⑤ 投机:意趣相合;见解相同。
⑥ 阿谀:迎合别人的意思,说好听的话。
⑦ 造诬:捏造事实,冤枉或陷害别人。

信,情真则可亲。　——[明]唐伯虎

一字不可轻与人,一言不可轻许人。
　　　　　　　　——[明]薛瑄

广开言路,博采群谋。
　　　　　　　　——[明]俞汝楫

行必先人,言必后人。
　　　　　　——[明]《曾子全书》

处世戒多言,言多必失。
　　　　　　　　——[明]朱柏庐

修己以清心为要,涉世以慎言为先。①　　——[清]金缨

久交无狎语,绝交无恶言。②
　　　　　　　　——[清]梁绍壬

只可意会,不可言传。③
　　　　　　　　——[清]刘大櫆

君子不以行迹疑人,亦不以言语信人。④　——[清]申居郧

人之佞人,但欲人之悦己,而不知人之轻己;人之自夸,但欲人之知己,而不知人之笑己。轻而且笑,辱莫大焉。⑤
　　　　　　　　——[清]施璜

人前做得出的方可说,人前说得出的方可做。　　——[清]史典

水深流去慢,贵人话语迟。
　　　　　　　　——[清]史襄哉

直言者,国之良药也;直言之臣,国之良医也。⑥　　——[清]唐甄

不必直谏(jiàn)而险,直言亦险;不必临战而险,立朝亦险。⑦——[清]唐甄

立言者,无力则不能自成一家。
　　　　　　　　——[清]叶燮

必言前人所未言,发前人所未发。⑧
　　　　　　　　——[清]叶燮

出言贵审慎,则无纰(pī)漏;行路贵庄重,则不轻佻。二者亦立身之根本。
　　　　　　　　——[清]曾国藩

矮人看戏何曾见,都是随人说短长。
　　　　　　　　——[清]赵翼

人民不喜欢假话,哪怕多么装腔作势,多么冠冕堂皇的假话,都不会打动人们的心。人人心中都有一架衡量语言的天平。　　——艾青

沉默容易使人跟朋友疏远,热烈的诉说和自由则使人们互相接近。——巴金

言论的花儿开得愈大,行为的果子结得愈小。　　——冰心

一言九鼎重千秋。　　——陈毅

舒心的酒,千杯不醉;知心的话,万言不赘(zhuì)。⑨　——郭小川

―――――――――――
① 要:重大的值得重视的内容。
② 狎语:不庄重的言语。恶言:恶毒的言语。
③ 意会:不经直接说明而了解(意思)。
④ 行迹:行动的踪迹。
⑤ 轻:不重视;不认真对待。笑:讥讽;嘲弄。
⑥ 直言:毫无顾忌地说出来。
⑦ 直谏:坦率地规劝(帝王、尊长等),使改正错误。
⑧ 发:表达;说出。
⑨ 赘:多余而无用的。

识不足,则多虑,威不足,则多怒,信不足,则多言。　　——弘一法师

说老实话,包你有力量。　　——胡适

如果一个人的活动总是以周围的舆论为转移,那么他是什么事情也做不成的。　　——靳凡

凡是不大开口的人总是令人莫测高深;口边若无遮拦,则容易令人一眼望到底。　　——梁实秋

一个人宁可说襟腑独见的落伍话,不可说虚伪投机的合时话。　　——林语堂

用质问式的语气来谈话,是最易伤感情的。　　——刘景全

我们应该注意自己不用语言去伤害别的同志,但是当别人用语言来伤害自己的时候,也应该受得起。　　——刘少奇

语言总是落往人意之后,难以追及。
　　——流沙河

现在的青年最要紧的是"行",不是"言"。　　——鲁迅

没有调查,就没有发言权。
　　——毛泽东

说话的三条底线:一、力图说真话;二、不能说真话,则保持沉默;三、无权保持沉默而不得不说假话时,不应伤害他人。　　——钱理群

应当记住:我们的事业需要手,而不是嘴。　　——童第周

人家是说了再做,我是做了再说;人家说了也不一定做,我是做了也不一定说。　　——闻一多

老实人之老实,在于不说假话;聪明的老实人,则话要说得准,不但内容准,而且时机、方式和分寸都要讲究,不随便说话。　　——徐懋庸

说真话不说假话,说实话不玩虚套,说人话不打官腔。　　——易中天

道德无所谓新旧,唯真纯的人才能够说得上"道德"这两字,若言不顾行,行不顾言,那不管你天天在高叫道德,结果终是一个坏人。　　——郁达夫

能触及灵魂深处、医治百病的乐曲是热诚而亲切的言语。
　　——爱默生[美国]

真理是美的。毫无疑问,谎言也是如此。　　——爱默生[美国]

眼神里的语言,世界任何地方的人都能理解。　　——爱默生[美国]

不管使用什么样的语言,只要你开口,就能反映出你的人品。
　　——爱默生[美国]

两个人交谈,一个人可以洗耳恭听。但是,三个人则无法互谈这人世最严肃而应深究的事。　　——爱默生[美国]

沉默是一种溶剂,它泯灭人的个性,使我们变得博大精深。
　　——爱默生[美国]

沉默只不过是微不足道的美德,但说不该说的话却是滔天大罪。
　　——奥维德[古罗马]

默默的一瞥里常常蕴藏着千言万语。　　——奥维德[古罗马]

能对你开怀直言的人，便是你的挚友。　　——鲍斯威尔[英国]

大家都不听谎言，说谎的人也就绝迹了。　　——贝蒂[意大利]

科学若要有价值，就必须预言未来。
——贝弗里奇[英国]

草率的动作和言语，均是卑劣的特征。　　——毕达哥拉斯[古希腊]

播下真理的种子，将收获真理的果子；撒下谎言的种子，只会一无所获。
——博纳[德国]

不恰当的赞美就是变相的讥讽。
——布罗德赫斯特[英国]

对别人的意见要表示尊重，千万别说："你错了。"　——戴尔·卡内基[美国]

站在上风的人衣冠要整洁，位在人上的人言行要谨慎，这才是政治家对天下的责任。　　——德富芦花[日本]

沉默总是有威力的。慎重的人适时地保持沉默，总会在处理事务和任何种类的关系中，保持着颇大的优势。
——德拉克洛瓦[法国]

小心啊，别让人家拿那些甜言蜜语把你弄坏了。　——狄更斯[英国]

有些沉默的人要比最健谈的人更富有情趣。　　——迪斯累里[英国]

在这个世界上最美好的是什么？言论自由。　　——第欧根尼[古希腊]

判断一个人当然不是看他的声明，而是看他的行为；不是看他自称如何如何，而是看他做些什么和实际是怎样一个人。　　——恩格斯[德国]

交谈时的含蓄和得体，比口若悬河更可贵。　——弗兰西斯·培根[英国]

言而有信比财富更重要。纵有万贯家产，也不能抵消失言给心灵带来的污点。　　——福克斯[美国]

没有任何动物比蚂蚁更勤奋，然而它却最沉默寡言。——富兰克林[美国]

所有的真话并不是在所有时候都可以说的。　　——富勒[英国]

实实在在的言辞就像数字一样可靠。数字——不论怎样摆弄它，都不会撒谎。　　——高尔基[苏联]

每个人都知道，把语言化为行动，比把行动化为语言困难得多。
——高尔基[苏联]

有的人沉默是因为没有什么可说的，有的是因为找不到知音者。
——高尔基[苏联]

就像能雕刻出伟大形象的天然大理石一样，沉默中充满着潜在的智慧。
——赫胥黎[英国]

沉默是一种伟大的谈话艺术。
——赫兹里特[英国]

衡量朋友的真正标准是行动，而不是言语。　　——华盛顿[美国]

忠贞的誓言是荒谬许诺,但却是婚姻的核心。
——卡蓬[美国]

沉默是最好的蔑视。
——康格里夫[英国]

沉默是傻瓜的机智。
——拉布吕耶尔[法国]

沉默是缺乏自信的人最稳当的选择。
——拉罗什富科[法国]

与贤者相对而谈,胜过勤学十年。
——朗费罗[美国]

语言和艺术是人类进步的两种工具。通过语言,人可以交流思想;通过各种艺术形象,人可以和其他人——不仅当代人,也包括过去的人、未来的人——交流感情。
——列夫·托尔斯泰[俄国]

用语言表达出来的真理,是人们生活中的巨大力量。
——列夫·托尔斯泰[俄国]

一句名言胜过一本较差的书。
——列那尔[法国]

少说些漂亮话,多做些平凡的事情。
——列宁[苏联]

判断一个人,不是根据他自己的表白或对自己的看法,而是根据他的行动。
——列宁[苏联]

漂亮的词句可以导致品行端正,但是品行不端正的人只能用漂亮的词句来说谎。
——罗曼·罗兰[法国]

撕坏的衣服很快就能补好,但恶毒的话却会给孩子的心留下创伤。
——洛厄尔[美国]

谎言就像雪球,越滚越大。
——马丁·路德·金[美国]

在有疑惑的时候,以讲真话为宜。
——马克·吐温[美国]

沉默较之言不由衷的话更有益于社交。
——蒙田[法国]

最沉默的人往往是最聪明的人,最深的水往往不易被最亮的光线所穿透。
——尼采[德国]

当权者不喜欢争论。
——普希金[俄国]

讲话气势汹汹,未必就是言之有理。
——萨迪[波斯]

除非你的话能给人以安慰,否则最好保持沉默;宁可因为说真话负罪,也不说假话开脱。
——萨迪[波斯]

老实人的话便是签好的契约。
——塞万提斯[西班牙]

诚实人说的话,像他的抵押品那样可靠。
——塞万提斯[西班牙]

任何装模作样的言行都是令人厌恶的。
——塞万提斯[西班牙]

闪光的东西并不都是金子,动听的语言并不都是好话。
——莎士比亚[英国]

真正的爱情是不能用言语表达的,行为才是忠心的最好说明。
——莎士比亚[英国]

只有愚人才会拒绝智慧的良言。
——莎士比亚[英国]

人们的耳朵不能容纳忠言,却愿意听谄媚的话。 ——莎士比亚[英国]

在悲痛之后保持沉默是适宜的,因为语言会分散精神,破坏情绪,而沉默却永远最高尚。 ——史文朋[英国]

世界上没有人人都不信的谎言,也没有一句谎言都不信或只相信谎言的人。 ——斯大林[苏联]

上天赐人以两耳两目,但只有一口,欲使其多见多闻而少言语。
——苏格拉底[古希腊]

我可以咬住舌头,缄(jiān)口不言,但是我却不能使我的良知沉默不语。
——泰戈尔[印度]

实话可能令人伤心,但胜过谎言。
——瓦·阿扎耶夫[苏联]

撒谎者说实话时也没有人相信。
——西塞罗[古罗马]

沉默,是表示轻视的最好方法。
——萧伯纳[爱尔兰]

语言的准确性,是优良风格的基础。
——亚里士多德[古希腊]

千言万语也不及一件事迹所留下的印象那么深刻。 ——易卜生[挪威]

难听的实话胜过动听的谎言。
——尤里·邦达列夫[苏联]

23　命运;时机

乐天知命,故不忧。①
——[周]《周易》

君子藏器于身,待时而动。②
——[周]《周易》

得时无怠(dài),时不再来。③
——[春秋]《国语》

不知命,无以为君子也。
——[春秋]《论语》

得时者昌,失时者亡。
——[战国]《列子》

事之难易,不在大小,务在知时。
——[战国]《吕氏春秋》

人虽智,而不遇时,无功。
——[战国]《吕氏春秋》

---

① 乐天知命:相信自己的一切都由命运支配,安于现状。
② 器:指才能。藏器:指身怀技能,有才干。
③ 无:同"毋",不要,不可。怠:懒散,松懈。

顺天者存,逆天者亡。
——[战国]《孟子》

自知者不怨人,知命者不怨天。
——[战国]《荀子》

君子得时如水,小人得时如火。
——[汉]刘向

处尊居显未必贤,遇也;位卑在下未必愚,不遇也。① ——[汉]《论衡》

功者难成而易败,时者难得而易失。时乎时,不再来。② ——[汉]《史记》

不飞则已,一飞冲天;不鸣则已,一鸣惊人。 ——[汉]《史记》

顺风而呼者易为气,因时而行者易为力。 ——[汉]《盐铁论》

圣人不能违时,亦不可失时也。
——[三国]曹操

难得而易失者,时也;时至而不旋踵(zhǒng)者,机也。故圣人常顺时而动,智者必因机以发。③ ——[晋]《三国志》

才能成功,以速为贵;智能决谋,以疾为奇。④ ——[北朝]刘昼

难得易失者时也,易过难见(xiàn)者机也。⑤ ——[唐]陈子昂

顺理而举易为力,背时而动难为功。⑥ ——[唐]《晋书》

时来天地皆同力,运去英雄不自由。⑦ ——[唐]罗隐

君子安贫,达人知命。⑧
——[唐]王勃

机不可失,时不再来。
——[宋]《旧五代史》

盛衰之理,虽曰天命,岂非人事哉!⑨
——[宋]欧阳修

来而不可失者时也,蹈而不可失者机也。 ——[宋]苏轼

踏破铁鞋无觅处,得来全不费功夫。
——[宋]夏元鼎

运退黄金失色,时来黑铁生光。
——[明]冯梦龙

玉在椟中求善价,钗(chāi)于奁(lián)内待时飞。⑩ ——[清]《红楼梦》

只有不能支配自己的人才会被命运支配。 ——巴金

命运跟神仙无关,它只是人生过程中不受人自由意志控制的一种事件的总和。 ——柏杨

我不相信命运,我只相信我的手。
——毕淑敏

---

① 遇:机会。
② 功:功业。时:时机;机会。
③ 踵:脚后跟。旋踵:把脚后跟转过来,比喻时间极短。
④ 智:智慧;见识。疾:快;迅速。奇:特殊;不寻常。
⑤ 见:同"现",出现,显露出。
⑥ 功:成效;效果。
⑦ 运:运气;机遇。
⑧ 达人:通达事理的人。
⑨ 人事:人之所为;人力所能及之事。
⑩ 椟、奁:指制作精致的木匣子。

命运是我怯懦时的盾牌,当我叫嚷命运不公最响的时候,正是我预备逃遁的前奏。　　　　　——毕淑敏

当我沮丧的时候,当我彷徨的时候,当我孤独寂寞悲凉的时候,我曾格外地相信命运,相信命运的不公平;当我快乐的时候,当我幸福的时候,当我成功优越欣喜的时候,我格外地相信自己,相信只有耕耘才有收获。　　——毕淑敏

人就怕没本事,不怕没机会。
　　　　　　　　　　——陈祖芬

时代总会造就它所需要的人。人也正是在深感社会对他的需要时,他的能力才会最大限度地发挥出来。
　　　　　　　　　　——陈祖芬

愈有自知之明,就愈能自己主宰自己的命运。　　　　　——杜维明

机遇是一种恩惠,一种偏心的恩惠,它只恩惠勤奋好学、专于事业的人。
　　　　　　　　　　——敦源

真正的机会会伪装成陷阱,真正的陷阱也会伪装成机会。——冯两努

机遇是重要的,但刻苦是关键;自己不刻苦,机遇再多也没用。——巩俐

命运不是风,来回吹。命运是大地,走到哪儿你都在命运中。——顾城

犹豫愈久,就愈消失时机,消失你的意志。　　　　　——柯蓝

条件完全具备之际,往往是最佳机会消失之时。　　　——李世俊

机会,是经常出现的,然而,对于那些胸无大志的人来说,机会总是从他们的手指缝中溜掉。其实,没有机会只是弱者的推脱之词。——李燕杰

每一个人生命历程与宇宙的时间对照配合时,就会有各种大小不同的阶段,而每一阶段都有不同的机缘,有时是好,有时是坏,这就是所谓"命运"。
　　　　　　　　　　——李亦圆

行为是由自己选择,生活是由自己负责,命运是由自己决定。——李泽厚

我们往往以为机遇难寻,总是背着沉重的行囊到处寻找。我们也误以为机遇需要别人赐予,因而常常低着头向人乞求。其实,只要我们自身努力,也能创造寻找到机遇。　——林润翰

创基立业,一半靠运气,一半靠自己努力。　　　　　——林绍良

大凡机会两个字,都是我们做出来的,只要无所顾忌,自然天下没有难事了。　　　　　　　——刘师培

命运并不是中国人的事前指导,乃是事后的一种不费心思的解释。
　　　　　　　　　　——鲁迅

失掉了现在,也就等于没有了未来。
　　　　　　　　　　——鲁迅

我们要掌握自己的命运。先建立目标,然后用冷静、执着、坚强、乐观来做我们的守则。　　　　——罗兰

机会只是给你一条通路,走不走还得看你自己。　　　——罗兰

命运,不过是失败者无聊的自慰,不过是懦怯者的解嘲。人们的前途只能靠自己的意志、自己的努力来决定。
——茅盾

缘分是本书,翻得不经意会错过,读得太认真会流泪。 ——蒙曼

很多事情当我们一转身就会错过一辈子。 ——莫言

青年最需要的是暗中摸索机会,尝试而错误、错误而再尝试的机会。
——潘光旦

如果命运中只有一次交叉,也许我可以不信命,而再次的重复,则使我不得不相信命了。 ——潘虹

机遇总是偏爱那些有准备的头脑。只要你不断加强科学知识和技术能力的储备,机遇是会找上门来的。
——钱三强

任何人都可能成为好汉,任何人也可能成为孬(nāo)种,关键在于命运是如何安排的。 ——秦文君

命运本身有自身的秩序,它就是面对一连串的抉择。 ——秦文君

一块土塑成了美的菩萨、丑的将军,怨及匠人的偏心,不如归咎自己的命运。
——石评梅

每个人有每个人的命运、路,上帝本来就不公平。 ——史铁生

在命运面前,强者和弱者的区别仅仅是,前者因为不屈而抗争,后者因为屈服而束手。 ——汪国真

有很多人常常抱怨没有机会,其实没有机会本身亦是一个机会:一个锻炼自己耐力和充分积蓄自己力量的机会。
——汪国真

有些机会可容我们改造自己的命运,但若失之交臂,则永远不能追回。
——徐懋庸

有时命运的戏谑就在于,你一直犹豫不决,等到终于下定决心,已经到了谢幕的时间。 ——杨澜

我喜欢现在的自己,褪尽曾经的幼稚;我更喜欢明天的自己,会比今天更美丽。 ——叶倾城

命运旅途中,每个人演出的时间是规定的,冥冥中注定,该离场的时候,多不舍得,也得离开。 ——亦舒

机会,需要我们去寻找。让我们鼓起勇气,运用智慧,把握我们生命的每一分钟,创造出一个更加精彩的人生。
——俞敏洪

人一看重机会,就难免被机会支配。
——周国平

天才不走运会成为庸人,庸人再走运也成不了天才。 ——周国平

别人发掘你,是给你一个机会,如果你不好好利用的话,可能这辈子都没有用,就算你是天才,如果没有机会一样没用。 ——周杰伦

生活是段富于创造性的历程,它提供了许多机会,却没有不可克服的困难。
——阿德勒[奥地利]

谁不坐等机遇的馈赠,谁便征服了命运。　　——阿诺德[英国]

如果你掌握了审时度势的艺术,在你的婚姻、你的工作以及你与他人的关系上,就不必去求幸福和成功,它们会自动找上门来的。　——阿瑟·戈森[美国]

普天之下,善于利用时机者始能得利。　　　　　——艾略特[英国]

对于不会利用机会的人,时机又有什么用呢?一个不受胎的蛋,是要被时间的浪潮冲刷成废物的。
　　　　　　　　——艾略特[英国]

我们也许有偏见,但命运并没有偏见。　　　　——爱迪生[美国]

我未曾见过一个早起、勤奋、谨慎、诚实的人抱怨命运不好。良好的品格、优良的习惯、坚强的意志,是不会被假设所谓的命运击败。——爱迪生[美国]

任何限制我们能力的东西,我们称之为"命运"。　——爱默生[美国]

我们是自己命运的创造者。
　　　　　　　　——爱默生[美国]

只有低能的人才被命运所支配。一个坚决的心灵,什么都做得到。
　　　　　　　　——爱默生[美国]

伟人从不哀叹生不逢辰。
　　　　　　　　——爱默生[美国]

谁诅(zǔ)咒命运,谁就是软弱而堕落的人。　　　——爱默生[美国]

浅薄的人相信运气,坚强的人相信因果。　　　　——爱默生[美国]

人类的一切事物都是悬吊在一根细丝上,昔日的强盛可以因为时运的倒转而毁于一旦。　——奥维德[古罗马]

是一心一意地做某一件事,总是会碰到偶然的机会的。
　　　　　　　　——巴尔扎克[法国]

机会来的时候像闪电一般短促,全靠你不假思索地利用。
　　　　　　　　——巴尔扎克[法国]

显赫的声名总是无数的机缘凑成的,机缘的变化极其迅速,从来没有两个人走同样的路子成功的。
　　　　　　　　——巴尔扎克[法国]

机会的获得是极不容易的,需具备三大条件,那就是:像鹿一般善跑的腿,逛马路的闲工夫,犹太人那样的耐性。
　　　　　　　　——巴尔扎克[法国]

运气就像一个球那样圆圆的,所以很自然地,它并非总是滚动在最善良、最高贵的人的头上。　——贝多芬[德国]

我要扼住命运的咽喉,它妄想使我屈服,这绝办不到。生活这样美好,活它一辈子吧。　　——贝多芬[德国]

发现的历史表明,机遇起着重要的作用。但另一方面,即使在那些因机遇而成功的发现中,机遇也仅仅起到一部分的作用。　——贝弗里奇[英国]

命运的大厦全靠自己设计建造。
　　　　　　　　——贝克尔希[德国]

命运——这是暴君作恶的权力,也

是傻瓜失败的借口。——比尔斯[美国]

机遇也许是上帝不愿意签真名时用的笔名。——波普尔[英国]

命运压不垮一个人,只会使人坚强起来。——伯尔[德国]

一个人不论干什么事,失掉恰当的时节、有利的时机就会前功尽弃。
——柏拉图[古希腊]

良机只有一次,一旦坐失,就再也得不到了。——勃朗宁[英国]

天命不过是脆弱的人心中的一个词语和错误的借口,强者与贤人不承认有命运。——布尔卫[印度]

命运并非机遇,而是一种选择;我们不该期待命运的安排,必须凭自己的努力创造命运。——布莱克[英国]

如果你在时机成熟前过急行动,你将必得去擦抹悔恨的眼泪;而如果你放过一次成熟的时机,你将永远抹不干懊丧的眼泪。——布莱克[英国]

中文的"危机"由两个汉字组成,其中的"危"意味有危险,"机"意味有机会。——布瑞杰[英国]

所谓冒险就是:你抓住一个机会,希望生活得更好,不管改变的是生活形态、你的性格或是人际关系。
——查斯特菲尔德[英国]

机缘不能只是坐等,而是要自己去创造。——池田大作[日本]

我们多数人的毛病是:当机会朝我们冲奔而来时,我们兀自闭着眼睛,很少人能够去追寻自己的机会,甚至在绊倒时,还不能见着它。
——戴尔·卡内基[美国]

当机会呈现在眼前时,若能牢牢掌握,十之八九都可以获得成功。而能克服偶然发生的事件,并且替自己找寻机会的人,更可以百分之百地获得胜利。
——戴尔·卡内基[美国]

一个人既有成算,若不迅速进行,必至后悔莫及。——但丁[意大利]

命运会欺骗人的。可爱的、谄媚的诱惑物只是引导人们走向毁灭的。
——德莱塞[美国]

大胆是行动的开始,但决定结果的则是命运。——德谟克里特[古希腊]

勇气减轻了命运的打击。
——德谟克里特[古希腊]

在任何人面前多少总是有机会的,问题在于你去抓住它,还是不去抓住它,这就是人生的十字路口。
——德田虎雄[日本]

机会不会上门来找,只有人去找机会。——狄更斯[英国]

成功的秘诀,在于随时随地把握时机。——迪斯累里[英国]

生活中最重要的事情是懂得何时抓住机会,其次便是懂得何时放弃利益。——迪斯累里[英国]

人生成功的秘诀是当好机会来临时,立刻抓住它。——迪斯累里[英国]

不要等待运气降临,应该去努力掌握知识。　　——弗莱明[英国]

只要认真细心地寻找,你就能找到命运女神。因为虽然她是盲目的,但是别人还是能看见她的。
　　——弗兰西斯·培根[英国]

有妻室、儿女的人,行动自由就受到限制,从而成为命运的人质。
　　——弗兰西斯·培根[英国]

善于在做一件事的开端时识别时机,这是一种极难得的智慧。
　　——弗兰西斯·培根[英国]

人应不失时机地创造机会。
　　——弗兰西斯·培根[英国]

古谚语说得好,机会老人先给你送上他的头发,当你没有抓住再后悔时,却只能摸到他的秃头了。或者说他先给你一个可以抓的瓶颈,你不及时抓住,再得到的却是抓不住的瓶身了。
　　——弗兰西斯·培根[英国]

善于识别与把握时机是极为重要的。在一切大事业上,人在开始做事前要像千眼神那样察视时机,而在进行时要像千手神那样抓住时机。
　　——弗兰西斯·培根[英国]

世界上有许多做事有成的人,并不一定是因为他比你会做,而仅仅是因为他比你敢做。
　　——弗兰西斯·培根[英国]

一个聪明的人,造就机会多于找到机会。　　——弗兰西斯·培根[英国]

只有愚者才等待机会,而智者则造就机会。　　——弗兰西斯·培根[英国]

超越自然的奇迹,总是在对厄运的征服中出现的。
　　——弗兰西斯·培根[英国]

聪明人自己创造的机会比他找到的多。　　——弗兰西斯·培根[英国]

靠碰运气过日子的人,是一顿饭都混不到的。　　——富兰克林[美国]

一个明智的人总是抓住机遇,把它变成美好的未来。　　——富勒[英国]

生活有自己的智谋,给这智谋取个名字,就叫时机。　　——高尔基[苏联]

生活就好比打仗,它的规律很简单,不要坐失良机。　　——高尔基[苏联]

善于捕捉机会者为俊杰。
　　——歌德[德国]

要注意留神任何有利的瞬间,机会到了,莫失之交臂。　　——歌德[德国]

要想成功,你必须自己制造机会,绝不能愚蠢地坐在路边,等待有人经过,邀请你同往财富与幸福之路。
　　——歌德[德国]

一个人,即使驾着的是一只脆弱的小舟,但只要舵掌握在他的手中,他就不会任凭波涛的摆布,而有选择方向的主见。　　——歌德[德国]

一个人精神的忧郁和爽朗就形成了他的命运!　　——歌德[德国]

如果不是你的工作,而你做了,这就是机会。
——哈伯德[美国]

悲观者让机会沦为困难,乐观者把困难铸成机会。
——哈利·杜鲁门[美国]

有勇气主宰自己命运的人,才是英雄。
——海塞[瑞士]

命运只能支配你的昨天,而明天的命运却在你今天的掌握中。
——何蒙[法国]

与命运争吵的人,永远无法了解自己。
——惠特曼[美国]

好运不会在人等候的那个地方自然而来,而是经过弯弯曲曲与困难得难以想象的道路降临的。
——加尔多斯[西班牙]

时机可能如同今天军队打仗的号角,但号角的鸣叫永远不能制造出士兵和胜利。
——加富尔[意大利]

命运与其说是偶然,不如说是必然。"命运在性格之中"这句话绝不是轻易得来的。
——芥川龙之介[日本]

弱者坐待时机,强者制造时机。
——居里夫人[法国]

让我们建议处在危机之中的人:不要把精力如此集中地放在所涉入的危险和困难上,相反要集中在机会上——因为危机中总是存在着机会。
——卡罗琳[美国]

人们对于自己实际拥有什么东西,并不怎么感谢命运;对于自己缺少什么东西,却总是加倍地埋怨命运。
——凯勒[瑞士]

假如你希望在你的生活中也获得那样的机遇,你必须播种,而且最好多播种,因为你尚不清楚哪一粒种子会发芽。
——坎贝尔[澳大利亚]

人生不是自发的自我发展,而是一长串机缘、事件和决定,这些机缘、事件和决定在它们实现的当时是取决于我们的意志的。
——科恩[美国]

愚蠢的行动,能使人陷于贫困;投合时机的行动,却能令人致富。
——克拉克[美国]

命运降临到我们身上的一切,都由我们的心情来确定价格。
——拉罗什富科[法国]

仅仅天赋的某些巨大的优势并不能造就英雄,还要有运气与他相伴。
——拉罗什富科[法国]

应当像把握健康那样把握命运:当它是好运时就享用,当它是厄运时就忍耐。若非极其必需,绝不要做重大改变。
——拉罗什富科[法国]

在重大的事务上,我们应该少用心去创造机会,而更多地注意利用现在的机会。
——拉罗什富科[法国]

不管人们怎样夸耀自己的伟大行动,它们常常只是机遇的产物,而非一个伟大的结果。
——拉罗什富科[法国]

人人都是命运的设计师,设计着时间殿宇的四壁。有的用他们伟大的功绩,有的则是用华美的装饰。
　　　　　　——朗费罗[美国]

　　贤人、哲士是绝不追求运气的。
　　　　　　——卢梭[法国]

　　由于过分审慎,人们对于时机就会重视不够,就会坐失良机。
　　　　　　——卢梭[法国]

　　一个人要能够在自己的地位发生变化的时候,毅然抛弃那种地位,不顾命运的摆布而立身做人,才说得上是幸福的。
　　　　　　——卢梭[法国]

　　谁成了哪一行的尖子,谁就能走运;因此,不管哪一行,我只要成了尖子,就一定走运,机会自然会到来,而机会一来,我凭着本领就能一帆风顺。
　　　　　　——卢梭[法国]

　　宿命论是那些缺乏意志力的弱者的借口。　　　　——罗曼·罗兰[法国]

　　命运并不存在于一小时的决定中,而是建筑在长时间的努力、考验和默默无闻的工作基础上。
　　　　　　——罗曼·罗兰[法国]

　　如果有人错过机会,多半不是机会没有到来,而是因为等待机会者没有看见机会到来,而且机会过来时,没有一伸手就抓住它。　——罗曼·罗兰[法国]

　　良机对于懒惰没有用,但勤劳可以使最平常的机遇变成良机。
　　　　　　——马丁·路德[德国]

　　说命运是我们一半行为的主宰,那是对的;但命运还留下另外一半,也许是较小的一半,让我们自己去支配。
　　　　　　——马基雅弗利[意大利]

　　固执的反面也是机遇。如果我们不固执,那么就消除情感的伤疤,每天做好创造的准备,自我服从生活规则,然后与他人一起遵守规则,机遇也就随之而来。
　　　　　　——莫尔兹[美国]

　　凡是追逐不靠自身而依赖外界才能获得幸福的人,命运总是和他作对的。
　　　　　　——莫洛亚[法国]

　　没有哪个胜利者信仰机遇。
　　　　　　——尼采[德国]

　　许多人浪费了整整一生去等待符合他们心愿的机会。　——尼采[德国]

　　命运给(jǐ)予我们的不是失败之酒,而是机会之杯。　——尼克松[美国]

　　运气通常照顾深思熟虑者。
　　　　　　——诺贝尔[瑞典]

　　智者是自己命运的创造者。谁想改变命运,就得勤奋工作,否则将一事无成。　　——普劳图斯[古罗马]

　　平坦的道路,也难免有绊倒的时候,人的命运亦如此。　——契诃夫[俄国]

　　每人都有一个好运降临的时候,只看他能不能领受;但他若不及时注意,或竟顽强地抛开机遇,那就并非机缘或命运在捉弄他,其实唯有归咎于他自己的

疏懒和荒唐;我想这样的人只好抱怨自己。　　　　　——乔叟[英国]

如果命运女神想要使一个人值得尊敬,她便赐他以美德;如果她想要使他受到尊敬,她便赐他以成功。
　　　　　　　　——儒贝尔[法国]

每个人的命运之星就在各自的胸中。　　　　　　——萨迪[波斯]

命运可以夺去财富,却夺不去勇气。
　　　　　　　　——塞涅卡[古罗马]

勇敢的人开凿自己的命运之路。每个人都是自己命运的开拓者。
　　　　　　　——塞万提斯[西班牙]

人们有时可以支配自己的命运,若我们受制于人,那错处不在我们的命运,而在我们自己。　——莎士比亚[英国]

要是不能把握时机,就要终身蹉(cuō)跎(tuó),一事无成。①
　　　　　　　　——莎士比亚[英国]

放着大好的机会当面错过,以后再找,还找得到吗?——莎士比亚[英国]

快跑的未必能赢,力战的未必得胜,聪明的未必得粮食,明哲的未必得资财,灵巧的未必得喜悦。所临到众人的是在于当时的机会。　　　——《圣经》

那些即使遇到了机会,还不敢自信必能成功的人,只能得到失败。
　　　　　　　　——叔本华[德国]

最有希望的成功者,并不是才干出众的人,而是那些最善于利用每一时机去挖掘、开拓的人。
　　　　　　　——苏格拉底[古希腊]

不要朝后看,不要犹豫,不管等待着你的是什么样的命运,都要勇敢地去迎接它,欢欣鼓舞地朝前迈进。
　　　　　　　　——泰戈尔[印度]

平凡的人听从命运,只有强者才是自己的主宰。　　　——维尼[法国]

机会对于不能利用它的人又有什么用呢?正如风只对能利用它的人才是动力。　　　　　——西蒙[美国]

上天给我们机遇,而我们则必须按自己的设计塑造它。　——席勒[德国]

在这个世界上取得成功的人,都努力去寻找他们想要的机会,如果找不到时,他们就自己创造机会。
　　　　　　　——萧伯纳[爱尔兰]

如果没有机会,没有运气,没有人提携,即使再有才干的人也都无法出人头地。　　　——小普林尼[古罗马]

人不能创造时机,但是他可以抓住那些已经出现的时机。——雪莱[英国]

敢于冲撞命运,才是天才。
　　　　　　　　——雨果[法国]

当命运递给我一个酸的柠檬时,让我们设法把它制造成甜的柠檬汁。
　　　　　　　　——雨果[法国]

---

① 蹉跎:光阴白白地过去。

24　幸运；不幸

　　不幸者常常愿意同幸运者相比，抱怨自己的运气。幸运者常常不愿同不幸者相比，相信自己的努力。　——毕淑敏

　　儿子的不幸，在母亲那儿总是要加倍的。　　　　　　——史铁生

　　人们愿意相信自己的不幸，而不相信自己的无能。　　　——原野

　　厄运只能将弱者淘汰，即使为他挡过这次灾难，他也会在另一次灾难里沉没；而强者却会留下，继续走完自己的路。　　　　　　——张洁

　　只要厄运打不垮信念，希望之光就会驱散绝望之云。　——郑秀芳

　　人生最高的奖赏和最大的幸运产生于某种执着的追求，人们在追求中找到自己的工作与幸福。——爱默生[美国]

　　一个人作为一个有名望的家庭的一员是一桩幸运！同样，一个人血统里有一种鼓舞他向上的动力，也是一桩幸运。　　　　　——安徒生[丹麦]

　　光荣的荆棘路看起来像环绕着地球的一条灿烂的光带。只有幸运的人才被送到这条带上行走，才被指定为建筑那座连接上帝与人间的桥梁的、没有薪水的总工程师。　　　——安徒生[丹麦]

　　厄运往往能使天才奋发。
　　　　　　　　——奥维德[古罗马]

　　不幸，是天才的晋身之阶、信徒的洗礼之水、能人的无价之宝、弱者的无底之渊。　　　　——巴尔扎克[法国]

　　人说不幸能使人品更加高尚，恐怕只是对品德高尚者而言。
　　　　　　　——巴尔扎克[法国]

　　厄运是一个深不可测的宝藏。
　　　　　　　——巴尔扎克[法国]

　　不论怎样不幸都会带来某种幸运。
　　　　　　　　——贝多芬[德国]

　　不幸有两种：一种是我们自己的厄运，另一种是他人的好运。
　　　　　　　　——比尔斯[美国]

　　不幸是一所最好的大学。
　　　　　　　——别林斯基[俄国]

　　在所有不幸中，最不幸的事是曾经幸福过。　　——伯修斯[古罗马]

　　我必须承认，幸运喜欢照顾勇敢的人。　　　——达·芬奇[意大利]

　　对不幸的最好解释是人们的才能和期望之间的差异。——达博诺[英国]

　　谁若是有一刹那的胆怯，也许就放走了幸运在这一刹那间对他伸出来的香饵。　　　——大仲马[法国]

　　能使愚蠢的人学会一点儿东西的，并不是言辞，而是厄运。
　　　　　　——德谟克里特[古希腊]

行动不一定每一次都带来幸运,但坐而不行,一定无任何幸运可言。
——迪斯累里[英国]

意外的幸运会使人冒失、狂妄,然而经过磨炼的幸运则使人成为伟器。
——弗兰西斯·培根[英国]

一方面幸运与偶然性有关——例如长相漂亮、机缘凑巧等;但另一方面,人之能否幸运又决定于自身。正如古代诗人所说:"人是自身幸福的设计师。"
——弗兰西斯·培根[英国]

幸运的机会好像银河,它们作为个体是不显眼的,但作为整体却光辉灿烂。同样,一个人若具备许多细小的优良素质,最终都可能成为带来幸运的机会。
——弗兰西斯·培根[英国]

幸运并非没有恐惧和烦恼,厄运也绝非没有安慰和希望。
——弗兰西斯·培根[英国]

幸运所需要的美德是节制,而厄运所需要的美德是坚忍。后者比前者更为难能可贵。——弗兰西斯·培根[英国]

正如恶劣的品质可以在幸运中暴露一样,最美好的品质也正是在厄运中被显示的。——弗兰西斯·培根[英国]

凡过于把幸运之事归功于自己的聪明和智谋的人,多半是结局很不幸的。
——弗兰西斯·培根[英国]

交好运时骄傲,背运时就会痛苦。
——富勒[英国]

幸运到来之时犹如收获之日,庄稼成熟了就要抓紧收割。——歌德[德国]

幸运遭到阻挠,活动受到限制,愿望得不到满足,这些都不是某个特殊时代的而是每个人都碰得着的不幸事件。
——歌德[德国]

不幸时满怀希望,顺利时小心谨慎,这是一个人在祸福问题上应取的态度。
——贺拉斯[古罗马]

在厄运中满怀希望,在好运中不忘忧虑,这样便能泰然担待祸福。
——贺拉斯[古罗马]

不幸可以提供意想不到的可能,使人认识生活。 ——亨利希·曼[德国]

幸运者的节制来自好运气给(jǐ)予他们的心情宁静。
——拉罗什富科[法国]

承受厄运需要美德,承受幸运需要更高的美德。 ——拉罗什富科[法国]

一个人永远不像他所想象的那样不幸,也不会像他所希望的那样幸福。
——拉罗什富科[法国]

没有什么不幸的事件是精明的人不能从中吸取某种利益的,也没有什么幸运的事件是鲁钝的人不会把它搞得反而有损于自己的。——拉罗什富科[法国]

在厄运中勇敢坚定是堂堂男子汉,在厄运中达观明知是战胜命运的前提。
——雷普利尔[印度]

要使整个人生都过得舒适、愉快,这是不可能的,因此人类必须具备一种能应付逆境的态度。 ——罗素[英国]

我总设法把每桩不幸化为一次机会。　　——洛克菲勒[美国]

"不幸"的另一个原因,是在危险未曾临到时先自害怕,先自想象危险的景况。　　——莫洛亚[法国]

人不存侥幸之心,方可为幸运的主宰。　　——乔叟[英国]

幸运的人既播种也收获,不幸的人死后留下全部财产。　　——萨迪[波斯]

老是遇不上机会的人,最终总会走运。　　——塞涅卡[古罗马]

交好运令人羡慕,而战胜厄运则令人敬佩。　　——塞涅卡[古罗马]

对于最不幸的事情来说,时间是最伟大的医生,它会医治人们的创伤。
　　——塞万提斯[西班牙]

倘能时时忧虑着最大的不幸,那么在较小的不幸来临的时候往往可以安之若素。　　——莎士比亚[英国]

什么都比不上厄运更能磨炼人的德行。　　——莎士比亚[英国]

厄运也有它的好处,就像丑陋而有毒的蟾(chán)蜍(chú),它的头上却顶着一颗珍贵的宝石。
　　——莎士比亚[英国]

对每一外在不幸和内在困扰之最有成效的慰藉即在于:去发现那些比我们更不幸的人。　　——叔本华[德国]

运气不站在怯懦者一边。
　　——索福克勒斯[古希腊]

幸运厚爱勇敢的人。
　　——泰伦提乌斯[古罗马]

一切不幸都是可以忍受的,天下没有逃不出的逆境。——屠格涅夫[俄国]

没有一种不幸可以与失掉时间相比。　　——屠格涅夫[俄国]

人之所以不幸,是因为他不知道自己是幸福的。
　　——陀思妥耶夫斯基[俄国]

幸运眷顾大胆的人。
　　——维吉尔[古罗马]

命运能施加于人的最大厄运是:赋予他们微小的才干和巨大的野心。
　　——沃夫纳格[法国]

遭到不幸之后获得自由,这种幸福无与伦比。　　——雪莱[英国]

在不幸中,有用的朋友更为必要;在幸运中,高尚的朋友更为必要。在不幸中,寻找朋友出于必需;在幸运中,寻找朋友出于高尚。
　　——亚里士多德[古希腊]

人生颇富机会和变化。人最得意的时候,有最大的不幸光临。
　　——亚里士多德[古希腊]

不要为突如其来的不幸而苦恼。因为不是与生俱来的东西,留也留不住。
　　——伊索[古希腊]

不幸的人会以别人的更大不幸来安慰自己。　　——伊索[古希腊]

阴谋陷害别人的人,自己会首先遭

到不幸。　　——伊索[古希腊]

整个不幸可以接受,可是零打碎敲就太难堪了。整体的灾祸到来,不过是被压倒罢了,细节的宰割,却是一种残酷的刑罚。　　——雨果[法国]

25　处境;境遇

天下有道则见(xiàn),无道则隐。①
　　——[春秋]《论语》

蓬生麻中,不扶而直;白沙在涅(niè),与之俱黑。②　——[战国]《荀子》

陷之死地而后生,投之亡地而后存。
　　——[汉]《汉书》

风烈无劲(jìng)草,寒甚有凋松。③
　　——[南朝]鲍照

立身成败,在于所染。④
　　——[唐]魏徵

山重水复疑无路,柳暗花明又一村。⑤　　——[宋]陆游

人生处顺境,好过却险;处逆境,难过却稳。　　——[明]高攀龙

成大功者,小小顺意不足喜,小小拂意不足惧。⑥　　——[清]魏源

天下断无易处之境遇,人间哪有空闲的光阴。　　——[清]曾国藩

受苦是考验,是磨炼,是咬紧牙关挖掉自己心灵上的污点。　　——巴金

莫道浮云终蔽日,严冬过尽绽春蕾。
　　——陈毅

磨难使人坚韧,一无所有使人一无所惧。　　——陈祖芬

如果你处在顺境中,要警惕别高兴得忘乎所以,因为顺境常常是两个逆境之间的连接点。　　——邓友梅

对于一个有思想的人来说,没有一个地方是荒凉偏僻的。在任何逆境中,她都能充实自己。　　——丁玲

逆境意味着考验,意味着锤炼,意味着事业造就它的强者。　　——敦源

逆境总是有的,人生就是进击。
　　——冯定

一个人的境界,常有变化。其境界常不变者,只有圣贤与下愚。
　　——冯友兰

一个人处在逆境中知道奋发,是很容易的事;但处在顺境的人而能够不流于放逸,却很难能可贵。　——郭沫若

---

① 见:指出仕,做官。
② 蓬:飞蓬,植物名,茎干常横七竖八地生长。麻:大麻,植物名,茎干较直挺。涅:黑泥;污泥。
③ 劲:坚强有力;直立挺拔。
④ 染:指环境的熏陶、习惯的养成。
⑤ 复:繁复;繁多。疑:好像;似乎。
⑥ 顺意:顺心;如意。拂意:不合心意;不如意。

艰难的环境一般会使人沉没下去的,但是,有坚强的意志,积极进取的人,却可以发挥相反的作用。——郭沫若

　　环境越是困难,精神越是能发奋努力。困难被克服了,就会有出色的成就。这就是所谓的"艰难玉成"。——郭沫若

　　一个人总是有些拂逆的遭遇才好,不然是会不知不觉地消沉下去的,人只怕自己倒,别人骂不倒。——郭沫若

　　逆境中,亲情和友情固然是重要的感情支撑,然而最重要的,还是自己对自己的钟爱。——刘心武

　　逆境陡降时,首要的一条是承认现实。——刘心武

　　接受逆境便是突破逆境的开始。
　　　　　　　　　　　　——刘心武

　　大环境改造不了,你就努力去改造小环境。小环境还是改造不了,你就好好去适应环境,等待改造的机会。
　　　　　　　　　　　　——柳传志

　　我觉得坦途在前,人又何必因为一点儿小障碍而不走路呢?——鲁迅

　　伟大的心胸,应该表现出这样的气概:用笑脸来迎接悲惨的厄运,用百倍的勇气来应付一切的不幸。——鲁迅

　　因为你不愿自己永远被埋没,你才必须忍受暂时的被埋没。——罗兰

　　逆境可以造就强者。——马玉涛

　　世界上没有直路,要准备走曲折的路,不要贪便宜。——毛泽东

　　任何新生事物的成长都是要经过艰难曲折的。在社会主义事业中,要想不经过艰难曲折,不付出极大努力,总是一帆风顺,容易得到成功,这种想法,只是幻想。——毛泽东

　　当着天空中出现乌云的时候,我们就指出:这不过是暂时的现象,黑暗即将过去,曙光即在前头。——毛泽东

　　不管风吹浪打,胜似闲庭信步。
　　　　　　　　　　　　——毛泽东

　　知道变,而能应变,那还属于下品境界。上品境界是能在变之先而求先变。
　　　　　　　　　　　　——南怀瑾

　　在顺境时,要有节制的美德;在逆境时,要有刚毅的美德。——曲波

　　走不通而不觉得困难,这是庸人。连脚都没有动而心里却虚造出万千困难,这是妄人。——陶行知

　　人的容颜往往和磨难成反比,人的魅力往往和磨难成正比。——汪国真

　　一个一帆风顺的人,可能博学,却很难深刻。——汪国真

　　无论何物,不能离开空间与时间的两大关系。这个空间、时间,在人就是境遇和时代了。——夏丏尊

　　种子不落在肥土,而落在瓦砾中,有生命力的种子绝不会悲观和叹气,因为有了阻力才能磨炼。——夏衍

　　有困难是坏事也是好事,困难会逼着人想办法,困难环境能锻炼出人才来。因此,应该迎着困难前进。——徐特立

灾难的结果压倒了你的意志与勇敢,那才是真的灾难,因为你更没有翻身的希望。　　　　　　——徐志摩

有时候,环境给人相当大的压迫感,这时候,你一方面要寻求突破,另一方面,你心里要清楚你要的是什么。
　　　　　　　　　　　　——杨澜

就是这样一个嘈杂的时代,你的心情取决于你今天听到的声音来自的方向。面对海量信息的时代,有时你会无助地发现所有的声音劈头盖脸,毫无选择地将你淹没,让你没法儿搞清楚自己的心情究竟应该如何。　——杨澜

为什么要改变一个环境,是觉得自己的某些东西没有得到发挥,没有得到发挥肯定会痛苦。因此,每一次要改变的环境肯定是与周围不和谐的东西已经达到极限,所以每一次选择的过程都很痛苦。　　　　　　　　　——杨澜

人要敢于正视现实,也正视自己。在处于顺境时不要自我陶醉,在面对厄难时不要无力地垂下头来。　——曾卓

正路并不一定就是一条平平坦坦的直路,难免有些曲折和崎岖险阻,要绕一些弯,甚至难免会误入歧途。
　　　　　　　　　　　——朱光潜

人生的道路上常常有这样的情况:逆境使人有所建树。有时环境十分恶劣,你必须靠自己掌握命运。
　　　　　　　　——艾柯卡[美国]

在逆境中,好人自会表现出闪光的品质;而在顺境中,他的夺目光彩就会隐没。犹如黑夜之于星星,逆境会给人带来荣光。　　——爱·扬格[英国]

逆境有一种科学价值。一个好的学者是不会放弃这种机会来学习的。
　　　　　　　　——爱默生[美国]

困难,是动摇者和懦夫掉队回头的便桥,但也是勇敢者前进的脚踏石。
　　　　　　　　——爱默生[美国]

一个人要先经过困难,然后踏进顺境,才觉得受用、舒服。
　　　　　　　　——爱默生[美国]

逆境不就是命运的试金石吗?
　　　　　　　　——巴尔扎克[法国]

无论头上是怎样的天空,我准备承受任何风暴。　　——拜伦[英国]

逆境是到达真理的第一条道路。
　　　　　　　　　——拜伦[英国]

困难是迈向人间的第一步,不论遇到惊涛骇浪的灾难,或狂风暴雨的险阻,凡是可以安然渡过这些困难的人,不管现在是十八岁也好,八十岁也罢,都将是一种非常宝贵的体验。——拜伦[英国]

在困厄颠沛的时候能坚定不移,这就是一个真正令人钦佩的人的不凡之处。　　　　　——贝多芬[德国]

成功人士的一大优点是:在不利与艰难的遭遇里百折不挠。
　　　　　　　　——贝多芬[德国]

人们最出色的工作,往往在处于逆境的情况下做出。思想上的压力,甚至肉体上的痛苦都可能成为精神上的兴

奋剂。　　　——贝弗里奇[英国]

在顺境中趾高气扬的人，在逆境中准会垂头丧气。　　——博恩[英国]

困难是培养伟大心志的保姆，唯有这个冷酷的保姆才会不停地推着摇篮，培养一个勇敢、刚健的人。
　　　　　　——布赖恩特[美国]

伟人之所以伟大，关键在于：当他与别人共处逆境时，别人失去理智，他则下决心实现自己的目标。——戴埃[美国]

人在身处逆境时，适应环境的能力实在惊人。人可以忍受不幸，也可以战胜不幸，因为人有着惊人的潜力，只要立志发挥它，就一定能渡过难关。
　　　　　——戴尔·卡内基[美国]

逆境，是倾覆弱者生活之舟的波涛，它又是锤炼强者钢铁意志的熔炉。
　　　　　　　　——戴维[英国]

在最不幸的处境之中，我们也可以找到聊以自慰的事情。——笛福[英国]

顺境中的好运，为人们所希冀；逆境中的好运，则为人们所惊奇。
　　　　　——弗兰西斯·培根[英国]

顺境中最容易显出恶习，而逆境中最容易发现美德。
　　　　　——弗兰西斯·培根[英国]

一切幸福都并非没有烦恼，而一切逆境也绝非没有希望。
　　　　　——弗兰西斯·培根[英国]

最不幸的是那些用不幸来装饰自己的人。就是这些人最希望别人关心他，而同时又最不值得别人关心。
　　　　　　　——高尔基[苏联]

没有绝望的处境，只有对处境绝望的人。　　　——哈尔西[美国]

处于逆境时不要为大喜而冲昏头脑。　　——贺拉斯[古罗马]

逆境使天才脱颖而出，顺境会埋没天才。　　——贺拉斯[古罗马]

顺境是位伟大的老师，而逆境更伟大。　　——赫兹里特[英国]

逆境展示奇才，顺境隐没英才。
　　　　　　　——霍勒斯[美国]

逆境常使人难堪。然而即使在人群中找出一百个能忍受逆境的人，也未必找得到一个能正确对待顺境的人。
　　　　　　　——卡莱尔[英国]

人在顺境中要比在逆境中更需要美德。　　——拉罗什富科[法国]

乌云后面依然是灿烂的晴天。
　　　　　　　——朗费罗[美国]

平静的湖面，练不出精悍的水手；安逸的环境，造不出时代的伟人。
　　　　　　　——列别捷夫[俄国]

当困难到来的时候，有人因之一飞冲天，也有人因之倒地不起。
　　　　——列夫·托尔斯泰[俄国]

一个人没有过不惯的环境，特别是如果他看到周围的人都过着同样的生活的话。　——列夫·托尔斯泰[俄国]

悔恨在我们走好运时睡去了,但我们身处逆境时,我们却更强烈地感觉到它。　　　——卢梭[法国]

处于顺境的时候,良心的谴责就睡着了;处于逆境的时候,良心的谴责就加剧了。　　　　　　——卢梭[法国]

人的一生难免有坎坷不幸,应尽可能变逆境为顺境,为精神的自由和愉快开拓最广阔的天地。——马尔西[美国]

人创造环境,同样环境也创造人。
　　　　　　　　——马克思[德国]

人生当中本有许多逆境,并且那也许不会太长。　　——莫泊桑[法国]

人生如河流,我从不怕逆水行舟。
　　　　　　　　——拿破仑[法国]

最困难之时,就是离成功不远之日。
　　　　　　　　——拿破仑[法国]

逆境能打败弱者而造就强者!
　　　　　　　　——尼克松[美国]

逆境要么使人变得更加伟大,要么使他变得非常渺小。困难从来不会让人保持原样的。　　——皮尔[美国]

泰然自若是应付逆境的最好方法。
　　　　　——普劳图斯[古罗马]

在不幸的境况中必须坚强。
　　　　　——乔万尼奥里[意大利]

被克服的困难,就是胜利的契机。
　　　　　　　——丘吉尔[英国]

烈火见真金,逆境出英雄。
　　　　　　——塞涅卡[古罗马]

逆境使我们变得更加聪敏,顺境使是非变得含糊不清。
　　　　　　——塞涅卡[古罗马]

没有谁比从未遇到过不幸的人更加不幸,因为他从未有机会检验自己的能力。　　　——塞涅卡[古罗马]

伟人在逆境中得到欢乐,如同英勇的士兵从战斗胜利中获得喜悦一样。
　　　　　　——塞涅卡[古罗马]

幸运时需要忠诚,在逆境中更需要忠诚。　　　——塞涅卡[古罗马]

找出一个能在顺境中正确处之的人,要比找出一个能在逆境中忍辱负重的人更难。因为顺境使大多数人飘飘然,而逆境使所有的人头脑清醒。
　　　　　　——色诺芬[古希腊]

多灾多难,百炼成钢。
　　　　　　——莎士比亚[英国]

唯有埋头,才能出头。急于出人头地,除了自寻苦恼之外,不会真正得到什么。　　——莎士比亚[英国]

我的不幸的处境教会了我,不要把走运的时候世人向你表示的关切太看重了。　　　——斯摩莱特[英国]

不幸的遭遇可以增长人的见解,改善人的心地,锻炼人的体质,使一个青年能够担当起生活的责任,同时知道怎样享受人生,这是在富裕的环境中所受的教育万万不能达到的。
　　　　　　——斯摩莱特[英国]

顺境或逆境都是命运的安排。只有

坦然去面对,才是最好的方式。
——松下幸之助[日本]

如果不能坦然处之,那么,处逆境时就容易卑躬屈膝,而处顺境时又得意忘形。　——松下幸之助[日本]

逆境给人宝贵的磨炼机会。只有经得起环境考验的人,才能算是真正的强者。自古以来的伟人,大多是抱着不屈不挠的精神,从逆境中挣扎奋斗过来的。
——松下幸之助[日本]

顺境时助人者,逆境时必受人助。
——西拉斯[古罗马]

人生有两个悲剧:一个是万念俱灰,另一个是踌躇满志。
——萧伯纳[爱尔兰]

顺境造就幸运儿,而逆境造就伟人。
——小普林尼[古罗马]

顺境招来朋友,逆境考验朋友。
——绪儒斯[英国]

想到祸福无常,就不应因一时走运而得意忘形。　——伊索[古希腊]

不因幸运而故步自封,不因厄运而一蹶不振。真正的强者,善于从顺境中找到阴影,从逆境中找到光亮,时时校准自己前进的目标。　——易卜生[挪威]

人在逆境里比在顺境里更能坚强不屈,遭厄运时比交好运时更容易保全身心。　　　——雨果[法国]

顺境时要谨慎,逆境时要忍耐。
——约翰·雷[英国]

26　奋斗;进取

天行健,君子以自强不息。①
——[周]《周易》

道虽迩,不行不至;事虽小,不为不成。② ——[战国]《荀子》

一鼓作气,再而衰,三而竭。③
——[战国]《左传》

鞠躬尽力,死而后已。④
——[三国]诸葛亮

精诚所加,金石为开。⑤
——[南朝]《后汉书》

功名只向马上取,真是英雄一丈夫。⑥ ——[唐]岑参

---

① 天:自然界。行:运行。健:刚健;有活力。君子:品德高尚的人。以:因此。息:停止。
② 道:道路。迩:近。至:到达。成:完成;成功。
③ 鼓:指击鼓发动进攻。作:振作;振奋。再:第二次。衰:衰减。三:第三次。竭:竭尽;用尽。
④ 鞠躬:形容小心谨慎的样子。尽力:贡献出全部精力。又作"尽瘁"。已:止;停止。
⑤ 精诚:至诚;真心诚意。加:施加。金石:金属和石头,泛指坚硬的东西。
⑥ 丈夫:大丈夫,指胸怀大志的人。

长风破浪会有时,直挂云帆济沧海。① ——[唐]李白

好事尽从难处得,少年无向易中轻。② ——[唐]李咸用

千淘万漉虽辛苦,吹尽狂沙始到金。③ ——[唐]刘禹锡

百尺竿头须进步。 ——[宋]道原

百尺竿头,更进一步。
——[宋]朱熹

水不激不跃,人不激不奋。
——[明]冯梦龙

事在人为。 ——[明]周楫

天下事有难易乎?为之,则难者亦易矣;不为,则易者亦难矣。
——[清]彭端淑

奋斗就是生活,人生唯有前进。
——巴金

成功的花,人们只惊羡它现实的明艳,然而当初的芽儿浸透了奋斗的泪泉,洒满了牺牲的血雨。 ——冰心

在这个世界上,真正可以信赖的首先是自己——是自己在向着一种光明的目标奋斗中付出的努力与血汗!
——陈大超

泪是酸的,血是红的,奋斗来的生命是美丽的。 ——陈衡哲

攀登科学高峰,就像登山运动员攀登珠穆朗玛峰一样,要克服无数艰难险阻,懦夫和懒汉是不可能享受到胜利的喜悦和幸福的。 ——陈景润

我相信将来可以有更合理的社会,更幸福的人生;但这社会这人生是要我们努力去开拓去铺设的。 ——陈望道

青年是时代的先锋,先锋责任的完成,只有从斗争中锻炼可以得到。
——陈毅

哪有斩不掉的荆棘?哪有打不死的豺虎?哪有推不翻的山岳?你必须奋斗着,勇猛地奋斗着,胜利就是你的。
——邓中夏

坚持到底,一倒能起,再倒再起。
——冯玉祥

攀登科学文化的高峰,就要冲破不利条件限制,利用生活所提供的有利条件,并去创造新的条件。 ——高士其

唯其当时肯耗费觅路的工夫,才能在日后得到该走的大道。 ——顾颉刚

青年需要经受各种锻炼。所谓百炼成钢,在暴风雨中成长,就是这个道理。希望不经过困难、波折、轻而易举地成名,那是不长进、没出息的幻想。
——郭沫若

奋斗之心,人皆有之。
——弘一法师

科学上没有平坦的大道,真理长河

---

① 济:渡过(江河湖海)。
② 无:同"毋",不要,不可以。
③ 淘:用水冲洗以除去泥沙。漉:过滤。始:才。

中有无数礁石险滩。只有不畏攀登的采药者,只有不怕巨浪的弄潮儿,才能登上高峰采得仙草,深入水底觅得骊珠。

——华罗庚

发愤早为好,苟晚休嫌迟。最忌不努力,一生都无知。 ——华罗庚

追悔不如更新。 ——老舍

宇宙进化的大路,只是一个健行不息的长流,只有前进,没有反顾,只有开新,没有复旧。 ——李大钊

你要别人信服,就必须付出双倍使别人信服的努力。 ——李嘉诚

什么是路?就是从没路的地方践踏出来的,从只有荆棘的地方开辟出来的。

——鲁迅

"不耻最后"。即使慢,驰而不息,纵令落后,纵令失败,但一定可以达到他所向的目的。 ——鲁迅

巨大的建筑,总是由一木一石叠起来的,我们何妨做做这一木一石呢?我时常做些零碎事,就是为此。 ——鲁迅

路是从没有路的地方走出来的,只有善于披荆斩棘、历尽艰苦的人,才能走到幸福的天堂。 ——马铁丁

下定决心,不怕牺牲,排除万难,去争取胜利。 ——毛泽东

世上无难事,只要肯登攀。

——毛泽东

人生之天职,即为奋斗;无奋斗力者,百事无成就。 ——茅盾

奋斗以求改善生活,是可敬的行为。

——茅盾

必须在奋斗中求生存、求发展。

——茅盾

困难只能吓倒懦夫懒汉,而胜利永远属于敢于攀登科学高峰的人。

——茅以升

我们要抱着乐观去奋斗,我们往前一步,就是前进。 ——瞿秋白

奋斗这一件事是自有人类以来天天不息的。 ——孙中山

不断的奋斗就是走上成功之路。

——孙中山

奋斗是万物之父。 ——陶行知

不愿清醒,宁愿一直沉迷放纵。不知归路,宁愿一世无悔追逐。

——王小波

先天环境的好坏,并不足奇,成功的关键完全在于一己之努力。——王永庆

我从来不知道什么是苦闷,失败了再来,前途是自己努力创造出来的。

——徐特立

人一辈子总是要做一点儿自己的事,有的时候可以拉开很长的时间做,有的时间你只能强度很大地做很多的事。这是你自己无法选择的,如果机会来了,

你没有把握住它，懒懒散散，那么过去就过去了，年轻时机会来了该拼一下就要拼一下。 ——杨澜

年轻时候最大的财富，不是你的青春，不是你的美貌，也不是你充沛的精力，而是你有犯错误的机会。如果你年轻时候都不能追随自己心里的那种强烈愿望，去为自己认为该干的事，冒一次风险，哪怕犯一次错误的话，那青春多么苍白啊！ ——杨澜

既靠天，也靠地，还靠自己。
——俞敏洪

所谓自我实现，就是把人的潜能发挥、发展出来。 ——张岱年

即使跌倒一百次，也要一百零一次地站起来。 ——张海迪

奋斗并不仅仅是为了成功。奋斗使我们找到生命的意义和存在的价值。
——张抗抗

人生与弈棋、赛球并无二致。只要入局，就应该是一场志在必得的壮烈斗争。 ——赵宁

"奋斗"二字，愚常奉以为人生第一要义。无论何事，皆应奋斗。
——赵世炎

只要奋斗，就有出路；不奋斗，就无法生存。 ——周恩来

在惊涛骇浪中，拿稳着舵，虽千转百折，仍朝着正确的方向前进，才终有达到彼岸的时候。 ——邹韬奋

什么是成功的秘诀，很简单，无论何时，不管怎样，我也绝不允许自己有一点点灰心。 ——爱迪生[美国]

你做出重大决定时优柔寡断，追求人生目标时冲劲不足，是使我们失意沮丧的两大主因。 ——爱迪生[美国]

凡事欲其成功，必要付出代价——奋斗。 ——爱默生[美国]

奋斗能使我们解脱自身的束缚，并使我们成为最优秀、最伟大的人物的同伴。 ——爱因斯坦[美国]

对真理和知识的追求并为之奋斗，是人的最高品质之一。
——爱因斯坦[美国]

没有牺牲，也就绝不可能有真正的进步。 ——爱因斯坦[美国]

不要为成功而努力，要为做一个有价值的人而努力。——爱因斯坦[美国]

愿你坚强地保持你的荣誉，愿你坚强地参加生活的斗争！愿你拥抱着真理，向真理的国度飞去！
——安徒生[丹麦]

一个人必须经过一番刻苦奋斗，才会有所成就。 ——安徒生[丹麦]

拼着一切代价，奔你的前程。
——巴尔扎克[法国]

伟大的人物都是走过了荒沙大漠，

才登上光荣的高峰。
　　　　　　——巴尔扎克[法国]

　　做了好事受到指责而仍坚持下去，这才是奋斗者的本色。
　　　　　　——巴尔扎克[法国]

　　不停顿地走向一个目标，这就是成功的秘诀。　——巴甫洛夫[苏联]

　　一旦下定决心的话，就不要再改变主意、忧心挂肚而忧虑不安，这是一些身经百战的领袖们的信条。
　　　　　　——查斯特菲尔德[英国]

　　一切真正美好的东西都是从斗争和牺牲中获得的，而美好的将来也要以同样的方法来获取。
　　　　　　——车尔尼雪夫斯基[俄国]

　　任何改正，都是进步。
　　　　　　——达尔文[英国]

　　不要无事讨烦恼，不做无谓的希求，不做无端的伤感，而是要奋勉自强，保持自己的个性。　——德莱塞[美国]

　　为了一个伟大的神圣目的，去千方百计、历尽艰辛地奋斗，是完全值得的。
　　　　　　——狄更斯[英国]

　　"凡事起头难"，这句话在某些时候的确有它的道理。但是一般而言，凡事起头易，最难的是最后阶段的冲刺，能够克服这一关的人真是少之又少。
　　　　　　——歌德[德国]

　　我们的忠言是：每个人都应该坚持走他为自己开辟的道路，不被权威所吓倒，不受现实的观点所牵制，也不被时尚所迷惑。　——歌德[德国]

　　奋斗在人，成功在天。
　　　　　　——荷马[古希腊]

　　一切的和谐与平衡，健康与健美，成功与幸福，都是由乐观与希望的向上心理产生与造成的。　——华盛顿[美国]

　　攀登顶峰，这种奋斗的本身就足以充实人的心。人们必须相信，登山不止就是幸福。　——加缪[法国]

　　生命不止，奋斗不息。
　　　　　　——卡莱尔[英国]

　　只有那不惧艰险，在风浪中英勇搏击的人，才能领悟大海的奥秘。
　　　　　　——朗费罗[美国]

　　高山的顶峰不是一夜之间就能到达的。当他人还在夜晚梦乡的时候，勇敢无畏的爬山者仍在继续攀登。
　　　　　　——朗费罗[美国]

　　不经过本身的努力，就永远达不到自己的目的。任何外来的帮助也不能代替本身的努力。　——鲁巴金[苏联]

　　不问苦乐，不问得失，不计成败，尽你的力量奋斗。——罗曼·罗兰[法国]

　　人生的乐趣不仅在于达到某一目标的那一刻，而更在于继续不断努力追求的过程中，我们觉得生命有意义，活着有价值。　　——罗曼·罗兰[法国]

生活就是赛跑的场地,永不停歇。
　　　　　——罗曼·罗兰[法国]

　　青春的光辉、理想的钥匙、生命的意义,乃至人类的生存、发展……全包括在这两个字之中——奋斗!只有奋斗,才能治愈过去的创伤;只有奋斗,才是我们民族的希望和光明所在。
　　　　　——马克思[德国]

　　后悔过去,不如奋斗将来。
　　　　　——马克思[德国]

　　不管遇到什么障碍,我都要朝着我的目标前进。　　——马克思[德国]

　　要记住,每一天都是一个阶梯,是新的一步——向着既定的目的。
　　　　　——马雅可夫斯基[苏联]

　　胜利属于自强不息的人。
　　　　　——蒙田[法国]

　　人生的光荣,不在于永不失败,而在于能够屡败屡战。　——拿破仑[法国]

　　我们应当努力奋斗,有所作为。这样,我们就可以说,我们没有虚度年华,并有可能在时间的沙滩上留下我们的足迹。　　　——拿破仑[法国]

　　困难要靠自己克服,障碍要靠自己冲破;在我们的字典里是没有"难"字的。
　　　　　——拿破仑[法国]

　　人是从苦难中滋长起来的,唯有乐观奋斗,才能不断茁壮成长;反之则易埋没,默默终身。　——拿破仑[法国]

　　如果你想走到高处,就要使用自己的两条腿!不要让别人把你抬到高处,不要坐在别人的背上和头上。
　　　　　——尼采[德国]

　　我怎样才能最顺当地上山?——别去犹豫,只顾登攀!　——尼采[德国]

　　永远尽最大的努力,绝不灰心丧气,绝不甘居人后,永远记住:别人可能恨你。恨你的人不会胜利,除非你恨他们。而这样一来你也毁了自己。
　　　　　——尼克松[美国]

　　无论做什么事情,只要肯努力奋斗,是没有不成功的。　——牛顿[英国]

　　没有播种,何来收获?没有辛劳,何来成功?没有磨难,何来荣耀?没有挫折,何来辉煌?　　——佩恩[英国]

　　一个人只要强烈地坚持不懈地追求,他就能达到目的。
　　　　　——司汤达[法国]

　　世界上最快乐的事,莫过于为理想而奋斗。　——苏格拉底[古希腊]

　　阻力是一定有的,可是我们必须奋斗到底,绝不要灰心。　——泰戈尔[印度]

　　只有经过地狱般的磨炼,才能炼出创造天堂的力量;只有流过血的手指,才能弹奏出世间的绝唱。
　　　　　——泰戈尔[印度]

　　要有自信,然后全力以赴——假如具有这种观念,任何事情十之八九都能

成功。　　　——威尔逊[美国]

奇迹有时候是会发生的,但是你得为之拼命地努力。——魏茨曼[以色列]

每一发奋努力的背后,必有加倍的赏赐。　　　——詹姆斯[美国]

27　竞争

凡在竞争中的强者,没有一个不是追求卓越、超越自己的勇者。——李虹

不管已经出现了多少大公司,人类依然处于互联网时代的黎明时分,微微的晨光还照不亮太远的路。在这个行当里,不管一家公司的赢利状况有多么喜人,也随时面临被甩出发展潮流的风险。
　　　　　　　　　　——马化腾

江山如此多娇,引无数英雄竞折腰。
　　　　　　　　　　——毛泽东

如果缺乏必要的竞争壁垒,"先驱"变"先烈",也是极有可能的事情。
　　　　　　　　　　——牛根生

人类要在竞争中求生存,便要奋斗。
　　　　　　　　　　——孙中山

有竞争才有进步。　——颜文梁

质量无止境,企业无边界,名牌无国界。　　　　——张瑞敏

优秀、伟大的人对待他的竞争对手的态度有两种:一种是极端温柔,一种是非常凶狠。——查斯特菲尔德[英国]

物竞天择,适者生存。
　　　　　　　　——达尔文[英国]

事无大小,人无高低,均在竞争中生存。当没有对立面时,人们甚至会造出一个对立面来与之竞争。
　　　　　　　　——大松博文[日本]

不要去同那些没有任何东西可失去的人竞争。——格拉西安[西班牙]

由于竞争者在财富、名誉或其他好事方面取得成功而感到忧愁,同时又奋力自强以图与对方匹敌或超过对方,则谓之嫉妒。　　——霍布斯[英国]

速度就是一切,它是竞争不可或缺的因素。　　——杰克·韦尔奇[美国]

人已不年轻了,但还要要强,那是非吃苦头不可的。　——卢梭[法国]

在人类生活中,竞争心是具有重大意义的东西。——普列姆昌德[印度]

新经济时代,不是大鱼吃小鱼,而是快鱼吃慢鱼。　——钱伯斯[美国]

高尚的竞争是一切卓越才能的源泉。　　　　——休谟[英国]

信用是企业的财富,竞争是企业的生命。　　　——郑周永[韩国]

28　发明;创造

随时立法,因事制宜,自我而作,何必师古?[①]　——[五代]《旧唐书》

想象是创造的先导,想象力越丰富,创造力就越强。　——陈福民

致富的秘诀,在于"大胆创新、眼光独到"八个大字。　——陈玉书

掌握新技术,要善于学习,更要善于创新。　——邓小平

我们的国家越发展,越要抓艰苦创业。　——邓小平

没有信念、纪律以及合理的学习程序,很少人能真有什么创造性。
　——杜维明

科学也需要创造,需要幻想——有幻想才能打破传统的束缚,才能发展科学。　——郭沫若

发明不是为发财,是为人类。
　——胡适

凡富于创造性的人必敏于模仿,凡不善于模仿的人决不能创造。——胡适

独立思考能力,对于从事科学研究或其他任何工作,都是十分必要的。在历史上,任何科学上的重大发明创造,都是由于发明者充分发挥了这种独创精神。　——华罗庚

人之所以可贵就在于会创造。
　——华罗庚

一切发明创造都是经过许多失败的经历而后成功的。　——华罗庚

如果没有独创精神,不去探索更新的道路,只是跟着别人的脚印走路,也总会落后别人一步;要想赶过别人,非有独创精神不可。　——华罗庚

只有先声夺人,出奇制胜,不断创造新的体制、新的产品、新的市场和压倒竞争对手的新形势,企业才能立于不败之地。　——黄汉清

智商很高的学生可以赢得国际奥林匹克知识竞赛奖,但是唯有创造力极强的人才具备获取诺贝尔奖的前提。
　——黄全愈

创新是民族进步的灵魂,是国家兴旺发达的不竭动力。　——江泽民

生活也应该充满了创造。没有创造的生活如同一个人在精神上得了贫血症,苍白无力,充满痛苦!——蒋子龙

独创有两方面:一是形式的新颖,一是个人人格的化入。　——金克木

越是富有想象力的人越易触犯常规,越是伟大的创造就越是对既成事物和观念的重大突破。
　——金忠明

[①] 师古:效法古代。

生活,是一本最大、最厚的书。人生最有趣的事情,就是送旧迎新。因为人类最高的欲求,是在时时创造新生活。
——李大钊

学而后创。　　　　　——李可染

科学的存在全靠它的新发现,如果没有新发现,科学便死了。　——李四光

缺乏创造精神与创造成果的人生是不完美的人生。　　　　　——刘吉

生活的磨炼,会使一部分人的眼睛渐渐进入自觉状态,能透过平凡琐细的表象,有所发现。　　　——刘心武

无羁的心灵是创造的源泉。
——陆晓文

发明、创造的本身,并无任何成见,它愿意向每一个勤奋的人,也向敢说敢干的人招手。　　　　——马铁丁

没有学习,不会有创造;没有继承,不会有发展。　　　　——马铁丁

人民,只有人民,才是创造世界历史的动力。　　　　　　——毛泽东

从书本上吸收,同时也就创造;在生活上学习,同时也就享受。——沈从文

美的一个主要的特征,就是创造性。没有创造性的东西,也就不美。
——施昌东

开路,这就意味着我们要有崇高的理想,敢于革新,敢于创造,闯前人未经之道,辟前人未历之境。　——唐弢

敢探未发明的新理,即是创造精神;敢入未开化的边疆,即是开辟精神。创造时,目光要深;开辟时,目光要远。总起来说,创造、开辟都要有胆量。
——陶行知

像屋檐水一样,一点一滴,滴穿阶沿石。点滴的创造固不如整体的创造,但不要轻视点滴的创造而不为,呆望着大创造从天而降。　　　——陶行知

行动是老子,知识是儿子,创造是孙子。
——陶行知

正确的仿效非但不与创新冲突,非但不排斥创新,而且往往是创新的酵母,是创新的前提条件。　——王彬彬

任何研究工作都应有所创新。创新的基础,一是新概念的指导,二是新方法的突破。　　　　　——王鸿祯

标新立异的目标无非是为了开拓。
——王蒙

凡事力争最好的可能性,但必须做最坏的准备。做创新的科研工作更是如此。　　　　　　——王世真

要创新需要一定的灵感,这灵感不是天生的,而是来自长期的积累与全身心的投入。没有积累就不会有创造。
——王业宁

重复现成的东西并不困难,微小的创造却不容易。　　——王朝闻

欣赏是一种再创造。　——王朝闻

勇敢的人不是怨天尤人、消极地熬过困难去等待幸福,而是积极克服困难

去追求、创造幸福。　　——魏琼

抓创新就是抓发展,谋创新就是谋未来。不创新就要落后,创新慢了也要落后。
　　——习近平

谁牵住了科技创新这个牛鼻子,谁走好了科技创新这步先手棋,谁就能占领先机、赢得优势。
　　——习近平

所谓革命精神就是创造性,要懂得世界上的一切都需要创造,要前进就不能坐着等待,就要去创造。　——徐特立

要继承才能创造发展,继承是创造发展的基础。最能创造发展的人,也是最会继承的人。　　——徐特立

只有广泛地得到教益,自己才能兼容并蓄、融会贯通,然后才能独创一格。
　　——荀慧生

只要持之以恒,知识丰富了,终能发现奥秘。　　——杨振宁

厌恶创造,也就是厌恶生命;热爱创造,也就是热爱生命。　——俞吾金

新世界是属于创造者和开拓者的。
　　——俞吾金

爱力可以创造世界。　——恽代英

不敢梦想的人,是没有奇迹可创造的。　　　　　　　——翟墨

企业一旦站立到创新的浪尖上,维持的办法只有一个,就是要持续创新。
　　——张瑞敏

创新是企业的灵魂,是企业持续发展的保证。　　　　——张瑞敏

今天的现实是不够美满的,但是美满的现实需要我们大家共同去创造。
　　——周恩来

只有死功夫固然不尽能发明或创造,但是能发明创造者却大半是下过死功夫来的。　　　　——朱光潜

没有创造就不能有欣赏。
　　——朱光潜

无可否认,创造力的运用、自由的创造活动,是人的真正的功能;人在创造中找到他的真正幸福,证明了这一点。
　　——阿诺德[英国]

提出一个问题往往比解决一个问题更重要。因为解决问题也许仅是一个数学上或实验上的技能而已,而提出新的问题,却需要有创造性的想象力,而且标志着科学的真正进步。
　　——爱因斯坦[美国]

发明家全靠一股了不起的信心支持,才有勇气在不可知的天地中前进。
　　——巴尔扎克[法国]

科学的进步,取决于科学家的劳动及其发明创造的价值。
　　——巴斯德[法国]

发现者,尤其是一个初出茅庐的年轻发现者,需要勇气才能无视他人的冷漠和怀疑,才能坚信自己发现的意义,并把研究继续下去。——贝弗里奇[英国]

独创性不是为天才可有可无的东西,而是天才必要的属性,是区别天才和

单纯的才能或才赋的界线。
　　　　　——别林斯基[俄国]

　　独辟蹊(xī)径才能创造出伟大的业绩,在街道上挤来挤去不会有所作为。
　　　　　——布莱克[英国]

　　科学幻想归根结底是科学和技术的大胆创造。　　——费定[英国]

　　所谓创造的能力,就是经过深思的模仿。　　——伏尔泰[法国]

　　我们必须先使自己处在自己时代的水平上,然后才可能超越它。
　　　　　——伏尔泰[法国]

　　人类的生活就是创造。
　　　　　——高尔基[苏联]

　　生活的意义在于创造,而创造是独立存在的,没有止境的。
　　　　　——高尔基[苏联]

　　我们要获得现有的一切,而且要创造现在还没有的新事物!
　　　　　——高尔基[苏联]

　　我们世界上最美好的东西,都是由劳动、由人的聪明的手创造出来的。
　　　　　——高尔基[苏联]

　　从生命中创造新的生命,就靠生动的血液鼓足干劲。那里一切在活动,有所成功,弱者倒下,有为者奋勇前冲。
　　　　　——歌德[德国]

　　每一秒都应该有所创造。
　　　　　——歌德[德国]

　　不经过迷惑,你总不会聪明!要成长你总要独创才行。　——歌德[德国]

　　虚伪不可能创造任何东西,因为虚伪本身什么也不是。——格拉宁[苏联]

　　天才就是创造前无古人的业绩——第一个做正确事情的才能。
　　　　　——哈伯德[美国]

　　常人长于重复,天才长于创造。
　　　　　——惠普尔[美国]

　　天才是创造不能按既定规则去创造的那种东西的才能,它不是可以根据某种规则学习到的那种技巧本领,因此,独创性必然是天才的基本特性。
　　　　　——康德[德国]

　　向还没有开辟的领域进军,才能创造新天地。　——李政道[美国]

　　如果学生在学校里学习的结果是使自己什么也不会创造,那他的一生将永远是模仿和抄袭。
　　　　　——列夫·托尔斯泰[俄国]

　　一个人有了发明创造,他对社会做出了贡献,社会也就会给他尊敬和荣誉。
　　　　　——罗·特雷塞尔[英国]

　　唯有创造才是快乐,唯有创造的生灵才是生灵。　——罗曼·罗兰[法国]

　　我创造,所以我生存。
　　　　　——罗曼·罗兰[法国]

　　创造,或者酝酿未来的创造,这是一种必要性;幸福只能存在于这种必要性得到满足的时候。
　　　　　——罗曼·罗兰[法国]

人生所有的欢乐是创造的欢乐:爱情、天才、行动——全都是靠创造这一团烈火迸射出来的。
　　　　　　——罗曼·罗兰[法国]

天才免不了有障碍,因为障碍会创造天才。　　　　——罗曼·罗兰[法国]

想出新办法的人在他的办法没有成功以前,人家总说他是异想天开。
　　　　　　——马克·吐温[美国]

所有现存的好东西都是创造的果实。　　　　　——米尔[英国]

独创性并不是首次观察某种新事物,而是把旧的、很早就是已知的,或者是人人都视而不见的事物当新事物观察,这才证明是有真正的独创头脑。
　　　　　　——尼采[德国]

没有起点,没有终点。创造是永恒的。　　——尼古拉·特斯拉[美国]

发明的秘诀在于不断地努力。
　　　　　　　——牛顿[英国]

简单的事情考虑得很复杂,可以发现新领域;把复杂的现象看得很简单,可以发现新定律。　——牛顿[英国]

天才的发现之所以伟大,正在于这些发现成了千万人的财富。
　　　　　　——屠格涅夫[俄国]

企业的出路在于产品更新换代。
　　　　　　——土光敏夫[日本]

天才的主要标记不是完美而是创造,天才能开创新的局面。
　　　　　——亚瑟·柯斯勒[英国]

已经创造出来的东西比起有待创造的东西来说,是微不足道的。
　　　　　　　——雨果[法国]

即使你很成功地模仿了一个有天才的人,你也缺乏他的独创精神。
　　　　　　　——雨果[法国]

在泥土下面,黑暗的地方,才能发现金刚钻;在深入缜(zhěn)密的思考中,才能发现真理。　　——雨果[法国]

模仿不能成大器。
　　　　　　——约翰逊[英国]

29　名誉;利益

无欲速,无见小利。欲速,则不达;见小利,则大事不成。①
　　　　　　——[春秋]《论语》

钓名之士,无贤士焉。
　　　　　　——[战国]《管子》

名不徒生,而誉不自长(zhǎng)。
　　　　　　——[战国]《墨子》

善不由外来兮,名不可以虚作。②
　　　　　　——[战国]屈原

---

① 无:同"毋",不要,不可以。
② 兮:相当于"啊"。

小人殉(xùn)财,君子殉名。①
——[战国]《庄子》

众人重利,廉士重名。
——[战国]《庄子》

壮士不死则已,死即举大名耳。王侯将相宁(nìng)有种乎?②
——[秦]陈胜

生以辱,不如死以荣。
——[汉]《大戴礼记》

垂大名于万世者,必先行之于纤微之事。
——[汉]陆贾

见一利而丧万机,求一福而致万祸。
——[汉]陆贾

贤者得位,犹龙得水,腾蛇游雾也。
——[汉]《盐铁论》

自古及今而能虚成名于天下者,无有。
——[汉]《战国策》

争名者于朝(cháo),争利者于市。③
——[汉]《战国策》

得失一朝(zhāo),而荣辱千载。
——[南朝]《后汉书》

阳春之曲,和者必寡;盛名之下,其实难副。④
——[南朝]《后汉书》

人患志之不立,亦何忧令名不彰?⑤
——[南朝]《世说新语》

上士忘名,中士立名,下士窃名。
——[北朝]《颜氏家训》

不修身而求令名于世者,犹貌甚恶而责妍影于镜也。⑥
——[北朝]《颜氏家训》

君子不受虚誉,不祈(qí)妄福,不避死义。⑦
——[隋]王通

圣人非不好利也,利在于利万人;非不好富也,富在于富天下。
——[唐]白居易

莫言名与利,名利是身仇。
——[唐]杜牧

草色人心相与闲,是非名利有无间。
——[唐]杜牧

功名万里外,心事一杯中。
——[唐]高适

功名富贵若长在,汉水亦应西北流。⑧
——[唐]李白

名高毁所集,言巧智难防。
——[唐]刘禹锡

不汲汲于荣名,不戚戚于卑位。⑨
——[唐]骆宾王

---

① 殉:为了达到某种目的而牺牲生命。
② 宁:难道。种:种子,指遗传因素。
③ 朝:指官场。
④ 阳春:即《阳春白雪》,战国时代楚国的高雅的歌曲。
⑤ 令名:美名。彰:显扬。
⑥ 妍:美丽;美好。
⑦ 祈:请求;希望。
⑧ 汉水:江水名。源于陕西,流经湖北,由汉阳入长江。东南流向。西北流:指江水倒流。
⑨ 汲汲:心情急切地追求的样子。戚戚:忧愁的样子。

功遂身谢,名由实美。①
——[唐]张九龄

为名誉而为善,则其善必不诚。
——[宋]胡寅

忍把浮名,换了浅斟低唱。
——[宋]柳永

趋利不顾害,祸患安可息?
——[宋]梅尧臣

士当以功名闻于世。——[宋]苏轼

举大体而不论小事,务实效而不为虚名。
——[宋]苏轼

有名而无实,则其名不行;有实而无名,则其实不长。
——[宋]苏轼

利之所在,天下趋之。②
——[宋]苏洵

劝君不用镌(juān)顽石,路上行人口似碑。③
——[宋]《五灯会元》

豹死留皮,人死留名。
——[宋]《新五代史》

白衣苍狗变浮云,千古功名一聚尘。④
——[宋]张元幹

十年窗下无人问,一举成名天下知。
——[金]刘祁

让利精于取利,逃名巧于邀名。⑤
——[明]陈继儒

成名每在穷苦日,败事多因得志时。
——[明]陈继儒

名之所在,则利归之。苟不求利,亦何慕名?⑥
——[清]顾炎武

使人有面前之誉,不若使人无背后之毁。⑦
——[清]金缨

人见利而不见害,鱼见食而不见钩。
——[清]《镜花缘》

存为善之心,不必邀为善之名。⑧
——[清]王永彬

人品之不高,总为一"利"字看不破。
——[清]王永彬

两害相形,则取其轻;两利相形,则取其重。——[清]魏源

冠冕是暂时的光辉,是永久的束缚。
——冰心

名气就仿佛后脑勺的头发,本人是看不见的,旁人却一目了然。——韩寒

名人以名而荣,名人也以名而毁。
——贾平凹

名誉是我的第二生命,有时候比生命还要重要。——李嘉诚

一丝一毫关乎节操,一件小事、一次

---

① 遂:成就;完成。谢:辞别;离开。
② 趋:追求。
③ 镌:雕刻。顽:愚昧无知;不懂事理。
④ 白衣苍狗:形容变幻的云朵。变:变幻。一:指一粒或一小片。聚尘:聚集在一起的灰尘。
⑤ 邀:求得;取得。
⑥ 苟:如果。
⑦ 誉:称赞;表扬。毁:诽谤。
⑧ 邀:求得;取得。

不经意的失信,可能会毁了我们一生的名誉。　　　　　　　——林达生

名利之心,不应不死,学术之心,不应不活。　　　　　　　——潘天寿

名誉为人生第二生命。——邵力子

一切虚名都是经不起时间考验的。
　　　　　　　　　　——姚雪垠

名次和荣誉,就像天上的云,不能躺进去,躺进去就跌下来了。名次和荣誉其实是道美丽的风景,只能欣赏。
　　　　　　　　　　——俞敏洪

勿屈己而徇人,勿沽名而钓誉。
　　　　　　　　　　——詹天佑

"人死留名,豹死留皮。"丧尽了古今多少豹,害尽了古今多少人。
　　　　　　　　　　——张申府

对名誉的欲望,是一切伟大心灵的本能。　　——埃德蒙·伯克[英国]

我们在荣誉中崛起,在骄傲中沉沦。
　　　　　　　——爱·扬格[英国]

荣誉感是一种优良的品质,因而只有那些禀性高尚、积极向上或良好教育的人才具备。　——爱迪生[美国]

头脑简单的人有了虚荣心往往干出种种荒唐事,年轻姑娘最容易抱不切实际的幻想。　　——奥斯丁[英国]

真正的学者真正了不起的地方,是暗暗做了许多伟大的工作而生前并不因此出名。　　——巴尔扎克[法国]

当你做成功一件事,千万不要等待着享受荣誉,应该再做那些需要的事。
　　　　　　　——巴斯德[法国]

没有任何东西像一个清洁的名声那样可贵。　　　　——拜伦[英国]

成名的艺术家反被盛名所束缚,因而他们的处女作往往是成就的顶峰。
　　　　　　　——贝多芬[德国]

虚荣心很难说是一种恶行,然而一切恶行都围绕虚荣心而生,都不过是满足虚荣心的手段。——柏格森[法国]

什么叫作虚荣心?那就是当人家过高地看重你的时候,你不是感到问心有愧,却是沾沾自喜。
　　　　——车尔尼雪夫斯基[俄国]

荣誉在于劳动的双手。
　　　　　　——达·芬奇[意大利]

通向荣誉的路上并不铺满鲜花。
　　　　　　　——但丁[意大利]

尘世的称颂只是一阵风,一时吹到东,一时吹到西,改变了方向,改变了名字。　　　——但丁[意大利]

我不能说我不珍惜荣誉,并且我承认它很有价值。不过,我却从来不曾为追求这些荣誉而工作。
　　　　　　　——法拉第[英国]

人不能像地球一样,把自己的利益定作绕以旋转的轴心。
　　　　　——弗兰西斯·培根[英国]

荣誉就像河流,轻浮的和空虚的荣誉浮在河面上,沉重的和厚实的荣誉沉

到河底。　　——弗兰西斯·培根[英国]

虚荣是骄傲的食物,轻蔑是它的饮料。　　——富兰克林[美国]

荣誉和舒适是难得同床共枕的。
　　——富勒[英国]

荣誉不能寻找,任何追求荣誉的做法都是徒劳的。　　——歌德[德国]

荣誉这东西,不会给一个偷盗它、但配不上它的人带来愉快,它只有在一个配得上它的人的心里才会引起不断的颤动。　　——果戈理[俄国]

许多人的名声如果在街上遇到自己的品德会互相不认识。
　　——哈伯德[美国]

最大的困难是:第一,获得荣誉;第二,活着的时候维持它;第三,死后还能保持它。　　——海顿[德国]

追求功名几乎是崇尚优秀的代名词。　　——赫兹里特[英国]

为名利而刻骨铭心,终身受苦,其愚如牛。　　——吉田兼好[日本]

在成名的道路上,流的不是汗水而是鲜血,他们的名字不是用笔而是用生命写成的。　　——居里夫人[法国]

荣誉就像玩具,只能玩玩而已,绝不能永远守住它,否则就一事无成。
　　——居里夫人[法国]

世界上荣誉的桂冠,都是用荆棘编织而成的。　　——卡莱尔[英国]

在你有权力有名望的时候,卑鄙的人是不敢抬起嫉妒的眼睛看你一眼的;然而到了你一落千丈的时候,显示最大的毒辣的就是他们。
　　——克雷洛夫[俄国]

我们之所以无法忍受他人的虚荣心,是因为其伤害了我们自己的虚荣心。　　——拉罗什富科[法国]

一个高尚的人能为国家牺牲财产、生命以至本性,但是牺牲荣誉则万万不能。　　——罗伯斯比尔[法国]

只要一个人不是傻瓜,成名比不成名显得更空虚。　　——罗曼·罗兰[法国]

该得到荣誉却未得到,比不该得到荣誉而得到好得多。
　　——马克·吐温[美国]

功名欲是人类一种不合情理的欲望,甚至连哲学家们自己似乎也极不愿意摈弃追求功名这个弱点。
　　——蒙田[法国]

能将自己的生命寄托在他人的记忆中,生命仿佛就加长了一些。光荣是我们获得的新生命,其可珍贵,实不下于天赋的生命。　　——孟德斯鸠[法国]

名望就意味着孤独。名望仿佛商店橱窗里陈列的水晶,你被安置在那里展览,供人欣赏,马路上所有的过客都瞧着你。可是任何人都不能接触你,你同样不能接触任何人。
　　——莫拉维亚[意大利]

蔑视荣誉勋位本身,就是一枚一级荣誉勋章!　　——莫奈[法国]

显赫的名声是一种巨大的音响:其音愈高,其响愈远。　——拿破仑[法国]

你要依靠的不是你的声望,而是自己的艰辛的努力。　——拿破仑[法国]

世界上有两根杠杆可以驱使人们行动——利益和恐惧。——拿破仑[法国]

虚荣心强的人,与其说是想出人头地,不如说自认为出类拔萃,所以自欺欺人或是自我谋略是不择手段的。

——尼采[德国]

一个人的尊严并非在于获得的荣誉,而在于本身值得这荣誉。

——牛顿[英国]

假如你是一个穷人,你应该用你的操守来维护你的名誉;假如你是一个富翁,你应该用你的慈善来维护你的名誉。

——诺贝尔[瑞典]

不经艰苦就得不到桂冠,不经磨难就得不到成就,不经灾祸就得不到荣誉。

——潘恩[美国]

爱惜衣裳要从新的时候起,爱惜名誉就要从幼小时候起。

——普希金[俄国]

巨大的荣誉是巨大的负担,而其享有者若同时又受着嫉妒的话,那他便是背负着双重的重压。　——琼森[英国]

虚荣是一件无聊的骗人的东西,得到它的人未必有什么功德,失去它的人也未必有什么过失。

——莎士比亚[英国]

人类的常情教训我们,一个人在位的时候,是为众人所钦佩的,等到他一旦去位,大家就对他失去了信仰;受尽冷眼的失势英雄,身败名裂以后,也会受到世人的爱慕。　——莎士比亚[英国]

我不需要什么名誉来捞取什么,名誉不过是葬礼的点缀而已。

——莎士比亚[英国]

虚名是一个下贱的奴隶,在每一座墓碑上说着谀媚的诳话。倒是在默默无言的一抔荒土之下,往往埋葬着忠臣义士的骸骨。　——莎士比亚[英国]

无瑕的名誉是世间最纯粹的珍宝。失去了名誉,人类不过是一些镀金的粪土、染色的泥块。——莎士比亚[英国]

少量的邪恶足以勾销全部高贵的品质,害得人声名狼藉。

——莎士比亚[英国]

生命,是每一个人所重视的,可是高贵的人重视荣誉远过于生命。

——莎士比亚[英国]

光荣如同水面上的水花一样,从一个小圆圈,不停地扩大,直到无可再大,归于消灭。——莎士比亚[英国]

那些已经过去的功绩一转眼间就会在人们的记忆里消失,只有继续不断地前进,才可以使美好的名声永垂不朽。

——莎士比亚[英国]

轻浮和虚荣是一个不知足的贪食者,它在吞噬(shí)一切之后,结果必然牺牲在自己的贪欲之下。

——莎士比亚[英国]

以表面的荣誉来装点表面的光荣,难道是奠定永久光荣的伟大基础?实际上比昙花一现的毁灭还更匆促。
——莎士比亚[英国]

不良的习惯会随时阻碍你走向成名、获利和享乐的路上去。
——莎士比亚[英国]

名誉是必争之物,荣誉不过是不可丢失之物。——叔本华[德国]

太重视名誉,正是一般人最常犯的错误。——叔本华[德国]

财富就像海水,饮得越多,渴得越厉害。名望实际上也是如此。
——叔本华[德国]

如果画家生前即享有盛名,并加以滥用的话,他便会立刻跌下他的宝座。——斯特里马特[德国]

名誉之神是不公正的。她从不精细有别地赞美,只顾粗声粗气地欢呼。
——梭罗[美国]

即使是智者,也难摈弃追求功名这个弱点。——塔西佗[古罗马]

功利是一部机器的目的和检验及其价值的根据,而善良只是人的目的和意愿。——泰戈尔[印度]

荣誉像萤火虫,远看闪闪发光,近看不热又不亮。——韦伯斯特[美国]

对一切人来说,寿限都极短,死了也不能再生,但是一个有勇气的人是靠他的功绩延长他的名声。
——维吉尔[古罗马]

生命是短暂的,荣誉是久长的。
——西塞罗[古罗马]

还有比生命更重大的,就是荣誉。
——席勒[德国]

丧失一个好名声,比从未有过好名声更使人蒙羞。——小普林尼[古罗马]

关于荣誉和耻辱,中庸者是适当的自尊,过分者是一种"虚荣",不足者是太自卑。——亚里士多德[古希腊]

最大的荣誉是保卫祖国的荣誉。
——亚里士多德[古希腊]

穿戴朴素而有声誉,胜于自夸富有而默默无闻。——伊索[古希腊]

我们的地位向上升,我们的责任心就逐步加重。升得愈高,责任愈重。权利的扩大使责任加重。——雨果[法国]

声名像一颗陨星,除了几个卓越的和不可战胜的名字之外,闪耀一下,就永远消逝了。——约翰逊[英国]

30　成败;得失

生而不有,为而不恃(shì),功成而不居。①　——[春秋]《老子》

---

① 恃:凭借;依靠。

功遂身退,天之道。①
——[春秋]《老子》

胜人者有力,自胜者强。
——[春秋]《老子》

小事之成,不若大事之废。
——[春秋]《晏子春秋》

圣人千虑,必有一失;愚人千虑,必有一得。②——[春秋]《晏子春秋》

事者,生于虑,成于务,失于傲。③
——[战国]《管子》

以众人之力起事者,无不成也。
——[战国]《管子》

事以密成,语以泄败。④
——[战国]《韩非子》

求则得之,舍则失之。
——[战国]《孟子》

疑行无成,疑事无功。⑤
——[战国]《商君书》

凡百事之成也,必在敬之;其败也,必在慢之。⑥——[战国]《荀子》

众怒难犯,专欲难成。⑦
——[战国]《左传》

事之成败,必由小生。
——[汉]《淮南子》

凡事豫则立,不豫则废。⑧
——[汉]《礼记》

得其所利,必虑其所害;乐其所成,必顾其所败。——[汉]刘向

智者举事,因祸为福,转败为功。
——[汉]《史记》

赏于无功者离,罚于无罪者怨。
——[三国]诸葛亮

为者如牛毛,获者如麟角。
——[晋]葛洪

迟疑不断,未有能成其事者也。
——[唐]韩愈

丈夫贵不挠,成败何足论。⑨
——[宋]陆游

功难成而易毁。 ——[宋]欧阳修

有所取,必有所舍;有所禁,必有所宽。⑩——[宋]苏轼

论事易,作事难;作事易,成事难。⑪
——[宋]苏轼

物之有成必有坏,譬如人之有生必

---

① 遂:成就;完成。
② 圣人:品格最高尚、学识最渊博的人。千:形容很多。
③ 务:从事;致力于。
④ 事:指国家或军事方面的重要大事。语:指涉及机密的话。
⑤ 行:行动。
⑥ 敬:严肃认真;专心致志。慢:懈怠,松懈懒惰。
⑦ 犯:违犯;抵触。专欲:个人的私欲。
⑧ 豫:同"预",事先谋划、准备。立:成功。废:失败。
⑨ 丈夫:大丈夫,指胸怀大志的人。挠:弯曲,比喻屈服。
⑩ 舍:舍弃、丢弃。宽:放宽,使松缓。
⑪ 论:议论;谈论。成:完成;成功。

有死。　　　　　——[宋]苏轼

　　功之成,非成于成之日,盖必有所由起。① 　　——[宋]苏洵

　　事出于正,则其成多,其败少。
　　　　　　　　——[宋]苏辙

　　天下之事,急之则丧,缓之则得,而过缓则无及。　　——[宋]苏辙

　　先下手为强,后下手遭殃。②
　　　　　　　——[元]纪君祥

　　早成者未必有成,晚达者未必不达。③　　　　——[明]冯梦龙

　　得何足喜,失何足忧。
　　　　　　——[明]《三国演义》

　　成则公侯,败则贼。
　　　　　　——[清]《红楼梦》

　　早荣亦早枯,易得还易失。④
　　　　　　　——[清]张廷玉

　　修养的花儿在寂静中开过去了,成功的果子便要在光明里结实。——冰心

　　批评你不可怕,对你失望才可怕。
　　　　　　　　　　——柴静

　　要成功,需要跟成功者在一起。
　　　　　　　　　　——陈安之

　　只有经过失败考验的英雄,才是真正的英雄。　　　　——陈毅

　　过去的成功是我们的财富,过去的错误也是我们的财富。——邓小平

　　人生最幸福的一刹那,不是成功的时刻,而恰恰是失败后省悟的一瞬。
　　　　　　　　　　——敦源

　　离成功最近的地方,也就是最困难的地方。　　　　　——敦源

　　要是真正从零做起,那零就是成功的起点。　　　　　——敦源

　　在通向成功的路上,荆棘将永远超过花朵。　　　　——敦源

　　成功往往是失败的"积累",反过来,成功也往往会成为失败的开头。
　　　　　　　　　　——冯英子

　　我们人人要存着必胜的决心,然而我们也要不怕屡败的挫折。——郭沫若

　　碰到挫折时,我告诉自己,它里面一定藏了一个宝贝是你看不到的。
　　　　　　　　　　——郝明义

　　自古成功在尝试。　　——胡适

　　凡有大成功的人,都是绝顶聪明而肯做笨功夫的人。　　——胡适

　　对于一个科学家来说,失败和成功比较起来,失败是经常的,而成功只是少量的……科学研究的过程,是曲折上升的过程。在这中间,经常会出现这样的情况,就是眼看要成功了,但又失败了。

―――――――――
① 盖:连词,表示推测的理由或原因。由:从。起:始。
② 殃:灾祸;祸害。
③ 成:有成就。达:取得成功。
④ 荣:(草木)茂盛。枯:(草木)失去水分。

眼看已经失败，但经过一番深思苦想以后，又是"柳暗花明又一村"，呈现了希望。　　　　　　　——华罗庚

会活的人，或者说取得成功的人，其实懂得了两个字：舍得。不舍不得，小舍小得，大舍大得。　　　——贾平凹

失败有时会使人清醒、冷静，使人重新估量自己的存在；成功有时会使人昏然、陶醉，使人过高估计自己的价值。驾驭这二者，是在把握自己的人生之舵。
　　　　　　　　　　　——贾曦光

我绝不同意为了成功而不择手段，如果这样，即使侥幸略有所得，也必不能长久。　　　　　　　——李嘉诚

所有的胜利，与征服自己的胜利比起来，都是微不足道。　——李嘉诚

成功的方法多种多样，别不接受你看不惯的方法。　　　——李开复

人的知识、精力都是有限的，把有限的精力、时间集中起来办一件事，成功的几率就大。　　　　　——李永英

努力未必会成功，努力得法才会成功。失败未必是成功之母，失败后能改进才是成功之母。　——梁珑常

什么是成功的人？就是今天比昨天更有智慧的人，今天比昨天更慈悲的人，今天比昨天更懂得爱的人，今天比昨天更懂得宽容的人。　——林清玄

一个想要成功的人必须做到下列两点：一、做他人所不愿做的事；二、集中精力完成一件事。　　——林信彦

有识之士在成功时是不以为自己成功的，在失败时也不以为自己是失败；只有一知半解的人，才把成功和失败当作绝对真实的事情。　——林语堂

我们既已要做，就只有向前做的一条路；我们不必去问他几时能做成，我们只需把学问看作我们的坟墓，那么，即使不成功，也就是最大的成功了。
　　　　　　　　　　　——刘半农

成功时不要把自己看成巨人，失败时不要把自己看成矮子。　——刘吉

最为悲哀的是永远倒在一个失败的终点上——要认识到，这绝不是终点，完全可能是通向目标的一个连接点。
　　　　　　　　　　　——路遥

一个农民春种夏耘，到头一场灾害颗粒无收，他也不会为此而将劳动永远束之高阁；他第二年仍然会心平气静去春种夏耘，而不管秋天的收成如何。
　　　　　　　　　　　——路遥

"以准备失败的心情去迎接胜利"，这是一个人面临得失的时候所必须有的一种态度。假如只准备成功而不准备失败，当失败时就会措手不及。　——罗兰

失败者成功之母，困难者胜利之基！
　　　　　　　　　　　——毛泽东

迟疑是失败之母。　　　——茅盾

太容易获得的东西便不是贵重的东西。　　　　　　　——茅盾

成功是优点的发挥，失败是缺点的积累。　　　　　　——牛根生

有自信不一定会赢,但是没有自信一定会输。既然相信自己,就要全力以赴。　　　　　　——牛根生

科学研究应当允许失败,假如硬要规定说,这项工作只能成功,不许失败,那就违反了规律。　　——钱三强

虽有苦乐,多由小小得失而来,也可望从小小得失得到补偿与调整。
　　　　　　　　　　——沈从文

没有挫折,没有坎坷,没有望眼欲穿的期盼,没有撕心裂肺的煎熬,没有痛不欲生的痴癫与疯狂,没有万死不悔的追求与等待,当成功到来之时,你会有感慨万端的喜悦吗?在成功到来之后,还会不会有刻骨铭心的幸福?　——史铁生

成功是在对失败经验的积累中获得的。　　　　　　　——史玉柱

成功固然可敬,失败也常令人钦佩,因为不论成功还是失败都说明人在追求,在干事业。　　　　——汪国真

成功的人很少会讥笑失败的人,因为在成功之前他也失败过。无所事事的人才喜欢嘲笑那些失败的人,因为他从来不懂得什么叫成功。　——汪国真

大礼不辞小让,细节决定成败。
　　　　　　　　　　——汪中求

对成功的渴望往往成为妨碍成功的一大思想负担,或者时髦一点儿说,一大"心理障碍"。　　　——王蒙

后退固然不是好事,但也并不丢脸。遇上了太强大的对手,有时也只能后退。　　　　　　　　　——王晓明

要警惕"成功是失败之母"。今天的巨大成功中常常隐藏着潜在危机,也即为失败之母。　　　　——王选

每一个成功的探索者的背后都簇拥着一群失败的探索者,每一个失败的探索者都为后继者做出了特殊的贡献。
　　　　　　　　　　——文清源

成功的周围充满着无限的失败可能性,正确的道路伴随着无限的错误可能性。　　　　　　　——文清源

人的价值,不在于最后成功的瞬间,而在于过程,在于这全过程中艰苦的跋涉,哪怕最后是以失败告终。
　　　　　　　　　　——肖复兴

人是生活在纪律里面的;守纪律,无论做什么,都有成功的可能;不守纪律或全没纪律,就必然要遭到损失或失败。
　　　　　　　　　　——谢觉哉

做事,不止是人家要我做才做,而是人家没要我做也争着去做。这样才做得有趣味,也就会有收获。　——谢觉哉

科学常是在千百次失败后最后一次成功的。　　　　　　——徐特立

牺牲我小,成功我大。　——杨开慧

你可以不成功,但你不能不成长。也许有人会阻碍你成功,但没人会阻挡你成长。　　　　　　　——杨澜

我常常被问及成功的秘诀,其实不外有三:第一,自信和他信;第二,遇到不公平的事有正确心态;第三,先为别人创造,建立良好的人际氛围。当今即使一

个科学家要出成果,也不可能一个人全面包办,在个体劳动越来越不重要的今天,合作尤其可贵。当然,每个人成功的关键都不一样,如果你是胆怯的人,成功的关键是勇气,如果你是一个爱冒险的人,成功的关键可能是广纳博言。我始终认为,面对过去我们要问问为什么,而面对未来,我们则应问问为什么不?

——杨澜

失去的东西,其实从来未曾真正地属于你,也不必惋惜。 ——亦舒

诚恳坦然地承认奋斗后的失败,成功后的失落,我们只会更沉着。

——余秋雨

真正的英雄,正是善于从失败中取得经验,使失败转化为胜利的人。

——余心言

我的态度是一息尚存,还是要干。干到不怕失败的人,才是能够取得胜利的人。 ——恽代英

走出去就会有风险。不敢冒风险,就一点儿成功的机会都没有。不敢面对风险,其实就是最大的风险。

——张瑞敏

预备十二分的力量,才能希望有十分的成功。 ——张太雷

凡事去做,不一定成功;但不去做,则一定不成功。 ——张学良

在人生中还有比成功和幸福更重要的东西,那就是凌驾于一切成败、福祸之上的豁达胸怀。 ——周国平

人生在世,必须习惯于失去。

——周国平

沿着大成功的一条路上,有许多小的失败排列着,最后的成功是在能用坚毅的精神、伶俐的眼光,从这许多小失败里面寻出教训,尽量地利用它,向前猛进。 ——邹韬奋

不干,固然遇不着失败,也绝对遇不着成功。 ——邹韬奋

成功的滋味最甜——从未成功者认为。需有急切的饥渴,才能品出蜜的甘美。 ——艾米莉·笛金森[美国]

我所得到的最好教训,都是来自我的错误的失败中——过去的愚蠢的错误,便是将来的智慧与成功。

——爱德华兹[英国]

成功的秘诀很简单,无论何时,无论怎样,我也绝不允许自己有一点点灰心丧气。 ——爱迪生[美国]

有所成就是人生唯一的真正乐趣。

——爱迪生[美国]

失败也是我需要的,它和成功一样有价值。只有在我知道一切做不好的方法以后,我才知道做好一件工作的方法是什么。 ——爱迪生[美国]

如果你想获得成功,当以恒心为友,以经验为参谋,以当心为兄弟,以希望为哨兵。 ——爱迪生[美国]

自信是成功的第一秘诀。

——爱默生[美国]

每一种挫折或不利的突变,是带着

同样或较大的有利的种子。
——爱默生[美国]

成功=艰苦的劳动+正确的方法+少说空话。
——爱因斯坦[美国]

失败是通向成功的道路。
——巴尔福[英国]

在成功面前,首先应该想到的是获得成功之前的挫折和教训,而不是成功的赞扬和荣誉。
——巴甫洛夫[苏联]

挫折是通向成功的门槛。
——拜伦[英国]

确定一次航行的是否成功,不是在于出港,而是在于进港。
——比彻[美国]

失败是坚忍的最后考验。
——俾斯麦[普鲁士]

生活就是建立功绩……人就在完成这个功绩中享到自己的幸福。
——别林斯基[俄国]

最成功的人往往就是敢冒大险的人。
——柏格森[法国]

良好的开端,等于成功的一半。
——柏拉图[古希腊]

一分钟的成功,付出的代价是好多年的失败。
——勃朗宁[英国]

成功可以毁掉糊涂虫,也可以危及聪明人。
——博恩[英国]

处在现今这个时代,如果说"做不到",你将经常站在失败的一边。
——布朗[英国]

有些人之所以比别人成功的原因,在于当他们失败时,他们有毅力及勇气爬起来,重来一次。
——查斯特菲尔德[英国]

成功常会成为下一个失败的原因,反之,任何失败也都可能因智慧和努力而成为下一次大成功的原因。
——池田大作[日本]

失败是成功之母,它可以激励人们去努力,去探索。如果失败指出了成功的方向,人们甚至可将其视为成功。
——戴埃[美国]

成功毫无技巧可言,我一向只对工作尽力而为而已。
——戴尔·卡内基[美国]

从失败中培养成功。障碍与失败,是通往成功的两块最稳靠的踏脚石。
——戴尔·卡内基[美国]

成功者与失败者之间的区别,常在于成功者能由错误中获益,并以不同的方式再尝试。
——戴尔·卡内基[美国]

对于一个人来说,他的最大的敌人就是他自己的成功。
——丹尼尔[英国]

成功是大胆之子。
——迪斯累里[英国]

拼命去争取成功,但不要期望一定会成功。
——法拉第[英国]

人生的悲剧不在于这个人的失败,而在于他功败垂成。
——房龙[美国]

一时的成就是以多次失败为代价而取得的。
——弗莱彻[英国]

对于成功的坚信不疑,常会导致真正的成功。　　——弗洛伊德[奥地利]

一个人失败的最大原因,是对自己的能力不敢充分信任,甚至认为自己必将失败无疑。　　——富兰克林[美国]

最伟大的胜利——就是战胜自己。
　　　　　　　　——高尔基[苏联]

我们最大的光荣,不在于一次也不失败,而在于每次倒下来都能够站起来。
　　　　　　——哥尔斯密[英国]

善于工作的人,能把失败转向成功。
　　　　　　　　——歌德[德国]

失败后,要诚实地对待自己,这是最关键的。只有坦率地处理好为什么失败这个问题,才能使失败成为成功之母。
　　　　　　　——海厄特[英国]

一个人并不是生来要给打败的。你尽可以消灭他,可就是打不败他。
　　　　　　　——海明威[美国]

从不获胜的人很少失败,从不攀登的人很少跌跤。　——惠蒂尔[美国]

当失败不可避免时,失败也是伟大的。　　　　　——惠特曼[美国]

失败往往是黎明前的黑暗,继之而出现的是成功的朝霞。
　　　　　　　——霍奇斯[英国]

凡不能获得他人信任的人,永远难求成功。　　　——纪德[法国]

常向光明快乐的一面看,那就是我一生成功的秘诀。——柯克[法国]

成败;得失　179

人生求胜的秘诀,只有那些失败过的人才了若指掌。——柯林斯[英国]

愚人常因把困难看得太容易而失败,智者常因把容易看得太困难而一事无成。　　　　——柯林斯[英国]

没有失败,只有成功路上的几块绊脚石。从你的错误中汲取教训,继续前行。　　　　　——库柏[美国]

一个十分杰出的功绩的标志是:那些最嫉妒它的人也不得不赞扬它。
　　　　　　——拉罗什富科[法国]

挫折的大小不是关键,关键是人们如何看待挫折。　——拉泽洛斯[美国]

成功与失败不在于街上人声鼎沸,不在于如潮的欢呼与掌声,而是在于我们自己。　　　——朗费罗[美国]

失败可能是变相的胜利,最低潮就是高潮的开始。　——朗费罗[美国]

成功的秘诀,是要养成迅速去做的习惯。要趁着潮水涨得最高的一刹那……非但没有阻力,并且能帮助你迅速地成功。　　——劳伦斯[英国]

成功与失败同样容易使人变得疲弱。　　　　　　——勒纳[美国]

不要怕承认失败,要从失败的经验中进行学习。要把做得不好的工作,更仔细、更谨慎、更有步骤地重新做起。
　　　　　　　——列宁[苏联]

我们可以转身,但是不必回头,即使有一天,发现自己错了,也应该转身,大步朝着对的方向去,而不是一直回头怨

自己错了。　　　——刘墉[美国]

成功的秘诀,在于永不改变既定的目标。　　　——卢梭[法国]

在宇宙力量的面前,我们越是意识到自身的渺小和无能,人类所已经取得的成就便变得越是非凡。
　　　——罗素[英国]

成功或失败在于是否识时务,合时宜。　　——马基雅弗利[意大利]

有些失败比胜利更堪称荣耀。
　　　——蒙田[法国]

崇高的失败远远胜过低级的成功。
　　　——莫里斯[英国]

我成功,因为志在要成功,我未尝徘徊不前。　　　——拿破仑[法国]

人生的光荣,不在于永不失败,而在于能够屡败屡战。　——拿破仑[法国]

不会从失败中寻找教训的人,他们的成功之路是遥远的。
　　　——拿破仑[法国]

胜利者往往是从坚持最后五分钟的时间中得来成功。　——牛顿[英国]

如果你问一个善于溜冰的人怎样获得成功时,他会告诉你:"跌倒了,爬起来。这就是成功。"——牛顿[英国]

一个成功的人,他能以幽默的情绪去对付失败。　　——潘恩[美国]

成功不是终点,失败也不是末日:这才能赋予我们继续的勇气。
　　　——丘吉尔[英国]

辉煌的胜利最易冲昏人的头脑。
　　　——塞涅卡[古罗马]

今天的失败孕育着明天的成功。
　　　——塞万提斯[西班牙]

本来无望的事,大胆尝试,这就是成功。　　　——莎士比亚[英国]

千万人的失败,失败在做事不彻底;往往做到离成功还差一步,便终止着不做了。　　——莎士比亚[英国]

成功的主要条件是:一个可辨认和有容纳力的市场、充足的资本、一个能力组合均衡的领导团队、不屈不挠的精神,以及深思熟虑的时机。
　　　——史蒂文·布兰德[英国]

我们从失败中学到的东西要比从成功中学到的东西多得多。
　　　——斯迈尔斯[英国]

活得好、笑得多、爱得深的人就是成功者。　　——斯坦利夫人[英国]

世界上的事没有绝对成功,只有不断进步。　　——斯威夫特[英国]

害怕受伤的人不能做木匠,害怕失败的人不能成为科学家。科学是在头脑笨拙的无所畏惧者的尸骨上建起的宫殿,是在鲜血汇成的河岸上开辟的花园。　　　——寺田寅彦[日本]

一个人能否有成就,只看他是否具备自尊心和自信心两个条件。
　　　——苏格拉底[古希腊]

不含有艰辛的成功是没有的。
　　　——索福克勒斯[古希腊]

失败并没有把我们压垮,为成功而努力,这本身就赋予人生以极大的乐趣。
　　——夏洛蒂·勃朗特[英国]

没有遭受过失败和挫折,总是一帆风顺的人,无论他现在多么优秀,多么令人羡慕,都算不上强者。
　　——箱崎总一[日本]

有生命的失败胜过无生命的杰作。
　　——萧伯纳[爱尔兰]

得不到你所一心想要的东西,与什么也得不到几乎一样令人遗憾。
　　——亚里士多德[古希腊]

想匆匆忙忙地去完成一件事以期达到加快速度的目的,结果总是要失败。
　　——伊索[古希腊]

每一步失败,都是接近成功的一步。
　　——雨果[法国]

对于那些有自信不介意于暂时失败的人,没有所谓失败!对怀着百折不挠的坚定意志的人,没有所谓失败!
　　——雨果[法国]

极少有人是绝对的胜利者或失败者。
　　——詹姆斯[美国]

人必须相信自己,这是成功的秘诀。
　　——卓别林[英国]

要记住:历史上所有伟大的成就,都是由于战胜了看来是不可能的事情而取得的。
　　——卓别林[英国]

31　勤奋;勤劳

功崇惟志,业广惟勤。①
　　——[春秋]《尚书》

克勤于邦,克俭于家。
　　——[春秋]《尚书》

骐骥一跃,不能十步;驽马十驾,功在不舍。②
　　——[战国]《荀子》

锲(qiè)而舍之,朽木不折;锲而不舍,金石可镂(lòu)。③
　　——[战国]《荀子》

民生在勤,勤则不匮(kuì)。④
　　——[战国]《左传》

勤学如春起之苗,不见其增,日有所长;辍(chuò)学如磨刀之石,不见其损,日有所亏。⑤
　　——[晋]陶潜

人生在勤,不索何获?⑥
　　——[南朝]《后汉书》

---

① 崇:高。惟:单单;只是。广:大。
② 骐骥:古代有名的良马。驽马:劣马。驾:一日的行程。舍:舍弃;停止。
③ 锲:雕刻。舍:舍弃;停止。折:折断;损坏。金石:金属和石头。镂:雕刻。
④ 民生:人民的生计。匮:缺乏。
⑤ 辍学:中途停止学习,中断学业。
⑥ 索:索取;追求。

学业在勤。　　　——[南朝]刘勰

救烦无若静,补拙莫如勤。
　　　　　　　　——[唐]白居易

业精于勤,荒于嬉;行成于思,毁于随。① ——[唐]韩愈

书山有路勤为径,学海无涯苦作舟。
　　　　　　　　——[唐]韩愈

十年磨一剑,霜刃未曾试。
　　　　　　　　——[唐]贾岛

不勤于始,将悔于终。
　　　　　　——[唐]《贞观政要》

学问勤中得,萤窗万卷书。②
　　　　　　　　——[宋]汪洙

少不勤苦,老必艰辛;少不服劳,老不安逸。　　——[宋]《省心杂言》

只要功夫深,铁杵(chǔ)磨成针。③
　　　　　　　　——[宋]祝穆

笨鸟先飞早入林。——[元]关汉卿

勤与俭,治生之道也,不勤则寡入,不俭则妄费。④ ——[明]朱柏庐

勤能补拙,俭以养廉。
　　　　　　　　——[清]金缨

治事以勤为贵。能勤,则事剧亦暇,暇自心清。不勤,则事简亦忙,忙先神乱。⑤ ——[清]汪辉祖

勤学获新知,深思萌创意,实干出成果。　　　　——陈灏珠

我的成功并不是我很天才,但我知道当太阳升起的时候,我不能睡懒觉。生命就是不停地奔跑,不停地追求。
　　　　　　　　——陈永川

世界上没有什么轻易成功的天才,所谓"天才"就是勤奋学习和实践。
　　　　　　　　——戴伯韬

没有劳动就没有世界。——邓中夏

你的前途应当是"干"！你的责任应当是"干"！你的命运更使你不得不"干"！干啊！只有干才是你的出路——人类的出路！　　——杜永瘦

点水穿石,业精于勤。 ——郭沫若

形成天才的决定因素应该是勤奋。有几分勤学苦练,天资就能发挥几分。天资的充分发挥和个人的勤学苦练是成正比例的。 ——郭沫若

古往今来有成就的人并不都是天资高,有许多天资差的人经过勤学苦练也做出了很好的成就。 ——郭沫若

任何有成就的历史人物,莫有不是从勤学苦练中得来的。 ——郭沫若

---

① 业:指学业。勤:勤奋。嬉:嬉戏,贪玩。行:事情(一说指品行、品德)。毁:失败。随:随便;放任。

② 萤窗:据说晋代人车胤(yìn)年少时家境贫寒,没钱买灯油,夜晚就捉一些萤火虫盛在布袋中,借助萤火虫发出的光亮照明读书。后用"萤窗"形容勤学苦读。

③ 杵:一头粗一头细的圆木棒,古代多用于石臼中捣粮食,去壳。

④ 治生:谋生计,考虑维持生活的办法。

⑤ 剧:繁难;繁重。暇:空闲。

水可以养人,也要你去挑来;棉花可以暖人,也要你去栽种。没有一个东西是不用人的劳力的。
　　　　　　　　　　——郭沫若

天才在于积累,聪敏在于勤奋。
　　　　　　　　　　——华罗庚

单凭天才的科学家也是没有的,只有勤奋,才能勤能补拙,才能把天才真正发挥出来。　　　　——华罗庚

我们每个人手里都有一把自学成才的钥匙,这就是:理想、勤奋、毅力、虚心和科学方法。　　　——华罗庚

勤能补拙是良训,一分辛苦一分才。
　　　　　　　　　　——华罗庚

难,最怕干!　　　　——华罗庚

一个商人要在经验中成熟,其中吃苦耐劳占了百分之九十五。——霍英东

勤奋是学习的枝叶,当然很苦;智能是学习的花朵,当然香郁。——蒋金镛

不要嫌种子太小,种子总是小的。不要怀疑自己忠诚劳动,劳动总会给你留下果实的。　　　　——柯蓝

钉子有两个长处,一个是挤劲,一个是钻劲。我们在学习上,也要提倡这种"钉子"精神,善于挤和钻。——雷锋

不经风雨,长不成大树;不受百炼,难以成钢。迎着困难前进,这也是我们革命青年成长的必经之路。有理想有出息的青年人,必定是乐于吃苦的人。
　　　　　　　　　　——雷锋

我觉得人生求乐的方法,最好莫过于尊重劳动。一切乐境,都可由劳动得来;一切苦境,都可由劳动解脱。
　　　　　　　　　　——李大钊

凡事都要脚踏实地去做,不驰于空想,不骛(wù)于虚声,而唯以求真的态度做踏实的工作。以此态度求学,则真理可明;以此态度做事,则功业可就。
　　　　　　　　　　——李大钊

我认为勤奋是个人成功的要素,所谓一分耕耘,一分收获,一个人所获得的报酬和成果,与他所付出的努力是有极大的关系的。运气只是一个小因素,个人的努力才是创造事业的最基本条件。
　　　　　　　　　　——李嘉诚

哪怕是面临戈壁沙漠,只要勤于开垦,善于栽培,青山之路就在脚下。
　　　　　　　　　　——李强

百行勤为先,万恶惰为首。
　　　　　　　　　　——梁启超

劳动是必需的,但劳动不应该是终极的目标。　　　——梁实秋

伟大的成绩和辛勤的劳动是正比例的,有一分劳动就有一分收获,日积月累,由少到多,奇迹就可以创造出来。
　　　　　　　　　　——鲁迅

我们要振作精神,下苦功学习。下苦功,三个字,一个叫下,一个叫苦,一个叫功,一定要振作精神,下苦功。
　　　　　　　　　　——毛泽东

自己动手,丰衣足食。——毛泽东

要在工作、生产的百忙中,以"挤"的

方法获得学习时间,以"钻"的方法求得问题的了解与深入。　　——毛泽东

对搞科学的人说来,勤奋就是成功之母!　　——茅以升

一个人天资再好,没有勤奋,在科学上也将一事无成;反之,有了勤奋,天资不足也完全可以取得成就。——茅以升

一切成果都只由默默耕耘开始。
　　——宁三

不教一日闲过。　　——齐白石

各种科学发现往往具有一个共同点,那就是勤奋和创新精神。
　　——钱三强

一个人眼睛可以看到很远的地方,脚底下却没有办法,不能一跨就跨到那里,必须一步一步地走。——沈钧儒

任何成就都是刻苦劳动的结果。
　　——宋庆龄

劳动是一切知识的源泉。——陶铸

天才是用劳动换来的。——童第周

天才就是勤奋,知识在于积累。
　　——吴晗

没有经过认真的努力是不可能得到真正的知识的,最多也不过是得到一些像浮游的云彩一样容易消失的东西。
　　——吴玉章

没有持久不懈的勤奋积累,禀赋再高也无用,机遇来临也无法利用。
　　——夏东元

什么绝招?就是勤快,拼命干!还有一条,不要怕失败!　　——夏衍

要研究学问,就要下苦功夫,勤于思想,勤于动笔。　　——谢国桢

世界上没有不费气力可以做好的便宜事。　　——谢觉哉

一分耕耘,一分收获,要想收获得好,必须耕耘得好。　　——徐特立

我知道凡事不能松一口劲,一旦松了劲,一切过去的努力都将成为白费。
　　——许倬云

杂技演员走钢丝的本领,是长期苦练的结果……要想靠小聪明侥幸获得成功,那只能从钢丝上摔下来。——杨乐

年轻人只要一字,就是"勤"。
　　——余叔韶

人,既然是人就应该不同于动物,就应该学会劳动。只要有了热爱劳动的习惯,就能够养活自己,就能够在即使是最为艰苦的环境中,学会生存。
　　——曾宪梓

没有勤俭就没有积累,没有积累,就没有将来。　　——周恩来

青年人不仅要把前人的学问继承下来,还要把前人做学问的刻苦精神也继承下来。　　——朱德

凡是真正有价值的东西,不付出艰苦的劳动是得不到的。
　　——艾迪生[英国]

天上永远不会掉下玫瑰来,如果想

要更多的玫瑰,必须自己种植。
——艾略特[英国]

天才是百分之一的灵感加上百分之九十九的汗水。——爱迪生[美国]

在一个崇高的目的支持下,不停地工作,即使慢,也一定会获得成功。
——爱因斯坦[美国]

在天才和勤奋之间,我毫不迟疑地选择勤奋,她几乎是世界上一切成就的催产婆。——爱因斯坦[美国]

有的人本领平庸,但做事尽心竭力,他们比那些本领出众但做事敷衍塞责的人强。——奥斯丁[英国]

通过辛勤工作获得财富才是人生的大快事。——巴尔扎克[法国]

忙碌的人连流泪的时间都没有。
——拜伦[英国]

只有勤奋不懈地努力才能获得那些技巧。——贝多芬[德国]

我的箴言始终是:无一日不动笔。如果我有时让艺术之神瞌睡,也只为要使它醒后更兴奋。——贝多芬[德国]

聪明的资质、内在的干劲、勤奋的工作态度和坚韧不拔的精神,这些都是科学研究成功所需的必备条件。
——贝弗里奇[英国]

当我像嗡嗡作响的陀螺一样高速旋转时,就自然排除了外界各种因素的干扰,抵抗着外界的压力。
——比埃尔·居里[法国]

在日常生活中,靠天才能做到的事,靠勤奋同样能做到;靠天才做不到的事,靠勤奋也能做到。——比彻[美国]

只有劳动才能使人变得幸福,使他的心灵变得开朗、和谐、心满意足。
——别林斯基[俄国]

勤劳之后所得到的回报是:达到目的,被人尊重。更重要的是,回味得到自尊心的快乐。——查斯特菲尔德[英国]

勤劳一天,可得一夜安眠;勤劳一生,可得幸福长眠。
——达·芬奇[意大利]

我完成的任何科学工作,都是通过长期的考虑、忍耐和勤奋得来的。
——达尔文[英国]

如果说我有什么功绩的话,那不是我有才能的结果,而是勤奋有毅力的结果。——达尔文[英国]

勤奋是生意的灵魂,昌盛的基石。
——狄更斯[英国]

一片用努力换来的面包比一桌继承来的酒席好吃得多。——狄更斯[英国]

只有劳动才能提供享受生活的权利。——杜勃罗留波夫[俄国]

劳动创造了人本身。
——恩格斯[德国]

劳动往往是欢乐之父。
——伏尔泰[法国]

智慧是勤劳的结晶,成就是劳动的化身。——伏契克[捷克斯洛伐克]

勤勉是好运之母,上帝把一切都赐予勤勉。趁今天赶紧去做事吧,因为明天可能对你会有诸多不便。一个今天抵得上两个明天,能在今天做的事切莫留待明天。
　　——富兰克林[美国]

勤勉,不浪费时间。每时每刻做些有用的事,戒掉一切不必要的行动。
　　——富兰克林[美国]

只要你在业务上勤奋,你就会变得博学;只要你勤俭节约,你就会富裕;只要你清心寡欲,你就会健康;只要你行善积德,你就会心情畅快。只要你这么做了,至少会有取得这些成就的机会。
　　——富兰克林[美国]

凡事勤则易,懒则难。
　　——富兰克林[美国]

劳动是幸福之父。
　　——富兰克林[美国]

勤奋是命运女神的右手,节俭是她的左手。　　——富勒[英国]

努力与勤奋可以带来好运。
　　——富勒[英国]

天才出于勤奋。——高尔基[苏联]

劳动和科学是世界上最伟大的两种力量。　　——高尔基[苏联]

劳动是世界上一切欢乐和一切美好事物的源泉。　　——高尔基[苏联]

那些终生从事劳动的人们,一生都在装点和充实着大地。
　　——高尔基[苏联]

天才就是勤奋。　　——歌德[德国]

做事总需要时间,不付出大量的心血和劳动是做不成大事的。想吃核桃,就得首先咬开坚硬的果壳。
　　——格里美豪森[德国]

有些人成功是由于知识渊博,有些人成功是由于行为高尚,很少有人不加努力便能成功。　　——哈伯德[美国]

人们在那儿高谈着天启和灵感的东西,而我却像首饰匠打金锁那样地精心劳动着,把一个个小环非常合适地连接起来。　　——海涅[德国]

天才是勤勉之果。
　　——汉密尔顿[美国]

不劳无获,少劳少获;多少耕耘,多少收成。　　——赫里克[英国]

勤勉乃成功之母。——基佐[法国]

人只有勤奋工作,才能尽情享受安逸。　　——杰罗姆[美国]

只有用劳动换来的面包,吃起来才是最香甜的。　　——克雷洛夫[俄国]

实干、劳作,是可靠的财富。
　　——拉封丹[法国]

假如你有天赋,勤奋会使它变得更有价值;假如你没有天赋,勤奋可以弥补它的不足。　　——雷诺兹[英国]

勤劳是财富的右手,节俭是她的左手。　　——雷伊[美国]

劳动能唤起人的创造力。
　　——列夫·托尔斯泰[俄国]

好学不倦者,必成大才。
　　——林肯[美国]

任何忽然闪现的灵感,事实上都不能代替长期的功夫。　——罗丹[法国]

一旦你勤于工作与学习,你的日子自然就充满了活力与对前途的展望。
　　——罗曼·罗兰[法国]

不勤奋的人生便是罪过,无技艺的勤劳就是粗野。　——罗斯金[英国]

劳动永远是人类生活和文化的基础。　　——马卡连柯[苏联]

劳动创造了美。——马克思[德国]

在这个并非尽善尽美的世界上,勤奋会得到报偿,而游手好闲则要受到惩罚。　　　　——毛姆[英国]

没有加倍的勤奋,就既没有才能,也没有天才。　——门捷列夫[俄国]

勤奋可以赢得一切。
　　——米南德[古希腊]

谁和我一样用功,就会和我一样成功。　　——莫扎特[奥地利]

灵感是在劳动的时候产生的。
——尼古拉·奥斯特洛夫斯基[苏联]

我所能奉献的没有其他,只有热血、辛劳、眼泪与汗水。——丘吉尔[英国]

勤劳远比黄金可贵。
　　——萨迪[波斯]

勤奋读书,必须紧紧抓住时间骏马的缰绳,最充分地利用当前的时间。取道于"等一等"之路,常走入"永不"之室。　——塞万提斯[西班牙]

不用劳动获得的东西,只有"贫困"。
　　——莎士比亚[英国]

报酬是对勤劳的奖励。所谓勤劳就像其他所有人的资质一样,随着接受奖励的比例而进步。　——史密斯[英国]

只有勤勉、毅力才会使我们成功。而勤勉、毅力又来源于为达到成功所需要的手段。　——史密斯[英国]

没有顽强的细心的劳动,即使是有才华的人也会变成绣花枕头似的无用的玩物。　——斯坦尼斯拉夫斯基[苏联]

假使你愿意收获,你必须耕种。
　　——斯威布[德国]

明天是勤奋最危险的敌人。任何时候,都不要把今天应该完成的某一部分工作拖到明天。——苏霍姆林斯基[苏联]

光勤劳是不够的,蚂蚁也是勤劳的。要看你为什么而勤劳。——梭罗[美国]

离你越近的地方,路途越远;最简单的音调,需要最艰苦的练习。
　　——泰戈尔[印度]

激励一个人勤奋的是他的进取心,而不是进取本身。　——泰勒[美国]

勤奋使人致富,怠惰使人变穷。
　　——瓦鲁瓦尔[印度]

劳动使人忘忧。
　　　　　——西塞罗[古罗马]

一切事物的真正价值在于获得它时所付出的辛苦劳动。
　　　　　——亚当·斯密[英国]

很少有什么东西是不能通过勤奋和技艺而获得的。　——约翰逊[英国]

对于勤奋与才能来说，几乎没有办不到的事情。　　——约翰逊[英国]

32　懒惰

祸生于懈惰。　　　——[汉]韩婴

习闲成懒懒成痴。——[宋]范成大

躁则妄，惰则废。既妄且废，则天下之所以不治者，常出于此，而不足怪。
　　　　　　　　　——[宋]苏轼

天下事，坏于懒与私。
　　　　　　　　　——[宋]朱熹

恶(wù)劳好逸，人之常情。就因为这是人之常情，人才需要鞭策自己。
　　　　　　　　　——梁实秋

懒不是不可医，但须下手早。
　　　　　　　　　——梁实秋

懒惰是代价极高的奢侈品，一旦到期清付，必定偿还不起。
　　　　　　　　　——廖静文

人最困难的莫过于战胜自己的惰性。　　　　　　——刘吉

懒惰是很奇怪的东西，它使你以为那是安逸，是休息，是福气；但实际上它所给你的是无聊，是倦怠，是消沉；它剥夺你对前途的希望，割断你和别人之间的友情，使你心胸日渐狭窄，对人生也越来越怀疑。　　　　　——罗兰

缺少身体的活动，是体能的浪费；缺少思想的活动，是心智的浪费。不活动是懒惰，不思想也是懒惰。　——罗兰

懒惰和犹豫不决是使一个人暮气沉沉的最大原因。　　　——罗兰

天分高的人如果懒惰成性，亦即不自努力以发展他的才能，则其成就也不会很大，有时反会不如天分比他低些的人。　　　　　　　——茅盾

耽(dān)于懒惰、逸乐的人，会跟着产生一连串恶念与恶行。　——秦牧

懒惰成性的人们不可能理解，一个胸怀远大目标的人为了达到这个目标可以在各种条件下刻苦努力，他可以在夜间长时间紧张地埋头苦干，甚至谈话、闭目养神和在街头漫步时，他也在下功夫。
　　　　——阿·维诺格拉多夫[苏联]

长期的心灰意懒以及习惯的烦恼，足以致人于贫病枯萎。——布朗[英国]

有懒惰的地方就有丑恶现象，有奢侈的地方就有丑恶现象。
　　　　——车尔尼雪夫斯基[俄国]

一个懒惰心理的危险,比懒惰的手足,不知道要超过多少倍。而且医治懒惰的心理比医治懒惰的手足还要难。因为我们做一件不愿意不高兴的工作,身体的各部分,都感到不安和无聊。反过来说,如果对于这种工作有兴趣、愉快,工作效率不但高,身心也感到十分舒适。
　　　　　　——戴尔·卡内基[美国]

　　一个懒惰的人应当受些刺激,因为他还不急于去利用他醒后的光阴。
　　　　　　——但丁[意大利]

　　充分发挥我们才能的最大障碍恐怕就是懒惰。因此,在任何社会中,其成员如欲充分发挥其才能与作用,其首要的座右铭就应当是:"须有自知之明。"
　　　　　　——德拉克洛瓦[法国]

　　愚钝是精神的怠惰,怠惰是肉体的愚钝。　　——杜康默[法国]

　　休息是好事,但要小心"倦怠"是它的好兄弟。　　——伏尔泰[法国]

　　怠惰,一切都难办;勤奋,凡事皆顺利。　　——富兰克林[美国]

　　懒惰走得如此之慢,以致贫穷很快就赶上它。　　——富兰克林[美国]

　　懒惰像生锈一样,比操劳更能消耗身体;经常用的钥匙,总是亮闪闪的。
　　　　　　——富兰克林[美国]

　　悠闲的生活与懒惰是两回事。
　　　　　　——富兰克林[美国]

　　生活要走向自己的目标,而且寻求人们有所作为,但人们却当了自己懒惰的俘虏,使生活的前进速度受到阻碍。
　　　　　　——高尔基[苏联]

　　人们之所以反对进步不是因为他们仇恨进步,而是因为他们依恋惰性。
　　　　　　——哈伯德[美国]

　　才能一旦让懒惰支配,它就无所作为。　　——克雷洛夫[俄国]

　　懒惰尽管柔弱似水,却常常把我们征服;它渗进生活中一切目标和行动,蚕食和毁灭着激情和美德。
　　　　　　——拉罗什富科[法国]

　　在所有的过错中,我们最易于原谅的就是懒散。　——拉罗什富科[法国]

　　我们的精神比我们的身体有着更大的惰性。　　——拉罗什富科[法国]

　　闲散生活的习惯,对于一个人来说,比生活中一切灾难都更坏些。所以儿童还在幼年时期养成工作的习惯是极其重要的。　——列夫·托尔斯泰[俄国]

　　懒惰是一切罪恶的根源。
　　　　　　——马卡连柯[苏联]

　　罗马人从来不教子女坐便可学到的本领。　　　——蒙田[法国]

　　你有一天将遭遇的灾祸,是你某一时间疏懒的报应。　——拿破仑[法国]

　　懒惰是一切邪恶之门——一个懒惰的人,正如一所没有墙壁的房子,恶魔可以从任何一个方面进来。
　　　　　　——乔叟[英国]

　　不要睡懒觉,不和太阳一同起身就

辜负了那一天。勤奋是好运之母,反过来,懒惰就空有大志,成不了事。

——塞万提斯[西班牙]

懒驴子是打死也走不快的。

——莎士比亚[英国]

手懒的,要受贫穷;手勤的,得到富足。 ——《圣经》

懒惰人的道,像荆棘的篱笆;正直人的路,是平坦的大道。 ——《圣经》

由工作产生的疲劳,能使人感到愉快;而由懒惰产生的疲劳,只能使人在休息时感到烦躁和悔恨。

——石川达三[日本]

不做事的人是懒惰的,没能把事情做得更好的人也是懒惰的。

——苏格拉底[古希腊]

上天永远不会帮助不动手去做的人。 ——索福克勒斯[古希腊]

懒人总是找不到给他干的事情。

——沃维纳格[法国]

怠惰是贫穷的制造厂,人不能奢望同时是伟大的而又是舒适的。重要的是要勤勉,因为只有勤勉,才不仅会给人提供生活的手段,而且能给人提供生活上的唯一价值。 ——席勒[德国]

孩子懒惰,不应责备他们,因为是父母把他们养成这样的。

——伊索[古希腊]

困难在很大程度上是懒惰造成的。

——约翰逊[英国]

正如骄傲有时藏匿在谦卑后面一样,懒惰往往为混乱和匆忙所掩盖。

——约翰逊[英国]

懒惰和贫穷永远是丢脸的,所以每个人都会尽最大努力去对别人隐瞒财产,对自己隐瞒懒惰。

——约翰逊[英国]

33　勇敢;大胆

违强凌弱,非勇者。

——[战国]《左传》

败军之将,不可以言勇。

——[汉]《史记》

大勇者,视天下无不可为之事,亦无不可胜之敌。 ——[唐]郭子仪

临危不惧,勇也。 ——[唐]骆宾王

赴汤火,蹈白刃,武夫之勇可能也;克己自胜,非君子之大勇,不可能也。[①]

——[宋]《二程集》

新进之士喜勇锐,老成之人多持重。[②] ——[宋]欧阳修

天下有大勇者,猝(cù)然临之而不

———————

[①] 克己:克制自己的私心;严格要求自己。

[②] 新进:指刚入仕途或新登科第。

惊,无故加之而不怒。① ——[宋]苏轼

艺高人胆大。 ——[明]戚继光

初生之犊不惧虎。

——[明]《三国演义》

要强健起来,勇敢起来,应该忍受一切苦难而存在,不要让苦痛埋葬了我。

——巴金

勇敢之最著者为独立。②

——蔡元培

承认自己的缺点需要勇气,承认别人的长处也需要勇气。 ——陈祖芬

人活世上,不可能无所畏惧。不同的只在于畏惧什么。 ——戴厚英

正义的路是崎岖的,它只欢迎勇敢的人。 ——郭沫若

智和勇是同样的东西,勇乃是了解人生之后的产物。 ——林语堂

战斗当首先守住营垒,若专一冲锋,而反遭覆灭,乃无谋之勇,非真勇也。

——鲁迅

真的猛士,敢于直面惨淡的人生,敢于正视淋漓的鲜血。 ——鲁迅

勇者愤怒,抽刃向更强者;怯者愤怒,却抽刃向更弱者。 ——鲁迅

前途很远,也很暗,然而不要怕。不怕的人的面前才有路。 ——鲁迅

必须敢于正视,这才敢想,敢说,敢做,敢当。倘使想正视而不敢,此外还能成什么气候? ——鲁迅

第一次吃螃蟹的人是很可佩服的,不是勇士谁敢去吃它呢? ——鲁迅

一定要有自信的勇气,才会有工作的勇气。 ——鲁迅

知难而进是勇士,知难而退是懦夫。

——马铁丁

接受是勇气,回避是智能。

——闻一多

人在世上的奋斗表明,勇气比智能更重要——勇气可以生出智能,智能却无法生出勇气来。 ——谢选骏

有真道德,必生真胆量。凡怕天怕地怕人怕鬼的人,必是心中有鬼,必是品行不端。

——宣永光

勇者并不是蛮勇之谓。凡见义不为为非勇,欺凌弱小为非勇,贪图便宜、使乖取巧、自私自利皆为非勇。

——郁达夫

大胆设想,小心求证。看来大胆还是必要的,当然大胆要建筑在扎实工作的基础上。 ——赵金科

大勇是怯弱与狂暴的折中,但它宁愿近于狂暴,不愿近于怯弱。

——宗白华

只有那些勇敢镇定的人,才能熬过黑暗,迎来光明。

——阿斯图里亚斯[危地马拉]

---

① 猝然:突然;出乎意料。
② 著:显明;明显。

战场上最勇敢的人,都是平时最谦虚的人。　　——爱默生[美国]

勇气是一件很强的武器。
　　　　　　——安徒生[丹麦]

我唯一能信赖的,是我的狮子般的勇气和不可战胜的从事劳动的精力。
　　　　　　——巴尔扎克[法国]

只要是行为正当,那么勇气会使你获得一切。　——贝多芬[德国]

勇士的榜样带动着胆怯的人一起前进,只要一个人表现出大无畏的精神,他的榜样,就能使他周围的人们心头燃起勇敢的火炬。　——伯尔[德国]

真的算得勇敢的人是那个最了解人生的幸福和灾患,然后勇往直前,担当起将来会发生的事故的人。
　　　　　——伯利克里[古希腊]

勇气是一种拯救的力量。
　　　　　　——柏拉图[古希腊]

勇敢不在于能够蔑视危险,而在于认清危险,战胜危险。
　　　　　　——布勒森东[英国]

一个勇士的成功常常会激励一代人的勤勉和勇敢。　——茨威格[奥地利]

勇猛、大胆和坚定的决心能够抵得上武器的精良。　——达·芬奇[意大利]

我们应该不仅把那对敌人取得胜利的人看作是勇敢的人,而且也把那对自己的欲望取得胜利的人看作是勇敢的人。　——德谟克里特[古希腊]

如果不敢去跑,就不可能赢得竞赛;如果你不敢去战斗,就不可能赢得胜利。
　　　　　　——德沃斯[美国]

勇敢和必胜的信念常使战斗得以胜利结束。　　——恩格斯[德国]

身体的勇敢是动物的本能,道德的勇敢则是崇高而真实的人类潜能之迸发。　——菲力普斯[美国]

尽管无所畏惧的狂妄乃是无知愚昧的产儿,但是却总能迷惑并左右许多愚人,甚至这种狂妄的盲勇有时还能吓住许多智者——当他们意志不够坚强的时候。　——弗兰西斯·培根[英国]

勇气常常是盲目的,因为它没有看见隐伏在暗中的危险与困难,因此,勇气不利于思考但却有利于实干,因为在思考时必须预见到危险,而在实干中却必须不顾及危险,除非那危险是毁灭性的。
　　　　——弗兰西斯·培根[英国]

英勇精神是向往崇高目标的人的财产。　　——福尔多乌西[波斯]

缺乏正义的勇敢是软弱无力的。
　　　　　　——富兰克林[美国]

在一切日常事务中,非常需要坚强果决的行动。　——高尔斯华绥[英国]

世界是属于勇者的。
　　　　　　——哥伦布[意大利]

在每一个艺术家身上都有一颗勇敢的种子,没有它就不能设想有才能。
　　　　　　——歌德[德国]

你若失去了财产——你只失掉了一

点儿;你若失去了荣誉——你就失掉了许多;你若失去了勇敢——你就把一切都失掉了!
——歌德[德国]

大胆的见解就好比下棋时移动一个棋子,它可能被吃掉,但它却是胜局的起点。
——歌德[德国]

勇于进取者永远长生!
——歌德[德国]

我们中很多人对抽象的事情勇气十足,而对具体的事情却缺乏勇气。
——海伦·凯勒[美国]

只有坚强的人才承认自己的错误,只有坚强的人才谦虚,只有坚强的人才宽容。
——赫尔岑[俄国]

果断就获得信心,信心就产生力量,力量是胜利之母。
——亨利希·曼[德国]

勇敢寓于灵魂之中,而不凭一具强壮的躯体。
——卡赞扎基[古希腊]

无畏是灵魂的一种杰出力量,它使灵魂超越那些苦恼、混乱和面对巨大危险可能引起的情感。正是靠这种力量,英雄们在那些最突然和最可怕的事件中,也能以一种平静的态度支持自己,并继续自由地运用他们的理性。
——拉罗什富科[法国]

只有坚强有力的人才能有一种真正的温柔,那些表面上温柔的人只不过是软弱,这种软弱很容易转变成尖酸刻薄。
——拉罗什富科[法国]

如果一个人从未经历过危险,我们不能担保他有勇气。
——拉罗什富科[法国]

谁勇敢地经受过青春之火的洗礼,谁就毫不畏惧晚年的严寒冰霜。
——兰多[英国]

勇气是青年人最漂亮的装饰。
——雷马克[德国]

勇气不是盲目地忽视危险,而是看见便去克服它。
——李斯特[德国]

要记住!情况越严重,越困难,就越需要坚强、积极、果敢。
——列夫·托尔斯泰[俄国]

勇气是一架梯子,其他美德全靠它爬上去。
——卢索[美国]

勇气只有我们犯错误的时候才是可贵的,假使我们始终谨慎从事,我们就很少需要勇气了。
——卢索[美国]

在不幸中所表现出来的勇气,通常总是使卑怯的灵魂恼怒,而使高尚的心灵喜悦的。
——卢索[美国]

在战斗中体现勇敢,绝不是唯一的形式,更不是最重要的形式。对付贫穷要有勇气,忍受嘲笑要有勇气,正视自己营垒里的敌对者也要有勇气。在这些方面,赳赳武夫经常胆怯得令人叹息。而最重要的是面对危险还有勇气能冷静和合理地思考,能控制由惊慌而引起的恐怖和狂暴的冲动。
——罗素[英国]

一个成功者和一个失败者之间的区别,往往不在于能力大小或想法好坏,而在于是否有勇气信赖自己的想法,在适当的程度上敢于冒险和行动。
——马尔兹[美国]

英勇是一种力量,但不是腿部和臂部的力量,而是心灵和灵魂的力量;这力量并不存在于战马和武器的价值之中,而是存在于我们自身之中。
——蒙田[法国]

卑微的人辩解自己的过失,勇敢的人必定把自己的过失公之于世。
——米勒[美国]

勇敢产生在斗争中,勇气是在每天对困难的顽强抵抗中养成的。我们青年的箴言就是勇敢、顽强、坚定,就是排除一切障碍。
——尼古拉·奥斯特洛夫斯基[苏联]

我们为了在这个动荡不安的、波涛起伏的世界上生存,就必须成为强者。
——努尔曼·比尔[法国]

勇敢是人类美德的高峰。
——普希金[俄国]

大石拦路,勇者视为前进的阶梯,弱者视为前进的障碍。——普希金[俄国]

一颗无畏的心往往能帮助一个人避免灾难。——乔万尼奥里[意大利]

怯于做卑鄙而又毫无价值的事情,不失为一种勇敢。——琼森[英国]

勇气是人类最重要的一种特质,倘若有了勇气,人类其他的特质自然也就具备了。——丘吉尔[英国]

一个人真正的英勇果敢,绝不等于用拳头向别人发言。——萨迪[波斯]

勇气通往天堂,怯懦通往地狱。
——塞涅卡[古罗马]

真金在烈火中炼就,勇气在困难中培养。——塞涅卡[古罗马]

你要想无所畏惧,就应该坚信:世上的一切东西都是惧怕人的。
——塞涅卡[古罗马]

有了勇气便能粉碎厄运。
——塞万提斯[西班牙]

勇气是在磨炼中成长的。
——莎士比亚[英国]

真正勇敢的人,应当能明智地忍受最难堪的屈辱。——莎士比亚[英国]

奋战而死,是以死亡摧毁死亡;畏怯而死,却做了死亡的奴隶。
——莎士比亚[英国]

即使是没有钱,一个勇敢的人,仍然会受到尊敬,有威望;即使是堆满了钱,一个懦夫仍然会成为被轻视的对象。
——《五卷书》[印度]

一个人在危险面前坚定不移,保持快乐,至少无所畏惧,这就是勇敢,而如若痛苦不堪就是怯懦。
——亚里士多德[古希腊]

勇气这东西是不假思索、毫不犹豫的,听到求救的呼声就像闪电一般,本能地冲上去。 ——亚米契斯[意大利]

宁可让鲨鱼吃掉,还落得个勇敢的称号,比起像粪土一般让蛆虫吃掉要有价值得多。 ——伊巴涅斯[西班牙]

一个有坚强心态的人,财产可以被人掠夺,勇气却不会被人剥夺的。
——雨果[法国]

只有勇敢坚强的人,才具有一种激动、一种气质、一种道德。坚持真理的人是伟大的,伟大的心灵的全部秘密几乎都在这个词里面:"坚持"。坚持对于勇气,正如轮子对于杠杆,那就是支点的永恒更新。 ——雨果[法国]

勇气使我们抵抗我们所怕的危险和所感的灾祸,对于这种四面受敌的人生是很有用的。所以我们最好及早使得儿童具备这种武装,愈早愈好。
——约翰·洛克[英国]

34 怯懦

见义不为,无勇也。
——[春秋]《论语》

怯生于勇,弱生于强。
——[春秋]《孙子兵法》

只爱温顺的人,本身是软弱的。
——艾青

软体动物最需要硬壳。 ——艾青

怕是正常的,不怕却是需要锻炼的事。 ——毕淑敏

将对最大的未知的恐惧置之度外,所有已知的苦难都不在话下,这个人的战斗力实不可低估。 ——毕淑敏

卑怯的人,即使有万丈的怒火,除弱草以外,又能烧掉什么呢? ——鲁迅

每个凡人,心里都有怯懦。
——秦文君

人怕的是两手空空去死,与其说是贪婪,还是归结于懦弱的天性。
——秦文君

当你明白了怯懦是无法解决问题时,生活就会逼你坚强起来。
——秦文君

没有原则地跟人和平相处,在我看来,就是懦弱。 ——三毛

表达自己的软弱,即是表达对他人的需要。 ——史铁生

与世无争,与人无争,是懦夫的行为。受辱不争,受害不争,是比懦夫更下一等的奴才行径。 ——吴晗

回避是一种自欺,是一种软弱。
——肖复兴

人到了山穷水尽的地步,而能够自

拔,才不算懦弱。　　——徐悲鸿

过于自卑就无异于自毁。
　　　　　　　　——张殿国

人的软弱是人的宿命,可以抑止它,但不能根除它。　　——张志扬

自寻短见是懦夫的天性之一。
　　　　　　——奥维德[古罗马]

战争会造就英雄豪杰,会荡涤一切污泥浊水。所有的人都害怕战争,然而懦夫只是那些让自己的恐惧战胜了责任感的人。责任感是大丈夫气概的精华。
　　　　　　　　——巴顿[美国]

懦夫——一个在生死关头,用腿思考的人。　　——比尔斯[美国]

高山绝顶在懦弱者看来是畏途。
　　　　　　　　——布莱克[英国]

一切的痛苦毕竟是懦弱的表现,在坚强有力的生活感召下只会悄悄隐退。
　　　　　　——茨威格[奥地利]

一句话,先是太胆小,明知不该做的事却不敢不做;后来也还是太胆小,明知该做的事也不敢去做。
　　　　　　　——狄更斯[英国]

害怕危险的心理,比危险本身还要可怕一万倍。　——笛福[英国]

自杀是一种极端懦弱的表现。
　　　　　　　　——笛福[英国]

怕死是怯懦的表现,惧生同样也是怯懦的表现。　——弗莱彻[英国]

如果你是懦者,你自己乃是你最大的敌人;但如果你是勇者,你自己乃是你最大的朋友。　——弗兰克[美国]

瞬息间的动摇也罢,怯懦也罢,或者是被折磨得要死,以致处在昏迷和狂乱中寻求解脱也罢,这一切都不能使人饶恕。　　——伏尼契[爱尔兰]

懦夫失去了比自己生命更多的东西,他虽生犹死,因为他为集体所摒弃。
　　　　——伏契克[捷克斯洛伐克]

一个懦夫的恐惧能使另一个懦夫勇敢起来。　　——富勒[英国]

不要慨叹生活的痛苦!——慨叹是弱者。　　　——高尔基[苏联]

幸福绝不会授给胆小鬼。勇敢的人要去冒险,以冒险为乐。冒险可以帮助他脱险。　　——歌德[德国]

逃避挑战、牺牲、危险的人就是懦夫,但为了物质上的利益而出卖原则的人就不只是懦夫。　——海塞[瑞士]

男子汉脸红多半是为了自己的懦弱和虚荣,不是为了自己的罪过。
　　　　　　——拉布吕耶尔[法国]

许多人都是由于本身软弱而做出问心有愧的事来的,并非都是蓄意背信弃义。　　——拉罗什富科[法国]

怯懦的人,会把朋友送给刽(guì)子手。　　——罗曼·罗兰[法国]

最懦怯的人也急于指责自杀的人

懦怯。　　——罗曼·罗兰[法国]

庸庸碌碌、心安理得地过下去是不道德的。而自动从战斗中退缩的人则是一个懦夫。

——罗曼·罗兰[法国]

我认为克服恐惧最好的办法理应是：面对内心所恐惧的事情，勇往直前地去做，直到成功为止。

——罗斯福[美国]

最可悲的事却莫过于懦夫不幸有了机会做大胆的决定。　　——蒙森[德国]

我们唯一不会改正的缺点是软弱。
——尼古拉·奥斯特洛夫斯基[苏联]

懦夫永远建立不起胜利的纪念碑。
——欧波利斯[古希腊]

心灵怯懦者，往往为灾难所打垮、所吓退；心灵坚强的，则跨越向前。

——欧文[英国]

一个人绝对不可在遇到危险的威胁时，背过身去试图逃避。若是这样做，只会使危险加倍。如果立刻面对它毫不退缩，危险便会减半。绝不要逃避任何事物，绝不！　　——丘吉尔[英国]

采珠人如果被鳄鱼吓住，怎能得到名贵的珍珠？　　——萨迪[波斯]

太胆小是懦弱，太胆大是鲁莽，应适得其中。　　——塞万提斯[西班牙]

鲁莽和懦怯都是过失，勇敢的美德是这两个极端的折中。不过宁可勇敢过头而鲁莽，不要勇敢不足而懦怯。挥霍比吝啬更近于慷慨的美德，鲁莽也比懦怯更近于真正的勇敢。

——塞万提斯[西班牙]

失去财富固属损失，失去朋友是更大的损失，而失去了勇气则是损失一切。

——塞万提斯[西班牙]

因为惧怕可能发生的祸患而结束了自己的生命，是一件懦弱卑劣的行为。

——莎士比亚[英国]

懦夫在未死以前就已经死过好多次，勇士一生只死一次。

——莎士比亚[英国]

爱情可以刺激懦夫，使他鼓起本来所没有的勇气。　　——莎士比亚[英国]

在懦夫和优柔寡断者看来，一切事情都是不可能成功的。

——司各特[英国]

如果他是一棵软弱的芦草，就让他枯萎吧；如果他是一个勇敢的人，就让他自己打出一条路出来吧。

——司汤达[法国]

一个胆小得什么事情都不敢做的人，满腹经纶对他一点儿也没有用处，即使把一盏明灯放在他的手上，一个瞎子难道能看到一件事物？

——《五卷书》[印度]

任何激将法，都不能给生来懦怯的人增加力量。　　——伊索[古希腊]

35　诚信；真实

人之所助者，信也。①
　　　　　——[周]《周易》

轻诺必寡信，多易必多难。②
　　　　　——[春秋]《老子》

人而无信，不知其可。③
　　　　　——[春秋]《论语》

自古皆有死，民无信不立。④
　　　　　——[春秋]《论语》

与朋友交，言而有信。
　　　　　——[春秋]《论语》

繁礼君子，不厌忠信；战阵之间，不厌诈伪。　　——[战国]《韩非子》

小信诚则大信立。
　　　　　——[战国]《韩非子》

巧诈不如拙诚。
　　　　　——[战国]《韩非子》

诚者，天之道也；思诚者，人之道也。
　　　　　——[战国]《孟子》

君子养心莫善于诚。
　　　　　——[战国]《荀子》

信，国之宝也，民之所庇也。
　　　　　——[战国]《左传》

马先驯而后求良，人先信而后求能。
　　　　　——[汉]《淮南子》

不宝金玉，而忠信以为宝。
　　　　　——[汉]《礼记》

诚无垢，思无辱。⑤　——[汉]刘向

营于利者多患，轻于诺者寡信。
　　　　　——[汉]刘向

夫高论而相欺，不若忠论而诚实。
　　　　　——[汉]王符

祸莫大于无信。　——[晋]傅玄

以信接人，天下信之；不以信接人，妻子疑之。⑥　——[晋]傅玄

知人之难，莫难于别真伪。
　　　　　——[晋]傅玄

天之所助者顺，人之所助者信。
　　　　　——[晋]《三国志》

信者，行之基；行者，人之本。人非行无以成，行非信无以立。
　　　　　——[北朝]刘昼

兄弟不信，则其情不亲；朋友不信，则其交易绝。　——[唐]武则天

不诚则有累，诚则无累。
　　　　　——[宋]《二程集》

---

① 信：诚信。
② 轻：轻易；草率。诺：许诺；应诺。寡：少。信：诚信。
③ 信：诚信。可：能；可以。
④ 立：存在；生存。
⑤ 诚：诚信。垢：耻辱。
⑥ 接：接触；对待。

诚者万善之本,伪者百祸之基。
——[宋]刘炎

有所期诺,纤毫必偿;有所期约,时刻不易。① ——[宋]《袁氏世范》

受人之托,必当终人之事。
——[元]《琵琶记》

忠信,立身之本。 ——[明]薛瑄

处己、事上、临下,皆当以诚为主。
——[明]薛瑄

以诚感人者,人亦以诚应。
——[明]薛瑄

人无忠信,不可立于世。
——[明]薛瑄

存心光明正大,言论光明正大,行事光明正大,斯之谓君子。②
——[清]陶觉

无论如何,人言而无信,便不值一钱。 ——[清]曾国藩

诚实是最简易的做人处世的方法。
——柏杨

做老实人,说老实话,干老实事,就是实事求是。 ——邓小平

对人以诚信,人不欺我;对事以诚信,事无不成。 ——冯玉祥

真诚是第一把艺术的钥匙。有了真诚,才会有虚心,有了虚心,才肯丢开自己去了解别人,也才能放下虚伪的自尊心去了解自己。 ——傅雷

美好的东西时常是由于它的真诚。
——傅雷

一个人只要真诚,总能打动人的:即使人家一时不了解,日后仍会了解的。
——傅雷

好的信誉,等于财富。 ——嘉道理

真诚营养灵魂。 ——蒋子龙

为人要正派,做事要诚信。
——李国豪

做人处世则应忠诚努力,遵守诺言,且要不断充实自己追上瞬息万变的社会。 ——李嘉诚

你必须以诚待人,别人才会以诚回报。 ——李嘉诚

在这熙熙攘攘、世事纷扰的世界,只有一字可做标准,就是"真"。
——林语堂

真诚是一个人伟大的最基本的力量,它使一个人的缺点或错失也变得值得原谅。 ——罗兰

我们应该老老实实地办事。
——毛泽东

真的、善的、美的东西总是在和假的、恶的、丑的东西相比较而存在,相斗争而发展的。 ——毛泽东

只有诚心,才能换来诚信。大诚信其实就是大智慧。 ——牛根生

———
① 偿:实现;兑现。易:改变;变换。
② 斯:这;此。

人际关系最重要的莫过于真诚,而且要出自内心的真诚。真诚在社会上是无往不利的一把剑,走到哪里都应该带着它。
——三毛

真诚是比一切都更为重要的,失落了真诚,无论是做一个作家,做一个妻子,做一个人,都是不成的。——王安忆

一百条蹩脚的计谋,不如一条真诚。
——王蒙

一个人最怕不老实,青年人最可贵的是老实作风。"老实"就是不自欺欺人,做到不欺骗人家容易,不欺骗自己最难。"老实作风"就是脚踏实地、不占便宜。世界上没有便宜的事,谁想占便宜谁就会吃亏。——徐特立

我信任每一个怀疑自己的人。我怀疑每一个过于自信的人。 ——周国平

如果你信用好,做事对多于错,如果你获得儿女尊敬、儿孙爱戴、朋友信赖,如果你能抬头对神明说"我已全力以赴",那么,你就是个成功的人。
——安·蓝德斯[美国]

一个人要严守诺言,比守卫他的财产更重要。因为严守诺言就能得到财产,而无论多少财产都抹杀不了由于失约而造成的良心上的污点。
——巴尔扎克[法国]

遵守诺言就像保卫你的荣誉一样。
——巴尔扎克[法国]

一清如水的生活、诚实不欺的性格,无论在哪个阶层里,即使心术最坏的人也会对之肃然起敬。
——巴尔扎克[法国]

坦白直爽最能得人心。
——巴尔扎克[法国]

"真实"之于历史,正如双目之于人身。如果挖去某人的双目,这个人就终生残废了,同样,如果从历史中挖去了"真实",那么所剩下来的岂不都是些无稽之谈? ——波里比阿[古希腊]

讲真话是一个人的美德。
——柏拉图[古希腊]

失去了真诚,等于失去了活力。
——博维[美国]

如果说一张善良的脸是一封推荐信,那么一颗诚实的心便是一张信用卡。
——布尔沃·利顿[英国]

一个诚实的人,不论他有多少缺点,同他接触时,心神会感到清爽。这样的人,一定能找到幸福,在事业上有所成就。这是因为以诚待人,别人也会以诚相见。 ——池田大作[日本]

即使开始时怀有敌意的人,只要抱着真实和诚意去接触,就一定能换来好意。 ——池田大作[日本]

信用是难得易失的。费十年工夫积累的信用往往由于一时一事的言行而失掉。 ——池田大作[日本]

人首先必须要表明自己具有作为一个人所应具备的宝贵的真诚。
——池田大作[日本]

当信用消失的时候,肉体就没有了

生命。　　　——大仲马[法国]

我的座右铭是:第一是诚实,第二是勤勉,第三是专心工作。
　　　　　　——戴尔·卡内基[美国]

与人交往,待人以至诚,才能换取真挚的友谊。　——戴尔·卡内基[美国]

世间人切勿以许愿为儿戏。要忠诚,不要怀恶意。　——但丁[意大利]

真实是人生的命脉,是一切价值的根基,又是商业成功的秘诀,谁能信守不渝,就可以成功。　——德莱塞[美国]

唯有坚守诚实、仁慈或友谊等普通道德的人,才称得上真正伟大的人物。
　　　　　　　　——法朗士[法国]

诚实和勤勉,应该成为你永久的伴侣。　　　——富兰克林[美国]

失足,你可以马上恢复站立;失信,你也许永难挽回。——富兰克林[美国]

真话说一半,常是弥天大谎。
　　　　　　　——富兰克林[美国]

诚实的人从不为自己的诚实而感到后悔。　　　　——富勒[英国]

诚实者既不怕光,也不怕黑暗。
　　　　　　　　　——富勒[英国]

所谓真正的人生,我认为就是要诚实地生活。所以,起码不愿意欺骗自己。
　　　　　　　——高仓健[日本]

世间最纯粹、最暖人胸怀的乐事,恐怕莫过于看见一颗伟大的心灵对自己开诚相见。　　　——歌德[德国]

始终不渝地忠实于自己和别人,就能具备最伟大才华的最高贵品质。
　　　　　　　　——歌德[德国]

没有任何一种美德比表里如一更重要了。　　　——葛德文[英国]

老实承认不懂的人,比那些假装出伪君子的样子,好像什么都懂,成事不足败事有余的人,还强些。
　　　　　　　——果戈理[俄国]

即使金钱损失了还能挽回,一旦失去了信誉却难以挽回。重要的是,我们要深刻认识到辜负甚至背叛了顾客的愿望和期待是最令人痛心的。
　　　　　　　——和田良平[日本]

人生在世,如失去信用,就如同行尸走肉。　　　——赫伯特[英国]

自己不能胜任的事情,切莫轻易答应别人,一旦答应了别人,就必须实践自己的诺言。　——华盛顿[美国]

真诚是处世行事的最好方法。
　　　　　　　　——怀特[美国]

在一个骗人的世界里,诚实的人反而会被人当骗子看待。——纪德[法国]

诚实是格言的第一章。
　　　　　　　——杰弗逊[美国]

不论有多杰出的艺术家,一旦和真实断绝关系,不是趋于死亡,就是完全陷于疯狂。　　　——卡莱尔[英国]

诚实比一切智谋更好,而且它是智

谋的基本条件。　　——康德[德国]

真诚是一种心灵的开放。我们很少发现十分真诚的人，而通常我们所见的所谓真诚，不过是一种想赢得别人信任的巧妙掩饰。　——拉罗什富科[法国]

只有信用才会比才智更加深交情。
　　　　　　　——拉罗什富科[法国]

做一个有信义的人，胜似做一个有名气的人。　　　　——里斯[美国]

政治上采取诚实态度，是有力量的表现；政治上采取欺骗态度，是软弱的表现。　　　　　　——列宁[苏联]

不轻易许诺的人，在践约时是最守信的。　　　　　　——卢梭[法国]

一个志气高傲的灵魂，是绝不违背信义的。　　　——罗曼·罗兰[法国]

守信用，胜过有名气。
　　　　　　　　——罗斯福[美国]

守信是一项财宝，不应该随意虚掷。
　　　　　　——马尔克斯[哥伦比亚]

坦白是诚实与勇敢的产物。
　　　　　　　——马克·吐温[美国]

人性的尊严与光荣不在于精明，而在于诚实。　　　　——蒙森[德国]

坚信别人诚实，是本人正直的一个有力证据。　　　——蒙田[法国]

真实就是美，与真实对立的东西就是丑。　　　——普罗提诺[古罗马]

诚实是一个人得以保持的最高尚的东西。　　　　　　——乔叟[英国]

真诚才是人生最高的美德。
　　　　　　　　——乔叟[英国]

如果我丧失了真理和诚实，就等于和我的敌人一起击败了我自己。
　　　　　　　　——莎士比亚[英国]

无言的纯洁的天真，往往比说话更能打动人心。　　——莎士比亚[英国]

你必须对你自己忠实。正像有了白昼才有黑夜一样，对自己忠实，才不会对别人欺诈。　　——莎士比亚[英国]

坦白质朴的忠诚，是用不着浮文虚饰的。　　　　——莎士比亚[英国]

如果要别人诚信，首先要自己诚信。
　　　　　　——莎士比亚[英国]

诚实能增进你的品德，正如漂亮的衣裳能美化你的仪表一样。
　　　　　　　　——《圣经后典》

真实与朴实是天才的宝贵品质。
　　　　——斯坦尼斯拉夫斯基[苏联]

信用既是无形的力量，也是无形的财富。　　　——松下幸之助[日本]

长期守信得来的信用，很可能只因为一次失信就人格破产。所以，爱惜信用的人一定谨慎行事，千万不可走错一步。　　　——松下幸之助[日本]

真诚和善良能触动并唤醒人们心中最细的心弦。
　　　　　——陀思妥耶夫斯基[俄国]

我要求别人诚实,我自己就得诚实。
——陀思妥耶夫斯基[俄国]

世界上没有比说真心话更困难的事了,但也没有比阿谀奉承更容易的事。
——陀思妥耶夫斯基[俄国]

世界正在失去伟大的孩提王国。一旦失去这一王国,那是真正的沉沦。
——威廉·戈尔丁[英国]

最伟大的见解是最朴实的。
——威廉·戈尔丁[英国]

世界上没有比真诚的人更为可贵的。——西塞罗[古罗马]

一个说谎者在说真话的时候,旁人也不会相信。——伊索[古希腊]

真实包括道德,伟大包括美。
——雨果[法国]

真实的暗疾是渺小,而伟大的暗疾则是虚伪。——雨果[法国]

诚实而无知,是软弱的、无用的;然而有知识而不诚实,却是危险的、可怕的。——约翰逊[英国]

36 虚伪;虚假

乘伪行诈,莫能久长。
——[汉]刘向

一人传虚,万人传实。
——[汉]王符

人有识真之明者不可欺以伪也,有揣深之智者不可诳以浅也。①
——[晋]葛洪

一伪丧百诚。
——[北朝]《颜氏家训》

可欺当时之人,而不可欺后世。
——[宋]欧阳修

人无所不至,惟天不容伪。
——[宋]苏轼

悬羊头,卖狗肉。
——[宋]《五灯会元》

欺人亦是自欺,此又是自欺之甚者。
——[宋]朱熹

古之君子如抱美玉而深藏不市,后之人则以石为玉而又炫之也。
——[宋]朱熹

弄假到头终是假,岂能欺得世间人。
——[元]《隔江斗智》

钓名沽誉,眩世骇俗,由君子观之,皆所不取也。——[明]方孝孺

欺世瞒人都易,惟有此心难昧。②
——[明]吕坤

假作真时真亦假,无为有处有还无。
——[清]《红楼梦》

---
① 揣:估计;推测。诳:欺骗;迷惑。
② 昧:隐蔽;欺瞒。

明是一盆火,暗是一把刀。
——[清]《红楼梦》

虚伪的谦虚,仅能博得庸俗的掌声,而不能求得真正的进步。——华罗庚

这个世界,总有你不喜欢的人,也总有人不喜欢你,这都很正常。而且无论你有多好,也无论对方有多好,这都苛求彼此不得。因为好不好是一回事,喜欢不喜欢是另一回事。刻意去讨人喜欢,折损的只能是自我的尊严。 ——莫言

聪明人有一个特点,就是善于把无价值的事做得有声有色。在玻璃鱼缸里游泳,也有乘风破浪的气魄。——王朔

天下作伪是最苦恼的事情,老老实实是最愉快的事情。 ——邹韬奋

虚伪喜欢躲藏在最高尚的思考之中。它从来企图脱离思考,因为思考能使它不费吹灰之力就获得高尚的美名。
——埃德蒙•伯克[英国]

虚伪及欺诈产生各种罪恶。
——爱迪生[美国]

如果天下平静无事,到处都是溢美和逢迎,那么,无耻、欺诈和愚昧更将有滋长的余地了;没有人再揭发,没有人再说苛刻的真话了。——别林斯基[俄国]

虚荣促使我们装扮成不是我们本来的面目以赢得别人的赞许,虚伪却鼓动我们把我们的罪恶用美德的外表掩盖起来,企图避免别人的责备。
——菲尔丁[英国]

甚至那些行为卑劣的人,也不能不承认光明正大是一种崇高的德行,而伪善正如假黄金,也许可以骗取到货物,但毕竟本身是毫无价值的。
——弗兰西斯•培根[英国]

狡诈是一种邪恶的机智。但狡诈与机智虽然有所貌似,却又很不相同——不仅是在诚实方面,而且是在才智方面。
——弗兰西斯•培根[英国]

不道德者虽然能伪装成有道德者,但是愚者却不能伪装成智者,这就是世上为什么伪君子多而伪智者少的缘故。
——福泽谕吉[日本]

凡是与虚伪相矛盾的东西,都是极其重要而且有价值的。
——高尔基[苏联]

人类最不道德处,是不诚实与怯懦。
——高尔基[苏联]

雪是虚假的纯洁。——歌德[德国]

虚荣是追求个人荣耀的一种欲望,它并不是根据人的品质、业绩和成就,而只是根据人的存在就想博得别人的欣赏、尊重和景慕的一种愿望。所以虚荣充其量不过等于一个轻浮的漂亮的女人。 ——歌德[德国]

很多人足够聪明,有满肚子的学问,可是也有满脑子的虚荣心,为着让眼光短浅的俗人赞赏他们是才子,他们简直不知羞耻,对他们来说,世间没有什么东西是神圣的。 ——歌德[德国]

不真诚,之所以应该受到责备,因为它趋向于直接败坏正直的性格。
——葛德文[英国]

生命不可能从谎言中开出灿烂的鲜花。　　——海涅[德国]

羞于讲真话就是虚伪。
　　——纪伯伦[黎巴嫩]

若不首先诚实面对现实,就永远不可能做出一系列正确的决定。
　　——柯林斯[英国]

有时人们也痛恨阿谀奉承,但只痛恨阿谀奉承的方式而已。
　　——拉罗什富科[法国]

假装正派的人是那些向别人和自己掩盖自身缺陷的人,真正的正派人是那些完全认识到自身缺陷并坦白地承认它们的人。　　——拉罗什富科[法国]

伪装的单纯是一种巧妙的欺骗。
　　——拉罗什富科[法国]

奉承是一枚依靠我们的虚荣才得以流通的伪币。　——拉罗什富科[法国]

骗人而不为人知异常困难。相反,自欺而不自知却十分容易。
　　——拉罗什富科[法国]

不知道并不可怕和有害,任何人都不可能什么都知道,可怕的和有害的是不知道而假装知道。
　　——列夫·托尔斯泰[俄国]

你能在所有的时候欺骗某些人,也能在某些时候欺骗所有的人,但你不能在所有的时候欺骗所有的人。
　　——林肯[美国]

人若能舍弃虚伪,则会获得极大的心灵平静。　——马克·吐温[美国]

善良的人不应该说假话,聪明的人不应传假话。　——尼癸狄乌斯[英国]

敌人在无计可施之后,常会伪装友好。　　——萨迪[波斯]

奸诈的心必须罩上虚伪的笑脸。
　　——莎士比亚[英国]

他的前面的嘴巴在向他的朋友说着恭维,他的背后的嘴巴却在说他坏话、讥笑他。　　——莎士比亚[英国]

最好夸耀的人,就是最欺人的人。
　　——莎士比亚[英国]

实质上,在所有文字中,虚荣的本意,原不过是空洞与无聊。
　　——叔本华[德国]

大自然不会欺骗我们,欺骗我们的往往是我们自己。　——叔本华[德国]

虚伪的真诚,比魔鬼更可怕。
　　——泰戈尔[印度]

面具比面孔更能使我们看出许多的东西。　　——王尔德[英国]

一切虚伪都像花朵,很容易枯萎落地。虚伪是长久不了的。
　　——西塞罗[古罗马]

如果真理得到信任是这么难,那谎话就一定是这里通行的货币。
　　——席勒[德国]

世间的一切虚伪,正像过眼烟云,只有真理才是处世接物的根据。虚伪的黑暗,必为真理的光辉所消灭。
　　——《一千零一夜》[阿拉伯]

说谎话的人所得到的,就只是即使说了真话也没有人相信。

——伊索[古希腊]

从一个学者口中倾注给另一个学者的恭维,只不过是一瓶加了蜜的苦胆汁而已。——雨果[法国]

被人揭下面具是一种失败,自己揭下面具却是一种胜利。——雨果[法国]

37 谦虚

天下难事,必作于易;天下大事,必作于细。① ——[春秋]《老子》

见贤思齐焉,见不贤而内自省(xǐng)也。② ——[春秋]《论语》

汝惟不矜,天下莫与汝争能;汝惟不伐,天下莫与汝争功。③ ——[春秋]《尚书》

海不辞水,故能成其大;山不辞土石,故能成其高。 ——[战国]《管子》

知而好(hào)谦,必贤。 ——[战国]《荀子》

不傲才以骄人,不以宠而作威。④ ——[三国]诸葛亮

劳谦虚己,则附之者众;骄慢倨傲,则去之者多。 ——[晋]葛洪

百川有余水,大海无满波。器量各相悬,贤愚不同科。⑤ ——[唐]孟郊

学问欲博,而行己欲敦。⑥ ——[唐]魏徵

不以先进略后生,不以上官卑下吏。⑦ ——[宋]王安石

不自满者受益,不自是者博闻。 ——[宋]《省心杂言》

强辩者饰非,谦恭者无诤。 ——[宋]《省心杂言》

谦固美名,过谦者,宜防其诈。 ——[宋]朱熹

为人第一谦虚好,学问茫茫无尽期。 ——[明]冯梦龙

强中更有强中手,莫向人前满自夸。 ——[明]冯梦龙

有麝自然香,何必当风立。⑧ ——[明]顾起元

谦虚其心,宏大其量。 ——[明]王守仁

---

① 作:开始;起始。易:容易;简单。细:小;细小。
② 省:反省,检查自己的思想行为。
③ 矜:自尊自大;自夸。伐:夸耀。
④ 骄:自高自大。
⑤ 百川:泛指大江大河。
⑥ 敦:宽厚;诚恳。
⑦ 略:忽略,轻视、怠慢。卑:以为卑下;不尊重。
⑧ 麝:"麝香"的简称。麝香有特殊的香气。

谦者众善之基,傲者众恶之魁。
——[明]王守仁

真人不露相,露相不真人。
——[清]《红楼梦》

海纳百川,有容乃大;壁立千仞,无欲则刚。① ——[清]林则徐

自让则人愈服,自夸则人必疑。
——[清]史典

人之制性,当如堤防之治水,常恐其漏坏之易。若不顾其泛滥,一倾而不可复也。 ——[清]曾国藩

山上的人不要瞧不起山下的人,因为终有一天他们会上山取代你。上山的人也不要瞧不起下山的人,因为他风光时你还在山下。 ——陈道明

虚心对于任何人,在任何时间和任何地点,做任何事情,都是非常必要的。
——邓拓

真正的虚心,是自己毫无成见,思想完全解放。 ——邓拓

世间上最伟大的存在似乎是最谦抑无私的存在。伟大的太阳吐着自己的光,发挥着自己的能,普及其恩惠于群生,然而他自己不曾吹着喇叭,说他伟大。 ——郭沫若

钻研然后知不足,虚心是从知不足而来的。 ——华罗庚

最有男人样的时刻,不是一夫当关万夫莫开的时刻,而是依然承认自己的盲区、自己的弱点,不耻下问,懂得求助。
——蒋方舟

一个真认识自己的人,就没法儿不谦虚。谦虚使人的心缩小,像一个小石卵,虽然小,而极结实。结实才能诚实。
——老舍

真正的自知,不仅要知道自己的限度和弱点,也要知道自己的可能性和力量。 ——李霁野

学者永远是虚心的,偶有所得亦不敢沾沾自喜,更不肯大吹大擂地目空一切,作小家子气。 ——梁实秋

一个人能偶尔觉得自己十分渺小时,于他很有益处。 ——林语堂

经常测量自己在渺小和伟大之间的位置,并冷静做出恰切结论的人,是必能有所成就的人。 ——刘心武

知道自己的短处,这比知道自己的长处更为要紧。 ——刘心武

老是把自己当作珍珠,就时时有怕被埋没的痛苦;把自己当作泥土吧,让众人把你踩成一条道路。 ——鲁藜

谦以待人,虚以接物。 ——鲁迅

谦虚不仅是一种装饰品,也是美的护卫。 ——鲁迅

虚心使人进步,骄傲使人落后,我们应当永远记住这个真理。 ——毛泽东

我们应该谦虚、谨慎、戒骄、戒躁,全心全意地为中国人民服务。 ——毛泽东

我们不能一有成绩,就像皮球一样,

---

① 有容:有容量。

别人拍不得,轻轻一拍,就跳得老高。成绩越大,越要谦虚谨慎。　　——王进喜

我可以不知道我是谁,但是我必须知道我不是谁。　　　　——王朔

一知半解的人,多不谦虚;见多识广有本领的人,一定谦虚。　——谢觉哉

谦虚,如果是卑己而尊人,就非常要不得。谦虚应该建立在自尊而尊人上面。　　　　　　　　——徐特立

学习第一重要的问题就是虚心,虚心向有专长的人学习。　——徐特立

我们对待任何问题,都必须坚持"知之为知之,不知为不知"的老实态度,不懂决不要装懂。　　　——周恩来

我们有望得到的唯一智慧,是谦卑的智慧:虚怀若谷。　——艾略特[英国]

谦卑能使人的心灵升华,而骄傲却使人的心灵低下。
　　　　　　——奥古斯丁[古罗马]

在创作上略有所获,容易令人自命不凡;而辛勤劳作,则会促使人们虚怀若谷。　　　——巴尔扎克[法国]

要谦虚。无论在什么时候,永远不要以为自己已经知道了一切。不管人们把你们评价得多么高,但你永远要有勇气对自己说:"我是个毫无所知的人。"
　　　　　　　——巴甫洛夫[苏联]

想给别人留个好印象吗?如果是那样,不要对别人讲起你的优点。
　　　　　　　　——巴斯卡[法国]

一个人的真正伟大之处就在于他能够认识到自己的渺小。——保罗[德国]

大多数的科学家,对于最高级的形容词和夸张手法都是深恶痛绝的,伟大的人物一般都是谦虚谨慎的。
　　　　　　——贝弗里奇[英国]

一切真正的和伟大的东西,都是纯朴而谦逊的。　——别林斯基[俄国]

真正的谦虚只能是对虚荣心进行了深思以后的产物。　——柏格森[法国]

知识恰似怀表,只要悄悄地放在口袋里就好。没有必要为了炫耀而从口袋里取出来,也不必主动告诉别人时间。
　　　　　——查斯特菲尔德[英国]

学识丰富的人,由于对于知识过于自信,多半不容易接受别人的意见。我给你的忠告是:知识要丰富,态度要谦虚。　——查斯特菲尔德[英国]

浅薄的知识使人骄傲,丰富的知识则使人谦逊,所以空心的禾穗高傲地举头向天,而充实的禾穗则低头向着大地,向着它们的母亲。
　　　　　　——达·芬奇[意大利]

谦卑的人会变得高贵。
　　　　　　——达·芬奇[意大利]

真正谦逊,是人类一种最好的品性,因为他有自知之明,他知道在这广大的、世间的、复杂的社会里,他的能力和头脑,实在太简单太渺小了,不够去解决人世间的一切问题。
　　　　　　——戴尔·卡内基[美国]

我们应该谦虚,因为你我都成就不了多少,我们都只是过客,一世纪以后都被完全遗忘。生命太短促,不能老谈自己微小的成就来让人烦,且让我们鼓励别人多谈吧。 ——戴尔·卡内基[美国]

小事成就大事,细节成就完美。
——戴维·帕卡德[美国]

真正的谦虚是最崇高的美德,是美德之母。 ——丁尼生[英国]

人们愈是贤明,愈低着腰向他人学习。 ——弗兰西斯·培根[英国]

缺少谦虚就是缺少见识。
——富兰克林[美国]

对尊长谦恭是责任,对平辈是礼貌,对下属是宽宏。 ——富兰克林[美国]

智慧是宝石,如果用谦虚镶边,就会更加灿烂夺目。 ——高尔基[苏联]

一个目光敏锐、见识深刻的人,倘又能承认自己有局限性,那他离完人就不远了。 ——歌德[德国]

真正有知识的人谦虚、谨慎,只有无知的人才冒昧、武断。
——格兰维尔[英国]

真正伟大的人从不认为自己伟大。
——赫兹里特[英国]

一种美德的幼芽、蓓蕾,这是最宝贵的美德,是一切道德之母,这就是谦逊;有了这种美德我们会其乐无穷。
——加尔多斯[西班牙]

对骄傲的人不要谦虚,对谦虚的人不要骄傲。 ——杰弗逊[美国]

知识越多越骄傲,智慧越高越谦虚。
——柯珀[英国]

谦虚的男人绝不讲述自己的事。
——拉布吕耶尔[法国]

不炫耀自己本领的人才是真有本领。 ——拉罗什富科[法国]

真正有德行的人是从不自吹自擂的。 ——拉罗什富科[法国]

拥有被广泛颂扬的功绩的人们,无须比那些还在关心用一些小事来赋予自己价值的人更谦虚。
——拉罗什富科[法国]

谦卑往往只不过是一种表面上的依顺,是骄傲的一种艺术,它贬低自己,正是为了抬高自己。
——拉罗什富科[法国]

当你意识到自己是个谦虚的人的时候,你马上就已经不是个谦虚的人了。
——列夫·托尔斯泰[俄国]

伟大的人是绝不会滥用他们的优点的,他们看出他们超过别人的地方,并且意识到这一点,然而绝不会因此就不谦虚。他们的过人之处越多,他们越认识到他们的不足。 ——卢梭[法国]

一个真正的伟人其第一个考验即是谦让。 ——罗斯金[英国]

要明智些,扬之过高易落,屈尊方能

求荣。　　　——马辛杰[英国]

谦虚是不可缺少的品德。
　　　　　　——孟德斯鸠[法国]

固然我有某些优点,而我自己最重视的优点却是我的谦虚。
　　　　　　——孟德斯鸠[法国]

向上级谦恭,是本分;向平辈谦虚,是和善;向下级谦逊,是高贵;向所有的人谦恭是安全。　——摩尔[德国]

谦虚对于优点犹如图画中的阴影,会使之更加有利、更加突出。
　　　　　　　　——牛顿[英国]

我不知道这个世界将来怎么看我。对我而言,我只像海滩边玩耍的男孩,偶然发现了一粒圆石子和一个漂亮的贝壳,就觉得很高兴。但是在我面前,尚未被发现的圆石子和贝壳多如大海。
　　　　　　　　——牛顿[英国]

在谦虚里包含着一个人的道德力量和纯洁,而吹牛则表现了一个人的渺小和无知。　——帕乌斯托夫斯基[苏联]

谦虚的学生珍视真理,不关心对自己个人的颂扬;不谦虚的学生首先想到的是炫耀个人得到的赞誉,对真理漠不关心。思想史上载明,谦虚几乎总是和学者的才能成正比例,不谦虚则成反比。
　　　　　　——普列汉诺夫[俄国]

美丽只有同谦虚结合在一起,才配称为美丽。没有谦虚的美丽,不是美丽,顶多只能是好看。
　　　　　　——塞万提斯[西班牙]

假如你才智平庸,谦虚就是真诚;然而假如你天赋甚高,谦虚即是虚伪。
　　　　　　——叔本华[德国]

心灵上的谨慎和谦恭是独一无二的美德。　　——司汤达[法国]

成功的第一个条件是真正的虚心,对自己的一切敝帚自珍的成见,只要看出同真理冲突,都愿意放弃。
　　　　　　　——斯宾塞[英国]

逆境固然很宝贵,顺境同样也很难得。不论是哪一种境遇,最重要的是:不忘谦虚、坦然的处事态度。
　　　　　　——松下幸之助[日本]

谦和的态度常会使别人难以拒绝你的要求,这也是一个人无往不胜的要诀。
　　　　　　——松下幸之助[日本]

谦逊是藏于土中甜美的根,所有崇高的美德由此发芽滋长。
　　　　　　——苏格拉底[古希腊]

当我们大为谦卑的时候,便是我们最近于伟大的时候。——泰戈尔[印度]

伟人多谦虚,小人多骄傲。太阳穿一件朴素的光衣,白云却披着灿烂的裙裾。　　　——泰戈尔[印度]

谦虚是深埋在地下的甜根,一切神圣的美德都从那里萌生。
　　　　　　　——托穆尔[英国]

38　骄傲;自满

自见(xiàn)者不明,自是者不彰,自伐者无功,自矜者不长。①
——[春秋]《老子》

富贵而骄,自遗其咎(jiù)。②
——[春秋]《老子》

满招损,谦受益。③
——[春秋]《尚书》

器满则倾,志满则覆。
——[战国]《六韬》

自足者不足,自明者不明。
——[汉]刘虞

将不可骄,骄则失礼,失礼则人离,人离则众叛。④
——[三国]诸葛亮

勿以己才而笑不才。⑤
——[唐]《晋书》

自满者招其损,谦虚者受其益。
——[唐]《尚书正义》

业大者易骄,善始者难终。
——[唐]《贞观政要》

傲不可长,欲不可纵,乐不可极,志不可满。
——[唐]《贞观政要》

贪满者多损,谦卑者多福。
——[宋]欧阳修

知不足者好学,耻问者自满。
——[宋]《省心杂言》

自满者败,自矜者愚。⑥
——[宋]《省心杂言》

器满则溢,人满则丧。⑦
——[宋]《省心杂言》

气忌盛,心忌满,才忌露。⑧
——[明]吕坤

人生大病,只是一"傲"字。
——[明]王守仁

大凡人不可恃(shì),有所恃,必败于所恃。善泅者溺,善骑者堕,理所必然。⑨
——[清]东鲁古狂生

宠子未有不骄,骄子未有不败。
——[清]《〈古文观止〉注》

月满则亏,水满则溢。⑩
——[清]《红楼梦》

学者之患,莫大乎自足而止。
——[清]黄宗羲

------

① 见:同"现"。是:以为正确。伐:夸耀。矜:自尊自大;自夸。
② 咎:灾祸。
③ 满:指自满。损:损害;伤害。谦:虚心;不自满。
④ 骄:骄横、骄傲、专横。
⑤ 笑:讥讽、嘲弄。
⑥ 矜:自尊自大;自夸。
⑦ 人满:人自满。丧:丧失;受损失。
⑧ 满:指自满。
⑨ 恃:凭借;依靠。泅:游泳。溺:淹没在水中。堕:指从马背上跌落下来。
⑩ 亏:减损,指月缺。

自恃(shì)其聪与敏而不学者,自败者也。①
——[清]彭端淑

莫道人行早,还有早行人。
——[清]《三侠五义》

不骄方能师人之长,而自成其学。②
——[清]谭嗣同

傲骨不可无,傲心不可有。
——[清]张潮

墙角的花!你孤芳自赏时,天地便小了。 ——冰心

九牛一毫莫自夸,骄傲自满必翻车。
——陈毅

一个骄傲而敢于冒风险、担重任的勇士,胜过十个谦和而害怕矛盾、躲避责任的懦夫。 ——陈祖芬

越是没有本领的人就越加自命不凡。 ——邓拓

"骄傲"两个字我有点怀疑。凡是有点干劲的,有点能力的,他总是相信自己,是有点主见的人。越有主见的人,越有自信,这个并不坏。真是有点骄傲,如果放到适当岗位,他自己就会谦虚起来,要不然他就混不下去。 ——邓小平

骄傲自满是我们的一座可怕的陷阱。而且这个陷阱是我们自己亲手挖掘的。 ——老舍

大话不宜讲得太早,否则倘有记性,将来想起会脸红。 ——鲁迅

不习惯读书进修的人,常会自满于现状,觉得再没有什么事情需要学习,于是他们不进则退。 ——罗兰

学习的敌人是自己的满足,要认真学习一点东西,必须从不自满开始。对自己,"学而不厌",对人家,"诲人不倦",我们应取这种态度。 ——毛泽东

见过真正的"大"学问、"大"气质、"大"品格,才会羞于自"大"。
——毛志成

学习最大的敌人除了"自满"外,还有"自弃"。 ——任美锷

一个人只有拿自己的缺点与别人的优点相比,才能感到自己的不足,才会进步。一个人如果把自己估计过高,始终认为自己比别人强,那永远也不会进步。
——王杰

一分钟、一秒钟自满,在这一分、一秒间就停止了自己吸收的生命和排泄的生命。 ——徐特立

骄傲是治学求进的死敌。 ——朱星

有了一些小成绩就不求上进,这完全不符合我的性格。攀登上一个阶梯,这固然很好,只要还有力气,那就意味着必须再继续前进一步。
——安徒生[丹麦]

骄傲使天使沦为魔鬼,谦逊使凡人仿如天使。 ——奥古斯丁[古罗马]

自满、自高自大和轻信,是人生的三大暗礁。 ——巴尔扎克[法国]

---

① 恃:凭借;依靠。败:失利;不成功。
② 师:学习;效法。

绝不要陷于骄傲。因为一骄傲,你们就会在应该同意的场合固执起来;因为一骄傲,你们就会拒绝别人的忠告和友谊的帮助;因为一骄傲,你们就会丧失客观标准。
——巴甫洛夫[苏联]

骄傲的人很难满足,因为他指望从别人那儿得到更多。
——巴克斯特[英国]

自己夸口,只能使自己不幸。
——拜伦[英国]

骄傲、嫉妒、贪婪是三个火星,它们使人心爆炸。——但丁[意大利]

傲慢的性格只会偶尔伤害你,而傲慢的表情却会使你不断受到伤害。
——狄德罗[法国]

在骄傲自大和虚伪的谦逊之间,我宁愿选择骄傲。骄傲至少能有所成就,而虚伪的谦逊却无所作为。
——弗兰克[美国]

我们各种习气中再没有一种像克服骄傲那么难的了。虽极力藏匿它、克服它、消灭它,但无论如何,它在不知不觉之间,仍旧显露。 ——富兰克林[美国]

骄傲的人憎恨骄傲——憎恨别人的骄傲。 ——富兰克林[美国]

不谦虚的话只能有这个辩解,即缺少谦虚就是缺少见识。
——富兰克林[美国]

平凡人的最大缺点,是常常觉得自己比人高明。 ——富兰克林[美国]

骄傲是知足的死敌。
——富勒[英国]

骄傲与贫穷不大相配,可是经常在一起出现。 ——富勒[英国]

如果一个人不过高地估计自己,他就会比他自己所估计的要高得多。
——歌德[德国]

骄傲的人,往往用骄傲来掩饰自己的卑怯。 ——哈代[英国]

真正骄傲的人心目中没有胜过他的人,也没有不如他的人。前者他不承认,后者他不屑一顾。——赫兹里特[英国]

当智慧骄傲到不肯哭泣、庄严到不肯欢笑、自满到不肯看人的时候,就不成为智慧了。 ——纪伯伦[黎巴嫩]

自负对任何艺术是一种毁灭,骄傲是可怕的不幸。
——季米特洛夫[保加利亚]

最大的缺陷就是意识不到自己有任何缺陷。 ——卡莱尔[英国]

骄傲虽不是一种美德,但它是许多美德之父。 ——柯林斯[英国]

骄傲总是能找到骄傲的理由,甚至在它放弃虚荣的时候。
——拉罗什富科[法国]

如果我们自己毫无骄傲之心,我们就不会抱怨别人的骄傲。
——拉罗什富科[法国]

骄傲激起我们的嫉妒心,也常常帮助我们节制它。——拉罗什富科[法国]

我们的骄傲多半是基于我们的无知。　　——莱辛[德国]

切忌浮夸铺张,与其说得过分,不如说得不全。　——列夫·托尔斯泰[俄国]

骄傲自满是早熟儿童的大敌。骄傲,多么天才的儿童也要毁掉。
　　　　　　　　——穆勒[英国]

一个骄傲的人,结果总是在骄傲里毁灭了自己。　——莎士比亚[英国]

骄傲在前头走,野心在后边跟。
　　　　　　　——莎士比亚[英国]

严厉最多使人畏惧,骄傲则会使人怀恨。　　——莎士比亚[英国]

骄傲来,羞耻也来,谦逊人却有智慧。　　　　　　——《圣经》

骄傲总是遭到指责和诋毁,但指责和诋毁它的,主要是那些没有任何东西值得骄傲的人。　——叔本华[德国]

最大的骄傲与最大的自卑都表示心灵的最软弱无力。——斯宾诺莎[荷兰]

自卑虽是与骄傲相反,但实际却与骄傲最为接近。　——斯宾诺莎[荷兰]

骄傲是无知的产物。
　　　　　　——苏格拉底[古希腊]

骄傲只会造成无端的竞争,善听忠告的人,才有智慧。
　　　　　　——所罗门[以色列]

一个人高傲自大,只不过清楚表现出他的相对渺小罢了。
　　　　　　　——泰戈尔[印度]

躺在成就上就像行进时躺在雪地里一样危险,你昏昏沉沉,在熟睡中死去。
　　　　　　——维特根斯坦[英国]

显而易见,骄傲与谦卑是恰恰相反的,可是它们有同一个对象。这个对象就是自我。　　——休谟[英国]

骄傲是不难满足的,它只要有很微薄的好处便会沾沾自喜。
　　　　　　　——约翰逊[英国]

39　知足;满足

知足不辱,知止不殆,可以长久。①
　　　　　　——[春秋]《老子》

罪莫大于多欲,祸莫大于不知足,咎(jiù)莫大于欲得,故知足之足常足也。②
　　　　　　——[春秋]《老子》

不知足者之忧,终身不解。③
　　　　　　——[战国]《韩非子》

志不可满,乐不可极。④
　　　　　　——[汉]《礼记》

德比于上,故知耻;欲比于下,故知足。　　　　——[汉]荀悦

———————
① 殆:危险;不安。
② 咎:过失;罪过。
③ 解:解开;消除。
④ 满:满足,感到已经足够了。

天下之福,莫大于无欲;天下之祸,莫大于不知足。 ——[晋]傅玄

知足者常足也,不知足者无足也。 ——[晋]葛洪

物苦不知足,得陇又望蜀。① ——[唐]李白

知足之人,绝利去欲,不辱于身也。 ——[唐]魏徵

知足则乐,务贪必忧。 ——[宋]《省心杂言》

知足者,贫贱亦乐;不知足者,富贵亦忧。 ——[宋]《省心杂言》

为人但知足,何处不安生? ——[元]耶律楚材

贪得者身富而心贫,知足者身贫而心富;居高者形逸而神劳,处下者形劳而神逸。② ——[明]洪应明

富莫富于常知足,贵莫贵于能脱俗。 ——[明]李贽

知足常乐,能忍自安。 ——[清]金缨

安莫安于知足,危莫危于多言。 ——[清]金缨

诚知足,天不能贫;诚无求,天不能贱。③ ——[清]魏源

科学家明知道真理无穷,知识无穷,但他们仍然有他们的满足:进一寸有一寸的愉快,进一尺有一尺的满足。 ——胡适

当生意更上一层楼的时候,绝不可有贪心,更不能贪得无厌。 ——李嘉诚

如愿便是满足,满足即是幸福。 ——梁实秋

满足的秘诀,在于知道如何享受自己所有的,并能除去自己能力之外的物欲。 ——林语堂

不满足是向上的车轮,能够载着不自满的人类,向大道前进。 ——鲁迅

我永远自己不满足,我永远"追求"着。 ——茅盾

能够做自己所喜欢的事,便是一种愉快;能够在愉快中完成了你所做的,那就是至高无上的满足。 ——蓉子

上一个欲望的满足,不过是下一个欲望的起点。 ——王鼎钧

占有不能带来幸福,人只有在不断地追求中才会感到持久的幸福和满足。 ——赵金珊

不满烦闷,只应该使我们更坚决地向前奋斗,不应该使我们逃避困难,一瞑不视。 ——邹韬奋

一个人不应该自我满足。如果有了过错,应该难过才是。什么时候难过了,就说明他认识了错误;一个人觉得难过,就说明他接受了教训。
——阿·利哈诺夫[苏联]

---

① 陇、蜀:古地名。得陇又望蜀:喻指贪得无厌。
② 逸:安闲;安乐。
③ 诚:的确;实在。

知足是人生在世最大的幸福。
　　　　　　——爱迪生[美国]

敛财不会有满足的时候。
　　　　　　——爱默生[美国]

财富是奢侈、懒惰之源，贫穷是无耻与罪恶之母。二者皆不知足。
　　　　　　——柏拉图[古希腊]

对于不知足的人，没有一把椅子是舒服的。——富兰克林[美国]

巨大的财富与知足的心理很难和谐相处。　　　　——富勒[英国]

世间物质能够满足人的需求，却不能满足人的贪婪。——甘地[印度]

能满足自己需要的人就不能算贫困。　　　——贺拉斯[古罗马]

满足一切愿望是爱情的最危险的试探。　　——卡拉姆辛[俄国]

最好的满足就是给别人以满足。
　　　　　　——拉布吕耶尔[法国]

谁也不满足于自己的财产，谁都满足于自己的聪明。
　　　　——列夫·托尔斯泰[俄国]

任何时候我也不会满足。越是读书，就越是深刻地感到不满足，越是感到自己知识的贫乏。　——马克思[德国]

对自己不满足，是任何真正有天才的人的根本特征之一。
　　　　　　——契诃夫[俄国]

人都为满足自己的欲念而努力。
　　　　　　——乔叟[英国]

你若寻求财富，不如寻求满足，满足才是最好的财富。——萨迪[波斯]

贫穷而知足，可以赛过富有；有钱的人要是时时刻刻都在担心他会有一天变成穷人，那么即使他有无限的资财，实际上也像冬天一样贫困。
　　　　　　——莎士比亚[英国]

知足是天赋的财富，奢侈是人为的贫穷。　——苏格拉底[古希腊]

刀鞘保护刀锋的锐利，它则满足于自己的迟钝。　——泰戈尔[印度]

不满是一个人或一个国家走向进步的第一步。　——王尔德[英国]

人生悲剧有二：一是欲望得不到满足，二是欲望得到了满足。
　　　　　　——萧伯纳[爱尔兰]

40　谨慎；认真

慎终如始，则无败事。
　　　　　　——[春秋]《老子》

众恶(wù)之，必察焉；众好(hào)之，必察焉。① ——[春秋]《论语》

战战兢兢，如临深渊，如履薄冰。
　　　　　　——[春秋]《诗经》

---

① 恶：厌恶。察：考察。好：喜好。

小谨者不大立。①
——[战国]《管子》

千丈之堤,以蝼(lóu)蚁之穴溃。②
——[战国]《韩非子》

慎在于畏小,智在于治大。
——[战国]《尉缭子》

君子敬始而慎终,终始如一,是君子之道,礼义之文也。 ——[战国]《荀子》

君子避三端:避文士之笔端,避武士之锋端,避辩士之舌端。③
——[汉]韩婴

举大事必慎其终始。
——[汉]《礼记》

君子慎始,差若毫厘,缪(miù)以千里。④ ——[汉]《礼记》

力胜贫,谨胜祸,慎胜害,戒胜灾。
——[汉]刘向

君子防未然,不处嫌疑间。
——[汉]乐府古辞《君子行》

瓜田不纳履,李下不正冠。⑤
——[汉]乐府古辞《君子行》

好船者溺,好骑者堕。⑥
——[汉]《越绝书》

毛羽不丰满者,不可以高飞。
——[汉]《战国策》

微不可不防,远不可不虑。
——[唐]辛替否

慎则祸之不及,贪则灾之所起。
——[唐]姚崇

欲人不知,莫若无为;欲无悔吝(lìn),不若守慎。⑦ ——[唐]姚崇

天下之事,成于惧而败于忽。⑧
——[宋]吕祖谦

务持重,不急近功小利。
——[宋]欧阳修

兼听则明,偏信则暗。⑨
——[宋]司马光

慎重则必成,轻发则多败。⑩
——[宋]苏轼

慎重者,始若怯,终必勇;轻发者,始若勇,终必怯。 ——[宋]苏轼

一忍可以支百勇,一静可以制百动。⑪ ——[宋]苏洵

早知今日事,悔不慎当初。
——[宋]《五灯会元》

行坦途者肆而忽,故疾走则蹶;行险

---

① 小谨:谨小慎微。大立:成就大事;建立大功。
② 蝼蚁:蝼蛄和蚂蚁,都是弱小的昆虫。
③ 辩士:能言善辩的人。
④ 缪:同"谬",差失,差错。
⑤ 李下:李树之下。
⑥ 溺:淹没在水中。堕:指从马背上跌落下来。
⑦ 悔吝:悔恨。
⑧ 忽:不经心;不重视。
⑨ 兼听:听取各方面的意见。明:指明辨是非,判断正确。偏信:只听信单方面的意见。暗:指糊涂;不明白。
⑩ 轻发:轻率行动。
⑪ 支:抵御;对付。制:控制;约束。

途者畏而谨,故徐步则不跌。①
——[宋]《省心杂言》

人之持身立事,常成于慎,而败于纵。② ——[明]方孝孺

凡事还须学谨谦。——[明]冯梦龙

早知今日,悔不当初。
——[明]《水浒传》

性痴则其志凝,故书痴者文必工,艺痴者技必良。世之落拓而无成者,皆自谓不痴者也。③ ——[清]蒲松龄

凡遇事须安详和缓以处之,若一慌忙,便恐有错。 ——[清]曾国藩

谨言慎行,立德之基。
——[清]张伯行

如果你不了解,你就闭嘴,因为你永远不知道别人经历过什么;如果你了解,那你就更应该闭嘴。 ——韩寒

怀疑的态度是值得提倡的,但在证据不充分时肯暂缓判断的气度是更值得提倡的。 ——胡适

饱经患难的人,只知道谨慎,而不知道害怕。 ——老舍

认真做事只是把事情做对,用心做事才能把事情做好。 ——李素丽

改造自己,总比禁止别人来得难。
——鲁迅

装假固然不好,处处坦白,也不成,这要看什么时候。和朋友谈心,不必留心,但和敌人对面,却必须刻刻防备,我们和朋友在一起,可以脱掉衣服,但上阵要穿甲。 ——鲁迅

火能烧死人,水能淹死人,但水的模样柔和,好像容易接近,因此也容易上当。 ——鲁迅

一个人即使聪明才智差一点儿,但假如他肯对工作负责,成功的机会也必定比只有聪明才智而无责任感的人要多。 ——罗兰

有时你不明白往哪里走,最好先在原处站着,哪里也别去。 ——秦文君

认真是成功的秘诀,粗心是失败的伴侣。 ——童第周

我们无法把握瞬息万变的大千世界,但我们可以守住自己。 ——杨晓晖

要好好地记住:慎重和怯懦不是同义语,正如勇敢并不等于鲁莽一样!
——艾森豪威尔[美国]

谨慎的眼睛也许永不闭上。
——爱默生[美国]

不要魂不守舍,不要匆忙行事。
——爱默生[美国]

凡在小事上对真理持轻率态度的人,在大事上也是不可信任的。
——爱因斯坦[美国]

细微之沙不能小觑(qù),积载过多

---

① 肆:任意妄为。忽:不经心;不重视。疾走:快跑。蹶:跌;跌倒;摔倒。
② 纵:放纵,放任;不约束。
③ 痴:爱好而至入迷。

亦足以沉船。 ——奥古斯丁[古罗马]

坏习惯是在不知不觉中逐渐形成的,就像溪汇成河、河流入海一样。
——奥维德[古罗马]

"不要把所有的鸡蛋放在同一个篮子里"是错误的,投资应该像马克·吐温建议的,"把所有的鸡蛋放在同一个篮子里",然后小心地看好它。
——巴菲特[美国]

思而后行,以免做出愚事。因为草率的动作和言语,均是卑劣的特征。
——毕达哥拉斯[古希腊]

对人们不加鉴别地轻信,会导致厌世。 ——柏拉图[古希腊]

在你平时的处事中,即使是再细微的小事,也要努力地去把它办好。只要这件事情有一点点做的价值,而且你又为此而努力了,就可以取得了不起的成就。 ——查斯特菲尔德[英国]

即使是在紧急情况下,也能保持冷静沉着的态度,毫不慌乱。在一件工作尚未完成之前,绝不开始另一件工作。
——查斯特菲尔德[英国]

无论做什么事,都要用全部的精力和集中的注意力。 ——达尔文[英国]

谁肯认真地工作,谁就能做出许多成绩,就能超群出众。
——恩格斯[德国]

在人含怒时千万要谨慎两点:第一,不可恶语伤人,这不同于一般的对事情发牢骚,而会种下人与人之间的怨毒之根。第二,不可因怒而倾泻隐秘,这会使人不再能受到信任。总之,无论在情绪上怎样表示愤怒,但在行动上却千万不能做出无法挽回的事来。
——弗兰西斯·培根[英国]

在穿过狭窄的峡谷突然上到一个新的高度,而眼前展现出向不同方向延伸的平坦大道时,人们最好暂时停下来,考虑一下何去何从。
——弗洛伊德[奥地利]

谨慎的人追求自己的利益,有美德的人为别人行善。 ——伏尔泰[法国]

有条不紊:所有的物品都要井然有序,所有的事情都要按时去做。
——富兰克林[美国]

爱你的邻居——但不要拆掉你的篱笆。 ——富兰克林[美国]

资产雄厚,可以冒更大的风险,但是小船应当靠近海岸行驶。
——富兰克林[美国]

一切事情都得冷眼观察,一切事情都得盘算掂量,别让自己沉醉,别胡思乱想,不受诱惑,哪怕幸福就在眼前。
——冈察洛夫[俄国]

在艰苦的日子里要坚强,在幸福的日子里要谨慎。 ——高尔基[苏联]

宁可慢一点儿,也不要因为太急躁而犯错;宁可笨一点儿,也不要因为太灵

巧而败了事。——高尔斯华绥[英国]

急躁没有用,后悔更没用;急躁增加罪过,后悔给你新罪过。
——歌德[德国]

年轻人有时候会陷于万分危险的处境。轻率地说一句"是"或"否",就会把终身断送。——亨利希·曼[德国]

走路慎重,不会从桥上摔下来。
——拉伯雷[法国]

不敢冒险的人既无骡子又无马,过分冒险的人既丢骡子又丢马。
——拉伯雷[法国]

审慎的人做事总是按部就班。
——朗费罗[美国]

最有学问和最有见识的人总是很谨慎的。 ——卢梭[法国]

谨慎的人是照着理性而行使的。
——罗曼·罗兰[法国]

旧道德叫我们回避危险,但是新道德告诉我们:不冒险就什么也得不到。
——罗曼·罗兰[法国]

害怕陷阱的人,不会落入陷阱。
——马尔提阿里斯[古罗马]

谨慎和自制是智慧的源泉。
——彭斯[苏格兰]

不论是在最大或最小的敌人面前,你该同样谨慎小心。 ——乔叟[英国]

即使在英雄的心目中,谨慎也是个优点。 ——丘吉尔[英国]

你若没有锐利的指爪,最好不要冒犯野兽。你和铁的手臂挑战,只会折断你的银的手腕。 ——萨迪[波斯]

你欲保留的秘密,不要告诉人,尽管那人是你心腹。因为肯为你保守秘密的,除你而外,没有别人。
——萨迪[波斯]

事情可以软来,不要蛮做。这才是谨慎之道。 ——塞万提斯[西班牙]

勇敢而不谨慎,就是鲁莽。莽夫成功多半靠运气,不靠勇气。
——塞万提斯[西班牙]

聪明人总是在今天为自己的明天做好准备,他不会冒险把所有的鸡蛋放在一个篮子里。 ——塞万提斯[西班牙]

谨慎为安全之母。
——莎士比亚[英国]

谁能在惊愕之中保持冷静,在盛怒之下保持镇定,在激愤之间保持清醒,谁才是真正的英雄。——莎士比亚[英国]

过虑总比大意好些。
——莎士比亚[英国]

要知道,凡事木已成舟便无法挽回,人们往往做事不加考虑。
——莎士比亚[英国]

谨慎使你免于灾祸,宽容使你免于纠纷。 ——叔本华[德国]

一盎(àng)司谨慎抵得上一磅

凡事都不可小看。你要知道：一个铁钉可以毁了一个马蹄子，一个马蹄子可以毁了一匹马，一匹马可以断送一次战役，一次战役可以灭掉一个伟大的国家。　　——松苏内吉[西班牙]

不要把所有的鸡蛋放在同一个篮子里。　　　　　　　——托宾[美国]

飞来的横祸时时存在，要尽可能地避开它只有谨慎。

——武者小路实笃[日本]

谨慎的行动要比合理的言论更重要。　　——西塞罗[古罗马]

对于处世接物，凡能忍辱负重、审慎考虑的人，往往易于达到希望的目的，操最后的胜算；反之，急躁冒进、急于求成的人，没有不失败不后悔的。

——《一千零一夜》[阿拉伯]

急躁为人所不齿，其结果往往使人后悔不及。

——《一千零一夜》[阿拉伯]

恼怒将理智的灯吹熄，所以在考虑解决一个重大问题时，你必须脉搏缓慢，心平气和，头脑冷静。

——英格索尔[美国]

谨慎是智慧的长子。

——雨果[法国]

谨慎比大胆要有力量得多。

——雨果[法国]

41　友情；团结

同类相从，同声相应。

——[战国]《庄子》

君子之交淡如水，小人之交甘若醴(lǐ)。君子淡以亲，小人甘以绝。①

——[战国]《庄子》

人之相知，贵相知心。

——[汉]《答苏武书》

与人以实，虽疏必密；与人以虚，虽戚必疏。②　　　　——[汉]韩婴

同恶相助，同好相留，同情相成，同欲相趋，同利相死。　——[汉]《史记》

一死一生，乃知交情；一贫一富，乃知交态；一贵一贱，交情乃见(xiàn)。③

——[汉]《史记》

以权利合者，权利尽而交疏。④

——[汉]《史记》

结交在相知，骨肉何必亲。

——[汉]乐府古辞《箜篌谣》

---

① 甘：甜。醴：甜酒。亲：亲近。绝：断交。
② 密：密切。戚：亲戚；亲属。疏：疏远。
③ 交态：与"交情"同。见：同"现"，显现。
④ 交疏：交情疏远。

友情；团结

士为知己者死，女为悦己者容。①
　　——[汉]《战国策》

以财交者，财尽而交绝；以色交者，华落而爱渝。②
　　——[汉]《战国策》

君子交有义，不必常相从。③
　　——[三国]郭遐叔

与善人居，如入兰芷之室，久而不闻其香，则与之化矣。与恶人居，如入鲍鱼之肆，久而不闻其臭(xiù)，亦与之化矣。④
　　——[三国]《孔子家语》

志合者，不以山海为远；道乖者，不以咫尺为近。⑤
　　——[晋]葛洪

大丈夫处世，当交四海英雄。⑥
　　——[晋]《三国志》

落地为兄弟，何必骨肉亲。
　　——[晋]陶潜

贫贱之交不可忘，糟糠之妻不下堂。⑦
　　——[南朝]《后汉书》

贵易交，富易妻。
　　——[南朝]《后汉书》

以势交者，势倾则绝；以利交者，利穷则散。
　　——[隋]王通

乃知择交难，须有知人明，莫将山下松，结托水上萍。
　　——[唐]白居易

平生知心者，屈指能有几？
　　——[唐]白居易

山河不足重，重在遇知己。
　　——[唐]鲍溶

古交如真金，百炼色不回。
　　——[唐]贯休

人生结交在终始，莫为升沉中路分。⑧
　　——[唐]贺兰进明

人生贵相知，何必金与钱。
　　——[唐]李白

谈笑有鸿儒，往来无白丁。⑨
　　——[唐]刘禹锡

海内存知己，天涯若比邻。⑩
　　——[唐]王勃

与君远相知，不道云海深。
　　——[唐]王昌龄

---

① 士：指有一定文化和社会地位的男子。悦：爱；爱慕。己：自己。容：修饰容貌；梳妆打扮。
② 华：同"花"。渝：改变。
③ 义：指情谊。从：伴随，在一起。
④ 兰芷：兰草和白芷，都是香草。化：同化；改变。鲍鱼：用盐腌制的咸鱼。鲍鱼之肆：卖咸鱼的店铺。臭：气味。
⑤ 乖：违反；背离。咫：长度单位，周代八寸为一咫。咫尺：比喻很近的距离。
⑥ 大丈夫：指胸怀大志的人。四海：指天下。
⑦ 糟糠：酒糟、谷皮等粗劣食物。糟糠之妻：指贫困时共患难的妻子。堂：古代指正室或正房。下堂：比喻妻子被丈夫遗弃。
⑧ 升沉：指社会地位的高低变化。中路：中途，途中。
⑨ 鸿儒：知识渊博的学者。白丁：无官职或功名的普通百姓。
⑩ 海内：古人认为我国四面环海，故指国境之内。后泛指四海之内，即全天下。天涯：天的边际，指极远的地方。比邻：近邻；街坊。

世人结交须黄金,黄金不多交不深。
——[唐]张谓

人非善不交,物非义不取。
——[宋]刘清之

鹅毛赠千里,所重以其人;鸭脚虽百个,得之诚可珍。 ——[宋]欧阳修

孤则易折,众则难摧。
——[宋]司马光

人生乐在相知心。 ——[宋]王安石

物轻人意重,千里送鹅毛。
——[宋]邢俊臣

人生所贵在知己,四海相逢骨肉亲。
——[元]萨都剌

交友须带三分侠气,作人要存一点素心。 ——[明]陈继儒

所交在贤德,岂论富与贫。
——[明]方孝孺

恩德相结者,谓之知己;腹心相结者,谓之知心。 ——[明]冯梦龙

酒肉弟兄千个有,落难之中无一人。
——[明]冯梦龙

马逢伯乐而嘶,人遇知己而死。①
——[明]《三国演义》

人心齐,泰山移。
——[明、清]《增广贤文》

独脚难行,孤掌难鸣。
——[明、清]《增广贤文》

水涨船高,柴多火旺。
——[明、清]《增广贤文》

一根篱笆三个桩,一个好汉三个帮。
——[明、清]《增广贤文》

一根竹竿容易弯,三根麻绳难扯断。
——[明、清]《增广贤文》

一花独放不是春,万紫千红春满园。
——[明、清]《增广贤文》

一块砖头砌不成墙,一根木头盖不成房。 ——[明、清]《增广贤文》

凡与人交,不可求一时亲密,人之易见喜者,必易见怒,惟遵礼致敬,不见好,亦不招尤,所谓淡而可久是也。
——[清]陈道

论交与,当亲君子而远小人;论度量,当敬君子而容小人;论学术,当法君子而化小人。② ——[清]陈宏谋

四海变秋气,一室难为春。
——[清]龚自珍

万两黄金容易得,知心一个也难求。
——[清]《红楼梦》

以父母之心为心,天下无不友之兄弟。③ ——[清]金缨

相识满天下,知心有几人?
——[清]李海观

始交不慎,后必成仇。
——[清]申居郧

----

① 伯乐:春秋时秦国人,擅长鉴别良马。
② 度量:指能宽容人的限度。也作"肚量"。
③ 友:关系好;亲近。

欲知子弟成何品,但看何人共往来。
——[清]石天基

得一知己,可以不憾。
——[清]汪辉祖

交友者,识人不可不真,疑心不可不去,小嫌不可不略。
——[清]魏禧

博弈之交不日,饮食之交不月,势利之交不年,意气声名之交不世,惟道义之交万古如一堂也。①
——[清]魏源

附小人者必小人,附君子者未必君子。②
——[清]张廷玉

动乱不安的年代,友谊像阴天的芦苇,在风中哆嗦着,发出听不见的哀叹。
——艾青

友情从这里开始,苦难巩固它,欢乐装饰它。寒冷中感到它的温暖,暗夜里见到它的光辉。
——巴金

友情在过去的生活里,就像一盏照明灯,照彻了我的灵魂,使我的生存有了一点点光彩。
——巴金

也许世上的友谊万万千,装傻就是其中最简单最贵的一种。
——毕淑敏

然而交友也是最难不过的,与其交得不好,宁可抱残守缺,专去和自然接触晤对了。
——冰心

友谊是凝神药,是兴奋剂;友谊是大海中的灯塔,沙漠里的绿洲。
——冰心

纯粹的友情是自由的,今天萍水相逢,彼此尊重的欢聚,明天可以平淡地分手,甚至忘记大家。
——草雪

能够超越时空依然屹立的友情,其实已经包含爱情的成分。
——草雪

要觅一个靠得住的朋友如同觅一个忠诚的爱人一般困难,但一旦拥有了也是人生的一大幸福,友谊与爱情同样可贵。
——程乃珊

朋友,是一条林荫的红砖路,适合用散步的心情想起。友情,恰是只适合散步一刻钟的雨,少了不够湿,多了又嫌湿。
——楚楚

五人团结一只虎,十人团结一条龙,百人团结像泰山。
——邓中夏

人的地位不断变化,友谊也常常随之升降。
——冯英子

种瓜得瓜,种豆得豆;种下仁惠的友情,得到仁惠的友情。
——郭沫若

以"淡"字交友,以"聋"字止谤,以"刻"字责己。
——弘一法师

"平等"和"互惠"是友谊的两个标志。
——黄秋耘

对友情唯一的考验,还是长久不变的真诚。
——柯蓝

一滴水只有放进大海里才永远不会干涸,一个人只有当他把自己和集体事业融合在一起的时候才能最有力量。力量从团结来,智慧从劳动来,行动从思想来,荣誉从集体来。我要永远戒骄戒躁,不断前进。
——雷锋

---

① 博弈:古代指下棋或赌博。
② 附:接近;亲近。

一朵鲜花打扮不出美丽的春天,一个人先进总是单枪匹马,众人先进才能移山填海。　　　　　——雷锋

人生得一知己甚难,得学识、气质、情操、信仰相近者尤难!　　——李向明

"君子之交淡如水",因为淡所以才能不腻,才能持久。　　　——梁实秋

所谓友谊实即人与人之间的一种良好的关系,其中包括了解、欣赏、信任、容忍、牺牲等诸多美德。　　——梁实秋

"与朋友交,狎而敬之。"敬也是保持距离,也就是防止过分的亲昵。不过"狎而敬之"是很难的。最要注意的是,友谊不可透支,总要保留几分。——梁实秋

友谊好比一瓶酒,封存的时间越长,价值则越高;而一旦启封,还够一个酒鬼滥饮一次……　　　——梁晓声

真诚的友谊永远不会特别表白的。
　　　　　　　　　　——林语堂

士为知己者用嘛!人生得一知己无憾呐!人不能老是行时,在你背时的时候,有人还了解你,就是知己了。
　　　　　　　　　　——刘少奇

最真切的友情,是当你倾吐出最难为情的处境和最尴尬的心绪时,他或她决不误解更决不鄙夷,他(她)对你已达成永远的理解与谅解。——刘心武

渡尽劫波兄弟在,相逢一笑泯恩仇。
　　　　　　　　　　——鲁迅

人生得一知己足矣,斯世当以同怀视之。　　　　　——鲁迅

友谊是两颗心的真诚相待,而不是一颗心对另一颗心的敲打。——鲁迅

在你困难的时候,别人对你表示的友爱比什么都宝贵。　　——路遥

友谊是一种相互吸引的感情,因此它是可遇而不可求的。　——罗兰

团结一致,同心同德,任何强大的敌人,任何困难的环境,都会向我们投降的。
　　　　　　　　　　——毛泽东

友谊与情爱的区别是:友谊冷静,情爱狂热;友谊无私,情爱自私;友谊很有耐心,情爱急不可待;友谊如潺(chán)潺溪流,情爱如河堤决口;友谊有宽容之度,情爱则狭隘小气;友谊可分可合,情爱不能分离。　　——彭铭燕

真正的交情,看来像素淡,自有超越死生的厚谊。　　　——钱锺书

时间对于友谊的磨蚀,好比水流过石子,反把它洗濯得光洁了。
　　　　　　　　　　——钱锺书

彼此理解得越多,也就越容易加速友谊的进展。　　　——秦瘦鸥

人需要友谊就是抗拒灵魂的孤独感。　　　　　——秦文君

忠告只能巩固友谊,不能毁灭友谊;倘因忠告而竟要毁灭的友谊,那绝非真的友谊!　　　　——邵力子

友情的基础是互惠。商人之间友情的基础是利益上的互惠,挚友之间友情的基础是心灵上的互惠。——汪国真

友谊不用碰杯,友谊无须礼物,友谊只不过是我们不会忘记。
——王蒙

友情诞生于相互了解,相互帮助。
——吴冠中

友谊和花香一样,还是淡一点儿的比较好,越淡的香气越使人依恋,也越能持久。
——席慕蓉

和好人交朋友,受到朋友的帮助,自己就随着好了,所谓"与善人居,如入芝兰之室,久而不闻其香";与坏人交朋友,受到朋友的侵蚀,自己就随着坏了,所谓"与不善人居,如入鲍鱼之肆,久而不闻其臭"。所以我们要知道"择交",要交"益友",不交"损友"。
——谢觉哉

滴水是有沾润作用的,但滴水必加入河海,才能成为波涛。
——谢觉哉

你要打开人家的心,你先得打开你自己的;你要在你的心里容纳人家的心,你先得把你的心堆放到人家的心里去。
——徐志摩

你要相信积累的力量。还有,就是诚意、善意的力量。在你能力范围内,善意友善地对待别人。
——杨澜

一个人既要"有所为",他知道无论什么事绝不是独个儿办得了的,必须与他人通力合作才成,那时候朋友就像自己的性命一样,友爱情谊自然而然真挚起来。
——叶圣陶

人与人之间的关系,必须在寂寞时、在苦恼时、在互相安慰时,才显得亲密。
——叶紫

朋友之谊可以浓一点儿,也可以淡一点儿,无论浓淡重要的是心有灵犀。
——尹在勤

友情本是超越障碍的翅膀,但它自身也会背负障碍的沉重。
——余秋雨

即使我们拥有不少友情,它也还是残缺的,原因在于我们自身还残缺。
——余秋雨

友情因无所求而深刻。——余秋雨

一个无人分享的快乐决非真正的快乐,而一个无人分担的痛苦则是可怕的痛苦。
——周国平

友情的深浅,不仅在于那位朋友对你的才能钦佩到什么程度,更在于他对你的弱点容忍到什么程度。——朱苏进

好风景固然可以打动人心,但若得几个情投意合的人,相与徜徉其间,那才真有味,这时候风景觉得更好。
——朱自清

古人说:"得一知己,死可无恨。"一个人能得几个患难之交,真是一生莫大的幸福。
——邹韬奋

我们要能多得到深挚的友谊,也许还要多多注意自己怎样做人,不辜负好友们的知人之明。
——邹韬奋

不是交情很深的人,不是喜欢听你个人往事的人,千万不要对他喋喋倾诉自己的历史,这是一件取人讨厌的不识相的事情。
——邹韬奋

友情是人生的美酒。
——爱·扬格[英国]

友谊能增进快乐,减轻痛苦。因为它能倍增我们的喜悦,分担我们的烦恼。
——爱迪生[美国]

友谊是人生的调味品,也是人生的止痛药。——爱默生[美国]

友谊需要不断充实。
——爱默生[美国]

要想得到别人的友谊,自己就得先向别人来表示友好。——爱默生[美国]

人与人的友谊,把多数人的心灵结合在一起,由于这种可贵的联系,是温柔甜蜜的。——奥古斯丁[古罗马]

正如树枝和树干连接在一起那样,脱离树干的树枝很快就会枯死。
——奥涅格[瑞士]

正如真金要在烈火中识别一样,友谊必须在逆境里经受考验。
——奥维德[古罗马]

友谊是联结两颗同类心灵的纽带,它们既被双方的力量联结在一起,又是独立的。——巴尔扎克[法国]

开诚布公与否和友谊的深浅,不应该用时间的长短来衡量。
——巴尔扎克[法国]

单独一个人可能灭亡的地方,两个人在一起可能得救。
——巴尔扎克[法国]

真正的友谊,只能基于相近性情的结合。——贝多芬[德国]

友谊的基础在于两个人的心肠和灵魂有着最大的相似。——贝多芬[德国]

友谊:风平浪静时载得下两个人的船,但天气恶劣时只坐得下一个人。
——比尔斯[美国]

友谊是一种和谐的平等。
——毕达哥拉斯[古希腊]

真正的朋友不把友谊挂在口头上,他们并不为了友谊而互相要求一点儿什么,而是彼此为对方做一切办得到的事。
——别林斯基[俄国]

友情使喜悦倍增,悲哀减半。
——博恩[英国]

友谊真是一样最神圣的东西,不仅值得特别推崇,而且值得永远赞扬。
——薄伽丘[意大利]

友谊是慷慨、荣誉的最贤惠的母亲,是感激和仁慈的姐妹,是憎恨和贪婪的死敌。——薄伽丘[意大利]

鸟需巢,蜘蛛需网,人需友谊。
——布莱克[英国]

在患难中对友谊的忠诚,在危险中对友谊的坚定,这有多么宝贵!人就应当为此而生,也应当为此而死。
——布吕顿[德国]

朋友间保持一定的距离,而使友谊长存。——查尔卡[匈牙利]

切莫仓促地一头栽进,使自己深陷其间,此为重要的交友之道。
——查斯特菲尔德[英国]

在友情方面,那种不易改变冷、热的

友情,才是真正的友情。
——查斯特菲尔德[英国]

真正的友情并非是轻而易举获得的,它须经过长时期的培养,经由彼此的相知相解,方才得以绽放出友谊的花朵。
——查斯特菲尔德[英国]

没有体验过真正友情的人,作为人是残废的。 ——池田大作[日本]

友情是点缀青春的最美丽的花朵。
——池田大作[日本]

应精心培育青春时代的友情,将其贯穿一生。
——池田大作[日本]

友谊的支柱是尊敬与依赖之心,是永不背叛朋友的诚实,以及为了一个崇高的理想而共同冲破苦难的勇气。
——池田大作[日本]

弱者的团结、努力和协作是通向胜利的桥梁。 ——达·芬奇[意大利]

谈到名誉、荣誉、快乐、财富这些东西,如果同友情相比,它们都是尘土。
——达尔文[英国]

友谊也像花朵,好好地培养,可以开得心花怒放,可是一旦任性或者不幸从根本上破坏了友谊,这朵心上盛开的花,可以立刻委顿凋谢的。
——大仲马[法国]

世界上竟有相识十年,但每次见面都像是刚认识一样的人;也有像你这样,虽说是并非深交,但可以如此推心置腹谈得来的人。 ——岛崎藤村[日本]

要找朋友必须闭起一只眼,要保持友谊就要闭起两只眼。
——道格拉斯[美国]

当我们从富翁沦为穷光蛋时,困境会告诉我们谁是知己,谁是势利小人。
——德莱顿[英国]

友谊的本身就是一根神圣的纽带,苦难使它变得更为神圣。
——德莱顿[英国]

单单一个有智慧的人的友谊,要比所有愚蠢的人的友谊还更有价值。
——德谟克里特[古希腊]

友谊不但能使人走出暴风骤雨的感情世界而进入和风细雨的春天,而且能使人摆脱黑暗混乱的胡思乱想而走入光明而理性的思考。
——弗兰西斯·培根[英国]

只有对于朋友,你才可以尽情倾诉你的忧愁与欢乐,恐惧与希望,猜疑与劝慰。总之,那沉重地压在你心头的一切,通过友谊的肩头而被分担了。
——弗兰西斯·培根[英国]

只有你想想一个人一生中有多少事务是不能靠自己去做的,就可以知道友谊有多少种益处了。所以古人说:朋友是人的第二个"我"。但这句话的容量其实还不够,因为,朋友的作用比这又一个"我"要大得多!
——弗兰西斯·培根[英国]

友谊的一大奇特作用是:如果你把快乐告诉一个朋友,你将得到两个快乐;如果你把忧愁向一个朋友倾吐,你将分掉一半忧愁。所以友谊对于人生真像炼金术士所要寻找的那种"点金石"。
——弗兰西斯·培根[英国]

世上友谊本罕见,平等友情更难求。
——弗兰西斯·培根[英国]

真挚的友谊犹如健康,不到失去时,无法体味其珍贵。
——弗兰西斯·培根[英国]

如果说,友谊能够调剂人的感情的话,那么友谊的另一个作用则是能增进人的智慧。 ——弗兰西斯·培根[英国]

虚伪的友谊犹如你的影子:当你处在阳光下时,它会紧紧地跟着你;一旦你走到阴暗处时,它立刻就会离开你。
——弗兰西斯·培根[英国]

疑心是友谊的毒药。
——弗兰西斯·培根[英国]

友谊是灵魂的结合,这个结合是可以离异的,这是两个敏感、正直的人之间的心照不宣的契约。——伏尔泰[法国]

真诚的友谊好像健康,失去时才知道它的可贵。 ——高尔顿[英国]

真实的十分理智的友谊是人生最美好的无价之宝。 ——高尔基[苏联]

友谊就是力量。——高尔基[苏联]

应该尊重彼此间的相互帮助,这在社会生活中是必不可少的。
——高尔基[苏联]

友谊只能在实践中产生,并在实践中得到保持。 ——歌德[德国]

友谊使人生的益处倍增,使人生的不幸倍减。它是苦难的唯一解药,是灵魂的通气之孔。——格拉西安[西班牙]

切忌与坏人为伍,因为这将受害无穷。比方……你将一滴美酒注入一满杯米醋之中,它会马上变化为米醋。
——格里美豪森[德国]

比荣誉、美酒、爱情和智慧更宝贵,更使人幸福的东西是我的友谊。
——海塞[瑞士]

真诚的友谊是一株成长缓慢的植物,必须经历、承受灾难的震击,然后才能名正言顺地得到这个称呼。
——华盛顿[美国]

和你一同笑过的人,你可能把他忘掉;但是和你一同哭过的人,你却永远不忘。 ——纪伯伦[黎巴嫩]

友谊是遮蔽风雨的大树。
——柯尔律治[英国]

友情是瞬间开放的花,而时间会使它结果。 ——科策布[德国]

最牢固的友谊是共患难中结成的,正如生铁只有在烈火中才能锤炼成钢一样。 ——科尔顿[阿根廷]

即使是最知心的朋友,也会在他们的友谊里夹杂嫉妒的成分。
——科尔顿[阿根廷]

若不能原谅彼此的小缺点,便不能使友谊长存。 ——拉布吕耶尔[法国]

若不团结,任何力量都是弱小的。
——拉封丹[法国]

友谊的最大努力并不是向一个朋友展示我们的缺陷,而是使他看到自己的缺陷。　　——拉罗什富科[法国]

人生最好的东西,就是他同别人的友谊。　　　　　　——林肯[美国]

合作失败的人,常拆伙,因为彼此责难。合作成功的人,也常拆伙,因为各自居功。直到拆伙之后,发现势单力薄,再回头合作,那关系才变得比较稳固。
　　　　　　　　——刘墉[美国]

你爱别人,别人就会爱你;你帮助别人,别人就会帮助你;你待他情同手足,他对你就会亲如父子。——卢梭[法国]

真正的友谊,无论从正反看都应一样,不可能从前面看是蔷薇,而从后面看是刺。　　　　——吕克特[德国]

友谊是毕生难觅的一宗珍贵财富。
　　　　　　——罗曼·罗兰[法国]

信任是友谊的唯一纽带。
　　　　——马尔提阿里斯[古罗马]

没有彼此的敬重,友谊是不可能存在的。　　　　——马卡连柯[苏联]

人生离不开友谊,但要得到真正的友谊真是不容易。友谊总需要忠诚去播种,用热情去灌溉,用原则去培养,用谅解去护理。　　　——马克思[德国]

我们知道个人是微弱的,但是我们也知道整体就是力量。
　　　　　　　　——马克思[德国]

友谊的臂膀长得足以从世界的这一头伸到另一头。　　——蒙田[法国]

坎坷的道路上可以看出毛驴的耐力,患难的生活中可以看出友谊的忠诚。　　　　　　——米南德[古希腊]

友情是天堂,没有它就像下地狱;友情是生命,没有它就意味着死亡。
　　　　　　　　——莫里斯[英国]

友谊永远不能成为一种交易;相反,它需求最彻底的无利害观念。
　　　　　　　　——莫洛亚[法国]

在无利害观念之外互相尊敬似乎是友谊的另一要点。　——莫洛亚[法国]

友谊,需要信任,需要两人的思想、回忆、希望之趋于一致。
　　　　　　　　——莫洛亚[法国]

有一些友谊与爱情,由于调子提得过高,人们从中永远不会感到幸福,唯有保持自然,才能使幸福长在,除此之外,别无他途。　　——莫洛亚[法国]

不管一个人多么有才能,但是集体常常比他更聪明和更有力。
　　——尼古拉·奥斯特洛夫斯基[苏联]

既然我们都是凡人,就不如将友谊保持在适度的水平,不要对彼此的精神生活介入得太深。
　　　　　　——欧里庇得斯[古希腊]

友谊是精神的默契、心灵的相同、美德的结合。　　——彭威廉[英国]

在患难中结下的友谊是世界上最宝贵的东西。　　——普劳图斯[古罗马]

忠贞不渝的至交是件踏破铁鞋无觅处的稀世之珍。——普鲁塔克[古罗马]

不论是多情的诗句、漂亮的文章,还是闲暇的欢乐,什么都不能代替亲密的友情。　　　——普希金[俄国]

求人帮助的时候,求穷人比求富人容易。　　　——契诃夫[俄国]

蚊子如果一齐冲锋,大象会被征服;蚂蚁如果一齐进攻,狮子也会抵挡不住。
　　　——萨迪[波斯]

君子口淡水,岁久情愈真;小人口如蜜,转眼若仇人。——莎士比亚[英国]

金字塔是用一块块的石头堆砌而成的。　　——莎士比亚[英国]

友谊好像酒一样,愈是年深日久,便愈是醇(chún)美。　——《圣经后典》

一滴水怎样才能不干涸?——把它放到大海里去。——释迦牟尼[古印度]

单个人是软弱无力的,就像漂泊的鲁滨孙一样,只有同别人在一起,他才能完成许多事业。　　——叔本华[德国]

友谊往往是由一种两个人比一个人更容易实现的共同利益结成的,只有在相互满足时这种关系才是纯洁的。
　　　——斯特林堡[瑞典]

友谊是培养人的感情的学校。
　　　——苏霍姆林斯基[苏联]

我的房子里有三把椅子:一把是为孤独而用,两把同用是为友谊,三把一起用是为社交。　　——梭罗[美国]

人们所谓的社会美德,和睦的相处关系,通常不过是挤成一团的猪的美德,它们紧挨在一起是为了相互取暖。
　　　——梭罗[美国]

和一些与自己意趣相同的人交往,真可以使人受益不浅。
　　　——泰戈尔[印度]

不能把我们的友谊本身作为目的——我们不应该不惜任何代价地去保持友谊,从而使它受到玷污。如果为了那更伟大的爱,必须牺牲友谊,那也是没有办法的事。　——泰戈尔[印度]

唯有具备强烈的合作精神的人,才能生存,创造文明。——泰戈尔[印度]

竭诚相助亲密无间,乃友谊之最高境界。　　——瓦鲁瓦尔[印度]

飞黄腾达的路上一定点缀着破碎的友谊。　　　——威尔斯[英国]

要想赢得友谊,就要用友谊去交换。
　　　——威尔逊[美国]

世上没有哪一种喜悦比得上因为找到一个知己而产生的喜悦。
　　　——维·鲁滨孙[英国]

即使是弱者,强大的敌人也无可奈何,只要他们团结起来;正如挤在一块儿的蔓藤,连狂风也没有法子把它们吹坏。　　　——《五卷书》[印度]

友谊之花是开在互相理解、互相依赖的土地上的。——武者小路实笃[日本]

大量的友谊使生命坚强,爱与被爱是生活中最大幸福。——西德尼[英国]

既不请求别人,也不答应别人去做

卑鄙的事情,为友谊的一项原则。

——西塞罗[古罗马]

真正的友谊既能容忍朋友提出的劝告,又能使自己接受劝告。

——西塞罗[古罗马]

世界上没有比友谊更美好、更令人愉快的东西了;没有友谊,世界仿佛失去了太阳。 ——西塞罗[古罗马]

友谊永远是美德的辅佐,不是罪恶的助手。 ——西塞罗[古罗马]

像橡树般一寸之成长起来的友情,要比像瓜蔓般突然蹿起来的友情更为可靠。 ——夏洛蒂·勃朗特[英国]

友谊就是栖身于两个身体中的同一灵魂。 ——亚里士多德[古希腊]

想要成为朋友是件快速的事,而友谊则是缓慢成熟的果子。

——亚里士多德[古希腊]

没有信任,便没有友谊。

——伊壁鸠鲁[古希腊]

团结就是力量。——伊索[古希腊]

那些背叛同伴的人,常常不知不觉地把自己也一起灭亡了。

——伊索[古希腊]

真正的友谊,是需要保持一定的距离。有距离,才会有尊重;有尊重,友谊才会天长地久。 ——尤今[新加坡]

船的沉没,任何一个乘客都不能不关心。船沉没以后,绝不可能一部分人遇难,另一部分人幸免。 ——雨果[法国]

说我们好话的人不一定都是知音。

——约翰·克拉克[尼泊尔]

建立、巩固友谊和善意的最好方法,莫过于互相信赖地闲谈心事和家常。

——约翰·洛克[英国]

友谊最致命的病患是逐步冷淡,或是嫌怨的不断增加,这些嫌怨不是小得不足挂齿,就是多得无法排除。

——约翰逊[英国]

友谊不再增长的时候,它马上会开始下降——对一个人的友谊总是不进则退,两者之间没有静止的平衡状态。

——詹姆斯[美国]

42　朋友

四海之内,皆兄弟也。

——[春秋]《论语》

有朋自远方来,不亦乐乎?[①]

——[春秋]《论语》

君子以文会友,以友辅仁。

——[春秋]《论语》

富贵多士,贫贱寡友。

——[汉]《史记》

[①] 朋:朋友,原指志同道合的人,后泛指趣味相投、有交情的人。

朋友之交，不宜浮杂。
——［晋］葛洪

朋友之道，有义则合，无义则离。
——［南朝］《后汉书》

结有德之朋，绝无义之友。
——［宋］《名贤集》

君子与君子以同道为朋，小人与小人以同利为朋。① ——［宋］欧阳修

小人无朋，惟君子有之。
——［宋］欧阳修

道义相砥，过失相规，畏友也；缓急可共，死生可托，密友也；甘言如饴，游戏征逐，昵友也；利则相攘，患则相倾，贼友也。② ——［明］苏浚

豆角开花藤牵藤，朋友相处心连心。
——［明、清］《增广贤文》

与朋友交，只取其长，不计其短。
——［清］李惺

同伴，不一定非要一起走到最后。某一段路上，对方给自己带来的朗朗笑声，那就已经足够。 ——八月长安

难得是诤(zhèng)友，当面敢批评。③
——陈毅

交朋友就是平等相待，以诚相处。
——丁玲

人都愿意将自己的秘密和一切不肯示人的弱点在朋友面前公开，听朋友或同事的安慰和规劝，因为，他懂得这是深厚的爱。
——冯雪峰

伙伴对于少年人是一种自然的需要，是一种生命的要求独立和解放，他和邻家或其他关系拉在一起的伙伴在一起，好像鱼在水里，小鸟在空气中。
——冯雪峰

朋友对我们的帮助、照应与爱护，不必一定要报以物质，而往往只需写几封亲切的信，使他们快乐，觉得人生充满温暖。
——傅雷

朋友也是说好话的多，所以真诚地给你提缺点的人倒是你难得的朋友。
——盖叫天

朋友与律师都要讲究立场。不同的是，后者要付钱，前者可免费。——李敖

需要向他做太多解释的朋友，还是绝交的好。 ——李敖

有的人制造问题的本领，远比他解决问题的本领大得多。这种人最好做敌人，别来做朋友。 ——李敖

单身的人容易交朋友，因为他的情感无所寄托，漂泊流离之中最需要一个一倾积素的对象，可是等到他有红袖添香、稚子候门的时候，心境便不同了。④
——梁实秋

事实上世界里还是有朋友的，不过

---

① 同道：志同道合的人。同利：利益相同或相关的人。
② 砥：磨炼。规：规劝；劝告。畏：敬佩；佩服。饴：糖。昵：亲近；亲热。攘：争夺；窃取。倾：倾轧；排挤。贼：邪恶；不正派。
③ 诤友：能直言规劝的朋友。
④ 积素：故旧，旧日的朋友。

虽然无须打着灯笼去找,却是像沙里淘金,而且还需长时间地洗练。
——梁实秋

朋友彼此帮忙时所应注意的就是:以同情为根本,以了解为前提。我们对朋友如果是爱护的话,自然要留意他的毛病、短处,然而最要紧的,还是对于他的毛病、短处,要有一种原谅的意思。
——梁漱溟

可以不设防而对之一吐为快的人,即是你的朋友。
——刘心武

交朋友不是让我们用眼睛去挑选那十全十美的,而是让我们用心去吸引那志同道合的。
——罗兰

要把同道的人当作朋友,而不必把同利的人当作朋友。
——罗兰

我们喜欢结交富有感情而直率的朋友,因为他热诚、奔放,使我们对他容易了解,而有不必动用心机的快乐。
——罗兰

一个人不随便交朋友不算缺点,但是交了朋友,却对这个朋友挑剔苛求,那才是不懂得"朋友"二字的意义。
——罗兰

真心结交朋友,应当忘掉朋友的过失。
——钱锺书

呼朋引伴,要看自己的本钱;招蜂引蝶,甜蜜必然不够用。
——三毛

不要以为朋友很多是福气。福气如果得自朋友,那么,你自己算什么?
——三毛

知音,能有一两个已经很好了,实在不必太多。朋友之乐,贵在那份踏实的信赖。
——三毛

朋友还是必须要分类的——例如图书,一架一架混不得,过分混杂,匆忙中去找,往往找错类别。
——三毛

两性朋友,关系一旦转化爱情,最是两全其美。
——三毛

对于朋友,除了背叛,没有什么过失是不可以宽容的。
——汪国真

人类的最正当、最伟大、最普通的关系是朋友关系。
——徐懋庸

在找朋友的时候,意见相同的固然可以做朋友,意见相反的也没有什么妨碍。而且从相反的方面看问题,更可避免片面性,所以古人有"相反相成"之说。
——徐特立

有朋友同行,是一种安全;有朋友声援,是一种力量;有朋友忠告,是一种激励;有朋友惦念,是一种幸福。
——尹在勤

不断地向朋友出难题,即使真诚的朋友,也会感到力不从心,甚或几多烦恼。
——尹在勤

外倾性格的人容易得到很多朋友,但真朋友总是很少的;内倾者孤独,一旦获得朋友,往往是真的。
——周国平

我们老是赶着去认识更多的人,但没有时间把他们变成自己的朋友。
——朱大可

比你太强的人,成不了你的朋友;比

你太弱的人,你又不屑于和他做朋友;只有与你的质量相仿佛的人,最容易成为你的朋友。　　　　　　——朱苏进

"人生得一知己足矣。"这种对朋友数量的最低要求,恰恰是对朋友质量的最高期待。　　　　　　——朱苏进

好朋友当然是要情投意合,不能勉强成功的。　　　　　　——邹韬奋

喜欢社会中一小群志同道合的朋友,这是人的社会属性的基本原则。
——埃德蒙·伯克[英国]

我们想的是如何养生,如何聚财,如何加固屋顶,如何备齐衣衫;而聪明人考虑的却是怎样选择最宝贵的东西——朋友。　　　　　　——爱默生[美国]

找到朋友的唯一办法是自己成为别人的朋友。　　　——爱默生[美国]

欣逢喜事,与朋友分享其乐,喜上加喜。反之,身处逆境,情绪颓丧,向富有同情心的朋友倾诉愁苦才会减轻痛苦。
——爱默生[美国]

圣贤是思想的先声,朋友是心灵的希望。　　　　　——爱默生[美国]

世间最美好的东西,莫过于有几个头脑和心地都很正直的严正的朋友。
——爱因斯坦[美国]

多交朋友主要不是靠头脑灵活,而是靠心地善良、单纯,性格热情、坦率。
——奥斯丁[英国]

一个人倒霉至少有这么一点儿好处,可以认清楚谁是真正的朋友。
——巴尔扎克[法国]

真正的朋友在精神方面的感应,和狗的嗅觉一样灵敏,他们能体会到朋友的伤,猜到伤的原因,老在心里牵挂着。
——巴尔扎克[法国]

要更多地去探望处在危难中而不是正在走红的朋友。　——拜伦[英国]

朋友之间有误会应该坦率交换看法,不可背地诽谤;有过失应该当面规劝,在背后则应该赞扬他的优点。
——贝原益轩[日本]

一个朋友的荒谬可笑比起一个敌人的凶猛可怕还要更胜一筹。
——柏拉图[古希腊]

一个无法集中精神、投入全部精力去做事情的人,是无法完满地去完成一项工作的,这样的人也无法成为你永远的知心朋友。——查斯特菲尔德[英国]

拥有最多朋友、最少敌人的人,乃是世界上的最强者。
——查斯特菲尔德[英国]

朋友是未被徒有形式的装饰和受欲望支配的野心所玷污的、纯洁无瑕的、最有人性的人与人的关系。
——池田大作[日本]

最有效的结交朋友的窍门是对别人真心诚意地感兴趣。
——戴尔·卡内基[美国]

如果我们想交朋友,那就要先为别人做些事——那些需要花时间、体力、体

贴、奉献的事情。
　　　　　——戴尔·卡内基[美国]

　　一切亲人并不都是朋友,而只有那些有共同利益关系的才是朋友。
　　　　　——德谟克里特[古希腊]

　　连一个好朋友都没有的人,根本不值得活着。　——德谟克里特[古希腊]

　　在顺境中找个朋友是容易的,但在逆境中则极端困难。
　　　　　——德谟克里特[古希腊]

　　很多显得像朋友的人,其实不是朋友;而很多是朋友的,并不显得像朋友。
　　　　　——德谟克里特[古希腊]

　　当你身处顺境时,只在接受邀请时才来访,而当你身处逆境时不邀自来的人,才是真正的朋友。
　　　　　——狄奥弗拉斯图[古希腊]

　　人生无友,恰似生命无太阳。
　　　　　——法朗士[法国]

　　什么是朋友？朋友就是你可以真诚相待的人。　　——弗·克兰[美国]

　　除了一个知心挚友以外,没有任何一种药物可以治疗心病。
　　　　　——弗兰西斯·培根[英国]

　　没有真正的朋友实在是凄凉孤独。如果没有朋友,这世界只是荒漠一片。
　　　　　——弗兰西斯·培根[英国]

　　当你遭到挫折而感到愤懑抑郁的时候,向知心挚友的一席倾诉可以使你得到疏导。否则这种积郁会使人生病。
　　　　　——弗兰西斯·培根[英国]

　　人生是有限的,有多少事情人来不及做完就死去了。但一位知心的挚友,却能承担你所未做完的事。因此,一个好朋友实际上是你获得了又一次生命。
　　　　　——弗兰西斯·培根[英国]

　　历史上的许多伟人,往往由于在紧要关头听不到朋友的忠告,而做出后悔莫及的错事。
　　　　　——弗兰西斯·培根[英国]

　　多一个真正的朋友,就多一块陶冶情操的砺石,多一分战胜困难的力量,多一个锐意进取的伴侣。
　　　　　——弗兰西斯·培根[英国]

　　人世间所有的荣华富贵不如一个好朋友。　　　　——伏尔泰[法国]

　　朋友的眼睛,是一面明镜。
　　　　　——富兰克林[美国]

　　把自己的缺点告诉你的朋友,是对他极大的信任;把朋友的缺点告诉他,是更大的信任。　——富兰克林[美国]

　　挑选朋友要慎重,更换朋友更要慎重。　　　　——富兰克林[美国]

　　怜悯你的人不是朋友,帮助你的人才是朋友。　　　——富勒[英国]

　　逆境中的伙伴,使苦难大大减轻。
　　　　　——富勒[英国]

　　最好的朋友是那种不喜欢多说,能与你默默相对而又息息相通的人。
　　　　　——高尔基[苏联]

　　选择一条喜爱的思想路线很容易,但是创造一个由知心朋友构成的、称心的生活圈子却非常困难。
　　　　　——高尔基[苏联]

　　应该努力跟那些比你强、比你聪明的人做朋友。　　——高尔基[苏联]

　　你只能对朋友做一件事，即让他们获得快乐，使他们更加幸福，并同他们一起分享这幸福。　　——歌德[德国]

　　一个不是对我们有所求的朋友，才是真正的朋友。　——哈伯特[英国]

　　人们往往受一些特别的影响，把他们不愿向老朋友谈的话，反向新交的朋友倾吐出来。　　——哈代[英国]

　　一旦被愚蠢的朋友引为知己，你立刻会危险临头。——哈利法克斯[英国]

　　人人皆有弱点，谁若想要寻个没有缺点的朋友，就永远找不着他所要追求的。　　　——贺拉斯[古罗马]

　　害怕树敌的人，永远得不到真正的朋友。　　——赫兹里特[英国]

　　当你有暇和别人交往时，一定要结交你所在地方的最佳伙伴。这样做，在课余时间能使你的言谈举止经常受到熏陶，性情也得到陶冶，而且结交良友总不会像结交酒肉朋友那样花钱。
　　　　　　　——华盛顿[美国]

　　你的朋友是你的有回答的需求，他是你用爱播种、用感谢收获的田地。
　　　　　　　——纪伯伦[黎巴嫩]

　　当你的朋友向你吐露胸臆的时候，你不要怕说出心中的"否"，也不要瞒住你心中的"可"。——纪伯伦[黎巴嫩]

　　如果你不了解你的朋友的所有情况，你就永远不会了解他。
　　　　　　　——纪伯伦[黎巴嫩]

　　假如我向人伸出空手而得不到东西，那当然是苦恼；但是假如我伸出一只满握的手，而发现没有人来接受，那才是绝望呢。　——纪伯伦[黎巴嫩]

　　在欢乐时，朋友会认识我们；在患难时，我们会认识朋友。
　　　　　　　——柯林斯[英国]

　　选择朋友一定要谨慎！地道的自私自利，会戴上友谊的假面具，却又设好陷阱来坑你。　——克雷洛夫[俄国]

　　但愿老天爷让我们别交上愚蠢的朋友，因为殷勤过分的蠢材比任何人还要危险。　　——克雷洛夫[俄国]

　　仁爱的话，仁爱的诺言，嘴上说起来是容易的，只有在患难的时候，才能看见朋友的真心。——克雷洛夫[俄国]

　　没有朋友也没有敌人的人，就是凡夫俗子。　　——拉法地[美国]

　　真正的朋友是所有财富中最重要的财富，也是人们最少考虑取得的财富。
　　　　　　　——拉罗什富科[法国]

　　老的树最好烧，老的马最好骑，老的书最好读，老的酒最好喝，老的朋友最可信赖。　　　——莱特[英国]

　　朋友的朋友，也是我们的朋友。
　　　　　　——列夫·托尔斯泰[俄国]

　　患难识朋友。　　——列宁[苏联]

错交了朋友固然是不幸,从那么甜蜜的一个错误中醒悟过来又是一个不幸,其残酷的程度,殆有过之而无不及。
——卢梭[法国]

朋友看朋友是透明的,他们彼此交换生命。 ——罗曼·罗兰[法国]

有了朋友,生命才显出它全部的价值。 ——罗曼·罗兰[法国]

得意时能结交朋友,落魄时能考验朋友。 ——马尔提阿里斯[古罗马]

你若使你的朋友脸红,你就很可能会失去这个朋友。
——马尔提阿里斯[古罗马]

多疑的人永远不能成为好朋友。
——莫洛亚[法国]

无利害观念成为朋友的要素之一,能够帮助人的朋友,应当猜透对方的思虑,在他尚未开口之前就助他。
——莫洛亚[法国]

人们不应当刚刚在朋友家吃过晚饭,还未走出人家家门百米远,就说人家的坏话。 ——莫洛亚[法国]

分享快乐能结交朋友,而分享痛苦却不能。 ——尼采[德国]

真正的朋友应该说真话,不管那话多么尖锐。
——尼古拉·奥斯特洛夫斯基[苏联]

患难之交才真诚,富贵之时自然满座高朋。 ——欧里庇得斯[古希腊]

在这个世界上,诚实的人最尊重、最珍视的莫过于真正的朋友,这种朋友可以说是另一个我。——皮尔梅[比利时]

想与所有人交友的人,不是任何人的朋友。 ——普菲费尔[德国]

贫穷好比一面明镜,它可以反照出真心的朋友来。 ——乔叟[英国]

谁若愿意有朋友,那就一定有敌人。
——萨迪[波斯]

因为有利可图才与你结为朋友的人,也会因为无利可图而与你绝交。
——塞涅卡[古罗马]

重要的不在于你是谁生的,而在于你跟谁交朋友。——塞万提斯[西班牙]

在背后称赞我们的人就是我们的良友。 ——塞万提斯[西班牙]

朋友间必须是患难相济,那才能说得上真正友谊。 ——莎士比亚[英国]

有很多良友,胜于有很多财富。
——莎士比亚[英国]

酒食上得来的朋友,等到酒尽樽空转眼成为路人。一片冬天的乌云刚刚出现,这些飞虫们早就躲得不知去向了。
——莎士比亚[英国]

朋友有三种:爱你的朋友,忘你的朋友,恨你的朋友。 ——尚福尔[法国]

亲密而互相信任的朋友之间彼此赤诚相见,他们不会被戏弄和嘲笑,因而心里踏实无虑,他们之间这种信任会受到尊重。 ——斯蒂文生[英国]

财富不是朋友,而朋友却是财富。
　　　　　　　——斯托贝［希腊］

亲戚是上帝赐予我们的,朋友是我们自己挑选的。——松下幸之助［日本］

不要靠馈赠去获得朋友,你须贡献你诚挚的爱,学会怎样用正当的方法来赢得一个人的心。
　　　　　　——苏格拉底［古希腊］

一生都没有满足过朋友要求的人,不能算是一个成功的人。
　　　　　　　——梭罗［美国］

暗中劝诫你的朋友,一定是大庭广众中称赞你的朋友。　——瓦都［法国］

世人都疏远了我,而他仍在我身边,这样的人就是我的真正的朋友。
　　　　　　　——王尔德［英国］

与其结交可靠的朋友,不如使自己结交的朋友可靠。——王尔德［英国］

真正的朋友应该让人像对母亲那样地信赖。　　——《五卷书》［印度］

有知心朋友本身就是一种幸福。
　　　　　——武者小路实笃［日本］

要想得到好朋友,首先自己要成为别人的好朋友。
　　　　　——武者小路实笃［日本］

朋友间当遵守以下法则:不要求别人寡廉鲜耻的行为,若被要求时则应当拒绝之。　　——西塞罗［古罗马］

好人不和坏人为友,坏人不和好人为友,其唯一的原因只能是在他们之间存在着极不相同的品德和极不相同的兴趣和爱好。　——西塞罗［古罗马］

世界上没有比一个既真诚又聪明的朋友更可宝贵的了。
　　　　　　——希罗多德［古希腊］

哪怕全世界的人都恨你,都相信你坏,只要你自己问心无愧,你也不会没有朋友的。　——夏洛蒂·勃朗特［英国］

我们应该用我们希望朋友对待我们的方式去对待朋友。
　　　　　——亚里士多德［古希腊］

假如以世上其他的一切作为交换条件,也不会有人选择没有朋友的生活。
　　　　　——亚里士多德［古希腊］

对我们帮助最大的,并不是朋友们的实际帮助,而是我们坚信得到他们的帮助的信念。　——伊壁鸠鲁［古希腊］

有了过多无用的朋友,对自己有害无益。　　　　——伊索［古希腊］

应当在朋友正是困难的时候给(jǐ)予帮助,不可在事情已经无望之后再说闲话。　　　——伊索［古希腊］

朋友间的不和,就是敌人进攻的机会。　　　　——伊索［古希腊］

不可信赖那种在紧急时舍弃你的朋友。　　　　——伊索［古希腊］

灾难能证明友人的真实。
　　　　　　　——伊索［古希腊］

对一个尚未成熟的少年来讲,坏的伙伴比好的老师起的作用要大得多。
　　　　　　　——伊索［古希腊］

最亲近的朋友往往就是铸成大错的冤家。　　——约·梅西[新西兰]

43　敌对;憎恨

兄弟阋(xì)于墙,外御其务。①
　　——[春秋]《诗经》

一日纵敌,数世之患。
　　——[战国]《左传》

怀重宝者不以夜行,任大功者不以轻敌。　　——[汉]《战国策》

邪正之人不宜共国,亦犹冰炭不可同器。　　——[南朝]《后汉书》

射人先射马,擒贼先擒王。
　　——[唐]杜甫

小人能媚人,人喜与之亲,不幸而同利害,必巧为中伤,毒人而人不知。②
　　——[宋]《省心杂言》

君子小人,如冰炭之不相容,薰莸之不相入。③　　——[宋]朱熹

常将冷眼看螃蟹,看你横行得几时!④　　——[元]杨显之

冤家宜解不宜结,各自回头看后头。⑤　　——[明]冯梦龙

子系中山狼,得志便猖狂。⑥
　　——[清]《红楼梦》

爱与恨是一件事物的两面。宗教家们忘掉恨,道德家们反对恨,伪善的人们装着不恨。　　——柏杨

恨如果建筑在爱——不自私的爱上,恨就跟爱一样的美。——柏杨

恨,其实不是爱的对立物,而是爱的延续。　　——陈祖芬

愤世嫉俗并不能解决矛盾,也就不能使自己往前迈进一步。——傅雷

播种仇恨只会结成循环报复的恶果。　　——柯灵

有胆子的、有正义感的,才会恨。
　　——老舍

仇的另一端是爱,它们的两端是可以折回来碰到一处,成为一个圈圈的。
　　——老舍

敌人是不足惧的,最可怕的是自己营垒里的蛀虫,许多事都败在他们手里。
　　——鲁迅

能憎才能爱。　　——鲁迅

----

① 阋:争吵;争斗。墙:门内的屏障,引为家庭内部。御:抵御;对付。务:同"侮",欺凌,一作"侮"。
② 媚人:有意讨人喜欢。
③ 薰:指一种有香味的草。莸:指一种有臭味的草。
④ 冷眼:轻蔑的眼光,引申为冷静客观的态度。螃蟹:比喻横行霸道的坏人。
⑤ 冤家:指仇人、对头。宜:应当;应该。解:解开;消除。结:编织;凝聚。
⑥ 子:你。系:是。中山:古地名。中山狼:喻指恩将仇报、没有良心的人。

横眉冷对千夫指,俯首甘为孺(rú)子牛。　　　　　　——鲁迅

不破不立,不塞不流,不止不行,它们之间的斗争是生死斗争。——毛泽东

对于丑恶没有强烈憎恨的人,也不会对于美善有强烈的执着。——茅盾

不要长久地仇恨任何人与事。这种心态——焚烧如同炼狱的苦痛,真正受伤害的,只有自己。——三毛

不能憎人,也将不能爱人;憎的极境也就是爱的极境。　——王任叔

能够有着风暴一样强烈的恨,有着像云彩一样光辉的爱的人,一定是一个胸襟宽广的人,一个志向远大的人,一个有着理想和追求的人。——曾卓

世界上只有能憎的人才能爱。
　　　　　　　　　——朱自清

朋友一千个还太少,敌人一个也嫌多。　　——阿·巴巴耶娃[苏联]

恨是一种追求破坏的热切欲望,爱则是一种对某一对象热切的肯定。
　　　　　——埃·弗洛姆[美国]

千万不要与同一个敌人交战过频,否则他会把你的战术都学去的。
　　　　　　　——爱默生[美国]

怨恨是一种自我惩罚。
　　　　　　　　——巴罗[法国]

人的恨比爱更坚定。如果我讲过一句话曾伤害了某个人,我再对他说多少好话也无济于事。——鲍斯威尔[英国]

一个念念不忘旧仇的人,他的伤口将永远难以愈合,尽管那本来是可以痊愈的。　——弗兰西斯·培根[英国]

开玩笑不可能化敌为友,却可能化友为敌。　　——富兰克林[美国]

憎恨是积极的不快,妒忌是消极的不快。所以妒忌很容易转化成为憎恨,就不足为怪了。　——歌德[德国]

我要有一个仇敌,或者有一个挚友,那该多好啊!仇敌会使我把全副心思集中在他的身上,而使我忘却这痴心的爱;挚友则将给我以规劝,打消我这自作多情的妄想。　——格里美豪森[德国]

对敌人应该行最大的宽大。我们应该避免不必要地杀害一条生命,并且应该对不幸的人们给(jǐ)予一切人道的待遇。　　　　——葛德文[英国]

一个真正的敌人能灌注你无限的勇气。　　　　——卡夫卡[奥地利]

你的敌人推荐的朋友,对你可没有多大用处!　——克雷洛夫[俄国]

我们永远不会原谅那些使我们脸红的人。　　　——拉阿尔普[法国]

和最高尚的美德以及最凶恶的狗一样,最大的仇恨也是默不作声的。
　　　　　　　——里克特[美国]

恨和爱一样,是容易使人轻信的。
　　　　　　　　——卢梭[法国]

邪恶进攻正直的心灵,从来不是那么大张旗鼓地,它总是想法子来偷袭,总戴着某种诡辩的面具,还时常披着某种

道德的外衣。　　——卢梭[法国]

愤怒会把惩罚施加于他人,同时它也折磨着本人。

——马尔提阿里斯[古罗马]

愤恨是毒化精神的毒剂,它使人得不到快乐,并且把争取成功的巨大能量消化殆尽。　　——马尔兹[美国]

一个被侮辱的正人君子和一个坏蛋拼命有什么用?　　——莫泊桑[法国]

一个真正的人对谁都不应该恨。

——拿破仑[法国]

憎恨之中也隐藏着一种嫉妒:我们想胜过敌人。　　——尼采[德国]

一个人一旦被人憎恨,他的善举和恶行就会一起压迫着他。

——琼森[英国]

弱小的敌人对你表示友好,往往只是蓄意成为你的强敌。——萨迪[波斯]

不要向敌人述说你的悲哀,他会表面同情,暗中称快。　　——萨迪[波斯]

假如今天不把火焰扑灭,明天它会烧毁世界;假如你能先把敌人射中,不要容他搭箭张弓。　　——萨迪[波斯]

不要接受敌人的哄骗,也不要听信佞(nìng)人的逢迎;前者布下虚伪的网,后者张开了贪求的嘴。——萨迪[波斯]

能够消灭敌人时,如果不把敌人消灭,便是和自己为敌。——萨迪[波斯]

对坏人行好事,就是往海里倒水。

——塞万提斯[西班牙]

要识透敌人的用意、打算、诡计和困境,要防止预料到的危险,光靠体力行吗?这都是费心思的事,体力是用不上的。

——塞万提斯[西班牙]

毒蛇是在光天化日之下出现的,所以步行的人必须刻刻提防。

——莎士比亚[英国]

人们对于他们所畏惧的人,日久之后,往往会心怀怨恨。

——莎士比亚[英国]

我痛恨人们的忘恩,比之痛恨说谎、虚荣、饶舌、酗酒,或是其他存在于脆弱的人心中的陷人的恶德还要厉害。

——莎士比亚[英国]

恨,能挑起争端;爱,能遮掩一切过错。　　——《圣经》

被人蔑视所引起的憎恨,常常是猛烈的。　　——司汤达[法国]

亲友一旦反目,其仇恨必定是最深的。　　——塔西佗[古罗马]

躲避自己的敌人,不知道他们的习惯和生活方式,这是多么荒谬!要是我想射杀树林里的一只狼,我就得先知道所有它经常走的路。

——屠格涅夫[俄国]

刻毒的仇人比那些表面合意的朋友对人更有用处,前者说的常常是实话,而后者从来不会讲实话。

——西塞罗[古罗马]

最直接地引起我们要对别人有所报答的心是感激,而最直接引起我们要对人有所责罚的心是愤恨。
——亚当·斯密[英国]

不可稍存仇恨心理,随时避免嫌疑,消除别人的疑虑,这是求安全的途径。
——《一千零一夜》[阿拉伯]

44 安危;祸福

安而不忘危,存而不忘亡,治而不忘乱。①
——[周]《周易》

祸兮福之所倚,福兮祸之所伏。②
——[春秋]《老子》

祸莫大于轻敌。
——[春秋]《老子》

纷争者不胜其祸,辞让者不失其福。
——[春秋]《晏子春秋》

上下不和,虽安,必危。
——[战国]《管子》

安危在是非,不在于强弱。
——[战国]《韩非子》

积爱成福,积憎成祸。
——[战国]《文子》

福莫长于无祸。③
——[战国]《荀子》

德不称(chèn)位,能不称(chèn)官,赏不当功,罚不当罪,不祥莫大焉。④
——[战国]《荀子》

安危相易,祸福相生。
——[战国]《庄子》

居安思危,思则有备,有备无患。
——[战国]《左传》

福在积善,祸在积恶。
——[秦]黄石公

利为害本,而福为祸先。
——[汉]韩婴

安不忘危,存不忘亡。
——[汉]《汉书》

善游者溺,善骑者堕,各以其所好,反自为祸。
——[汉]《淮南子》

塞(sài)翁失马,焉知非福。⑤
——[汉]《淮南子》

善为天下者,因祸而为福,转败而为功。
——[汉]贾谊

福生于隐约,而祸生于得意。
——[汉]刘向

祸不妄至,福不徒来。
——[汉]《史记》

于安思危,危则虑安。
——[汉]《战国策》

———————
① 治:社会安定太平。乱:社会动荡不安。
② 兮:相当于"啊"。倚:倚靠;依附。伏:潜伏;隐藏。
③ 长:指超过,胜过。
④ 称:适合;相当。能:才能;才干。不祥:不吉利。
⑤ 塞:边塞,边疆地区的要塞。

祸与福相贯,生与亡为邻。
——[汉]《战国策》

祸至不惧,福至不喜。
——[三国]《孔子家语》

明者见危于无形,智者规祸于未萌。
——[三国]钟会

远虑者安,无虑者危。
——[三国]诸葛亮

祸莫大于无足,福莫厚乎知止。
——[晋]葛洪

福来有由,祸来有渐。①
——[晋]《三国志》

深思远虑,安不忘危。
——[南朝]《后汉书》

安有巢毁而卵不破乎?
——[南朝]《后汉书》

外疾之害,轻于秋毫,人知避之;内疾之害,重于泰山,而莫之避。②
——[北朝]刘昼

福兮可以善取,祸兮可以恶召。③
——[唐]刘禹锡

祸至后惧,是诚不知。君子之惧,惧乎未始。④
——[唐]柳宗元

祸不入慎家之门。 ——[唐]王勃

居安思危,戒奢以俭。
——[唐]魏徵

患难之生,皆生于利;苟不求利,祸从何生?⑤
——[唐]姚思廉

士师分鹿真是梦,塞(sài)翁失马犹为福。 ——[宋]陆游

戒之以祸,不若喻之以理;喻之以理,不若悟之以心。⑥ ——[宋]吕祖谦

祸患常积于忽微,而智勇多困于所溺(nì)。⑦ ——[宋]欧阳修

福无双至犹难信,祸不单行却是真。
——[元]《琵琶记》

天有不测风云,人有旦夕祸福。
——[元]杨梓

祸常发于所忽之中,而乱常起于不足疑之事。⑧ ——[明]方孝孺

福近易知,祸远难见。
——[清]《镜花缘》

吃亏是福。 ——[清]郑燮

贪安稳就没有自由,要自由就要历些危险。只有这两条路。——鲁迅

一颗高尚的心应当承受灾祸而不是躲避灾祸,因为承受灾祸显示了意志的

---

① 由:缘由、起源,事物发展的开端。渐:事物逐渐发展的过程。
② 秋毫:鸟兽秋天新长出的细毛,比喻微小的事物。
③ 可:能。以:因;因为。
④ 是:这;这个。诚:的确;实在。
⑤ 苟:如果。
⑥ 不若:不如。
⑦ 积:积累;聚集。忽、微:古代极小的度量单位,比喻极微小的数量或极细小之处。困:受困。溺:沉溺。
⑧ 忽:不经心;不重视。

崇高,而躲避灾祸显示了内心的怯懦。
——阿雷蒂诺[意大利]

灾难是人的真正试金石。
——包蒙[英国]

祸与福的相倚相伏,是一种耐人寻味而又几乎普遍存在的现象。
——查尔思·里德[英国]

要等到一切危险都过去才起航的人,永远也出不了海。　——富勒[英国]

大祸过后,必有大福。
——歌德[德国]

继续成功只能引我们走向世界的一端,灾难却能将我们调转,让我们看到世界的另一端。　——科尔顿[阿根廷]

不要以为林莽中空无一物,那儿也许有一只老虎睡觉。　——萨迪[波斯]

太平景象最能带来一种危险,就是使人高枕无忧;所以适当的疑虑还是智者的照灯,是防患于未然的良方。
——莎士比亚[英国]

小事不忍耐,必招大灾难。
——莎士比亚[英国]

祸患追罪人,义人必得善报。
——《圣经》

已经知道的危险总比还不知道的危险好些。　——斯蒂文生[英国]

盲目可以增加你的勇气,因为你无法看到危险。　——斯威夫特[英国]

让我不要祈求免遭危难,只让我能大胆地面对它们。　——泰戈尔[印度]

世界上任何太美的事物背后都隐藏着某种悲剧。　——王尔德[英国]

危险还没有来到的时候,就应该未雨绸缪事先预防;一旦看到危险临头,就应该毫不犹豫地先下手为强。
——《五卷书》[印度]

患难不是永恒。像欢乐消逝那样,患难也要消灭。
——《一千零一夜》[阿拉伯]

有福不肯与人共享,有祸也不会有人同当。　——伊索[古希腊]

灾难来自意想不到的地方,最使受害者难受。　——伊索[古希腊]

45　幸福

幸福是一种心灵的震颤,它像会倾听音乐的耳朵一样,需要不断地训练。
——毕淑敏

幸福并不与财富、地位、声望、婚姻同步,它只是你心灵的感觉。
——毕淑敏

幸福就是没有痛苦的时刻,它出现的频率并不像我们想象的那样少。
——毕淑敏

把人生的苦难和幸福分置天平两

端,苦难体积庞大,幸福可能只是一块小小的矿石。但指针一定要向幸福这一侧倾斜,因为它有生命的黄金。
——毕淑敏

人生没有绝对的幸福,也没有绝对的痛苦,幸福与痛苦永远是连接在一起的。　　　　　　　　——冰心

如果不品尝生命的苦难,幸福又有什么可贵呢!　　　　　　——郭枫

幸福和满足成正比,和欲望成反比。
——李光斗

人生的幸福来自于自我心扉的突然洞开。　　　　　　　　——林清玄

人的生活,只有在精神和物质两方面都达到丰富和美好,这才是幸福的。
——刘心武

人们常以为清闲就是幸福。其实,清闲正是生命力的浪费和萎缩。偶尔在忙碌之中有点儿清闲的机会,那是休息,也是收获和享受。但经常的清闲却是生命的僵化,所感到的将不是悠闲,而是消沉。　　　　　　——罗兰

一个人能有真正静下来的属于自己的、不受外界干扰的时间,是一种难得的幸福。　　　　　　　　——罗兰

追求一个梦想是一种绝大的幸福和快乐。　　　　　　　——罗兰

一心直奔幸福的人,缺少承受的准备;甘愿接受苦难的人,能亲手创造幸福。　　　　　　　——莫小米

最幸福的人就在于他们有一种天赋——自行其乐。　　——史铁生

一个心中没有秘密的人,不会幸福;一个心中有太多秘密的人,一定痛苦。
——汪国真

一个人能得到集体的信赖是最幸福的。　　　　　　——吴运铎

即使自己变成了一撮泥土,只要它是铺在通往真理的大道上,让自己的伙伴们大踏步地冲过去,也是最大的幸福。
——吴运铎

想不付出任何代价而得到幸福,那是神话。　　　　　——徐特立

在一个属于自己的文化背景下安居乐业,这本身便是最大的幸福。
——杨晓晖

幸福是要用自己的心去细细体味的,幸福或许就是在阳光灿烂的下午你们两小无猜的一对拉起手来的刹那。
——杨晓晖

幸福,是深埋在沙土里的黄金,是一粒粒尚未萌芽的花蕾,不靠自己的手去挖掘、去栽种,它就永远懒得来到你的面前。　　　　　　——姚欣宏

建筑在别人痛苦上的幸福,不是真正的幸福。　　——阿·巴巴耶娃[苏联]

内向、宽容和无私是幸福的三大要素。　　　　——阿诺德[英国]

只能当一个人的生命在辉煌中结束时,我们才敢说他是幸福的。
——埃斯库罗斯[古希腊]

使时间充实就是幸福。
——爱默生[美国]

你每发怒一分钟,便失去了六十秒钟的幸福。 ——爱默生[美国]

请学会通过使别人幸福快乐来获取自己的幸福,而不要用同类相残的无聊冲突来获取幸福。——爱因斯坦[美国]

幸福并不在于享有幸福,而是在于争取幸福、追求幸福。
——安德烈耶夫[俄国]

我相信,没有什么生命会被忘记,每个生命会得到自己可以享受的、适宜于自己的一份幸福。 ——安徒生[丹麦]

丧失了朝思暮想的幸福,放弃一切前程,比起丧失已经感受到的幸福——即使这幸福很完善——那痛苦更加剧烈。 ——巴尔扎克[法国]

越是别人都羡慕我的幸福,我就觉得这幸福更有滋味。
——巴尔扎克[法国]

幸福是不可捉摸的,你从来不知道它是不是存在。要考察你是不是幸福,只有去看看你周围的人。
——巴甫连柯[苏联]

把美德、善行传给你的孩子们,而不是留下财富,只有这样才能给他们带来幸福。 ——贝多芬[德国]

幸福,假如它只是属于我,成千上万人当中的一个人的财产,那就快从我这儿滚开吧! ——别林斯基[俄国]

德行和智慧是人生的真正幸福。
——柏拉图[古希腊]

永远不要离开义务和荣誉的道路,这是我们得到幸福的唯一源泉。
——布丰[法国]

德高望重的人,不论处在自由的境遇,或处在奴隶的境遇,常是幸福的。
——布拉顿[英国]

幸福的斗争不论它是如何艰难,它并不是一种痛苦,而是快乐,不是悲剧而只是喜剧。——车尔尼雪夫斯基[俄国]

人生的幸福大致可归为两种:一种是因欲望的满足而感到的幸福,另一种是生命自体的跃动和充实感所产生的幸福。 ——池田大作[日本]

幸福绝不是别人赐予的,而是一点一滴在自己生命之中筑建起来的。
——池田大作[日本]

幸福就是一双鞋,合不合适只有自己一个人知道。 ——大仲马[法国]

使人幸福的不是体力,也不是金钱,而是正义和多才。
——德谟克里特[古希腊]

有时候,人们在失去幸福之后,头脑反会清醒,因为梦幻往往使人神志恍惚和不明事理。 ——法拉奇[意大利]

幸福的最大障碍,就是期待过多的幸福。 ——丰特奈尔[法国]

一个人的幸福主要还是造就于自己的手,所以诗人说:"人人都可以成为自己的幸福的建筑师。"
——弗兰西斯·培根[英国]

幸福是一个债主，借你一刻钟的欢悦，叫你付上一船的不幸。
——福楼拜[法国]

要幸福的唯一办法就是只把自己囚禁在艺术中，而把别的事情都看作无关紧要。
——福楼拜[法国]

获得幸福有两条途径：一为减少欲望，一为增加所有。
——富兰克林[美国]

幸福生于"知忧"，祸患起于"逸乐"。
——富兰克林[美国]

只有在对美好事情的自觉追求中，才有真正的幸福。
——高尔基[苏联]

谁也不满足一点点幸福，可是幸福多了，就没有价值了。
——高尔基[苏联]

太阳是幸福的，因为它光芒四照；海也是幸福的，因为它反射着太阳欢乐的光芒。
——高尔基[苏联]

不论在哪里，自己的幸福要靠自己去创造，去寻觅。
——哥尔斯密[英国]

最大的幸福在于我们的缺点得到纠正，以及我们的错误得到补救。
——歌德[德国]

人之幸福，全在于心之幸福。
——歌德[德国]

谁是最幸福的人？乃是能感到他人的功绩、视他人之乐如自己之乐的人。
——歌德[德国]

最大的幸福在于憧憬，而真正的憧憬是以那些得不到的东西为对象。
——歌德[德国]

不征服、不服从，而能获取所需的人，才是真正的幸福，真正的伟大。
——歌德[德国]

命运总是要给我们获得的任何幸福加上一点儿苦味！
——歌德[德国]

当一扇幸福之门关上时，另一扇幸福之门会打开；但我们往往在那扇关闭的门前茫然呆立过久，以致看不见另一扇已向我们打开的门。
——海伦·凯勒[美国]

幸福是见异思迁的娼妇，不会安静地待在一个地方。
——海涅[德国]

幸福的大秘诀是：与其使外界的事物适应自己，不如使自己去适应外界的事物。
——海普[美国]

当你追求幸福时，幸福往往逃避你；但当你逃避幸福时，幸福却又常常跟随你。
——海伍德[英国]

如果幸福在于肉体的快感，那么就应当说，牛找到草料吃的时候，是幸福的。
——赫拉克利特[古希腊]

幸福是一个不断渴望的过程，从一个目标到另一个目标；达到前者就开辟了通向后者的道路。
——霍布斯[英国]

获得幸福的秘诀，并不在为追求快乐而竭尽全力，而是在竭尽全力之中寻到快乐。
——纪德[法国]

幸福生长在我们自己的火炉边，而

不能从别人的花园中采得。
　　　　　　——杰罗尔德[英国]

　　做一个给别人带来光明而无私地贡献自己一切力量的人,才是人生伟大的幸福。　　　——捷尔任斯基[苏联]

　　比起那种一味用阴暗的前景使自己的生活乐趣失色的人来,人们倒可以把一个经得住一切事变的人视为一个更幸福的人。　　　　——康德[德国]

　　幸福的概念是极不确定的,虽然人人皆欲得之,却无人能明确地、连贯地说出他所希望与乞求的到底是什么。
　　　　　　　——康德[德国]

　　幸福后面是灾祸,灾祸后面是幸福。
　　　　——拉罗什富科[法国]

　　人们的幸福或不幸依赖于他们情绪的程度,不亚于运气的好坏依赖于他们情绪的程度。——拉罗什富科[法国]

　　幸福在于趣味,而不在于事物。我们幸福在于我们拥有自己的所爱,而不在于我们拥有其他人觉得可爱的东西。
　　　　——拉罗什富科[法国]

　　幸福在于勿恶、宽恕和热爱他人。
　　　　——列夫·托尔斯泰[俄国]

　　只有爱,只有牺牲,才是唯一真实的不为客观情况所左右的幸福。
　　　　——列夫·托尔斯泰[俄国]

　　做好事的乐趣乃是人生唯一可靠的幸福。　　——列夫·托尔斯泰[俄国]

　　为自己的幸福活着的人,低劣;为别人的幸福活着的人,渺小;为大多数人的幸福活着的人,高尚。
　　　　——列夫·托尔斯泰[俄国]

　　幸福并不在于外在的原因,而是以我们对外界原因的态度为转移,一个吃苦耐劳惯了的人就不可能不幸福。
　　　　——列夫·托尔斯泰[俄国]

　　有生活的时候就有幸福。
　　　　——列夫·托尔斯泰[俄国]

　　对于大多数人来说,他们认定自己有多幸福,就有多幸福。
　　　　　　　——林肯[美国]

　　人间最大的幸福莫如既有爱情又清白无瑕。　　　——卢梭[法国]

　　人在世上越离开尘俗,越接近自己,就越幸福。　　——卢梭[法国]

　　能使你所爱的人快乐,是世界上最大的幸福。错过这样的幸福是荒唐的。
　　　　　——罗曼·罗兰[法国]

　　幸福不在于拥有金钱,而在于获得成就时的喜悦以及产生创造力的激情。
　　　　　　——罗斯福[美国]

　　幸福的秘诀是:让你的兴趣尽量扩大,让你对人对物的反应,尽量地倾向于友善。　　　　——罗素[英国]

　　幸福就像夕阳——人人都可以看得见,但多数人的眼睛却望向别的地方,因而错过了机会。　——马克·吐温[美国]

　　如果人们在自己身上珍惜地保存着如何可爱的德行,那么,这些德行对于人们本身就应当是幸福和福利无穷无尽的源泉。　　　　——梅耶[法国]

我学到了寻求幸福的方法,限制自己的欲望而不是设法满足它们。
——弥尔顿[英国]

相互的爱,毫无保留而至死方休的爱所能产生的幸福,却是人类所能得到的最大幸福。 ——莫洛亚[法国]

当你幸福的时候,切勿丧失使你成为幸福的德行。 ——莫洛亚[法国]

真正的幸福只有当你真实地认识到人生的价值时,才能体会到。
——穆尼尔·纳素夫[科威特]

对于平凡的人来说,平凡就是幸福。
——尼采[德国]

人类的一切努力的目的在于获得幸福。 ——欧文[英国]

人类的幸福只有在身体健康和精神安宁的基础上,才能建立起来。
——欧文[英国]

一无所求的人是幸福的,因为他永远也不会失望。 ——蒲柏[英国]

人在幸福之中不可忘记躲在身后的灾难或痛苦。 ——乔叟[英国]

生活中唯一的幸福就是:爱和被爱。
——乔治·桑[法国]

我们得到的一切幸福都是劳动、辛苦、自我克制和学习的成果。
——萨姆纳[美国]

一切为自己着想,只为自己利益而活着的人绝不会幸福。若为自己而活,首先必须为别人而活。
——塞涅卡[古罗马]

一个人知道自己的短处,能够改过自新就是幸福。 ——莎士比亚[英国]

幸福是一种最珍稀的葡萄美酒,而对情趣粗俗的人来说,似乎淡而无味。
——史密斯[英国]

人类幸福的两大敌人是痛苦和无聊。 ——叔本华[德国]

通往幸福的最错误的途径,莫过于名利、宴乐和奢华生活。
——叔本华[德国]

人类所以要生存在世界上,并非为了要当富翁,而是为了获得幸福。
——司汤达[法国]

不欲求什么才是最大的幸福。
——苏格拉底[古希腊]

要想自己成为幸福的人,就应当对别人关怀备至、体贴入微、赤诚相见。
——苏霍姆林斯基[苏联]

一个人若不经历艰难险阻,没有体验紧张情感,就不会懂得幸福。
——苏霍姆林斯基[苏联]

幸福只会给(jǐ)予不怕劳动的人,多年忘我劳动的人。
——苏霍姆林斯基[苏联]

真正个人幸福在于履行义务,对社会、政治和思想所尽的义务越多,个人就越幸福。 ——苏霍姆林斯基[苏联]

人不进棺材,谁也称不上幸福,而至多不过是幸运。 ——梭伦[雅典]

任何人都是自己幸福的工匠。
——梭罗[美国]

幸福没有明天,也没有昨天,它不怀念过去,也不向往未来;它只有现在。
——屠格涅夫[俄国]

你想成为幸福的人吗?那你首先要学会吃苦。
——屠格涅夫[俄国]

幸福是想象中的东西。从前,生者认为死者幸福,孩子则认为大人幸福。
——托马斯·曼[德国]

我们活在世上不是为自己而向生活索取什么,而是试图使别人生活得更幸福。
——威廉·奥斯勒[英国]

如果你能成功地选择劳动,并把自己的全身精神关注在它里面去,那么幸福本身就会找到你。
——乌申斯基[俄国]

只为自己打算的人并不幸福,幸福的是也为别人打算。
——《五卷书》[印度]

个人的幸福要由别人来决定,心情永远不能够欢畅。
——《五卷书》[印度]

危险随时在威胁着人的身体,不幸总是随在幸福之后,会合同别离联系在一起,一切存在的东西都不能永存不朽。
——《五卷书》[印度]

幸福的生活存在于心绪的宁静之中。
——西塞罗[古罗马]

严肃人的幸福,并不在于风流、游乐与欢笑这种种轻佻的伴侣,而在于坚韧与刚毅。
——西塞罗[古罗马]

幸福有翅膀,要把它拴牢,难中至难。
——席勒[德国]

正像我们无权只享受财富而不创造财富一样,我们也无权只享受幸福而不创造幸福。
——萧伯纳[爱尔兰]

终身幸福!这是任何活着的人都无法忍受的,那将是人间地狱。
——萧伯纳[爱尔兰]

醉心于某种癖好的人是幸福的。
——萧伯纳[爱尔兰]

给人类带来幸福,无疑是最正确的幸福。
——亚美路[瑞士]

如果一个人只有幸福,那他就不会懂得什么叫幸福。只有尝过悲哀的人才能真正体会到幸福的甜美。
——英格丽·褒曼[瑞典]

人生至高的幸福,便是感到自己有人爱;有人为你是这个样子而爱你,更进一步说,有人不问你是什么样子而仍旧一心爱你。
——雨果[法国]

生活中唯一的幸福就是不断前进。
——左拉[法国]

46 欢乐;欢笑

人之生也,必以其欢。
——[战国]《管子》

乐民之乐者,民亦乐其乐;忧民之忧

者,民亦忧其忧。——[战国]《孟子》

人有喜怒哀乐,犹天之有春夏秋冬。
——[汉]董仲舒

酒极则乱,乐极则悲。
——[汉]《史记》

对酒当歌,人生几何?①
——[三国]曹操

见苦方知乐,经忙始爱闲。
——[唐]白居易

今年欢笑复明年,秋月春风等闲度。② ——[唐]白居易

人生得意须尽欢,莫使金樽空对月。③ ——[唐]李白

浮生若梦,为欢几何?④
——[唐]李白

且乐生前一杯酒,何须身后千载名。
——[唐]李白

今朝有酒今朝醉,明日愁来明日愁。
——[唐]罗隐

春风得意马蹄疾,一日看尽长安花。⑤ ——[唐]孟郊

一笑聊开口,千忧不上眉。
——[宋]陈与义

一笑解衰容。 ——[宋]陆游

无所往而不乐者,盖游于物之外也。⑥ ——[宋]苏轼

天下之乐无穷,而以适意为悦。⑦
——[宋]苏辙

青春岂不惜,行乐非所欲。
——[宋]文天祥

安乐有致死之道,忧患为养生之本。
——[宋]《省心杂言》

风力掀天浪打头,只须一笑不须愁。
——[宋]杨万里

人逢喜事精神爽,月到中秋分外明。
——[明]冯梦龙

乐极生悲,否(pǐ)极泰来。⑧
——[明]《水浒传》

一生快活皆庸福,万种艰辛出伟人。
——[清]王永彬

生命中不是只有快乐,也不是只有痛苦,快乐和痛苦是相辅相成、互相衬托的。 ——冰心

希望便是快乐,创造便是快乐。
——冰心

娱乐至少与工作有同等的价值。
——冰心

你若爱,生活哪里都可爱。你若恨,生活哪里都可恨。你若感恩,处处可感

---

① 几何:多少。
② 等闲:随便;轻易。度:过;经历。
③ 樽:古代盛酒器。
④ 浮生:指短暂虚幻的人生。
⑤ 疾:快;迅速。
⑥ 物之外:指世事之外。
⑦ 适意:舒适。
⑧ 否、泰:六十四卦中的卦名,否是坏卦,泰是好卦。否极泰来:坏的到了尽头,好的就来了。

恩。你若成长,事事可成长。不是世界选择了你,是你选择了这个世界。既然无处可躲,不如傻乐。既然无处可逃,不如喜悦。既然没有净土,不如静心。既然没有如愿,不如释然。 ——丰子恺

遇见欢乐固然应该笑,但遇见悲哀与苦闷同样的应该哭,只是别装哭装笑就得了。 ——冯沅君

快乐不是件奇怪的东西,绝不因为你分给了别人而减少。有时你分给别人的越多,自己得到的也就越多。 ——古龙

乞丐的生活也自有他的乐趣,天堂是在自己的心里。 ——郭沫若

笑是生活中不可缺少的甘甜调料,没有笑声的生活是一种酷刑。没有笑,生活就不成其为生活。 ——侯宝林

对于生活中的男人、女人来说,平平淡淡、无风无浪才是真正值得庆幸的。 ——黄锦萍

长久的快乐使人年轻,就是最短的欢笑,也会使你增添勇气。 ——柯蓝

快乐要懂得分享,才能加倍快乐。 ——李嘉诚

多笑笑,会慢慢让自己真的快乐起来。 ——李开复

快乐是一种心理状态。内心湛然,则无往而不乐。 ——梁实秋

快乐往往须从反面看出来,无忧愁、不受欺凌、无病无痛便是快乐。 ——林语堂

一个快乐的人不是由于他拥有得多,而是由于他计较得少。太过计较得失的人,就会常常觉得自己被亏待。当一个人总觉得自己被亏待的时候,他是不会快乐的。 ——罗兰

把快乐分为肉体的和精神的两种,这是最糊涂的分析。一切快乐的享受都属于精神的,尽管快乐的原因是肉体上的物质刺激。 ——钱锺书

快乐在人生里,好比引诱小孩子吃药的方糖,更像跑狗场里引诱赛跑的电乌龟。几分钟或者是几天的快乐赚了我们活了一世,忍受着许多痛苦。 ——钱锺书

幽默当然用笑来发泄,但是笑未必就表示着幽默。 ——钱锺书

如果人是乐观的,一切都有抵抗,一切都能抵抗,一切都会增强抵抗力。 ——瞿秋白

一个不欣赏自己的人,是难以快乐的。 ——三毛

得意时不可忘形,失意时不可失志。 ——孙士杰

爱极多成恨,欢余只是愁。 ——田汉

潇洒是一种心态,一种精神,一种拿得起放得下的豁达,是一副饱经沧桑而又自得其乐的欢愉。 ——王蒙

快乐和痛苦是紧紧相连的,往往在快乐的里面就是痛苦,大红大绿的喜气后面就是漆黑一团的愁苦。 ——吴祖光

快乐是从艰苦中来。只有经过劳作、经过奋斗得来的快乐,才是真快乐。不可能有从天上掉下来一个快乐来给你享受,而且快乐常常不是要等到艰苦之后,而是即在艰苦之中。
　　　　　　　　——谢觉哉

人生最大的快乐,是自己的劳动得到了成果。
　　　　　　　　——谢觉哉

快乐既不挂在脸上,也不挂在嘴唇上。快乐是从心底溢出的笑声。
　　　　　　　　——徐国静

与人共欢乐,欢乐增其倍;与人共患难,患难减其半。
　　　　　　　　——颜文梁

人间不会有单纯的快乐,快乐总夹杂着烦恼和忧虑,人间也没有永远。
　　　　　　　　——杨绛

人生要有意义只有发扬生命,快乐就是发扬生命的最好办法。——张闻天

人生有两大快乐,一是没有得到你心爱的东西,于是你可以去寻求和创造;另一种是得到了你心爱的东西,于是你可以去品味和体验。——周国平

消遣就是娱乐,无可消遣当然就是苦闷。时间喜欢消遣的人,无论他们的嗜好如何不同,都有一个共同点,就是他们必都有强旺的生命力。——朱光潜

把苦难装在心里,把乐观写在脸上。
　　　　　　　　——朱新礼

所有快乐中最伟大的快乐,存在于真理的沉思之中。——阿奎那[意大利]

欢乐之时要皱眉,痛苦之时要微笑。
　　　　　　——爱·扬格[英国]

真正的快乐,是对生活乐观,对工作愉快,对事业热心。
　　　　　　——爱因斯坦[美国]

一个人的快乐在于脚踏实地地工作。　　　——奥勒留[古罗马]

快乐应该是美德的伴侣。
　　　　　　——巴尔德斯[古巴]

快乐之道不在做自己喜爱的事,而在喜爱自己不得不做的事。
　　　　　　　——巴里[英国]

别人认为你干不成的事,你干成了,这就是人生最大的乐趣。
　　　　　　——白哲特[英国]

本来快乐一诞生就是成双,谁要获得它,就必须与人分享。
　　　　　　　——拜伦[英国]

不羡慕别人,这是我所知道的唯一快乐或保持快乐的方法。
　　　　　　　——拜伦[英国]

真正的生活不在于去寻求快乐,反过来,也不在于完全回避痛苦,而是应该坚持一种中庸的状态。
　　　　　　——柏拉图[古希腊]

乐极固然生悲,悲苦到了尽头,也会涌起了意想不到的快乐。
　　　　　　——薄伽丘[意大利]

欢娱是短暂的,它有一张多变的脸。
　　　　　　　——布朗[英国]

真正的快乐是内在的,它只有在人类的心灵里才能发现。
　　　　　　——布雷默[美国]

世界上没有比快乐更能使人美丽的化妆品。　　——布雷默[美国]

为真理而斗争是人生最大的乐趣。
　　——布鲁诺[意大利]

了解娱乐真正意义的人是不会丧失格调的,至少不会拿不好的人当模范,学了满身的恶习。
　　——查斯特菲尔德[英国]

我们若能以更快乐的心情来面对日常生活,一扫人间的阴霾,世界必然能变得更加美好。
　　——查斯特菲尔德[英国]

具有良知的人都十分明了,娱乐是不可以被当作目的的,它只不过是一种让人放松心情、给人安慰的方法而已。
　　——查斯特菲尔德[英国]

要能区分"看起来很快乐的事"和"真的很快乐的事"。
　　——查斯特菲尔德[英国]

对许多你的同龄人来说,虽然他们大多数都曾张满了无数只凤帆出航去寻求快乐,却发现自己没有带上掌握方向的罗盘针,更没有掌舵所需要的知识,如此仓促上阵,当然是很难抵达真正的目的地的。　　——查斯特菲尔德[英国]

乐观是一首激昂优美的进行曲,时时鼓舞着你对事业的进取精神。
　　——大仲马[法国]

人生是这样易于变化,当快乐在我们前面的时候,我们总应该及时抓住它。
　　——大仲马[法国]

快乐来来去去,如同旋转着的灯塔上的灯光,光辉地闪烁刹那,然后就灭了。它若一直发光,你便无法察觉。
　　——戴尔·卡内基[美国]

无论如何,笑总是一件好事。如果一根稻草能逗人发笑,它就成了一种制造幸福的仪器。　　——德莱顿[英国]

只有快乐的人才珍惜今天,也只有珍惜今天的人才是快乐的人。
　　——德莱顿[英国]

不应该追求一切种类的快乐,应该只追求高尚的快乐。
　　——德谟克里特[古希腊]

心灵应该习惯于在自身中来汲取快乐。　　——德谟克里特[古希腊]

最后笑的人是笑得最好的人。
　　——狄德罗[法国]

凡是给我们带来欢乐的事情,总受到一定的时间、条件的限制,今天对我们还是一种幸福的东西,到了明天,也许一文不值了。　　——冯塔纳[德国]

最快乐的事莫过于无拘无束。
　　——弗兰西斯·培根[英国]

我们为了欢乐而生,为了欢乐而战斗,为了欢乐而死。因此,永远不可让悲哀同我们的名字连在一起。
　　——伏契克[捷克斯洛伐克]

一阵爽朗的笑,犹如满室黄金一样眩人耳目。　　——福楼拜[法国]

只有在他感到欢喜或苦痛的时候,

才学会什么应追求和什么应避免。
——歌德[德国]

笑,是一种没有副作用的镇静剂。
——格拉索[美国]

世界上没有任何欢乐不伴随忧虑,没有任何和平不连着纠纷,没有任何爱情不埋下猜疑,没有任何安宁不隐伏恐惧,没有任何满足不带有缺陷,没有任何荣誉不留下耻辱。
——格里美豪森[德国]

人类第一类或者最早的一类快乐是外部感官的快乐。除此以外,人类还能感受到某些第二位的快乐,如精神感受的快乐、同情的快乐和自我赞赏的快乐。
——葛德文[英国]

人类最理想的境界是:他们能够接近所有这些快乐的来源,并享有多种多样而永不间断的幸福。这种境界是一种高度文明的境界。 ——葛德文[英国]

偶尔傻笑一下,不失为一件好事。
——贺拉斯[古罗马]

快乐的心情使一碟菜成为盛宴。
——赫伯特[英国]

不仅会在欢乐时微笑,也要学会在困难中微笑。 ——赫尔岑[俄国]

快乐和尽职是不能分开的,我常借着尽自己的责任,以增加自己的快乐。
——华盛顿[美国]

当你的欢乐和悲哀变大的时候,世界就变小了。 ——纪伯伦[黎巴嫩]

只有乐观与希望,才有助于我们生命的滋长,能够鞭策我们的奋斗意志,生出无比的力量。 ——康德[德国]

最有意义的欢乐,莫过于给别人带来欢乐。 ——拉布吕耶尔[法国]

笑声是世上最好的维生素。
——列昂诺夫[俄罗斯]

与其没有乐趣地活着,还不如大大咧咧地、危险地甚至多灾多难地过日子。
——卢·波伊斯[英国]

我对于事后一定会感到痛苦的快乐是不追求的,这种快乐引诱不了我,因为我只喜爱那些纯粹的快乐,如果谁知道后来要追悔的话,那就不能算作是纯粹的快乐。 ——卢梭[法国]

人世间有四件珍宝,能使人们摆脱忧愁、充满欢笑:健康的身体、高尚的品德、良好的名声、聪明的头脑。
——鲁达基[波斯]

乐与忧,伴随人生。乐天下之乐,忧天下之忧,乐得高尚,忧得深沉。
——罗曼·罗兰[法国]

要想别人快乐,自己先得快乐,要把阳光散布到别人的心田里,先得自己心里有阳光。 ——罗曼·罗兰[法国]

谁要是在世界上遇到过一次友爱的心,体会过肝胆相照的境界,就是尝到了天上人间的欢乐——终生都要为之苦恼的欢乐。 ——罗曼·罗兰[法国]

所谓内心的快乐,是一个人过着健全的、正常的、和谐的生活所感到的快乐。 ——罗曼·罗兰[法国]

嗜好和一时的爱好不是基本的快乐之源,而是逃避现实的一种手段,是把不堪正视的痛苦暂时忘记的一条途径。
——罗素[英国]

一个明智地追求快乐的人,除了培养生活赖以支撑的主要兴趣之外,总得设法培养其他许多闲情逸趣。
——罗素[英国]

快乐好像是生命的寒暑表,快乐多,生命的趣味也多。 ——马尔顿[美国]

就因为唯有人类才有烦恼,所以他们不得不发明"微笑"这种东西。就因为人类是不幸最忧郁的动物,所以他们也是最快活的动物。 ——尼采[德国]

笑声给生活带来甜美,使它像玫瑰园中的花儿一样芬芳。
——聂鲁达[智利]

粗俗之人常大笑,但从不微笑;有教养之人常微笑,难得大笑。
——切斯特菲尔德[英国]

为了得到真正的快乐,避免烦恼和脑力的过度紧张,我们都应该有一些嗜好。 ——丘吉尔[英国]

你永远不要相信,把自己的快乐建筑在别人痛苦之上的人会得到幸福。
——塞涅卡[古罗马]

适度的娱乐能放松人的情绪,陶冶人的情操。 ——塞涅卡[古罗马]

快乐是生命唯一的意义,没有快乐的地方,人类的生存徒然变得疯狂而可怜。 ——桑塔亚那[西班牙]

要是我能够说出我的心里多么快乐,那么我的快乐只是有限度的。
——莎士比亚[英国]

快乐是最强的补品。
——斯宾塞[英国]

生命的潮汐因快乐而涨,因苦痛而退。 ——斯宾塞[英国]

要想从别人那里得到快乐,就必须先给别人快乐。 ——汤姆逊[英国]

快乐如药石,具有治病的功效。
——王尔德[英国]

艰苦劳动的果实,是所有欢乐中最甜美的。 ——沃夫纳格[法国]

人生的真正快乐,是致力于一个自己认为是伟大的目标。
——萧伯纳[爱尔兰]

牙齿痛的人,想世界上有一种人最快乐,那就是牙齿不痛的人。
——萧伯纳[爱尔兰]

笑,实在是仁爱的象征、快乐的源泉、亲近别人的媒介。有了笑,人类的感情就有沟通了。 ——雪莱[英国]

聪明人并不一味追求快乐,而是竭力避免不愉快。
——亚里士多德[古希腊]

人们在自己不快乐时,很少能给别人以快乐。 ——约翰逊[英国]

47 苦难;痛苦

痛定思痛,痛何如哉?[①]
——[宋]文天祥

宝剑锋从磨砺出,梅花香自苦寒来。[②]　——[明、清]《增广贤文》

个人的痛苦与欢乐,必须融合在时代的痛苦和欢乐里。——艾青

人生中总是有灾难。其实大多数人早已练就了对灾难的从容,我们只是还没有学会灾难间隙的快活。我们太多注重了自己警觉苦难,我们太忽视提醒幸福。——毕淑敏

人生本质是痛苦,痛苦之源,乃是爱情过重。——冰心

苦痛的阅历,使我们理解人生。
——曹聚仁

苦难是一种积蓄,一种不断给人的生命意志补充养分的积蓄。——陈祖芬

苦难也是上帝赐予我们的一种生活。——迟子建

苦难里可以找到生活的蜜汁,困境中可以发现真正生活的通途,失败中可以求得避免失败的经验。——冯骥才

生活中的确有一些人想用苦难毁掉你,但结果往往是苦难塑造了你。
——韩美林

痛苦也不错,没有痛苦也不觉得什么叫不痛苦。痛苦和幸福不是对立着的两方面,它的对立方叫不痛苦。
——韩美林

我们是生物的一种,所以我们不能解脱一切生物对人世的执着。这是痛苦,也是幸福。——柯灵

被苦痛所压倒是软弱,软弱到相当的程度便会自暴自弃。——老舍

只有了解了痛苦,才能够真正地快乐。——李连杰

患难困苦,是磨炼人格之最高学校。
——梁启超

从痛苦中过滤的生命,应该比常人更加深刻。——廖辉英

畏惧痛苦,才真是退化之标识。
——林语堂

人生最苦痛的是梦醒了无路可走。
——鲁迅

不能真心领得苦痛,也便难有新生的希望。——鲁迅

人不妨受苦,但为的是解除将来的一切痛苦。——鲁迅

苦难是成功途中的考验。懦弱的人

---
① 何如:怎么样?
② 磨砺:用磨刀石磨。

必然在苦难之下被淘汰,只有坚强的人才会走完自己认真想走的路程。 ——罗兰

苦难对我们,成了一种功课,一种教育,你好好地利用了这苦难,就是聪明。
——三毛

许多成功者从困苦中来,许多觉悟者也从困苦中出。 ——邵力子

人生是由患难与欢乐所组成。
——陶行知

你痛苦的时候,很容易感觉别人的欢乐;你欢乐的时候,却未必感受到别人的痛苦。 ——汪国真

胸怀博大的人,不太容易为痛苦所缠绕;心胸狭小的人,会常常为痛苦所折磨。 ——汪国真

痛苦并不是悲观。 ——王蒙

真正懂得痛苦的人脸上呈现着端庄的笑容。叫苦连天的人只有怯懦和牢骚,却没有痛苦。 ——王蒙

苦难是净化剂,它使生活之酒更甜美。 ——王咏红

最痛苦的土壤会生长出最幸福的花朵。 ——文清源

最痛苦是有痛苦有快乐说不出来的人。 ——吴伯箫

有远见的人常会痛苦,没有远见的人常感快乐。 ——尹雪曼

苦难是滋养人的,把诅咒吞下去,让它化成力! ——臧克家

苦难会造就一个人,也可摧毁一个人;幸福可滋养一个人,也可贻误一个人。 ——张抗抗

只有经过对自身的痛苦的审视,心灵才会拥有更大的自由。 ——张抗抗

谁进过地狱,谁才能达到天堂。
——张曼菱

如果痛苦换来的是结识真理、坚持真理,就应自觉地欣然承受,那时,也只有那时,痛苦才将化为幸福。
——张志新

知道痛苦的价值的人,不会轻易向别人泄露和展示自己的痛苦,哪怕是最亲近的人。 ——周国平

痛苦的解除未必就是幸福,也可能是无聊。 ——周国平

痛苦使人深刻,但是,如果生活中没有欢乐,深刻就容易走向冷酷。
——周国平

人生最甜美的感觉,不完全产生在幸福的时候,有时恰恰是在痛苦的煎熬中获得的。 ——周玉明

在极度悲痛中丧失理智是危险的,它使人失去勇气,甚至失去重新振作的希冀。 ——阿米尔[瑞士]

一个敏感的人,即使在最痛苦的时候,也能找到美的因素。
——阿尼克斯特[苏联]

除了神之外,谁能够永远悠悠一生,没有痛苦? ——埃斯库罗斯[古希腊]

站在痛苦之外规劝受苦的人,是件很容易的事。——埃斯库罗斯[古希腊]

我从悲痛中学会的唯一的东西,就是认清了悲痛是多么的浅薄。
——爱默生[美国]

通向人类真正的伟大境界的道路只有一条——苦难的道路。
——爱因斯坦[美国]

在任何情况下,遭受的痛苦越深,随之而来的喜悦也就越大。
——奥古斯狄尼斯[古罗马]

苦难是人生的老师。
——巴尔扎克[法国]

苦难对于天才是一块垫脚石,对于能干的人是一笔财富,对于弱者是一个万丈深渊。——巴尔扎克[法国]

人们往往容易忍受最大的痛苦,而难以享受过度的快乐。
——巴尔扎克[法国]

人类总是爱和自己闹对立,他用自己的目前的痛苦哄骗自己的希望,又用并不属于自己的前程,来欺骗目前的痛苦。——巴尔扎克[法国]

人生是各种不同的变故、循环不已的痛苦和欢乐组成的。
——巴尔扎克[法国]

一切痛苦能毁灭人,然而受苦的人也能把痛苦消灭。——拜伦[英国]

苦难是人生的老师。通过苦难,走向欢乐。——贝多芬[德国]

我们这些具有无限精神的有限的人,就是为痛苦和欢乐而生的。几乎可以这样说:最优秀的人物通过痛苦才得到快乐。——贝多芬[德国]

对自己的痛苦敏感,而对别人的痛苦极其麻木不仁,这是人性的可悲的特色之一。——池田大作[日本]

不要留心于痛苦的外表,要想到它的后果,想到这痛苦再久也不至于超过末日审判。——但丁[意大利]

痛苦是一个惩戒者,对于性格的发展往往比快乐更有用。
——弗兰克·梯利[美国]

苦难磨炼一些人,也毁灭另一些人。
——富勒[英国]

精神在信仰中休息,在理智中生活,在爱情中享受,只有在痛苦中才获得觉悟。——戈麦斯[墨西哥]

痛苦留给的一切,请细加回味!苦难一经过去,苦难就变成甘美。
——歌德[德国]

忍受痛苦只需一个人,享受欢乐需有两个人。——哈伯德[美国]

痛苦是我们本质中所具备的最深切的东西,经过痛苦与忍受的结合,而显得真切及神圣。——哈兰[英国]

了解许多问题的存在,却无力去改变或控制任何一种,人生最大的痛苦莫过于此。——海隆达斯[古希腊]

幻想出来的痛苦一样可以伤人。
——海涅[德国]

谁经历的苦难多,谁懂得的东西也就多。　　　——荷马[古希腊]

痛苦、失望和悲伤不是为了使我们发怒、自暴自弃和堕落沉沦,而是使我们成熟和清醒。　　——黑塞[瑞士]

生活不能永远停留在这样的痛苦中,不能总是沉浸在这些残缺的、苍白的回忆里。　　　——亨利希·曼[德国]

遭受苦难的人在承受痛楚时并不能觉察到其剧烈的程度,反倒是过后延绵的折磨最能使其撕心裂肺。
　　　　　　　　——霍桑[美国]

一粒珍珠是痛苦围绕着一粒沙子所建造起来的宇宙。——纪伯伦[黎巴嫩]

许多的痛苦是你自择的。
　　　　　　——纪伯伦[黎巴嫩]

痛苦并非坏事,除非痛苦征服了我们。　　　　——金斯利[英国]

眼泪无法洗去痛苦。
　　　　　——拉克斯内斯[冰岛]

痛苦时有个同伴是极大的安慰。
　　　　　　　　——黎里[英国]

医治无情的苦难的唯一良药是欢笑!谁要是为苦难而惆(chóu)怅(chàng),那他就可以说是被苦难制服或吞噬(shì)了。　　——李卜克内西[德国]

痛苦,因为要单独一个人承受,会更加强烈。　——列夫·托尔斯泰[俄国]

痛苦的成因不在于缺乏什么东西,而在于对那些东西感到需要。
　　　　　　　　——卢梭[法国]

任何一个人,只要他不常常想到痛苦,不瞻前顾后,他就不会感到什么痛苦。　　　　——卢梭[法国]

人要是惧怕痛苦,惧怕种种疾病,惧怕不测的事件,惧怕生命的危险和死亡,他就会什么也不能忍受。　——卢梭[法国]

没有一个痛苦能怪罪天意,没有一个痛苦不是出于人对自己才能的滥用者多,处于大自然本身者少。——卢梭[法国]

生命是建筑在痛苦之上的,整个生活贯穿着痛苦。　——罗曼·罗兰[法国]

人类的痛苦达到顶峰之后,必须回降。要么痛苦而死,要么习以为常。
　　　　　　——罗曼·罗兰[法国]

痛苦这把利刃一方面割破了你的心,一方面掘出了生命的新水源。
　　　　　　——罗曼·罗兰[法国]

不论为什么痛苦,真的痛苦,还是人为的痛苦,痛苦永远是没有虚假的。
　　　　　　——罗曼·罗兰[法国]

对于一个有充分能力的人来说,痛苦也许是一种极有价值的刺激。因为我认为,如果我们已经十分幸福,我们就不会去追求更大的幸福了。
　　　　　　　　——罗素[英国]

旅行是救治精神痛苦的良药。若是长期留在发生不幸的地方,种种琐屑的事故会提醒那固执的念头。因为那些琐屑的事故附丽着种种回忆,旅行把这锚索弄断了。　　——莫洛亚[法国]

承受痛苦,比死亡更需要勇气。
　　　　　　　——拿破仑[法国]

极度的痛苦才是精神的最后解放者,唯有此种痛苦才强迫我们大彻大悟。
——尼采[德国]

要了解一个人,应当设身处地,应当感受他的痛苦和欢乐。
——皮萨列夫[俄国]

痛在别人身上,谁都会说风凉话的。
——莎士比亚[英国]

痛苦与欢乐,像光明与黑暗,互相交替;只有知道怎样使自己适应它们,并能聪敏地逢凶化吉的人,才算懂得怎样生活。
——斯特恩[英国]

痛苦的秘密在于有闲工夫担心自己是否幸福。
——萧伯纳[爱尔兰]

痛苦本是欢乐的姐妹。
——伊索[古希腊]

困苦能孕育灵魂和精神的力量。
——雨果[法国]

人的勇气能承担一切重负,人的耐心能忍受绝大部分痛苦。
——约翰逊[英国]

48 忧患;忧愁

君子不忧不惧。
——[春秋]《论语》

人无远虑,必有近忧。①
——[春秋]《论语》

君子忧道不忧贫。②
——[春秋]《论语》

生于忧患而死于安乐。③
——[战国]《孟子》

人之生也,与忧俱生。
——[战国]《庄子》

哀莫大于心死,而人死亦次之。④
——[战国]《庄子》

临祸忘忧,忧必及之。
——[战国]《左传》

先忧事者后乐事,先乐事者后忧事。
——[汉]《大戴礼记》

生年不满百,常怀千岁忧。
——[汉]《古诗十九首》

愁多知夜长。
——[汉]《古诗十九首》

君子有三忧。弗知,可无忧与?知而不学,可无忧与?学而不行,可无忧与?⑤
——[汉]韩婴

忧悲多患,病乃成积;好憎繁多,祸乃相随。
——[汉]《淮南子》

---

① 虑:思考;谋划。
② 道:道德;道义。
③ 忧患:困苦;患难。
④ 心死:心灵死亡。指非常沮丧,彻底绝望。
⑤ 与:同"欤",表示疑问或反问的语气。

君子有终身之忧,而无一朝(zhāo)之患。① ——[汉]《礼记》

官尊者忧深,禄多者责大。② ——[汉]刘向

忧人之忧,乐人之乐。 ——[汉]马援

天寒知被薄,忧思知夜长。 ——[汉]乐府古辞《古乐府》

壮志因愁减,衰容与病俱。 ——[唐]白居易

出师未捷身先死,长使英雄泪满襟。③ ——[唐]杜甫

与其有乐于身,孰(shú)若无忧于其心。④ ——[唐]韩愈

白发(fà)三千丈,缘愁似个长。⑤ ——[唐]李白

抽刀断水水更流,举杯消愁愁更愁。 ——[唐]李白

弃我去者昨日之日不可留,乱我心者今日之日多烦忧。 ——[唐]李白

忧先于事,故能无忧;事至而忧,无救于事。 ——[唐]李绛

愁与发(fà)相形,一愁白数茎。 ——[唐]孟郊

道险不在广,十步能摧轮;情忧不在多,一夕能伤神。⑥ ——[唐]孟郊

雁尽书难寄,愁多梦不成。 ——[唐]沈如筠

今夜月明人尽望,不知秋思在谁家。 ——[唐]王建

问君能有几多愁,恰似一江春水向东流。 ——[五代]李煜

先天下之忧而忧,后天下之乐而乐。⑦ ——[宋]范仲淹

杜门忧国复忧民。 ——[宋]陆游

便做春江都是泪,流不尽,许多愁。 ——[宋]秦观

天下之患,莫大于不知其然而然。 ——[宋]苏轼

天下无内忧必有外惧。⑧ ——[宋]苏洵

愁人莫向愁人说,说向愁人愁杀人。 ——[宋]《五灯会元》

人言头上发(fà),总向愁中白。 ——[宋]辛弃疾

万里关山万里愁,一般心事一般忧。⑨ ——[元]《琵琶记》

惠不在大,在乎当危;怨不在多,在乎伤心。⑩ ——[清]金缨

---

① 一朝:一个早晨,泛指一天。
② 责:责任,分内应做的事。
③ 捷:战胜;胜利。
④ 孰若:怎么比得上。
⑤ 缘:因为。个:这般;这样。
⑥ 摧:折断;损坏。
⑦ 天下:指天下人、老百姓。忧:忧虑。乐:欢乐。
⑧ 外惧:外患。
⑨ 关山:关口和山岳。
⑩ 惠:恩惠,给予或受到的好处。

愁入心头一寸热,愁转肠中肠九折。
——[清]孔尚任

树怕伤根,人怕伤心。
——[清]李惺

恼一恼,老一老;笑一笑,少(shào)一少(shào)。①
——[清]钱大昕

不忧一家寒,所忧四海饥。②
——[清]魏源

只要人心中有了春气,秋风是不会引人愁思的。
——冰心

如果眼里没有泪水,心中就不会有彩虹。
——陈钢

悲观的人是怕活着,不怕死去。
——老舍

当人的心灵里过分缺乏忧思和痛苦时,那心灵有可能显得轻浮和疏松,谈不到丰富和美好,这时如能一人静处,坐下来,酝酿一番情绪,产生出来一种发自内心的感动,哭一哭,我以为那是非常必要的事,是一种灵魂的保健操。
——刘心武

别为那好花不常开而惋惜。花株已经实现了自己的希望,就休息,明年还会春风得意。
——秦兆阳

偶尔抱怨一次人生可能是某种情感的宣泄,也无不可,但是习惯性的抱怨而不谋求改变,便是不聪明的人了。
——三毛

天下最伤身心之事莫若愁,天下最养身心之事莫若笑。
——张耀翔

不适度的悲伤是心灵的疾患,而根据生命的现时状态适度悲伤,是有完好品质的灵魂的标志。
——阿奎那[意大利]

人们没有权利单单记住人的眼泪,而看不见眼泪化成彩虹。
——阿拉贡[法国]

苦恼常常属于没有自知之明的人。
——埃勒比[美国]

淡淡的哀愁却能增加一种妩媚,但它最终会加深脸上的皱纹,毁掉一切容貌中最可爱的容貌。
——巴尔扎克[法国]

一个人的情绪低落,疾病就会控制他的躯体。
——巴尔扎克[法国]

一切顽固沉重的忧悒和焦虑,足以给各种疾病大开方便之门。
——巴甫洛夫[苏联]

忧愁、顾虑和悲观,可以使人得病,积极、愉快和坚强的意志、快乐的情绪可以战胜疾病,更可以使人强壮和长寿。
——巴甫洛夫[苏联]

若你流泪,湿的总是我的脸;若你悲戚,苦的总是我的心。 ——拜伦[英国]

悲观的人虽生犹死,乐观的人永生不老。 ——拜伦[英国]

把忧伤化成一种力量,引导自己前进。 ——班生[挪威]

---

① 少:年轻。
② 四海:泛指全国或全世界的各个地方。

烦恼与欣喜,成功与失败,仅系一念之间。　　——大仲马[法国]

如果睡不着就起来做点儿事,不要躺在那里忧愁不已。啮人身心的是忧虑,不是失眠。
　　——戴尔·卡内基[美国]

让自己不停地忙着,忧虑的人一定要让自己沉浸在工作里,否则只有在绝望中挣扎。　——戴尔·卡内基[美国]

我们的疲劳通常不是由于工作,而是由于忧虑、紧张和不快。
　　——戴尔·卡内基[美国]

如果我们以生活来付忧虑的代价,付得太多的话,我们就是傻子。
　　——戴尔·卡内基[美国]

不知道怎样抗拒忧虑的人,都会短命而死。　——戴尔·卡内基[美国]

经得起各种诱惑和烦恼的考验,才算达到了最完美的心灵的健康。
　　——弗兰西斯·培根[英国]

人们没有哭,便不会有笑,小孩儿一生下来,便有哭的本领,后来才学会笑,所以一个人不先了解悲哀,便不会了解快乐。　——弗兰西斯·培根[英国]

忧郁和愤怒,不但能使人消沉与沮丧,而且有可能置人于死地。
　　——福莱奇尔[美国]

忧患比疾患更令人难受。
　　——富勒[英国]

既然痛苦是欢乐的源泉,那又何必为痛苦而悲伤?　——歌德[德国]

愁云惨雾虽然一时蒙蔽了天空,但是没有用,天仍然会亮!
　　——歌德[德国]

人生道路失意的事总是有的!不过有时失掉的东西可以重新获得的。
　　——歌德[德国]

怀着苦恼上床,就是背着包袱睡觉。
　　——哈里柏顿[法国]

烦恼究竟是什么?这是一种不健康而且是破坏性的心理习惯。
　　——汉奈尔[瑞典]

忧愁好像一块石头,一个人会被它压倒,两个人就能轻而易举把它从路上搬开。　　——豪夫[德国]

眼眶里晶莹闪亮的并不是泪水,真正的泪水隐藏在我们的心里。
　　——纪伯伦[黎巴嫩]

悲忧可以使人谦恭、善良、彼此亲近;享乐则会令人忘乎所以,头脑发昏。
　　——纪伯伦[黎巴嫩]

今天所忧虑的事情,绝不能延续到明天,所以当你每晚上床时,要对你的烦恼心平气和地说:"我为你已经尽了全力,今后不想再见到你了。"
　　——柯珀[英国]

每个人都有为世人所不知的隐忧,而我们常把那些仅仅是忧伤的人误解成冷漠的人。　——朗费罗[美国]

没有人能比笑得过多的人更感到深切的悲哀。　——里克特[美国]

没有什么比百无聊赖更令人忧郁

的了。
——罗·伯顿[英国]

如果说人间有地狱的话,这将在忧伤者的心里找到。——罗·伯顿[英国]

悲伤使人格外敏锐。
——罗曼·罗兰[法国]

在那些苦闷的时候,一个人自以为一切都完了,殊不知一切还都要开始呢。
——罗曼·罗兰[法国]

假如生活欺骗了你,不要心焦,也不要烦恼,在阴郁的日子里要心平气和。相信吧,那快乐的日子就会来到。
——普希金[俄国]

适度的悲伤是对于死者应有的情分,过分的哀戚是摧残生命的仇敌。
——莎士比亚[英国]

女人的忧愁总是像她的爱一样,不是太少,就是超过分量。
——莎士比亚[英国]

越是缺少担负悲哀的勇气,悲哀压在心头越是沉重。——莎士比亚[英国]

如果人们不对悲伤屈服,过度的悲伤不久就会自己告终的。
——莎士比亚[英国]

用言语把你的悲伤倾泻出来吧,无言的哀痛是会向那不堪重压的心低声耳语,叫它裂成碎片的。——莎士比亚[英国]

不要为明天忧虑,因为明天自有明天的忧虑,一天的难处一天当就可以了。
——《圣经》

不要屈服于忧愁,要坚定地抗拒它,否则忧愁这习惯就会得寸进尺。
——史密斯[美国]

一个人老是愁来愁去,不久就要愁坏心肝,躺倒下来死掉的。
——斯坦贝克[美国]

为了找不到工作而哀叹的人,我认为是没有真正付出努力去寻找的缘故。
——松下幸之助[日本]

忧虑像一把摇椅,它可以使你有事做,但却不能使你前进一步。
——席勒[德国]

使你忧愁的真正原因,皆由你怀疑自己是否幸福而产生。
——萧伯纳[爱尔兰]

忧伤有尽头,而忧虑却没有尽头。因为忧伤是由于已经发生的事,而我们忧虑的都只是可能发生的事。
——小普林尼[古罗马]

忧郁是黄昏的暮景,苦痛在那里消融,变成了一种黯(àn)淡的欢乐。忧郁是愁苦人的快乐。 ——雨果[法国]

忧愁是一朵黑云,可以改变人们的精神状态。 ——雨果[法国]

49 寂寞;孤独

独见伤心者,孤灯坐幽室。
——[南朝]萧子范

举杯邀明月,对影成三人。①

——[唐]李白

残灯孤枕梦,轻浪五更风。②

——[宋]徐昌图

孤独是,在你需要别人的时候,你遍寻不着;在你不需要别人的时候,你自给自足。 ——安妮宝贝

世界上最大的乐趣,莫过于"棋逢对手""将遇良才"。一个人如果走遍天下没对手,那才是真正的寂寞。 ——柏杨

真正的寂寞是一种深入骨髓的空虚,一种令你发狂的空虚。纵然在欢呼声中,也会感到内心的空虚、惆怅与沮丧。 ——古龙

寂寞是一炉千年的温火,把人的灵魂细煎慢熬,能熬炼出一副支撑天地的铁骨,也能让很多胸怀大志的新秀在无声无息中渐渐销毁。 ——郭枫

唯其脱俗,所以成就高远;唯其高远,所以产生寂寞。 ——郭枫

人生的苦痛是无穷的,它具有各种各样的形式,但其中最可怜的、最无可挽救的痛苦就是孤独,是永久没有一个伴侣。 ——黄秋耘

孤独给(jǐ)予人自由的同时,也给予了痛苦。 ——李锐

寂寞的本身也是一种美,只要心里的火尚未熄灭,外间的寂静倒是为创作提供了很好的条件。 ——陆文夫

孤独的人终究是不完美的,有悖(bèi)于人的自然天性:幼小时左右不离父母,长大后四处寻觅友情,再后来又会盼望爱人。这体现了人富有情感的脆弱本质,但脆弱得瑰丽灿亮。 ——秦文君

孤独,不是在空茫而寒冷的大海上只身漂流,而是在人群密聚的地方,在美好的生活展开的地方——没有你的位置。 ——史铁生

孤独并不是寂寞。无所事事你会感到寂寞,那么日理万机如何呢?你不再寂寞了,但你仍可能孤独。 ——史铁生

孤独也不是孤单。门可罗雀你会感到孤单,那么门庭若市怎样呢?你不再孤单,但你依然可能感到孤独。

——史铁生

孤独的心必是充盈的心,充盈得要流溢出来,要涌出去,便渴望有人呼应他、收留他、理解他。 ——史铁生

有一种人,宁愿无聊也不愿孤独,因为孤独对他来说,也是无聊;有一种人,宁愿孤独也不愿无聊,因为孤独对他来说,只是寂寞。

——汪国真

寂寞不是孤独。孤独表现为先觉者的不被理解,孤独者有着一种强烈的信念,一种坚定不移的价值追求。所以孤独者往往能承担孤独而决不肯向世俗低头。而寂寞则不同。寂寞表现为心灵的空虚和精神的无所归属的飘游状态。寂寞者需要找到一个灵魂的栖身之地,找

---

① 三人:指月、人、影。
② 五更:旧时从黄昏到拂晓一夜间分为五更,即一更、二更、三更、四更、五更。这里指第五更,相当于凌晨3时至5时。

到一个生活的支柱。从某种意义上说,寂寞比孤独更难耐。　　——王彬彬

人需要孤独,人若没有孤独就不成其为自己,但是人又不能承受绝对的孤独。　　——筱敏

寂寞中有不可言传的和谐,静默中有无限的创造。　　——徐志摩

人都有一份孤独,再繁华的热闹,有一颗冷心观红尘,但唯独他,一眼洞穿你的清寂你的凉,一眼明白这世间所有的繁华不过是你和他身边的过眼云烟,他会在众人之间一眼看到你,然后读懂你,明白你,不似爱情,胜似爱情。
　　　　　　　　　　——雪小禅

一个人,并不是孤独,如果你喜欢,它就是喜悦,是意境,是海棠花里寻往昔,那往昔,处处是醉人的旧光阴。
　　　　　　　　　　——雪小禅

孤独用不着掩饰,也不足以自悯,因为这是生命的本来情形。　——杨晓晖

在稠人广众之中,感到的这种孤独,倒比一个人在冷清的地方,感到的那种孤独,还更难受。　　——郁达夫

孤独悲凉的心,对那一闪即逝的温情,对那若即若离的同情,对那似晦似明的怜悯,感受却特别敏锐。　——张贤亮

孤独远比物质的匮乏更令人沮丧。
　　　　　　　　　　——张贤亮

一个人的孤单,并不可怕。最可怕的是有了伴侣之后的那份孤单。伴侣糟糕,你却不能离开他,那是最孤单的。
　　　　　　　　　　——张小娴

一个居然就在艰难的命运中一路冲下去的,未必不带有盲目和童稚的冲动,可能也算是一种情感的孤寂。
　　　　　　　　　　——张辛欣

无爱的心灵不会孤独,未曾体味过孤独的人也不可能懂得爱。——周国平

孤独是人的宿命。爱和友谊不能把它根除,但可以将它抚慰。　——周国平

一个人对于人生和世界有真正独特的感受、真正独创的思想,必定渴望理解,可是也必定不容易被理解,于是感到深深的孤独。　　　　——周国平

对于有"自我"的人来说,独处是人生中的美好时刻和美好体验,虽则有些寂寞,寂寞中却又有一种充实。
　　　　　　　　　　——周国平

精神上的孤独与身体方面的孤独同样无法忍受。　——埃·弗洛姆[美国]

有什么样的孤独能比失信于人更加孤独呢?　　　　——艾略特[英国]

置身于茫茫人海,你感到孤单;你离群索居,更感到孤单。
　　　　——艾特玛托夫[吉尔吉斯斯坦]

孤独的崇拜者能掌握思想的本质,而常聚在一起互相交流的学者却只能看到它的表面。　　——爱默生[美国]

我总是生活在寂寞之中,这种寂寞在青年时使我感到痛苦,但在成年时却觉得其味无穷。　——爱因斯坦[德国]

普通人都难以忍受孤独,处在逆境的人由于不信任任何人,对这种孤立更

加敏感。　　——巴尔扎克[法国]

在各种孤独中间,人最怕精神上的孤独。　　——巴尔扎克[法国]

忍受孤寂或者比忍受贫困,更需要大的毅力。贫困不过是降低人的身份,但是孤寂却会败坏人的性格。
——狄德罗[法国]

孤独是热情的发祥地,热情是才华的真正母体。　　——迪斯累里[英国]

有些人之所以宁愿孤独,是因为在没有友谊和仁爱的人群中生活,那种苦闷正如一句古代拉丁谚语所说"一座城堡如同一派旷野"。
——弗兰西斯·培根[英国]

自愿孤独,与他人隔绝,是防止因人际关系而产生不快的最现成的方法。
——弗洛伊德[奥地利]

人可以在社会中学习,然而灵感却只有在孤独的时候才会涌现出来。
——歌德[德国]

孤独是世界上最可怕的痛苦,不管怎样强烈的恐怖,只要和大家在一起就能够忍受,但是孤独等于死亡。
——葛奥尔左乌[古罗马]

越伟大、越有独创精神的人越喜欢孤独。　　——赫胥黎[英国]

假如你在世界上是孤独的,完全孤独的,你就把这种孤独用作你的安慰和你的力量。　——霍德华·法斯特[美国]

交谈可以增进互相了解,而独处则是天才的学校。　　——吉本[英国]

孤独,是忧愁的伴侣,也是精神活动的密友。　　——纪伯伦[黎巴嫩]

孤独是件厚的外衣,而心灵却在下面冻僵。　　——科本哈耶[德国]

孤独,灵魂的挚友,人务必要与它相交。　　——科尔顿[阿根廷]

孤独可以毁灭人。
——拉格洛夫[瑞典]

孤独——已经死去的一切仍存在于我们心中的一座活坟墓。
——雷尼埃[法国]

一到人觉得他需要一个伴侣的时候,他就不再是一个孤独的人,他的心就不再是一个孤独的心了。
——卢梭[法国]

闲暇无事和孤独一样,也是社会上苦难的根源。　　——卢梭[法国]

一个人没有朋友固然寂寞,但如果忙得没有机会面对自己,可能更加孤独。
——罗兹[法国]

能与自己娓娓而谈的人绝不会感到孤独。　——马克斯威尔·马尔兹[美国]

在美好的生活中,孤独和社交这两方面都是必要的。　——莫里斯[英国]

人生的第一件大事是发现自己,因此人们必须不时孤独和沉思。
——南森[挪威]

寂寞者都急于和任何一个邂(xiè)逅(hòu)的人交友。　——尼采[德国]

一个伟大的人往往遭受排挤、压抑,甚至被人斥为哗众取宠而陷于孤独之中。　　　——尼采[德国]

一个井然有序的思想的主要标记是,它能够画地为牢,忍受孤独。
　　　　　　——塞涅卡[古罗马]

孤独不是在山上,而是在街上;不在一个人里面,而在许多人中间。
　　　　　　——三木清[日本]

对一个耽好孤寂的人,伴侣并不是一种安慰。　　——莎士比亚[英国]

孤独是智慧最好的乳母。
　　　　　　——施蒂纳[德国]

不论是你,也不论是我,在孤独生活那令人厌恶的寂寞里,都不会愉快。
　　　　　　——屠格涅夫[俄国]

俗话说,即便是病人,聚在一起也比独处要轻松。　——屠格涅夫[俄国]

凡有所作为的人,他们的一生几乎无一例外都是在孤独中度过。
　　　　　　——箱崎总一[日本]

喜欢孤独的人不是野兽,便是神灵。
　　　　　　——亚里士多德[古希腊]

被迫置身于人群的时候,往往是最应该自守孤独的时候。
　　　　　　——伊壁鸠鲁[古希腊]

世界上最坚强的人是孤独的人。
　　　　　　——易卜生[挪威]

孤独可以使人能干,也可以使人笨拙。　　　　　——雨果[法国]

孤独使人振奋,孤立使人毁灭。
　　　　　　——约瑟夫·鲁[英国]

50　离别;思念

一日不见,如三秋兮。①
　　　　　　——[春秋]《诗经》

悲莫悲兮生别离,乐莫乐兮新相知。②　　　——[战国]屈原

相去日已远,衣带日已缓。
　　　　　　——[汉]《古诗十九首》

衣不如新,人不如故。
　　　　　　——[汉]《古艳歌》

别日何易会日难,山川悠远路漫漫。③　　　——[三国]曹丕

羁(jī)鸟恋旧林,池鱼思故渊。④
　　　　　　——[晋]陶潜

思君春日迟,一日肠九回。
　　　　　　——[唐]白居易

不得语,暗相思,两心之外无人知。
　　　　　　——[唐]白居易

① 兮:相当于"啊"。
② 莫:没有什么。
③ 漫漫:形容遥远而无尽头的样子。
④ 羁:受束缚,不自由。渊:深水潭。

同是天涯沦落人,相逢何必曾相识。① ——[唐]白居易

相恨不如潮有信,相思始觉海非深。② ——[唐]白居易

天长地久有时尽,此恨绵绵无绝期。③ ——[唐]白居易

孤客一身千里外,未知归日是何年。 ——[唐]崔涤

人面不知何处去,桃花依旧笑春风。④ ——[唐]崔护

鱼沈雁杳(yǎo)天涯路,始信人间别离苦。⑤ ——[唐]戴叔伦

浮云终日行,游子久不至。⑥ ——[唐]杜甫

烽火连三月,家书抵万金。⑦ ——[唐]杜甫

安得如鸟有羽翅,托身白云还故乡。 ——[唐]杜甫

莫愁前路无知己,天下谁人不识君。 ——[唐]高适

相思一夜情多少,地角天涯不是长。 ——[唐]关盼盼

一在天之涯,一在地之角。生,而影不与吾形相依;死,而魂不与吾梦相接。⑧ ——[唐]韩愈

相思如明月,可望不可攀。 ——[唐]李白

举头望明月,低头思故乡。 ——[唐]李白

思归若汾(fén)水,无日不悠悠。 ——[唐]李白

此夜曲中闻折柳,何人不起故园情。⑨ ——[唐]李白

浮云游子意,落日故人情。⑩ ——[唐]李白

他乡有明月,千里照相思。 ——[唐]李峤

相见时难别亦难,东风无力百花残。 ——[唐]李商隐

春蚕到死丝方尽,蜡炬成灰泪始干。⑪ ——[唐]李商隐

瘦马恋秋草,征人思故乡。 ——[唐]刘长卿

斑竹枝,斑竹枝,泪痕点点寄相思。 ——[唐]刘禹锡

---

① 沦落:流落,穷困潦倒,漂泊外地。
② 潮:潮汐水,因受太阳、月亮的引力而定时涨落的水。信:诚信,诚实可靠。
③ 绵绵:形容连续不断的样子。
④ 人面:人的面孔,指女子。
⑤ 杳:远得不见尽头或踪影。
⑥ 游子:离家在外或久居外乡的人。
⑦ 烽火:古代边防报警时点燃的烟火,比喻战火或战争。三月:指数月之久。抵:相当;比得上。
⑧ 涯:边际。角:边沿相接的地方。天涯地角:指极远的地方,或形容彼此相隔极远。
⑨ 闻:听。折柳:指古乐曲《折杨柳》。唐代习俗,折下一枝杨柳送别远行的人。
⑩ 游子:离家在外或久居外乡的人。
⑪ 丝:与"思"谐音。蜡炬:蜡烛。始:才。

丈夫非无泪,不洒别离间。①
——[唐]陆龟蒙

故人故情怀故宴,相望相思不相见。
——[唐]王勃

独在异乡为异客,每逢佳节倍思亲。②
——[唐]王维

红豆生南国,春来发几枝?愿君多采撷(xié),此物最相思。③
——[唐]王维

劝君更尽一杯酒,西出阳关无故人。④
——[唐]王维

去年花里逢君别,今日花开已一年。
——[唐]韦应物

梧桐树,三更雨,不道离情正苦。一叶叶,一声声,空阶滴到明。⑤
——[唐]温庭筠

情人怨遥夜,竟夕起相思。⑥
——[唐]张九龄

相知无远近,万里尚为邻。⑦
——[唐]张九龄

思君如满月,夜夜减清辉。
——[唐]张九龄

悠悠天宇旷,切切故乡情。⑧
——[唐]张九龄

剪不断,理还乱,是离愁,别是一般滋味在心头。
——[五代]李煜

离恨恰如春草,更行更远还生。
——[五代]李煜

独自莫凭栏,无限江山,别时容易见时难。⑨
——[五代]李煜

人言落日是天涯,望极天涯不见家。⑩
——[宋]李觏

物是人非事事休,欲语泪先流。
——[宋]李清照

我住长江头,君住长江尾。日日思君不见君,共饮长江水。
——[宋]李之仪

百年为客老,一念爱乡深。
——[宋]刘过

衣带渐宽终不悔,为伊消得人憔悴。⑪
——[宋]柳永

多情自古伤离别,更那(nǎ)堪冷落清秋节。⑫
——[宋]柳永

不忍登高临远,望故乡渺邈,归思难收。⑬
——[宋]柳永

---

① 丈夫:大丈夫,指胸怀大志的人。
② 异乡:他乡;外地。异客:客居他乡的人。
③ 采撷:采摘。
④ 更:再。阳关:古地名,在今甘肃敦煌西南,曾是通往西域的关口。
⑤ 三更:23时至第二天1时。泛指深夜。
⑥ 竟夕:整个夜晚。
⑦ 尚:尚且。
⑧ 悠悠:长久;遥远。旷:空阔。切切:恳切;迫切。
⑨ 凭:倚靠。栏:栏杆。
⑩ 天涯:天的边际,指极远的地方。
⑪ 伊:他;她。
⑫ 那:同"哪",表示反问。堪:能忍受;能承受。
⑬ 渺邈:形容遥远的样子。

夜长春梦短,人远天涯近。
——[宋]欧阳修

夜闻归雁生乡思,病入新年感物华。① ——[宋]欧阳修

离愁渐远渐无穷,迢(tiáo)迢不断如春水。② ——[宋]欧阳修

人有悲欢离合,月有阴晴圆缺,此事古难全。但愿人长久,千里共婵娟。③
——[宋]苏轼

相逢不用忙归去,明日黄花蝶也愁。④ ——[宋]苏轼

久旱逢甘雨,他乡遇故知。
——[宋]汪洙

春风又绿江南岸,明月何时照我还。
——[宋]王安石

从别后,忆相逢,几回魂梦与君同。
——[宋]晏幾道

无穷无尽是离愁,天涯地角寻思遍。⑤ ——[宋]晏殊

天涯地角有穷时,只有相思无尽处。
——[宋]晏殊

人意共怜花月满,花好月圆人又散。
——[宋]张先

旧游无处不堪寻。无寻处,惟有少年心。 ——[宋]章良能

相逢不似长相忆,一度相逢一度愁。
——[宋]周紫芝

莫道男儿心如铁,君不见满川红叶,尽是离人眼中血。
——[金]《西厢记诸宫调》

夕阳西下,断肠人在天涯。
——[元]马致远

晓来谁染霜林醉?总是离人泪。⑥
——[元]王实甫

一叶浮萍归大海,人生何处不相逢。
——[元]王实甫

世上万般哀苦事,无非死别与生离。
——[明]冯梦龙

三百六十病,唯有相思苦。
——[明]冯梦龙

落花有意随流水,流水无情恋落花。
——[明]冯梦龙

清明无客不思家。⑦ ——[明]高启

丈夫有泪不轻弹,只因未到伤心处。
——[明]李开先

有缘千里来相会,无缘对面不

---

① 物华:美好的景物。
② 渐:逐渐。迢迢:形容水流绵长的样子。
③ 阴晴:指被云遮挡或不遮挡。圆缺:指月相变化。全:周全、齐备。但:只。婵娟:指月亮。
④ 黄花:菊花。此句指重阳节过后,菊花逐渐枯萎,蝴蝶因无处寻花采蜜而发愁。
⑤ 天涯地角:指极远的地方。寻:寻找。思:思念。
⑥ 晓:天刚亮时。
⑦ 清明:清明节。

相逢。① ——[明]《水浒传》

宁恋本乡一捻(niē)土,莫爱他乡万两金。② ——[明]《西游记》

月缺重圆会有期,人间何得久别离。 ——[明]于谦

不为伤春,却似伤春瘦。朝(zhāo)朝(zhāo)夜夜期,思悠悠,化作春波不断流。③ ——[清]孟称舜

流水犹可割,相思谁能裁? ——[清]袁枚

明月有情应识我,年年相见在他乡。 ——[清]袁枚

归梦苦难真,别离情更亲。 ——[清]朱彝尊

当黄昏时走在田野上,那如此不可排遣地困惑着我的心的是对于故乡路上的畜粪的气息和村边的畜棚里的干草的气息的记忆啊…… ——艾青

离合悲欢,不尽其致时,觉不出生命的神秘和伟大。 ——冰心

但愿每次回忆,对生活都不感到负疚。 ——郭小川

也想不相思,可免相思苦,几次细思量,情愿相思苦! ——胡适

过去的,让它过去,永远不要回顾;未来的,等来了时再说,不要空想;我们只抓住了现在,用我们现在的理解,做我们所应该做的。 ——茅盾

牵挂是人世间的一种美好的感情。牵挂会给人带来痛苦,同时也能使人充实。 ——沫沫

心里有个人放在那里,是件收藏,如此才填充了生命的空白。太阳尚远,但必有太阳。 ——七堇年

要是没有离别和重逢,要是不敢承担欢愉与悲痛,灵魂有什么意义,还叫什么人生。 ——舒婷

朋友们,等你看到了故乡的春,怕不要尽春光老尽了人?呵,不要探望你的家乡,朋友们,家乡是个贼,他能偷去你的心! ——闻一多

你听听那枝头颂春的梅花雀,你得揩(kāi)干眼泪,和他一支歌。朋友,乡愁最是个无情的恶魔,他能教你眼前的春光变作沙漠。 ——闻一多

沧海桑田,人事变迁,能不恋旧才是幸福的人。 ——谢雨凝

永远向着未来,不要怀念过去。 ——叶圣陶

曾经以为,拥有是不容易的;后来才知道,舍弃更难。 ——张小娴

有一天,你会感谢他的离去,是他的离去给你腾出了幸福的空间。 ——张小娴

记住昨天,如果不是为了激励明天的进取,那就莫如忘却。 ——张笑天

---

① 缘:缘分;姻缘。
② 捻:量词,把。一捻:形容少。
③ 伤春:因春天到来而伤感、忧愁。

贪生的人,也悲伤别离,也随着死生,只是他们却识不透这感人的永别,永远的感人。——周恩来

燕子去了,有再来的时候;杨柳枯了,有再青的时候;桃花谢了,有再开的时候。但是,聪明的,你告诉我,我们的日子为什么一去不复返呢? ——朱自清

在失意中回忆美好的时光是最大的痛苦。 ——但丁[意大利]

爱情是这样看待时间的:一小时等于一个月,一天等于一年;每个小小的离别是多么漫长的岁月。
——德莱顿[英国]

人一旦开始津津乐道起自己的往事,这便表明他已经到了应该退出这个世界的时候了。 ——迪斯累里[英国]

回忆往日的欢乐使人悲上加悲。
——富勒[英国]

回忆过去就会削弱自己当前的精力,动摇对未来的希望。
——高尔基[苏联]

过去的事让它过去吧,时间会把你心头那份深深的创伤治愈的。
——柯林斯[英国]

对过去的事谁能挽回勾销呢? 就连万能的神也无能为力。
——弥尔顿[英国]

应该忘记过去,过去可以像影子那样跟随着我们,但不能让它成为压在我们背上的包袱。
——普拉托利尼[意大利]

即使远远地离开了你,我也不会和你分开,因为在我的心灵里,早已盛满了对你的回忆……那困倦温柔的嘴唇和眼睛,将会尽情地折磨着我的记忆。
——普希金[俄国]

世上总有一颗心在期待、呼唤着另一颗心。 ——塞万提斯[西班牙]

心爱的人不在身边,使恋人们时时思念悲叹,使他们感到莫大的痛苦,可是没有什么比短暂的离别更有益于加深相互的情意了。 ——休谟[英国]

相爱而不能相见的人们,有千百种虚幻而真实的东西来骗走离愁别恨。
——雨果[法国]

51　同情;怜悯

无恻隐之心,非人也;无羞恶之心,非人也;无辞让之心,非人也;无是非之心,非人也。恻隐之心,仁之端也;羞恶之心,义之端也;辞让之心,礼之端也;是非之心,智之端也。①
——[战国]《孟子》

没有恨便很难显示爱,恨跟爱同样的根深蒂固。爱恨交织,才是完整的生命。 ——柏杨

---

① 恻隐:同情;怜悯。端:端绪;开端。

真正的同情,在忧愁的时候,不在快乐的期间。　　　　　　——冰心

人类社会的不幸之最大的原因是因为同情的缺乏。　　　——成仿吾

不经历尖锐的痛苦的人,不会有深广、博大的同情心。　　——傅雷

一个人要有反抗性,但也要有同情心。尤其是你们年轻一代的人,不能以欺侮弱者来显示自己的英勇。——郭沫若

一个人用同情的了解、仁爱的态度,来观察人生、欣赏事物,就是真正的乐观者。　　　　　　　　——贺麟

人类亲见别人遭遇悲惨可怜的境地时,都能发生一种至诚的同情,都能暂时把个人小我的悲欢哀乐一齐消纳在这种至诚高尚的同情之中。——胡适

感情里最重要的元素是同情。
　　　　　　　　　　——康白清

怜比爱少些味道,可是更多着些人情。　　　　　　　　——老舍

同情要在人弱时施给,才能容忍使人认识那份同情。　　——梁实秋

只要世界上有一个饥饿的人,就像我们自己在饥饿;只要世界上有一个贫穷的人,就像我们自己在贫穷。
　　　　　　　　　　——林毅夫

如果你怜悯他们的浅薄,你就不会再为他们的行为而气恼。——罗兰

哀怜被损害者与被侮辱者,原是人类最高贵的同情。　　——茅盾

看透世情以后,不是冷峻,便是圆熟;能再转一念,以悲悯的心肠,切切实实地来劝导世间的很少。——沈钧儒

这同情是极其圣洁纯真,并不是有所希冀、有所猎获才施与的同情。
　　　　　　　　　　——石评梅

温情,是人对人理解后的体谅关怀,是人对人不了解前的尊重怜悯。
　　　　　　　　　　——杨晓晖

同情别人是一种美德,同情自己则是一种陷阱。　　　　——原野

知道一切,恕宥(yòu)一切;忘了一切,乃得一切。　　——张申府

在同情中由于恐惧痛苦被视为纯粹消极的东西,因而完全意识不到尊敬伟大的不幸、伟大的丑恶、伟大的失败。
　　　　　　　　　　——张志扬

同情心,使弱者觉得这个世界很温柔,使强者变得高尚。
　　　　　　　——阿诺德[英国]

如果人们能以互相间的同情,及人道的行径来剔除祸根,则人生的灾患可消减过半。　　——爱迪生[美国]

人不能单靠面包为生,还要有信仰、敬慕之情和同情心。——爱默生[美国]

人类最难忍受的是怜悯之情,尤其是在他值得别人怜悯的时候。仇恨是一剂滋补药,它能使人活下去,它唤起复仇的念头;可是,怜悯却能杀死人,它使我们原来虚弱的身体更为衰弱。
　　　　　　——巴尔扎克[法国]

怜悯是奉献给女性的致命的感情。
——巴勒姆[英国]

同情仅次于爱,是人心最圣洁的感情。 ——贝克[英国]

无论你的悲伤有多深切,也不要期望同情,因为同情本身包含了轻蔑。
——柏拉图[古希腊]

对不幸的人寄予同情,是一种德行。谁都应该具有这种德行——尤其是那些曾经渴求同情,并且体味到同情的可贵的人。 ——薄伽丘[意大利]

一个人的同情要善加控制,否则比冷淡更有害得多。 ——茨威格[奥地利]

同情是把两面有刃的利刀,不会使用的人最好别动手。
——茨威格[奥地利]

同情有点儿像吗啡,它起初对于痛苦却是最有效的解救和治疗的灵药,但如果不知道使用的分量和停止界限,它就会变成最可怕的毒物。
——茨威格[奥地利]

如果你拥有某种权力,那不算什么;如果你拥有一颗赋予同情的心,那你就会获得许多权力所无法获得的人心。
——戴尔·卡内基[美国]

伸出你的手去援助别人,而不是伸出你的脚去踢倒他们。
——戴尔·卡内基[美国]

"讽刺"和"怜悯"是一对善良的忠告者。前者含着微笑使人生可爱,而后者噙着泪水使人生神圣。
——法朗士[法国]

有些人的行为就像是十篇韵文,其中每个音节都循规蹈矩。当一个人的思想分裂成那么多细微的观察资料,他怎能理解伟大的事物呢?
——弗兰西斯·培根[英国]

如果他对其他人的痛苦、不幸有同情心,那他的心必定十分美好,犹如那能流出汁液为人治伤痛的珍贵树木。
——弗兰西斯·培根[英国]

爱是必须没有怜悯的,因为怜悯是虚假的爱。
——高尔基[苏联]

怜悯是一种坟墓里的感情,它对死者有用,对活人是侮辱和有害的。
——高尔基[苏联]

怜悯只是半个公平。
——纪伯伦[黎巴嫩]

从未患过病的人是无法真正同情许多不幸的。 ——纪德[法国]

任何人都会同情别人的不幸。可一旦别人摆脱了困境,同情者就会感到索然无味了。 ——芥川龙之介[日本]

血液的同情要比思维方式的同情深刻得多,它可能会产生完全不同的语言表现。 ——劳伦斯[英国]

同情不是痛苦,同情是假装出来的快乐。 ——雷马克[德国]

怜悯是一笔借款,为小心起见,还是不要滥用的好。 ——罗曼·罗兰[法国]

注意别人的缺点,那你就会处处碰到敌人,把自己陷入孤立无援的灰暗中去。如果你多注意别人的好处,用同情和仁爱去影响别人,使他能看到自己的缺点,而慢慢改正,你就会处处碰到信赖你、爱戴你的朋友;你的生活中就会充满了温暖、和平与快乐。　　——罗曼·罗兰[法国]

怜悯是最谦卑的灵魂、最崇高的敬意,是宜人的花朵和一切美德的桂冠。过多的同情是错误的。当然,过少的同情更是错误的,在这方面就像其他任何事情一样,极端都是不好的。
——罗素[英国]

有三种简单但极其强烈的情感统治着我的生活:对爱的渴望,对知识的探求,对人类苦难的深深的同情。
——罗素[英国]

"同情"是善良的心所启发的一种情感之反映。　　——孟德斯鸠[法国]

你最大的危险是什么? 同情。
——尼采[德国]

渴望得到同情是一种自我陶醉,而且是一种使邻人破费的自我陶醉。
——尼采[德国]

温柔的心中最易产生怜悯。
——乔叟[英国]

谁对别人如果没有同情心,他自己也不会得到怜悯。　　——萨迪[波斯]

心心相印的人,在悲哀之中必然会发出同情的共鸣。——莎士比亚[英国]

一切仁爱、博爱、仁慈都是同情。
——叔本华[德国]

大凡人生遇到不幸,再碰到别人对他的痛苦表示同情,无论是真是假,总是最容易引起他的好感。——司各特[英国]

同情是一种爱,此种爱使人对他的幸福感到快乐,对他人的不幸感到痛苦。　　——斯宾诺莎[荷兰]

要做一个善良的、富有同情心的人。要帮助弱者和无自卫能力者。
——苏霍姆林斯基[苏联]

如果世界上少一些同情,世界上也就会少一些麻烦。　——王尔德[英国]

同情是人性中一个很强有力的原则。　　　　——休谟[英国]

当你同情别人的痛苦时,就会享受到暂时忘却自己的痛苦的欢乐。
——雪莱[英国]

怜悯是一个人遭受厄运而引起的,恐惧是这个遭受厄运的人与我们相似而引起的。　——亚里士多德[古希腊]

悲伤的情绪是一张向两面观望着的脸,一面朝着恐怖,一面朝着怜悯,而这两者都不过是它的两个不同的阶段。
——詹姆斯[美国]

52　羡慕;嫉妒

处官久者,士妒之;禄厚者,民怨之。①　　——[战国]《荀子》

---

① 禄:古代官吏的薪俸。

不诱于誉,不恐于诽(fěi)。①
——[战国]《荀子》

同美相妒,同智相谋,同贵相害,同利相忌。 ——[秦]黄石公

君子不畏虎,独畏谗(chán)夫之口。② ——[汉]《论衡》

众口铄(shuò)金,积毁销骨。③
——[汉]《史记》

文人相轻,自古而然。④
——[三国]曹丕

木秀于林,风必摧之;堆出于岸,流必湍(tuān)之;行高于人,众必非之。⑤
——[三国]李康

众口铄金,浮石沉木。
——[晋]《三国志》

良田败于邪径,黄金铄(shuò)于众口。 ——[北朝]魏长贤

长恨人心不如水,等闲平地起波澜。⑥ ——[唐]刘禹锡

君子在下位则多谤,在上位则多誉;小人在下位则多誉,在上位则多谤。
——[唐]柳宗元

无意苦争春,一任群芳妒。⑦
——[宋]陆游

毁生于嫉,嫉生于不胜。⑧
——[宋]王安石

不可以一时之誉,断其为君子;不可以一时之谤,断其为小人。⑨
——[明]冯梦龙

毋(wú)以己之长而形人之短,毋因己之拙而忌人之能。⑩ ——[明]洪应明

嫉妒生于利欲,而不生于贤美。
——[明]黄道周

人有喜庆,不可生妒忌心;人有祸患,不可生喜幸心。 ——[明]朱柏庐

女相妒于室,士相妒于朝,古今通患也。若无贪荣擅宠之心,何嫉妒之有?
——[清]曾国藩

莫嫌举世无知己,未有庸人不忌才。
——[清]查慎行

嫉妒,是心灵上的肿瘤。 ——艾青

嫉心既起,则无数恶德从之俱来。
——蔡锷

只要是男人,知道有女人为他吃醋,总是非常愉快的。 ——古龙

有工夫嫉贤妒能的,必多是没有真

---

① 诽:诽谤,说别人坏话。
② 谗:说别人的坏话。夫:泛指人。
③ 铄金:熔化金属。众口铄金:比喻舆论影响非常大。积:积累。毁:诽谤。销骨:熔化骨头,比喻置人于死地。
④ 轻:轻视;看不起。
⑤ 木:树木。秀:突出;出众。摧:摧折。堆:土墩或沙墩。湍:急流的水;引申为急流冲刷。行:行为;举止。非:非难;诽谤。
⑥ 等闲:无端;平白地。
⑦ 一任:听凭。
⑧ 毁:诽谤。嫉:妒忌。胜:胜过;超过。
⑨ 誉:称赞;表扬。断:判断;判定。谤:指责;批评。
⑩ 毋:不要。

本领的。　　　　　——林放

一切不属于你的,你都不必羡慕;一切属于你的,你都应该爱惜。——王蒙

嫉妒者可以把被嫉妒者批判得一无是处,而实质上,那是他们心底最羡慕的对象。　　　　　——余秋雨

什么叫作嫉妒?那是针对别人的价值而产生一种心怀憎恶的欣羡之情。
——阿部次郎[日本]

凡是受过教育的人最终都会相信嫉妒是一种无知的表现。
——爱默生[美国]

嫉妒者受的痛苦比任何人遭受的痛苦更大,他自己的不幸和别人的幸福都使他痛苦万分。　——巴尔扎克[法国]

嫉妒潜伏在人心底,如毒蛇潜伏在穴中。　　　——巴尔扎克[法国]

对心胸卑鄙的人来说,他是嫉妒的奴隶;对有学问、有气质的人而言,嫉妒却化为竞争心。　　——波普尔[英国]

嫉妒犹如一只苍蝇,经过身体的一切健康部分,而停止在创伤的地方。
——查普曼[英国]

女人的嫉妒大多与容貌、衣着和财产等有关,男人的嫉妒则与才能、智慧和力量有关。　　——池田大作[日本]

嫉妒的人常自寻烦恼,这是他自己的敌人。　——德谟克里特[古希腊]

嫉妒心是荣誉的害虫,要想消灭嫉妒心,最好的方法是表明自己的目的是在求事功而不求名声。
——弗兰西斯·培根[英国]

每一个埋头沉入自己事业的人,是没有工夫去嫉妒别人的。
——弗兰西斯·培根[英国]

当一个人自身缺乏某种美德的时候,他就一定要贬低别人的这种美德,以求实现两者的平衡。
——弗兰西斯·培根[英国]

嫉妒这恶魔总是在暗处,悄悄地毁掉人间美好的东西。
——弗兰西斯·培根[英国]

凡是轻浮、虚荣而事事好胜的人,总是善于嫉妒的。
——弗兰西斯·培根[英国]

没有比较的地方就没有嫉妒。
——弗兰西斯·培根[英国]

同情心常是医治嫉妒的一味良药。
——弗兰西斯·培根[英国]

没有爱情,就不会嫉妒。
——冈察尔[乌克兰]

嫉妒与爱情同时诞生,但是爱情死亡之时,嫉妒并不与它共亡。
——歌德[德国]

潜心工作的人找不到多少值得嫉妒的理由。　　　——歌德[德国]

失宠和嫉妒曾经使天神堕落。
——海涅[德国]

切莫忌恨别人的伟大。不然,你会因为妒忌而使自己劣上加劣,与别人的

差距越拉越大。 ——赫伯特[英国]

有嫉妒心的人,自己不能完成伟大事业,便尽量去低估他人的伟大,贬抑他人的伟大性,使之与他本人相齐。
——黑格尔[德国]

忌妒我的人,在不知不觉中颂扬了我。 ——纪伯伦[黎巴嫩]

真正的友谊能摧毁嫉妒,就如真正的爱情能驱除调情。
——拉罗什富科[法国]

嫉妒是一种可耻的感情,人是应当信赖的。 ——列夫·托尔斯泰[俄国]

嫉妒,一种迫害的倾向,而且通常包括疯狂在内。 ——罗素[英国]

嫉妒阻止你达到高尚完美的自我。它使人变得卑下、猥琐,甚至不再模仿他人。 ——马克斯威尔·马尔兹[美国]

与其我去妒忌仇敌,毋宁让仇敌妒忌我。 ——普劳图斯[古罗马]

卑劣的人比不上别人的品德,便会对那竭力诽谤。嫉妒的小人背后诽谤别人的优点,来到那人面前,又会哑口无言。 ——萨迪[波斯]

如果要消除嫉妒心,就必须保护自信……只有富于个性的人才不会嫉妒。
——三木清[日本]

妒妇的长舌比疯狗的牙齿更毒。
——莎士比亚[英国]

强烈的毫不掩饰的忌妒是一种犯罪,它使自己淹没在害怕跌落的恐怖之中。 ——莎士比亚[英国]

那些把嫉妒和邪恶作为营养的人,见了最好的人也敢去咬一口的。
——莎士比亚[英国]

任你冰清玉洁,也难免有谗言中伤。
——莎士比亚[英国]

在嫉妒心重的人看来,没有比他人的不幸更能令他快乐,亦没有他人的幸福更能令他不安。——斯宾诺莎[荷兰]

嫉妒是一种恨,此种恨使人对他人的幸福感到痛苦,对他人的灾殃感到快乐。 ——斯宾诺莎[荷兰]

骄傲的人必然嫉妒,他对于那最以德行受人称赞的人便最怀忌恨。
——斯宾诺莎[荷兰]

在我们人生旅途中出现的憎恶,有一大半仅仅是嫉妒或是侮辱了的爱。
——希尔泰[瑞士]

受人妒忌远比受人可怜为好。
——希罗多德[古希腊]

嫉妒是一种叫人痛苦的感情,可是如果一个人毫无这种感情,爱情的温柔亲密就不能保持它的全部力量和热烈。
——休谟[英国]

凡是嫉妒的人都很残酷。
——雨果[法国]

谁嫉妒别人,等于承认别人比自己强。 ——约翰逊[英国]

嫉妒是对别人幸运的一种烦恼。
——芝诺[古希腊]

53　宽容；谅解

人无弘量,但有小谨不能大立也。
——[战国]《管子》

爱人多容,可以得众。
——[晋]《三国志》

和以处众,宽以接下,恕以待人,君子人也。① ——[宋]《省心杂言》

得放手时须放手,得饶人处且饶人。
——[元]关汉卿

眼孔浅时无大量,心田偏处有奸谋。
——[明]冯梦龙

大其心容天下之物,虚其心受天下之善,平其心论天下之事,潜其心观天下之理,定其心应天下之变。
——[明]吕坤

惟宽可以容人,惟厚可以载物。
——[明]薛瑄

责人之心责己,恕己之心恕人。②
——[明、清]《增广贤文》

一件刻薄事做不得,一句刻薄话说不得,一点刻薄念头动不得。
——[清]唐彪

两君子无争,相让故也。一君子一小人无争,有容故也。争者两小人也,有识者奈何自处于小人。——[清]曾国藩

人若一味见人不是,则到处可憎,终日落嗔。　　——[清]曾国藩

一个人放弃报复的念头,并敢于宽恕别人的中伤,其灵魂就会显得无比坚强。　　——蔡平

用谅解、宽恕的目光和心理看人、待人,就会觉得葱茏的世界里,春意盎(àng)然,到处充满温暖。 ——蔡文甫

妥协也是一门艺术。　　——黄茵

幽默的人生观是真实的、宽容的、同情的人生观。　　——林语堂

自己萎弱,恶(wù)人健全;自己恶(wù)动,忌人活泼;自己饮水,嫉人喝茶;自己呻吟,恨人笑声,总是心地欠宽大所致。　　——林语堂

宽容和兼容是对他人的大度和谅解,是对自己的严格要求。 ——刘景全

倘要完全的书,天下可读的书怕要绝无;倘要完全的人,天下配活的人也就有限。　　——鲁迅

读书可以广智,宽恕可以交友。当你有机会读书的时候,请不要放弃读书的机会。当你能以豁达光明的心地去宽容别人的错误时,你的朋友自然多了。
——罗兰

当你喜欢你自己的时候,你就不会

---

① 恕:仁爱。
② 责:要求做成某件事;行事达到一定标准。

觉得自卑；当你宽容别人的时候，你就不会感到自己和别人站在敌对的地位。能有这种感觉时，你即使仍然没有很多的朋友，你也一样会觉得满意和心安得。

——罗兰

请尽量相信，每一个有坏处的人都有他值得人同情和原谅的地方，一个人的过错，常常并不是他一个人造成的。

——罗兰

偏见可以说是思想的放假。它是没有思想的人的家常日用，而是有思想的人的星期日娱乐。

——钱锺书

对别人多一点儿宽容，对自己多一点儿旷达。

——沙叶新

理解不是赞同，它是一种设身处地将心比心，是一种情怀宽容的尊重。

——素素

对于朋友，是不能要求太严，有时要能谅解，这是朋友之道中很重要的一条。评价友谊，要和历史环境、时代气氛联系起来。

——孙犁

相互谅解是家庭生活运转的润滑油。

——萧乾

残酷地批评自己，无限地宽恕别人，这才有进步。

——叶紫

宽容是互赠的礼品。 ——俞吾金

人类的许多不幸，是由于彼此的不能理解、不能对话造成的。 ——张洁

只有坦诚交流，才会有理解；只有彼此理解，才能有友谊。 ——张抗抗

理解人和理解事物好像不同，不能用理性去分析，只能用感情去感觉。

——张贤亮

容忍是自由的一个基础，社会上如果没有容忍，就绝不会有真正的自由。

——周策纵

被人理解是幸运的，但不被人理解未必就是不幸运。一个把自己的价值完全寄托于他人的理解上面的人往往并无价值。

——周国平

宽容并不是姑息和软弱，而是一种坚强和勇敢。 ——周向潮

如果说理解人是一种赠予，那么，被人理解就是享受——一种金钱无法替代的享受。 ——朱宗巍

宽容别人，宽容生活，就是宽容自己。 ——埃奥·卜劳恩［德国］

充分理解，这是法语里"友谊"一词的定义。 ——爱迪生［美国］

事物都是相互妥协的。就是冰山也会时而消融，时而重新凝聚。

——爱默生［美国］

为了使每个人都能表白他的观点而无不利的后果，在全体人民中必须有一种宽容的精神。 ——爱因斯坦［美国］

和平不能靠武力来维持，它只能通过谅解来实现。 ——爱因斯坦［美国］

心胸豁达，足能涵万物；心胸狭隘，不能容一粒沙。

——安东尼奥·波尔斯亚［美国］

宽恕而不忘却,就像把斧头埋在土里,而斧柄还露在外面。
——巴斯克里[美国]

我宁肯忘掉亏欠自己的,而不愿意忘掉亏欠别人的。 ——贝多芬[德国]

能宽恕别人是一件好事,但如果能将别人的错误忘得一干二净那就更好。
——勃朗宁[英国]

宽容一个敌人,比宽容一个朋友更容易。 ——布莱克[英国]

我宽恕你,你便原谅我,这是千古不变的道理。 ——布莱克[英国]

两个都不原谅对方的细小过节的人不可能成为老朋友。
——布律耶尔[法国]

意见和感情的相同,比之接触更能把两个人结合在一起。
——柴可夫斯基[俄国]

如果你能从别人的角度多想想,你就不难找到处理问题的方法,因为你和别人的思想沟通了,有了彼此理解的基础。 ——戴尔·卡内基[美国]

承认自己也许会弄错,就能避免争论,而且,可以使对方跟你一样宽宏大度,承认他也可能有错。
——戴尔·卡内基[美国]

你让人舒服的程度,决定着你所能抵达的高度。
——丹尼尔·戈尔曼[美国]

别骄傲,别怀恨,别不肯原谅人。
——狄更斯[英国]

宁可理解少些,也胜于误解许多。
——法朗士[法国]

从最广博的意义讲,宽容这个词从来就是一个奢侈品,购买它的只会是智力非常发达的人——这些人从思想上说是摆脱了不够开明的同伴们的狭隘偏见的人,看到整个人类具有广阔多彩的前景。 ——房龙[美国]

忘却即是宽恕。
——菲茨杰拉德[英国]

如果他能原谅宽容别人的冒犯,就证明他的心灵乃是超越了一切伤害的。
——弗兰西斯·培根[英国]

如果友谊的第一法则是它必须得到培育,那么第二法则就是:当第一法则被忽略时,必须做到宽容。
——伏尔泰[法国]

对于所受的伤害,宽恕比复仇更高尚,鄙视比雪耻更有气派。
——富兰克林[美国]

一个不肯原谅别人的人,就是不给自己留余地,因为每一个人都有犯错误而需要别人原谅的时候。
——富勒[英国]

有时候一个人只有在他死后才能被人理解,就像读一本好书一样,只有读完了最后一行,才能理解。
——高尔基[苏联]

生活教训我们,对自己和对别人都要宽容些。 ——歌德[德国]

人只要上了一点儿年纪,判断事物

的态度就会变得宽厚起来。
——歌德[德国]

谁承认了自己的罪过,谁就得到了宽恕。 ——格林兄弟[德国]

我们交友,并不是要求别人赞同自己的行动,需要的只是理解。
——海涅[德国]

尽量宽恕别人,而绝不要原谅自己。
——贺拉斯[古罗马]

要是对人宽容而不认识其弱点和缺点,便成了姑息纵容。
——赫尔达[德国]

宽容为文明唯一之考验。
——霍尔布兹[英国]

两颗心:一颗心流血,一颗心宽容。
——纪伯伦[黎巴嫩]

在某种程度上,我们每一个人都有那么一点点不易察觉的疯狂,每个人的内心深处都是最孤寂的,每个人都渴望理解。 ——里欧·罗斯顿[美国]

与其跟狗争辩,被它咬一口,倒不如让它先走。否则就算宰了它,也治不好你被咬的伤疤。 ——林肯[美国]

成熟的人,不问过去,聪明的人,不问现在,豁达的人,不问未来。
——刘墉[美国]

理解一切便宽容一切。
——罗曼·罗兰[法国]

人们对于不十分看重的人,要宽容得多。 ——罗曼·罗兰[法国]

倘使活着不是为了纠正我们的错误,克服我们的偏见,扩大我们思想与心胸,那么,活着又有什么用?
——罗曼·罗兰[法国]

应当善于原谅弱点,甚至原谅恶习。应当善于同情,而不是善于严惩。
——罗佐夫[苏联]

紫罗兰把它的香气留在那踩扁了它的脚踝(huái)上,这就是宽恕。
——马克·吐温[美国]

只有从内心认识到平等发表各种见解的自由对人类的重要意义,由此产生的宽容才是唯一值得称赞的宽容,或者可以说是值得称为符合人类精神上最高道德标准的宽容。 ——穆勒[英国]

生活中,谅解可以产生奇迹,谅解可以挽回感情上的损失,谅解犹如一个火把能照亮由焦躁、怨恨、复仇心理铺就的道路。 ——穆尼尔·纳素夫[科威特]

谅解也是一种勉励、启迪、指引,它能催人弃恶从善,使歧路人走入正轨,发挥他们的潜力。
——穆尼尔·纳素夫[科威特]

宽容精神是一切事物中最伟大的。
——欧文[英国]

有过错乃人之常,能原谅人为圣者之行。 ——蒲柏[英国]

原谅是容易的,忘却则是困难的。
——普拉顿[德国]

谁若想在困难时得到援助,就应在平日以宽待人。 ——萨迪[波斯]

聪明人对于恶徒的无礼绝不可宽容。因为这对双方都会有害；前者的威严受到损失，后者的气焰将更为嚣张。
——萨迪[波斯]

宽恕人家所不能宽恕的，是一种高贵的行为。 ——莎士比亚[英国]

宽容就像天上的细雨滋润着大地。它赐福于宽容的人，也赐福于被宽容的人。 ——莎士比亚[英国]

留心避免跟人争吵，可是万一争端已起，就应该让对方知道你不是可以轻侮的。 ——莎士比亚[英国]

心胸开阔的人长寿。
——莎士比亚[英国]

人有见识，就不易发怒；宽恕人的过失，便是自己的荣耀。 ——《圣经》

只有勇敢的人才懂得如何宽容。懦夫绝不会宽容，这不是他的本性。
——斯特恩[英国]

有时宽容引起的道德上的震动要比惩罚更强烈。——苏霍姆林斯基[苏联]

除非心灵从偏见的奴役下解脱出来，否则心灵就不能从正确的观点来看生活，真正了解人性。
——泰戈尔[印度]

尘土受到损辱，却以它的花朵来报答。 ——泰戈尔[印度]

不会宽容别人的人，是不配受到别人的宽容的。但是，谁能说自己是不需要宽容的呢？ ——屠格涅夫[俄国]

自己活，也让别人活——这就是我的座右铭。——陀思妥耶夫斯基[俄国]

理解绝对是养育一切友谊之果的土壤。 ——威尔逊[美国]

假如你避免不了，就得去忍受。不能忍受生命中注定要忍受的事情，就是软弱和愚蠢的表现。
——夏洛蒂·勃朗特[英国]

唯一办事聪明的是裁缝：他每次总要把我的尺寸重新量一番，而其他的人，老抱着旧尺码不放。
——萧伯纳[爱尔兰]

虽然整个社会都建立在互不相让的基础上，可是良好的关系却是建筑在宽容相谅的基础上的。
——萧伯纳[爱尔兰]

谁能原谅人，谁就能拯救人。
——尤里·邦达列夫[苏联]

生活，就是理解。生活，就是面对现实微笑，就是越过障碍注视将来。
——雨果[法国]

最高贵的复仇是宽容。
——雨果[法国]

世界上最宽阔的东西是海洋，比海洋更宽阔的是天空，比天空更宽阔的是人的胸怀。 ——雨果[法国]

宽宏大量，是唯一能够照亮伟大灵魂的光芒。 ——雨果[法国]

宽恕给(jǐ)予我们再度去爱的机会，又帮助我们敞开心怀，既能给予爱，又能接受爱。 ——约翰·格雷[英国]

没有宽容过敌人的人,从未享受过人生最大的一种乐趣。
——约翰·拉瓦特[瑞士]

心存偏见的人总是弱者。
——约翰逊[英国]

智慧的艺术就是懂得该宽容什么的艺术。
——詹姆斯[美国]

54 金钱;财富

长袖善舞,多钱善贾(gǔ)。①
——[战国]《韩非子》

贤而多财,则损其志;愚而多财,则益其过。②
——[汉]《汉书》

生财有大道:生之者众,食之者寡,为之者疾,用之者舒,则财恒足矣。③
——[汉]《礼记》

临财毋苟得,临难毋苟免。④
——[汉]《礼记》

文籍虽满腹,不如一囊钱。
——[汉]赵壹

财者,为国之命而万事之本。
——[宋]苏辙

人无横(hèng)财不富,马无夜草不肥。⑤
——[元]张国宾

非理之财莫取,非理之事莫为。
——[明]冯梦龙

火到猪头烂,钱到公事办。
——[明]冯梦龙

不言理财者,决不能治平天下。
——[明]李贽

财以不蓄为富,官以不显为贵,名以不彰为誉,施以不报为惠。
——[明]钱琦

勿贪意外之财,勿饮过量之酒。
——[明]朱柏庐

君子爱财,取之有道。⑥
——[明、清]《增广贤文》

食能止饥,饮能止渴,畏能止祸,足能止贪。
——[清]曾国藩

有钱的人可以很快乐,也可以很不快乐,其中一种最能叫人不快乐的,就是对自己没信心,以为别人结交他只是为了他的钱。
——白韵琴

金钱本身是没有什么善与恶的。善与恶决定于:金钱是怎样获得的?金钱又是怎样使用的?
——季羡林

钱这个东西像戒指,总是在自己手上好。
——老舍

----

① 善:善于。贾:做生意。此句比喻做事有所凭借,就容易成功。后多形容有钱、有势、有手腕的人善于钻营取巧。

② 多:推重;赞扬。损:减少;消磨。志:意志;决心。益:增加;增长。过:过失;错误。

③ 疾:快;迅速。舒:慢;迟缓。恒:长久;持久。

④ 毋:不要。苟:随便;草率。

⑤ 横财:意外得来的钱财,多指用不正当的手段获得的。

⑥ 道:道义;符合道义。

世界上并非是所有的事情都可以用金钱来解决的,但是金钱的确可以解决很多的事情。　　　　——李嘉诚

财富不能单单用金钱来衡量。内心富贵,才能真正拥有财富。　——李嘉诚

能够对需要帮助的人贡献你的所能,这就是内心的财富。金钱的财富,可以在一夜之间失去,但只要你能使世人受益,这个财富便任何人都拿不走,是真正的财富。　　　　　　——李嘉诚

一个人除了赚钱满足自己的成就感之外,就是为了让自己生活得更好一点儿。如果只顾赚钱,并赔上自己的健康,那是很不值得的。　　　——李嘉诚

人生犹似西山日,富贵终如草上霜。
　　　　　　　　　　——李叔同

钱本身是有用的东西,无所谓俗。
　　　　　　　　　　——梁实秋

金钱是可以支持生命的,但如果仅仅靠金钱来支撑,一旦失去了金钱,这生命便会如同抽去了脊梁一般坍塌下去。
　　　　　　　　　　——陆健

爱钱的人很难使自己不成为金钱的奴隶。多数人在有了钱之后,会时时刻刻为保存既有的和争取更多的钱而烦心。他的生意越大,得失越重,越难以找回海阔天空的心境。　　——罗兰

直接为了赚钱而赚钱,和由于创造了成功的事业自然地得到了金钱,其间有层次与境界高下之不同。　——罗兰

聪明人应该把钱放在心里,而不是放在嘴上。　　　　　　　——罗兰

钱不花就是一张纸,花了才是钱。
　　　　　　　　　　——莫言

金钱最公平:富人不快乐,穷人不快乐,不富不穷的人快乐。　——三毛

钱可以买娱乐,却买不到心情。
　　　　　　　　　　——沈嘉禄

别把钱看得太大了,因为钱之上还有比钱大的事;也别把钱看得太小了,因为钱是要用来做大事的。　——陶行知

金钱是一种有用的东西,但是,只有在你觉得知足的时候,它才会带给你快乐;否则的话,它除了给你烦恼和妒忌之外,毫无任何积极的意义。　——席慕蓉

钱可以使人迷失本性。——谢觉哉

钱是要的,因为要生活,但君子爱财取之有道;钱是拿来用的,该用则用,不挥霍不浪费,不小气不吝啬。　——袁隆平

我以为人生最值钱的东西,是脑袋里的知识。　　　　　　——袁隆平

用财富衡量科学家价值太低级、太庸俗。　　　　　　　——袁隆平

经历本身就是一种财富。
　　　　　　　　　　——袁宁谦

无钱一身轻,物质对我没有什么吸引力。人,要自尊自爱,不要自轻自贱。
　　　　　　　　　　——袁雪芬

不是你自己奋斗得来的财富,永远也不会真正属于你的。　——张抗抗

我觉得我最大的财富,就是我比一般的人拥有更多的丰富的人生感受和经历。　　　　　——张贤亮

因为财富就是势力,所以一切势力都必然会以这样或那样的手段攫(jué)取财富。　——埃德蒙·伯克[英国]

如果我们能够支配财富,我们将衣食丰盈,自由自在;如果我们被财富所支配,我们将真的穷到骨子里。
　　　　——埃德蒙·伯克[英国]

一切财富都是权力,因此权力定会用种种手段将财富确定无疑地据为己有。　——埃德蒙·伯克[英国]

多挣钱的方法只有两个:不是多卖,就是降低管理费。　——艾柯卡[美国]

言语无法做到的事情,金子可以做到。　　　　——爱·沃德[美国]

财富能给人们带来幸福吗? 你瞧瞧周围,多少奢华的痛苦! 多么辉煌的伤悲! 无论财富怎样慷慨地流溢,贪婪都会将它们吞噬(shì),然后又伸出双手!
　　　　　　——爱·扬格[英国]

没有充实的心灵,财富只不过是个丑陋的乞丐。　——爱默生[美国]

有一句谚语"幸福不在于金钱"。早就应该把这句谚语改成这样:"世界的不幸就在于金钱。"　——爱因斯坦[美国]

崇拜财富是最丑陋的行为。
　　　　——安德鲁·卡内基[美国]

黄金的枷锁最沉重。
　　　　　——巴尔扎克[法国]

对一个从希望的顶上跌落下来的人来说,财产是微不足道的。
　　　　　——巴尔扎克[法国]

为了得到财产,人们悄悄地干了多少卑鄙无耻的勾当! 私人生活中每一件鸡毛蒜皮的小事,一跟财产有关,就具有极大的利害关系。——巴尔扎克[法国]

对某些人来说,金钱是社交界的入场券,也是教养的象征。
　　　　　　——比尔斯[美国]

财富不能带来善,而善能带来财富和其他一切幸福。——柏拉图[古希腊]

对金钱的贪恋是一切罪恶的根源。
　　　　　　——勃特勒[英国]

有人说爱财是万恶之本,缺财也同样是万恶之本。　——勃特勒[英国]

手头上有点儿钱的人认为爱是世界上最重要的东西,而穷人则明白世界上最重要的是金钱。　——布伦南[英国]

一个人经济上的安全感,应该建立在个人的天赋和能力上。钱只是显示这些才能贡献给工作时的价值而已。
　　　　——查斯特菲尔德[英国]

在投机事业上,真所谓谋事在人,成事在钱。　　　——大仲马[法国]

谋财艰辛,守财担心,失财伤心。
　　　　　——德拉克斯[法国]

靠可耻的职业获得的财富,显然带着不名誉的烙印。
　　　　——德谟克里特[古希腊]

人类的劳动是唯一真正的财富。
——法朗士[法国]

如果你把金钱奉为上帝,它就会像魔鬼一样折磨你。 ——菲尔丁[英国]

财产分配上的冲突是任何类型的社会的一种天然特性,而去想象一种和谐平等的人间天堂,只是空中楼阁。
——弗兰克·帕金[英国]

如果金钱不是你的仆人,它便将成为你的主人。一个贪婪的人,与其说他拥有财富,不如说财富拥有他。
——弗兰西斯·培根[英国]

财富应当用正当的手段去谋求,应当慎重地使用,应当慷慨地用以济世,而到临死时应当无留恋地与之分手,当然也不必对财富故作蔑视。
——弗兰西斯·培根[英国]

大量的金钱总是要使权威瘫痪的。
——弗兰西斯·培根[英国]

钱财是有翅膀的,有时它自己会飞去,有时你必须放它出去飞,好招引更多的钱财来。 ——弗兰西斯·培根[英国]

不要相信那些表面上蔑视财富的人,他们蔑视财富是因为他们对财富的绝望。 ——弗兰西斯·培根[英国]

如果说你的财富是属于你的,那么为什么不带它们随你到另一个世界去呢? ——富兰克林[美国]

要想知道钱的价值,就想办法去借钱试试。 ——富兰克林[美国]

把钱用在对自己对别人都有益的事情上,不要错花一分钱。
——富兰克林[美国]

放债的比借债的记忆好。
——富兰克林[美国]

巨大的财富,落在傻瓜的手里则是巨大的不幸。 ——富勒[英国]

既不必皱眉又无须借贷的人是富翁。 ——富勒[英国]

财富造成的贪婪之人,远远多于贪婪造成的富有人。 ——富勒[英国]

财富得之费尽辛劳,守则日夜担忧,失则肝肠欲断。 ——富勒[英国]

金链条比铁链条结实。
——富勒[英国]

钱是个可恶的东西,用它可以办好事,也可以做坏事。
——冈察洛夫[俄国]

假使一个人不在金钱里埋葬自己,而能用理性支配金钱,这对于他是荣耀,对于别人也是有益的。
——高尔基[苏联]

不义之财如同车轮上的尘埃,转瞬即逝。 ——高尔基[苏联]

财富就像流沙,它不会乖乖地待在那里,一定要向四处流去!
——高尔基[苏联]

财富并不能救人。
——高尔基[苏联]

我一向憎恶为自己的温饱打算的

人。人是高于温饱的。
　　　　　　——高尔基[苏联]

金钱不能改变你的出身。
　　　　　　——贺拉斯[古罗马]

收藏起来的金玉无异于埋在地下的瓦砾(lì)。　　——贺拉斯[古罗马]

金钱可以成为人的奴隶，也可以成为人的主人。　——贺拉斯[古罗马]

一切事物，无论是神界的或是俗世的美德，名望和荣誉都是"财富"的奴隶。
　　　　　　——贺拉斯[古罗马]

理想的社会状态不是财富均分，而是每个人按其贡献的大小，从社会的总财富中提取赢得的报酬。
　　　　　　——亨·乔治[美国]

金钱并不像平常所说的那样是一切邪恶的根源，唯有对金钱的贪欲，即对金钱过分的、自私的、贪婪的追求，才是一切邪恶的根源。　　——霍桑[美国]

最可怜的人，是把他的梦想变成金银的人。　　——纪伯伦[黎巴嫩]

作为人们幸福的根本源泉，金钱可以与爱情相提并论；作为人们痛苦的最根本的原因，它又可以与死亡等同。
　　　　　　——加尔布雷思[美国]

财宝如火，你认为它是有用的仆人，但转瞬之间它就摇身变为可怕的主人。
　　　　　　——卡莱尔[英国]

金子使兄弟反目，金子使家庭不和，金子使友谊破裂，金子使国家内讧。
　　　　　　——考利[美国]

富人只有在病中时，才会充分感觉到钱财的无能。　——科尔顿[阿根廷]

财富过多是贪婪的根源。
　　　　　　——克·马洛[英国]

金钱是爱情的支柱，犹如金钱是战争的支柱一样。　　——夸尔[爱尔兰]

不少人蔑视财产，但很少有人知道怎样打发它。　——拉罗什富科[法国]

有了金钱，在这个世界上可以做很多事，就是无法用它来购买青春。
　　　　　　——雷蒙德[奥地利]

财富对有些人只做了一件事：使他们担心会失去财富。
　　　　　　——里瓦罗尔[法国]

没有钱是悲哀的事，但是金钱过剩则倍加悲哀。
　　　　　　——列夫·托尔斯泰[俄国]

财富并不是永久的朋友，但朋友却是永久的财富。
　　　　　　——列夫·托尔斯泰[俄国]

我们手里的金钱是保持自由的一种工具，我们所追求的金钱则是使自己当奴隶的一种工具。　——卢梭[法国]

有钱人实为金钱所占有，而不是占有金钱。　　　——罗·伯顿[英国]

财产的极端悬殊是许多灾难和犯罪的根源。　　——罗伯斯比尔[法国]

财富令人起敬，它是社会秩序最坚固的支柱之一。——罗曼·罗兰[法国]

要想一个有教养、有智力或勇敢的人使金钱成为他思想中的首要目标，确实是办不到的。
　　　　　　　——罗斯金[英国]

财富并不是生命的目的，只是生命的工具。
　　　　　　——罗休夫柯[法国]

蔑视财富的人相当多，不过，懂得施舍财富的人却无一人。
　　　　　　——罗休夫柯[法国]

有钱去买能得到的东西当然不错，但是不丢失用金钱买不到的东西更好。
　　　　　　　　——洛里默[美国]

财富也许是好东西，因为它意味着权力、安逸和自由。——洛威尔[英国]

巨大的财富具有充分的诱惑力，足以稳稳当当地起着致命的作用，把那些道德基础并不牢固的人引入歧途。
　　　　　　　——马克·吐温[美国]

暴发的、不正当的巨大财富是一个陷阱。　——马克·吐温[美国]

如果你懂得使用，金钱是一个好奴仆；如果你不懂得使用它，它就变成了你的主人。　——马克·吐温[美国]

作家当然必须挣钱才能生活、写作，但是他决不应该为了挣钱而生活、写作。
　　　　　　　　　——马克思[德国]

最容易上瘾的毒品是金钱。
　　　　　　　——马奎斯[西班牙]

人必须努力生产财富，因为他不能没有财富而生存。
　　　　　　——麦克库洛赫[古罗马]

金钱带来的是荣誉和朋友，征服和领土。　　　　——弥尔顿[英国]

既有头脑又有钱的人是幸运的，因为他能很好地支配金钱。
　　　　　　　——米南德[古希腊]

一个人的真正财富，是他在这个世界上对其同伴及朋友们所做的好事。当他死去，人们不会说："他遗下多少产业？"但却会问："他生前做过多少好事？"
　　　　　　　——穆罕默德[阿拉伯]

愚者贪图财富，智者积累知识。
　　　　　　　　——尼采[德国]

金钱这种东西，只要能解决个人的生活就行，若是过多了，它会成为遏制人类才能的祸害。　——诺贝尔[瑞典]

一切财富都来自于劳动和知识。
　　　　　　　　——欧文[美国]

富人的财产是其健康的大敌。
　　　　　　——乔·惠茨通[美国]

要使你的钱翻一番，最保险的办法是将它折叠起来放进你的口袋里。
　　　　　　——乔·赫伯特[英国]

世传的财产往往造成后代的恶行。
　　　　　　　　——乔叟[英国]

世人出卖自己的灵魂皆因黄金的诱惑，几乎所有的罪恶都源自全能的黄金。　　　　——琼森[英国]

富人如果把金钱放在你手中，你不要对这点儿恩惠太看重，因为圣人曾经这样教诲：勤劳远比黄金可贵。
　　　　　　　　——萨迪[波斯]

财富的用途是为了使人生安逸,人生的目的并不是为了积聚财富。
——萨迪[波斯]

对于沙漠中的游人,金银不如一个萝卜。 ——萨迪[波斯]

金银财宝皆容易丧失,只有手艺才是永恒的财富。 ——萨迪[波斯]

在饱足的人眼中看来,烧鸡好比青草;在饥饿的人眼中看来,萝卜便是佳肴。 ——萨迪[波斯]

黄金是全部文明生活的灵魂,它既可以将一切归结为它自己,又可以将自己转化为一切。
——塞·巴特赫勒[英国]

发财的捷径是视金钱如粪土。
——塞涅卡[古罗马]

财富可以弥补许多不足之处。
——塞万提斯[西班牙]

金钱是世界上最坚实的基础。
——塞万提斯[西班牙]

一个人有多少财产,就有多大信心。
——塞万提斯[西班牙]

道德和才艺是远胜于富贵的资产。
——莎士比亚[英国]

虽然权势是一头固执的熊,可是金子可以拉着它的鼻子走。
——莎士比亚[英国]

钱可以让好人含冤而死,也可以让盗贼逍遥法外。 ——莎士比亚[英国]

向别人借钱,往往会磨钝节俭的刀锋;借钱给别人,往往使朋友和钱财两头落空。 ——莎士比亚[英国]

我见日光之下,有一宗大祸患,就是财主积存资财,反害自己。 ——《圣经》

不劳而得之财,必然消耗;勤劳积蓄的,必见加增。 ——《圣经》

形成罪恶性根源的东西并不是金钱本身,而是对钱的挚爱。
——史密斯[英国]

金钱,是人类抽象的幸福。所以,一心扑在钱眼儿里的人,不可能会有具体的幸福。 ——叔本华[德国]

财富掌握在意志薄弱、缺乏自制、缺乏理性的人手中,就会成为一种诱惑和一个陷阱。 ——斯迈尔斯[英国]

终年累月积存的金钱,与不劳而获的金钱,价值真有天壤之别。
——松下幸之助[日本]

财富只有为人的幸福服务时,它才算作财富。 ——苏霍姆林斯基[苏联]

想发横财者必堕于不义之术。
——所罗门[以色列]

只要你高兴,尽管在家里累积财富,摆着国王的排场生活下去,但是,如果其中没有快乐可以享受,我就不愿意用檐子下面的阴凉向你交换那种富贵生活,那和快乐比起来就太没有价值了。
——索福克勒斯[古希腊]

不义之财,使多数人受害,少数人享福。 ——索福克勒斯[古希腊]

鸟翼上系上黄金,这鸟便永不能再在天上翱翔了。　　——泰戈尔[印度]

当我在珍藏的财宝中徘徊时,我觉得我仿佛是一条出生在果实里的蠕虫。
　　——泰戈尔[印度]

财富减轻不了人们心中的忧虑和烦恼。　　——提布卢斯[古罗马]

财产不是赃物,但大量的赃物却转化成了财产。　　——托尼[英国]

财富无常而仁德永恒,故一旦得财须及时行善。　　——瓦鲁瓦尔[印度]

在所有的方式中,只有做生意可以毫无限制地获得金钱。
　　——《五卷书》[印度]

要争取真正的财富,靠金银谋取幸福是不光彩的。　　——西尼加[古罗马]

要当心对财富的无节制欲望。再没有什么比爱钱更显示心灵的狭隘和渺小的了。　　——西塞罗[古罗马]

金钱的力量不仅能使高贵的人雍容华贵,也完全可以使卑贱的人、腐败的人堕落。　　——萧伯纳[爱尔兰]

钱是世界上最重要的东西,它代表着健康、力量、荣誉、慷慨和美丽。
　　——萧伯纳[爱尔兰]

金钱可以疗饥,它不能疗苦恼;食物可以满足食欲,但是不能满足心灵的需求。　　——萧伯纳[爱尔兰]

巨额财富使人养尊处优,无求于人,但有一种危险的倾向,它能使一个意志坚强、知识渊博的人变得乖僻、自负。
　　——萧伯纳[爱尔兰]

不义之财必招祸。
　　——亚里士多德[古希腊]

金钱和享受的贪求不是幸福。
　　——伊索[古希腊]

有些人因为贪婪,想得更多的东西,却把现在所有的也失掉了。
　　——伊索[古希腊]

金钱可以是许多东西的外壳,却不是里面的果实。它带来食物,却带不来胃口;带来药,却带不来健康;带来相识,却带不来友谊;带来仆人,却带不来他们的忠心;带来享受,却带不来幸福的宁静。　　——易卜生[挪威]

财富本身就是危险,那会招引虚伪的朋友来到你的身旁;贫穷就可能使虚伪的朋友离开,使你安静下来。
　　——雨果[法国]

金钱和时间是生活中的两个负担。拥有很多钱财或拥有很多时间,却又不知如何使用的人,是最不幸的。
　　——约翰逊[英国]

既会花钱又会赚钱的人,是最幸福的人,因为他享受两种快乐。
　　——约翰逊[英国]

与其在死时手中握着一大把钱,还不如活着的时候活得丰富多彩。
　　——约翰逊[英国]

钱是一种难以得到的可怕的东西,但也是一种值得欢迎的可爱的东西。
——詹姆斯[美国]

只有金钱才是最大的罪人,一切人类的残酷和肮脏的行为,都是金钱导演出来的。
——左拉[法国]

55 贫富

贫不可欺,富不可恃(shì)。①
——[周]吕尚

贫而无谄(chǎn),富而无骄。②
——[春秋]《论语》

不患寡而患不均,不患贫而患不安。
——[春秋]《论语》

富贵不傲物,贫穷不易行。③
——[春秋]《晏子春秋》

治国常富,而乱国必贫。④
——[战国]《管子》

侈而惰者贫,力而俭者富。
——[战国]《韩非子》

富贵不能淫,贫贱不能移,威武不能屈。
——[战国]《孟子》

为富不仁矣,为仁不富矣。
——[战国]《孟子》

贫则见廉,富则见义。
——[战国]《墨子》

家富则疏族聚,家贫则兄弟离。
——[战国]《慎子》

以富为是者,不能让禄;以显为是者,不能让名。
——[战国]《庄子》

不取于人谓之富,不辱于人谓之贵。
——[秦]《孔丛子》

民贫则奸邪生。
——[汉]晁错

不汲汲于富贵,不戚戚于贫贱。⑤
——[汉]《汉书》

贵富太盛,则必骄佚而生过。
——[汉]王符

贫生于富,弱生于强,乱生于化,危生于安。
——[南朝]《后汉书》

勿慕贵与富,勿忧贱与贫。
——[唐]白居易

无贵贱不悲,无富贫亦足。
——[唐]杜甫

朱门酒肉臭,路有冻死骨。⑥
——[唐]杜甫

---

① 恃:凭借,倚靠。
② 谄:奉承;献媚。骄:自高自大,看不起人。
③ 傲物:骄傲自大,看不起人。易行:改变原来的品行。
④ 治:社会安定太平。乱:社会动荡不安。
⑤ 汲汲:急切地追求的样子。戚戚:忧愁的样子。
⑥ 朱门:朱红大门,指地主、豪门贵族之家。

达亦不足贵,穷亦不足悲。
——[唐]李白

君子谋道不谋富。——[唐]柳宗元

与其浊富,宁比清贫。
——[唐]姚崇

常人所欲在富,君子所贵在德。
——[宋]陆九渊

人贫志短,马瘦毛长。
——[宋]《五灯会元》

富贵不足慕也,贫贱不足忧也。
——[宋]曾巩

用之有节,则天下虽贫,其富易致也。① ——[宋]曾巩

富家一席酒,穷汉半年粮。
——[明]冯梦龙

见富贵而生谄容者最可耻,遇贫穷而作骄态者贱莫甚。② ——[明]朱柏庐

贫居闹市无人问,富在深山有远亲。
——[明、清]《增广贤文》

贫穷自在,富贵多忧。
——[明、清]《增广贤文》

我若富贵,不可骄;人若富贵,不可羡。我贫贱,断不可屈;人贫贱,断不可欺。 ——[清]丁福保

守得贫,耐得富。
——[清]《红楼梦》

人生莫受老来贫。
——[清]《红楼梦》

论起荣华富贵,原不过是过眼烟云。
——[清]《红楼梦》

家贫不是贫,路贫贫杀人。③
——[清]《儒林外史》

生活的贫穷可以锻炼人,但精神的贫乏只能扭曲人。 ——陈祖芬

贫穷不是罪过,但也究竟不是美德,值不得夸耀,更不足以傲人。
——梁实秋

一个金钱富足的人,还能有心关怀到受困于窘(jiǒng)境的穷人,才是真正的富人。 ——三毛

贫,并不是耻辱;贱,才是耻辱。
——三毛

富足是满意所不可缺少的要素。
——爱·扬格[英国]

人因为财富而变得高贵,富裕带来荣誉,富裕创造友谊,穷人到哪儿都是下人。 ——奥维德[古罗马]

把贫困掩饰起来的景象,犹如一个涂脂抹粉的老夫人一般,总会有一种令人不快之处。 ——巴尔扎克[法国]

在贫困笼罩着的地方,就谈不上贞操和罪行,也谈不上道德和智慧了。
——巴尔扎克[法国]

---

① 节:限制;省俭。
② 谄容:讨好别人的样子。骄态:傲慢、看不起人的样子。贱:低劣。莫甚:没有什么比它更为严重。
③ 路贫:指出门在外时缺少路费。

贫穷不会磨灭一个人的高贵的品质,不,反而是富贵叫人丧失了志气。
——卜伽尔[意大利]

贫穷不是罪恶,只是不方便而已。
——弗洛里奥[英国]

钱少的人不是穷,贪多的人才是穷。
——富勒[英国]

贫困不是耻辱,羞于贫困才是耻辱。
——富勒[英国]

人类生活的一切不幸的根源,就是贫穷。
——高尔基[苏联]

贫穷能使人沉沦,也能使人升华。
——高尔基[苏联]

贫穷要一点儿东西,奢侈要许多东西,贪欲却要一切东西。
——高里·杰布列夫[英国]

不为金钱所动者最富有。
——哥尔斯密[英国]

支出超过收入的人不富,收入超过支出的人不穷。——哈利伯顿[加拿大]

悉数全部家产的必是穷人,全然不晓库底的才是阔佬。
——哈利法克斯[英国]

愚蠢常因为富贵而得到原谅。
——贺拉斯[古罗马]

贫穷不仅仅是痛失一切,它还意味着羞辱和降格,好比热铁烧灼我们道德和心灵素质中最敏感的部分,抑制最强烈的冲动和最亲密的情爱,刺伤最富活力的神经。 ——亨·乔治[美国]

一般所谓"贫穷",大半是懒惰和浪费的结果。 ——华盛顿[美国]

贫困固然不方便,但过富也不一定是好事,必须依靠自己的力量,谋求生活。 ——居里夫人[法国]

收入犹如自己的鞋子,过分小,会折磨、擦伤你的脚;过分大,会使你失足、绊倒。 ——科尔顿[阿根廷]

如果富有,藏富很容易;如果贫穷,掩饰贫穷却很难。我们不难发现隐藏一千个金币比遮盖衣服上的一个破洞来得容易。 ——科尔顿[阿根廷]

只有一种悲痛能够持久,那就是因失去财产而产生的悲痛;时间能够减轻一切痛苦,唯独对于这一种却会加深。
——拉布吕耶尔[法国]

生活环境的清寒,对于一个有理智的人来说,是没有任何坏处的。
——列夫·托尔斯泰[俄国]

甘于守穷是一个人的巨大的财富。
——卢克莱修[古罗马]

凡有极度财富的地方,必有与之相随的极度贫穷;正如阳光越强,阴影也越深。 ——卢梭[法国]

不要做有钱的人,但是要做富裕的人。 ——卢梭[法国]

贫穷与苦难并不显得低人一等,富贵与豪华也不见得高人一头。
——卢梭[法国]

贫而懒惰乃真穷,贱而无志乃真贱。
——罗丹[法国]

清贫,不但是思想的导师,也是风格的导师,它使精神和肉体都知道什么叫淡泊。
——罗曼·罗兰[法国]

贫穷只不过是症状,奴役才是病根。束缚与放纵达到极端,贫穷不免也会随之达到极端。多数人并不是因为贫穷而被奴役,而是因被奴役而贫穷。
——罗素[英国]

乞丐并不羡慕百万富翁,尽管他们一定会羡慕比他们乞讨得多的乞丐。
——罗素[英国]

没有烦恼的贫穷,胜于苦恼重重的富有。
——米南德[古希腊]

贫穷造成了饥饿,也造就了英雄。
——莫扎特[奥地利]

贫穷的伴侣是自由,束缚伴随着富裕。财富是人创造的,所以人富了以后难以摆脱人世的羁绊。
——内村鉴三[日本]

家资愈巨,忧虑愈多。
——佩里安德[英国]

如果你贫穷,用你的美德来显示自己;如果你富有,用你的善行来显示自己。
——儒贝尔[法国]

我们赞美的不是贫穷,而是贫穷不能使之卑躬屈膝的人。
——塞涅卡[古罗马]

世上最开胃的东西是饥饿。这是穷人少不了的,所以穷人吃饭最香。
——塞万提斯[西班牙]

富贵催人生白发,布衣蔬食易长寿。
——莎士比亚[英国]

有的人是生来的富贵,有的人是挣来的富贵,有的人是送上来的富贵。
——莎士比亚[英国]

如果一个富人总是担心自己有一天会变穷,即使他拥有无限的财产,他其实也如冬天一样贫穷。
——莎士比亚[英国]

失财势的伟人举目无亲,走时运的穷酸仇敌逢迎,这炎凉的世态古今一辙。富有的门庭挤满了宾客;要是你在穷途向人求助,即使知己也要形同陌路。
——莎士比亚[英国]

他怎样从母胎赤身而来,也必照样赤身而去。他来的情形怎样,他去的情形也怎样,这也是一宗大祸患。
——《圣经》

行为纯正的贫穷人,胜过乖谬愚妄的富足人。
——《圣经》

能处处寻求快乐的人才是最富有的人。
——梭罗[美国]

贫穷和疾病是世上两大罪恶,促成贫穷和疾病的就是帮凶。
——萧伯纳[爱尔兰]

不要羡慕别人的富,也不要哀叹自己的穷。
——小林一荣[日本]

承认贫困并不是可耻的。相反,不为改变贫困而努力才是确实可耻的。
——修昔底德[古希腊]

贫穷是"万恶"之源。贫穷能招人

恨,惹人骂,能使亲信的人怀疑。穷人犯罪,穷人受屈。
——伊本·穆加发[阿拉伯]

贫穷是人类幸福的大敌。它必然毁灭自由,使某些美德不切实际,另一些美德极难实行。——约翰逊[英国]

贫困有多种根源,但主要根源还是无知。——约翰逊[英国]

56 慷慨;吝啬

大海波涛浅,小人方寸深。①
——[唐]杜荀鹤

君子量不极,胸吞百川流。
——[唐]孟郊

君子山岳定,小人丝毫争。
——[唐]孟郊

成功的秘诀其实很简单,那就是绝对不要吝啬精力。——陈祖芬

悭(qiān)吝的人好比地狱,吞咽得越多就越想吞咽,贪多无厌。
——奥古斯丁[古罗马]

凡是守财奴都只知道眼前,不相信来世。——巴尔扎克[法国]

守财奴最不需要钱,但他却偏偏最爱钱,而且拼命设法赚钱。
——巴克[英国]

把一个人根本用不着的东西给(jǐ)予他,是无用的馈(kuì)赠。
——柏拉图[古希腊]

一个人如若看见别人需要,还等着别人的请求,显而易见不是诚心的援助了。——但丁[意大利]

假使你想把已经牺牲的收回去而善用之,那么你好比用不义之财去做慈善事业。——但丁[意大利]

慷慨并不是给予很多,而是给予很明智。——富兰克林[美国]

挥霍无度的人,等于将自己的前途抵押了出去。——富兰克林[美国]

慷慨的人从不因为别人送礼而去报答。——富勒[英国]

大手大脚并不等于慷慨。
——富勒[英国]

慷慨,尤其是还有谦虚,就会使人人赢得好感。——歌德[德国]

最真诚的慷慨就是欣赏。
——歌德[德国]

一个人总得慷慨一点儿,才配受人感谢。——哈代[英国]

吝啬鬼永远处在贫困中。
——贺拉斯[古罗马]

慷慨不是你把我比你更需要的东西给我,而是你把你比我更需要的东西也给了我。——纪伯伦[黎巴嫩]

---

① 方寸:指人的内心。

慷慨是超过自己能力的施与，自尊是少于自己需要的接受。

——纪伯伦[黎巴嫩]

吝啬比慷慨更与善于理财对立。

——拉罗什富科[法国]

慷慨常常只是一种伪装的野心，它蔑视那些小的利益是为了得到大的利益。——拉罗什富科[法国]

我们称为慷慨的，经常只是作为一个赠与者的虚荣，我们爱这种虚荣要超过爱我们所赠送的东西。

——拉罗什富科[法国]

你肯救济别人的危困，才会得到别人的帮助。 ——萨迪[波斯]

地下的金子要从矿脉里挖取，守财奴的金子要从他的灵魂里发掘。

——萨迪[波斯]

你今天做的善事，人们往往明天就会忘记，不管怎样你还是要做善事。

——特蕾莎[塞尔维亚]

钱财的奴隶绝不会对上帝忠诚。

——托·布朗[英国]

慷慨是友谊的精华。

——王尔德[英国]

过于大方的施舍会导致盗窃。

——西塞罗[古罗马]

我们的慷慨绝不应超出我们的能力。 ——西塞罗[古罗马]

凡是慷慨的行为都有牺牲。

——詹姆斯[美国]

57 节俭；奢侈

金玉满堂，莫之能守；富贵而骄，自遗其咎(jiù)。① ——[春秋]《老子》

国侈则用费，用费则民贫。②

——[战国]《管子》

智士俭用其财则家富。

——[战国]《韩非子》

俭节则昌，淫佚(yì)则亡。③

——[战国]《墨子》

强本而节用，则天不能贫。

——[战国]《荀子》

足国之道，节用裕民，而善臧(cáng)其余。④ ——[战国]《荀子》

务本节用，财无极。

——[战国]《荀子》

俭，德之共(hóng)也；侈，恶之大也。⑤ ——[战国]《左传》

----

① 堂：房子的正厅，指屋内。莫：没有谁。守：守护；保有。遗：遗留；留下。咎：灾祸；祸患。

② 侈：浪费。费：消耗得多，用得多。

③ 淫佚：同"淫泆(yì)"，纵欲放荡。

④ 臧：同"藏"，收藏，积存。

⑤ 共：同"洪"，大。

治国之道,富民为始;富民之要,在于节俭。————[汉]《史记》

夫(fú)君子之行,静以修身,俭以养德。非淡泊无以明志,非宁静无以致远。① ————[三国]诸葛亮

俭开福源,奢起贫兆。
————[北朝]《魏书》

奢者狼藉俭者安,一凶一吉在眼前。② ————[唐]白居易

历览前贤国与家,成由勤俭败由奢。
————[唐]李商隐

谁知盘中餐,粒粒皆辛苦。
————[唐]李绅

不节,则虽盈必竭;能节,则虽虚必盈。 ————[唐]陆贽

不念居安思危,戒奢以俭,斯亦伐根而求木茂,塞源而欲流长也。
————[唐]魏徵

天下之事,常成于困约,而败于奢靡。 ————[宋]陆游

俭则足用,俭则寡求,俭则可以成家,俭则可以立身。 ————[宋]倪思

贫不学俭,而俭自来;富不学奢,而奢自至。 ————[宋]欧阳修

俭葬,古人之美节;侈葬,古人之恶名。 ————[宋]欧阳修

由俭入奢易,由奢入俭难。③
————[宋]司马光

侈则多欲。 ————[宋]司马光

取之有度,用之有节,则常足。
————[宋]司马光

口体之欲,何穷之有?每加节俭,亦是惜福延寿之道。————[宋]苏轼

风俗不淳俭,则财用无丰足。
————[宋]《省心杂言》

从来好事天生俭,自古瓜儿苦后甜。
————[元]白朴

常将有日思无日,莫待无时思有时。④ ————[明]冯梦龙

处贵而骄,败之端也;处富而奢,衰之始也。去骄惩奢,其惟恭俭乎!⑤
————[明]钱琦

以耕读为本,以勤俭为德。
————[明]施耐庵

节俭朴素,人之美德;奢侈华丽,人之大恶。 ————[明]薛瑄

非俭无以养廉,非廉无以养德。⑥
————[明]《元史》

---

① 夫:语气助词。修身:努力提高自身的品德修养。淡泊:恬淡寡欲。无以:没有用来;不能。明志:使志向彰显。宁静:静心;专心。致远:达到远大的目标。
② 狼藉:困苦,窘迫。安:安稳,有秩序。
③ 入:进入,引申为改成。
④ 有日:指有家产时生活富足的日子。无日:指破产后生活贫穷的日子。
⑤ 惟:同"唯",单单,只。
⑥ 廉:品行正;不贪污,不受贿。

欲足民者,莫如节用①。
——[明]袁帙

一粥一饭,当思来处不易;半丝半缕,恒念物力维艰。② ——[明]朱柏庐

器具质而洁,瓦缶(fǒu)胜金玉;饮食约而精,园蔬愈珍馐。③
——[明]朱柏庐

金玉非宝,节俭乃宝。
——[明]朱元璋

粒米必珍,富之源也。
——[清]金缨

凡事一俭,则谋生易足;谋生易足,则于人无争,亦于人无求。
——[清]钱泳

家败离不得个"奢"字,人败离不得个"逸"字。 ——[清]曾国藩

由俭入奢,易于下水;由奢反俭,难于登天。 ——[清]曾国藩

只勤不俭,好比竹篮提水;只俭不勤,好比无源之水;既勤且俭,好比水库蓄水。 ——曹龙其

金钱一富裕的时候,总要涌出些奢侈欲望来。 ——郭沫若

勤俭节约是经常的,像人洗脸一样。
——王杰

俭朴的生活,不但可以使精神愉快,而且可以培养革命品质。 ——徐特立

我们的生活是简单的,喝茶时加一盘花生米已经是一种奢侈的享受,可是我们并不觉得苦楚,我们没有更多物质上的追求与欲望。 ——杨振宁

艰苦朴素是我们共产党人的本色。
——周恩来

从俭入奢易,从奢入俭难。勤俭建国家,永久是真言。 ——朱德

节俭是你一生中食用不完的美筵。
——爱默生[美国]

凡是乱花钱的人,永远不会富有。
——巴尔扎克[法国]

对于浪费的人,金钱是圆的;可是对于节俭的人,金钱是扁平的,是可以一块块堆积起来的。 ——巴尔扎克[法国]

积累资本有两种方法:增加收入,减少消费。 ——大卫·李嘉图[英国]

节约是穷人的财富,是富人的智慧。
——大仲马[法国]

节俭是美德,只是需要与宽厚结合。
——弗兰西斯·培根[英国]

浪费者终难久富,节俭者必不致贫。
——富兰克林[美国]

为人不知储蓄,则一生困苦,至死贫乏。 ——富兰克林[美国]

---

① 足:使富足、充裕。
② 恒:经常。物力:可供使用的物质。维艰:艰难。
③ 瓦缶:古代一种用泥土烧制成的器皿,腹大口小。园蔬:菜园里的蔬菜。愈:超过;胜过。珍馐:珍奇贵重的食物。

留心微小的开支,一个小裂缝会使一只大船沉没。 ——富兰克林[美国]

省钱就是挣钱。
　　　　　　——洛克菲勒[美国]

任何节约归根到底是时间的节约。
　　　　　　——马克思[德国]

奢侈只是从他人的劳动中获得安乐而已。 ——孟德斯鸠[法国]

滴水可以汇成江河,粒米可以聚成谷仓。 ——萨迪[波斯]

谁在平日节衣缩食,在穷困时就容易渡过难关;谁在富时豪华奢侈,在穷困时就会死于饥寒。 ——萨迪[波斯]

在人群中,最富有的是节俭人,而最贫穷的是守财奴。 ——桑弗[法国]

一般人以为,节约往往意味着缺乏所有的享受和舒适。——史密斯[美国]

节俭是一笔多么大的收入。
　　　　　　——西塞罗[古罗马]

节俭是充分利用生命的艺术,崇尚节俭是各种美德的基础。
　　　　　　——萧伯纳[爱尔兰]

节俭是一门艺术,它能使人最大限度地享用生活。 ——萧伯纳[爱尔兰]

节俭等于一笔可观的收入。
　　　　　　——伊拉斯谟[尼德兰]

不节俭,谁也富不了;节俭的人很少受穷。 ——约翰逊[英国]

58　爱国;报国

利于国者爱之,害于国者恶(wù)之。① ——[春秋]《晏子春秋》

乐以天下,忧以天下。
　　　　　　——[战国]《孟子》

爱国如饥渴。　——[汉]《汉书》

苟利国家,不求富贵。②
　　　　　　——[汉]《礼记》

为社稷(jì)死则死之,为社稷亡则亡之。③ ——[汉]《史记》

常思奋不顾身,而殉(xùn)国家之急。④ ——[汉]司马迁

投死为国,以义灭身。
　　　　　　——[三国]曹操

捐躯赴国难,视死忽如归。⑤
　　　　　　——[三国]曹植

---

① 恶:憎恶。
② 苟:如果。利:使得到好处。
③ 社稷:社指土地神,稷指谷神,古代君主都重视祭祀社稷,故代指国家。
④ 殉:为达到某种目的而牺牲生命。急:紧迫严重的事情。
⑤ 捐:舍弃。国难:国家的危难。忽:不注意;不重视。归:回来,指回家。

闲居非吾志,甘心赴国忧。
——[三国]曹植

忧国忘家,捐躯济难,忠臣之志也。
——[三国]曹植

为国忠臣者半死,而为国谏臣者必死。[1]
——[唐]陈子昂

报国行赴难,古来皆共然。
——[唐]崔颢

愿得此身长报国,何须生入玉门关。[2]
——[唐]戴叔伦

出门不顾后,报国死何难!
——[唐]李白

欲将血泪寄山河,去洒东山一抔(póu)土。[3]
——[宋]李清照

一身报国有万死,双鬓向人无再青。
——[宋]陆游

位卑未敢忘忧国,事定犹须待阖(hé)棺。[4]
——[宋]陆游

国仇未报壮士老,匣中宝剑夜有声。
——[宋]陆游

夜视太白收光芒,报国欲死无战场!
——[宋]陆游

报国之忠,莫如荐士;负国之罪,莫如蔽贤。[5]
——[宋]司马光

报国之心,死而后已。
——[宋]苏轼

贤者不悲其身之死,而忧其国之衰。
——[宋]苏洵

以身许国,何事不可为?[6]
——[宋]岳飞

君子虽在他乡,不忘父母之国。
——[明]冯梦龙

风声、雨声、读书声,声声入耳;家事、国事、天下事,事事关心。
——[明]顾宪成

人生富贵岂有极?男儿要在能死国。[7]
——[明]李梦阳

天下兴亡,匹夫有责。[8]
——[清]顾炎武

苟利国家生死以,岂因祸福避趋之。[9]
——[清]林则徐

只解沙场为国死,何须马革裹尸还(huán)。[10]
——[清]徐锡麟

一个人只要热爱自己的祖国,有一颗爱国之心,就什么事情都能解决了。

---

[1] 谏:规劝(帝王、尊长等),使改正错误。
[2] 玉门关:古地名,在甘肃敦煌西北,是汉代联系西域各地的交通门户。
[3] 抔:用手捧东西。一抔土:一捧土。
[4] 卑:卑微低下。阖:合上;盖上。
[5] 荐士:举荐有才能的人。蔽贤:压制贤才。
[6] 许国:为国献身效力。
[7] 死国:为国家利益献出生命。
[8] 匹夫:个人;泛指普通的人。
[9] 苟:如果。利:使得到好处。以:语气助词。
[10] 解:了解;明白。沙场:广阔的沙地,多指战场。马革裹尸:用马的皮把战死者的尸体包裹起来,指牺牲在战场上。

什么苦楚、什么冤屈都受得了。
——冰心

爱国心为立国之要素。——陈独秀

国人无爱国心者,其国恒亡。
——陈独秀

英勇非无泪,不洒敌人前。男儿七尺躯,愿为祖国捐。——陈辉

祖国如有难,汝应作先锋。
——陈毅

必须发扬爱国主义精神,提高民族自尊心和民族自信心。——邓小平

血染沙场气化虹,捐躯为国是英雄。
——董必武

宁做流浪汉,不当亡国奴。
——丰子恺

不能设想,一个没有强大精神支柱的民族,可以自立于世界民族之林。
——江泽民

我们是国家的主人,应该处处为国家着想。——雷锋

中国的文人,历来重气节。一个画家如果不爱民族,不爱祖国就是丧失民族气节。画的价值,重在人格。人格——爱国第一。——李苦禅

忍看山河碎,愿将赤血流。
——吕惠生

真正的爱国者是爱人类的,爱国绝不是排外。——马铁丁

但凡爱国之心,人不可不有,若不知本国文字、历史,即不可能生爱国心也。
——秋瑾

爱祖国,首先要了解祖国;不了解,就说不上爱。——任继愈

爱祖国,为祖国的前途而奋斗,是时代赋予我们的神圣职责。——苏步青

一个真正的爱国主义者,用不着等待什么特殊机会,他完全可以在自己的岗位上表现自己对祖国的热爱。
——苏步青

一个人只要把自己的一切献给了祖国,人民就不会忘记他。——苏步青

做人的最大事情是什么呢?就是要知道怎样爱国。——孙中山

国家是大家的,爱国是每个人的本分。——陶行知

爱国的主要方法,就是要爱自己所从事的事业。——谢觉哉

人民不仅有权利爱国,而且爱国是个义务,是一种光荣。——徐特立

对国家的效忠,正是谋求自己永久的利益和最大的幸福。——徐特立

各出所学,各尽所知,使国家富强不受外侮,足以自立于地球之上。
——詹天佑

科学没有国界,科学家却有祖国。
——巴甫洛夫[苏联]

我愿用我全部的生命,从事研究科学,来贡献给生育我、栽培我的祖国和

人民。　　　——巴甫洛夫[苏联]

凡是不爱自己国家的人,什么都不会爱。　　　——拜伦[英国]

谁不属于自己的祖国,那么他也就不属于人类。　　——别林斯基[俄国]

人不仅为自己而生,而且也为祖国活着。　　　　——柏拉图[古希腊]

每一个伟大人物的历史意义,是以他对祖国的功勋来衡量,他的人品是以他的爱国行为来衡量。
　　　　——车尔尼雪夫斯基[俄国]

爱祖国爱得最深的人,才是最好的世界主义者。　　——丁尼生[英国]

真正的爱国主义不应该表现在漂亮的话上,而应该表现在为祖国谋福利、为人民谋福利的行动上。
　　　　——杜勃罗留波夫[俄国]

我们必须爱我们的国家,即使它对待我们并不公正。　——伏尔泰[法国]

爱国应该和爱自己的家一样。为了国家,不仅要牺牲财产,就是牺牲性命,也在所不惜,这就是报国的大义。
　　　　——福泽谕吉[日本]

世界上最伟大的美德就是爱祖国。
　　　　——歌德[德国]

我们为祖国服务,也不能都采用同一方式,每个人应该各尽所能。
　　　　——歌德[德国]

为了国家的利益,使自己的一生变为有用的一生,纵然只能效绵薄之力,我也会热血沸腾。　——果戈理[俄国]

你属于你的祖国,正如你属于你的母亲。　　　——黑格尔[德国]

不要问国家能为你做什么,而要问你能为国家做什么。——肯尼迪[美国]

黄金诚然是宝贵的,但是生气蓬勃、勇敢的爱国者却比黄金更为宝贵。
　　　　——林肯[美国]

对祖国的爱,能使人在枪林弹雨下,在九死一生中,在不断的劳动、熬夜和艰苦的环境下泰然自如。
　　　　——列夫·托尔斯泰[俄国]

只有热爱祖国,痛心祖国所受的严重苦难,憎恨敌人,这才给了我们参加斗争和取得胜利的力量。
　　　　——列夫·托尔斯泰[俄国]

要尽可能做一个对祖国有用的人。
　　　　——列夫·托尔斯泰[俄国]

爱国主义就是千百年来固定下来的对自己祖国的一种最深厚的感情。
　　　　——列宁[苏联]

必须经过祖国这一层楼,然后更上一层楼,达到人类的高度。
　　　　——罗曼·罗兰[法国]

真理绝不能和祖国分开,这两种事业是合二为一的。
　　　　——罗曼·罗兰[法国]

青年人的忠诚是双方面的,一方面要忠实于父母,另一方面也要忠实于国家。　　　　——罗素[英国]

爱国,是文明人的首要美德。
——拿破仑[法国]

只有一件事是重要的,爱人民爱祖国,用心和灵魂为它们服务。
——涅克拉索夫[俄国]

谁如果在紧要关头还不肯牺牲,把自己的这渺小的生命,看得比他的祖国还要宝贵,那么他真是太恶劣、太卑鄙。
——裴多菲[匈牙利]

我们要把心灵里最美好的激情献给祖国。 ——普希金[俄国]

当他爱他的国家的时候,他的国家也尊重他。 ——莎士比亚[英国]

我怀着比我自己的生命更大的尊敬、神圣和严肃,去爱国家的利益。
——莎士比亚[英国]

我重视祖国的利益,甚于自己的生命和我所珍爱的儿女。
——莎士比亚[英国]

热爱祖国,这是一种最纯洁、最敏锐、最高尚、最强烈、最温柔、最有情、最温存、最严酷的感情。一个真正热爱祖国的人,在各个方面都是一个真正的人。
——苏霍姆林斯基[苏联]

没有祖国,就没有幸福。每个人必须植根于祖国的土壤里。
——屠格涅夫[俄国]

国家是由什么形成的?那是由已知自己的义务,同时知道自己的权利,并知道保全它的人组成的。
——威廉·钟斯[印度]

祖国和信仰是一座大祭坛,人只是一段香,命中注定为祭坛增光而点燃。
——显克微支[波兰]

爱祖国高于一切。——肖邦[波兰]

人们不能没有面包而生活,人们也不能没有祖国而生活。——雨果[法国]

自由、祖国,唯有你们才是我的信念。 ——雨果[法国]

59 治国;安民

圣人不以一己治天下,而以天下治天下。① ——[春秋]《关尹子》

圣人无常心,以百姓之心为心。
——[春秋]《老子》

制治于未乱,保邦于未危。
——[春秋]《尚书》

德惟善政,政在养民。
——[春秋]《尚书》

利莫大于治,害莫大于乱。②
——[战国]《管子》

政之所兴,在顺民心;政之所废,在逆民心。 ——[战国]《管子》

---

① 圣人:品格最高尚、学识最渊博的人。以:用。一己:自身;个人。治:治理。
② 治:社会安定太平。乱:社会动荡不安。

凡不能调民利者,不可以为大治。
——[战国]《管子》

凡治国之道,必先富民。民富则易治也,民贫则难治也。
——[战国]《管子》

上之所好(hào),民必甚焉。
——[战国]《管子》

贤者用之,则天下治;不肖者用之,则天下乱。——[战国]《韩非子》

任人以事,存亡治乱之机也。
——[战国]《韩非子》

民怨则国危。
——[战国]《韩非子》

将治大者不治细,成大功者不成小。
——[战国]《列子》

得道者多助,失道者寡助。寡助之至,亲戚畔之;多助之至,天下顺之。①
——[战国]《孟子》

民为贵,社稷次之,君为轻。②
——[战国]《孟子》

兴天下之利,除天下之害。
——[战国]《墨子》

圣人知治国之要,故令民归心于农。③ ——[战国]《商君书》

善为国者,仓廪(lǐn)虽满,不偷于农。④ ——[战国]《商君书》

圣人之为国也,观俗立法则治,察国事本则宜。 ——[战国]《商君书》

治世不一道,便国不必法古。⑤
——[战国]《商君书》

乱则国危,治则国安。
——[战国]《荀子》

贤不肖不杂则英杰至,是非不乱则国家治。 ——[战国]《荀子》

君者,舟也;庶人者,水也。水则载舟,水则覆舟。⑥ ——[战国]《荀子》

所贵圣人之治,不贵其独治,贵其能与众共治。 ——[战国]《尹文子》

亲仁善邻,国之宝也。⑦
——[战国]《左传》

无常安之国,无宜治之民;得贤者存,失贤者危亡。 ——[汉]《大戴礼记》

治乱民犹治乱绳,不可急也;唯缓之,然后可治。 ——[汉]《汉书》

王者以民为天,而民以食为天。⑧
——[汉]《汉书》

---

① 道:道义;正义。寡:少。畔:同"叛",背叛,叛离。
② 社稷:指国家。
③ 要:重大的值得重视的内容。农:农业生产。
④ 偷:苟且敷衍;怠惰。
⑤ 道:方法。便:方便;便利。法古:仿效古人。
⑥ 庶人:平民;百姓。
⑦ 亲:指信任、重用。仁:指有仁爱之心的人。善:友好;使友好。邻:指邻国。宝:宝贵的东西。
⑧ 天:指赖以生存的最重要的事物。

众之所助,虽弱必强;众之所去,虽大必亡。 ——[汉]《淮南子》

治国有常,而利民为本。 ——[汉]《淮南子》

食者民之本也,民者国之本也,国者君之本也。 ——[汉]《淮南子》

为治之本,务在于安民;安民之本,在于足用;足用之本,在于勿夺时。① ——[汉]《淮南子》

百川异源,而皆归于海;百家殊业,而皆务于治业。 ——[汉]《淮南子》

民不足而可治者,自古及今,未之尝闻。② ——[汉]贾谊

身修而后家齐,家齐而后国治,国治而后天下平。③ ——[汉]《礼记》

得众则得国,失众则失国。 ——[汉]《礼记》

苛政猛于虎。 ——[汉]《礼记》

一张一弛,文武之道也。④ ——[汉]《礼记》

善为吏者树德,不善为吏者树怨。⑤ ——[汉]刘向

得人者兴,失人者崩。⑥ ——[汉]《史记》

为国者,必先知民之所苦、祸之所起,然后设之以禁。 ——[汉]王符

身之病待医而愈,国之乱待贤而治。 ——[汉]王符

善治人者,能自治者也。 ——[汉]《盐铁论》

善为国者,顺民之意。 ——[汉]《战国策》

圣人之治理也,安其居,乐其业。 ——[三国]诸葛亮

为国者,得民则治,失之则乱。 ——[晋]《三国志》

为国者以民为基,民以衣食为本。 ——[晋]《三国志》

定国之术,在于强兵足食。 ——[晋]《三国志》

善为国者,藏之于民。 ——[晋]《三国志》

安民之术,在于丰财。丰财者,务本

---

① 夺:失去;耽误。时:指农时,即农业生产中,各种作物按一定季节耕种的时间。

② 足:富足;富裕。未之尝闻:未尝闻之,没有听说过。

③ 身修:自身的品德修养得以提高。家齐:家庭得以整治、妥善管理。

④ 张:拉紧弓弦。弛:放松弓弦。文:指周文王。武:指周武王。道:方法。原意指宽严相济,有劳有逸,是周文王和周武王的统治方法。现多比喻生活、工作应合理安排,劳逸结合。

⑤ 善:擅长于。为吏:做官。不善:不擅长于。

⑥ 得人:得到民心。兴:兴盛,比喻国家兴旺。失人:失掉民心。崩:倒塌,比喻政权灭亡。

而节用也。[1] ——[晋]《三国志》

国以民为本,民以食为天。
——[南朝]沈约

鱼无水,则不可以生;人失足,必不可以步;国失民,亦不可以治。
——[北朝]刘昼

天子好征战,百姓不种桑;天子好年少,无人荐冯唐;天子好美女,夫妇不成双。[2] ——[唐]曹邺

百姓安则乐其生,不安则轻其死;轻其死,则无所不至也。 ——[唐]陈子昂

安得广厦千万间,大庇(bì)天下寒士俱欢颜,风雨不动安如山![3]
——[唐]杜甫

治天下者,以人为本。
——[唐]《贞观政要》

无常乱之国,无不可理之民。
——[唐]《贞观政要》

思其所以危,则安矣;思其所以乱,则治矣;思其所以亡,则存矣。
——[唐]《贞观政要》

除天下之患,安天下之民,皆吾之责也。 ——[宋]陈亮

政通人和,百废俱兴。[4]
——[宋]范仲淹

善为天下者,计大而不计小,务德而不务刑。 ——[宋]欧阳修

天下将兴,其积必有源;天下将亡,其发必有门。[5] ——[宋]苏轼

为国者当务实。 ——[宋]苏辙

保国之大计,在结民心;结民心,在薄赋敛;薄赋敛,在节财用。[6]
——[宋]杨万里

为政以德,则无为而天下归之。
——[宋]朱熹

文臣不爱钱,武臣不惜死,天下太平矣。 ——[元]《宋史》

国正天心顺,官清民自安。
——[明]冯梦龙

用仁义以治天下,公赏罚以定干戈。
——[明]《水浒传》

国家无养兵之费则国富,队伍无老弱之卒则兵强。 ——[清]黄宗羲

善相马者不按图,善治民者不泥法。
——[清]魏源

欲强国先富国,欲富国先富民。
——[清]郑观应

权力,离开了真理的束缚,将会成为一种罪恶。 —— 蒋金镛

---

[1] 丰财:使财富增多。务本:我国以农业为本,指发展农业。
[2] 冯唐:西汉时人,年老时才有机会做官。
[3] 前边的"安":哪里;怎么。庇:遮蔽;覆盖。寒士:贫寒之士。后边的"安":安稳;安宁。
[4] 政通人和:政事顺遂,人民和乐,国泰民安。
[5] 发:发生;爆发。门:门径;原因。
[6] 结:结交。薄:少;少征收。节:节约。

圣人之为治法也,随时而变义,时移而法亦移。 ——康有为

唯有民魂是值得宝贵的,唯有他发扬起来,中国才有真进步。 ——鲁迅

国家之生存要素,为人民、土地、主权,故苟有害于此三者,可以抗之也。
——孙中山

国家之本,在于人民。 ——孙中山

人心就是立国的大根本。
——孙中山

一个国家,一个民族,如果没有现代科学,没有先进技术,一打就垮;而如果没有优秀的历史传统,没有民族人文精神,不打自垮。 ——杨叔子

一个国家的真正财富在于它的男男女女。如果他们卑贱、痛苦而且多病,这个国家就是贫困的。
——奥尔丁顿[英国]

最善治其身者,亦最善于治人。
——但丁[意大利]

管理者好比是交响乐队的指挥,通过他的努力、想象和指挥,使整个乐器融合为一幕精彩的音乐表演。
——德鲁克[美国]

什么是最好的政府?就是指导我们去治理我们自己的政府。
——歌德[德国]

公众的信任是一个有效的政府的基础。 ——肯尼迪[美国]

国家像人一样,有其成长、成熟、衰老和朽败的过程。 ——兰多[英国]

在一个不安定的社会、一个动荡的世界上,没有一个政府能够保持稳定。
——利昂·布卢姆[法国]

通货膨胀是一种罪孽,任何一个政府都会谴责这种罪孽,但是任何一个政府却又都忍受这种罪孽。
——利斯·罗斯[美国]

民有、民治、民享之政府,必能永存于世。 ——林肯[美国]

顺公意不失败,逆民意必无成。
——林肯[美国]

随着经济基础的变更,全部庞大的上层建筑也或慢或快地发生变革。
——马克思[德国]

权力永远不能超出社会的经济结构以及由经济结构所制约的社会的文化发展。 ——马克思[德国]

同样的人组成同样的民族,而有无政府的统治,便会产生叛逆与守法这两种截然不同的后果。 ——莫洛亚[法国]

我们的年轻一代政治领导人必须懂得,要想取得成功,只有一件事比犯错误还要糟糕的,那就是麻木不仁。
——尼克松[美国]

不同的制度需要不同类型的领导人。不同的国家——文化背景不同和发展阶段不同的国家——需要不同的制度。 ——尼克松[美国]

伟大的领导是一种独特的艺术,既

需要过人的意志力,又需要过人的远见。
——尼克松[美国]

这三件事如不与另三件事结合,便不能巩固:一是钱财和经商,二是学问和教人,三是国家和法度。
——萨迪[波斯]

坏的行政肯定会破坏好的政策,但是好的行政绝不会拯救坏的政策。
——斯蒂文生[英国]

比竞选获胜更重要的是治理国家。这是对一个政治家的考验——严峻的、也是决定性的考验。
——斯蒂文生[英国]

想左右天下的人,须先能左右自己。
——苏格拉底[古希腊]

当政府不受欢迎的时候,好的举措和坏的举措同样地触怒人民。
——塔西佗[古罗马]

国家越是腐败,法律越是繁多。
——塔西佗[古罗马]

世上没有所谓小国。一个民族的伟大与否,不受其居民人数多少的影响,正如一个人的伟大与否,不以其高矮来衡量一样。
——雨果[法国]

60 法令;赏罚

天网恢恢,疏而不失。①
——[春秋]《老子》

用赏者贵诚,用刑者贵必。②
——[战国]《管子》

奉法者强则国强,奉法者弱则国弱。
——[战国]《韩非子》

家有常业,虽饥不饿;国有常法,虽危不亡。
——[战国]《韩非子》

令必行,禁必止。
——[战国]《韩非子》

赏罚不信,则禁令不行。③
——[战国]《韩非子》

赏不加于无功,罚不加于无罪。
——[战国]《韩非子》

天下从事者,不可以无法仪;无法仪而其事能成者,无有也。④
——[战国]《墨子》

利不百,不变法;功不十,不易器。
——[战国]《商君书》

以刑治则民威,民威则无奸,无奸则民安其所乐。以义教则民纵,民纵则乱,乱则民伤其所恶。
——[战国]《商君书》

刑称(chèn)罪则治,不称(chèn)罪则乱。⑤
——[战国]《荀子》

---

① 恢恢:形容广大、宽广的样子。
② 用:施行。贵:注重;重视。必:确定无疑;坚决。
③ 信:真实可靠;确实。
④ 法仪:法度礼仪;准则。
⑤ 称:符合;相当。

无功不赏,无罪不罚。
——[战国]《荀子》

欲加之罪,其无辞乎?
——[战国]《左传》

赏不服人、罚不甘心者叛。
——[秦]黄石公

小功不赏,则大功不立。
——[秦]黄石公

重赏之下,必有勇夫。
——[秦]黄石公

法令者,所以抑暴扶弱,欲其难犯而易避也。
——[汉]《汉书》

庆赏以劝善,刑罚以惩恶。
——[汉]《汉书》

法令行则国治,法令弛则国乱。
——[汉]王符

治国有二柄,一曰赏,二曰罚。①
——[晋]傅玄

峻法严刑,非帝王之隆业;有罚无恕,非怀远之弘规。 ——[晋]《三国志》

法出多门,人无所措。
——[唐]刘蕡

赏善而不罚恶则乱,罚恶而不赏善亦乱。
——[唐]元结

国家大事,惟赏与罚。赏当其劳,无功者自退。罚当其罪,为恶者戒惧。则知赏罚不可轻行也。
——[唐]《贞观政要》

杀人偿命,欠债还钱。
——[宋]李之彦

赏必当功,罚必当罪。
——[宋]吕祖谦

令在必信,法在必行。
——[宋]欧阳修

刑在禁恶,法本原情。
——[宋]欧阳修

赏不足劝善,刑不足禁非,而政不成。 ——[宋]欧阳修

法施于人,虽小必慎。
——[宋]欧阳修

有功则赏,有罪则罚。
——[宋]司马光

为国之本,在于明赏罚,辨邪正。
——[宋]苏轼

立法贵严,而责人贵宽。
——[宋]苏轼

夫法出于礼,本于仁,成于义。
——[宋]苏轼

治天下不可无法度。仁政者,治天下之法度也。——[宋]朱熹

法戒轻变,令贵必行。
——[元]《宋史》

赏罚不明,百事不成;赏罚若明,四
———————
① 柄:斧子或器物的把儿,喻指手段、途径。

方可行。　　　——[明]冯梦龙

加强法制建设要做到"有法可依,有法必依,执法必严,违法必究"的要求。
——邓小平

法治须有相当的固定性,然后全社会方知有所适从;否则朝令暮改,乃是犯了最大毛病而极端减弱法律本身的威信。　　　　　　　　——费孝通

法律注重在使人不敢作恶,道德却能使人乐于向善。　　——沈从文

天生成万物,万物强者胜弱,这是自然规律;人建立法制,法制分别是非,这是社会生活的准则。　——张岱年

法是人们赖以导致某些行动和不做其他一些行动的准则或尺度。
——阿奎那[意大利]

法律是为了不让强者随心所欲而制定的。　　　　——奥维德[古罗马]

法律不能使人人平等,但是在法律面前人人是平等的。——波洛克[英国]

没有一个聪明的人惩罚别人是因为他犯过的错误,而是为了他今后不再犯错误。　　　　——柏拉图[古希腊]

犯罪总是以惩罚相补偿,只有处罚才能使犯罪得到偿还。
——达雷尔[英国]

倘若世上没有坏人,也就不会有好的律师。　　　——狄更斯[英国]

报复犹如蔓草,是野性的产物。人性自然地趋向于它,法律和文明却应当剪除它。　——弗兰西斯·培根[英国]

预防犯罪远胜于惩罚罪行。
——傅立叶[法国]

律法若过于宽大,很少有人遵守;律法若过于苛严,则很少有人执行。
——富兰克林[美国]

人受制于法,法受制于情理。
——富勒[英国]

守法和有良心的人,即使有迫切的需要也不会偷窃。可是即使把百万金元给了盗贼,也没法儿指望他从此不再偷盗。　　——克雷洛夫[俄国]

凡有法律的地方,就有不公道的事。
——列夫·托尔斯泰[俄国]

法官是法律世界的国王,除了法律就没别的上司。　——马克思[德国]

文明之国制刑,不在惩恶,而在劝善。　　　　——孟德斯鸠[法国]

法律可以揭露罪恶,却不能消除罪恶。　　　　　——弥尔顿[英国]

法律通常是这样的网:小的从网里溜走,大的把网冲破,只有不大不小的才被它揪住不放。
——威廉·申斯通[英国]

如果法律不能被执行,那就等于没有法律。　——约翰·洛克[英国]

61 公平;廉正

其身正,不令而行;其身不正,虽令不从。①
——[春秋]《论语》

以直报怨,以德报德。②
——[春秋]《论语》

廉者,政之本也。
——[春秋]《晏子春秋》

枉己者,未有能直人者也。③
——[战国]《孟子》

凡立公,所以弃私也。
——[战国]《慎子》

公生明,偏生暗。
——[战国]《荀子》

上公正则下易直。
——[战国]《荀子》

国家之败,由官邪也。
——[战国]《左传》

水至清则无鱼,人至察则无徒。④
——[汉]《大戴礼记》

君子不以私害公。 ——[汉]韩婴

智者不为非其事,廉者不求非其有。
——[汉]韩婴

国耳忘家,公耳忘私。
——[汉]《汉书》

公道立,奸邪塞,私权废。
——[汉]《汉书》

矩不正不可以为方,规不正不可以为圆。身者,事之规矩也,未闻枉己而能正人者也。⑤ ——[汉]《淮南子》

大道之行也,天下为公。⑥
——[汉]《礼记》

内称不辟(bì)亲,外举不辟(bì)怨。⑦ ——[汉]《礼记》

临官莫如平,临财莫如廉。
——[汉]刘向

奉公如法,则上下平。
——[汉]《史记》

治天下终不以私乱公。
——[汉]《史记》

水至平而邪者取法,镜至明而丑者无怒。 ——[晋]《三国志》

为官长当清、当慎、当勤。修此三

---

① 不令:没有下命令。
② 直:正直。
③ 枉:弯曲,引申为不正派、不正直。直:正直;使正直。
④ 至:极、最,达到极点。徒:指伙伴。
⑤ 矩:画方形或直角的工具。规:画圆形的工具。枉:弯曲;歪斜。
⑥ 大道:原指上古时代理想中的治国方法,泛指常理正道。天下为公:指国家不为君主一人所私有,而属于全国人民公有,这是美好的人人自由平等的政治愿望。
⑦ 称、举:举荐;选拔。辟:同"避",回避,避开。亲:亲近的人。怨:有怨仇的人。

者,何患不治乎?
——[南朝]《世说新语》

廉者常乐无求,贪者常忧不足。
——[隋]王通

物不得其平则鸣。 ——[唐]韩愈

弊政之大,莫若贿赂行而征赋乱。①
——[唐]柳宗元

事有是非,公无远近。
——[唐]张九龄

理国要道,实在于公、平、正直。
——[唐]《贞观政要》

廉者,民之表也;贪者,民之贼也。
——[宋]包拯

但得官清吏不横(hèng),即是村中歌舞时。 ——[宋]陆游

苟非吾之所有,虽一毫而莫取。
——[宋]苏轼

事之当否,众口必公。
——[宋]苏辙

私心胜者,可以灭公。
——[宋]《省心杂言》

正己然后可以正物,自治然后可以治人。 ——[宋]岳飞

遍身罗绮者,不是养蚕人。②
——[宋]张俞

廉能清正,奉公守法。
——[元]曾瑞

宁公而贫,不私而富。
——[元]张养浩

随你官清似水,难逃吏滑如油。
——[明]冯梦龙

惟公则生明,惟廉则生威。
——[明]洪应明

君子与人共事,当公人己而不私。苟事之成,不必功之出自我也;不幸而败,不必咎之归诸人也。③ ——[明]吕坤

正直无私,扬眉吐气,我不怕人,人皆敬我,就都是天堂快乐之境,此为将之根本。 ——[明]戚继光

正以处心,廉以律己。
——[明]薛瑄

大丈夫以正大立心,以光明行事,终不为邪暗小人所惑,而易其所守。④
——[明]薛瑄

源清则流清,心正则事正。
——[明]薛瑄

宁可正而不足,不可邪而有余。
——[明、清]《增广贤文》

公则生明,廉则生威。
——[明、清]朱之瑜

不廉,则无所不取;不耻,则无所不为。 ——[清]顾炎武

人人好公,则天下太平;人人营私,则天下大乱。 ——[清]《老残游记》

---

① 弊政:腐败的政治。
② 遍身:全身;满身。罗绮:绫罗绸缎。
③ 苟:如果。咎:过失。
④ 大丈夫:指胸怀大志的人。易:改变。守:操守;节操。

心无私欲,自然会刚;心无邪曲,自然会正。
——[清]陆陇其

清如水,明如镜。
——[清]《歧路灯》

为政者,廉以洁己,慈以爱民。
——[清]王夫之

见小利,不能立大功;存私心,不能谋公事。
——[清]王永彬

自私与贪婪相结合,会孵出许多损害别人的毒蛇。
——艾青

手莫伸,伸手必被捉。
——陈毅

由虚心产生出来的是公正,没有偏见。
——冯至

人若是太贪心,到手的黄金也会变成废铁。
——古龙

一个人最伤心的事体无过于良心的死灭,一个社会最伤心的现象无过于正义的沦亡。
——郭沫若

良心或内心制裁,是防止作恶的第一道防线;情义、礼教或社会制裁,是防止作恶的第二道防线;刑罚或法律的制裁,是防止作恶的第三道防线。
——贺麟

贪污和浪费是极大的犯罪。
——毛泽东

如烟往事俱忘却,心底无私天地宽。
——陶铸

看看那普照大地的太阳吧,你看它从早到晚,把它的光和热照在每一个角落,从不吝惜,从不偏袒,从不计较报酬,它那样大公无私,那样一心一意地为人民发射光和热,这是何等宽阔的胸怀!
——陶铸

鱼和熊掌不可兼得,当官就不要发财,发财就不要当官,这是两股道上跑的车。
——习近平

要坚持"老虎""苍蝇"一起打,既坚决查处领导干部违纪违法案件,又切实解决发生在群众身边的不正之风和腐败问题。
——习近平

要加强对权力运行的制约和监督,把权力关进制度的笼子里,形成不敢腐的惩戒机制、不能腐的防范机制、不易腐的保障机制。
——习近平

要提高制度执行力,让制度、纪律成为带电的"高压线",使查处违纪违法问题制度化、经常化,使党员、干部心有所畏、言有所戒、行有所止。
——习近平

只有由平实正常的心理所形成的堂堂正正的态度,才能把古今中外的文化,平铺在自己面前,一任自己理性良心的评判、选择、吸收、消化。
——徐复观

公道自在人心,是非必有正论。
——郁达夫

在甜蜜的梦乡里,人人都是平等的,但是当太阳升起,生存的斗争重新开始时,人与人之间又是多么的不平等。
——阿斯图里亚斯[危地马拉]

相信我的话,贿赂既可以买通上帝,也可以买通凡人。
——奥维德[古罗马]

良心始终是一位正直的法官。
——巴尔扎克[法国]

没有思想上的清白,也就不能有金钱的廉洁。
——巴尔扎克[法国]

高尚纯洁的良心,为着细小的过失便感觉深刻的痛苦!——但丁[意大利]

照着良心办事并且能知其所以然的人,同时也是一个坚定而正直的人。
——德谟克里特[古希腊]

良心才是我们唯一不可收买的至宝。
——菲尔丁[英国]

良心,人类最忠实的朋友!
——高尔基[苏联]

独立自主的良心,是你道德生活的太阳。
——歌德[德国]

照耀人的唯一的灯是理性,引导生命于迷途的唯一手杖是良心。
——海涅[德国]

公正,一定会打倒那些说假话和做假证的人。——赫拉克利特[古希腊]

正直是道德的中心。
——赫胥黎[英国]

要努力让你心中的那朵被称为良心的火花永不熄灭。——华盛顿[美国]

我们应当有勇气来抵抗诱惑,有勇气说真话,有勇气来表现正义,有勇气来过廉洁的生活。——拉克斯内斯[冰岛]

自私是人类万恶之源。
——莱斯顿[英国]

在这个平凡世界,我们需要的,不见得是英雄、伟人,而是这种真真切切、实实在在,可以不忠于世俗,却无负于自己良心的人。
——刘墉[美国]

我大胆地走正直的道路,绝不有损于正义与真理而谄(chǎn)媚(mèi)和敷衍任何人。
——卢梭[法国]

一个只顾自己的人不足以成大器。
——罗斯金[英国]

昧着良心做事是不安全、不明智的。
——马丁·路德·金[美国]

正直是道德之本。
——迈哈福兹[埃及]

良心是我们每个人心头的岗哨,它在那里值勤站岗,监视着我们别做出违法的事情来。
——毛姆[英国]

有两样东西是必不可少的:良心和美名。
——乔叟[英国]

比海更宏伟的是蓝天,比天更宏伟的是良心。
——丘吉尔[英国]

世上最大的罪过,有人说是骄傲,我却说是没良心。——塞万提斯[西班牙]

正像太阳会从乌云中探出头来一样,布衣粗服,可以格外显出一个人的正直。
——莎士比亚[英国]

当一个人看清自己的航行路线是多么迂回曲折时,他最好依靠自己的良心作为领航员。
——司各特[英国]

白日精心于事务但勿做有愧于良心之事,使夜间能坦然就寝。
——托马斯·曼[德国]

做好人容易,做正直的人却难。
——雨果[法国]

一个心灵脆弱的人做不了政治家。把良心看得太重,往往使人优柔寡断。
——雨果[法国]

对人民来说,唯一的权力是法律;对个人来说,唯一的权力是良心。
——雨果[法国]

无论哪个法官都不会比一个人的良心更了解自己。 ——雨果[法国]

62 谋略;机智

不在其位,不谋其政。
——[春秋]《论语》

小不忍,则乱大谋。①
——[春秋]《论语》

道不同,不相为谋。②
——[春秋]《论语》

临事而惧,好谋而成。
——[春秋]《论语》

多算胜,少算不胜。
——[春秋]《孙子兵法》

凡谋之道,周密为宝。
——[战国]《六韬》

智可以微谋,仁可以托财。
——[战国]《吕氏春秋》

深谋远虑,行军用兵之道。
——[汉]贾谊

谋先事则昌,事先谋则亡。
——[汉]刘向

有机智之巧,必有机智之败。
——[汉]刘向

运筹策帷帐之中,决胜于千里之外。③ ——[汉]《史记》

谋未发而闻于外,则危。
——[汉]《战国策》

鸟尽良弓藏,谋极身必危。
——[三国]嵇康

智能决谋,以疾为奇。
——[北朝]刘昼

谋者谋于未兆,慎者慎于未成。
——[唐]武则天

先谋后事者昌,先事后谋者亡。④
——[唐]《意林》引《太公金匮》

事有便宜而不拘常制,谋有奇诡而不徇众情。⑤ ——[五代]《旧唐书》

为一身谋则愚,而为天下谋则智。
——[宋]苏洵

主大计者,必执简以御繁。
——[宋]苏辙

---

① 小:指小事情。谋:计划。
② 道:指主张、学说等。谋:谋划;商议。
③ 帷帐:军营中的帐篷。
④ 事:做;做事。
⑤ 便宜:方便合适;便利。常制:固定的制度。徇:依从。

谋事在人,成事在天。
——[明]《三国演义》

论事不可趋一时之轻重,当思其久而远者。① ——[清]陈宏谋

利在一身,勿谋也;利在天下者,谋之。利在一时,勿谋也;利在万世者,谋之。 ——[清]陈宏谋

一个平庸的计划胜于无计划的瞎摸索。 ——蔡元培

智是谋之本,有智才有谋,所以智比谋更重要。 ——邓拓

要永远相信:当所有人都冲进去的时候赶紧出来,所有人都不玩了再冲进去。 ——李嘉诚

思路决定出路,布局决定结局。
——牛根生

一个真正的企业家,不能只靠胆大妄为而东奔西撞,也不可能是在学院的课堂里说教出来的。他必须在市场经济的大潮中摸爬滚打,在风雨的锤炼中长大。 ——王均瑶

机智主要的用处是教我们与没有它的人相处得很好。 ——爱默生[美国]

要使自己有一个优秀的大脑,勿被"看起来似乎理所当然的事"所迷惑。
——查斯特菲尔德[英国]

对于头脑里冒出来的想法,首先要重新评估一下,它是否"真的是自己的意见"。 ——查斯特菲尔德[英国]

在第一个钉子没有钉牢之前,不要钉第二个。 ——富勒[英国]

由机智和经验合成的掌握尺度的能力是一个管理者的主要才能之一。
——亨利·法约尔[法国]

很少有什么事情从本性上说是不可能达到的,要达到它们更有赖于我们自己而非有赖于手段。
——拉罗什富科[法国]

要跳得更远,必须先退后一步。
——蒙田[法国]

要像农民耕田地那样努力寻求智慧,而后你才能指望丰收。随机应变是才智的试金石。 ——莫里哀[法国]

有谋无勇只会是怯弱、欺诈;有勇无谋只会是愚蠢、疯狂。 ——萨迪[波斯]

智谋才是真实的力量。智谋指导水手们通过暴风雨的海上,智谋驯服野兽、山豹和狮子,并使牛马为人类服役。
——斯威布[德国]

63 教育;为师

学而不厌,诲人不倦。②
——[春秋]《论语》

---

① 趋:追求。
② 厌:满足。诲:教导。倦:疲倦;懈怠。

教育；为师

夫子循循然善诱人。①
——[春秋]《论语》

三人行必有我师焉,择其善者而从之,其不善者而改之。②
——[春秋]《论语》

温故而知新,可以为师矣。③
——[春秋]《论语》

一年之计,莫如树谷;十年之计,莫如树木;终身之计,莫如树人。④
——[战国]《管子》

尊师则不论其贵贱贫富矣。
——[战国]《吕氏春秋》

善政不如善教之得民也。
——[战国]《孟子》

大匠不为拙工改废绳墨,羿(yì)不为拙射变其彀(gòu)率。⑤
——[战国]《孟子》

人之患,在好(hào)为人师。
——[战国]《孟子》

国将兴,必贵师而重傅。⑥
——[战国]《荀子》

善为师者,既美其道,有慎其行。
——[汉]董仲舒

凡学之道,严师为难。师严然后道尊,道尊然后民知敬学。⑦
——[汉]《礼记》

教学相长(zhǎng)。⑧
——[汉]《礼记》

善学者,师逸而功倍,又从而庸之;不善学者,师勤而功半,又从而怨之。⑨
——[汉]《礼记》

善歌者,使人继其声;善教者,使人继其志。
——[汉]《礼记》

务学不如务求师。师者,人之模范也。
——[汉]扬雄

古之建国,教学为先。
——[南朝]傅亮

古之学者必有师。师者,所以传道、受业、解惑也。⑩
——[唐]韩愈

圣人无常师。⑪
——[唐]韩愈

弟子不必不如师,师不必贤于弟子。

---

① 夫子:古代对男子的敬称。循循然:形容有顺序的样子。诱:诱导;引导。成语有"循循善诱":善于有步骤地引导、教育人。
② 三人:泛指几个人。焉:于此,在其中。
③ 温:复习。
④ 计:筹划;打算。树:种植,比喻培养。谷:谷物,泛指粮食作物。终身:一生;一世。
⑤ 大匠:指技艺高超的木匠。绳墨:木匠画直线用的工具,俗称墨斗。羿:即后羿,夏代有穷国的国君,善于射箭。彀率:弓弩发射时拉开的程度,引申为弓弩制作的标准。
⑥ 傅:师傅。
⑦ 道:道理;知识或学问。严:尊敬;受尊敬。尊:敬;重视;受重视。
⑧ 教:传授知识。学:学习。长:增长;长进。
⑨ 逸:安逸;悠闲。功倍:获得加倍的效果。庸:功劳。怨:怨恨。
⑩ 道:道理;知识。受:同"授",教授。
⑪ 圣人:品格最高尚、学识最渊博的人。常:固定不变的。

闻道有先后,术业有专攻,如是而已。①
——[唐]韩愈

人非生而知之者,孰能无惑?惑而不从师,其为惑也,终不解矣。②
——[唐]韩愈

动人以言者,其感不深;动人以行者,其应必速。 ——[唐]陆贽

水性虽能流,不导则不通;人性虽能智,不教则不达。 ——[唐]马总

育才造士,为国之本。
——[唐]权德舆

善之本在教,教之本在师。
——[宋]李觏

学校,王政之本也。③
——[宋]欧阳修

养不教,父之过;教不严,师之惰。
——[宋]《三字经》

温故非难也,温故而知新,则难也。④
——[宋]杨万里

孔子教人,各因其材。
——[宋]朱熹

一日为师,终身为父。⑤
——[元]关汉卿

教人为学,不可执一偏。
——[明]王守仁

敬教劝学,建国之大本;兴贤育才,为政之先务。⑥ ——[明、清]朱之瑜

为学莫重于尊师。——[清]谭嗣同

学贵得师,亦贵得友。
——[清]唐甄

君子诲人不倦,而师道必严。⑦
——[清]王夫之

教人者,成人之长,去人之短也。惟尽知己之所短而后能去人之短,惟不恃(shì)己之所长而后能收人之长。
——[清]魏源

不知人之短,不知人之长,不知人长中之短,不知人短中之长,则不可以用人,不可以教人。 ——[清]魏源

身教胜于言教。 ——[清]魏源

人才为政事之本,而学校尤人才之本也。 ——[清]颜元

为治所至,必以兴学校、明教化为先。 ——[清]郑端

学校者,造就人才之地,治天下之大本也。 ——[清]郑观应

小学教师的重要,是由于他们在洁白如纸的孩子们的心灵上,写下的是永远不能磨灭的痕迹,这痕迹往往影响孩子们的一生。 ——柏杨

---

① 是:这;这个。
② 孰:谁;哪一个。惑:疑惑;不明白。解:懂得;明白。
③ 王政:指用以统治天下的仁政。
④ 温:复习。
⑤ 终身:一生;一世。
⑥ 敬:重视。劝:勉励。
⑦ 师道:为师之道,作为老师的道理。严:受尊敬。

所谓健全的人格，内分四育，即：(一)体育；(二)智育；(三)德育；(四)美育。学校教育注重学生健全的人格，故处处要使学生自动。
——蔡元培

德育实为完全人格之本。若无德，则虽体魄、智力发达，适足助其为恶，无益也。
——蔡元培

怎么叫师范：范就是模范，可为人的榜样。自己的行为要做别人的模范，所以师范生的行为最要紧。模范不是短时间能成就的，须慢慢地养成。
——蔡元培

在学校不能单靠教科书和教习，讲堂功课固然要紧，自动学习，随时注意发现求学的门径和学问的兴趣，更为要紧。
——蔡元培

教育，从其最广义讲，是人的改变。
——曹孚

教育应该跟着社会跑，甚至推着社会跑。
——曹孚

四化需要人才，人才需要教育，教育需要教师。
——陈云

师范教育在整个国民教育体系中占有极重要的地位。只有办好师范教育，才能更好地促进中、小学乃至大学教育质量的提高。在这个意义上讲，师范教育是整个国民教育的基础，办好各级师范教育是关键。
——成仿吾

改善社会风气要从教育入手。
——邓小平

科学技术人才的培养，基础在教育。
——邓小平

教育要面向现代化，面向世界，面向未来。
——邓小平

人民教师是培养革命后代的园丁。
——邓小平

最有力的论证莫如实际行动，最有效的教育莫如以身作则。
——傅雷

教育的目的是养成自己学习，自由研究，用自己的头脑来想，用自己的眼睛来看，用自己的手来做的这种精神。
——郭沫若

人类社会根本改造的步骤之一，应当是人的改造。人的根本改造应当从儿童的感情教育、美的教育入手。
——郭沫若

母亲的胸怀是孩子最初的教育。
——韩隶华

教育的价值并不仅仅在于使人获得谋生的手段，它的价值还在于能够使人更像一个人一样生活。
——扈中平

人有知，乃求真；有为，乃求善；有感，乃求美……一切有求皆从此教者而起。
——黄炎培

各级教育，应于训练上一律励行劳动化，俾(bǐ)青年心理上确立尊重职业之基础，且使获得较正确之人生观。
——黄炎培

师道既尊，学风自善。 ——康有为

一切教育都必须有以"用"为目的。
——李公朴

最残酷的教师是对学生放任。
——李可染

父母是孩子们的启蒙教师,孩子是母亲的一面镜子。　　　——李岫云

一位伟大的教育家,不但在大处塑造一个时代的学风,而且也常常在小处替一个青年人安排好一生的路程。
　　　　　　　　　　　——李亦圆

变法之本,在育人才;人才之振兴,在开学校。　　　　　　——梁启超

弯了的树不会自直,放纵坏了的孩子大概也不会自立。　　——梁实秋

教育之在社会,其功用为绵续文化而求其进步。　　　　　——梁漱溟

教育的本意,是要把人们养成有本领、有能力。如果要使一个人有本领、有能力,就非要发展他的耳目、心思、手足不可。　　　　　　　——梁漱溟

择其善者,以为师资。　——鲁迅

我们的教育方针,应该使受教育者在德育、智育、体育几方面都得到发展,成为有社会主义觉悟的有文化的劳动者。　　　　　　　——毛泽东

要做好先生,首先要做好学生。
　　　　　　　　　　　——毛泽东

尊师是一个民族文化的标志。
　　　　　　　　　　　——曲啸

教师的职责是"传道、授业、解惑"。为"师"要有知识,为"表"要有美德,这样才能为人师表。　　——孙敬修

惟必有学识,方可担任教育。盖学生之学识,恒视教师以为进退,故教师之责任甚大。　　　　　　——孙中山

我们深信教育是国家万年的根本大计。　　　　　　　　——陶行知

教育者不是造神,不是造石像,不是造爱人,他们所要创造的是真、善、美的活人。　　　　　　　——陶行知

办学如治国,眼光要远,胸襟要大。
　　　　　　　　　　　——陶行知

生活即教育。　　　　——陶行知

千教万教,教人求真。千学万学,学做真人。　　　　　　——陶行知

教师的成功是创造出值得自己崇拜的人。　　　　　　　——陶行知

学高为师,身正为范。　——陶行知

活的人才教育不是灌输知识,而是将开发文化宝库的钥匙,尽我们知道的交给学生。我们每一个人,能把"一"(指"专一")、"集"(指"搜集")、"钻"(指"钻进去")、"剖"(指"解剖""分析")、"韧"(指"坚韧")五个字做到了,在做学问上一定有豁然贯通之日,于己于人于社会都有贡献。　——陶行知

先生不应该专教书,他的责任是教人做人;学生不应该专读书,他的责任是学习人生之道。　　——陶行知

与其把学生当作天津鸭儿填入一些零碎知识,不如给他们几把钥匙,使他们自动地去开发文化的金库和宇宙宝藏。
　　　　　　　　　　　——陶行知

拿虚荣来鼓励人求学,将见他学成

之日便是你的教育完全失败之日。
　　　　　　　　——陶行知

　　好的先生不是教书,不是教学生,乃是教学生学。
　　　　　　　　——陶行知

　　活人的塑像和大理石的塑像有一点不同,刀法如果用得不对,可以万象同毁;刀法如果用得对,则一笔下去,万龙点睛。
　　　　　　　　——陶行知

　　要学生做的事,教职员躬亲共做;要学生学的知识,教职员躬亲共学;要学生守的规则,教职员躬亲共守。
　　　　　　　　——陶行知

　　无论一个人的地位有多高、贡献有多大,都离不开老师的教育和启迪,都凝结了老师的心血和汗水,在老师面前永远是学生。
　　　　　　　　——温家宝

　　成功的教育应该是一种最不落痕迹的教育,而不是一种标语化、教条化的教育。
　　　　　　　　——席慕蓉

　　身教犹如绵绵细雨,润物无声,恰似"此处无声胜有声"。
　　　　　　　　——徐安

　　纵览人生,遇到什么样的"师傅",就决定"徒弟"今后走什么样的道路。
　　　　　　　　——徐城北

　　教师应该严格,不要严厉;严厉是封建的,如体罚等,那是使教师变成了统治者,而学生则变成了被统治者。教师要严格,要学生尊敬。
　　　　　　　　——徐特立

　　教师和学生,一切都是相互的平等的关系,用中国的老话来说,叫作"教学半"(教者、学者各负一半责任,就没有资产阶级的所谓教师本位或学生本位的对立)或"教学相长",在教和学的当中,教师和学生都得到利益,都获得进步。这是新的师生关系的问题。　——徐特立

　　做教育工作的人,一般总是先进分子,他们继承了民族的文化遗产和经验,他们是受尊敬的人。
　　　　　　　　——徐特立

　　思想发展是一个历史过程。思想教育是一个最细致的工作,不能性躁,多一份耐性即多一份效果。——徐特立

　　要知道青年的特性。青年的特性如素丝,染苍则苍,染黄则黄,在这种不定型的性质下,青年工作者的责任就特别重大。希望青年工作者特别了解青年的特点和前途,十分负责地谨慎地进行青年教育,应该把青年的命运看作与国家的命运分不开的。
　　　　　　　　——徐特立

　　教育的本质,是社会所需要的劳动之一领域,是给(jǐ)予劳动力以一种特殊的资格的。换句通俗的话,教育便是帮助人管社会生活的一种手段。自有人生,便有教育。
　　　　　　　　——杨贤江

　　教任何功课,最终目的都在于达到不需要教。假如学生进入这样一种境界:能够自己去探索,自己去辨析,自己去历练,从而获得正确的知识和熟练的能力,岂不是不需要教了吗? 而学生所以要学要练,就为要进入这样的境界。
　　　　　　　　——叶圣陶

　　要改造教育,必须同时改造社会;要改造社会,必须同时改造教育。
　　　　　　　　——恽代英

学生受到各科老师的培养,日积月累,耳濡(rú)目染,就会离开各科的具体知识而综合形成自己的思维能力。这种思维能力,在学生的日后学习、生活和工作中,极为有用。这是个人文化素质的最重要的组成部分。　　——赵宪初

教育是帮助学生认识自己的潜力。
　　　　　　　——埃·弗洛姆[美国]

教育意味着使青年人能了解到人类最优秀的遗产。——埃·弗洛姆[美国]

教育之于人,有如雕刻之于大理石。
　　　　　　　——爱迪生[美国]

性格的教育是教育的主要目的,虽然它不能算是唯一的目的。
　　　　　　　——爱迪生[美国]

要教你的孩子走路。但是,应该由孩子自己去学走路。——爱默生[美国]

教育的秘诀在于尊重生活,教育成功的秘诀在于尊重学生。
　　　　　　　——爱默生[美国]

妨碍年轻人用诧异的心情去观看世界的那种学校教育,完全不是通向自学的阳光大道。　——爱因斯坦[美国]

教育的唯一职能就是打开通向思考和知识的道路。而学校,作为人民教育的主要机关,应当专门为这个目的服务。
　　　　　　——爱因斯坦[美国]

教育应当使所提供的东西让学生作为一种宝贵的礼物来领受,而不是作为一种艰苦的任务要他去负担。
　　　　　　——爱因斯坦[美国]

我把教育定义如下:人的智慧绝不会偏离目标。所谓教育,是忘却了在校学得的全部内容之后所剩下的本领。
　　　　　　——爱因斯坦[美国]

最重要的教育方法是鼓励学生去实际行动。　——爱因斯坦[美国]

大学教育并不总是有益的。无论多好的食物强迫吃下去,总有一天会把胃口和肚子搞坏的。纯真的好奇心的火花会渐渐地熄灭。　——爱因斯坦[美国]

对个人的教育,除了要发挥他本人天赋的才能,还应当努力发展他对整个人类的责任感,以代替我们目前这个社会中对权力和名利的赞扬。
　　　　　　——爱因斯坦[美国]

人们应当防止向青年人鼓吹以习俗意义上的成功作为人生的目标。
　　　　　　——爱因斯坦[美国]

学校的目标应当是培养有独立行动和独立思考的人。——爱因斯坦[美国]

唤起独创性的表现与求知之乐,是为人师者至高无比的秘方。
　　　　　　——爱因斯坦[美国]

教育是民族最伟大的生存原则,是一切社会里把恶的数量减少、把善的数量增加的唯一手段。
　　　　　　——巴尔扎克[法国]

真正的教育就是智慧的训练。
　　　　　　——贝斯特[美国]

在教育过程中,培养能力比传授知识更为重要。教育使人深明大义但难以

驱使,使人服从领导但不可以被奴役。

——彼得[英国]

教育是当代人对后代责无旁贷的投资。 ——庞勃地[法国]

理智教育的培养,可以使天性凶恶的程度减低或者甚至变成良善的人。因为人是可以由赋予的人性,发展人类特征的。这好比把林间的野生植物移植在园庭中,经由园丁一番培育,才会开鲜丽的花,结美味的果。

——别林斯基[俄国]

教育是伟大的事业:人的命运决定于教育,青年一代是当代的贵宾,是未来的主人公,他们正值青春,是从年老一代继承遗产的时代。——别林斯基[俄国]

对牧羊人来说,人世上最可怕、最可耻的事情实在莫过于把那些帮助他们管羊群的猎犬饲养成这个样子:它们或因放纵,或因饥饿,或因别的坏脾气,反而去打击和伤害所保管的羊群,它们倒像是豺狼而不像是猎犬了。

——柏拉图[古希腊]

名副其实的教育,本质上就是品格教育。 ——布贝尔[奥地利]

在任何情况下,首先要让孩子自由自在地生长,这才是父母情深的表现,而且必须将这样的深情作为治家的宗旨。父母心胸狭窄、感情用事,或光依靠长辈的权威等等,对家庭教育都是有害无益的。 ——池田大作[日本]

不能超过师傅的徒弟是不幸的。

——达·芬奇[意大利]

避开艰苦道路的教育,培养不出真正坚强勇敢的人。——大松博文[日本]

对人民来说,第一是面包,第二是教育。 ——丹东[法国]

生活充满了未开发的快乐源泉,教育应当训练我们去发现并利用它们。

——道格拉斯[美国]

如果儿童让自己任意地不论去做什么而不去劳动,他们就既学不会文学,也学不会音乐,也学不会体育,也学不会那保证道德达到最高峰的礼仪。

——德谟克里特[古希腊]

那些在细心的抚育和亲切的教养之下成长起来的人,处于穷困而不沮丧,受到痛苦而能超脱。 ——狄更斯[英国]

教学必须符合人的天性及其发展的规律,这是任何教学的首要的最高的规律。 ——第斯多惠[德国]

学生的发展水平是教学的出发点,所以必须在开始教学以前就确定这个出发点。 ——第斯多惠[德国]

教学必须符合受教育学生的发展水平,正是要符合当前的水平,而不是可能的未来的水平。 ——第斯多惠[德国]

赋有良好素质的教师,总是年复一年地大力精简教材,最后达到必不可少的最低限度,这才是真正的教师。

——第斯多惠[德国]

一个真正的教师指点他学生的不是已投入了千百年劳动的现成的大厦,而是促使他去做砌砖的工作,同他一起来建造大厦,教他建筑。

——第斯多惠[德国]

一个差的教师奉送真理,一个好的教师则教人发现真理。

——第斯多惠[德国]

教育必须从心理学上探索儿童的能量、兴趣和习惯开始。 ——杜威[美国]

教育的任务在于发展个人的特长,并且训练他,尽量发展他的特长,因为这种发展最能和谐地满足社会的需要。

——杜威[美国]

教学的全部艺术就是唤醒年轻心灵天然好奇心的艺术,它的目的是让这种好奇心以后得到满足。

——法朗士[法国]

教育其实是一种从早年就起始的习惯。 ——弗兰西斯·培根[英国]

未受教育的天才,犹如矿中之银。

——富兰克林[美国]

最好的教育是以身作则。孩子们对谎言或虚伪非常敏感,极易察觉。如果他们尊重你、依赖你,那么他们就是在很小的时候也会同你合作。

——甘地夫人[印度]

日常生活比一部最有影响的书所起的教育作用更大。 ——歌德[德国]

正确的教育在于使外表上的彬彬有礼和高尚的教育同时表现出来。

——歌德[德国]

人的性格就其全部最本质的条件上讲,是决定于教育的。

——葛德文[英国]

教育的唯一工作与全部工作可以总结在这一概念之中——道德。

——赫尔巴特[德国]

什么是教育?教育就是帮助学生学会自己思考,做出独立的判断,并作为一个负责的公民参加工作。

——赫钦斯[美国]

教育不是为了教会青年人谋生,而是教会他们创造生活。——怀特[美国]

教育家也就是人类心灵的工程师。

——加里宁[苏联]

好奇心是学生的第一美德。

——居里夫人[法国]

人只有靠教育才能成人,人完全是教育的成果。 ——康德[德国]

一个受了不良教育影响的孩童等于走失了方向。 ——肯尼迪[美国]

假如我们希望任何人有德行,我们就应在他的少年时期训练他;假如我们希望他在追求智慧方面得到巨大的进展,我们就应从婴儿时期就把他的能力领向这个方向,因为那时欲望正在沸腾,思想正很迅捷,记忆正很牢固。

——夸美纽斯[捷克]

太阳底下再也没有比教师这个职业更高尚的了。 ——夸美纽斯[捷克]

野性难驯的马儿,只要合适地加以训练,是可以成为骏马的。

——夸美纽斯[捷克]

如果未来的新社会要能够重视人的基本需要，那么它们就应最大限度地注意人的教育需要。　　——朗格朗[法国]

没有教育，就没有知识，没有能力，没有事业心，没有一个民族的能量的调动和组织。　　——朗格朗[法国]

真正的教育不在于口训，而在于实行。　　——卢梭[法国]

无论就男性或女性来说，我认为实际上只能划分为两类人：有思想的人和没有思想的人。其所以有这种区别，差不多完全要归因于教育。

——卢梭[法国]

教育的艺术，是使学生喜欢你所教的东西。　　——卢梭[法国]

我们栽培草木，使它长成一定的样子；我们教育人，使他具有一定的才能。我们生来是软弱的，所以我们需要力量；我们生来是愚昧的，所以需要判断的能力。我们在出生的时候所需要的东西，我们在长大的时候所没有的东西，全部要由教育赐予我们。　　——卢梭[法国]

教育是没有代用品的。每一世代都对自己及对后世负有保护、发扬、传递其文化的责任。人类为了这个目的所研究出来的制度，便是所谓的教育制度。

——罗曼·罗兰[法国]

教育的真正目的不仅是让所有人都做好事，同时让他们在那里发现快乐。

——罗斯金[英国]

教育就是获得运用知识的艺术，这是一种很难传授的艺术。

——罗素[英国]

凡是教师缺乏爱的地方，无论品格还是智慧都不能充分地或自由地发展。

——罗素[英国]

为爱所支配的知识是教育者所必需的，也是他的学生所应获得的。在低年级，对学生的爱是最重要的爱；到高年级，热爱所传授的知识，就逐渐成为必要。　　——罗素[英国]

唯有无知的人才藐视教育。

——马尔提阿里斯[古罗马]

道德教育的基础首先是培养他的才能，发展他的力量以及他的建设的、创造的积极性。　　——马卡连柯[苏联]

培养人，就是培养人对前途的希望。

——马卡连柯[苏联]

我们做父母的对孩子尽可能避免处罚和过分鼓励。　　——马卡连柯[苏联]

教育是人类最崇高、最神圣的事业，上帝也要低下至尊的头，向她致敬。

——门捷列夫[俄国]

棍棒下成长起来的孩子，心灵更为懦弱，更为固执。　　——蒙田[法国]

普及教育就是普及繁荣。

——诺贝尔[瑞典]

为人在世，可贵者在于发展个人天赋的内在力量，使其经过锻炼，使人能尽其才，能在社会上达到他应有的地位，这就是教育的最终目的。

——裴斯泰洛齐[瑞士]

教育的真髓不在于占有图书,而在于使用图书。　　——普鲁塔克[古罗马]

孩子们更需要的是榜样,而不是批评。　　——儒贝尔[法国]

教育并不仅仅用于装点记忆力和启发理解力,它的主要职责应该是引导意志力。　　——儒贝尔[法国]

人如同陶器一样,小时候就形成一生的雏形。幼儿时期就好比制造陶瓷器的黏土,给(jǐ)予什么样的教育,就会成为什么样的雏形。　　——塞德兹[美国]

为人师表者,应在施教中学习。
　　——塞涅卡[古罗马]

教育必须立足道德和智慧这两大基础之上。前者为维持美德,后者为防御别人的恶的自卫。　　——桑弗[法国]

教育的目的是培养人的个性。
　　——斯宾塞[英国]

为我们的完满生活做准备,是教育应尽的职责。　　——斯宾塞[英国]

教育的最高目标不是知识,而是行为。　　——斯宾塞[英国]

必须小心翼翼地培养人,就像园丁栽培心爱的果木一样。
　　——斯大林[苏联]

教育不是灌输,而是点燃火焰。
　　——苏格拉底[古希腊]

要首先注意培养青年人的高尚道德,就像一个优秀的园丁,首先注意扶植幼小的植物,然后再去照料其他植物一样。　　——苏格拉底[古希腊]

我们手中掌握的是世界上最宝贵的财富——人,我们如同雕刻家雕琢大理石那样在塑造人。
　　——苏霍姆林斯基[苏联]

我们认为教育工作的目的在于,使每一个青年男女都能在道德上、智力上、实际能力上和心理上做好劳动的准备,发展他们的个人素质、意向和能力。
　　——苏霍姆林斯基[苏联]

善于鼓励学生,是教育中最宝贵的经验。　　——苏霍姆林斯基[苏联]

注意每一个人,关怀每一个学生,并以关切而又深思熟虑的谨慎态度对待每个孩子的优缺点——这是教育过程的根本之根本。　　——苏霍姆林斯基[苏联]

应当像对待同伴和直言规劝的朋友那样跟孩子们打交道,同他们一道分享胜利的喜悦和失意的忧伤。
　　——苏霍姆林斯基[苏联]

教育就像一门十分精细的医术,它要医治并完全治愈脓疮,但不承认挖出是个好办法。　　——苏霍姆林斯基[苏联]

教育者的关注和爱护在学生的心灵上会留下不可磨灭的印象。
　　——苏霍姆林斯基[苏联]

真正的教育者不仅传授真理,而且向自己的学生传授对待真理的态度。
　　——苏霍姆林斯基[苏联]

教育上的明智和技巧,在于精心保护和珍惜孩子心灵中对美好事物的向往之情,以及他们要成为一个好人的志向。
——苏霍姆林斯基[苏联]

我们教师应当促进学生的智力发展和加强他们的道德修养,使两者相辅相成。学生获得知识的过程应同培养高尚的审美观和道德情操结合起来。
——苏霍姆林斯基[苏联]

皮鞭不只会降低孩子的尊严,也会毁损孩子的心灵,会在心灵中投入最阴郁、最卑鄙的阴影:畏缩、怯懦、仇视人类和虚伪。 ——苏霍姆林斯基[苏联]

教育必须促人上进,而不单单是传授知识。 ——泰戈尔[印度]

教育是人类文明的传递。
——威尔·杜兰特[美国]

完善的教育可能使人类的身体的、智力的和道德的力量得到广泛的发挥。
——乌申斯基[俄国]

只有当你致力于自我教育的时候,你才能教育别人。——乌申斯基[俄国]

你希望你的孩子成为怎样一种人,你就得在自己的言行中争当那种人。
——西格莉夫人[美国]

教育的根是苦的,但其果实是甜的。
——亚里士多德[古希腊]

教育孩子的教师应得到比父母更多的尊敬。父母只是生养了孩子,只是给(jǐ)予了他生命,而教师则将赋予他有益的人生。 ——亚里士多德[古希腊]

教育最伟大的技巧是:知所启发。
——亚美路[瑞士]

学校是母亲,永远不要把她忘记!即使你成了大人,周游了全世界,见过了大世面,她那质朴的白色房屋、关闭的百叶窗和小小的园子——那使你的知识之花最初萌芽的地方,将永远保留在你的记忆之中,正如你的母亲永远会记着你呱呱坠地的房屋一样。
——亚米契斯[意大利]

多办一所学校,可少建一座监狱。
——雨果[法国]

人类之所以千差万别,便是由于教育之故。 ——约翰·洛克[英国]

把身体上与精神上的训练相互变成一种娱乐,说不定就是教育上的最大秘诀之一。 ——约翰·洛克[英国]

师生相处的时候,不可把全部的时间都用在教训上面,也不可尽由导师摆布,吩咐学生遵守这样那样。导师也要听听学生的意见,要学生做什么也得使他习惯于用理智去想想,这样一来,规则就更易被接受,生了根就会更深,学生也就会乐于读书,乐于受教。
——约翰·洛克[英国]

教育上的错误比别的错误更不可轻犯。教育上的错误与配错了药一样,第一次弄错了,绝不能借第二次、第三次去补救,它们的影响是终生洗刷不掉的。
——约翰·洛克[英国]

64 学习；求知

生而知之者,上也;学而知之者,次也;困而学之,又其次也;困而不学,民斯为下矣。① ——[春秋]《论语》

学而不思则罔(wǎng),思而不学则殆(dài)。② ——[春秋]《论语》

学而时习之,不亦说(yuè)乎?③
——[春秋]《论语》

敏而好学,不耻下问。④
——[春秋]《论语》

仕而优则学,学而优则仕。⑤
——[春秋]《论语》

善学者,假人之长以补其短。⑥
——[战国]《吕氏春秋》

吾尝终日而思矣,不如须臾(yú)之所学也。⑦ ——[战国]《荀子》

不知则问,不能则学。⑧
——[战国]《荀子》

少(shào)而不学,长(zhǎng)无能也;老而不教,死无思也。⑨
——[战国]《荀子》

君子既学之,患其不博也;既博之,患其不习也;既习之,患其无知也;既知之,患其不能行也;既能行之,贵其能让也。君子之学,致此五者而已矣。
——[汉]《大戴礼记》

君子不隐其短,不知则问,不能则学。 ——[汉]董仲舒

博学之,审问之,慎思之,明辨之,笃行之。⑩ ——[汉]《礼记》

博学而不穷,笃行而不倦。
——[汉]《礼记》

玉不琢,不成器;人不学,不知道。⑪
——[汉]《礼记》

虽有佳肴,弗食不知其旨也;虽有至道,弗学不知其善也。⑫
——[汉]《礼记》

学,然后知不足;教,然后知困。⑬
——[汉]《礼记》

---

① 困:贫困,指知识缺乏。斯:此;这。
② 罔:迷惑无知。殆:疑惑不解。
③ 时:按时。习:温习。说:同"悦",愉快。
④ 敏:勤勉;努力。耻:耻辱;以为耻辱。
⑤ 仕:做官。
⑥ 假:借;借用。
⑦ 尝:曾;曾经。须臾:片刻,极短的时间。
⑧ 能:才能;本领。
⑨ 少:年少。长:年长。无思:没有人思念。
⑩ 审:详细;周密。笃:诚笃,忠实。
⑪ 琢:雕刻玉石,使成器物。道:道理;知识或学问。
⑫ 弗:不。旨:味道美。
⑬ 困:贫困,指知识缺乏。

独学而无友,则孤陋而寡闻。①
——[汉]《礼记》

时过然后学,则勤苦而难成。②
——[汉]《礼记》

好(hào)学近乎知(zhì),力行近乎仁,知耻近乎勇。③ ——[汉]《礼记》

知不足,然后能自反也;知困,然后能自强也。④ ——[汉]《礼记》

少而好学,如日出之阳;壮而好学,如日中之光;老而好学,如炳烛之明。⑤
——[汉]刘向

才有高下,知物由学。学之乃知,不问不识。⑥ ——[汉]《论衡》

不学自知,不问自晓,古今行事,未之有也。 ——[汉]《论衡》

好学深思,心知其意。
——[汉]《史记》

学者如牛毛,成者如麟角。
——[三国]蒋济

日习则学不忘,自勉则身不堕。⑦
——[三国]徐幹

夫学须静也,才须学也,非学无以广才,非志无以成学。 ——[三国]诸葛亮

学之广在于不倦,不倦在于固志。
——[晋]葛洪

学者,贵能博闻也。
——[北朝]《颜氏家训》

君子之学必日新,日新者,日进也;不日新者,必日退。 ——[宋]晁说之

学贵专,不以泛滥为贤。
——[宋]程颐

千虑之计,有劣于一虑之得;百艺之能,有粗于一技之习。 ——[宋]崔敦礼

生而不知学,与不生同;学而不知道,与不学同;知而不能行,与不知同。⑧
——[宋]黄晞

强学博览,足以通古今。
——[宋]欧阳修

蚕吐丝,蜂酿蜜。人不学,不如物。⑨
——[宋]《三字经》

学者贵于行之,而不贵于知之。
——[宋]司马光

博观而约取,厚积而薄发。⑩
——[宋]苏轼

有所不为,为无不果;有所不学,学无不成。⑪ ——[宋]王安石

---

① 孤陋:知识少而浅陋。寡闻:见闻不广泛。

② 时:时机,指青少年这个求学的最佳时候。

③ 知:同"智",明智。

④ 自反:自省。困:困惑。

⑤ 阳:光芒。炳:点燃。

⑥ 物:指事物的内容与实质。

⑦ 日习:每日复习。堕:堕落;变坏。

⑧ 知道:懂得道理。

⑨ 物:指动物。

⑩ 博:多;丰富。约:简单;简要。薄:轻微;少。发:发表;表达。

⑪ 为:做。果:成为现实;实现。成:有成效。

学而不化,非学也。①
——[宋]杨万里

古之圣人,虽出乎其类,拔乎其萃,然至其成德,莫不由学。②
——[宋]曾巩

人若志趣不远,心不在焉,虽学无成。③
——[宋]张载

无一事不学,无一时不学,无一处不学。
——[宋]朱熹

兼取众长,以为己善。
——[宋]朱熹

为学正如撑上水船,一篙不可放缓。
——[宋]朱熹

一事精,百事精;一无成,百无成。
——[元]王实甫

凡人之学,不日进者必日退。
——[明]王守仁

学者用功,须是渐进而不已,日计则不足,岁计则有余,若一曝(pù)十寒,进锐退速,皆非学也。——[明、清]朱之瑜

学贵精不贵博,吾之学,不务博也。知得十件而都不到地,不如知得一件却到地也。④
——[清]戴震

君子之学,死而后已。
——[清]顾炎武

人之为学,不可自小,又不可自大。⑤
——[清]顾炎武

人之为学有难易乎?学之,则难者亦易矣;不学,则易者亦难矣。
——[清]彭端淑

学而必习,习又必行。
——[清]颜元

学必求其心得,业必贵于专精。
——[清]章学诚

学习要有三心:一信心,二决心,三恒心。
——陈景润

自学是根本,可能不上大学而成了才,也可能上了大学成不了才。关键在于自己对于学习的态度。——程千帆

问,是学的不可缺的条件。有可以请教的人,就向他请教。——董必武

为学是求一种知识,为道是求一种境界。
——冯友兰

学习是一件好事,同时也是一件困难的事情,只有通过学习的实践才能体会学习的好处和困难。——傅任敢

学习是什么?学习就是继承,继承古今中外和人类社会的一切学问与知识。只有全面地继承,才能进行全新的创造。
——高士其

要挤时间学习,从学习中获得极大的乐趣。
——高士其

学习本身是一件艰苦的事,只有付

---

① 化:消化;理解吸收。
② 萃:聚集,引申为聚在一起的人或物。
③ 志趣:志向和兴趣,行动或意志的趋向。远:远大。
④ 到地:同"道地",周详,周到而详细。
⑤ 自小:自卑,轻视自己,觉得不如别人。自大:自以为了不起。

出艰苦的劳动,才会有相应的收获。
——谷超豪

学习自然也是一件难事,门径多,方法也复杂。要找寻正当的门径已经很难,要找求正确的方法更不容易。但你用不着焦躁,平心静气地、按部就班地去找吧。路是走出来的,只要你走,便会有路。
——郭沫若

学习不仅仅是为了有用,它还可以丰富人的精神生活,而且学习本身也是一个能使人获得极大享受和乐趣的过程。
——扈中平

学习上切忌好高骛(wù)远,急于求成。学习不扎实,你想来得快些,结果反倒慢了。
——华罗庚

学习和研究好比爬梯子,要一步步地往上爬。企图一下登四五步,平步登天,就必然会摔跤。
——华罗庚

在寻求真理的长征中,唯有学习,不断地学习,勤奋地学习,有创造性地学习,才能越重山,跨峻岭。
——华罗庚

对一个人讲,一辈子自学是经常的,在校学习是短暂的。
——华罗庚

自学有一个好处,就是能锻炼、培养独立思考和分析问题的能力。这是很宝贵的。
——华罗庚

自学,不怕起点低,就怕不到底。
——华罗庚

学懂了的问题也还要经常练习,"拳不离手,曲不离口",以求温故知新。
——华罗庚

要循序渐进!我走过的道路,就是一条循序渐进的道路。
——华罗庚

不论学习什么,先要知道自己。不明白自己的思想底子而去学人家的,很难学进去,或则进去了又出不来。
——金克木

好学是社会原动力之始,知识是指引前路之光。
——李嘉诚

学习要有严格的顺序,循序渐进。
——李可染

求学譬如登楼,不经初级,而欲飞升绝顶,未有不中途受挫跌者。
——梁启超

第一,"担心他的出乎我之外";第二,"担心我的出乎他之下"。有这担心,一定可以学得上进。
——梁漱溟

学习必须广泛地吸收营养,不能只局限于课堂听讲和书本知识。
——廖沫沙

觉察,怀疑,是一切思想的主力;求知,养趣,是一切学问的水源。
——林语堂

所有科学的进步,都在乎这好奇心。好奇心就是趣,科学发展就是靠这个"趣"字而已。哥伦布发现新大陆,科学家发现声光化电,都是穷理至尽求知趣味使然的。
——林语堂

学习的大患是浅。观摩一张名画,学习一本名著,都不能停留在表面。
——刘海粟

学习中总难免有些问题自己搞不

懂,就要请教别人。孔子说,三人行,必有我师。只要比自己懂得多,都可以请教。
　　　　　　　　——卢嘉锡

倘能生存,我当然仍要学习。
　　　　　　　　——鲁迅

求知识于宇宙,搜学问于世界。
　　　　　　　　——鲁迅

学习是快乐的来源,即使你不在意自己的将来有没有成就,单以目前的生活来说,学习也一定使你觉得满足。
　　　　　　　　——罗兰

应该把工作以外的剩余精力主要放在学习上,养成学习的习惯。
　　　　　　　　——毛泽东

一个人如果他不知道学习的重要,他永远也不会变得聪明。——毛泽东

情况是在不断地变化,要使自己的思想适应新的情况,就得学习。
　　　　　　　　——毛泽东

读书是学习,使用也是学习,而且是更重要的学习。
　　　　　　　　——毛泽东

好好学习,天天向上。——毛泽东

模仿是最初步的学习。——茅盾

学习与创造是一体的两面,没有学习不能凭空创造,不能创造,即是学习未必彻底。
　　　　　　　　——茅盾

学习要有方法,要有计划,才能事半功倍。
　　　　　　　　——茅以升

学问,学问,就是要问,又学又问。
　　　　　　　　——潘天寿

学习是终身的职业。在学习的道路上,谁想停下来就要落伍。——钱伟长

学习任何学问,都必须广泛涉猎,在广的基础上求高。——秦牧

世上的事,只要肯用心去学,没有一件是太晚的。——三毛

学习从来无捷径,循序渐进登高峰。
　　　　　　　　——商承祚

为学应须毕生力,攀登贵在少年时。
　　　　　　　　——苏步青

讲到学习方法,我想用六个字来概括:严格、严肃、严密。——苏步青

扎扎实实地打好基础,练好基本功,我认为这是学好数学的"秘诀"。
　　　　　　　　——苏步青

做学问就是要学要问。光学不问,只做到一半;光问不学,也只是一半。又学又问,才是完整的学问。——陶行知

要想学生好学,必须先生好学。唯有学而不厌的先生才能教出学而不厌的学生。——陶行知

学习最明朗,学习最坦然,学习最快乐,学习最健康,学习最清爽,学习最充实。——王蒙

一个人倘若需要从思想中得到快乐,那么他的第一个愿望就是学习。
　　　　　　　　——王小波

没有渐变,不会有质变;没有数量,就谈不上质量。只有平日多学习,多积累,才有可能产生高水平的创作。
　　　　　　　　——王梓坤

学习本身是顽强的劳动,古今中外有名的学者,都是经过艰苦努力,才取得出色的成就。
——吴晗

为了获得知识,就必须学习。只有学习,才能使你们健康地成长起来。
——吴玉章

任何一个人的任何一点儿成就,都是从勤学、勤思、勤问中得来的。
——夏衍

人永远是要学习的,死的时候才是毕业的时候。
——萧楚女

学习不仅要广,还要精,要真正打中自己要害。
——谢觉哉

学习要抓住基本知识:即不好高骛(wù)远,而忽略基本的东西。
——徐特立

学习不能只学课本,把知识在实践中运用起来,才能丰富它。
——徐特立

对青年来说,学习最重要的是一个"恒"字……三天打鱼、两天晒网的人学不好,在学习上想走捷径的人学不会。
——徐特立

学习好像马拉松赛跑一样,贵在坚持和耐久。
——杨乐

很多东西常常是在不知不觉中,经过了一个长时期的接触,就自己也不知道什么时候已经懂了。——杨振宁

自学的本领是用之不竭的能,储能就要储这样的能。
——叶圣陶

只要心还在跳,就要努力学习。
——张海迪

加紧学习,抓住中心,宁精勿杂,宁专勿多。
——周恩来

青年是黄金时代,要学习,学习,再学习!
——周恩来

学习要联系实际,不联系实际,就是空学,等于没学。
——周恩来

我们的社会是天天进步的,我们也应该天天进步。这就需要学习,不学习就会落后,就不能跟社会一道前进。
——朱德

人生最美好的主旨和人类生活最美好的结果,无过于学习了。
——巴尔扎克[法国]

毕生保持求知欲,就一定能在自己的重大使命上成就一件事。
——池田大作[日本]

趁年轻少壮去探求知识吧,它将弥补由于年老而带来的亏损。
——达·芬奇[意大利]

学习能达到你所希望的境界。
——戴维斯[英国]

重复是学习之母!
——狄慈根[德国]

无论从哪些方面学习都不如从自己所犯错误的后果中学习来得快。
——恩格斯[德国]

学习这件事不在乎有没有人教你,最重要的是在于你自己有没有觉悟和恒心。
——法布尔[法国]

天生的才干如同天生的植物一样,

需要靠学习来修剪。

——弗兰西斯·培根[英国]

活着就要学习,学习不是为活着。

——弗兰西斯·培根[英国]

断章取义是学习的蛀虫和腐朽剂。

——弗兰西斯·培根[英国]

人必须学习以变化气质,正如同树林须经修剪始能成形。

——弗兰西斯·培根[英国]

求知可以作为消遣,可以作为装潢,也可以增长才干。

——弗兰西斯·培根[英国]

求知可以改进人的天性,而实验又可以改进知识本身。人的天性犹如野生的花草,求知学习好比修剪移栽,实习尝试则可检验修正知识本身的真伪。

——弗兰西斯·培根[英国]

求知是一条只有起点而没有终点的路。 ——福柯[法国]

学而无术者比不学无术者更加愚蠢。 ——富兰克林[美国]

学习,永远不晚。

——高尔基[苏联]

如果学习只在于模仿,那么我们就不会有科学,也不会有技术。

——高尔基[苏联]

青春是有限的,智慧是无穷的,趁短短的青春,去学习无穷的智慧。

——高尔基[苏联]

如果不想在世界上虚度一生,那就要学习一辈子。 ——高尔基[苏联]

人不光是靠他生来就拥有的一切,而是靠他从学习中所得到的一切来造就自己。 ——歌德[德国]

一个人不能同时骑两匹马,骑上这匹,就要丢掉那匹。聪明人会把凡是分散精力的要求置之度外,只专心致志地去学一门。学一门就要把它学好。

——歌德[德国]

我们全部要向前辈和同辈学习到一些东西。就连最伟大的天才,如果想单凭他所特有的内在自我去对付一切,他也绝不会有多大成就。——歌德[德国]

我们要像海绵一样吸收有用的知识。 ——加里宁[苏联]

如同拨一下木头就能使奄奄一息的火苗升腾起大火一样,一个愚笨的脑袋会因为学习而产生变化。

——朗费罗[美国]

学习,最主要的是树立信心。

——李政道[美国]

只要愿意学习,就一定能够学会。

——列宁[苏联]

要是知道自己懂得的太少,那就要设法使自己懂得多一些。

——列宁[苏联]

好学的人必成大器。

——林肯[美国]

迟学比不学好。

——马尔提阿里斯[古罗马]

如果你不去学习,你永远学不会做任何事情,只会找别人来替你做。
——马克·吐温[美国]

不学无术,在任何时候,对任何人,都无所帮助,也不会带来利益。
——马克思[德国]

人要学会走路,也要学会跌跤,而且只有经过跌跤,他才能学会走路。
——马克思[德国]

博学人从愚昧人处领悟的知识,比愚昧人向博学人学到的知识更多。
——蒙田[法国]

无论你在哪儿工作,无论做什么事情,不要放弃学习。没有学习,你就不会进步。
——尼古拉·奥斯特洛夫斯基[苏联]

求学问最重要的是明辨事情的本末。
——平田笃胤[日本]

勤于学习的人才能乐于施教。
——乔叟[英国]

一个热衷于追求知识的人,一个已厌倦一切、只想找一本书来消遣的人,两者之间存在极大的差异。
——切斯特顿[英国]

人生在世就有学不尽的东西。
——塞万提斯[西班牙]

死记硬背可以学到科学,但学不到智慧。
——斯特恩[英国]

对知识的渴望如同对财富的追求,越追求,欲望就越强烈。
——斯特恩[英国]

求知欲,好奇心——这是人的永恒的、不可改变的特性。哪里没有求知欲,哪里便没有学校。
——苏霍姆林斯基[苏联]

学习是劳动,是充满思想的劳动。
——乌申斯基[俄国]

对于聪明人和有素养的人来说,求知欲随着年龄的增长而转变得愈加强烈。
——西塞罗[古罗马]

知道一些使用的东西,要比学到许多对你无用的东西,有用得多。
——小涅塞卡[加拿大]

我们的学习不只是在学校里,也在生活中。
——辛尼加[古罗马]

在争取幸福的问题上,求知欲比追求财富的欲望更加可取。
——休谟[英国]

谁知道如何学习,谁就有丰富的知识。
——亚当斯[英国]

要学到知识,必须付出艰辛的劳动。
——亚里士多德[古希腊]

求知是人类的本性。
——亚里士多德[古希腊]

少小而学,及壮必有为;壮年而学,及老必不衰。
——佐藤一齐[日本]

65 思考;钻研

三思而后行。① ——[春秋]《论语》

不愤不启,不悱(fěi)不发。举一隅(yú)不以三隅反,则不复也。②
——[春秋]《论语》

思虑熟,则得事理。
——[战国]《韩非子》

以近知远,以一知万,以微知明。③
——[战国]《荀子》

博学切问,所以广知。
——[秦]黄石公

博学多识,疑则思问。
——[汉]王符

动则三思,虑而后行,重慎出入,以往鉴来。④ ——[晋]《三国志》

操千曲而后晓声,观千剑而后识器。⑤ ——[南朝]刘勰

动必三省(xǐng),言必再思。⑥
——[唐]白居易

慎而思之,勤而行之。
——[唐]白居易

不思,故有惑;不求,故无得;不问,故不知。 ——[宋]晁说之

为学之道,必本于思。思则得之,不思则不得也。 ——[宋]晁说之

学者先要会疑。 ——[宋]程颐

为学患无疑,疑则有进。
——[宋]陆九渊

问之不切,则其听之不专;其思之不深,则其取之不固。 ——[宋]王安石

读而未晓则思,思而未晓则读。
——[宋]朱熹

循序而渐进,熟读而精思。
——[宋]朱熹

小有疑处,即便思索,思索不通,即置小册子,逐日抄记,以时省阅,俟(sì)归日逐一会理。⑦ ——[宋]朱熹

事不三思终有悔,人能百忍自无忧。⑧ ——[明]冯梦龙

话休不想就说,事休不思就做。⑨
——[明]吕坤

---

① 三思:多次考虑。
② 愤:指苦苦思索却想不明白。启:发、开导。悱:指想说却说不出来。隅:角落。反:同"返",指类推。复:反复,指再做一次。
③ 微:细小。
④ 往:过去;从前。鉴:观察,审查。来:将来;未来。
⑤ 操:掌握,指弹奏。晓:知道,懂得。声:指乐声、音律,音乐的音调等。器:器物,指剑。
⑥ 省:视察;检查。
⑦ 俟:等待。
⑧ 三思:多次考虑。忍:忍耐;忍受。
⑨ 休:表示警示性劝阻,相当于"不""不要"。

多思不若养志,多言不若守静,多才不若蓄德。　　——[明]钱琦

慎则思,思则通微;惧则慎,慎则不败。　　——[明]张居正

静坐常思己过,闲谈莫论人非。
　　——[明、清]《增广贤文》

善疑者,不疑人之所疑,而疑人之所不疑。[1]　　——[清]方以智

学贵知疑,小疑则小进,大疑则大进。　　——[清]黄宗羲

非学无以致疑,非问无以广识。
　　——[清]刘开

君子之学必好问,问与学相辅而行者也。　　——[清]刘开

学非有碍于思,而学愈博则思愈远,思正有功于学,而思之困则学必勤。[2]
　　——[清]王夫之

致知之途有二:曰学,曰思。
　　——[清]王夫之

"学问"二字,须要拆开看。"学"是学,"问"是问。今人有学而无问。虽读书万卷,只是一条钝汉尔。
　　——[清]郑燮

学习与思考二者必须结合起来,不可偏废。单思不学,会变成空想、妄想;单学不思,又会变成书呆子。
　　——蔡尚思

学问之成立在于信,而学问之进步则在疑。　　——蔡元培

要打好基础,获得丰富的知识,必须经过自己钻研和努力,没有现成的。
　　——陈垣

看书不能信仰而无思考,要大胆地提出问题,勤于摘录资料、分析资料,找出其中的相互关系,是做学问的一种方法。　　——顾颉刚

既异想天开,又实事求是,这是科学工作者特有的风格,让我们在无穷的宇宙长河中去探索无穷的真理吧。
　　——郭沫若

治学问要有两性:一是记性,一是悟性。记性帮助学,悟性帮助思。只学不思,是"死读书";学而能思,是"活读书"。
　　——郭绍虞

没有独立思考,就没有独立人格。
　　——何满子

凡是有价值的思想,都是从这个那个具体的问题下手的。　　——胡适

做人要在有疑处不疑,做学问要在不疑处有疑。　　——胡适

"人"之可贵在于创造性地思维。
　　——华罗庚

疑,是发现智能的引线;思,是获得打开知识之门的钥匙。　　——华罗庚

独立思考不是说一个人独自在那里冥思苦想,不和他人交流。独立思考也要借助别人的结果,也要依靠群众和集

---

[1] 疑:不相信。
[2] 困:困惑不解。

体的智慧。　　　　　——华罗庚

科学的灵感，绝不是坐等可以等来的。如果说科学上的发现有什么偶然的话，那么这种"偶然的机遇"只给那些有素养的人，给那些善于独立思考的人，给那些具有锲(qiè)而不舍的精神的人，而不会给懒汉。　　　——华罗庚

大凡世间一切成功的人无一不是自我发现了自己的悟性。　——贾平四

我成功的地方是喜欢思考，不墨守成规，遇到有困难时，通常很快就找到解决的办法。　　　　　——金庸

思索的时间长，笔尖上便能滴出血和泪来。　　　　　　——老舍

所谓上帝所想的东西，事实上都是我们自己心中的思想。那是我们想象会存在上帝心中的思想。——林语堂

我们能吸收时，就是西洋文明也变成我们自己的了。好像吃牛肉一样，决不会吃了牛肉自己也即变成牛肉的。

——鲁迅

我对青年有三条建议：第一是思考，第二是思考，第三是不能总是思考。

——马长山

对于书本知识，无论古人、今人或某个权威的学说，要深入钻研，过细咀嚼，独立思考。切忌囫(hú)囵(lún)吞枣，人云亦云，随波逐流，粗枝大叶，浅尝辄(zhé)止。　　　　——马寅初

凡事应该用脑筋好好想一想。俗话说："眉头一皱，计上心来。"就是说多想

出智慧。　　　　　——毛泽东

人的大脑和肢体一样，多用则灵，不用则废。　　　　　——茅以升

这个世界不缺少发现，而是缺少发现后的思考。　　　——牛根生

探索，可能费工费时，可能曲折坎坷，也可能会有失误，甚至失败，但也唯有探索才能前进。　——冉淮舟

独立思考是做学问的根本精神。

——唐弢

善于想、善于问、善于做的人，其收效则常大而且快。　　　——谢觉哉

质疑问难，切磋琢磨，本是为学之道，但终须先由自己用过一番心思，若有问题，再行提出讨论。——杨贤江

学问之道，既要善于读书，也要善于思考，明辨是非，知所适从。——姚雪垠

光是自己探索当然要多费力气，然而是值得的，因为自己探索得来的往往更为深刻。　　　　——叶圣陶

从古以来，凡在学术上有所建树、有所创获的人，莫不有追求真理的强烈愿望，或者为了解决人生的疑难，或者为了探索自然的奥秘，或者为了挽救当时社会的危机，从而致力于理论问题的探讨。

——张岱年

日出常给人希望，然而落日却教人做哲理的沉思默想。　——赵鑫珊

真正的知识，不像地皮上的积水，掬(jū)手可得；它是深藏于厚土和岩石之

下的清泉,只有勇于钻研的人,才能尝到它的甘美。　　　　　　——钟观

好奇心这个品质具有极大的力量,它往往成为一个科学家走上科学道路的心理开端。　　　　——周昌忠

独立思考,实事求是,锲(qiè)而不舍,以勤补拙。　　　　——周培源

在新科学的宫殿里,胜利属于新型的勇敢的人,他们有大胆的科学幻想,心里燃烧着探求新事物的热情。

——阿·费尔斯曼[苏联]

不下决心培养思考习惯的人,便失去了生活中最大的乐趣。

——爱迪生[美国]

如果你年轻时就没有学会思考,那么就永远学不会思考。

——爱迪生[美国]

思想乃行动之种子。

——爱默生[美国]

思想要提高很多,才能产生生活的些微提高。　　——爱默生[美国]

学习知识要善于思考、思考、再思考,我就是靠这个学习方法成为科学家的。　　——爱因斯坦[美国]

要学会思考,不要一碰到困难就向别人招手。　　——爱因斯坦[美国]

发展独立思考和独立判断的一般能力,应当始终放在首位,而不应当把获得专业知识放在首位。

——爱因斯坦[美国]

使年轻人发展批判的独立思考,对于有价值的教育也是生命攸关的。由于太多太杂的学科造成的年轻人的过重负担,大大地危害了这种独立思考的发展,负担过重必导致肤浅。

——爱因斯坦[美国]

要是没有独立思考和独立判断的有创造能力的个人,社会的向上发展就不可想象。　　——爱因斯坦[美国]

读书可以获得知识,思考才能去粗存精。　　　——奥斯本[美国]

只要还有一块知识和意志尚未征服的领域,只要人们能自由思考和行动,生活就是值得的。　　——奥斯丁[英国]

一个能思考的人,才真正是一个力量无穷的人。　　——巴尔扎克[法国]

观察,观察,再观察。

——巴甫洛夫[苏联]

要有独到之见,必须多思考。

——拜伦[英国]

向人们质疑,就是求智之道;自己在内心思索道理,就是启发智慧之本。

——贝原益轩[日本]

希望你能够养成对是非、事物都能深入思考的习惯。在有了这样一副头脑以后,再去追求真理,学习未被扭曲的正确知识。　——查斯特菲尔德[英国]

思索吧,思索能引人入胜。

——车尔尼雪夫斯基[俄国]

比考试更重要的,是我们应该对某一门课程有比较深刻的了解,不是死背,

而是独立思考。　　——丁肇中[美国]

好奇心是科学研究的原动力。
　　　　　　　　——丁肇中[美国]

知道什么叫思考的人,不管他是成功或失败,都能学到很多东西。
　　　　　　　　——杜威[美国]

真正思考的人,从自己的错误中汲取的知识要比从自己的成就中汲取的知识更多。　　　　——杜威[美国]

如果不是系统地钻研,那就得不到任何重大成就。——恩格斯[德国]

地球上最美的花朵是思维着的精神。　　　　——恩格斯[德国]

知识贫乏最能让人生出许多怀疑。
——弗兰西斯·培根[英国]

疑而能问,已得知识之半。
——弗兰西斯·培根[英国]

有的知识只需浅尝,有的知识只要粗知,只有少数专门知识需要深入钻研,仔细揣摩。所以,有的书只要读其中一部分,有的书只需知其中梗概即可,而对于少数好书,则要精读、细读、反复地读。
——弗兰西斯·培根[英国]

冷静思考的能力,是一切智慧的开端,是一切善良的源泉。
　　　　——弗洛伊德[奥地利]

要在思想领域中做出伟大的决策,要获得重大的发现,要解决疑难的问题,就只能像一个人回避世人似的潜心钻研。　　——弗洛伊德[奥地利]

书读得越多而不假思考,你就会觉得你知道得很多;而当你读书而思考越多的时候,你就会清楚地看到你知道得还很少。　　——伏尔泰[法国]

读书是易事,思索是难事,但两者缺一,便全无用处。——富兰克林[美国]

我们可以由读书而搜集知识,但必须利用思考把糠和麦子分开。
　　　　　　　　——富斯德[英国]

知识的源泉不会枯竭,不管人类在这方面取得多大成就,人们还是要不断地去探索、发掘和认知。
　　　　　　　——冈察洛夫[俄国]

只要头脑里有自己的思想,别人的思想就非常容易理解。
　　　　　　　　——高尔基[苏联]

懒于思索,不愿意钻研和深入理解,自满或满足于微不足道的知识,都是智力贫乏的原因。这种贫乏通常用一个词来称呼,这就是"愚蠢"。
　　　　　　　　——高尔基[苏联]

人的天职是勇于探索真理。
　　　　　　　　——哥白尼[波兰]

缺少知识就无法思考,缺少思考就不会有知识。　——歌德[德国]

思考和知识应该是经常同步而行的。不然,知识就是个死物,而且会毫无成果地消亡。——洪堡[德国]

一切推理都必须从观察与实验得来。　　　　——伽利略[意大利]

怀疑即思考,思考即人生。
　　　　　　　——康拉德[英国]

　　遇事要敢于问个为什么,错了也没关系,不要怕错,有错马上就改。可怕的倒是提不出问题,迈不出第一步。
　　　　　　　——李政道[美国]

　　好奇心很重要,有了好奇心才能敢于提出问题。　——李政道[美国]

　　我们不需要死记硬背,但是我们需要用基本事实的知识来发展和增进每个学习者的思考力。——列宁[苏联]

　　读书不要贪多,而是要多加思索,这样的读书使我获益不少。
　　　　　　　——卢梭[法国]

　　一个人只要对于学问有真正的爱好,在他开始钻研的时候首先感觉到的就是各门科学之间的相互联系,这种联系使它们互相牵制、互相补充、互相阐明,哪一门也不能独立存在。虽然人的智力不能把所有的学问都掌握,而只能选择一门,但如果对于其他科学一窍不通,即他对所研究的那门学问也就往往不会有透彻的了解。——卢梭[法国]

　　懂得多,往往引起更多的疑问。
　　　　　　　——蒙田[法国]

　　人要有三个头脑,天生的一个头脑,从书中得来的一个头脑,从生活中得来的一个头脑。　——蒙田[法国]

　　书的真正目的在于诱导头脑自己去思考。　　　——莫利[英国]

　　我的成就,当归功于精微的思索。
　　　　　　　——牛顿[英国]

　　没有大胆的猜测,就做不出伟大的发现。　　　——牛顿[英国]

　　把简单的事情考虑得很复杂,可以发现新领域;把复杂的现象看得很简单,可以发现新规律。　——牛顿[英国]

　　我始终把思考的主题像一幅画般摆在面前,再一点一线地勾勒,直到整幅画慢慢凸显出来。这需要长期的安静与不断的默想。
　　　　　　　——牛顿[英国]

　　真实的知识大多来自思考,而不是阅读。　　　——佩恩[英国]

　　思考可以构成一座桥,让我们通向新知识。　　——普朗克[德国]

　　不要想到什么就说什么,凡事必须三思而后行。　——莎士比亚[英国]

　　凡事木已成舟便无法挽回。人们往往做事不加考虑,事后却有空闲去思索追悔。　　——莎士比亚[英国]

　　读书而不加思考,绝不会有心得,即使稍有印象,也浅薄不生根,不久就又丧失。　　　　——叔本华[德国]

　　勤勉而顽强地钻研,永远可以使你百尺竿头更进一步。　——舒曼[德国]

　　为了取得牢固的知识,还必须进行思考。——苏霍姆林斯基[苏联]

　　要思考,不要死记!
　　　　——苏霍姆林斯基[苏联]

　　如果说复习是学习之母,那么观察就是思考和识记知识之母。
　　　　——苏霍姆林斯基[苏联]

观察对于儿童之必不可少,正如阳光、空气、水分对于植物之必不可少一样。在这里,观察是智慧的最重要的能源。 ——苏霍姆林斯基[苏联]

读了许多书,学了许多科目,如果不加以思考,不能消化,就会一无所获,跟那个从荒山旁经过的人一样。
——伊本·穆加发[阿拉伯]

当一个人在深思的时候,他并不是在闲着。有看得见的劳动,也有看不见的劳动。 ——雨果[法国]

思想是智力的劳作,而遐想是智力的享乐。 ——雨果[法国]

光读书不思考,也许能使平庸之辈知识丰富,但它绝不能使他们头脑清醒。
——约·诺里斯[美国]

读书仅向大脑提供知识原料,只有思考才能把所学的书本知识变成我们自己的东西。 ——约翰·洛克[英国]

生活的全部意义在于无穷地探索尚未知道的东西,在于不断地增加更多的知识。 ——左拉[法国]

66 书籍

尽信书,则不如无书。
——[战国]《孟子》

处则充栋宇,出则汗牛马。①
——[唐]柳宗元

虽有群书万卷,不及囊中一钱。
——[唐]卢照邻

藏书万卷可教子,遗金满籯(yíng)常作灾。② ——[宋]黄庭坚

纸上得来终觉浅,绝知此事要躬行。③ ——[宋]陆游

贫者因书富,富者因书贵。
——[宋]王安石

书中自有黄金屋,书中自有颜如玉。④ ——[宋]赵恒

家有余粮鸡犬饱,户多书籍子孙贤。
——[明]《水浒传》

书到用时方恨少,事非经过不知难。
——[明、清]《增广贤文》

鱼离水则鳞枯,心离书则神索。⑤
——[清]金缨

案上不可多书,心中不可少书。
——[清]金缨

书的功能不是一吃即灵的特效药。书是雨露、阳光和好的空气,它给人带来的益处是悄悄来临的。 ——迟子建

---

① 栋宇:房屋。充栋宇:堆满了房屋。汗牛马:用牛马拉车运输,牛马累得身上出汗。
② 籯:竹笼。
③ 绝知:全面、彻底地知道或了解。躬行:亲身实行。
④ 颜如玉:指年轻美貌的女子。
⑤ 索:没有意味。

书以陶性情,诗以养静观。

——郭沫若

人做了书的奴隶,便把活人带死了……把书作为人的工具,则书本上的知识便活了,有了生命力了。

——华罗庚

一本书,当未读之前,你会感到书是那么厚……但是当我们对书的内容真正有了透彻的了解,抓住了全书的要点,掌握了全书的精神实质以后,就会感到书本变薄了。

——华罗庚

我们和十个人相交,未必有两三位可以成为朋友;从书中所得到的友谊温情,比例却比较高。

——李霁野

书也是一个世界,前人留下诸多足迹的世界,沿着这些足迹才能更快地到达自己的家园。

——罗从政

优秀的书籍像一个智慧善良的长者,搀扶我一步步向前走,并且逐渐懂得了世界。

——秦牧

用活书,活用书,用书活。

——陶行知

朋友不是书,书却是朋友。朋友可能背叛你,书却永远忠实。怎么办呢?像选择书一样去选择朋友,像热爱朋友一样去热爱书。

——汪国真

一个人可以无师自通,却不可无书自通。

——闻一多

富有真理的书是万应的钥匙,什么幸福的门用它都可以打开。

——吴伯箫

书,什么不给你呢?足不出户,而卧游千山万水;素不相识,可以促膝谈心。

——吴伯箫

任何新的知识,取得的途径只有一条,那便是学,向具有这门知识的人学,向记有这门知识的书本学。

——吴晗

天地阅览室,万物皆书卷。

——叶圣陶

书本原是人类思想的结晶,也就是启发人类思想的母胎。它产生了人生存的意义,它供给了知识饥渴的乳料。

——郁达夫

生活是无字的书,眼光敏锐的人看得见精彩的词句;书是有字的生活,感情丰富的人才能深刻领会。

——曾鸣

好书使人开卷时会有所求,而闭卷时获有益处。

——阿尔考特[美国]

书籍是伟大的天才留给人类的遗产,世代相传,更是给(jǐ)予那些尚未出世的人的礼物。

——爱迪生[美国]

如果使用得好,书是最好的东西;如果滥用了,书就是最坏的东西。

——爱默生[美国]

书籍的原理是高尚的。最初的学者接受他四周的世界,这使他沉思;在他自己内心里把这一切重新整顿过之后,他又把它陈述出来,它进入他里面的时候是人生,它从他里面出来的时候是真理。

——爱默生[美国]

图书包含着整个生活。

——巴尔扎克[法国]

一个爱书的人,他必定不至于缺少

一个忠实的朋友、一个良好的老师、一个可爱的伴侣、一个温情的安慰者。
——巴罗[法国]

书籍是作者为我们渡过危险的人生之海而准备的罗盘、望远镜、六分仪和海图。
——贝内特[英国]

书是我们时代的生命。
——别林斯基[俄国]

好的书籍是最贵重的珍宝。
——别林斯基[俄国]

不好的书告诉你错误的概念,使无知者变得更无知。——别林斯基[俄国]

成年人与书的关系是吸收,而不是被吸引。
——伯吉斯[英国]

书籍是任何一种知识的基础,是任何一门学科的基础的基础。
——茨威格[奥地利]

聪明人能超脱书本。
——丹尼尔[英国]

我在悲痛时想在书中寻找安慰,结果得到的不仅是慰藉,而且是深深的教诲,就像有人为了寻找银子,竟然发现了金子一样。——但丁[意大利]

书应能通向四个终端:智慧、虔敬、愉悦和实用。——德纳姆[英国]

没有一条船能像一本书,使我们远离家园;也没有任何骏马,抵得上欢腾的诗篇。这旅行最穷的人也能享受,没有沉重的开支负担;运载人类灵魂的马车,取费是何等低廉! ——狄更生[美国]

不好的书也像不好的朋友一样,可能会把你损害。 ——菲尔丁[英国]

书籍是在时代波涛中航行的思想之船,它小心翼翼地把珍贵的货物运送给一代又一代。
——弗兰西斯·培根[英国]

有些书只需浅尝,另一些可以吞咽。只有少数好书需要仔细咀嚼,慢慢消化。
——弗兰西斯·培根[英国]

书籍是人类进步的阶梯、终生的伴侣、最诚挚的朋友。 ——高尔基[苏联]

书籍是青年人不可分离的生活伴侣、导师、忠告者和好友。
——高尔基[苏联]

书籍,要算人类在走向未来幸福强的道路上所创造的一切奇迹中最复杂、最伟大的奇迹。 ——高尔基[苏联]

几乎每一本书都似乎在我们面前打开了新的、不知道的世界的窗口。
——高尔基[苏联]

书好比美丽的园子,园子里什么都有:有的叫人见了舒服,有的对人有用处。 ——高尔基[苏联]

我扑在书上,就像饥饿的人扑在面包上。
——高尔基[苏联]

热爱书吧——这是知识的泉源!只有知识才是有用的,只有它才能够使我们在精神上成为坚强、忠诚和有理智的人。 ——高尔基[苏联]

每一本书是一级小阶梯,我每爬上一级,就更脱离畜生而上升到人类,更接近美好生活的观念,更热爱这本书。
　　　　　　　——高尔基[苏联]

　　书籍使我变成不易为种种病毒所传染的人。　　　——高尔基[苏联]

　　书籍是最好的朋友。当生活中遇到任何困难的时候,你都可以向它求助,它永远不会背弃你。　——歌德[德国]

　　我们的生活被书籍造成了多大的扭曲!我们对现实不再感到满足。
　　　　　　　——格雷森[美国]

　　一切文明时代的人类思想都是向前发展的,即使最有用和最重要的著作,经过一个时期,也会由于后来的发现而减少其价值。因此,有识之士总希望时常有这类新书问世,把从前同该问题有关的书籍编纂时尚未认识到的一些改进包括进去。　　　——葛德文[英国]

　　一本书像一艘船,带领我们从狭隘的地方驶向无限广阔的海洋。
　　　　　　——海伦·凯勒[美国]

　　书籍是最有耐心、最能忍耐和最令人愉快的伙伴。在任何艰难困苦的时刻,它都不会抛弃你。
　　　　　　　——赫尔岑[俄国]

　　书——这是这一代对另一代精神上的遗训,这是行将就木的老人对刚刚开始生活的年轻人的忠告,这是行将去休息的站岗人对走来接替他的岗位的站岗人的命令。　　——赫尔岑[俄国]

　　书籍本身是一个世界,但并不是唯一的世界。　——赫兹里特[英国]

　　书籍是屹立在时间的汪洋大海中的灯塔。　　　　——惠普尔[美国]

　　一本书最好的并不是它包含的思想,而是它提出的思想,正如音乐的美妙并不寄寓于它的音调,而在于我们心中的回响。　　　——霍姆斯[美国]

　　任何一本书的影响莫过于使读者开始做内心的反省。　卡莱尔[英国]

　　所有人类做过、想过、获得过或存在过的东西,像以魔术保存法一样存在于书页之中,书是人们精选出来的财富。
　　　　　　　——卡莱尔[英国]

　　书中保藏着全部往昔时代的灵魂。
　　　　　　　——卡莱尔[英国]

　　书是随时在你近旁的顾问,随时都可以供给你所需要的知识,而且可以按照你的心愿,重复这个顾问的次数。
　　　　　　　——凯勒[瑞士]

　　书籍是幼年人的导师,是老年人的侍者。在沉静的时候,书籍使我们欢娱,远离一切的痛苦。——柯里叶尔[英国]

　　人离开了书,如同离开空气一样不能生活。　　——科洛廖夫[苏联]

　　书不仅是生活,而且是现在、过去和未来文化生活的源泉。
　　　　　　　——库法耶夫[苏联]

　　书是一面镜子:如果一头蠢驴往镜中看,你不可能发现里面会映出一个圣徒。　　——利希滕贝格[德国]

　　理想的书籍是智慧的钥匙。
　　　　　——列夫·托尔斯泰[俄国]

评价一座城市,要看它拥有多少书店。　　　——鲁宾斯坦[波兰]

和书籍生活在一起,永远不会叹气。
　　　　　　　——罗曼·罗兰[法国]

所有的书都可分为两大类:只供一时所读的书,可供一切时代阅读的书。
　　　　　　　——罗斯金[英国]

每一本书都有它自己的遭遇和寿命。有的书毁于一旦,有的书却能流芳百世。　　　——马尔夏克[苏联]

我需要三件东西:爱情、友谊和图书。然而这三者之间何其相通!炽热的爱情可以充实图书的内容,图书又是人们最忠实的朋友。　　——蒙田[法国]

好书的节本难免愚蠢。
　　　　　　　——蒙田[法国]

一本好书是一个艺术大师宝贵的血液,是超越生命之外的生命,是可以铭记和珍藏的。　　　——弥尔顿[英国]

书籍并不是没有生命的东西,它包藏着一种生命的潜力,与作者同样地活跃。不仅如此,它还像一个宝瓶,把作者生机勃勃的智慧中最纯净的精华保存起来。　　　　——弥尔顿[英国]

真正的思想家最最向往的是闲暇。与此相比,平凡的学者却回避它,因为他不知道如何处理闲暇,而此时安慰的是书籍。　　　　　——尼采[德国]

一个没有书本和墨水的闲居者,等于是一具有生命的僵尸。
　　　　　　　——诺贝尔[瑞典]

人的影响短暂而微弱,书的影响则广泛而深远。　　——普希金[俄国]

书籍是全世界的营养品。生活里没有书籍,就好像没有阳光;智慧里没有书籍,就好像鸟儿没有翅膀。
　　　　　　　——莎士比亚[英国]

书籍若不常翻阅,则等于木片。
　　　　　　　——莎士比亚[英国]

书籍把我们引入最美好的社会,使我们认识各个时代的伟大智者。
　　　　　　　——史美尔斯[英国]

书籍具有不朽的能力,它是人类活动的最长久的果实。
　　　　　　　——史美尔斯[英国]

坏书有如毒药,足以伤害心神。
　　　　　　　——叔本华[德国]

一部好书,可以成为我们的莫逆之交,它过去、现在、将来对我们始终如一。书是最有耐性并最令人愉快的朋友,即使在我们穷困潦倒或悲哀痛苦之际,也不会背弃我们。　——斯迈尔斯[英国]

书是世界的宝贵财富,是国家和历史的优秀遗产。　　——梭罗[美国]

书籍——通过心灵观察世界的窗口。住宅里没有书,犹如房间没有窗户。
　　　　　　　——威尔逊[美国]

书籍就像一盏神灯,它照亮人们最遥远、最黯(àn)淡的生活道路。
　　　　　　　——乌皮特[苏联]

没有书籍的屋子,就像没有灵魂的躯体。　　——西塞罗[古罗马]

书籍是一种冷静而可靠的朋友。
——雨果[法国]

艺术家会出现在他创作的每一本书的每一页中,尽管他极力想从书中消除自己的影子。——詹姆斯[美国]

67 读书

书犹药也,善读之可以医愚。[1]
——[汉]刘向

读书百遍,其义自见(xiàn)。[2]
——[晋]《三国志》注引《魏略》

一日不书,百事荒芜。[3]
——[北朝]《魏书》

积财千万,无过读书。
——[北朝]《颜氏家训》

观天下书未遍,不得妄下雌黄,或彼以为非,此以为是,或本同末异,或两文皆欠,不可偏信一隅(yú)也。[4]
——[北朝]《颜氏家训》

富贵必从勤苦得,男儿须读五车书。
——[唐]杜甫

读书破万卷,下笔如有神。[5]
——[唐]杜甫

读书患不多,思义患不明。患足已不学,既学患不行。——[唐]韩愈

三更灯火五更鸡,正是男儿读书时。黑发(fà)不知勤学早,白首方悔读书迟。[6]——[唐]颜真卿

外物之味,久则可厌;读书之味,愈久愈深。——[宋]程颢

读书欲精不欲博,用心欲纯不欲杂。
——[宋]黄庭坚

立身以立学为先,立学以读书为本。
——[宋]欧阳修

发愤识遍天下字,立志读尽人间书。
——[宋]苏轼

旧书不厌百回读,熟读深思子自知。[7]——[宋]苏轼

万般皆下品,惟有读书高。[8]
——[宋]汪洙

开卷有益。[9] ——[宋]王辟之

---

[1] 犹:像。医:治疗,引申为除去。
[2] 百遍:指多次。义:含义;道理。见:同"现",显现,显露。
[3] 书:指读书。荒芜:荒废。
[4] 妄:胡乱地。雌黄:一种矿物。古人抄书、校书常用雌黄涂改文字。妄下雌黄:乱改文字;乱发议论。一隅:一个角落,比喻偏于一方面的。
[5] 破:超过。卷:量词,用于书的一部分,如分册等。万卷:指很多书。
[6] 三更:23时至第二天1时。五更:3时至5时。鸡:指鸡鸣之时。
[7] 百回:指很多次。子:相当于"您",对对方的尊称。
[8] 下品:质量最差、等级最低的品级。
[9] 开卷:打开书本,指读书。

读书将以穷理,将以致用也。①
——[宋]杨时

饥读之以当肉,寒读之以当裘,孤寂读之以当友朋,幽忧读之以当金石、琴瑟。
——[宋]尤袤

为学之道,莫先于穷理;穷理之要,必在于读书。
——[宋]朱熹

读书有三到,谓心到、眼到、口到。心不在此,则眼不看仔细。心眼既不专一,却只漫浪诵读,决不能记,记不能久也。三到之中,心到最急,心既到矣,眼口岂不到乎?
——[宋]朱熹

读书之法,莫贵于循序而致精。
——[宋]朱熹

观书亦须从头循序而进,不以浅深难易有所取舍,自然意味详密。
——[宋]朱熹

读书须是遍布周满。某尝以为宁详毋略,宁下毋高,宁拙毋巧,宁近毋远。②
——[宋]朱熹

读书譬如饮食,从容咀嚼,其味必长;大嚼大咽,终不知味也。③
——[宋]朱熹

读书无疑者须教有疑,有疑者却要无疑,到这里方是长(zhǎng)进。
——[宋]朱熹

读书不可只专就纸上求义理,须反求就自家身上推究。
——[宋]朱熹

凡读书,须要读得字字响亮。
——[宋]朱熹

读万卷书,行万里路。
——[明]董其昌

要知天下事,须读古人书。
——[明]冯梦龙

不尽读天下之书,不能相天下之士。
——[明]汤显祖

三日不读书,便觉语言无味。
——[明、清]朱之瑜

读未见书如得良友,见已读书如逢故人。
——[清]金缨

欲速是读书第一大病,工夫只在绵密不间断,不在速也。
——[清]陆陇其

欲读天下之奇书,须明天下之大道。
——[清]蒲松龄

读书如吃饭,善吃者长精神,不善吃者生痰瘤。
——[清]袁枚

读书何所求?将以通事理。
——[清]张维屏

读书不知要领,劳而无功。
——[清]张之洞

养心莫若寡欲,至乐无如读书。
——[清]郑成功

读书数万卷,胸中无适主,便如暴富儿,颇为用钱苦。④
——[清]郑燮

---

① 穷:穷尽。
② 毋:不要;不可以。
③ 咀嚼:用牙齿磨碎食物,比喻对事物反复体会。
④ 适主:做主的人。

只有愚昧无知的人才会随便读到一部作品就全盘接受,因为他头脑空空,装得下许多东西。
——巴金

我读书奉行九个字,就是"读书好,好(hào)读书,读好书"。好书读多了,熟能生巧,这样写出来的文章就会思路开阔,文笔流畅。
——冰心

读无益之书,与不读等。
——蔡元培

读书是把别人的思想里程重新走过一遍,不知不觉会成为别人思想的俘虏。
——曹聚仁

读书如同蜘蛛结网一样,从一点开始,可以由此及彼,越来越广,但又万变不离其宗。
——陈从周

一个人读书,并不是想知道自己全然不知道的事,而是想印证自己业已模糊知道的事。
——陈家琪

单读一种的书或一个人的文章,必易被那所读的书或文章所拘牵,所局限,既不能有富足的蓄积,也容易传染了著者用词的癖性。
——陈望道

读书要做笔记。这有两个好处,一是让你多读几次,一是逼着你聚精会神,认真思索,使你了解深刻些,而不像随便看过去那样模模糊糊。
——陈云

我们读书做事做人,都不可认真一面。正面文章之外,须知有一个反面在。
——陈子展

如果把生活比喻为创作的意境,那么阅读就像阳光。
——池莉

重要的书必须常常反复阅读,每读一次都会觉得开卷有益。
——邓拓

读书要用批判的眼光,要取其精华,去其糟粕。
——邓拓

读书不必求多,而要求精。这是历来读书人的共同经验。
——邓拓

读书不是找答案,而是找问题。
——敦源

尽信书,不如无书。而要懂得这个不如无书的理由,找到不如无书的根据,却还是要读书,读各种书。
——冯英子

未成年以前所接近的人或读过的书籍,其影响往往足以支配人一生。
——郭沫若

韬略终须建新国,奋飞还得读良书。
——郭沫若

能读书,才必博;能养气,量必宏。二者不可偏废。
——郭沫若

读一切深邃的书都应该如是:第一,要用自己的能力去理解;第二,要用自己的能力去批评。
——郭沫若

人是活的,书是死的。活人读死书,可以把书读活。死书读活人,可以把人读死。
——郭沫若

读书是没有什么方法可谈的。各人按着自己的心性、兴趣、习惯去读书就是。唯一值得考虑的,恐怕是在一定的时间去读某一本书是否值得。
——何满子

无目的的读书是散步,而不是学习。
——胡适

读书要四到：一是眼到，二是口到，三是心到，四是手到。
——胡适

凡是要等到有了图书馆才读书的，就是有了图书馆也是不肯读的。
——胡适

读书要从薄到厚，再从厚到薄。
——华罗庚

应该怎样学会读书呢？我觉得，在学习书本上的每一个问题、每一章节的时候，首先应该不只看到书面上，而且还要看到书背后的东西。 ——华罗庚

怎样读书，其实也是衡量文化水平高低的一种尺度。 ——黄裳

你若喜欢上一本书了，不妨多读。第一遍可囫(hú)囵(lún)吞枣读，这叫享受；第二遍就静心坐下来读，这叫吟味；第三遍便一句一句想着读，这叫深究。三遍读过，放上几天，再去读读，常又会有再新、再悟的地方。 ——贾平凹

不会读，书如干草；会读，书如甘草。
——金克木

只要有书读，做人就幸福。
——金庸

作家必须读书，但是他必须苦读那本未曾编辑过的活书——人生。
——老舍

把读书与做人、做事和求进步三件事结合起来，才是真正的读书，才能求得真正的知识。 ——李公朴

读书必须读透，浮皮潦草是不行的，要好读书而"求甚解"。 ——李健吾

鸟欲高飞先振翅，人求上进先读书。
——李苦禅

读一书，专取一个注意点；读第二遍，另换一个注意点。这是最粗的方法，其实亦是最好的方法。 ——梁启超

我们一面要养成读书心细的习惯，一面要养成读书眼快的习惯。心不细则毫无所得，等于白读；眼不快则时间不够用，不能博搜资料。 ——梁启超

不会读书，书面是平的；会读书，字句都浮起来了。 ——梁启超

读书求学，自有一条正路可循，由不得自己任性。 ——梁实秋

人生到了一个境界，读书不是为了应付外界需求，不是为人，是为己，是为了充实自己，使自己成为一个明白事理的人，使自己的生活充实而有意义。
——梁实秋

读书，永远不恨其晚。晚，比永远不读强。 ——梁实秋

知识无涯，而生命有限。既要博古，又要通今，时间实在不够用。所以，用功读书开始要早。青年不努力，更待何时？
——梁实秋

行万里路，不若读万卷书之重要。
——梁实秋

以我们一般人而言，最简单的修养方法是读书。 ——梁实秋

读书是至乐的事。 ——林语堂

读书不可以强读，强读必无效，反而

有害,这是读书之第一义。　——林语堂

智者阅读群书,亦阅历人生。
　　——林语堂

读书无嗜好,就不能尽其多,不先泛览群书,则会无所适从或失之偏好。广然后深,博然后专。　——鲁迅

即使和本业毫不相干的,也要泛览,譬如学理科的,偏看看文学书,学文学的偏看看科学书,看看别个在那里研究的,究竟是怎样一回事。这样子,对于别人、别事,可以有更深的了解。　——鲁迅

爱看书的青年,大可以看看本分以外的书,即课外的书,不要只将课内的书抱住。　——鲁迅

只看一个人的著作,结果是不大好的:你就得不到多方面的优点。必须如蜜蜂一样,采过许多花,这才能酿出蜜来。倘若叮在一处,所得就非常有限,枯燥。　——鲁迅

要痊愈的病人不辞热痛的针灸,要上进的读者也决不怕恶辣的书。
　　——鲁迅

专读书也有弊病,所以必须和实际社会接触,使所读的书活起来。
　　——鲁迅

读死书会变成书呆子,甚至于成为书橱。　——鲁迅

用自己的眼睛去读世间这一部活书。　——鲁迅

看书也一样,仍要自己思索,自己观察。　——鲁迅

读书如果不是一种消遣,那是相当熬人的,就像长时间不间断地游泳,使人精疲力竭,有一种随时溺没的感觉。
　　——路遥

多读书,多学习,多求经验,就是前途的保障。　——罗兰

饭可以一日不吃,觉可以一日不睡,书不可一日不读。　——毛泽东

读死书是没有用的,要知道怎样用眼睛去观察、用脑子去思想才行。
　　——茅盾

一息尚存要读书。　——齐白石

刻苦读书,积累资料,这是治学的基础。　——秦牧

精读,好像牛吃东西似的,吃了以后再吐出来,慢慢反刍,消化;泛读,就像鲸鱼张开大口似的把小鱼小虾都吃下去,漏一些也没关系。　——秦牧

名著是一种财富,读通了它们,世界的真谛、生活的原则便掌握在手。
　　——秦文君

书是要会读的。一切书都不会告诉你现成的公式或是什么秘诀,一切书都是为着帮助你思想,而不是为着代替你思想而写的。　——瞿秋白

读书多了,容颜自然改变。许多时候,自己可能以为许多看过的书籍都成了过眼云烟,不复记忆,其实他们仍是潜在的。在气质里,在谈吐上,在胸襟的无涯,当然也可能显露在生活和文字里。
　　——三毛

我一生的嗜好，除了革命之外，只有好读书，我一天不读书，便不能生活。
——孙中山

选择书很重要。不加选择，如果读的是一本没有用处的书，或者是一本坏书，那就是浪费时间。不只是浪费时间，有时还接受些错误的东西。 ——王力

读书思考，创新赶超，人生百味，数此独高。 ——王守觉

读书力求三性：韧性、记性、悟性。有韧性没有记性，读了白读；有记性没有悟性，书是死书。悟性至关重要，一举满盘皆活。然而，单凭悟性，没记性就没库存，是皮包公司；没韧性就建不成太仓，是短途小贩。三性俱备，堪称知识富翁。
——魏明伦

一个不读书的人、不读书的民族，是没有希望的。 ——温家宝

读书是学习，摘抄是整理，写作是创造。 ——吴晗

除了多读之外，还得多抄，把重点、关键性的词句抄下来，时时翻阅，这样便可以记得牢靠，成为自己的东西了。
——吴晗

读书有四个字："阙疑好问"；做人四个字："务实有信"。 ——吴作人

每天所读的书，应该有一种是精读的，一种是泛读的，不可一律对待。
——夏承焘

"必读书要多，案头书要少。"我以为案头只能摆两本书，一本是精读的；另一本是泛读的，作为调剂。 ——夏承焘

读不懂又想不通怎么办？就要问了。问有两种：一是问人，问内行……二是问书。 ——夏衍

看书的目的，在把书变为我所有，能提高我的知识和工作能力。——谢觉哉

读书是要先看出他的好处，再批评他的坏处，这才像吃东西一样，经过消化而摄取了营养。 ——徐复观

必须多读书，多读书才可以增益见闻。 ——徐特立

有关家国书常读，无益身心事莫为。
——徐特立

我读书的办法总是以"定量""有恒"为主。不切实际的贪多，既不能理解，又不能记忆。 ——徐特立

我读书总是以少为贵，人不贪学。不怕读得少，只怕记不牢。 ——徐特立

归根结底，读书还是要靠自己，要靠自己下苦功，要靠自己去摸索和创造。
——严济慈

读书就是隐身的串门。因此，对于书，不妨当作一位登门造访拜年晤对的宾客而款待之。 ——杨绛

读书是增多知识材料，但必用思想工夫，而后所读方能为我有，故须思想。
——杨贤江

读书忌死读，死读钻牛角。
——叶圣陶

阅读的最大理由是想摆脱平庸,早一天就多一分人生的精彩,迟一天就多一天平庸的困扰。　　——余秋雨

读书好似爬山,爬得越高,望得越远;读书好似耕耘,汗水流得多,收获更丰满。　　——臧克家

读过一本好书,像交了一个益友,时间过得越长,情谊也就越深厚。
——臧克家

谈到读书,首先是要慎重选取要读的书。　　——张广厚

数百年旧家无非积德,第一件好事还是读书。　　——张元济

读书之为必要,也要有个理在。这理可以上,是读书可以"明理",即分辨事物的对错是非。可以中,是必须读书,才能求得知识,学会技能,或说取得处理生活的能力。还可以下,是用读书之法,能够变"日长如小年"为很容易度过去。
——张中行

读书也像开矿一样,沙里淘金。
——赵树理

为中华之崛起而读书。——周恩来

与有肝胆人共事,从无字句处读书。
——周恩来

读书而汲取其思想,那便是将书里的话用他们自己原有的语汇等等重记下来,一定是相去很远的变形。
——朱自清

读书之于思想犹如运动之于身体。

运动使人健壮,读书使人贤达。
——艾迪生[英国]

读书消遣是令人心旷神怡(yí)的,如果我们不学会这种消遣本领,就无法自得其乐。　　——爱·格雷[美国]

在阅读有些书的时候,我们主要沉浸在作者的思想中;在阅读另一些书的时候,我们完全沉浸在自己的思想中。
——爱伦·坡[美国]

文化在开始的时候是靠它的深度来扩大影响的……读书也像欣赏绘画或音乐一样,需要阅读、倾听或观看的人做出相应的创造,而这样的创造就关系着一般的文化发展程度。——爱伦堡[苏联]

什么是书?它是一切或什么也不是。阅读的眼光决定一切。
——爱默生[美国]

一个学生应当以主动的态度读历史,而不是被动地将他自己的生活视为正文,将书籍当作注解。
——爱默生[美国]

凡能催人发奋的书都是值得一读的。　　——爱默生[美国]

读书时,我愿在每一个美好思想的面前停留,就像在每一条真理面前停留一样。　　——爱默生[美国]

一个人要善于读书,必须是一个发明家。像格言里说的,"要想把西印度群岛的财富带回来,必须先把西印度群岛的财富带出去"。因此,有创造性的写作,也有创造性的阅读。
——爱默生[美国]

彻底消化几本书,强如把几百本书放在嘴里不咽下去。——奥斯本[美国]

不读书的家庭,就是精神上残缺的家庭。 ——巴甫连柯[苏联]

正确的阅读可使人用很少的时间接触大量的文献,并挑选出有特别意义的部分。 ——贝弗里奇[英国]

一位哲学家说过:"没有书籍的人家,如同没有主人。"精读一本书如同一本万利,使你立于不败之地。
——池田大作[日本]

读了好书之后,应当从中得到希望、勇气和喜悦,开阔视野。
——池田大作[日本]

不读书的人,不光人要变得浅薄,也将被社会的前进步伐所抛弃。
——池田大作[日本]

不读书的人,思想就会停止。
——狄德罗[法国]

读一本好书,如同与往昔时代最优秀的人们交谈。 ——笛卡儿[法国]

读书是灵魂的壮游,随时可发现名山巨川、古迹名胜、深林幽谷、奇花异卉。
——法朗士[法国]

我们要爱书,要读书,但不可漫无选择。 ——法朗士[法国]

读书给人以乐趣,给人以光彩,给人以才干。 ——弗兰西斯·培根[英国]

读书使人的头脑充实,讨论使人明辨是非,做笔记则能使知识精确。
——弗兰西斯·培根[英国]

读书在于造就完全的人格。
——弗兰西斯·培根[英国]

不可专为挑剔辩驳去读书,但也不可轻易相信书本。求知的目的不是为了吹嘘炫耀,而应该是为了寻找真理,启迪智慧。 ——弗兰西斯·培根[英国]

读史使人明智,读诗使人聪慧,演算使人精密,哲理使人深刻,伦理学使人有修养,逻辑修辞使人长于思辨。总之,"知识能塑造人的性格"。
——弗兰西斯·培根[英国]

在读书的时候,我们是与智者交谈;在生活的事务中,我们通常都是与愚人交谈。 ——弗兰西斯·培根[英国]

读书使人心明眼亮。
——伏尔泰[法国]

当我们第一遍读一本好书的时候,我们仿佛觉得找到了一个朋友;当我们再一次读这本好书的时候,仿佛又和老朋友重逢。 ——伏尔泰[法国]

读书使人充实,思考使人深邃,交谈使人清醒。 ——富兰克林[美国]

读书愈多,精神就愈健壮而勇敢。
——高尔基[苏联]

读书,这个我们习以为常的平凡过程,实际是人的心灵和上下古今一切民族的伟大智慧相结合的过程。
——高尔基[苏联]

读书有时会使人突然明白生活的意

义,使他找到自己在生活中的位置。
——高尔基[苏联]

读了一本书,就像对生活打开了一扇窗户。　　——高尔基[苏联]

读一本好书,就是和许多高尚的人谈话。　　　　——歌德[德国]

经验丰富的人读书用两只眼睛,一只眼睛看到纸面上的话,另一只眼睛看到纸的背面。　　——歌德[德国]

读书吧……每一天里,每一年里获得更多更新的知识吧。一个人如果不充实自己,他就是一具行尸走肉。
——革拉特珂夫[苏联]

根本没有智慧的人,书不给他智慧;只要稍有一点儿,读书则能增进智慧。
——哈林顿[美国]

不读书就没有真正的学问,没有也不可能有欣赏能力、文采和广博的学识。
——赫尔岑[俄国]

别忘记,读书是取得多方面知识的最重要的手段。　——赫尔岑[俄国]

如果我读的书跟其他人一样多,我就不会懂得比他们多。
——霍布斯[英国]

有些人读书为了思考——这是少数人;有些人为了写作——这很普遍;有些人为了谈论——这是绝大多数人。
——科尔顿[阿根廷]

蹩脚的旅行者只知道"到此一游",蹩脚的读者只知道书的结局。
——科尔顿[阿根廷]

读书不就是无声的谈话吗?
——兰多[英国]

像写一本书一样,读一本书也有最佳的时间。　　——朗费罗[美国]

读书是在别人思想的帮助下,建立自己的思想。　——鲁巴金[苏联]

人生短促,宁静的时间又极少,我们不该看无价值的书而浪费时光。
——罗斯金[英国]

有人是阅读机器,总是上足发条,不断运转,无论何种糟粕他都照单全收。
——洛厄尔[美国]

不读书的人是不适宜掌权的,但是掌权的人却没什么时间再读书了。
——迈克尔·富特[英国]

再没有比读书更廉价的娱乐,更持久的满足了。　　——蒙田[法国]

我们读书所寻求的不是使自己得到乐趣,而是一种高尚的消遣。
——蒙田[法国]

爱好读书,就能把无聊的时刻变成喜悦的时刻。　——孟德斯鸠[法国]

读书对于我来说是驱散生活中的不愉快的最好手段。没有一种苦恼是读书所不能驱散的。　——孟德斯鸠[法国]

读书的艺术,在很大程度上,就是在

书中重新发现生活,更准确地理解生活的艺术。
——莫洛亚[法国]

读书就是力量,因为读书可以帮助工作,可以增加工作的力量。
——拿破仑[法国]

光阴给我们经验,读书给我们知识。
——尼古拉·奥斯特洛夫斯基[苏联]

读书很多而行动很少的人,就像一口钟,它发出鸣响,召唤别人,而自己却从来不走进教堂。
——诺思[英国]

当我们读书太快或太慢时,我们什么也不能理解。
——帕斯卡[法国]

读书是最好的学习。追随伟大人物的思想,是最富有趣味的一门科学。
——普希金[俄国]

世界上有许多东西是你在书本上看不到的。
——莎士比亚[英国]

读好书的前提条件在于不读坏书,因为光阴似箭,生命短促。
——叔本华[德国]

读书可启发心灵,就像运动有助身体健康。
——斯帝勒[英国]

一部杰作应能给你留下丰富的体会,并且在读完时不甚感到疲倦。在阅读它时,你度过了好几番人生。
——斯蒂伦[美国]

让学生变聪明的方法,不是补课,不是增加作业量,而是阅读、阅读、再阅读。
——苏霍姆林斯基[苏联]

浓厚的智力、兴趣、气氛促使他们去阅读,而阅读是使他们学习得好的最重要的补救手段。
——苏霍姆林斯基[苏联]

课外阅读,用形象的话来说,既是思考的大船借以航行的帆,也是鼓帆前进的风。没有阅读,就既没有帆,也没有风。
——苏霍姆林斯基[苏联]

你要强迫自己每天读书。不要把这件事拖到明天。今天丧失的东西,明天是再也无法弥补的。
——苏霍姆林斯基[苏联]

养成读书的习惯是一种不掺杂质的乐趣。
——特罗洛普[英国]

不要阅读信手拈来的书,而要严格加以挑选。
——屠格涅夫[俄国]

我们常从读书中得到很多好处,但也只有在成年后自觉地不按照作者有意安排的那种方式去读时,才能得益匪浅。
——威斯坦·休·奥登[英国]

能够摄取必要营养的人要比吃得很多的人更健康,同样地,真正的学者往往不是读了很多书的人,而是读了有用的书的人。
——亚里斯提卜[古希腊]

人类在阅读,人类就是在获得知识。
——雨果[法国]

每天读上五小时的书,人很快就会变得渊博起来。
——约翰逊[英国]

一个人只应该读自己想读的书,如

果把读书当作一个任务那就收效甚微。
——约翰逊[英国]

68 知识;学问

知(zhì)者不博,博者不知(zhì)。①
——[春秋]《老子》

博学而笃(dǔ)志,切问而近思,仁在其中矣。②——[春秋]《论语》

不知而自以为知,百祸之宗也。③
——[战国]《吕氏春秋》

学问之道无他,求其放心而已矣。④
——[战国]《孟子》

吾生也有涯,而知也无涯。⑤
——[战国]《庄子》

人才虽高,不务学问不能致圣。
——[汉]刘向

海以合流为大,君子以博识为弘。⑥
——[晋]《三国志》

人生处万类,知识最为贤。
——[唐]韩愈

黄金未是宝,学问胜珠珍。
——[唐]王梵志

人之知识,若登梯然,进一级,则所见愈广。——[宋]陆九渊

古人学问无遗力,少壮工夫老始成。⑦
——[宋]陆游

学之终身,有不能达者矣。于其所达,行之终身,有不能至者矣。
——[宋]欧阳修

天下有大知,有小知;人之智虑有所及,有所不及。——[宋]苏洵

人之学也,不志其大,虽多而何为。
——[宋]苏辙

知之愈明,则行之愈笃;行之愈笃,则知之益明。⑧——[宋]朱熹

须破得旧说,方立得新说。
——[宋]朱熹

举一而反三,闻一而知十,乃学者用功之深,穷理之熟,然后能融会贯通,以至于此。——[宋]朱熹

论先后,知为先;论轻重,行为重。
——[宋]朱熹

学博而不精,则流于驳杂。⑨
——[明]胡居仁

知行合一。——[明]王守仁

---

① 知:同"智",智慧。博:广博。
② 笃志:专心一意。
③ 宗:本;本源。
④ 无他:没有别的。求:寻求。放心:丢失的本心。而已:罢了。
⑤ 涯:河岸、水边,引申为边际。
⑥ 弘:宽广。
⑦ 无遗力:不遗余力;竭力。始成:才取得成就。
⑧ 笃:忠实,一心一意。
⑨ 驳杂:混杂不纯。

真知即所以为行,不行不足谓之知。
——[明]王守仁

知者行之始,行者知之成。
——[明]王守仁

知而不行,只是未知。
——[明]王守仁

君子之学,博于外而尤贵精于内,讨诸理而尤贵达于事。 ——[明]王廷相

世事洞明皆学问,人情练达即文章。① ——[清]《红楼梦》

学问无大小,能者为尊。
——[清]《镜花缘》

常看得自己有不是处,学问便有进无退。 ——[清]申涵光

夫才须学也,学贵识也。才而不学,是为小慧;小慧无识,是为不才。②
——[清]章学诚

学问的宫殿不分贫富都可以进去。
——巴金

大凡一种知识,由自己有很好的兴味去求得,深印在脑子里面,永久不会磨灭。 ——陈望道

知识只能做我们的参谋,而不能做我们的统帅。 ——陈望道

做学问,就是要专心致志,踏踏实实,不要浮夸,不要侥幸,准备付出毕生的精力来攀登科学技术的高峰。
——陈毅

学问不都是在书本上得来的,在事实上得的经验,也就是学问。
——陈毅安

基础知识好比盖房子时的地基,地基不打结实,房子就会倒塌。 ——陈垣

知识是一种无形的存在。
——楚铁雁

古今中外有学问的人,有成就的人,总是十分注意积累。知识就是积累起来的,经验也是积累起来的。我们对什么事都不应该像"过眼烟云"。 ——邓拓

积累知识,也应该有农民积肥的劲头,捡的范围要宽,不要限制太多。
——邓拓

知识愈丰富,辨别知识的能力也就愈强。 ——冯定

知识,对于道德,本来是中立的。人可以用之以为善,亦可以用之以为恶。
——冯友兰

科学的知识,虽是广大精微,但亦是常识的延长,是与常识在一层次之内的。
——冯友兰

知识为进步之母,而进步又为富强之源泉。 ——冯玉祥

心愈用愈灵,学愈研愈精。
——傅抱石

---

① 世事:世间的种种事情。洞明:通晓;明了。练达:阅历多而通达人情世故。文章:做文章,指本领。
② 小慧:小聪明。不才:没有才能。

学问之用,强半在于行事。
——傅斯年

学术原无所谓国别,更不以方土易其性质。
——傅斯年

知识有如人体血液一样的宝贵。人缺少了血液,身体就要衰弱;人缺少了知识,头脑就要枯竭。
——高士其

知识和能力是一点一点积累起来的,要注意有扎实的基础,要注意复习和巩固,不能急于求成。
——谷超豪

要做学问,便应当从最小的地方做起。
——顾颉刚

知识与悟性是两条路上行走的生灵,知识可通过勤奋努力来获取,而悟性则不能。
——郝华忠

知识只有消化了以后才有营养,不然就是智商中的脂肪。
——洪晃

活的学问、活的知识,都是为了解答实际上的困难和理论上的困难而得来的。
——胡适

理想中的学者,既能博大,又能精深。精深的方面,是他的专门学问。博大的方面,是他的旁搜博览。博大要几乎无所不知,精深要几乎唯他独尊,无人能及。
——胡适

趁现在年富力强的时候,努力做一种专门的学问。少年是一去不复返的,等到精力衰退时,要做学问也来不及了。
——胡适

治学问,做研究工作,必须持之以恒,不怕失败。摔倒了,爬起来,想一想,再前进。
——华罗庚

学问是长期积累的。我们不停地学,不停地进步,总会积累起不少的知识。
——华罗庚

知识很重要,但运用知识也许比知识本身更重要。
——金克木

知识是引导人生到光明与真实境界的灯烛,愚昧是达到光明与真实境界的障碍,也就是人生发展的障碍。
——李大钊

知识永远战胜愚昧。 ——李大钊

凡是一种学问,或是一种知识,必于人生有用,才是真的学问,真的知识;否则不能说它是学问,或是知识。
——李大钊

任何一个现象,都是一门无尽的学问,深钻进去,都可成为一个专家。
——李可染

学问有时代性,知识有淘汰性。
——李泽厚

年轻人要学些十五、二十年后才能应用的知识。
——李泽楷

学问之功,贵在循序渐进,经久不辍(chuò)。
——梁启超

无专精则不能成,无涉猎则不能通也。
——梁启超

学问要有根底,根底要打得平正坚实,以后永远受用。
——梁实秋

没有学问的人并非肚里没有道理,

脑里没有理论,而是心里没有问题。

——梁漱溟

有主见就是学问! ——梁漱溟

是真学问便有受用。 ——梁漱溟

最初的一点儿主见便是以后大学问的萌芽。 ——梁漱溟

一人在世上,对于学问是这样的:幼时认为什么都不懂,大学时自认为什么都懂,毕业后才知道什么都不懂,中年又以为什么都懂,到晚年才觉悟一切都不懂。 ——林语堂

要能欣赏一件作品,则非有学问不可。 ——林语堂

蔡元培先生曾送给我四个字:"宏约深美"。"宏"就是知识面要广阔;"约"就是在博采的基础上加以慎重选择;"深"就是钻研精神,要入虎穴,得虎子,锲(qiè)而不舍,百折不回;"美"就是最后达到了完美之境。这四个字点出了治学的奥秘。 ——刘海粟

必须博采百家,取其所长,这才后来能够独立。 ——鲁迅

学问是知识的聚集,是一种滋养人生的原料,而智能却是陶冶这原料的熔炉。 ——罗家伦

知识的问题是一个科学的问题,来不得半点的虚伪和骄傲,决定的倒是其反面——诚实和谦逊的态度。

——毛泽东

感觉到了的东西,我们不能立刻理解它,只有理解了的东西才能更深刻地感觉它。 ——毛泽东

除书本上的知识外,尚须从生活的人生中获得知识。 ——茅盾

学问是经验的积累,才能是刻苦的忍耐。 ——茅盾

做学问要有决心,更要有恒心。下个决心并不难,做到有恒心就不容易了,这要靠自己督促自己。 ——茅以升

一个人有长进,除了在学校时要努力掌握各方面的基础知识外,更主要的是靠自己随时随地去"抓"知识。

——钱三强

有些读书人所以会变成书呆子,就因为只拥有专业知识而缺少综合知识。

——秦牧

错误的知识,有时比无知更加可怕。

——秦牧

学问是一张网,必须一个结一个结地连起来,不要有太大的破洞才能网到大鱼。 ——三毛

凡百学问,贵在"转益多师"。

——沙孟海

知识越多,问题也就越多。

——沈从文

不管你预备走哪一条路,顶顶要紧的是先要为自己做好准备。你不能赤手空拳地开始你的行程,你须用知识把自己武装起来,你必须锻炼出健壮的身体和足够的勇气。 ——宋庆龄

自然界、机器和一切工作,对待没有

知识的人,对待怯弱的人是很不客气的,甚至常常是粗暴的残酷的;但是它们对待具有丰富知识的人,对待健壮的和勇敢的人,则是非常驯顺的,承认你是主人,情愿为你服务。　　——宋庆龄

学问之养成,与人格之养成往往相辅相成。　　——汤一介

对待学问须要有"韧"的精神,锲(qiè)而不舍,持之以恒,相信时间终会将人带上成熟的道路。——唐弢

行是知之始,知是行之成。
　　　　　　　　——陶行知

思想与行为结合而产生的知识是真知识。　　　　　　——陶行知

一个人想与他分享知识时,他自己的知识会有个大的飞跃。——陶行知

三种知识:一是亲知,二是闻知,三是说知。亲知是亲身得来的,就是从"行"中得来的;闻知是从旁人那里得来的,或由师友们口传,或由书本传达,都可以归为这一类;说知,是推想出来的知识。现在一般学校里所注重的知识,只是闻知,几乎以闻知概括一切知识,亲知是几乎完全被摒于门外。——陶行知

知识要像开矿一样去取来的。
　　　　　　　　——陶行知

做学问的功夫,是细嚼慢咽的功夫,好比吃饭一样,要嚼得烂,才好消化,才会对人体有益。　　——陶铸

学问为人生,而不应该人生为学问。
　　　　　　　　——魏承思

文化是有惰性的,而愈老的文化,惰性也愈大。　　　　——闻一多

知识总是靠逐渐积累的,从无到有,从少到多,从片面到比较全面。
　　　　　　　　——吴晗

要想学问大,就要多读、多抄、多写。要记住,一个人想要在学业上有所建树,一定得坚持这样做卡片、摘记。
　　　　　　　　——吴晗

做学问要花工夫,持之以恒,日积月累。　　　　　　——吴玉章

要考验你是否有知识,或知识是否对,那就要看你能否运用于实际,解决问题。　　　　　　——谢觉哉

求知识,求学问,总是要自己钻得的才深刻。　　　　——徐特立

任何一种容器都装得满,唯有知识的容器大无边。　　——徐特立

沟通,是知识成为力量、成为财富、成为权力的转换器。——颜建军

学问是累积起来的,所以必须要先学习别人所做的东西,然后才可能有自己的见解。　　　　——杨振宁

学问有一点儿学一点儿,先不要问有用没用,烂肚子里也不要紧。——詹同

学问不是用来哗众取宠的装饰品,不是用来谋求个人利益的敲门砖,唯有诚恳地追求真理,才能达到一定的学术高峰。　　　　　　——张岱年

反省是一切学问的始基,是一切德

行的初步。　　　　——张申府

教师不仅教给我们知识，还传授进一步获取知识的方法，所以我们不仅要注意教师给我们的"金子"，还要特别注意学习教师的"点金术"。——赵访熊

对知识吸收消化，融会贯通，就会形成自己的逻辑思维的能力，这是最有用的东西。　　　　　　——赵宪初

获得知识的道路就是要努力学习。
　　　　　　　　　　——朱德

一个人研究一种学问，原因不外两种：一种是那种学问对于他有直接的实用，像儿童心理学对于教育家；一种是它虽没有直接的实用，而它的问题却易引起好奇心，人要研究它，好比小孩子们要钻进迷径里去寻出路，只因为这事本身有趣。　　　　　　——朱光潜

力量有三种基本形式，即暴力、财富和知识，三者顺次为低级的、中级的和高级的力量。三者中知识最为重要，由于暴力和财富在惊人的程度上依靠知识，今天正在出现空前深刻的力量转移，从而使力量的性质发生了深层次的变化。
　　　　——阿尔温·托夫勒[美国]

考察一个人的判断力，主要考察他的信息渠道和信息来源的多样性，无数的可怜人长期活在单一的信息里，而且是一种完全被扭曲、颠倒的信息，这是导致他们愚昧且自信的最大原因。
　　　　　　——阿马蒂亚·森[印度]

由经验而来的知识，贵重无比。
　　　　　　　　——阿斯堪[英国]

知识仅次于美德，它可以使人真正地、实实在在地胜过他人。
　　　　　　　　——艾迪生[英国]

人的知识愈多，工作就做得愈好，感情也是一种知识。——艾略特[英国]

当荣耀的太阳西坠，钱财耗尽，至珍的知识却依旧放射着光芒。
　　　　　　　　——爱·柯克[英国]

知识和勇气能成就伟大的事业，这两者都能使人永垂不朽。
　　　　　　　　——爱默生[美国]

知识是集无数思想与经验之大成的东西。　　　　　——爱默生[美国]

知识是解除恐惧的良药。
　　　　　　　　——爱默生[美国]

知识不能单从经验中得出，而只能从理智的发现同观察到的事实两者的比较中得出。　——爱因斯坦[美国]

知识，只有当它靠积极的思维得来，而不是凭记忆得来的时候，才是真正的知识。　　　——爱因斯坦[美国]

想象力比知识更重要，因为知识是有限的，而想象力概括着世界的一切，推动着进步，并且是知识进化的源泉。严格地说，想象力是科学研究的实在因素。
　　　　　　——爱因斯坦[美国]

我们能体验的最美妙感受就是事物的奥秘性。它是存在于真正艺术和真正科学摇篮中的根本情感。
　　　　　　——爱因斯坦[美国]

永远不要企图掩饰自己知识上的缺

陷,即使用最大胆的推测和假设去掩饰,这也是要不得的。不论这种肥皂泡的色彩多么炫目,但肥皂泡必然是要破裂的,于是你们除了惭愧以外,是会毫无所得的。　　　——巴甫洛夫[苏联]

真正表明渊博知识的是那种突如其来、几乎不加思索地引经据典的习惯,它意味着知识的融会贯通,因为那种习惯只能来自于融会贯通。
　　　　　　　　——白哲特[英国]

知识的宇宙,是无边无际的。
　　　　　　　　——拜伦[英国]

知识管理就是运用集体的智慧提高应变和创新能力。　　——保罗[德国]

构成我们学习最大障碍的是已知的东西,而不是未知的东西。
　　　　　　　　——贝尔纳[法国]

知识是一切能力中最强的力量。
　　　　　　　——柏拉图[古希腊]

知识是天才的原料,天才利用他的知识,才可以编成他的灿烂的作品。
　　　　　　　　——勃拉恩托[美国]

一个人无论自己的目标是什么,如果他没有知识,那么这一目标只能是海市蜃楼。　　——查斯特菲尔德[英国]

知识是走进智慧的大门。
　　　　　　　——池田大作[日本]

知识能够诱发智慧,是打开智慧大门的钥匙,但它不等于就是智慧。
　　　　　　　——池田大作[日本]

知识,百科全书可以代替。可是考虑出的新思想、新方案,却是任何东西也代替不了的。　　——川上正光[日本]

少量的知识使人骄傲,丰富的知识则使人谦逊。　　——达·芬奇[意大利]

无论掌握哪一种知识,对智力都是有用的,它会把无用的东西抛开而把好的东西留住。　　——达·芬奇[意大利]

最有价值的知识,是关于方法的知识。　　　　　——达尔文[英国]

有学问和有知识的人是不同的。记忆造成了前者,哲学造成了后者。
　　　　　　　——大仲马[法国]

只有那些精神愉快的人,知识才像荷花花瓣似的舒展开来。
　　　　　　　　——德莱塞[美国]

知识已成为生产力、竞争力和经济成就的关键因素。——德鲁克[美国]

不要企图无所不知,否则你将一无所知。　　——德谟克里特[古希腊]

知识是青年人最佳的荣誉、老年人最大的慰藉、穷人最宝贵的财产、富人最珍贵的装饰品。——第欧根尼[古希腊]

知识就是力量,要借助服从自然去征服自然。　　——弗兰西斯·培根[英国]

达到人的力量和达到人的知识的道路是紧挨着的,而且几乎是一样的。
　　　　　　——弗兰西斯·培根[英国]

当你孤独寂寞时,阅读可以消遣;当你高谈阔论时,知识可供装潢;当你处世行事时,求知可以促成才干。
　　　　　　——弗兰西斯·培根[英国]

真正的知识不是出自他人的权威,更不是来源于对老朽教条的盲目崇拜。
——弗兰西斯·培根[英国]

人有多少知识,就有多少力量,他的知识和他的能力是相等的。
——弗兰西斯·培根[英国]

知识本身并没有告诉人怎样运用它,运用的方法乃在书本之外。这是一门技艺,不经实验就不能学到。
——弗兰西斯·培根[英国]

人的知识和人的力量这两件东西是结合成一体的,工作的失败都起因于对因果关系的无知。
——弗兰西斯·培根[英国]

知识是一种快乐,而好奇则是知识的萌芽。
——弗兰西斯·培根[英国]

知识能塑造人的性格。
——弗兰西斯·培根[英国]

狡诈的人轻视学问,单纯的人称赞学问,聪明的人运用学问。
——弗兰西斯·培根[英国]

有什么样的情趣,就有什么样的思想;有什么样的学识和见解,就有什么样的谈吐。——弗兰西斯·培根[英国]

掌握知识不是为了争论不休,不是为了藐视别人,不是为了利益、荣誉、权力或者达到某种目的,而是为了用于生活。——弗兰西斯·培根[英国]

我的大部分知识都是这样获得的:在寻找某个资料时意外地发现了另外的资料。 ——富兰克林[美国]

知识投资收益最大。
——富兰克林[美国]

智者从敌人那里汲取的长处,要比愚者从友人那里汲取的长处多。
——富兰克林[美国]

知识使好人变得更好,使坏人变得更坏。
——富勒[英国]

没有知识的热情是没有光的火。
——富勒[英国]

没有任何力量比知识更强大,用知识武装起来的人是不可战胜的。
——高尔基[苏联]

人的知识愈广,人的本身也愈臻完善。 ——高尔基[苏联]

知识是我们这个世界的绝对价值。必须学习,必须掌握知识。没有不可认识的东西,我们只能说还有尚未认识的东西。 ——高尔基[苏联]

没有知识就不可能对生活做出正确的解释。 ——高尔基[苏联]

为要好好地生活,就要好好地工作;为要站稳脚跟,就要掌握知识。
——高尔基[苏联]

有力量的人,有学问的人就是主人,所有其余的人都是客人。
——高尔基[苏联]

理性和知识是人类最崇高的力量。
——歌德[德国]

真正的学者知道怎样从已知引出未知,并且逐步接近于大知。
——歌德[德国]

光有知识是不够的,我们还必须应用知识;光有意志是不够的,我们还必须见诸行动。　　——歌德[德国]

知识越深化,我们就越是临近那不可知的事物。　　——歌德[德国]

掌握知识对一个人来说还是不够的,应当善于使知识不断发展。
　　——歌德[德国]

一个人被关在一间密室里,大概是永远不会聪明的。如果我们打算获得知识,就必须打开眼界观察宇宙。
　　——葛德文[英国]

知识是有学问的人的第二个太阳。
　　——赫拉克利特[古希腊]

知识犹如海洋,那些在海面上手舞足蹈和拍击作响的人,往往要比默默无闻钻入未经考察的海底去探寻宝藏的来访者更加名噪一时,从而更加引人注目。
　　——华盛顿[美国]

知识在每个国家都是公众幸福最可靠的基础。　　——华盛顿[美国]

知道如何活用知识最重要,知道知识的来龙去脉次之,拥有知识再次之。
　　——霍夫曼斯塔尔[奥地利]

我们需要文化知识,就像需要空气一样。　　——加里宁[苏联]

知识的奇特就在于:谁真正渴求它,谁就往往能够得到它。
　　——杰弗里斯[美国]

一个自由的人除了从书本上获取知识外,还可以从许多别的来源获得知识。
　　——杰弗逊[美国]

不论在哪个国家,不论在哪个时代,对先驱者的学说,任何人都能加以接受的情况是很少的。
　　——芥川龙之介[日本]

什么是知识?它不是别的,是记录下来的经验。　　——卡莱尔[英国]

永远不要把知识与智慧混为一谈。知识帮助你谋生,智慧令你不枉此生。
　　——凯里[美国]

在知识的山峰上登得越高,眼前展现的景色就越壮阔。
　　——拉吉舍夫[俄国]

我们知道的东西是有限的,我们不知道的东西则是无穷的。
　　——拉普拉斯[法国]

知识,当它只有靠积极的思维得来,而不是凭记忆得来的时候,才是真正的知识。　　——列夫·托尔斯泰[俄国]

重要的不是知识的数量,而是知识的质量。有些人知道很多很多,却不知道最有用的东西。
　　——列夫·托尔斯泰[俄国]

知识是工具,而不是目的。
　　——列夫·托尔斯泰[俄国]

你们不仅应当领会你们学到的知识,并且要用批判的态度来领会这些知识。　　——列宁[苏联]

知识是抵御一切灾祸的盾牌。
　　——鲁达基[波斯]

对待知识就要像对待粮食一样，我们活着不是为了知识，正如活着不是为了吃饭一样。　　——罗斯金［英国］

多则价廉，万物皆然，唯独知识例外。知识越丰富，则价值就越昂贵。
　　——马戈［英国］

与其用华丽的外衣装饰自己，不如用知识武装自己。　　——马克思［德国］

研究学问，必须在某处突破一点。
　　——马克思［德国］

背得烂熟还不等于掌握知识。
　　——蒙田［法国］

无知与不经心是多么柔软、舒适和安全的枕头。一个设计精良的脑袋可在其上高枕无忧。　　——蒙田［法国］

知识如同光芒四射的烛光，把人生之路照得耀眼通明；来者从亮光中认识了人生的意义，去者似蜡烛燃尽，照亮了别人。　　——穆尼尔·纳素夫［科威特］

博学的人是知识的蓄水池，而不是源泉。　　——诺思科特［英国］

知识，只有知识，才能使人成为自由的人和伟大的人。——皮萨列夫［俄国］

知识不是某种完备无缺、纯净无瑕、僵死不变的东西。它永远在创新，永远在前进。　——普良尼施尼柯夫［苏联］

我们的事业需要学习再学习，努力积累更多的知识，因为有了知识，社会就会有长足的进步，人类的未来幸福就在于此。　　　　——契诃夫［俄国］

知识可以给你重量，而成就则给你添上光泽。大多数人只看见光泽而掂不出重量。　——切斯特菲尔德［英国］

知识是取之不尽的源泉，用之不竭的财富。　　——萨迪［波斯］

有学问的人是一块真金，在任何地方都会受人尊敬。　——萨迪［波斯］

凡是没有知识的，尽管是王公贵人，都称为凡夫俗子。
　　——塞万提斯［西班牙］

知识是我们借以飞上天空的翅膀。
　　——莎士比亚［英国］

知识贵在质，不贵在量。
　　——莎士比亚［英国］

学问是我们随身的财产。
　　——莎士比亚［英国］

学问必须合乎自己的兴趣，方才可以得益。　　——莎士比亚［英国］

使一种存在高于另一种存在，使一类人高于另一类人的东西，是知识。
　　——叔本华［德国］

什么知识最有价值？一致的答案就是科学。　　——斯宾塞［英国］

天生的能力必须借助于系统的知识。　　　　——斯宾塞［英国］

如果没有系统的知识帮助，先天的才能是无力的，直观能解决很多事，但不是一切。天才和科学结合后才能得到最高的成功。　　——斯宾塞［英国］

知识愈多,愈觉学问的不足。
——斯宾塞[英国]

知识是精神的粮食。
——苏格拉底[古希腊]

世上只有一样东西是珍宝,那就是知识;世上只有一样东西是罪恶,那就是无知。 ——苏格拉底[古希腊]

真正的知识是道德。
——苏格拉底[古希腊]

只有当知识成为精神生活的因素,占据人的思想,激发人的兴趣时,才能称为知识。 ——苏霍姆林斯基[苏联]

知识的积极性、生命力——这是它们得以不断发展、深化的决定条件。
——苏霍姆林斯基[苏联]

知识是智慧的结晶。
——泰戈尔[印度]

知识是珍贵宝石的结晶,文化是宝石放出的光泽。 ——泰戈尔[印度]

具有丰富知识和经验的人,比只有一种知识和经验的人更容易产生新的联想和独到的见解。 ——泰勒[美国]

学问是光明,无知是黑暗。
——屠格涅夫[俄国]

身体的财富是健康,思想的财富是知识。 ——乌申斯基[俄国]

知识不存在的地方,愚昧便自命为科学。 ——萧伯纳[爱尔兰]

行动是通往知识的唯一道路。
——萧伯纳[爱尔兰]

对生命来说,知识是必需品。因为没有知识,人活着就像是死亡。
——萧伯纳[爱尔兰]

你有一个苹果,我有一个苹果,彼此交换一下,我们仍然是各有一个苹果;但你有一种思想,我有一种思想,彼此交换,我们就都有了两种思想,甚至更多。
——萧伯纳[爱尔兰]

一切假知识比无知更危险。
——萧伯纳[爱尔兰]

莫在追忆的深井中打捞冰凉的遗憾,快去知识的海洋里挖掘人生的热源。
——雪莱[英国]

知识是为老年准备的最好食粮。
——亚里士多德[古希腊]

缺乏智慧的灵魂是僵死的灵魂,若以学问来加以充实,它就能恢复生气,犹如雨水浇灌荒芜的土地一样。
——伊斯法哈尼[阿拉伯]

知识是人生旅途中的资粮。
——雨果[法国]

没有人会因学问而成为智者。学问或许能由勤奋得来,而机智与智慧却有赖于天赋。 ——约翰·塞尔登[英国]

知识有两大类:一类是我们自己掌握的,另一类是我们知道哪里能找到有关资料。 ——约翰逊[英国]

一个人在旅游时必须带上知识,如果他想带回知识的话。
——约翰逊[英国]

正直但无知识是软弱的,也是无用

的;有知识但不正直是危险的,也是可怕的。　　　——约翰逊[英国]

只有知识——才能构成巨大的财富的源泉,既使土地获得丰收,又使文化繁荣昌盛。　　　——左拉[法国]

愚昧从来没有给人带来幸福,幸福的根源在于知识。知识会使精神和物质都微薄的原野变成肥沃的土地。
——左拉[法国]

69　理论;实践

不登高山,不知天之高也;不临深谿(xī),不知地之厚也。
——[战国]《荀子》

百闻不如一见。　——[汉]《汉书》

耳闻之,不如目见之;目见之,不如足践之;足践之,不如手辨(bàn)之。①
——[汉]刘向

几十年的经验使我懂得,多想到别人,少想到自己,便可以少犯错误。
——巴金

只有实践能克服经验的错误。
——巴人

智能不单单是天赋的独生女,她还是阅历、经验、胆魄三位共同的学生。
——毕淑敏

经验这东西,决不能传授的,要自己去经历过。　　　——曹聚仁

这个世界是自己走路的,没有人能帮你选择,无论多么懂得你、心疼你的人,都无法替代你去生活去感受。
——陈染

学风问题我认为是一个很重要的问题,在我们学校里应该培养什么样的学风?第一,理论联系实际;第二,独创精神;第三,批评与自我批评的精神;第四,刻苦钻研。　　——成仿吾

真正所谓成就,也就是在前人的知识和经验的基础上有所发展。没有积累,就什么也谈不上。　——邓拓

与其空谈,不如实证。　——邓中夏

科学是实事求是的学问,来不得半点儿虚假,假的、虚的,即使掩盖一时,经过实践,总是会被揭露出来的,假的就是假的,真不了。　　　——华罗庚

失败并不可怕,可怕的是失败后不吸取教训,不总结经验,一错再错,或者灰心丧气,一蹶不振!　——蒋子龙

人没有未卜先知的本能,哪怕是一点一滴的经验,常要用痛苦做代价。
——柯灵

经验是生活的肥料,有什么样的经验便变成什么样的人。　——老舍

观察、试验、分析是科学工作常用的方法。　　　　　——李四光

---

① 辨:同"辦(办)",治理,办理。

观察是得到一切知识的首要步骤。
————李四光

用理论来推动实践,用实践来修正或补充理论。————廖沫沙

有句古话说"师傅领进门,修行在自身",说的就是要凭自己去摸索、实践。不会自学的人很难成才。————廖沫沙

离开实际的理论是死理论,离开理论的实际是瞎实际。————刘伯承

必须和社会现实接触,使所读的书活起来。————鲁迅

有真切的见解,才有精明的行为。
————鲁迅

一碗酸辣汤,耳闻口讲的,总不如亲自呷(xiā)一口的明白。————鲁迅

如果有了正确的理论,只是把它空谈一阵,束之高阁,并不实行,那么,这种理论再好也是没有意义的。————毛泽东

真理的标准只能是社会的实践。
————毛泽东

通过实践而发现真理,又通过实践而证实真理和发展真理。————毛泽东

真理只有一个,而究竟谁发现了真理,不依靠主观的夸张,而依靠客观的实践。只有千百万人民的革命实践,才是检验真理的尺度。————毛泽东

你要有知识,你就得参加变革现实的实践。你要知道梨子的滋味,你就得变革梨子,亲口吃一吃。————毛泽东

人类总得不断地总结经验,有所发现,有所发明,有所创造,有所前进。停止的论点,悲观的论点,无所作为和骄傲自满的论点,都是错误的。————毛泽东

一切真知都是从直接经验发源的。
————毛泽东

战场能把人生的经验缩短。希望、鼓舞、愤怒、破坏、牺牲——一切经验,你须得活半世去尝到的,在战场上,几小时内就会有了。————茅盾

任何天才,如果没有实践,没有足够的努力,都必然会萎缩和凋谢。
————秦似

挫败使人苦痛,却很少有人利用挫败的经验修补自己的生命。这份苦痛就白白地付出了。————三毛

知识是从刻苦劳动中得来的,任何成就都是刻苦劳动的结果。————宋庆龄

知而不行,是为不知。————孙中山

我们必须有从自己经验里发生出来的知识做根,然后别人的相类的经验才能接得上去。————陶行知

行动是思想的母亲。————陶行知

经不起实践检验的理论,是毫无用处的,甚至是有害的。————陶铸

最好的老师是生活,最好的课堂是实践。————王蒙

经验是无止境的,知识是会更新的。
————王朝闻

理是可以顿悟的,事非脚踏实地去做不行。 ——夏丏尊

理论,充其量只不过是一张地图,它代替不了旅行。 ——萧乾

要善于从经验教训中学习。每个人的一生中,总会有许许多多经验教训的,这些经验教训都可以作为自己学习的借鉴。 ——谢觉哉

没有实际的理论是空虚的,同时没有理论的实际是盲目的。 ——徐特立

真正的知识还得从用中学……生活、实践是最好的课堂。 ——徐特立

成功的经验固然难能可贵,失败的经验或许更有实用。 ——杨绛

要在科学上有所建树,就应该解放思想,破除迷信,勇于实践,大胆探索。
——周培源

我们的斗争和劳动,就是为了不断地把先进的理想变为现实。 ——周扬

理论是实践的眼睛。 ——邹韬奋

实践决定理论,真正的理论也有着领导行动的功用。 ——邹韬奋

经验,如果是智慧的朋友,就是它最好的朋友;如果不是,就是最坏的敌人。
——爱·扬格[英国]

我始终不愿抛弃我的斗争的生活,我极重视由斗争得来的经验,尤其是战胜困难后所得的愉快。
——爱迪生[美国]

在任何一个成功者的后面,都有着丰富的生活经验,要是没有这些经验,任何才思敏捷恐怕也不会有,而且在这里,恐怕任何天才也都无济于事。
——巴甫连柯[苏联]

应当先学会观察,不学会观察,你就永远当不了科学家。
——巴甫洛夫[苏联]

你知道得很多,但如果你不善于把你的知识用于你的需要,那就没有什么用处。 ——彼特拉克[意大利]

生存就是变化,变化就是积累经验,积累经验就是无休止地创新自己。
——柏格森[法国]

实践,是伟大的揭发者,它暴露一切欺人和自欺。
——车尔尼雪夫斯基[俄国]

理论脱离实践是最大的不幸。
——达·芬奇[意大利]

智慧是经验的女儿。
——达·芬奇[意大利]

铁不用就会生锈,水不流就会发臭,人的智慧不用就会枯萎。
——达·芬奇[意大利]

一个人应能利用别人的经验,以弥补个人直接经验的狭隘性,这是教育的一个必要的组成部分。——杜威[美国]

读书补天然之不足,经验又补读书之不足。 ——弗兰西斯·培根[英国]

理论知识是一种宝库,而实践则是它的钥匙。 ——富勒[英国]

知识是珍宝,而实践才是获取它的钥匙。　　　——富勒[英国]

人要摘取果实,必须爬上树。
　　　　　　　——富勒[英国]

所谓真正的智慧,都是曾经被人思考过千百次的。要想使它们真正成为我们自己的,一定要经过我们自己再三思维,直至它们在我个人经验中生根为止。
　　　　　　　——歌德[德国]

因失误而造成的失败,是金钱买不到的经验。　　　——哈伯德[美国]

作家的工作是告诉人们真理。他忠于真理的标准应当达到这样的高度:他根据自己经验创造出来的作品应当比任何实际事物更加真实。
　　　　　　　——海明威[美国]

对大多数人来说,经验犹如船尾的灯,只照亮走过的行程。
　　　　　　　——柯尔律治[英国]

要学会游泳,就必须下水。
　　　　　　　——列宁[苏联]

一步实际行动,比一打纲领更重要。
　　　　　　　——马克思[德国]

经验通常告诉我们,最佳的记忆力往往伴随着薄弱的判断力。
　　　　　　　——蒙田[法国]

身为总司令的人,是倚他们自己的经验或天才行事的。工兵和炮兵军官的战术与科学,或许可以从书本中学到;但是将才的养成,却只有通过经验和对历代名将作战的钻研才能做到。
　　　　　　　——拿破仑[法国]

知识和实践就像做手艺一样,两者必须结合。　——裴斯泰洛齐[瑞士]

才学如果不用就会永远埋没,沉香要放在火上,麝香要研成细末。
　　　　　　　——萨迪[波斯]

无论你腹中有多少知识,假如不用便是一无所知。　——萨迪[波斯]

有了知识而不运用,如同一个农民耕耘而不播种。　——萨迪[波斯]

有知识的人不实践,等于一只蜜蜂不酿蜜。　　——萨迪[波斯]

有两种人将饮恨而死:一类是空有钱财而未受用;一类是空有知识而未实践。　　　　——萨迪[波斯]

智慧是人生经验的综合。
　　　　　　——萨哈诺夫[苏联]

知识倍增,不如获得知识与应用知识之能力倍增。　——桑戴克[美国]

经验是一颗宝石,那是理所当然的,因为它常付出极大的代价得来。
　　　　　　——莎士比亚[英国]

经验是一点儿一点儿观察得来的结果。　　——莎士比亚[英国]

科学所以叫科学,正是因为它不承认偶像,不怕推翻过时的旧事物,很仔细地倾听实践和经验的呼声。
　　　　　　　——斯大林[苏联]

光有智慧是不够的,还要善于运用它。　　——西塞罗[古罗马]

智者受理智的指导,常人受经验的指导,而野兽受直觉的指导。
——西塞罗[古罗马]

任何法律都无权阻挠真理的实践。
——雪莱[英国]

人类所需要的知识有三:理论、实用、鉴别。 ——亚里士多德[古希腊]

没有一个人的知识能超过经验。
——约翰·洛克[英国]

70 天才；人才

大器晚成。① ——[春秋]《老子》

不患人之不己知,患其不能也。②
——[春秋]《论语》

得十良马,不若得一伯乐;得十良剑,不若得一欧冶。③
——[战国]《吕氏春秋》

盖世必有非常之人,然后有非常之事;有非常之事,然后有非常之功。
——[汉]《汉书》

短绠(gěng)不可以汲深,器小不可以盛大。④ ——[汉]《淮南子》

以天下之大,托于一人之才,譬若悬千钧之重于木之一枝。⑤
——[汉]《淮南子》

智士者,国之器。⑥ ——[汉]刘向

骐骥虽疾,不遇伯乐,不致千里。⑦
——[汉]刘向

大器晚成,宝货难售。⑧
——[汉]《论衡》

采玉者破石拔玉,选士者弃恶取善。⑨ ——[汉]《论衡》

虽有至圣,不生而知;虽有至材,不生而能。 ——[汉]王符

用人无疑,唯才所宜。
——[晋]《三国志》

古称国之宝,谷米与贤才。
——[唐]白居易

志士幽人莫怨嗟(jiē),古来材大难为用。⑩ ——[唐]杜甫

---

① 器:器物,引申为才能。大器晚成:有大才能的人往往成就较晚。
② 不能:没有才能。
③ 伯乐:春秋时人,擅长相马。欧冶:春秋时人,擅长铸剑。
④ 绠:井上用来打水的绳子。汲:从井里打水。
⑤ 钧:古代重量单位,一钧合30斤。千钧:指极重的量。
⑥ 智士:有智谋的人。器:指人才。
⑦ 骐骥:骏马。疾:快;迅速。
⑧ 宝货:珍贵的货物。售:出售。比喻有大才能的人不容易被任用。
⑨ 拔:取出。士:未做官的读书人。恶:指短处;缺点。善:指长处;优点。
⑩ 幽人:有才能的隐居不仕的人。怨嗟:怨恨;叹息。

世有伯乐,然后有千里马。
——[唐]韩愈

千里马常有,而伯乐不常有。
——[唐]韩愈

天生我材必有用,千金散尽还复来。①
——[唐]李白

致天下之治者在人才,成天下之才者在教化。②
——[宋]胡瑗

取士之方,必求其实;用人之术,当尽其材。
——[宋]欧阳修

为治之要,莫先于用人。③
——[宋]司马光

用人如器,各取所长。
——[宋]司马光

人各有才,才各有小大。大者安其大而无忽于小,小者乐其小而无慕于大。④
——[宋]苏轼

知人而善用之,若己有焉。
——[宋]苏辙

人之材有小大,而志有远近也。
——[宋]王安石

一人之身,才有长短,取其长则不问其短。
——[宋]王安石

用人当用其所长,教人当教其所短。
——[元]许衡

求士莫求全,用人如用木。
——[明]《幼学琼林》

大志非才不就,大才非学不成。
——[明]郑心材

用人当取其长而舍其短。
——[清]陈宏谋

我劝天公重抖擞,不拘一格降人才。⑤
——[清]龚自珍

骏马能历险,力田不如牛。坚车能载重,渡河不如舟。舍长以就短,智者难为谋。生才贵适用,慎勿多苛求。
——[清]顾嗣协

江山代有才人出,各领风骚数百年。⑥
——[清]赵翼

善于发现人才,团结人才,使用人才,是领导者是否成熟的主要标志之一。
——邓小平

珍视劳动,珍视人才,人才难得呀!
——邓小平

走在最前的也不全是崇高、完美无缺的人,但他们可以从这里前进,成为崇高、完美无缺的人。
——丁玲

什么是天才呢? 我想,天才就是勤奋的结果。
——郭沫若

---

① 材:指具有某种资质的人。散尽:用尽;花光。复:又;再。
② 教化:教育感化。
③ 要:重大的值得重视的内容。
④ 无:同"毋",不要,不可以。忽:忽略;不重视。慕:仰慕;敬仰。
⑤ 劝:劝说;说服。抖擞:振作;奋发。不拘:不拘泥;不限制。不拘一格:不局限于一种规格或方式。降:降落;向下输送。
⑥ 领:指居于领袖地位,或在某方面领先。风骚:代指文坛。风指《诗经》中的《国风》,骚指《楚辞》中的《离骚》。

天才的形成，就个人来说，主要靠勤奋，靠勤学苦练。　　——郭沫若

兴趣爱好也有助于天才的形成，爱好出勤奋，勤奋出天才。　——郭沫若

天赋虽然重要，但是离开勤奋苦练，天赋也就发挥不出来，从这个意义上来说，天赋就是勤奋。　　——刘海粟

天才并不是自生自长在深林荒野里的怪物，是由可以使天才生长的民众产生、长育出来的。所以没有这种民众，就没有天才。　　　　　　——鲁迅

即使天才，在生下来的第一声啼哭，也和平常的儿童一样，决不会就是一首好诗。　　　　　　　　——鲁迅

哪里有天才，我是把别人喝咖啡的工夫都用在工作上。　　——鲁迅

天才可贵，培养天才的泥土更可贵。
　　　　　　　　　　　——鲁迅

天资并不带来任何技巧，天资只提供学习任何技巧的可能性。　——茅盾

发现人才、培养人才都是非常重要的……使用人才也同样重要，如有人才而不善于使用，则等于没有人才。
　　　　　　　　　　——茅以升

有德有才，破格重用；有德无才，培养使用；有才无德，限制录用；无德无才，坚决不用。　　　　——牛根生

凡是人才都不同于庸众，它比普通人有些"出格"。　　　——任继愈

天才即集中时间，即集中精力。
　　　　　　　　　　——王蒙

所谓大师，只是失败最多的劳动者，打工最多的劳动者。一日的劳动可获得安眠的夜，一生的劳动可获取安宁的死。
　　　　　　　　　　——吴冠中

人的天资是有差异的，但聪明主要是靠后天培养的。　——张广厚

人才只有在没有后顾之忧的情况下，才能最大限度地发挥自己的聪明才智。　　　　　　——章智明

博学家一辈子说别人说过的话，天才则能说出自己的话，哪怕一辈子只说出一句，却是前无古人、后无来者的，是非他说不出来的。这是两者的界限。
　　　　　　　　　　——周国平

人才难得又难知，就要爱惜人才，就要用人不疑。　　　——周扬

有些人天资颇高而成就则平凡，他们好比有大本钱而没有做出大生意；也有些人天资并不特异而成就则斐然可观，他们好比拿小本钱而做大生意。这中间的差别就在努力与不努力了。
　　　　　　　　　　——朱光潜

总而言之，天才就是精力充沛。
　　　　　　　　——阿诺德[英国]

能轻松地做到别人感到难做的事的人是人才，能做别人感到不可能做的事的人就是天才。　——埃米尔[瑞士]

天才就是百分之一的灵感加上百分之九十九的勤奋。　——爱迪生[美国]

天才似乎仅仅存在于正确的见解之中，存在于一些表现出真知灼见而不只

是重复他人陈词滥调的言辞之中。
——爱默生[美国]

天才是驾驭事物的能力，才能表现的是对事物的适应性和应用性。
——爱默生[美国]

天资和个性之间的区别在于：前者具有维护旧事物的机灵，后者具有朝着更新、更高的目标而创新的力量和勇气。
——爱默生[美国]

所有的伟人都是从艰苦中脱颖而出的。
——爱默生[美国]

人们把我的成功归于天才，其实我的天才只是刻苦罢了。
——爱因斯坦[美国]

所谓天才就是耐性。
——巴尔扎克[法国]

一个天才的人多少总有点儿孩子气。
——巴尔扎克[法国]

天才的作品是用眼泪灌溉的。
——巴尔扎克[法国]

天才不是一切。要日积月累，持之以恒！
——巴鲁兹金[苏联]

天才最基本的特性之一，是独创性或独立性，其次是它具有思想的普遍性和深度，最后是这思想与理想对当代历史的影响。天才永远以其创造性开拓新的或无人预料的现实世界。
——别林斯基[俄国]

天才只是一种超乎寻常的忍耐的习性。
——布丰[法国]

修凿可以使道路平直，但只有崎岖的未经修凿的道路才是天才的道路。
——布莱克[英国]

天才必然和疯子结成亲密的联盟，它们之间仅仅有一条细细的疆界。
——德莱顿[英国]

只有天赋很好的人，能够认识并热心追求美的事物。
——德谟克里特[古希腊]

精神的浩瀚、想象的活跃、心灵的勤奋，是天才。
——狄德罗[法国]

才能越高的人，其缺点往往也越明显，有高峰必有深谷，谁也不可能十项全能。
——杜拉克[美国]

伟大人物的天才是和有教养的群众的智力不足相辅相成的。
——恩格斯[德国]

天赋如同自然花木，要用学习来修剪。
——弗兰西斯·培根[英国]

天才，无非是长久的忍耐，努力吧！
——福楼拜[法国]

什么是天才？天才就是热爱工作，善于工作。必须将自己的一生，将自己的全部力量献给自己决定的事业。
——高尔基[苏联]

人的天赋就像火花，它既可以熄灭，也可以燃烧起来。而迫使它燃烧成熊熊大火的方法只有一个，就是劳动，再劳动。
——高尔基[苏联]

独立性是天才的基本特征。
——歌德[德国]

规则和模式会毁灭天才和艺术。

——赫兹里特[英国]

天才是难以驾驭的,天才的脉管里流淌着汹涌澎湃的血液,以至于桀(jié)骜(ào)难驯。 ——霍姆斯[美国]

世界随时准备敞开怀抱接纳人才,但它却时常不知道该怎样对待天才。

——霍姆斯[美国]

天才不过是承受无穷辛劳的能力。

——霍普金斯[美国]

天才和我们相距仅仅一步。同时代者往往不理解这一步就是千里,后代又盲目相信这千里就是一步。同时代为此而杀了天才,后代又为此而在天才面前焚香。 ——芥川龙之介[日本]

天才的悲剧在于被小而舒适的名望所束缚。 ——芥川龙之介[日本]

天赋仅给(jǐ)予一些种子,而不是既成的知识和德行。这些种子需要发展,而发展是必须借助于教育和教养才能达到的。 ——凯洛夫[苏联]

天才是自创法则的人。

——康德[德国]

有了天才不用,天才一定会衰退的,而且会在慢性的腐朽中归于消灭。

——克雷洛夫[俄国]

一切真正的天才,都能够蔑视毁谤;他们天生的特长,使批评家不能信口开河。害怕大雨的,只不过是假花而已。

——克雷洛夫[俄国]

上帝在人类中安排了一些不同的人才,就像他在自然中种植了一些不同的树,每种人才、每种树都有自己特殊的性质和效果。因而,世界上最好的梨树也结不出普通的苹果,最卓越的人才也不能产生与普通人才同样的效果。

——拉罗什富科[法国]

天才人物在社会生活中往往显得迟钝而呆滞,正如耀眼的流星陨(yǔn)落到地面,只不过是一块石头一样。

——朗费罗[美国]

很多人都有天赋,但如果不加以发挥,天赋就只好被埋没了。

——朗费罗[美国]

天才有时可能需要鼓励,但他往往更需要约束。 ——朗吉努斯[希腊]

没有非常的精力和非常的工作能力便不可能成为天才。

——李卜克内西[德国]

"天才就是勤奋",曾经有人这样说过。即使这话不完全正确,那至少在很大程度上是正确的。

——李卜克内西[德国]

天才的十分之一是灵感,十分之九是血汗。 ——列夫·托尔斯泰[俄国]

卓越的天才对于别人走过的路不屑一顾,他们憧憬追寻的是迄(qì)今尚未开垦的土地。 ——林肯[美国]

所谓大师,就是这样的人:他们用自己的眼睛去看别人见过的东西,在别人司空见惯的东西上能够发现出美来。

——罗丹[法国]

天才不过是一种高超的观察能力而已。　　——罗斯金[英国]

天才只意味着终身不懈的努力。
　　——门捷列夫[俄国]

天才是永恒的耐心。
　　——米开朗琪罗[意大利]

天才就是强烈的兴趣和顽强的入迷。　　——木村久一[日本]

所谓天才人物指的就是具有毅力的人、勤奋的人、入迷的人和忘我的人。
　　——木村久一[日本]

谁若认为自己是圣人,是埋没了的天才,谁若与集体脱离,谁的命运就要悲哀。集体什么时候都能提高你,并且使你两脚站得稳。
——尼古拉·奥斯特洛夫斯基[苏联]

天才就是长期劳动的结果。
　　——牛顿[英国]

天才就是思想的耐心。
　　——牛顿[英国]

他有着天才的火花！你知道这是什么意思？那就是勇敢、开阔的思想,远大的眼光……他种下一棵树,他就已经看见了千百年的结果,已经憧(chōng)憬到人类的幸福。这种人是少有的,要爱就爱这种人。　　——契诃夫[俄国]

宝石即使落在泥潭里,仍是一样可贵;尘土虽然扬到天上,也无价值;天才若不经过教育,很可惜;教育如果没有天才,只是枉费精力。　　——萨迪[波斯]

必须让有天才的人独立,而人类应当深刻地掌握一条真理,即人类要使有天才的人成为火炬,而不要让他们放弃真正的使命。　　——圣西门[法国]

一个具有天才禀赋的人,绝不遵循常人的思维途径。　——司汤达[法国]

天才蒙受冤屈,他的英名便会因此而传遍天下。　　——塔西佗[古罗马]

天才是勤奋造就的。
　　——西塞罗[古罗马]

如果没有周围人的鼓舞,天才也会感到孤独。　　——希金森[美国]

伟人很少是一个个孤独的山峰,他们是一系列山脉的最高峰。
　　——希金森[美国]

任何天才都不能在孤独的状态中发展。　　——席勒[德国]

天赋的才思并不能保证一个人不落进卑劣的深渊。
　　——夏洛蒂·勃朗特[英国]

如果没有勤奋,没有机遇,没有热情的提携者,人就是再有天才,也只能默默无闻。　　——小普林尼[古罗马]

天赋、习惯和理性可为培养人生诸善德的根基。——亚里士多德[古希腊]

伟大的天才都带有疯狂的特征。
　　——亚里士多德[古希腊]

有人问:写一首好诗,是靠天才呢？还是靠艺术？我的看法是:苦学而没有丰富的天才,有天才而没有训练,都归无用;两者应该相互为用,相互结合。
　　——亚里士多德[古希腊]

天才，就是这样一种能力，十件事中，常人能见其一，而有才华的人能见其二乃至其三，加上记住他艺术素材中的复合概念的能力。
——伊兹拉·庞德［美国］

在平庸的国度里，天才就意味着危险。——英格索尔［美国］

最贫的是无才，最贱的是无志。
——约翰逊［英国］

真正的天才不是具有各个方面的才能，只是由于偶然的机会才在某个领域里发挥出来。——约翰逊［英国］

两类作家拥有天才：那些思索的和那些引起别人思索的。
——约瑟夫·鲁克斯［英国］

无论天资有多么高，他仍需要以学会的技巧来发挥那些天资。
——卓别林［英国］

71 智慧；才干

知人者智，自知者明。
——［春秋］《老子》

知(zhì)者不惑，仁者不忧，勇者不惧。① ——［春秋］《论语》

知之为知之，不知为不知，是知也。②
——［春秋］《论语》

不以言举人，不以人废言。③
——［春秋］《论语》

任人之长，不强其短；任人之工，不强(qiǎng)其拙。④
——［春秋］《晏子春秋》

智如目也，能见百步之外，而不能自见其睫。⑤ ——［战国］《韩非子》

天下无全功，圣人无全能，万物无全用。 ——［战国］《列子》

大巧在所不为，大知(zhì)在所不虑。⑥ ——［战国］《荀子》

巧者劳而知(zhì)者忧，无能者无所求。⑦ ——［战国］《庄子》

不能则学，不知则问，虽知必让，然后为知。⑧ ——［汉］韩婴

多闻而择焉，所以明智也。
——［汉］刘向

智莫大于阙疑，行莫大于无悔。
——［汉］刘向

多见者博，多闻者知(zhì)。⑨
——［汉］《盐铁论》

---

① 知：同"智"，智慧。
② 是：这；个。
③ 举：推举；选拔。废：废止；取消。
④ 强：勉强。
⑤ 睫：睫毛，眼毛。
⑥ 巧：技巧。知：同"智"。
⑦ 知：同"智"。
⑧ 能：本领；才干。让：谦让；谦逊。
⑨ 知：同"智"。

智者不愁,多为少忧。①
——[汉]乐府古辞《满歌行》

官达者,才未必当其位;誉美者,实未必副其名。——[晋]葛洪

不以人所短弃其所长。②
——[晋]《三国志》

试玉要烧三日满,辨才须待七年期。
——[唐]白居易

量力而任之,度(duó)才而处之。③
——[唐]韩愈

知人不易,人不易知。
——[唐]骆宾王

才者,德之资也;德者,才之帅也。④
——[宋]司马光

德胜才,谓之君子;才胜德,谓之小人。——[宋]司马光

君子挟(xié)才以为善,小人挟才以为恶。⑤——[宋]司马光

得人之道,在于知人;知人之法,在于责实。⑥——[宋]苏轼

人之才,成于专而毁于杂。
——[宋]王安石

不因一事,不长一智。
——[宋]悟明

一己之见有限,众人之智无穷。
——[明]何汝宾

人之才能,自非圣贤,有所长,必有所短;有所明,必有所蔽。
——[明]王守仁

学者以识为主,以才为辅之。
——[明]许学夷

三个臭皮匠,赛过诸葛亮。
——[明、清]《增广贤文》

学如弓弩,才如箭镞(zú),识以领之,方能中(zhòng)鹄(gǔ)。⑦
——[清]袁枚

学历固然有用的,但更有用的是真才实学。——陈茂榜

所谓智,便是指人们的聪明智慧;所谓谋,便是指人们对问题的计议和对事情的策划。智是谋之本,有智才有谋,所以智比谋更重要。——邓拓

不要小看没本事人的本事。
——蓝翎

才华是刀刃,辛苦是磨刀石。很锋利的刀刃,若日久不用石磨,也会生锈,成为废物。——老舍

一个人的才力是长于此,则短于彼的。一手打着算盘,一手写着诗,大概是不可能。——老舍

学会技能是小智慧,学会做人是大

---

① 为:做事。
② 短:短处;缺点。长:长处;优点。
③ 度:推测;估计。
④ 资:凭借;依靠。帅:同"率",统率;主导。
⑤ 挟:凭借;倚仗。
⑥ 道:方法。责实:考核事实;根据事实。
⑦ 箭镞:箭头。识:懂得;了解。领:引导。中:射中。鹄:箭靶的中心,引申为目标;目的。

智慧。　　　　　　——李军强

　　智慧的人绝不劳碌,过于劳碌的人绝不是智慧的。　　——林语堂

　　无学问的智能,只是浮光掠影,瞬起瞬灭的。　　　　——罗家伦

　　和一个思想家交谈两不吃亏:他多了一个崇拜者,你多了几分智慧。
　　　　　　　　　　——马长山

　　人有最宝贵的东西——智慧,创造一切的智慧。还有自由驰骋的思维、宽阔无比的想象。　　——秦兆阳

　　智慧才是一个人成功的最大的条件之一,缺了它,什么也不成。——三毛

　　人能尽其才则百事兴。——孙中山

　　智能是生成的,知识是学来的。
　　　　　　　　　　——陶行知

　　容纳是借鉴也是汲取,借鉴使人明智,汲取使人强大。　——汪国真

　　人之才干、能力一部分是本有,一部分是自居,一部分也在人捧。
　　　　　　　　　　——张申府

　　偏见和利欲是智慧的大敌。
　　　　　　　　　　——周国平

　　心之需要智慧,甚于身体之需要饮食。　　　——阿卜[阿富汗]

　　智慧就在于不为狂热所动,不被常识所驱。当假象惑众时,自己虽然身在其中却不受蒙骗。——阿米尔[瑞士]

　　智慧来自磨难。
　　　　　——埃斯库罗斯[古希腊]

　　智慧——幸福的唯一创造者。
　　　　　　　　——爱·扬格[英国]

　　智慧的可靠标志就是能够在平凡中发现奇迹。　　——爱默生[美国]

　　不公正而外表好像公正,是极度的不公正;同样地,研究哲理而外表不像研究哲理,在嬉笑中做成别人严肃认真地做的事,这是最高的智慧。
　　　　　　　　——爱默生[美国]

　　智慧的根基在于善,而不是善的根基在于智慧。　——爱默生[美国]

　　专心致志是个性的唯一基础,同样也是才干的唯一基础。
　　　　　　　　——爱默生[美国]

　　智慧并不产生于学历,而是来自对知识的终生不懈的追求。
　　　　　　　　——爱因斯坦[美国]

　　我没有什么特别的才能,不过喜欢寻根刨底地追究问题罢了。
　　　　　　　　——爱因斯坦[美国]

　　对后进青年,我有一至诚的劝告:及时充分运用你的智慧;知识可以储备,智慧无可留待。——安徒生[丹麦]

　　生活的智慧大概在于逢事都问个为什么。　　——巴尔扎克[法国]

　　最漂亮的聘礼就是才干。
　　　　　　　　——巴尔扎克[法国]

　　智慧、勤奋和天才,高于显贵和

富有。 ——贝多芬[德国]

完全的智慧有四部分:智慧,正当做事的原则;正义,公正处理公私事务的原则;坚韧,不避艰难的原则;节制,压抑欲望、淡泊自持的原则。
——柏拉图[古希腊]

人的智慧就是快乐的源泉。
——薄伽丘[意大利]

灵感只能从劳动中和在劳动时才能产生。即使一个人天分很高,如果不艰苦地操劳,不仅不会做出伟大的事业,就是平凡的成绩也不会得到。
——柴可夫斯基[俄国]

智慧不仅是创造文化、获得幸福的原动力,同时也切不可忘记它又是产生破坏、把人推向悲惨和苦恼深渊的原动力。 ——池田大作[日本]

一切智慧都建筑在那真理上面。
——但丁[意大利]

大智与疯狂肯定是连在一起的,细微的划分就使它们界线分明了。
——德莱顿[英国]

智慧有三种:一是思虑周到,二是语言得当,三是行为公正。
——德谟克里特[古希腊]

成功好比一架梯子,"机会"是梯子两侧的长柱,"能力"是插在两个长柱之间的横木。只有长柱没有横木,梯子没有用处。 ——狄更斯[英国]

对于人来说,理性是人的主要特征,人类首先应该关心的是寻找真正的食粮——智慧。 ——笛卡儿[法国]

智慧得到光明,就会将无知抛弃,使世界上的生命达到最高目的。
——杜勒西达斯[印度]

智慧与知识不同。智慧是应用已知的去明智地指导人生事务之能力。
——杜威[美国]

智慧总是强于力量。
——费德鲁斯[古罗马]

没有智慧的人,就会受人欺骗,被人迷惑,让人剥削。只有具有思想的人,才是自由和独立的人。
——费尔巴哈[德国]

只有心灵的改善,才能获得真正的智慧。 ——费希特[德国]

当智慧无力驾驭知识时,知识便如一匹倔强的马掀翻它的骑士。
——弗·夸尔斯[英国]

炫耀于外表的才干徒然令人羡慕,而深藏未露的才干则能带来幸运,这要一种难以言传的自制力。
——弗兰西斯·培根[英国]

狡猾的小聪明并非真正的明智。他们虽能登堂却不能入室,虽能取巧并无大智。靠这些小术要得逞于世,最终还是行不通的。
——弗兰西斯·培根[英国]

智慧越多,勇气越少。
——富勒[英国]

智慧素以千眼观物,爱情常以独目看人。 ——高尔基[苏联]

一个人应该善于使用自己的才能，使它不至于涸(hé)竭，并且还要和谐地发展。　　——高尔基[苏联]

技巧是一种才能，但它绝不是没有一切方面的广博知识也行的。
　　——高尔基[苏联]

创造靠智慧，处世靠常识。有常识而无智慧，谓之平庸；有智慧而无常识，谓之笨拙。智慧是一切力量中最强大的力量，是世界上唯一自觉活着的力量。
　　——高尔基[苏联]

相信智慧，那您就会永远立于不败之地！　　——高尔基[苏联]

一个人知道得越多，他就越有力量。
　　——高尔基[苏联]

主宰世界的有三个要素，那就是智慧、光辉和力量！——歌德[德国]

智慧只存在于真理之中。
　　——歌德[德国]

智慧最后的结论是：生活也好，自由也好，都要天天去赢取，这才有资格去享有它。　　——歌德[德国]

一切才能都要靠知识来营养，这样才会有施展才华的力量。
　　——歌德[德国]

自省(xǐng)是智慧的学校。
　　——格拉西安[西班牙]

才能是上帝赏赐的无价之宝，千万别毁了它。　　——果戈理[俄国]

记忆力并不是智慧，但没有记忆力还成什么智慧呢？——哈柏[德国]

人老并不是增加智慧，只是越来越小心罢了。　　——海明威[美国]

知识可以言传，但智慧则不然。人们可以去发现它，用它生活，以它自强，凭借它去创造奇迹，但却无法把它交流和传授。　　——海塞[瑞士]

真正的智慧是知道那些最值得知道的事情，而且去做那些最值得做的事情。
　　——汉弗莱[美国]

智慧的标志是审时度势之后再择机行事。　　——荷马[古希腊]

摆脱愚蠢是智慧的开始。
　　——贺拉斯[古罗马]

智慧就在于说出真理，按照自然行事，倾听自然的话。
　　——赫拉克利特[古希腊]

高超的智慧兼普通的勇气，远比出众的勇气兼普通的智慧有更大的作用。
　　——克劳塞维茨[德国]

智慧之于灵魂，有如健康之于身体。
　　——拉罗什富科[法国]

没有那个年龄该有的智慧，就有那个年龄该有的一切痛苦。
　　——兰道尔[英国]

智慧和幻想对于我们的知识是同样必要的，它们在科学上也具有同等的作用。　　——李比希[德国]

要理解智能，本身须得有智能；如果听众是聋子，音乐就等于零。
　　——李普曼[美国]

做将军需要的才能与做士兵需要的才能大相径庭。　——利维[古罗马]

灵感不过是"顽强地劳动而获得的奖赏"。　　　　　——列宾[俄国]

没有智慧的头脑,就像没有蜡烛的灯笼。　——列夫·托尔斯泰[俄国]

人必须掌握某种才能。没有超群的技术和才能,人的一生就将虚度过去。
——铃木健二[日本]

青年时期是学习智慧的时候,老年是实践智慧的时候。　——卢梭[法国]

智慧的九成在于适时的聪明。
——罗斯福[美国]

最能显示出一个人智慧的是,能在各种危险之间做出权衡,并选择最小的危险。　——马基雅弗利[意大利]

纵使我们可以靠别人的学问而达成博学,最低限度也要靠自己的智慧才终能成为明哲。　　——蒙田[法国]

如果智慧的拥有者不善于合理、谨慎地利用它,那么对其本人来说,智慧就是危险的武器。　——蒙田[法国]

才能是来自独创性。独创性是思维、观察、理解和判断的一种独特的方式。　　　——莫泊桑[法国]

卓越的才能,如果没有机会就将失去价值。　　　——拿破仑[法国]

一个人不可能精通所有的事,每个人都有他的特长。
——欧里庇得斯[古希腊]

智慧胜于知识。——帕斯卡[法国]

智慧的获得不在于年岁,而在于品性。　　——普劳图斯[古罗马]

个人只有在社会上占有为此所需的地位时,才能够表现出自己的才能。
——普列汉诺夫[俄国]

若能坚定不移、专心致志做一件事,必然表明某人才能不凡;但若他办事匆忙,烦躁不安,则必然显示其智力薄弱,性情轻浮。　——切斯特菲尔德[英国]

不诚实的智慧只不过是诡计和欺诈。　　　　——琼森[英国]

财富或美貌赢得的赞誉是脆弱的、短暂的,卓越的才智才是光彩夺目、经久不灭的财富。　——萨鲁斯特[古罗马]

智慧是人类的洞察力,是品格,是许多事物的合成体。　——萨诺夫[法国]

智慧教会我们做和说,从而使我们言行一致。　　——塞涅卡[古罗马]

智慧越是遮掩,越是明亮,正像你的美貌因为蒙上黑纱而十倍动人。
——莎士比亚[英国]

脑袋里的智慧就像打火石里的火花一样,不去打它是不肯出来的。
——莎士比亚[英国]

智慧和命运交锋时,如果智慧有敢

作敢为的胆识,命运就没有机会动摇它。
——莎士比亚[英国]

智慧的价值胜过珍珠。——《圣经》

得智慧胜似得金子,选聪明强如选银子。 ——《圣经》

听智者的责备,强如听愚者的歌唱。
——《圣经》

多有智慧多烦恼,增添知识添忧伤。
——《圣经》

和有智慧的人同行,必得智慧。
——《圣经》

把人生看作一个燃烧的过程,智慧就是这个过程所产生的火焰。
——叔本华[德国]

最伟大的智慧,就在于充分地享用现在,并把这种享用变为人生的目的。
——叔本华[德国]

只有智慧才能使勇敢、节制及正直,一言蔽之,使真正的善成为可能。
——苏格拉底[古希腊]

智慧的一个特征就是不做莽撞蛮干的事。 ——梭罗[美国]

智慧,比知识的内涵丰富得多。
——泰戈尔[印度]

靠智慧能赢得财产,但没人能用财产换来智慧。 ——泰勒[美国]

才智比美貌更不可缺。
——威彻利[英国]

智力是一口不断涌出淡水的泉,但是,如果不合理地使用这口泉,它就会失去价值。 ——维特根斯坦[英国]

智慧的功用在于区别善恶。
——西塞罗[古罗马]

一个人不论赋有什么样的才具,他如果不知道自己有这种才具,并且不形成适合于自己才具的计划,那种才具对他便完全无用。 ——休谟[英国]

能力永远和它的发挥有关,不论这种发挥是现实的,或是很可能会实现的。
——休谟[英国]

精明和智慧是非常不同的两件事。精明的人是精细考虑他自己利益的人,智慧的人是精细考虑他人利益的人。
——雪莱[英国]

智慧不仅仅在于知识,而且在于实际应用知识的能力。
——亚里士多德[古希腊]

我们拥有的一切中,唯有智慧是永恒的。 ——伊索[古希腊]

智慧的美胜过形体的美。
——伊索[古希腊]

才能和天才的差别就如同泥瓦和雕塑家的差别。 ——英格索尔[美国]

即使是一个智慧的地狱,也比一个愚昧的天堂好些。 ——雨果[法国]

最大的决心产生最高的智慧。
——雨果[法国]

72 真理;正确

朝闻道,夕死可矣。①
——[春秋]《论语》

无是非之心,非人也。②
——[战国]《孟子》

君子畏理,甚于畏法。③
——[明]吕坤

说真话不应当是艰难的事情。我所谓真话不是指真理,也不是指正确的话。自己想什么就讲什么,自己怎么想就怎么说——这就是说真话。 ——巴金

哪怕是铺上千万朵鲜花,谎言也不会变成真理。 ——巴金

一时强弱在于力,千秋胜负在于理。
——曹禺

如果你认为自己一无错误,那真理就只好悄悄地躲着你。 ——敦源

坚持真理是一件艰巨的斗争,也是教育工作;需要好的方法、方式、手段,还有是耐性。 ——傅雷

虚心学习又不盲从,以实践作为检验标准,就能得到真理。 ——龚育之

走对了路的原因只有一种,走错路的原因却有很多。 ——古龙

我们只愿在真理的圣坛之前低头,不愿在物质的权威之前拜倒。
——郭沫若

通往真理的道路不会一帆风顺,要想不被假象所迷惑,关键就看我们能否对真理坚持到底。 ——黄海洋

真理,哪怕只见到一线,我们也不能让它的光辉变得暗淡,我们要继续战斗。
——李四光

学者以探求真理为目的,故不求急功近利。 ——梁实秋

无数相对的真理之总和,就是绝对的真理。 ——毛泽东

真理是在同谬误作斗争中间发展起来的。 ——毛泽东

权势打不倒真理。 ——穆青

正确的结果,是从大量错误中得出来的;没有大量错误做台阶,也就登不上最后正确结果的高座。 ——钱学森

向真理弯腰的人,一旦挺起胸来,将顶天立地。 ——沈舜福

正确与错误总是同时存在的。
——陶铸

我生为真理生,死为真理死。除了真理,没有我自己的东西。 ——王若飞

---

① 朝:早晨。闻:听见;得知。道:大道理;真理。夕:晚上。
② 是非:正确与错误。
③ 理:道理;真理。

真理常常很平凡,而平凡的真理却常常为少数人的成见和偏见所翳(yì)掩。①
——夏衍

真理是朴素的,掌握住真理的人也是朴素的。
——杨奔

在任何情况下都能够坚持科学真理,也许比发现真理更艰难。
——远德玉

不要想象自己说的每句话都是真理,但要保证自己说的每句话都是真话。
——张杰

为了寻求真理,就要有争辩,就不能独断。
——周恩来

只有忠实于事实,才能忠实于真理。
——周恩来

真理的语言是简单的。
——埃斯库罗斯[古希腊]

在我所讲的一切中,我只是探求真理,这并不是仅仅为了博得说出真理的荣誉,而是因为真理于人有益。
——爱尔维修[法国]

真理并非永远藏于深井之中,事实上就更为重要的知识而言,我确信她总是浅显易见的。
——爱伦·坡[美国]

无论真理在何处受到伤害,都应去捍卫他。
——爱默生[美国]

对真理的最大尊敬就是遵循真理。
——爱默生[美国]

上帝为每个人灵魂提供了选择机会:或是拥有真理,或是得到安宁。你可以任选其一,但不能兼而有之。
——爱默生[美国]

真理的核心无处不在,真理的范围漫无边际,真理的存在我们无法否认。
——爱默生[美国]

我们对真理所能表示的最大崇拜,就是要脚踏实地去履行它。
——爱默生[美国]

如果一个人把注意力集中在真理的某一个侧面,并且长期地只关心这个侧面,那么这个真理就会被歪曲而失去本来面目,从而变为谬误。
——爱默生[美国]

在真理和认识方面,任何以权威者自居的人,必将在上帝的戏弄和嘲笑中垮台。
——爱因斯坦[美国]

真理总是最简单的、朴实的、明白如话的。
——爱因斯坦[美国]

我要做的只是以我微薄的绵力来为真理和正义服务,即使不为人喜欢也在所不惜。
——爱因斯坦[美国]

真理使世界前进。
——安徒生[丹麦]

真理并不是老使人高兴的事情,但是真理高于一切。
——安徒生[丹麦]

掩饰真理是卑鄙,因害怕真理而撒谎是怯懦。
——奥格辽夫[俄国]

尽量行善,热爱自由高于一切,即使

---

① 翳掩:遮掩;掩盖。

在帝王面前,也绝不背叛真理。
——贝多芬[德国]

不论将来人们怎样说我,我在每一件事情上都一丝不苟地固守真理,不违背事实。
——贝多芬[德国]

真理的小小钻石是多么罕见难得,但一经开采琢磨,便能经久、坚硬而晶亮。
——贝弗里奇[英国]

对真理的错误理解,不会毁灭真理本身。
——别林斯基[俄国]

用不着害怕真理,最好正视它,而不是眯起眼睛,把假的、虚构的花朵当作现实的花朵。只有胆怯而又软弱的人,才会畏惧、怀疑和研究;凡是相信理性和真理的人,就不会害怕任何否定。
——别林斯基[俄国]

真理是美好而又持久的东西。
——柏拉图[古希腊]

尊重人不应该胜于尊重真理。
——柏拉图[古希腊]

真理绝不会伤害传播它的人。
——勃朗宁[英国]

追求绝对真理是最大的错误根源。
——勃特勒[英国]

任何一个可信的道理都是真理的一种形象。
——布莱克[英国]

真理是时间的好孩子,不是权威的孙子。
——布莱希特[德国]

不知道真理的人,不过是个傻瓜。但是知道真理,反而说它是谎言的人就是罪人。
——布莱希特[德国]

真理,即使被践踏在地,也会站起来,上帝永恒的岁月属于它;但谬误一旦受伤,便会就地打滚,然后在其崇拜者中间咽气。
——布赖恩特[美国]

真理往往是粒难以下咽的苦药,但我们不能让幻想像野草似的继续生长。
——茨威格[奥地利]

做正确的事并非轻而易举——事实上有时真的很难——但要记住,做正确的事始终都是正确的。
——大卫·科特莱尔[美国]

常常有许多人下海去求真理,但因不懂方法,徒然空着手回到岸上,甚至有失其求真理之初愿的。
——但丁[意大利]

像萌芽一般,在一个真理之足下又生一个疑问。真理与疑问互为滋养,自然一步一步把我们推进到绝顶。
——但丁[意大利]

如果真理在少数人中间获得了充分的胜利,而这少数人是优秀的,那就应当予以接受;因为真理的本性并不在于使多数人喜爱。
——狄德罗[法国]

真理喜欢批评,因为经过批评,真理就会取胜;谬误害怕批评,因为经过批评,谬误就要失败。
——狄德罗[法国]

真理是人生的向导与光辉。
——狄更斯[英国]

站在真理的优越地位上所产生的乐趣,是任何其他乐趣所无法比拟的。
——弗兰西斯·培根[英国]

在人类的历史的长河中,真理因为像黄金一样重,总是沉于河底而很难被人发现,相反地那些牛粪一样轻的谬误倒漂浮在上面而到处泛滥。
——弗兰西斯·培根[英国]

真理是一个必须成熟以后才能摘下来的果实。 ——伏尔泰[法国]

不爱自由和真理的人,可能成为强有力的人,但绝不会成为伟大的人。
——伏尔泰[法国]

我们应当尊敬的是凭真理的力量统治人心的人,而不是依靠暴力来奴役人的人;是认识宇宙的人,而不是歪曲宇宙的人。 ——伏尔泰[法国]

真理只有一个,不会改变。它包含触及内心的每件事情——荣誉、自尊、怜悯、公正、勇气与爱。——福克纳[美国]

与智慧相伴的是真理。
——福楼拜[法国]

真理是认识事物的工具,是人们前进和上升的道路上的阶梯,真理都是从人类的劳动中产生的——这个真理已经被人类全部文化发展史充分有力地证明过了。 ——高尔基[苏联]

人之需要真理,就像盲人需要明眼的引路人一样。 ——高尔基[苏联]

真理与谬误是同一个来源,这是奇怪的但又是确实的,所以我们任何时候都不应该粗暴地对待谬误,因为在这样做的同时,我们就是在粗暴地对待真理。
——歌德[德国]

真理必须一再重复,因为在我的周围,谬误也一再被人宣扬。
——歌德[德国]

真理属于人类,谬误属于时代。真理就像上帝一样,我们看不见它的本来面目,我们必须通过它的许多表现而猜测到它的存在。 ——歌德[德国]

真理就住在谬误的隔壁,人们寻找真理,常常是在一次次地敲响谬误的门之后。 ——歌德[德国]

看出错误比发现真理要容易得多。因为谬误是在明处,也是可以克服的;而真理则藏在深处,并且不是任何人都能发现它。 ——歌德[德国]

真理并非总是必须具有一个明确的外形,只要它像在我们四周轻轻飞翔并带来和谐的精灵,只要它像庄严而亲切的绕梁之钟声,那就够了。
——歌德[德国]

那些反对理性的真理的人不过是在那里拨火,结果是弄得余烬乱飞,把原来不曾触到火的东西都给烧掉了。
——歌德[德国]

错误总离不了我们。可是,更高的要求总会把努力的精神悄悄引向真理。
——歌德[德国]

要坚持真理,不论在哪里也不要动摇。 ——赫尔岑[俄国]

尊重真理,就是聪明睿智的开端。
——赫尔岑[俄国]

盲目地坚持真理比情有可原地犯错

误更具有危害性。　——赫胥黎[英国]

真理是在漫长地发展着的认识过程中被掌握的。在这一过程中,每一步都是它前一步的直接继续。
——黑格尔[德国]

要想为知识的进步与发展奠定基础,唯一的方法,即在于坚持结果的真理性。
——黑格尔[德国]

提示真理需要付出代价,但是真理终将战胜一切。　——华盛顿[美国]

真理一旦觉醒,就再也不会消失。
——华兹华斯[英国]

听真理的人并不弱于讲真理的人。
——纪伯伦[黎巴嫩]

真理就是具备这样的力量,你越是想要攻击它,你的攻击就愈加充实了和证明了它。　——伽利略[意大利]

真理是人可以拥有的最崇高的东西。　——柯林斯[英国]

真理最好的朋友是时间,最大的敌人是偏见,最经久的伴侣是谦卑。
——科尔顿[阿根廷]

越是接近真理,便愈加发现真理的迷人。　——拉美特利[法国]

对真理的追求要比对真理的占有更为可贵。　——莱辛[德国]

真理总是蒙上一层面纱的,因为我们不可仰视其光辉,正如我们不敢仰视那灿烂夺目的太阳一样。
——赖德·哈格德[英国]

真理是财富,是经过检验的、世间最可宝贵的财富。　——兰格伦[英国]

认识真理的主要障碍不是谬误,而是似是而非的真理。
——列夫·托尔斯泰[俄国]

在过去、现在和将来都永远是美好的东西,那便是真理。
——列夫·托尔斯泰[俄国]

真理不仅指明了人类生活的道路,而且打开了人类能够按其前进的唯一的路途。　——列夫·托尔斯泰[俄国]

正确的道路是这样:吸取你的前辈所做的一切,然后再往前走。
——列夫·托尔斯泰[俄国]

谁怕下功夫,谁就无法找到真理。
——列宁[苏联]

必须有勇气正视无情的真理。
——列宁[苏联]

如果你想独占真理,真理就要嘲笑你了。　——罗曼·罗兰[法国]

在争吵中,失去的总是真理。
——马尔提阿里斯[古罗马]

真理是普遍的,它不属于我一个人,而为大家所有;真理占有我,而不是我占有真理。　——马克思[德国]

最好把真理比作燧石——它受到的

敲打越厉害,发射出的光辉就越灿烂。①
——马克思[德国]

真理永远是不朽的,而谬误总有一天要被纠正。——玛·埃迪[英国]

真理本身并没有被在任何时候在一切事情上应用的特权:不管它的用途多么崇高,它也有着它的范围和界限。
——蒙田[法国]

你沿着真理这座高山攀登,绝不会劳而无获。——尼采[德国]

实实在在的真理,顶天立地的品格,比什么爵位都高。——彭斯[苏格兰]

真理一出,谎言全消。
——契诃夫[俄国]

伟大的真理只有经过忘我的斗争和牺牲才能胜利实现。
——乔万尼奥里[意大利]

真理之门向每个人都是敞开的。
——塞涅卡[古罗马]

真理像颗宝石,虽然不应涂抹颜色,却可放在显眼的地方,使其发出更美妙的光彩。——桑塔亚那[西班牙]

真理不需要光彩,美丽不需要画笔。
——莎士比亚[英国]

人生是短促的,而真理的影响是深远的,它的生命是悠长的。
——叔本华[德国]

争取一个人皈依真理,总比打发一个人下地狱好些。——司各特[英国]

过去曾是真理的东西,今天成了谬误;今天作为谬误的东西,昨天曾是真理;像世界上所有其他的事物一样,真理和谬误也是随着时间变化的。
——斯宾塞[英国]

真理有三部分:考查,即求取它;认识,即它已存在;信心,即运用它。
——苏格拉底[古希腊]

如果你把所有的错误都关在门外,真理也要被关在外面了。
——泰戈尔[印度]

错误经不起失败,但是真理却不怕失败。——泰戈尔[印度]

真理是严酷的,我喜爱这个严酷,它永不欺骗。——泰戈尔[印度]

人往往取吉祥的错误,而抛弃恼人的真理。——泰勒[美国]

真理将恢复自然所赐的光彩,就像普罗米修斯从天上带来火种。
——托·坎贝尔[英国]

一切都会过去的,唯有真理长存。
——陀思妥耶夫斯基[俄国]

货真价实的真理,往往平凡得不似真理。——陀思妥耶夫斯基[俄国]

希望真理在自己这边是一回事,而真诚地希望自己在真理那边则又是一回事。——沃特利[美国]

---

① 燧石:一种石头,敲击时能发出火星,可用来取火。

谁若不敢超越现实,谁就永远得不到真理。 ——席勒[德国]

真理虽然好,但不是在任何时候、任何地方听上去都顺耳的。有人迷恋它,但也有人觉得它刺耳。
——谢德林[俄国]

一个真理,一旦被揭示,就永不可磨灭,而只会阻止违反真理的谬误的复活。
——雪莱[英国]

凡是真理,所需的只是让公众知道而后得到承认。 ——雪莱[英国]

严密地检验支持任何命题的证明是否有效,是获得真理的唯一可靠方法。
——雪莱[英国]

我爱我师,我更爱真理。
——亚里士多德[古希腊]

最初偏离真理毫厘,到头来就会谬之千里。 ——亚里士多德[古希腊]

真理往往在少数人一边。
——易卜生[挪威]

真理的精神和自由的精神才是社会的支柱。 ——易卜生[挪威]

指出一个人的错误是一回事,而使他掌握真理则是另一回事。
——约翰·洛克[英国]

真理的火炬会照出许多我们看不见的东西和我们不愿看见的一切东西。
——约翰逊[英国]

73 谬误;错误

过犹不及。① ——[春秋]《论语》

君子之过也,如日月之食焉。过也,人皆见之;更(gēng)也,人皆仰之。②
——[春秋]《论语》

成事不说,遂事不谏,既往不咎(jiù)。③ ——[春秋]《论语》

小过不生,大罪不至。
——[战国]《韩非子》

不吹毛而求小疵,不洗垢而察难知。④ ——[战国]《韩非子》

尺之木必有节(jiē)目,寸之玉必有瑕疵(tī)。 ——[战国]《吕氏春秋》

人谁无过? 过而能改,善莫大焉。⑤
——[战国]《左传》

---

① 过:超过适当界限。犹:如同。不及:不够。
② 过:过失;错误。更:更正;改正。
③ 成事:已成功的事。说:说明;解释。遂事:已完成的事。谏:规劝;纠正。既往:已过去的事。咎:责怪;追究。
④ 疵:缺点;毛病。垢:污垢,引申为耻辱。
⑤ 焉:助词,加强语气。

前车覆,后车戒。——[汉]贾谊

过犹不及,有余犹不足也。
——[汉]贾谊

差若毫厘,缪以千里。①
——[汉]《礼记》

瑕不掩瑜,瑜不掩瑕。②
——[汉]《礼记》

过而改之,是犹不过。
——[汉]刘向

黄金有疵,白玉有瑕。
——[汉]《史记》

亡羊而补牢,未为迟也。
——[汉]《战国策》

小疵不足以损大器。——[晋]葛洪

失之东隅(yú),收之桑榆。③
——[南朝]《后汉书》

痛莫大于不闻过,辱莫大于不知耻。④——[隋]王通

告我以吾过者,吾之师也。
——[唐]韩愈

知过非难,改过为难;言善非难,行善为难。——[唐]陆贽

黄金无足色,白璧有微瑕。
——[宋]戴复古

不知其非,安能去非;不知其过,安能改过?——[宋]陆九渊

真知非,则无不能去;真知过,则无不能改。——[宋]陆九渊

君子改过,小人饰非;改过终悟,饰非终迷。⑤——[宋]邵雍

不以无过为贤,而以改过为美。
——[宋]司马光

改过不吝,从善如流。⑥
——[宋]苏轼

人谁无过,当容其改。
——[宋]《新唐书》

日省(xǐng)吾身,有则改之,无则加勉。⑦——[宋]朱熹

不责人小过,不发人阴私,不念人旧恶:三者可以养德,亦可以远害。⑧
——[明]洪应明

自家有过,人说要听;当局者迷,旁

---

① 毫:一寸的千分之一。厘:一寸的百分之一。毫厘:比喻极微小的数量。缪:同"谬",差错,错误。千里:泛指很远的距离,比喻极大的差错。

② 瑕:玉上的斑点,比喻缺点。瑜:玉的光彩,比喻优点。

③ 东隅:东方,早晨日出于东方,故指早晨。桑榆:桑榆树梢,映有落日余晖,故指晚上。

④ 痛:痛心。闻:听。过:过错;过失。辱:羞辱。

⑤ 饰非:掩饰过失、错误。也说"文过饰非"。悟:明白;觉醒。迷:迷惑;困惑。

⑥ 吝:舍不得。从善如流:接受好的意见,如同水由高处流向低处一样自然。

⑦ 省:检查自己的思想行为。勉:使努力;鼓励。

⑧ 阴私:不可告人的事(多指不好的)。

观者醒。① ——[明]吕坤

短不可护,护短终短;长不可矜,矜则不长。② ——[明]聂大年

不贵于无过,而贵于能改过。
——[明]王守仁

一失足成千古恨,再回头已百年身。
——[清]《花月痕》

不怕人家说有缺点,才会不断地进步。 ——丁玲

科学家是从错误堆中爬出来的伟人。 ——敦源

人生做错了一件事,良心就永远不得安宁。 ——傅雷

有些人生的错误可以挽回补救,而很多很严重的错误,却是永远无法挽救的。 ——黄金雄

人的进步有两条:一是发展自己的特长,一是改正自己的缺点。
——李可染

一个善于学习的人就是善于认识缺点、改正缺点的人。 ——李可染

对于学习,永远没有太老的时候;对于改过,永远没有太迟的时候。
——刘景全

把错误看作不可避免的过程,你会多有一些勇气! ——罗兰

错误常常是正确的先导。
——毛泽东

人不怕犯错误,犯了错误,如果能带着教育和反思爬起来,错误就会成为课堂。我想:每个少年都渴望成功,但成功必须从自信开始,可能正是从家人或老师的一次不经意的鼓励开始! ——莫言

受了批评怎么办?有则改之,无则加勉,照样吃饭,照样往前走路。
——彭德怀

细节的不等式意味着百分之一的错误会导致百分之百的错误。——汪中求

不认识自己的长处,难免把别人的短处当成学习的对象。 ——王朝闻

年轻人的缺点是:往往把生活看得过于单纯。 ——魏巍

错误愈是隐秘,其危害和损失也就愈大。 ——文清源

学走路就要摔跤,尝试就难免有失误。 ——吴祖光

犯一次错误学一次乖,学习就是学乖。 ——谢觉哉

真正的高明,不是不犯错误,而是能由自我批评中达到高明。不肯自我批评的人,永远不会真正高明。 ——谢觉哉

无错误的人往往是无创意做事的人。 ——徐凤和

你最大的过错,是你以为你自己永无过错;你最大的失败,是你以为你自己

---

① 当局者:下棋的人。迷:迷惑,分辨不清。醒:觉悟;认识清楚。
② 矜:自尊自大;自夸。

永无失败。　　　　——宣永光

畏惧错误就是毁灭进步！遮掩错误就是躲避真理。　　　　——周恩来

适当地发扬自己的长处，具体地纠正自己的短处。　　　　——周恩来

我们所得到的许多教训，是从我们的错误与失败中学来的。过去的错误便是将来的智慧与成功。
　　　　——爱德华兹［英国］

谬误常常自相矛盾，真理从来不会如此。　　　　——爱尔维修［法国］

我并不气馁，因为我将每一次错误的尝试抛在脑后，就等于是又向前跨了一步。　　　　——爱默生［美国］

一个人在科学探索的道路上走过弯路，犯过错误，并不是坏事，更不是什么耻辱，要在实践中勇于承认和改正错误。
　　　　——爱因斯坦［美国］

要不犯错误，除非一事不做。
　　　　——巴尔扎克［法国］

犯错误是无可非议的，只要及时觉察并纠正就好。谨小慎微的科学家既犯不了错误也不会有所发现。
　　　　——贝弗里奇［英国］

知过，则已改过了一半了。
　　　　——波恩［德国］

是人自然会犯错误。
　　　　——波普尔［英国］

我们可以从错误中学习。
　　　　——波普尔［英国］

你永远不要犯同样的错误，因为还有好多其他错误等你来尝试。
　　　　——伯尼斯·科恩［英国］

只要是有人的地方，就会有不足之处。　　　　——布莱希特［德国］

既然太阳上也有黑点，"人世间的事情"就更不可能没有缺点。
　　　　——车尔尼雪夫斯基［俄国］

听别人数说我们的错误很难，但假如对方谦卑地自称他们也并非完善，我们就比较容易接受了。
　　　　——戴尔·卡内基［美国］

固执己见的人往往做错事。
　　　　——德莱顿［英国］

如果对小错假装没看见，那你就犯了大错。　　　　——富兰克林［美国］

每个时代都贬斥旧的错误，但却都产生新的错误。　　——富勒［英国］

人们还往往把真理和谬误混在一起去教人，而坚持的却是错误。
　　　　——歌德［德国］

权威，人类没有它就无法生存，可是它带来的错误竟跟它带来的真理一样多。　　　　——歌德［德国］

谬误与真理的关系，就像睡梦与梦醒的关系一样。一个人从错误中省悟过来，就会以新的力量走向真理。
　　　　——歌德［德国］

只要我们还年轻，犯错误是完全正常的，但我们不应当把错误带到老年。
　　　　——歌德［德国］

有的人不犯错误,那是因为他从来不去做任何值得做的事。
——歌德[德国]

每一个人都以为自己对自己知道得最清楚,这样就有许多人走错了路,也有许多人在迷途上耽搁得很久。
——歌德[德国]

人只要奋斗就会犯错。
——歌德[德国]

反省是一面镜子,它能将我们的错误清清楚楚地照出来,使我们有改正的机会。
——海涅[德国]

任何人都难免有缺点,否则人在世上就找不到一个朋友。
——赫兹里特[英国]

畏惧错误就是毁灭进步。
——怀特海[英国]

最大的错误是你认为从来不犯错误。
——卡莱尔[英国]

错误丰富了他们的经验,引起了改进的热望,使黑暗消失后出现的光明更加辉煌灿烂。
——凯勒[瑞士]

生气,是拿别人的错误惩罚自己。
——康德[德国]

年轻时没做过蠢事的人,到了成年后就不会有什么作为。
——柯林斯[英国]

如果错在一方,争吵不会持续很久。
——拉罗什富科[法国]

虚伪的人文过饰非,诚实的人知错认错。
——拉罗什富科[法国]

在日常生活中,我们往往由于自身的缺点而不是优点才招人喜欢。
——拉罗什富科[法国]

错误最多的人,是那些犯了错误却不承认错误的人。
——拉罗什富科[法国]

以为没有别人自己什么都行的人,是非常错误的;以为没有自己别人什么都不行的人,那就更加错误。
——拉罗什富科[法国]

一个人的错误有时要比他的优点更能给人以启迪。
——朗费罗[美国]

错了也没有关系,不要怕错,错了马上就改。可怕的倒是提不出问题,迈不开第一步。
——李政道[美国]

我能想象到的人的最高尚行为,除了传播真理外,就是公开放弃错误。
——利斯特[英国]

人类生来就不能知道什么是对的,什么是错的。人们过去常错,将来也常错,在判断是非问题上尤其是这样。
——列夫·托尔斯泰[俄国]

只有什么事也不干的人才不会犯错误。
——列宁[苏联]

人之所以犯错误,不是因为他们不懂,而是因为他们以为什么都懂。
——卢梭[法国]

没有不带刺的鱼,同样也没有不带缺点的人。
——马丁·路德[德国]

如同月亮一样,每个人都有他不让别人看到的阴暗的一面。
——马克·吐温[美国]

人类学会走路,也得学会摔跤,而且只有经过摔跤他才会学会走路。
——马克思[德国]

永远不要因承认错误而感到羞耻,因为承认错误也可以解释作你今天更聪敏。
——马罗[法国]

悔过是变得真诚的最可靠途径。
——塞涅卡[古罗马]

想不犯错误是很难的,即使是不犯错误,想避免不公正的批评也是很难的。
——色诺芬[古希腊]

知过则改永远是不嫌迟的。
——莎士比亚[英国]

为一件过失辩解,往往使这过失显得格外重大,正像用布块缝补一个小小的窟窿眼儿,反而欲盖弥彰一样。
——莎士比亚[英国]

人们对自身的过失,常常看不分明。
——莎士比亚[英国]

从未犯过错误的人很可能也就从未有所发现。
——斯迈尔斯[英国]

人,虽然偶尔会犯错误,却能伸伸脚,一边绊倒一边往前走。
——斯坦贝克[美国]

人们不必为过去的错误而羞惭,换言之,即不必为今天比昨天聪明而羞惭。
——斯威夫特[英国]

错误就住在真理的邻近,因而常会使我们难以辨别。
——泰戈尔[印度]

经常谈论别人的短处,只会使一个人心胸狭窄,使一个人变得非常多疑,非常无聊。
——泰戈尔[印度]

所有的科学都是错误先真理而生,错误在先比错误在后好。
——沃尔波斯[英国]

每个人都会犯错误,但只有愚者才会执迷不悟。
——西塞罗[古罗马]

谬误的事情到头来总是被其自身的谬误所推翻。
——雪莱[英国]

人们常以为犯小过无伤大雅,哪知更大的失败常是由小过导引而来的。
——雪莱[英国]

包含着某些真理因素的谬误是最危险的。
——亚当·斯密[英国]

谬误与真理间也许仅隔着一根头发。
——伊本·欧玛尔[波斯]

掩饰一个缺点,结果会暴露另一个缺点。
——伊索[古希腊]

谬误再坚持也不会成为真理。
——英格索尔[美国]

尽可能少犯错误,这是人的准则;不犯错误,那是天使的梦想。尘世上的一切都是免不了错误的,错误犹如一种地心引力。
——雨果[法国]

事情做得多的人,就会有所失误。
——约翰逊[英国]

74 聪明

聪者听于无声,明者见于无形。①
——[汉]《汉书》

智者千虑,必有一失;愚者千虑,必有一得。② ——[汉]《史记》

智者顺时而谋,愚者逆理而动。
——[南朝]《后汉书》

高者未必贤,下者未必愚。
——[唐]白居易

自知者为明。 ——[唐]韩愈

人以不作聪明为贤。——[宋]苏轼

人皆养子望聪明,我被聪明误一生。
——[宋]苏轼

聪明了一世,懵(měng)懂在一时。③ ——[明]冯梦龙

智而能愚,则天下之智莫加焉。
——[明]刘基

凡智愚无他,在读书与不读书;祸福无他,在为善与不为善;贫富无他,在勤俭与不勤俭;毁誉无他,在仁恕与不仁恕。 ——[明]吕坤

机关算尽太聪明,反算了卿卿性命。④ ——[清]《红楼梦》

聪明者戒太察,刚强者戒太暴,温良者戒无断。 ——[清]金缨

"聪明"二字不可以自许,"慷慨"二字不可以望人。 ——[清]李惺

自持其聪与敏而不学者,自败者也。
——[清]彭端淑

君子受言以达聪明也亦然。⑤
——[清]魏源

聪明得福人间少,侥幸成名史上多。
——[清]袁枚

聪明出于勤奋,天才在于积累。
——华罗庚

聪明的人懂得说,智慧的人懂得听,高明的人懂得问。要学习,不要骄傲,不能看不起人。
——毛泽东

小聪明的人,往往不能快乐;大智慧的人,经常笑口常开。 ——三毛

聪明人要理解生活,愚蠢人要习惯生活。 ——沈从文

聪明,不是不犯错误,而是同样的错误不犯两次。 ——汪国真

人贵尽其才,尽其用,并不以智愚、巧拙而分等级。 ——徐悲鸿

---

① 聪:听觉灵敏。明:眼力敏锐。
② 虑:考虑;思考。失:失误。
③ 懵懂:糊涂;不明事理。
④ 机关:周密而巧妙的计谋。卿卿:对人亲昵的称呼,含戏谑、嘲弄意。
⑤ 受言:采纳、接受别人的意见。

聪明的人因为太聪明而往往流于精明,正直的人因为憨厚而永远拙于表现。
——杨晓晖

自以为聪明的人往往是没有好下场的。世界上最聪明的人是最老实的人,因为只有老实人才能经得起事实和历史的考验。 ——周恩来

聪明适用于一切,却不能满足一切。
——阿米尔[瑞士]

聪明的人不是具有广博知识的人,而是掌握有用知识的人。
——埃斯库罗斯[古希腊]

对于别人的事,大家都聪明;对于自己的事,谁也不聪明。
——爱默生[美国]

聪明才智是拨动社会的杠杆。
——巴尔扎克[法国]

明智的人因为有话要说才说话,愚蠢的人则为了必须说话而说话。
——柏拉图[古希腊]

聪明人通过别人的错误学习,愚人则通过自己的错误学习。
——博恩[英国]

聪明不在于不犯错误,而在于能迅速地意识到怎样去纠正错误。
——布莱希特[德国]

聪明睿智的特点就在于,只需看到和听到一点儿,就能长久地考虑和更多地理解。 ——布鲁诺[意大利]

只有聪明人才能识别聪明人。
——第欧根尼[古希腊]

走向疯狂的第一步就是自以为聪明。
——费尔南多·德·罗哈斯[西班牙]

股票市场最惹人发笑的事情是:在同一时间买入或卖出的人都自以为比对方聪明! ——费瑟[美国]

要精明地处世,但不要那种世俗的精明。 ——弗·夸尔斯[英国]

进行统治的不是聪明的人,而是聪明本身;不是干练的人,而是干练本身。
——歌德[德国]

聪明的人就是最好的百科全书。
——歌德[德国]

如果不以聪明自居,很多人都会变得聪明。 ——格拉西安[西班牙]

聪明人宁愿看到人们需要他,而不是感谢他。 ——格拉西安[西班牙]

在聪明人之中,最聪明的人知道自己懂得最少;在蠢人之中,最蠢的人认为自己懂得最多。 ——格瓦拉[西班牙]

聪明人轻视傻瓜们的见解,却依旧为得到他们的尊敬而自豪,这是逢迎谄(chǎn)媚(mèi)造成的一种矛盾。
——哈利法克斯[英国]

聪明人不注意自己不可能得到的东西,也不会为它们烦恼。
——赫伯特[英国]

在某个范围里的聪明人,在其他范围里可能是个笨人。 ——加缪[法国]

聪明人依赖傻瓜,甚于傻瓜依赖聪

明人。　　　——柯林斯[英国]

在幸福与智慧之间有这样一个区别：认为自己最幸福的人，他就确是如此；而认为自己最聪明的人，往往是最大的傻瓜。　　——科尔顿[阿根廷]

聪明的蠢材就是这样的没有自知之明，自以为名满天下，恍然大悟时方才知道自己的名声仅仅限于蚁穴的范围而已。　　——克雷洛夫[俄国]

如果一个人在别人眼里不显得过于聪明，他就已经相当狡猾了。
　　——拉布吕耶尔[法国]

一个生活中不干蠢事的人，并非像他自己认为的那样聪明。
　　——拉罗什富科[法国]

一心想摆出一副聪明相的人，往往却成不了聪明人。
　　——拉罗什富科[法国]

善于掩藏自己的精明，就是绝顶精明。　　——拉罗什富科[法国]

以为自己比旁人聪明，是真正的受骗之道。　　——拉罗什富科[法国]

聪明人的特点有三：一是劝别人做的事自己去做，二是绝不去做违背自然界的事，三是容忍周围人们的弱点。
　　——列夫·托尔斯泰[俄国]

在一切日常琐事上，聪明不在于知道应该做什么，而在于知道应该先做什么，后做什么。
　　——列夫·托尔斯泰[俄国]

聪明在于学习，天才在于积累。
　　——列宁[苏联]

人们只能在吃不明智的亏以后，才会变得明智起来。
　　——罗曼·罗兰[法国]

聪明人随机应变，笨蛋则坚持愚行。
　　——麦布[意大利]

能用理智控制感情是聪明人的标志。　　——曼内斯[美国]

聪明的人是该看多少就看多少，而不是能看多少就看多少。
　　——蒙田[法国]

和聪明人在一起，自己也会变得聪明起来。　　——米南德[古希腊]

想得好是聪明，计划得好更聪明，做得好是最聪明，又是最好。
　　——拿破仑[法国]

聪明的人只要能掌握自己，便什么也不会失去。　　——尼采[德国]

不自作聪明，就是最聪明。
　　——佩里安德[英国]

何谓明智？明智不过是深知可以懂得的事何其少，不过是能洞察别人的缺点，清楚自己的不足。　——蒲柏[英国]

聪明的人好学习，愚蠢的人好为人师。　　——契诃夫[俄国]

在同伴面前，切不可显得你比别人聪明博学。　　——切斯特菲尔德[英国]

聪明人绝不会徒手和狮子搏斗，也

绝不赤手抵挡刀剑。　——萨迪[波斯]

聪明人若和愚人争论,休想能有光彩。　——萨迪[波斯]

没有人是天生聪明的。
　　——塞万提斯[西班牙]

回避不是逃跑。凶险很大、出路很少的场合,死挺着算不得聪明。聪明人留着自己的身子等待来日,不在一天里拼掉性命。　——塞万提斯[西班牙]

聪明人变成了痴愚,是最容易上钩的鱿鱼,因为他凭恃(shì)才高学广,看不见自己的狂妄。——莎士比亚[英国]

愚人的蠢事算不得稀奇,聪明人的蠢事才叫人笑痛肚皮,因为他用全副的本领证明他自己的愚笨。
　　　　　——莎士比亚[英国]

明智的人绝不坐下来为失败而哀号,他们一定乐观地寻找办法来加以挽救。　——莎士比亚[英国]

拥有大量想法的人不一定聪明,正如拥有大量士兵的将军不一定英明。
　　　　　　——尚福尔[法国]

人生应有两个目标:一个是把你所要的东西弄到手,另一个是把弄到手的东西加以享乐。然而懂得这第二个方法的人才是最聪明的。——史密斯[美国]

聪明的人绝不会相信叛徒。
　　　　　　——西塞罗[古罗马]

无事不晓者,也许会无事精通。
　　　　　　——约翰逊[英国]

75　愚蠢;无知

世之愚拙者,妄援圣人之愚拙自解,殊不知圣人时愚时明,时拙时巧。
　　　　　——[春秋]《关尹子》

愚者暗于成事,智者见于未萌。
　　　　　——[战国]《商君书》

不见己短,愚也;见而护,愚之愚也。不见人长,恶也;见而掩,恶之恶也。
　　　　　　——弘一法师

无知是愚昧的温床。　——柯灵

现代受过教育的人所要面临的选择只有两项:不学的无知和饱学的愚蠢。
　　　　　　——林语堂

"无知"是骄傲最肥沃的土壤。
　　　　　　——秦牧

愚昧比贫穷更可怕。　——张锐锋

愚昧是产生恐惧的源泉。
　　　　　　——张耀翔

愚蠢给人的痛苦,远胜于命运。
　　　　　——爱·扬格[英国]

任何一个虚妄的判断,其原因若不是我们的感情,就一定是我们的无知。
　　　　　——爱尔维修[法国]

用一个大圆圈代表我所学到的知

识,但是圆圈之外是那么多的空白,对我来说就意味着无知。
——爱因斯坦[美国]

愚蠢的人到远处去寻找幸福,聪明的人就在自己脚底下耕耘幸福。
——奥本海姆[美国]

无知是迷信之母。
——巴尔扎克[法国]

不知道自己无知,那是双倍的无知。
——柏拉图[古希腊]

无知本身就是一种灾祸。
——柏拉图[古希腊]

无知不是无辜,而是罪过。
——勃朗宁[英国]

愚蠢往往使得人们从幸福的境界坠入苦痛万分的深渊,而聪明人却往往能凭着智慧,安然渡过险境,走上康庄大道。
——薄伽丘[意大利]

如果傻瓜坚持他的愚蠢,他就会变得聪明。
——布莱克[英国]

一个傻瓜眼中的树林,绝不会和一个聪明人眼中的树林完全相同。
——布莱克[英国]

蠢人总会发现比他更蠢的人赞美他。
——布瓦洛[法国]

青年人认为老年人愚蠢,而老年人则知道青年人愚蠢。
——查普曼[英国]

永远不要夸耀无知,无知就是无力。
——车尔尼雪夫斯基[俄国]

有教养的人的遗产,比那些无知的人的财富更有价值。
——德谟克里特[古希腊]

愚蠢的人愿意长久活着,而并不享受生活的快乐。
——德谟克里特[古希腊]

愚人通过不幸而得智慧。
——德谟克里特[古希腊]

认识到自己无知,是知识进步的重要阶段。
——迪斯累里[英国]

我的努力求学没有得到别的好处,只不过是愈来愈发觉自己的无知。
——笛卡儿[法国]

没有知识的人总爱议论别人的无知,知识丰富的人却时时发现自己的无知。
——笛卡儿[法国]

我们无知的增长速度实际比知识快得多,因为每解决一个问题都提出更多的问题。
——丁伯根[荷兰]

一个人的愚蠢,是另一个人的福气。
——弗兰西斯·培根[英国]

有的人藐视一切他们弄不懂的事物,以蔑视来掩盖自身的无知。
——弗兰西斯·培根[英国]

妄自尊大只不过是无知的假面具而已。
——伏尔泰[法国]

无知与轻率所造成的祸害不相上下。
——福楼拜[法国]

愚人之心在口上,智者之口在心中。
——富兰克林[美国]

大多数傻瓜以为他们只是无知而已。
　　——富兰克林[美国]

打断蠢人的话头,让他闭口,是失礼的;而让他说下去,却是残忍的。
　　——富兰克林[美国]

傻瓜的天堂是智者的地狱。
　　——富勒[英国]

蠢人常爱发议论,必然出乖露丑。
　　——盖伊[英国]

人类的顽固、愚蠢永远是一切事物的阻碍。——高尔基[苏联]

笨人的心就像一只破碗,任何知识也盛不住。——高尔基[苏联]

迟钝的头脑有时也偶尔闪出几星火花。——高尔基[苏联]

蠢人总是提出千百年前聪明人已经回答了的问题。——歌德[德国]

最可怕的莫过于无知而行动。
　　——歌德[德国]

结果中蕴含的愚蠢,往往比动机中蕴含的恶意更残酷。
　　——哈利法克斯[英国]

待到愚蠢全部绝迹,人们就会感到,世界上有它们比没有它们好。
　　——哈利法克斯[英国]

偏见是无知之子。
　　——海斯利特[英国]

蠢人老是请求,而答应请求的人更蠢。——赫伯特[英国]

我们从目击的人类愚蠢中所能得到的最好教训就是:不要激怒自己去反对它。——赫兹里特[英国]

我始终怕蠢人。谁也无法肯定他是否同时也是个无赖。
　　——赫兹里特[英国]

无知和恐惧是人类各种迷误的两个滔滔不绝的来源。——霍尔巴赫[法国]

限制人类智慧的常常是世间的愚蠢。——霍姆斯[美国]

有些事情穷人明白,富人却不明白;有些事情病人明白,健康人却不明白;有些事情蠢人明白,聪明人却不明白。
　　——杰拉尔德·布雷南[美国]

我决不相信无知个体汇聚成集体智慧。——卡莱尔[英国]

不妨当个傻瓜,但不能付出太高的代价。——柯柏[英国]

无赖就是会转弯抹角绕着走的蠢人。——柯勒律治[英国]

无知是一张白纸,我们可以在它上面写字;而错误是一张被涂得乱七八糟的纸,我们首先得把它擦干净。
　　——科尔顿[阿根廷]

固执己见者并不聪明,察觉不足者才机敏。——克劳迪斯[德国]

如果说贫穷是罪恶之母,那么愚蠢便是罪恶之父。——拉布吕耶尔[法国]

有一些笨人的自知之明在于能巧妙地运用他们的傻劲儿。
　　——拉罗什富科[法国]

随着年龄的增长,我们变得更愚蠢,同时也更聪明。——拉罗什富科[法国]

如果你是聪明的话,你会了解自己的无知;如果你不认识这一点,就是愚昧。——卢梭[法国]

人生下来时只是无知而不是愚蠢,愚蠢都是后来养成的。——罗素[英国]

只有傻子和死人才不修正自己的观点。——洛威尔[英国]

认识自己的无知是认识世界的最可靠的方法。——蒙田[法国]

要摆脱愚昧,就得承认无知。
——蒙田[法国]

唯一真正的胜利,在于战胜无知。
——拿破仑[法国]

为幸福而愚蠢,强于为不幸而愚蠢;拙劣地跳舞,强于踉跄地走路。
——尼采[德国]

一个执迷不悟的人,是一个抓着枪杆而不管枪弹是否上膛的人。
——丘吉尔[英国]

谁如果和比自己高明的人争论,以自显聪明,只会使人觉得愚蠢。
——萨迪[波斯]

愚蠢的人面临着危险的追逐,聪明的人却抵御着各种进攻。
——塞涅卡[古罗马]

愚蠢总希望自己有追随者与伙伴,而不希望孤行。——塞万提斯[西班牙]

面对一幢即将倒塌的房屋而不躲避的人,是愚昧,而不是勇气。
——莎士比亚[英国]

傻瓜的愚蠢往往是聪明人的砺石。
——莎士比亚[英国]

与其做愚蠢的智人,不如做聪明的愚人。——莎士比亚[英国]

傻子自以为聪明,但聪明人知道他自己是个傻子。——莎士比亚[英国]

夏天落雪,收割下雨,都不相宜。愚昧人得尊荣也是如此。——《圣经》

傻子到底还是傻子,聪明人缩头的地方,只有傻子才肯伸头。
——司各特[英国]

世上有四种人:恋人、投机者、旁观者和傻瓜。其中最快活的是傻瓜。
——泰纳[英国]

只有正视自己的无知,才能扩大自己的知识。——乌申斯基[俄国]

愚蠢的人之所以蠢,在于他们只看到别人的缺点,而看不到自己的过失,这是视而不见。——西塞罗[古罗马]

只见人之过而不知己之失,乃愚昧的天性。——西塞罗[古罗马]

无知是智慧的黑夜,是没有月亮、没有星星的黑夜。——西塞罗[古罗马]

明智的人使自己适应世界,而不明智的人则坚持要世界适应自己。所以人类进步靠的是不明智的人。
——萧伯纳[爱尔兰]

不近人情的忠实如同一条通到地窖里去的扶梯一样。一级,一级,接着又是一级,你就到了黑暗里了。聪明人会退回来,只有傻子才留在里面。
——雨果[法国]

即使一个智慧的地狱,也比一个愚昧的天堂好些。 ——雨果[法国]

人只有一个冤家——无知。
——雨果[法国]

以为人人都正直,那是愚蠢的;认为根本没有正直的人,尤其愚蠢。
——约翰·亚当斯[英国]

76 善良;邪恶

见善则迁,有过则改。①
——[周]《周易》

善不积不足以成名,恶不积不足以灭身。 ——[周]《周易》

见善如不及,见不善如探汤。②
——[春秋]《论语》

善气迎人,亲如兄弟;恶气迎人,害于戈兵。 ——[战国]《管子》

和氏之璧,不饰以五彩;隋侯之珠,不饰以银黄。其质至美,物不足以饰之。③ ——[战国]《韩非子》

仁人无敌于天下。
——[战国]《孟子》

君子莫大乎与人为善。④
——[战国]《孟子》

君子之于禽兽也,见其生不忍见其死,闻其声不忍食其肉,是以君子远庖厨也。⑤ ——[战国]《孟子》

见人有善,如己有善;见人有过,如己有过。
——[战国]《尸子》

善不可失,恶不可长(zhǎng)。⑥
——[战国]《左传》

人之性也善恶混,修其善则为善人,修其恶则为恶人。 ——[汉]扬雄

小善虽无大益,而不可不为;细恶虽无近祸,而不可不去。 ——[晋]葛洪

善积者昌,恶积者丧。⑦
——[晋]《三国志》

勿以恶小而为之,勿以善小而不为。

---

① 迁:向好的方面改变。改:更正。
② 及:赶上。探:(手)伸入。汤:滚烫的水。
③ 和氏璧:春秋时人卞和所得的宝玉。隋侯珠:春秋时隋侯所得的明珠。银黄:白银和黄金。
④ 莫:没有什么。与人为善:跟别人一起或帮助别人做好事。
⑤ 庖厨:厨房。
⑥ 长:增加;增多。
⑦ 丧:死,失去生命。

善良；邪恶

惟贤惟德,能服于人。①
——[晋]《三国志》

恶不可积,过不可长。②
——[晋]《三国志》

一为不善,众美皆亡。
——[晋]《三国志》

一善染心,万劫不朽;百灯旷照,千里通明。③ ——[南朝]萧纲

罄南山之竹,书罪未穷;决东海之波,流恶难尽。④ ——[隋]祖君彦

积善三年,知之者少;为恶一日,闻于天下。 ——[唐]《晋书》

闻人善,立以为己师;闻恶,若己仇。⑤ ——[唐]柳宗元

勿疏小善,方恢大略。⑥
——[唐]王勃

小善不足以掩众恶,小疵不足以妨大美。 ——[唐]《贞观政要》

君子扬人之善,小人讦(jié)人之恶。⑦ ——[唐]《贞观政要》

好事不出门,恶事行千里。
——[五代]孙光宪

知善非难,行善为难。
——[宋]罗大经

君子之于人也,苟有善焉,无所不取。 ——[宋]欧阳修

大凡善恶之人,各以类聚。
——[宋]欧阳修

人之初,性本善。
——[宋]《三字经》

不以不善而废其善。
——[宋]王安石

为善则善应,为恶则恶报。
——[宋]《省心杂言》

不以小恶掩大善,不以众短弃一长。
——[宋]朱熹

善有善报,恶有恶报;不是不报,时辰未到。 ——[元]《来生债》

交善人者道德成,存善心者家里宁,为善事者子孙兴。 ——[明]方孝孺

善恶到头终有报,只争来早与来迟。⑧ ——[明]冯梦龙

救人一命,胜造七级浮屠。⑨
——[明]冯梦龙

善盈而后福,恶盈而后祸。
——[明]冯梦龙

人心生一念,天地悉皆知。善恶若无报,乾坤必有私。 ——[明]《西游记》

---

① 以:因为。恶:指坏事,对人民有害的事。善:指好事,对人民有益的事。
② 恶:邪恶。过:过错。长:滋长。
③ 万劫:万世。旷:长时间地;持久地。
④ 罄:用尽;用完。书:书写;记载。
⑤ 善:善行。恶:恶行。仇:仇人。
⑥ 疏:忽略。恢:扩大;发展。
⑦ 扬:称颂;传播。讦:攻击;揭发。
⑧ 报:报应,指种善因得善果,种恶因得恶果。争:差,不相同、不相合。
⑨ 浮屠:塔,佛教建筑物。

千日行善,善犹不足;一日行恶,恶自有余。——[明]《西游记》

为善则流芳百世,为恶则遗臭万年。
——[明]《幼学琼林》

善恶昭彰,如影随形。
——[清]《镜花缘》

有教养的人或受过理想教育的人,不一定是个博学的人,而是个知道何为所爱、何为所恶的人。 ——林语堂

一个人做点好事并不难,难的是一辈子做好事,不做坏事。 ——毛泽东

好和坏是比出来的,眼界狭隘的人自然不能知道好的之上更有好的,不看坏的也感觉不出好的可贵。——梅兰芳

善良是优秀的品性,但不能过分,不然就变得愚钝了。一切不能因善良而失去原则。 ——孙犁

多做好事,少做错事,不做坏事。
——王选

正如雪莲在山顶绽放,绝世的才华只有善良能够催生。 ——原野

如果你对之喜爱,事物就是美的。
——阿努伊[法国]

慈善是心灵的美德,不是双手的美德。 ——爱迪生[美国]

照亮我的道路,并且不断地给我新的勇气去愉快地正视生活的理想,是善、美和真。 ——爱因斯坦[美国]

真有才能的人总是善良的、坦白的、爽直的,绝不矜持。
——巴尔扎克[法国]

一个漏洞可以使一条船沉没,一件罪恶会使一个罪人覆灭。
——班扬[英国]

我愿证明,凡是行为善良与高尚的人,定能因之而担当患难。
——贝多芬[德国]

人们固然喜欢被看作善良、聪明或者亲切随和,但更乐于被认为富有情趣。
——勃特勒[英国]

在人生的进口处,天真地竖立两根柱子,一根写上这样的文字:善良之路;另一根上则这样警告:罪恶之路。再对走到路口的人说:选择吧。
——大仲马[法国]

恶习于不知不觉中逐渐形成。
——德莱顿[英国]

善良的人会把生活里的黑暗变成光明。 ——狄更斯[英国]

世上没有为恶而作恶的人,有的都是企图从恶中取得利益、快乐、名誉而为之的。 ——弗兰西斯·培根[英国]

与其说是为了爱别人而行善,不如说是为了尊敬自己。——福楼拜[法国]

如果你善良的话,你可能比君主更欢乐。 ——富兰克林[美国]

诸般恶行并不由于禁止才有害,而是因其有害才被禁止。
——富兰克林[美国]

恶行知道自己的丑陋,因此它会戴上面具。　　——富兰克林[美国]

弃善从恶易,改恶从善难。
　　——富勒[英国]

善良之人即使为黑暗所迷惑,也不会遗忘正确之路。　——歌德[德国]

通往地狱的道路,往往是由善意铺成的。　　——哈耶克[英国]

除非我们对善、恶都了解,否则我们就无法自由而明智地为自己选择正确的道路。　　——海伦·凯勒[美国]

善良的人在世间为自己找到天堂,恶毒的人在世间领受自己的地狱。
　　——海涅[德国]

凡是使生命扩大而又使心灵健全的一切,便是善良的;凡是使生命缩减而加以危害和压榨的一切,便是坏的。
　　——杰克·伦敦[美国]

神赋予我们恶的同时,也给我们征服恶的武器。　——卡莱尔[英国]

我们更易于发现的是人们的恶习而不是他们的美德,正如疾病比健康更易传染一样。　——科尔顿[阿根廷]

应该多行善事,为了做一个幸福的人。　——列夫·托尔斯泰[俄国]

善良的行为有一种好处,就是使人的灵魂变得高尚了,并且使它可以做出更美好的行为。　——卢梭[法国]

善与恶是同一个钱币的正反面。
　　——罗曼·罗兰[法国]

善良不是一种学问,而是一种行为。
　　——罗曼·罗兰[法国]

对善人行善会使其更善,对恶人行善会使其更恶。　——罗曼·罗兰[法国]

感人肺腑的人类善良的温流,能医治心灵和肉体的创伤。
　　——罗佐夫[苏联]

人非尽善,也非尽恶。
　　——马基雅弗利[意大利]

善良是一种世界通用的语言,他可以使盲人"看到"、聋子"听到"。
　　——马克·吐温[美国]

良心是由人的知识和全部生活方式来决定的。　——马克思[德国]

越是善良的人,越觉察不出别人的居心不良。　——米列[法国]

"慈善"为外在的行为,"同情"乃内蕴的感情。　——莫泊桑[法国]

恶人也许会死去,但恶意却永远不会绝迹。　　——莫里哀[法国]

无视道德、行为规范的危险之处,在于它将恶行作为美德。
　　——莫洛亚[法国]

人类既非天使,亦非野兽。不幸的是,任何一心想扮演天使的人都表现得像野兽。　　——帕斯卡[法国]

人首先应当遵从的,不是别人的意见,而是自己的良心。
　　——普京[俄罗斯]

罪恶的意念必然导致罪恶的行为。

——琼斯[英国]

种下一颗恶的种子,休想获得善的果实。 ——萨迪[波斯]

好人如果受到恶人攻击,不必沮丧,也不必在意。石头虽然能砸坏一只金杯,但金杯仍有宝贵价值,石头的价值仍然低微。 ——萨迪[波斯]

过度的严厉会造成恐惧,过分的温和会有失威严。不要严酷得使人憎恶,也不要和善得使人胆大妄为。

——萨迪[波斯]

狮子受到慈悲心的感动,会容忍它的尊严的脚爪被人剪去。

——莎士比亚[英国]

在"仁厚"和"残暴"争夺王业的时候,总是那和颜悦色的"仁厚"最先把它赢到手。 ——莎士比亚[英国]

人生有如一块用善与恶的丝线交织成的布。我们的善行必须受我们过失的鞭挞(tà),我们的罪恶却有赖我们的善行把它掩盖。 ——莎士比亚[英国]

任何大人物的装饰,无论是国王的贵冕、摄政的宝剑、大将的权标,或是法官的礼服,都比不上仁慈那样更能衬托出他们的庄严高贵。

——莎士比亚[英国]

慈悲是高尚人格的真实标记。

——莎士比亚[英国]

一支小小的蜡烛,它的光照耀得多么远!一件善事也正像这支蜡烛一样,在这罪恶的世界上发出广大的光辉。

——莎士比亚[英国]

善恶的区别,在于行为的本身,不在于地位的有无。 ——莎士比亚[英国]

慈悲不是出于勉强,它是像甘露一样从天上降下尘世;它不但给幸福于受施的人,也同样给幸福于施与的人。

——莎士比亚[英国]

挖陷坑的,自己必掉在其中。

——《圣经》

人们给同类施加痛苦并无其他原因,仅仅是出于恶意。在所有的动物中,唯人这么做。 ——叔本华[德国]

每个人的良心就是为他引航的最好向导。 ——司各特[英国]

罪恶之心使人变得虚弱。

——司各特[英国]

善良和谦虚是永远不应令人厌恶的两种品德。 ——斯蒂文生[英国]

一个善良仁爱的人必定是一个极富同情心的人,那种心冷如铁、麻木不仁的人绝不可能与人为善,友爱他人。

——斯迈尔斯[英国]

善良的根须和源泉,在于建设,在于创造,在于确立生活和美。

——苏霍姆林斯基[苏联]

没有善良——一个人给(jǐ)予另一个人的真正发自肺腑的温暖——就不可能有精神上的美。

——苏霍姆林斯基[苏联]

对于善,应报以善,不应报以恶。
——托马斯·摩尔[爱尔兰]

近恶者沾染恶习,近善者沾染美德。
——《五卷书》[印度]

做好事是人生中唯一确实快乐的行动。——西德尼[英国]

善良与品德兼备,犹如宝石之于金属,两者互为衬托,益增光彩。
——萧伯纳[爱尔兰]

恶意是一种无缘无故产生的伤害他人的欲望,目的是从比较中获得快乐。
——休谟[英国]

商业是最大的慈善。
——亚当·斯密[英国]

心地不纯正的人最怕墓地。
——叶甫图申科[苏联]

没有人是一下子陷入最深的罪恶的。——尤维纳利斯[古罗马]

一个好行为也可能是一个坏行为,谁要救了狼就害了羊;谁为兀鹰修复了翅膀,谁就要为它的爪负责。
——雨果[法国]

卑鄙小人总是忘恩负义,忘恩负义原本就是卑鄙的一部分。
——雨果[法国]

善良既是历史中稀有的珍珠,善良的人便几乎优于伟大的人。
——雨果[法国]

77 美好;丑陋

君子成人之美,不成人之恶。①
——[春秋]《论语》

知美之恶,知恶之美,然后能知美恶矣。——[战国]《吕氏春秋》

甘瓜苦蒂,天下物无全美。②
——[战国]《墨子》

朴素而天下莫能与之争美。
——[战国]《庄子》

甚美必有甚恶。
——[战国]《左传》

物有美恶,施用有宜;美不常珍,恶不终弃。——[北朝]刘昼

虎豹以搏噬为功,凤凰以和鸣为美。
——[宋]黄晞

美曰美,不一毫虚美;过曰过,不一毫讳过。③——[明]海瑞

凡是能够促进人类向上发展的,都

---

① 成:促成,帮助人达到目的。美:指好事。恶:指坏事。
② 蒂:花或瓜果与枝、茎相连的部分。
③ 过:过失;差错。讳:避忌;因有所顾忌而不敢说或不愿说。

是最美的,都是善的,也都是诗的。
——艾青

审美观念是随着修养而进步的,修养愈深,审美程度愈高。 ——蔡元培

世间有"真、善、美"三个真理,人生便是追求这三个真理的。科学追求真,道德追求善,艺术追求美。 ——丰子恺

人的美丽可爱,不仅仅是由于他的容貌,首先决定于他的精神面貌。一个品质高尚的人,永远是年轻和美丽的。
——冯雪峰

美的自行掩饰无损于他的美,丑的自行掩饰愈形他的丑。 ——郭沫若

朴素与自然,这似乎应该是美的极致。 ——韩少华

美是可以博得一切赦免的。
——老舍

要追求美,但不要追求完美。
——刘心武

对丑恶没有强烈憎恨的人,也不会对美善有强烈的执着。 ——茅盾

世界上的事情,最忌讳的就是个十全十美。你看那天上的月亮,一旦圆满了,马上就要亏厌;树上的果子,一旦熟透了,马上就要坠落。凡事总要稍留欠缺,才能持恒。 ——莫言

一切自自然然,便是美丽。
——三毛

心灵的翅膀能飞多远,可以获得美感的世界就有多大。 ——舒可文

美,首先是为了自己,其次才是别人。 ——王英琦

完整的常常不是完美的。
——王朝闻

美即是真,真即是美。 ——闻一多

现实愈丑恶,向往自然的心也就愈重、愈深。 ——吴小如

美是人类文化的共同的理想。它的存在,从来不因艺术个性的存在而消失。要成为一个世界性的、国际性的艺术,首先必须有民族性。 ——吴作人

美应该只是一种真实、自然与宽容的生活态度而已。 ——席慕蓉

世间并没有天生自在、俯拾即是的美,凡是美都要经过心灵的创造。
——朱光潜

有审美的眼睛,才能看到美。
——朱光潜

心的陶冶,心的修养和锻炼是替美的发现和体验做准备的。 ——宗白华

心灵美是最高的美。
——爱迪生[美国]

美而缺乏魅力,是无饵的鱼钩。
——爱默生[美国]

优美的体形胜过漂亮的脸蛋,而优雅的举止胜过优美的体形。
——爱默生[美国]

凡是能冲上去、能散发出来的焰火,都是美丽的。 ——安徒生[丹麦]

美貌是一层面纱,它常常用来遮掩许多缺点。　　——巴尔扎克[法国]

人的外表的优美和纯洁,应是他内心的优美和纯洁的表现。
——别林斯基[俄国]

在活生生的现实里有很多美的事物,或者更确切地说,一切美的事物只能包括在活生生的现实里。
——别林斯基[俄国]

美具有引人向善的作用和力量。
——柏拉图[古希腊]

美是一种自然优势。
——柏拉图[古希腊]

应该学会把心灵的美,看得比形体的美更可珍贵,如果遇见一个美的心灵,纵然他在形体上不甚美观,也应该对他爱慕,凭他来孕育最适宜于使青年人得益的道理。　　——柏拉图[古希腊]

富有生机就是美。
——布莱克[英国]

一切美的东西都是出类拔萃的东西,但并非所有出类拔萃的东西都是美的。　　——车尔尼雪夫斯基[俄国]

脸蛋儿长得俊,不是好到极点,就是坏到透顶。　　——大仲马[法国]

美不是人工造就的,而是天生固有的。　　——狄德罗[法国]

许多容颜俊秀的人却一无作为,他们过于追求外形美而放弃了内在美。
——弗兰西斯·培根[英国]

任何美若是处在不合适的场合,就不再是美。　　——伏尔泰[法国]

外在的美只能取悦于人的眼睛,而内在的美却能感染人的灵魂。
——伏尔泰[法国]

真正的美和真正的智慧一样,是非常朴素的。　　——高尔基[苏联]

外貌美只能取悦一时,内心美方能经久不衰。　　——歌德[德国]

和谐美是美的最高境界。
——赫拉克利特[古希腊]

最美丽的猴子与人类比起来也是丑陋的。　　——赫拉克利特[古希腊]

人并不是因为美丽而可爱,而是因为可爱而美丽。
——列夫·托尔斯泰[俄国]

美是到处都有的,对于我们的眼睛,不是缺少美,而是缺少发现。
——罗丹[法国]

世上最美的东西是最无用的东西,譬如孔雀和百合花。——罗斯金[英国]

一个人的美不在外表,而在才华、气质和品质。　——马雅可夫斯基[苏联]

绝大多数哲人以及最伟大的人物,都通过对美的欣赏的沉思来补偿学校教育,并获得智慧。　——蒙田[法国]

人的美并不在于外貌、衣服和发式,而在于他的本身,在于他的心,要是人没有内心的美,我们常常会厌恶他漂亮的外表。
——尼古拉·奥斯特洛夫斯基[苏联]

女人的美貌,如同男人的智慧,对其拥有者来说通常都是致命的。
——切斯特菲尔德[英国]

美貌、智慧、门第、膂力、功业、爱情、友谊、慈善,这些都要受到无情的时间的侵蚀。 ——莎士比亚[英国]

没有德行的美貌,是转瞬即逝的。
——莎士比亚[英国]

不要把你的情人打扮得太漂亮。
——莎士比亚[英国]

美不是别的,它只是快乐的保证。
——司汤达[法国]

美并非是永存不朽的。鲜花、六月和欣喜都会转瞬即逝。
——斯特林格[美国]

美是道德纯洁、精神丰富和体魄健全的强大源泉。
——苏霍姆林斯基[苏联]

真正美的东西必须一方面跟自然一致,另一方面跟理想一致。
——席勒[德国]

美丽的相貌和优雅的风度是一封长效的推荐信。 ——伊莎贝拉[英国]

多少罪恶源于美貌。
——约翰逊[英国]

凡间的美貌或尘世的美德,受太强的光线检验是危险的。
——约翰逊[英国]

78 时间

子在川上曰:逝者如斯夫(fú)!不舍昼夜。① ——[春秋]《论语》

春耕、夏耘、秋收、冬藏,四者不失时,故五谷不绝,而百姓有余食也。
——[战国]《荀子》

来世不可待,往世不可追也。②
——[战国]《庄子》

不贵尺之璧,而重寸之阴。③
——[汉]《淮南子》

百川东到海,何时复西归?少壮不努力,老大徒伤悲。④
——[汉]乐府古辞《长歌行》

志士惜日短,愁人知夜长。
——[晋]傅玄

---

① 子:指孔子。川:河川。川上:河边。曰:说。逝者:指消逝的时光。斯:这;此。夫:感叹词。舍:舍弃;停止。

② 来世:将来;未来。待:等待。追:追回。

③ 璧:美玉。阴:太阳的影子,引申为光阴、时光。

④ 百川:泛指大江大河。复:转回去;转回来。老大:衰老;年纪大。徒:表示没有效果,相当于"白白地"。

不饱食以终日，不弃功于寸阴。①
——［晋］葛洪

来日苦短，去日苦长。
——［晋］陆机

盛年不重来，一日难再晨。及时当勉励，岁月不待人。②　——［晋］陶潜

少壮轻年月，迟暮惜光辉。③
——［南朝］何逊

一年之计在于春，一日之计在于晨。④　——［南朝］萧绎

光阴可惜，譬诸逝水。⑤
——［北朝］《颜氏家训》

人间岁月如流水，客舍秋风今又起。
——［唐］岑参

青春留不住，白发(fà)自然生。
——［唐］杜牧

少年辛苦终身事，莫向光阴惰寸功。⑥　——［唐］杜荀鹤

光景不待人，须臾发(fà)成丝。⑦
——［唐］李白

光景不可留，生世如转(zhuǎn)蓬。⑧　——［唐］李白

长绳难系日，自古共悲辛。⑨
——［唐］李白

劝君莫惜金缕衣，劝君须惜少年时。⑩　——［唐］李锜

夕阳无限好，只是近黄昏。
——［唐］李商隐

白日莫空过，青春不再来。
——［唐］林宽

盛时一已过，来者日日新。不如摇落树，重有明年春。　——［唐］刘禹锡

昨日之日不可追，今日之日须臾期。如此如此复如此，壮心死尽生鬓丝。⑪
——［唐］卢仝

青春须早为，岂能长少年。
——［唐］孟郊

读书不觉已春深，一寸光阴一寸金。
——［唐］王贞白

寻春须是阳春早，看花莫待花枝老。
——［五代］李煜

流光容易把人抛。红了樱桃，绿了芭蕉。⑫　——［宋］蒋捷

---

① 弃:扔掉;舍去。功:事;事业。寸阴:一寸光阴,比喻很短的时间。

② 盛年:精力旺盛的壮年。再晨:再一次出现早晨。及时:适当其时。

③ 轻:轻视,不重视。迟暮:指晚年。光辉:光阴;时间。

④ 计:计划;打算。

⑤ 譬:比方。诸:"之"和"于"的合音。

⑥ 惰:懒惰。

⑦ 须臾:片刻;极短的时间。

⑧ 转蓬:随风飘转的蓬草。

⑨ 系:拴住;绑缚。

⑩ 君:对对方的敬称。金缕衣:古乐曲名,这里指歌舞。前边的"惜":吝惜、舍不得,这里指舍不得放弃。后边的"惜":爱惜;珍视。

⑪ 追:回溯;回补。须臾:片刻;极短的时间。

⑫ 流光:流逝的时光。抛:抛弃。

如此春来春又去，白了人头。

——[宋]欧阳修

春宵一刻值千金，花有清香月有阴。① ——[宋]苏轼

莫等闲，白了少年头，空悲切！② ——[宋]岳飞

世态浮云易变，时光飞箭难留。③ ——[宋]赵鼎

白日去如箭，达者惜分阴。④ ——[宋]朱敦儒

勿谓今日不学而有来日，勿谓今年不学而有来年。日月逝矣，岁不我延。 ——[宋]朱熹

少年易老学难成，一寸光阴不可轻。⑤ ——[宋]朱熹

花有重(chóng)开日，人无再少年。 ——[元]关汉卿

光阴似箭催人老，日月如梭趱少年。⑥ ——[元]《琵琶记》

天地有万古，此身不再得；人生只百年，此日最易过。 ——[明]洪应明

欢娱嫌夜短，寂寞恨更(gēng)长。⑦ ——[明]《水浒传》

明日复明日，明日何其多！日日待明日，万事成蹉跎。⑧ ——[明]文嘉

今日复今日，今日何其少！今日又不满，此事何时了？⑨ ——[明]文徵明

一日之计在于寅，一岁之计在于春，一生之计在于勤。⑩ ——[明]姚舜牧

一寸光阴一寸金，寸金难买寸光阴。 ——[明、清]《增广贤文》

若使年华虚度过，到老空留后悔心。 ——[明、清]《增广贤文》

志士惜年，贤人惜日，圣人惜时。 ——[清]魏源

昨日之日背(bèi)我走，明日之日肯来否？走者删除来者难，唯有今日之日为我有。 ——[清]袁枚

时间顺流而下，生活逆水行舟。

——艾青

离开了时间，就没有生命；生命和时间，紧紧相依连。 ——艾青

人生不满百，短短的数十寒暑，对永恒而言，是何等渺小，何等微不足道。唯其生命短促，我们才要珍惜宝贵的光阴。

——毕璞

时间的强大，是一种沉默的强大。它在你最狂热的时候不来提醒你，在你醒悟的当口又一切都已经太迟。

——曹明华

---

① 春宵：春夜。阴：大部分被云遮住。
② 等闲：轻易；随随便便。悲切：悲哀；悲痛。
③ 世态：指社会上人对人的态度。
④ 达者：通晓事理的人。
⑤ 成：成就。轻：轻视，不重视。
⑥ 趱：催促；催逼。
⑦ 更：旧时一夜分五更，每更约两小时。
⑧ 日日：一作"我生"。蹉跎：光阴白白地过去。
⑨ 了：完毕；结束。
⑩ 寅：指寅时，凌晨三时至五时。

是时间,使许多曾经重要过的,都不再重要了。　　　　　——曹明华

当你无力惩治一个强大的对手时,唯一的解释就是让时间来帮助你。
　　　　　　　　　　——曹明华

生命和美是最最耐不住时间的一种存在。　　　　　　——曹明华

时间所让你感到的微弱和渺小,是一种没有对手的失败,和没有对手的渺小。　　　　　　——曹明华

蹉跎费岁月,时机便难擒。
　　　　　　　　　　——陈毅

时间是看得见的经济效益,摸得着的物质财富。　　　——陈祖芬

没有人会把整袋的钱扔掉,但有多少人在把整个小时的时间扔掉。却不知钱本是最不值钱的东西,而时间是可以用来开掘任何精神的财富和知识的宝藏的。　　　　　　——陈祖芬

古来一切有成就的人,都很严肃地对待自己的生命。当他活着一天,总要尽量多劳动、多工作、多学习,不可虚度年华,不让时间白白地浪费掉。
　　　　　　　　　　——邓拓

逆水行舟用力撑,一篙松劲退千寻;古云"此日足可惜",吾辈更应惜秒阴。
　　　　　　　　　　——董必武

随便打发今天的人,它将同时失去明天。　　　　　　——敦源

爱惜时间,就是爱惜生命。
　　　　　　　　　　——高士其

时间给勤奋者以荣誉,给懒汉以耻辱。　　　　　　——高士其

人可以有做不完的事。不过,别因为正年轻就轻易地消耗年轻的生命,等到想节约生命的时候就来不及了。
　　　　　　　　　　——耿庸

时间,像一位生活的医生,它能使我心灵的伤口愈合,使绝望的痛楚消减,使某些不可抵御的感情沉寂、默然。
　　　　　　　　　　——古华

时间可以使问题变质甚至消灭,但基本上并没有把问题解决。　——郭枫

时间就是生命,时间就是速度,时间就是力量。　　　——郭沫若

世之最可珍重者,莫过精神;世之最可爱惜者,莫过光阴。　——弘一法师

时间是由分秒积成的,善于利用零星时间的人,才会做出更大的成绩来。
　　　　　　　　　　——华罗庚

凡是较有成就的科学工作者,毫无例外地都是利用时间的能手,也都是决心在大量时间中投入大量劳动的人。
　　　　　　　　　　——华罗庚

作为一个科学工作者就不能不挤时间,利用时间,哪怕是三分钟、五分钟,都要把它投进工作里去。　——华罗庚

时间不会等待,时光也绝不会倒流的。　　　　　　——黄金雄

时间如天使,诱人归真向善;时间如魔鬼,逼人沦入地狱。　——季微

时间是冷酷的家伙,一经阔别便不再为谁留下旧时痕迹。　　——柯灵

钉子是敲进去的,时间是挤出来的。
　　——雷锋

昨天是一张作废的支票,明天是一张期票,而今天则是你唯一拥有的现金——所以应当聪明地把握。
　　——李昂新

今日之日不可延留,昨日之日不能呼返。我们能从昨日来到今日,不能再由今日返于昨日。　　——李大钊

昨天唤不回来,明天还不确定,你能确有把握的就是今天。　　——李大钊

我以为世间最可宝贵的就是"今",最容易丧失的也是"今"。因为它最容易丧失,所以更觉得它宝贵。　　——李大钊

无限的"过去"都以"现在"为归宿,无限的"未来"都以"现在"为渊源。
　　——李大钊

时间是伟大的创造者,亦是伟大的破坏者。历史的楼台,是它的创造的工程;历史的废墟,是它的破坏的遗迹。世界的生灭成毁,人间的成败兴衰,都是时间的幻身游戏。　　——李大钊

谁对时间越吝啬,时间对谁越慷慨。
　　——李大钊

时间就是生命,浪费了时间就是牺牲了生命。　　——李大钊

虚度今天,就是毁了昔日成果,丢了来日前程。　　——李大钊

相信时间的力量,可以冲淡很多东西。　　——李开复

时光总将我们善意的人类数次抽打,然后又投进岁月的温泉里去清洗。无数人从时光的泥泞中爬起,额前浑然留下了一条条辉煌的皱纹,心底蕴藏过一滴滴辛酸之泪,面前出现一道道海阔天空、心旷神怡的风景线。　——李晓光

懂得时间宝贵的人,都知道一个今天胜过几个明天和后天。　——李燕杰

没有人不爱惜他的生命,但很少人珍视他的时间。　　——梁实秋

聪明者利用时间,愚蠢者等待时间,劳动者创造时间,懒惰者丧失时间,有志者赢得时间,无为者放弃时间,求知者抓紧时间,闲聊者消磨时间,勤奋者珍惜时间,自满者糟蹋时间。　　——刘吉

时间,每天得到的都是二十四小时,可是一天的时间给勤勉的人带来智慧和力量,给懒散的人只留下一片悔恨。
　　——鲁迅

时间对于我来说是很宝贵的,用经济学的眼光看是一种财富。　——鲁迅

节省时间,也就是使一个人有限的生命更加有效,也即等于延长了生命。
　　——鲁迅

时间就像海绵里的水,只要愿挤,总还是有的。　　——鲁迅

生命是以时间为单位的,浪费别人的时间等于谋财害命,浪费自己的时间等于慢性自杀。　　——鲁迅

时间就是性命,无端地空耗别人的时间,其实是无异于谋财害命的。
——鲁迅

多少事,从来急;天地转,光阴迫。一万年太久,只争朝夕。 ——毛泽东

任何一种对时间的点滴浪费,都无异于是慢性的自杀。 ——茅以升

节省时间是提高整个社会工作效率的核心。遵守公共秩序又是节约时间的必要条件。 ——茅于轼

留恋深夜者,总想抓住一天最后的时光;而爱黎明者,善于利用一天的开始。 ——秦似

时间在你不大注意时,却把你的心变硬了,变钝了,变得连你自己也不大认识自己了。 ——沈从文

时间对于任何人都是平等的,但时间在人们手里的价值却是不同的。
——苏步青

今天能做完的事,不要拖到明天去做。 ——苏步青

精神的创口,只有时间那一味药可以治疗。 ——苏雪林

任何东西都可以复制,只有时间不能。 ——孙柏秋

失去多少时间,就是失去多少生命;算时间账,就是算生命账。 ——孙士杰

钟表滴答一声,生命就减去一秒,无论对谁,它都同样无情。 ——孙士杰

时间的贫穷是不可耐的贫穷,时间的剥削是最厉害的剥削,时间的解放是顶急需的解放。 ——陶行知

一年之中,务求不虚度一日;一日之中,务求不虚度一时。 ——陶行知

光阴和钱都有限,该用才用,不该用必不用,用必尽起效。 ——陶行知

一分时间,一分成果。对科学工作者来说,就不是一天八小时,而是寸阴必珍,寸阴必争! ——童第周

美是一朵鲜艳的花,风度是一棵常青的树,时间是美的敌人,却是风度的朋友。 ——汪国真

岁月,是一位最慈祥最公允的老人,他把时间平均分配给每一个人。
——王幅明

时间是我们的真正统治者,它永远不会赦免你。 ——王蒙

时间是最伟大也是相对最公正的,善于等待的人是最聪明的人,也是真正有信心有能力有头脑有见解的人。
——王蒙

一天即使只学习一个小时,一年就积累成三百六十五个小时,积零为整,时间就被征服了。 ——吴晗

如果把时间分配一下,我认为应该三分之一的时间做,三分之一的时间读,三分之一的时间想。 ——谢觉哉

时间像个淘金者,它把痛苦与遗憾省略了,留下了闪闪发光的优越感与傲慢的偏见。 ——谢选骏

时间是有颜色的,只是这颜色易变,在季节里变。谁抓住了四季,谁就抓住了时间的颜色。
——徐国静

我们应该不浪费时间,有一小时的时间,就读一小时的书,做一小时的工作。
——徐特立

时间既是个常数,又是个变数。说时间是个常数是因为它给(jǐ)予每个人都是一样的;说时间是个变数是因为同样一个单位时间,在不同人的手中会产生不同的效果。
——远德玉

时乎时乎不再来,青春光阴贵如金。
——臧克家

永恒的东西不是金钱和权力,而是正义、多才和时间。
——张安华

珍惜时间学习的人,前途无量。
——张海迪

我们以为时间是帝王,是最后的裁判。我们总是把一代人解决不了的纠纷、矛盾、疑问留给它,寄希望给它来证明。
——周涛

时间对小孩子来说,是那样像老人,慢吞吞地难熬;时间对老人来说,是那样像顽童,转眼就不见了,怎么也抓不住。
——周涛

时间从来就没有公正过。对排队的人,它磨蹭着;对有急事的人,它拖延着;对"找时间"的人,它躲闪着;对"赶时间"的人,它飞跑着;对没办法打发时间的人,它恶意地空洞着;对美妙、幸福的事,它吝啬着;对辛酸、痛苦、屈辱的事,它挥霍放纵着。
——周涛

人应该刚生下来就是中年,然后再渐渐年轻起来……那样他就会珍惜时光,不会把它浪费在无谓的事情上。
——阿·巴巴耶娃[苏联]

时间一天天过去,有时觉得它漫长难熬,有时却又感到那么短促;有时愉快幸福,有时又悲伤惆怅。一天与一天不同,一日和一日有别,仿佛一昼夜之间也有春夏秋冬之分。
——阿·巴巴耶娃[苏联]

闲暇是霓(ní)裳(cháng),不宜常穿用。①
——阿格农[以色列]

浪费时间叫虚度,利用时间叫生活。
——爱·扬格[英国]

时间能够安慰我们,时间带来无数的改变,它使新的人物、新的衣装、新的道路侵入我们的眼帘,新的喉音袭入我们的耳鼓,于是它替我们拭干新流下来的眼泪。
——爱默生[美国]

只有把每一天都当成是生命的最后一天,人才真正学有所获。
——爱默生[美国]

每一天都是一年中最好的日子。
——爱默生[美国]

没有什么缰绳能勒住飞奔的时日。
——奥维德[古罗马]

时间是人所拥有的全部财富,任何财富都是时间与行动结合之后的成果。
——巴尔扎克[法国]

---

① 霓裳:云彩做的衣裳。

在世界上我们只活一次,所以应该爱惜光阴,必须过真实的生活,过有价值的生活。
——巴甫洛夫[苏联]

不要把时间花到你晓得一定会后悔的事情上去。
——巴克斯代尔[美国]

没有方法能使时钟为我敲已过去了的钟点。
——拜伦[英国]

我的一切成功都取决于我对时间的珍惜。
——贝多芬[德国]

人拥有的东西没有比光阴更贵重、更有价值的了,所以千万不要把你今天所做的事拖延到明天去做。
——贝多芬[德国]

在所有的批评家中,最伟大的、最正确的、最天才的是时间。
——别林斯基[俄国]

时间不能增添一个人的寿命,然而珍惜光阴可使生命变得更有价值。
——伯班克[美国]

时间带走一切,长年累月会把你的名字、外貌、性格、命运都改变。
——柏拉图[古希腊]

在现实中,消磨时间,只是时间消磨我们的五花八门名称之一。
——勃朗宁[英国]

假如你打算去从明日中求取百分之九十九的幸福,你还是尽先努力,试从今日中取得一分幸福吧。
——勃朗宁[英国]

人生最大的悲痛莫过于辜负青春。
——薄伽丘[意大利]

最严重的浪费就是时间的浪费。
——布丰[法国]

辛勤的蜜蜂永没有时间的悲哀。
——布莱克[英国]

不要为已消逝之年华叹息,须正视欲匆匆流走的时光。
——布莱希特[德国]

如果可能,那就走在时代的前边;如果不能,那就随同时代一起前进;但是,绝不要落在时代的后边。
——布留索夫[苏联]

最拙于运用时间的人,总是为时间的快如闪电而大发牢骚。
——布律耶尔[法国]

善于有效利用财富的人很少,但是我感到更让人惋惜的是,懂得该如何利用时间的人更少。
——查斯特菲尔德[英国]

善于利用时间要比善于利用财富更重要,这恐怕是一个不用多加说明的常识。
——查斯特菲尔德[英国]

一个人如果连片段的时间都能有效地利用,他对时间就一定能更好地把握了。
——查斯特菲尔德[英国]

荒废时间等于荒废生命。
——川端康成[日本]

我的生活过得像钟表的机器那样有规律,当我的生命告终时,我就会停在一处不动了。完成工作的方法是爱惜每一分钟。
——达尔文[英国]

我从来不认为半小时是微不足道的

很小的一段时间。——达尔文[英国]

敢于浪费哪怕一个钟头时间的人，说明他还不真正懂得珍惜生命的全部价值。——达尔文[英国]

世俗有"时间是金钱"这句话，所以窃取他人时间的小偷儿，显然该加以处罚。——戴尔·卡内基[美国]

最聪明的人是最不愿浪费时间的人。——但丁[意大利]

一个人愈知道时间的价值，便愈会感觉失去时间的痛苦！
——但丁[意大利]

在时间的海洋里，勤奋工作的人一路顺风，无所事事的人处处触礁。
——德莱顿[英国]

要延长白天的时间，最妙的办法，莫如从黑夜偷用几个钟头！
——狄更斯[英国]

没有一个人能够制造那么一口钟，来为我们敲回已经逝去的时光。
——狄更斯[英国]

赢得时间的人就是赢得了一切。
——迪斯累里[英国]

时间是人所能花费的一种最贵重的东西。——第欧根尼[古希腊]

最浪费不起的是时间。
——丁肇中[美国]

年光消逝，它扫荡一切确实的事物。没有一件东西能够不为时间的运动所摇撼，黄金、爱情、往事，都支撑不住。
——菲列伯·苏卜[法国]

集腋成裘，聚沙成塔。几秒钟虽然不长，却构成永恒长河中的伟大时代。
——弗莱彻[英国]

时间乃是最大的革新家。
——弗兰西斯·培根[英国]

合理安排时间，就等于节省时间。
——弗兰西斯·培根[英国]

时间会使一切渺小的东西归于消灭，会使一切伟大的东西生命不绝。
——伏尔泰[法国]

时间是个多才多艺的表演者。它能展翅飞翔，能阔步前进，能治愈创伤，能消逝而去，也能揭示真相。
——富兰克林[美国]

时间就是生命，时间就是金钱。
——富兰克林[美国]

今日能做的事，勿延至明日。
——富兰克林[美国]

成功与失败的分水岭，可以用这五个字来表达："我没有时间。"
——富兰克林[美国]

你热爱生命吗？那么就不要浪费时间，因为生命正是由时间组成的。
——富兰克林[美国]

如果说时间是最宝贵的东西，那么浪费时间就是最大的挥霍。
——富兰克林[美国]

一个"今天"，胜于两个"明天"。
——富兰克林[美国]

如果有什么需要明天做的事，最好

现在就开始。　　——富兰克林[美国]

时间是构成生命的材料。
　　——富兰克林[美国]

时间是最公平合理的,它从不多给谁一份。时间给勤劳的人留下串串果实,给懒惰的人留下一头白发、两手空空。　　——高尔基[苏联]

世界上最快而又最慢,最长而又最短,最平凡而又最珍贵,最容易被人忽视而又最令人后悔的就是时间。
　　——高尔基[苏联]

从时间角度看,人就如同灿烂阳光中的金色斑点,一闪即逝。
　　——高尔基[苏联]

现实生活正在不遗余力地培养人们忘却那些无比重大的事实。各种事实就像一条无限长的锁链上的环节一样接踵而至,越来越有力地推动时间前进。而时间就像从山上滚下来一样,不知不觉地转瞬即逝去。　　——高尔基[苏联]

没有时间——越是对时间抓不紧的人,越经常使用这个词。假如真的没有时间,就会考虑合理地安排时间,坚决缩短娱乐时间,提高工作效率。
　　——高桥宪行[日本]

在一切与生俱来的天然赠品中,时间最为宝贵。　　——歌德[德国]

只要我们能善用时间,就永远不愁时间不够用。　　——歌德[德国]

在今天和明天之间,有一段很长的时期,趁你还有精神的时候,学习迅速地办事。　　——歌德[德国]

把时间用得节省些,我很可能把最珍贵的金刚石拿到手。——歌德[德国]

最值得高度珍惜的莫过于每一天的价值了。　　——歌德[德国]

时间令人烦恼之处正是在于它不能不用。结果,人们随兴之所至,乱花滥用,用来干五花八门的荒唐事。
　　——格拉宁[苏联]

把活着的每一天看作生命的最后一天。　　——海伦·凯勒[美国]

最忙的人找到最多的时间。
　　——赫胥黎[英国]

时间最不偏私,给任何人都是二十四小时;时间也最偏私,给任何人都不是二十四小时。　　——赫胥黎[英国]

青春是生命中最美好的一段时间。
　　——黑格尔[德国]

一个人要对昨天感到快乐,而对明天具有信心。　　——华兹华斯[英国]

无用的人常常浪费自己的时间去等候大的机会;有作为的人只要看见机会,不论大小,便随便利用。有时候这种小机会,如果你去估计它的收获,常常是可称为大机会的。　　——霍尔巴赫[法国]

你要把时间当作一条河流,你不要坐在岸边,看它流逝。
　　——纪伯伦[黎巴嫩]

从不浪费时间的人,没有工夫抱怨时间不够。　　——杰弗逊[美国]

对活着的人来说,是没有明天的;死了的人,则没有今天。

——杰克逊[美国]

我只惋惜一件事:日子太短,过得太快。一个人从来看不出做成了什么,只能看出还应做什么。

——居里夫人[法国]

不可限制的、静默的、从不停息的叫作时间;它周而复始,匆匆忙忙,迅捷,沉默,像一望无际的海洋,我们和整个宇宙像气泡一样漂浮在它上面,如时隐时现的幽灵。 ——卡莱尔[英国]

当心你的时间是怎样花掉的,因为你的整个未来都要生活在时间里。

——克雷默[德国]

最不善于利用时间的人最爱抱怨时光短暂。 ——拉布吕耶尔[法国]

时间是最不值钱的东西,也是最宝贵的东西,因为有了时间,我们就有了一切。 ——莱尼斯[拉脱维亚]

不要悲伤地窥视过去,它不会再来。精明地利用现在吧,它是你的东西。

——朗费罗[美国]

别指望将来,不管它多么迷人!让已逝的过去永久埋葬!行动吧——趁着现在的时光! ——朗费罗[美国]

时间是个常数,但对勤奋者来说,是个变数。用"分"来计算时间的人,比用"时"来计算的人,时间多五十九倍。

——雷巴科夫[俄罗斯]

每天不浪费或不虚度或不空抛剩余的那一点点时间,即便只有五六分钟,果得正用,也一样可以有很大的成就。游手好闲惯了,就是有着聪明才智,也不会有所作为。 ——雷曼[德国]

你不能计较早晨或黄昏,一天二十四小时都是你的工作时间!

——李政道[美国]

记住吧:只有一个时间是重要的,那就是现在!它所以重要,就是因为它是我们唯一有所作为的时间。

——列夫·托尔斯泰[俄国]

你没有最有效地使用而把它放过的那钟点,是永远不能返回的。

——列夫·托尔斯泰[俄国]

人最宝贵的是生命,但是仔细分析一下,可以说最宝贵的是时间,因为生命是由时间构成的,是一小时一小时、一分钟一分钟积累起来的。

——柳比歇夫[苏联]

要想学到一切,就必须下决心很好地利用时间。 ——卢梭[法国]

浪费时间是一桩大罪过。

——卢梭[法国]

人们说生命是很短促的,我认为是他们自己使生命那样短促的。由于他们不善于利用生命,所以他们反过来抱怨说时间过得太快;可是我认为,就他们那种生活来说,时间倒是过得太慢了。

——卢梭[法国]

时间是一只永远在飞翔的鸟。

——罗伯逊[美国]

心灵的致命的仇敌,乃是时间的磨蚀。　　——罗曼·罗兰[法国]

人们常觉得准备的阶段是在浪费时间,只有当真正机会来临,而自己没有能力把握的时候,才能觉悟自己平时没有准备才是浪费了时间。
　　　　　　——罗曼·罗兰[法国]

时间流逝,像平静的河水,没有一道裂痕,没有一道皱纹,从容不迫,好像永生永世都应该如此。
　　　　　　——罗曼·罗兰[法国]

岁月无情不等人。
　　　　　　——马克·吐温[美国]

无论是个人,无论是社会,其发展、需要和活动的全面性,都是由节约时间来决定的。　　——马克思[德国]

时间是世界上一切成就的土壤。时间给空想者痛苦,给创作者幸福。
　　　　　　——麦金西[英国]

经验证明:大部分时间都是被一分钟一分钟地,而不是一小时一小时地浪费掉的,一只底部有个小洞的桶和一只故意踢翻的桶同样会流空。
　　　　　　——梅耶[法国]

时间可以治愈一切创伤。
　　　　　　——米南德[古希腊]

世界上不知有多少能够建功立业的人,却因为把宝贵的时间轻轻放过,以致默默无闻。　　——莫泊桑[法国]

天下最可贵的,莫如时间;天下最奢侈的,莫如浪费时间。
　　　　　　——莫扎特[奥地利]

对时间的慷慨,就等于慢性自杀。
　　——尼古拉·奥斯特洛夫斯基[苏联]

把你的时间用来实现比身家性命更大的目标,要避免那种仅仅为了享乐而活着或者只是为留下一笔更大的遗产而努力的诱惑。　　——尼克松[美国]

最大的牺牲是时间的牺牲。
　　　　　　——普鲁塔克[古罗马]

一切逝去的时间都是失去的时间;我们正在度过的这一日,一半属于我们自己,另一半属于死亡。
　　　　　　——塞涅卡[古罗马]

时间像奔腾澎湃的急湍,它一去不返,毫不流连。　——塞万提斯[西班牙]

在时间的大钟上,只有两个字——现在。　　　　——莎士比亚[英国]

时间是无声的脚步,它不会因为我们有许多事情需要处理而稍停片刻。
　　　　　　——莎士比亚[英国]

时间对于任何人都是不停地向前奔跑的。　　　　——莎士比亚[英国]

我荒废了时间,时间便把我荒废了。
　　　　　　——莎士比亚[英国]

时间会刺破青春表面的彩饰,会在美人的额头上掘深沟浅槽,会吃掉稀世之珍!天生丽质,什么都逃不过它那横扫的镰刀。　——莎士比亚[英国]

普通人只想到如何度过时间,有才能的人设法利用时间。
　　　　　　——叔本华[德国]

时光会使最亮的刀生锈,岁月会折断最强的弩弓。 ——司各特[英国]

必须记住我们的时间是有限的。时间有限,不只由于人生短促,更由于人事纷繁。 ——斯宾塞[英国]

把发牢骚的时间拿来解决问题,一切就会改变。 ——松下幸之助[日本]

当许多人在一条路上徘徊不前时,他们不得不让路,让那些珍惜时间的人赶到他们前面去。
——苏格拉底[古希腊]

"明天"是勤劳最危险的敌人。任何时候都不要把今天应该完成的某一部分工作拖到明天。要培养把明天工作的一部分在今天完成的习惯。
——苏霍姆林斯基[苏联]

金钱宝贵,生命更宝贵,时间最宝贵。 ——苏沃洛夫[俄国]

时间检验着一切事物的真伪。
——塔瑟[英国]

没有时间痛悔的人,也就没有时间去改过。 ——泰勒[美国]

"明天,明天,还有明天",人们都在这样安慰自己。殊不知这个"明天"就足以把他们送进坟墓了。
——屠格涅夫[俄国]

抓住现在的时光,因为这是你能够有所作为的唯一时刻。 ——韦恩[美国]

在这世界上没有什么美好的东西,也许时间就是我们拥有的唯一美好的东西。让我们别荒废它吧,谁能知道明天会发生什么事呢。
——伍里采维奇[塞尔维亚]

时间的步伐有三种:未来姗姗来迟,现在像箭一样飞逝,过去永远静立不动。
——席勒[德国]

越是快乐的时光,消逝得越是迅速。
——小普林尼[古罗马]

过去属于死神,未来属于你自己。趁未来还属于你自己的时候,抓住它吧,不要专心懊悔早已过去的事情来糟蹋自己,而要在目前所能做到的事情上努力。
——雪莱[英国]

精力旺盛的人与疲惫懒散的人在生命的二分之一时间中是不相上下的,因为所有的人在睡着时都是一样的。
——亚里士多德[古希腊]

时间一点一滴凋谢,犹如蜡烛慢慢燃尽。 ——叶芝[爱尔兰]

有四种东西你永远不能挽回:说出的话,射出的箭,消逝的时间,错过的机会。 ——伊本·欧玛尔[波斯]

谁虚度年华,青春就要褪色,生命就会抛弃他们。 ——雨果[法国]

对聪明人来说,每一天的时间都是要精打细算的。
——约翰·加德纳[英国]

未来是用现在换来的。
——约翰逊[英国]

时间是一个伟大的作者,它会给每个人写出完美的结局来。
——卓别林[英国]

79 历史

往者不可谏(jiàn),来者犹可追。①
——[春秋]《论语》

善言古者,必有节于今。
——[战国]《荀子》

明镜者,所以照形也;往古者,所以知今也。 ——[汉]韩婴

惟有道者能以往知来。②
——[汉]《汉纪》

后之视今,犹今之视昔。
——[汉]《汉纪》

明鉴所以照形,往古所以知今。③
——[汉]贾谊

前事之不忘,后事之师。④
——[汉]《战国策》

尔曹身与名俱灭,不废江河万古流。⑤ ——[唐]杜甫

年年岁岁花相似,岁岁年年人不同。
——[唐]刘希夷

人事有代谢,往来成古今。⑥
——[唐]孟浩然

以铜为镜,可以正衣冠;以古为镜,可以知兴替;以人为镜,可以明得失。
——[唐]《贞观政要》

观史如身在其中,见事之利害,时之祸患,必掩卷自思,使我遇此等事,当作何处之?如此观史,学问亦可以进,知识亦可以高,方为有益。——[宋]吕祖谦

古今之事,非知之难,言之亦难。
——[宋]苏轼

大江东去,浪淘尽,千古风流人物。
——[宋]苏轼

往者已不及,尚可以为来者之戒。
——[宋]王安石

千古兴亡多少事,悠悠,不尽长江滚滚流。⑦ ——[宋]辛弃疾

观史不可以成败优劣论人,只当论其是非。 ——[明]薛瑄

观今宜鉴古,无古不成今。
——[明、清]《增广贤文》

历史的大势所趋不是人力所能终究遏止或转移的,但是人力可以加快或延缓这种趋势。
——冯友兰

没有什么历史的终极目的,有的只是进步。 ——顾准

---

① 往者:过去的。谏:纠正;挽回。来者:未来的。追:追赶,引申为补做过去没有做完的事。
② 有道者:具有道德修养的人。
③ 鉴:古代的铜镜。
④ 师:借鉴;榜样。
⑤ 尔曹:你们这些人。
⑥ 人事:指人的离合、境遇、存亡等。代谢:交替;更替。
⑦ 悠悠:众多。

路是脚踏出来的,历史是人写出来的。人的每一步行动都在书写自己的历史。——吉鸿昌

不清醒的人对过去抱以嘲笑,对将来则寄予不切实际的奢求。——蓝翎

我们看历史,能够据过去以推知未来。看一个人的已往的经历,也有一样的效用。——鲁迅

我们从古以来,就有埋头苦干的人,有拼命硬干的人,有为民请命的人,有舍身求法的人……这就是中国的脊梁。
——鲁迅

历史是人民创造的。——毛泽东

历史是在前进呵!而且因为时代的轮子不是在空虚中进展,所以障碍的增多就证明了进展的勇猛剧烈呵!
——茅盾

历史没有最后。一切都是过程,一切都是过渡,一切都只是一瞬。
——邵燕祥

检讨过去,把握现在,创造将来。
——陶行知

我们将来的历史是滴泪,我的泪,洗尽人类的悲哀;我们将来的历史是声笑,我的笑,驱尽宇宙的烦恼。——闻一多

人总是愿意相信好听的话,但历史却不仅常常忽视逻辑,而且也常常忽视被我们称为良心的那种东西。
——爱伦堡[苏联]

这世界之所以存在,是为了教育每一个人。历史上没有一个时代或是社会状况或是行为的方式,不是在他的生活里都有某种与它相符之点。
——爱默生[美国]

历史拍着它强大的翅膀,飞过许多世纪,同时在光荣的荆棘路的这个黑暗背景上,映出许多明朗的图画来,鼓起我们的勇气,给(jǐ)予我们安慰,促进我们内心的平安。这条光荣的荆棘路,跟童话不同,并不在这个人世间走到一个辉煌和快乐的终点,但是它却超越时代,走向永恒。——安徒生[丹麦]

历史有两部:一部是官方的、骗人的历史,做教科书用的,给王太子念的;另外一部是秘密的历史,可以看出国家大事的真正原因,一部可耻的历史。
——巴尔扎克[法国]

有些事本身是微不足道的,但却是过去千百件枝枝节节的事情发展的结果,这结果因为概括了过去,又联系了未来,所以意义重大。
——巴尔扎克[法国]

正因为过去的时代与当今的现实密切相关,历史才具有感人的力量。
——班克罗夫特[美国]

古代史无法写,因为我们没有足够的资料;而近代史也不可能写,因为我们掌握太多的资料。——贝玑[法国]

客观的过去已经一去不复返了,而历史领域是一个捉摸不定的领域,它只是形象地被再创造,再现于我们的头脑中。——贝克尔[美国]

历史

就政治生活而言，最好的教育和教训就是要学习历史。取鉴于前人的覆辙，是教人如何英勇豪迈地面对困难、战胜命运的不二法门，除此之外别无他途。
——波里比阿[古希腊]

史学之目的，与戏剧恰恰相反，戏剧家系以最动人的文句，打动观众于一时；历史家则以真实的事迹和真实的言辞取信于人，使严肃的学者得益于永久。
——波里比阿[古希腊]

拿历史上的事实来比照我们当前的情况，我们便可以得到一种方法和根据，用以推测未来。——波里比阿[古希腊]

从研究历史中所得到的真知灼见，对实际生活说来是一种最好的教育。因为历史，而且只有历史，能使我们不涉及实际利害而训练我们的判断力，遇事能采取正确的方针。
——波里比阿[古希腊]

历史叙述社会生活，艺术则叙述个人生活。 ——车尔尼雪夫斯基[俄国]

历史就是过去的政治，政治就是当前的历史。 ——傅里曼[英国]

历史学家记述的与其说是事实，不如说是他们愿意相信的事。
——富兰克林[美国]

比起大自然来，历史对人类的感情更严酷、更残暴。大自然要求人们仅仅满足于天赋的本能，而历史却要强制人的理智。 ——高尔基[苏联]

历史给我们的最好的东西就是它所激起的热情。 ——歌德[德国]

人总是不愿抛弃自己和自己的祖先珍惜过的东西。尽管这些东西受到糟蹋、受到歪曲，他的感情暗地里和它们仍是紧密地联系在一起的。
——海涅[德国]

世界史上的事情并不是一桩一定是另一桩的直接后果，所有的事件都是互为因果的。 ——海涅[德国]

历史是精神的形态，它采取故事的形式，即自然的直接现实性的形式。因此，它的发展阶段是作为直接的自然原则而存在的。 ——黑格尔[德国]

我们应该不要回头望，除非是要由过去错误中提取有用的教训，并为了从经验中获益。 ——华盛顿[美国]

没有一个伟人白白活着的。世界的历史无非是伟大的传记。
——卡莱尔[英国]

整个过去是现在的财富。
——卡莱尔[英国]

历史的本质不在于构成它的个别事实，不论这事实有多大的价值，而在于它是一个过程，一种由此及彼的发展。
——科林伍德[英国]

历史的价值就在于它告诉我们：人做了什么。从而告诉我们：人是什么。
——科林伍德[英国]

得以邀游于历史的文献宝库，会见往日的英雄豪杰，重过昔日的种种生活，人生快事，莫过于此。 ——朗克[德国]

历史是国家和人类的传记。
——列夫·托尔斯泰[俄国]

历史喜欢捉弄人,喜欢同人们开玩笑。本来要到这个房间,结果却到了另一个房间。   ——列宁[苏联]

必须熟悉历史,不仅仅是那些描写名人和重大事件的琐碎的近代史,而且要了解人类历史发展的主流,从而懂得什么行动创造了伟大的文明,什么破坏了文明。   ——马歇尔[英国]

生命的进程有如海洋,人们来去匆匆,潮汐涨而复落,这就是历史的全部内容。   ——米勒[法国]

历史理应不是帝王的家谱和争斗的史实,而是思想的历史。
   ——契诃夫[俄国]

历史的真正价值是在它的教育方面。   ——乔·屈维廉[英国]

人们若对历史不了解,就无法了解当代。历史是一座山丘或一个制高点,唯有从它上面人们才能看见自己所住的小镇或所生活的时代。
   ——切斯特顿[英国]

历史孕育了真理,它能和时间抗衡,把遗闻旧事保藏下来;它是往古的迹象、当代的鉴戒、后世的教训。
   ——塞万提斯[西班牙]

诗是诗,历史是历史,诗人歌咏的是想当然的情节,不是真情实事;历史家就不然了,他记载过去的一言一行,丝毫不能增减。   ——塞万提斯[西班牙]

每个人的生命中都有一段历史,观察他以往的行为的性质,便可以用近似的猜测;预断他此后的变化,那变化的萌芽虽然尚未显露,却已经潜伏在他的胚胎之中。   ——莎士比亚[英国]

到目前为止,我们看到的历史基本上是由在某些利益驱使和支持下形成的强大个人意志创造的历史,是天意通过上帝挑选的人物主宰人类命运的历史,是上帝挑选的特权人物编写的历史。
   ——斯特林堡[瑞典]

客观地编写历史是不可能的,尤其根本就不存在客观的主体。只有通过客观主体的理解,外界发生的一切才不带个人和时代强加给人的观察方法的色彩。   ——斯特林堡[瑞典]

人类历史是在层层废墟上成长的;它不是像生命一样连续不断地生长,现代战争即是这一点的一个图解。
   ——泰戈尔[印度]

历史慢慢地窒息它的真理,但在可怕的补赎苦行中,又急急忙忙地奋力使真理复苏。   ——泰戈尔[印度]

人类,正是人类,总是喜欢处处夸大当代事件的历史意义,因为他们总想突出在恰巧为他们所超越的那个时代中他们个人的重要性。   ——汤因比[英国]

历史的继续性,是我们所承认的一个用语,它看起来并不像是在一个人的生命里所表现的那样,而是更像几代人生命的继续。   ——汤因比[英国]

任何一种罗曼史最糟糕的结果是,它会使浪漫者落得个毫无浪漫可言的下场。   ——王尔德[英国]

历史为我们提供了关于过去的一系

列不同的图画,它们并不是互不兼容的。每一幅画,都从某一观点反映了过去的一个方面。——沃尔什[英国]

不要埋首于远去的过去,把握现在吧!——席勒[德国]

在伟大的历史事件的进程中,往往会出现一个就其本身意义而言微不足道的小插曲,但它却能特别鲜明地、异乎寻常地突然反映出整个事件中最重要、最本质的特点,如同有时一滴水可以清楚地反映出周围世界的巨大场面一样。
——谢·斯米尔诺夫[苏联]

历史不能只记载一个行动,而必须记载一个时期,即这个时期内所发生的涉及一个人或一些人的所有事件,尽管他们之间只有偶然的联系。
——亚里士多德[古希腊]

且用显微镜观察人生,它委实充满了令人毛骨悚然的恐怖,因此我们才需要罗曼史。罗曼史会给我们精神上的粮食,是使我们向上的人生最大的力量。
——卓别林[英国]

80 军事;战争

兵者,国之大事,死生之地,存亡之道,不可不察也。①
——[春秋]《孙子兵法》

用兵之法,十则围之,五则攻之,倍则分之,敌则能战之,少则能逃之,不若则能避之。②——[春秋]《孙子兵法》

善战者,见敌之所长,则知其所短;见敌之所不足,则知其所有余。
——[春秋]《孙子兵法》

知己知彼,百战不殆(dài)。③
——[春秋]《孙子兵法》

不知彼而知己,一胜一负;不知彼,不知己,每战必殆。
——[春秋]《孙子兵法》

主不可以怒而兴师,将不可以愠(yùn)而致战。④
——[春秋]《孙子兵法》

非利不动,非得不用,非危不战。
——[春秋]《孙子兵法》

攻其无备,出其不意。
——[春秋]《孙子兵法》

兵无常势,水无常形。
——[春秋]《孙子兵法》

围师必阙(quē),穷寇勿追。⑤
——[春秋]《孙子兵法》

善用兵者,屈人之兵而非战也,拔人

---

① 兵:武器,引申为军事或战争。
② 倍:成倍。
③ 殆:危险;失败。
④ 怒:生气;气愤。愠:恼怒;怨恨。
⑤ 阙:同"缺",不完整,指留出逃路,以免敌军拼死抵抗。穷寇:无路可逃的敌人。

之城而非攻也,毁人之国而非久也。①

——[春秋]《孙子兵法》

百战百胜,非善之善者也;不战而屈人之兵,善之善者也。②

——[春秋]《孙子兵法》

不明于敌人之政,不能加也;不明于敌人之情,不可约也;不明于敌人之将,不先军也;不明于敌人之士,不先阵也。

——[战国]《管子》

无地固,城郭恶,无畜积,财物寡,无守战之备而轻攻伐者,可亡也。

——[战国]《韩非子》

凡兵,天下之凶器也;勇,天下之凶德也。举凶器,行凶德,犹不得已也。举凶器必杀,杀,所以生之也;行凶德必威,威,所以慑之也。

——[战国]《吕氏春秋》

杀人安人,杀之可也;攻其国爱其民,攻之可也;以战止战,虽战可也。

——[战国]《司马法》

国虽大,好战必亡;天下虽安,忘战必危。

——[战国]《司马法》

夫发号布令而人乐闻,兴师动众而人乐战,交兵接刃而人乐死。此三者,人主之所恃(shì)也。③

——[战国]《吴子》

战胜易,守胜难。

——[战国]《吴子》

圣王之用兵,非乐之也,将以诛暴讨乱也。 ——[秦]黄石公

兵出无名,事故不成。

——[汉]《汉书》

先发制人,后发制于人。④

——[汉]《汉书》

兵者,所以禁暴讨乱也。

——[汉]《淮南子》

兵之胜败,本在于政。

——[汉]《淮南子》

地利不如人和,武力不如文德。

——[汉]《盐铁论》

有备则制人,无备则制于人。⑤

——[汉]《盐铁论》

见贤若不及,从谏(jiàn)如顺流,宽而能刚,勇而多计,此之谓大将。⑥

——[三国]诸葛亮

扬士卒之能,图成败之计,虑生死之事,然后乃可出军任将。

——[三国]诸葛亮

国以军为辅,君以臣为佐,辅强则安,辅弱则国危,在于所任之将也。

——[三国]诸葛亮

夫计谋欲密,攻敌欲疾,获若鹰击,战如河决,则兵未劳而敌自散,此用兵之

---

① 屈:屈服;使屈服。
② 善之善:好中之好,指诸多良策中的最佳方案。
③ 恃:凭借;依靠。
④ 制:制伏。先发制人:先采取行动以制伏对方或取得主动。
⑤ 制:制伏。
⑥ 谏:规劝(帝王、尊长等),使改正错误。

势也。　　——[三国]诸葛亮

军无习练,百不当一;习而用之,一可当百。　　——[三国]诸葛亮

兵贵神速。　　——[晋]《三国志》

兵不妄动,师必有名。
　　——[唐]白居易

国之存亡,人之死生,皆由于兵,故须审察也。　　——[唐]杜牧

知彼知己,兵家大要。①
　　——[唐]李靖

养兵之术,务精不务多。
　　——[宋]司马光

凡战之道,未战养其财,将战养其力,既战养其气,既胜养其心。
　　——[宋]苏洵

养军千日,用军一时。
　　——[元]马致远

千军易得,一将难求。
　　——[元]马致远

胜败乃兵家常事。
　　——[明]《水浒传》

瓦罐不离井上破,将军必在阵前亡。
　　——[明]《水浒传》

为将之道,勇智贵兼全。弓马便捷,所向无敌,勇也;计算深远,无所遗失,智也。智勇全而后可以建功业。②
　　——[明]庄应会

有不可战之将,无不可战之兵;有可胜不可败之将,无必胜必不胜之兵。
　　——[清]胡林翼

兵之所以战者,气也;气之所以激者,怒也。善用兵者,养其气,蓄其锐,怒时出而用之。有所不战,战必胜矣。
　　——[清]王余佑

我寻敌,先发制人;敌寻我,以主待客。　　——[清]曾国藩

以必战之志,策必胜之道者,治兵之原则也。　　——蔡锷

练兵强天下之势,变法成天下之治。
　　——康有为

战略上要藐视敌人,战术上要重视敌人。　　——毛泽东

敌进我退,敌驻我扰,敌疲我打,敌退我追。　　——毛泽东

兵民是胜利之本。　　——毛泽东

正义战争的三个必要的条件:公众的权威,正义的理由,正确的动机。
　　——阿奎那[意大利]

只要安全是想通过国家的战备来寻求,大概不会有一个国家会放弃任何看来使它有希望在战争中取得胜利的武器,在我看来,只有放弃一切国家的军事防卫,安全才能达到。
　　——爱因斯坦[美国]

去反对制造某些特殊的武器,那是

---

① 要:重大的值得重视的内容。
② 弓马便捷:善于射箭和骑马,指武艺高强。

无济于事的,唯一解决的办法是消除战争和战争的威胁。这是我们奋斗的目标,我们必须下决心抵制一切违反这个目标的活动。——爱因斯坦[美国]

一次或者多次战争的唯一结果,只能是出现一个强国以其压倒一切的军事霸权来统治和支配世界的其余部分。
——爱因斯坦[美国]

为战争辩护而提出的种种借口,只不过是用来煽动那些不是很好战的人们的作战意志而已。——爱因斯坦[美国]

国内的和国际的经济利益对抗是今天世界上存在着危险的和威胁性的局势的主要原因。人类还没有建立起能够保证世界各国之间和平共处的政治和经济的组织形式,在建立能够消除战争的可能性和永远废除大规模毁灭性武器的制度方面也没有获得成功。

——爱因斯坦[美国]

战争倾向是人类本性的一部分,正像河水要时常泛滥是它本性的一部分一样,并且也正像需要用人为的办法来防止洪水那样,人类也必须采取人为的办法来防止战争。 ——爱因斯坦[美国]

一个国家要想获得安全的保证,必须要有良好的要塞体系和防线,完善的预备兵役和军事制度,最后还要有优良的政治制度。

——安东·亨利·约米尼[瑞士]

历史告诉我们,最富的国家并不一定就是最强的,更不是最快乐的,从军事力量的天平上看来,钢铁至少是和黄金一样重。
——安东·亨利·约米尼[瑞士]

假使各种其他的条件都相等,则战争的胜负就决定于盟国的有无。
——安东·亨利·约米尼[瑞士]

和平是战争的目标,是所有军事学的目的,是一切公正斗争的目的的极限。
——奥古斯丁[古罗马]

战略是一种分配和运用军事工具来达到政治目的的艺术。
——巴·亨·利德尔[英国]

一个良好的理由,比如出师有名吧,就是一把利剑,同时也是一块盾牌。
——巴·亨·利德尔[英国]

在战略上,最漫长的迂回道路,常常又是达到目的的最短途径。
——巴·亨·利德尔[英国]

最完美的战略,也就是那种不必经过激烈战斗而能达到目的的战略——所谓"不战而屈人之兵,善之善者也"。
——巴·亨·利德尔[英国]

消极的守势是必败无疑的,而积极的守势则往往可以转败为胜。
——巴·亨·利德尔[英国]

当好一个兵,必须了解历史——必须了解在战争中如何起作用。武器变了,但使用武器的人一点儿没变。要赢得战役,你不是打败武器,而是打垮敌军人员的精神。 ——巴顿[美国]

战争夸不上什么功绩,它为了少许残渣,掷去多少真金!所得的不过是重

划一些疆域……除非为自由而战,那才真正荣耀。　　——拜伦[英国]

一般人在日常的事情上不严格或者不诚实,其结果只不过是遭到朋友的轻视,至多是被人控告吃官司。但是,军人要是不严格或者不诚实,就会拿同胞的生命来开玩笑,拿政府的荣誉来开玩笑。
　　——贝克[美国]

在战争里也有和平,它有和平的一面。战争本来就是要满足一切需要的,其中也包括了和平的需要。
　　——布莱希特[德国]

你若担受不起战争,胜利也就没有你的份。　　——布莱希特[德国]

征服者一旦获得武装,那么就会寻找一切借口侵犯别人。——德莱顿[英国]

这是战争中的一条万古不易的公理,确保你自己的侧翼和后方,而设法迂回敌人的侧翼和后方。　——腓特烈[德国]

和平之时儿埋父,战乱之时父埋儿。
　　——弗兰西斯·培根[英国]

从来没有好的战争或坏的和平。
　　——富兰克林[美国]

当你打败了你的对手时,你应该明智地让他再站起来。这是因为,在下次战争中,你有机会需要他的帮助。
　　——富勒[英国]

对于真正的政治家来说,战争的目的应该是和平。　　——富勒[英国]

实施机动性运动,是一种威胁,谁显得威胁性大,谁就能赢。防御方面的力量愈弱,则愈需要采取机动防御的方法。
　　——富勒[英国]

和平只是战争的一面或一种形态,战争也只是和平的一面或一种形态,今日的冲突即是明天融洽的开端。
　　——赫拉克利特[古希腊]

战争是万物之父,也是万物之王。它使一些人成为神,使一些人成为人,使一些人成为奴隶,使一些人成为自由人。
　　——赫拉克利特[古希腊]

取得战争胜利的军队是精锐的军队,而不是庞大的军队。
　　——华盛顿[美国]

每一个人只要有获得和平的希望,就应该力求和平;在不能得到和平时,他就可以寻求并且利用战争的一切帮助和利益。
　　——霍布斯[英国]

战争是迫使敌人服从我们意志的一种暴力行为。　——克劳塞维茨[德国]

要取得相对的优势,也就是在决定性地点上巧妙地集中优势兵力,就往往必须准确地选定决定性地点并使自己的军队一开始就有正确的方向,就必须有决心为了主要的东西不惜牺牲次要的东西。　　——克劳塞维茨[德国]

战争不仅是一种政治行为,而且是一种真正的政治工具,是政治交往的继续,是政治交往通过另一种手段的实现。
　　——克劳塞维茨[德国]

更接近战争的是政治,政治也可以看成是一种更大规模的贸易。不仅如此,政治还是孕育战争的母体,战争的轮廓在政治中就已经隐隐形成,就好像生物的属性在胚胎中就已经形成一样。
——克劳塞维茨[德国]

在战斗过程中,精神力量的损失是决定胜负的主要原因。
——克劳塞维茨[德国]

军队的武德是战争中最重要的精神力量之一,如果缺少了这种力量,就应该有其他精神力量,如统帅的卓越才能、民族的热情等来代替,否则,所做的努力就收不到应有的效果。
——克劳塞维茨[德国]

政治是头脑,战争只不过是工具,不可能是相反的。因此,只能是军事观点从属于政治观点。——克劳塞维茨[德国]

打垮敌人是战争的目标,消灭敌人的军队是手段,不论在进攻中还是在防御中都是如此。——克劳塞维茨[德国]

防御应该是:尽可能地准备好一切手段,有一支能征善战的军队,有一个不是心中无数和提心吊胆地等待敌人而是行动主动和沉着冷静的统帅,有不怕任何围攻的要塞,最后,还有不怕敌人而使敌人害怕的坚强的民众。
——克劳塞维茨[德国]

我们认为努力争取保障自己背后和威胁敌人背后是战斗中最紧迫的任务,而且是一个到处都应该努力争取实现的任务。——克劳塞维茨[德国]

在其他一切条件都相同的前提下,我们越想要消灭敌人的军队,自己军队的消耗也必然会越大。
——克劳塞维茨[德国]

军人的勇敢必须摆脱个人勇敢所固有的那种不受控制和随心所欲地显示力量的倾向。它必须服从更高的要求:服从命令,遵守纪律,遵循规则和方法。
——克劳塞维茨[德国]

我们只能用准备战争来确保和平,这是一个不幸的事实。——肯尼迪[美国]

战争的格言是"让强者生存,让弱者死亡"。和平的格言是"让强者帮助弱者一起生存"。——罗斯福[美国]

在现代战争中,除非大多数人愿意受苦,而且,许多人情愿献出生命,一个国家才可能获胜。要想引起这种情感,统治者必须使他们的国民相信,战争是一件至关重要的事情——重要到值得为它捐躯。
——罗素[英国]

不是军队引起了战争,而是战争缔造了军队。——马德里奇[法国]

侵入一个国家或许容易,但要想撤离这个国家却很困难。——马汉[美国]

必要的战争就是正义的战争。
——马基雅弗利[意大利]

忽视战争艺术乃是丧失国家的主要原因,而精通这门艺术则能使你获得国家。——马基雅弗利[意大利]

没有必胜的决心,战争必败无疑。
——麦克阿瑟[美国]

整个战争的艺术,就是先做合理周密的防御,然后再进行快速、大胆的进攻。——拿破仑[法国]

进行战争的原则也和实施围攻的原

则一样,火力必须集中在一点上(一个地段上),而且,必须打开一个缺口,一旦敌人的稳定性被破坏,尔后的任务就是把它彻底击溃。　　——拿破仑[法国]

战略是利用时间和空间的艺术,我对于后者不如对于前者那样珍惜。空间是可以重新得到的,而时间则永远失去了。　　——拿破仑[法国]

征服者的荣誉是一种残酷的荣誉,因为它是建立在对人类的毁灭之上的。
——切斯特菲尔德[英国]

一个战略棋盘,如同一支军队的整个阵地一样,应该只有一个中心和两个极端。　　——若米尼[瑞士]

对进攻来说,好的部署应当具有机动性、坚韧性和攻击性;而对防御来说,首先是坚韧性,同时要有最大可能的火力。　　——若米尼[瑞士]

战争远非是一门精确的科学,而是一出令人恐怖、充满激情的戏剧,虽然这出戏剧只能遵循三四条共同原则,但其结果却决定于大量错综复杂的精神因素和物质因素。　　——若米尼[瑞士]

为将者的首要条件是"勇气"。没有勇气,其他条件都没有多大价值,因为没有勇气,其他条件都无法发挥作用。第二是"智慧",要聪明过人和随机应变。第三是"健康"。　　——萨克斯[德国]

拿枪杆子的目标是和平,这是人类在这个世界上所能企望的最大幸福。
——塞万提斯[西班牙]

执行命令的战士,功劳不亚于发号施令的将帅。　　——塞万提斯[西班牙]

"和平"不该是一服叫人昏沉的药剂——即使没有战事,也没有什么冲突,那防御的工事,那兵役,以及那军备,也必须经常进行,征募和充实,就像战祸已经在眼前。　　——莎士比亚[英国]

以武力来征服只是暂时的征服,赢得世界的尊敬才能永久地征服世界。
——威尔逊[美国]

土地、朋友,还有金子,这三件东西都是战争的果实。如果连一件都没有希望的话,人们也就再也不会发动战事。
——《五卷书》[印度]

当战争爆发的时候,投入激烈斗争中去的就不只是军队,同时还有作战双方的军事理论、军事学说和战略思想。
——谢·帕·伊万诺夫[苏联]

战争的目的必须是为了和平。
——亚里士多德[古希腊]

81　文学;写作

书不尽言,言不尽意。①
——[周]《周易》

---

① 书:文字记录。尽:穷尽。

诗言志,歌永言。①
——[春秋]《尚书》

人之于文学也,犹玉之于琢磨也。②
——[战国]《荀子》

不精不诚,不能动人。③
——[战国]《庄子》

文人之笔,劝善惩恶也。
——[汉]《论衡》

言出为论,下笔成章。
——[晋]《三国志》

奇文共欣赏,疑义相与析。④
——[晋]陶潜

善笔力者多骨,不善笔力者多肉。
——[晋]卫铄

志足而言文,情信而辞巧。
——[南朝]刘勰

文章合为时而著,歌诗合为事而作。⑤
——[唐]白居易

宽心应是酒,遣兴莫过诗。⑥
——[唐]杜甫

笔落惊风雨,诗成泣鬼神。
——[唐]杜甫

为人性僻耽(dān)佳句,语不惊人死不休。⑦
——[唐]杜甫

以意全胜者,辞愈朴而文愈高;意不胜者,辞愈华而文愈鄙。
——[唐]杜牧

片言可以明百意,坐驰可以役万景,工于诗者能之。⑧
——[唐]刘禹锡

吾每为文章,未尝敢以轻心掉之。
——[唐]柳宗元

吟安一个字,捻断数茎须。⑨
——[唐]卢延让

文学之于人也,譬乎药,善服有济,不善服反为害。⑩
——[唐]皮日休

百锻为字,千炼成句。⑪
——[唐]皮日休

入妙文章本平淡,等闲言语变瑰奇。
——[宋]戴复古

理得而辞顺,文章自然出类拔萃。⑫
——[宋]黄庭坚

嬉笑怒骂,皆成文章。
——[宋]黄庭坚

雕琢自是文章病,奇险尤伤气骨多。
——[宋]陆游

---

① 永:同"咏",诵读,歌唱。
② 琢磨:雕刻、打磨玉石等,比喻加工、修饰文章,使精美。
③ 精、诚:至诚。动人:使人受到感动。
④ 奇文:新奇的文章。疑义:疑而未明的道理。相与:共同;一道。
⑤ 合:应当;应该。时:时候,指当前的时代。事:事情,指关系到国计民生的大事。
⑥ 遣兴:抒发兴致。
⑦ 性僻:性情怪僻。耽:沉溺;沉迷。语:指词语、词句。休:停止。
⑧ 役:役使;差遣。万景:泛指世间一切事物。
⑨ 吟:诵读(诗文)。捻:揉搓。
⑩ 譬:比方。济:有益;得益。
⑪ 锻:锻造,比喻推敲文字。炼:冶炼,比喻加工文字。
⑫ 得:中意;适合。

汝果欲学诗,工夫在诗外。①
——[宋]陆游

文如风行水上,出于自然。
——[宋]马永卿

言以载事,而文以饰言。事信言文,乃能表见于后世。 ——[宋]欧阳修

状难写之景如在目前,含不尽之意见于言外。 ——[宋]欧阳修

文简而意深。 ——[宋]欧阳修

言之美者为文,文之美者为诗。
——[宋]司马光

腹有诗书气自华。 ——[宋]苏轼

文字频改,工夫自出。
——[宋]张镃

文约而义博,辞近而旨远。②
——[元]方回

切莫呕心并剔肺,须知妙语出天然。
——[明]都穆

但写真情并实境,任他埋没与流传。
——[明]都穆

诗,心之声也。 ——[明]宋濂

文情不厌新,交情不厌陈。
——[明]汤显祖

三分春色描来易,一段伤心画出难。
——[明]汤显祖

一字不可增减,文之极则也。
——[清]方苞

为求一字稳,耐得半宵寒。
——[清]顾文炜

字字看来皆是血,十年辛苦不寻常。
——[清]《红楼梦》

文章之佳,由于胸襟气识。③
——[清]黄遵宪

隔日一删,逾月一改,始能淘沙得金,无瑕瑜互见之失矣。④
——[清]李渔

非尽百家之美,不能成一人之奇;非取法至高之境,不能开独造之域。
——[清]刘开

文以练神练气为上半截事,以练字练句为下半截事。 ——[清]刘熙载

此诗莫作寻常看,一句诗成千泪垂。
——[清]施闰章

作文之法要心细如毛,胆大如天。心不细文无理路,胆不大文无力量。
——[清]石成金

熟读唐诗三百首,不会作诗也会吟。⑤ ——[清]孙洙

善悟者,观庭中一树,便可想象千

---

① 汝:你。
② 旨:意义;用意。
③ 胸襟:抱负;气量。气识:气量和见识。
④ 逾:超过。瑕瑜互见:玉的斑点和光彩,比喻有缺点也有优点。
⑤ 吟:咏、诵,这里指写作。

林;对盆中一景,亦即度知五岳。

——[清]汤贻汾

读十篇不如作一篇。——[清]唐彪

诗乃人之行略,人高则诗亦高,人俗则诗亦俗。——[清]徐增

今人诗要见好,所以工于字句之间;古人诗不要见好,所以妙于篇章之外。

——[清]徐增

为人,不可以有我;作诗,不可以无我。——[清]袁枚

作人贵直,而作诗文贵曲。

——[清]袁枚

没有想象就没有诗。——艾青

我写作一不为吃饭,二不为出名,我藏在心里没有说出来的话是:我是春蚕,吃了桑叶就要吐丝,哪怕放在锅里煮,死了丝还不断,为了给人间添一点儿温暖。

——巴金

诗人,是世界幻想上最大的快乐,也是事实中最深的失望。——冰心

文学之中最具感化者,莫如小说。

——蔡锷

板凳要坐十年冷,文章不写半句空。

——范文澜

诗人抚摹自然,写象人生,离不了美化;伦理学家观察人类行为,少不了善化。——方东美

文学是社会现象经过创造过程的反映,反过来,社会要受到文学创造性的影响被创造。社会向文学提供素材,文学向社会提供规范。——郭沫若

历史研究是"实事求是",史剧创作是"失事求似"。——郭沫若

抒情的文字唯最自然者为最深邃。

——郭沫若

诗人要活在时代里面。——郭沫若

什么叫细节？细节就是你的"珠子"。你要穿一串项链,这串项链要与别人的不同,你起码得有几颗是你的"珠子"。一颗珍贵的珠子能使一串项链熠(yì)熠生辉。一个好细节能使一篇作品读后难忘。——黄宗英

风格不是由字句的堆砌而来的,它是心灵的音乐。——老舍

哲人的智慧,加上孩子的天真,或者就能成个好作家了。——老舍

当我们承认人类不免一死的时候,当我们意识到时间消逝的时候,诗歌和哲学才会产生出来。——林语堂

悲剧将人生的有价值的东西毁灭给人看,喜剧将那些无价值的撕破给人看。

——鲁迅

一个准备从事写作的人,他的文学名著的诵读范围,也应当广博。

——茅盾

一个好的文学作品,照例会使人觉得在真、美感觉以外,还有一种引人"向

善"的力量。　　　　——沈从文

文章千古事,亦与时荣枯。
　　　　　　　　——王国维

大家之作,其言情也,必沁人心脾;其写景也,必豁人耳目。　——王国维

看好作品就像吃橄榄,越吃越有味道。　　　　　——王朝闻

文学的宫殿必须建在生命的基石上。　　　　　　——闻一多

好的作品,读者想的总是比作者说的多。　　　　　——翟晓声

学习文学而懒于记诵是不成的,特别是诗。一个高中文科的学生,与其囫(hú)囵(lún)吞枣或走马观花地读十部诗集,不如仔仔细细地背诵三百首诗。
　　　　　　　　——朱自清

谚语是一人的机锋,多人的智能。
　　　　　　　　——朱自清

文学应该预见未来,用自己那最鼓舞人心的成果跑在人民的前面,就像它是在拖着生活向前迈进似的。
　　　　——阿·托尔斯泰[俄国]

文学应该记载下过去所经历的道路,追随那行动着的群众,沿着他们所走过的道路把那幅五光十色的历史图画给展示出来。　——阿·托尔斯泰[俄国]

文学可以美化人的思想、语言和行为,可以使人身体内部的机器——五脏六腑按照正常的轨道运转。
　　　　　　——阿基兰[印度]

诗歌必须充满人性,没有人性的诗就称不上是诗歌。
　　　　——阿莱克桑德雷[西班牙]

每一段我都写了四次:一次是写下我要说的话,一次是添加我所遗漏的,一次是删去不必要的,再一次是把全文精炼,有如我才想到的一样。
　　　　　　——阿林厄姆[英国]

诗的本质就在于给不具形的思想以生动的、感性的、美丽的形象。
　　　　　　——别林斯基[俄国]

读者群是文学的最高法庭、最高裁判者。　　　——别林斯基[俄国]

所谓写得好,就是同时又想得好,又感觉得好,又表达得好;同时又有智慧,又有心灵,又有审美力。
　　　　　　　——布丰[法国]

文学作品应当能使读者不仅从作品所说的事情中,而且从述说这些事情的方式中得到快乐,否则就称不上是文学。
　　　　　　——布鲁克[法国]

我的创作简直是从我内心流注出来的,不是凭空造作和敷衍成章的。
　　　　　——柴可夫斯基[俄国]

文学是人的生活的教科书。
　　　　——车尔尼雪夫斯基[俄国]

一切好诗都是用血、汗和眼泪,一环

扣一环,慢慢耐心地创作出来的。

——道格拉斯[美国]

倾向应从情节和场面中自然而然地体现出来,而不应直截了当地说出来。对于文学作品来说,作者的倾向越隐蔽,效果则越好。 ——恩格斯[德国]

没有爱情的故事就像没撒芥末的牛排:淡而无味。 ——法朗士[法国]

诗是寄寓于文字中的音乐,而音乐则是声韵中的诗。 ——福莱[法国]

文学就像炉中的火一样,我们从人家借得火来,把自己点燃,而后传给别人,以至为大家所共享。

——福楼拜[法国]

文学就是用语言来创造形象、典型和性格,用语言来反映现实事件、自然景观和思维过程。 ——高尔基[苏联]

话不要多,要做到诗里没有废字。任何一朵花都不会因为多了一个瓣而显得更美丽…… ——高尔基[苏联]

优秀的作品无论你怎样去探测它,都是探不到底的。 ——歌德[德国]

天才最伟大的贡献即是把一件寻常的事用生花妙笔写下来。

——歌德[德国]

幻想是诗人的翅膀,假设是科学家的天梯。 ——歌德[德国]

如果一个散文作家对于他想写的东西心里很有数,那么他可以省略他所知道的东西;读者呢,只要作者写得真实,会强烈地感觉到他所省略的地方,好像作者已经写出来似的。冰山在海里移动是很庄严宏伟的,这是因为它只有八分之一露在水面上。 ——海明威[美国]

对于一个真正的作家来说,每一本书都应该成为他继续探索那些尚未到达的领域的一个新起点。

——海明威[美国]

我写的故事是要尽力传达出对实际生活的感受——不只是描写生活——也不是判断生活——而是真正把生活写活。 ——海明威[美国]

诗写得精巧是不够的,一定要令人陶醉,夺人魂魄。 ——霍勒斯[美国]

作品越好,留给读者思考的余地越大。 ——杰克逊[美国]

诗人全部的生命——是爱情和歌唱;没有这些,便空虚、苍白而忧郁,像天空中没有云朵,没有星光!

——莱蒙托夫[俄国]

诗歌是一团火,在人的灵魂里燃烧。这火燃烧着,发热发光……真正的诗人不由自主地、痛楚地燃烧起来,并且引燃别人的心灵。而这便是全部文学事业之所在。 ——列夫·托尔斯泰[俄国]

写作而不加以修改,这种想法应该永远抛弃。三遍、四遍——那还是不够的。 ——列夫·托尔斯泰[俄国]

应该写了又写,这是磨炼风格和文体的唯一方法。

——列夫·托尔斯泰[俄国]

一切作品要写得好,它就应当……

是从作者的心灵里歌唱出来的。
——列夫·托尔斯泰[俄国]

作者不流泪,读者也不会流泪。
——罗伯特[英国]

我不是用学院的墨水写作,而是用我自己的血写作。 ——马蒂[古巴]

假如要想感动他人,必须先感动自己,否则不论任何杰出的作品,也绝对没有生命感。 ——米勒[法国]

只要有人活着,童话就存在。因为童话是人民对幸福和正义憧憬的最好表现。 ——帕乌斯托夫斯基[苏联]

最简单的笔调,需要最艰苦的练习。
——泰戈尔[印度]

诗是强烈感情的自然迸发,其源泉是静静回想的感动。——王尔德[英国]

文学总是预示生活。它不是模拟生活,而是按照自己的目的塑造生活。
——王尔德[英国]

一首伟大的诗篇像一座喷泉一样,不断地喷出智慧和欢愉的水花。
——雪莱[英国]

82 艺术

此曲只应天上有,人间能得几回闻。
——[唐]杜甫

纤腰弄明月,长袖舞春风。①
——[唐]刘希夷

画竹,必先得成竹于胸中。
——[宋]苏轼

画虎不成反类狗。②
——[明]《西游记》

看书画有三等:至真至妙者为上等,妙而不真为中等,真而不妙为下等。
——[清]钱泳

真正的艺术一定是从艰难中诞生,又必将在金钱中取得呵护和长存。
——程乃珊

人生的滋味在于生的哀乐,艺术的福音在于其能表现这等哀乐。
——丰子恺

艺术不是技巧的事业,而是心灵的事业。
——丰子恺

自然是美的源泉、艺术的源泉,亦可说是人生的源泉。 ——丰子恺

世界上国家可以统一,唯思想不能统一,艺术更不能统一。 ——傅抱石

能做奇梦的人,才能画好画。
——傅抱石

任何学科,中人之姿学之,可得中等成就,对社会多少有所贡献,不若艺术特别需要创造才能。
——傅雷

艺术与人生,只是一个晶球的两面,

---

① 弄:摆弄;拿着玩。比喻赏玩。
② 类:相似;好像。

和人生无关系的艺术不是艺术,和艺术无关系的人生是徒然的人生。
——郭沫若

古人言"江山如画",正是江山不如画。画有人工剪裁,可以尽善尽美。
——黄宾虹

艺术如果没有震撼人们心灵的力量,引起人感情深处共鸣的内在感染力,它也就没有生命了。
——靳凡

享受大自然,是一种艺术。
——林语堂

在艺术作品中,最富有意义的部分即是技巧以外的个性。
——林语堂

真与美是构成一件成功的艺术品的两大要素。
——鲁迅

依傍和模仿决不能产生真艺术。
——鲁迅

非有天马行空似的大精神,即无大艺术的产生。
——鲁迅

艺术的最高境界是善良、纯真和美好。
——罗兰

艺术上不同的形式和风格可以自由发展,科学上不同的学派可以自由争论。利用行政力量,强制推行一种风格,一种学派,禁止另一种风格,另一种学派,我们认为会有害于艺术和科学的发展。
——毛泽东

我们必须继承一切优秀的文学艺术遗产。
——毛泽东

文艺作品不仅是一面镜子——反映生活,而且是一把斧头——创造生活。
——茅盾

真正有力的文艺作品应该是上口温醇(chún)的酒。
——茅盾

只有竹子那样的虚心,牛皮筋儿那样的坚韧,烈火那样的热情,才能产生出真正不朽的艺术。
——茅盾

作画妙在似与不似之间,太似为媚俗,不似为欺世。
——齐白石

要说艺术,其实就是孩子们做游戏。在自然面前,我们就是孩子,艺术也是游戏。
——王安忆

理性铸成的成见是艺术的致命伤。
——闻一多

艺术无所不在,离合悲欢都是艺术,吃喝玩乐也是艺术。
——吴祖光

艺术与科学是人类文明的两个支柱。理论与实践也是人类文明创造的两条腿,缺一也是不行的。
——吴作人

音乐是人生最大的快乐,音乐是生活中的一股清泉,音乐是陶冶性情的熔炉。
——冼星海

距离,确实只有距离才会产生美,产生爱情,产生艺术。
——肖复兴

真正的艺术家都是永远长不大的孩子。他们用纯朴的童心去看这个世界。
——萧关鸿

艺术是生命最耀眼的火焰。
——徐国静

艺术素质的高低是判别一个人人格水平的要素之一。　　——余秋雨

艺术家是灵魂的冒险者,是偶像的破坏者,是开路的前驱者。　　——郁达夫

艺术家是美的事物的创造者。
　　　　　　　　　　——郁达夫

电影既如雕刻、绘画等是视觉艺术,又如音乐是听觉的艺术,它是以视觉为主、视听结合的艺术。　　——张瑶均

艺术家尽管自己不落到人情世故的圈套里,可是从来没有一个真正的大艺术家不了解人情世故;艺术尽管和实用世界隔着一种距离,可是从来也没有一个真正的大艺术作品不是人生的返照。
　　　　　　　　　　——朱光潜

悠悠的过去只是一片漆黑的天空,我们所以还能认识出来这漆黑的天空者,全赖思想家和艺术家所散布的几点星光。　　　　　——朱光潜

艺术是精神和物质的奋斗。
　　　　　　　　　　——宗白华

艺术心灵的诞生,在人生忘我的一刹那。　　　　　　——宗白华

批评家首先要有艺术家的眼睛,还要有在艺术的大搏斗中弄得满身尘土、通身冒汗的艺术家的那种气质。
　　　　　——阿·托尔斯泰[俄国]

音乐是唯一可以纵情而不会损害道德和宗教观念的享受。
　　　　　　　　——爱迪生[美国]

是否永远不落后时代,是评价一切艺术作品的标准。　——爱默生[美国]

艺术的成功在于没有人工雕琢的痕迹。　　　　——奥维德[古罗马]

艺术的使命不是模仿自然,而是表现自然。　　　——巴尔扎克[法国]

一个不谐和音就会毁掉整个艺术,不在细节方面履行所有条件,艺术根本就不能成立。　——巴尔扎克[法国]

真正的雕塑家,他的凿子不是准确地临摹这只手,而是把运动和生命给你表达出来。我们必须抓住事物和生命的精神、灵魂和特征。
　　　　　　——巴尔扎克[法国]

最高的艺术是要把观念纳入形象。一个字应包含无数的思想,一个画面要概括整套的哲理。——巴尔扎克[法国]

爱情的果实很快就消失,而艺术的果实是不朽的。　——巴尔扎克[法国]

音乐,有人将它比作花朵,因为它铺满在人生的道路上,散发出不绝的芬芳,把生活装饰得更美。——贝多芬[德国]

领悟音乐的人,能从一切世俗的烦恼中超脱出来。　——贝多芬[德国]

艺术,这是高于一切的上帝。
　　　　　　　　——贝多芬[德国]

艺术是对于真理的直感的观察,或者说是用形象来思维。
　　　　　——别林斯基[俄国]

在艺术中,起着最积极和主导作用的是想象;而在科学中,则是理智和

思考。　　　——别林斯基[俄国]

艺术越摆脱教训,便越取得大公无私的纯粹之美。　——波德莱尔[法国]

艺术的奇葩永远不会在寂寞中开放。　　　　　——布德尔[法国]

艺术是永久的精神与物质的战争,艺术是每天痛楚与狂喜的激动情感,艺术是一场永无终了的搏斗。
　　　　　　　——布德尔[法国]

在所有的表现方法中,摄影是唯一能把精确的和转瞬即逝的瞬间丝毫不差地固定下来的一种手段。
　　　　　　　——布勒松[法国]

艺术的第一作用,一切艺术作品毫无例外的一个作用,就是再现自然和生活。　——车尔尼雪夫斯基[俄国]

每一个多余的情节,无论它本身多么美妙,都只能使艺术作品丑陋。
　　　　——车尔尼雪夫斯基[俄国]

你如果要做一个艺术家,你要牢记,必须开拓你的胸襟,务使心如明镜,能够照见一切事物、一切色彩!
　　　　　　　——达·芬奇[意大利]

生活是根,艺术是花。
　　　　　　　　——邓肯[美国]

舞蹈通过人体动作的表情来让人认识人体、心灵的美和圣洁。
　　　　　　　　——邓肯[美国]

艺术欣赏力究竟是什么呢?由于反复的经验而获得的敏捷性,它表示在能使它美化的情况下,抓住真实与美好的东西,并且迅速而强烈地为它所感动。
　　　　　　　——狄德罗[法国]

艺术比人生更高尚。埋头于艺术而避开其他一切是远离不幸的唯一道路。
　　　　　　　——福楼拜[法国]

美是艺术的目的和推动力。
　　　　　　——冈察洛夫[俄国]

艺术是靠想象而存在的。
　　　　　　——高尔基[苏联]

艺术的精神就是力求用词句、色彩和声音把您的心灵中所自豪的、优美的东西都体现出来。——高尔基[苏联]

艺术对于因生活和劳动而疲倦的心灵是一种可口的良药。
　　　　　　——高尔基[苏联]

真正的语言艺术总是朴素的,很生动,几乎是可以感触到的。
　　　　　　——高尔基[苏联]

要想逃避这个世界,没有比艺术更可靠的途径;要想与这个世界联系,也没有一种方法比艺术更好。
　　　　　　　——歌德[德国]

艺术家对于自然的个别部分当然要忠实,并且虔诚地模仿。他不应该任意改动一个动物的骨骼构造和筋肉部位,以致丧失那个动物的特性。但是在使一幅画真正成为一幅画的艺术过程那种较高的境界里,艺术家就有一种较自由的心灵妙用——借助于虚构。
　　　　　　　——歌德[德国]

美是艺术的最高原理,同时也是最

高的目的。　　——歌德[德国]

艺术和科学，跟一切伟大而美好的事物一样，都属于整个世界。
——歌德[德国]

大自然创造了花卉，把它们编成花环的是艺术。
——歌德[德国]

一切艺术最大的难题是如何运用直观的表现手法，创造出一个意境更高的虚幻世界。　　——歌德[德国]

一件完美的艺术作品，是人类灵魂的作品。　　——歌德[德国]

显出特征的艺术才是唯一真实的艺术。　　——歌德[德国]

绘画是没有文字的诗。
——贺拉斯[古罗马]

治愈苦恼的灵丹——那就是音乐。
——贺拉斯[古罗马]

艺术不仅可以利用自然界丰富多彩的形形色色，而且还可以用创造的想象自己去另外创造无穷无尽的形象。
——黑格尔[德国]

艺术的价值就在于借助于外在物质形式显示一种内在的生气、感情、灵魂、风格和精神，这就是我们所说的艺术作品的意蕴。　　——黑格尔[德国]

音乐是伤心人的妙药。
——亨特[英国]

艺术导致对生活的更深刻观念，因为艺术本身是情感的一种深刻表现。
——霍夫曼[美国]

任何美的艺术品都不可能没有一点儿小小的瑕疵，但真正的美却一定能够掩盖这些小小的瑕疵。
——迦迪那[法国]

思想胜于情感的地方才会发生喜剧。　　——克鲁奇[美国]

辩论的艺术在于充分地表达它们，而生活的艺术则在于忽略它们中的百分之九十九。　——拉瑟福德[英国]

开始的艺术是伟大的，但结束的艺术更伟大。　　——朗费罗[美国]

艺术是感情的传递。
——列夫·托尔斯泰[俄国]

艺术是生活的镜子。
——列夫·托尔斯泰[俄国]

区分真正的艺术和虚假的艺术的肯定无疑的标志，是艺术的感染性。
——列夫·托尔斯泰[俄国]

艺术是智慧的喜悦，在良知照耀下看清世界，而又重现这个世界的智慧的喜悦。　　——罗丹[法国]

艺术家的任务是：在没有阳光的时候，去创造阳光。
——罗曼·罗兰[法国]

艺术是一种享受，一切享受中最迷人的享受。　——罗曼·罗兰[法国]

戏剧就是从书本中站立起来并使之富有人情味的诗歌。
——洛尔卡[西班牙]

如果你想得到艺术的享受，那你就

必须是一个有艺术修养的人。
——马克思［德国］

画画儿用的是脑筋，而不是双手。
——米开朗琪罗［意大利］

艺术才是至上之物！它伟大到使人有活下去的意志，它是生命伟大的诱惑，生命强烈的刺激。 ——尼采［德国］

一切艺术之花在沉默中更易开放。
——帕特里克·怀特［澳大利亚］

艺术的使命，是一种情感和爱的使命。 ——乔治·桑［法国］

艺术有一个敌人，名唤无知。
——琼森［英国］

艺术并不超越大自然，不过会使大自然更美化。 ——塞万提斯［西班牙］

哪里有音乐，哪里就不会有灾祸。
——塞万提斯［西班牙］

最好的戏剧也不过是人生的缩影。
——莎士比亚［英国］

音乐是人生的艺术。
——施特劳斯［奥地利］

没有油画、雕塑、音乐、诗歌以及各种自然美所引起的情感，人生乐趣就会失掉一半。 ——斯宾塞［英国］

教育，如果没有美，没有艺术，那是不可思议的。——苏霍姆林斯基［苏联］

艺术在朝圣的路上，探访现实中未知的一座座殿堂，走向一个同过去有着天渊之别的未来。 ——泰戈尔［印度］

简洁是艺术性的第一个条件。
——陀思妥耶夫斯基［俄国］

艺术创作是非凡气质的非凡产物。
——王尔德［英国］

任何伟大的艺术家都不是直照现实的样子来观察事物，否则他就不成其为艺术家。 ——王尔德［英国］

没有人生来就是艺术家，也同样没有人生来就会钓鱼。——沃尔顿［英国］

你用镜子照见你的面孔，你用艺术作品照见你的灵魂。
——萧伯纳［爱尔兰］

每个伟大的艺术家都按照自己的意念铸造艺术。 ——雨果［法国］

艺术的大道上荆棘丛生，这也是件好事，常人都望而却步，只有意志坚强的人例外。 ——雨果［法国］

对于一个艺术家来说，如果能够打破常规，完全自由进行创作，其成绩往往会是惊人的。 ——卓别林［英国］

83　科学；技术

积财千万，不如薄技在身。①
——［北朝］《颜氏家训》

---

① 薄技：微小的技能。

技无大小,贵在能精。
——[清]李渔

科学结论,是点成的金,量终有限;科学方法,是点石的指,可以产生无穷的金。
——蔡元培

科学与民主,是人类社会进步之两大主要动力。
——陈独秀

科学的精神重在怀疑、研究、分析、归纳、实证这几层工夫。
——陈独秀

攻克科学难关,需要巨大的动力。科学的献身精神、百折不回的毅力,这些都是攻关的科学战士所必须具备的品质。
——陈景润

科学每向前迈进一步,就会消灭一百个美丽的神话传说。
——邓刚

任何科学的结论都不该看成是永恒不变的。
——邓拓

科学技术是第一生产力。
——邓小平

四个现代化,关键是科学技术的现代化。没有现代科学技术,就不可能建设现代农业、现代工业、现代国防。
——邓小平

科学不是知识,而是运用知识的本领,也可以说,是已换得成果的活知识。
——敦源

科技不仅是综合国力的一项基本要素,而且对综合国力的其他构成亦具有很强的辐射和影响力。
——冯江源

科学是讲求实际的。科学是老老实实的学问,来不得半点儿虚假,需要付出艰巨的劳动。
——郭沫若

科学在今天是我们的思维方式,也是我们的生活方式,是我们人类精神所发展到的最高阶段。
——郭沫若

科学乃是人类追求真理的一系列认识活动——对于未知现象提出假说,用事实来验证或否证假说。
——何新

科学精神在于寻求事实,寻求真理。
——胡适

科学是推动历史前进的巨大力量。
——胡耀邦

科学成就就是由一点一滴积累起来的。唯有长时期的积聚才能由点滴汇成大海。
——华罗庚

科学是老老实实的学问,搞科学研究工作,就要采取老老实实、实事求是的态度,不能有半点儿虚假浮夸。
——华罗庚

懂就说懂,不懂就说不懂,会就说会,不会就说不会,这是科学的态度。
——华罗庚

科学技术是推动时代发展的原动力。
——江坪

科学是老老实实的东西,它要靠许许多多人的劳动和智慧积累起来。
——李四光

科学尊重事实,不能胡乱编造理由

来附会一个学说。　　——李四光

科学的根本精神,全在养成观察力。
　　——梁启超

科学无非是对于生命的好奇心,宗教是对于生命的崇敬心,文学是对于生命的叹赏,艺术是对于生命的欣赏;根据个人对于宇宙之了解所生的对于人生之态度,是谓哲学。　　——林语堂

只有科学是真学问,将来用处无穷。
　　——毛泽东

科学不是为了个人荣誉,不是为了私利,而是为了人类幸福。——钱三强

科学工作千万不能固执己见,缺乏勇气与认错的精神是会吃大亏的。
　　——钱学森

科学允许怀疑,也经得起怀疑。
　　——任继愈

科学的使命,是要造福社会,而不是造福个人。　　——陶行知

真正的科学家是追求科学的真理,拿着科学的火把救人。——陶行知

科学上的许多重大突破,都是一点点细微的成绩积累起来的。——童第周

科学世界是无穷的领域,人们应该勇敢去探索。　　——童第周

科学与民主,本来是一对命运相同的孪生姐妹。是科学的昌明创造了政治的民主。反过来说,也就是有了民主的政治才能推进科学的昌明。——夏衍

科学的态度是实事求是。
　　——徐特立

科学,你是国力的灵魂,同时又是社会发展的标志。　　——徐特立

科学的任务,就是要穷探宇宙、社会和人生的一切幽微奥妙。——严北溟

科学是包罗万象的事业,它需要有各方面的才能。　　——杨振宁

科学就是对常识的不断冲击、突破和超越。　　——俞吾金

技术第一的要求是精密,不能有一点儿含糊和轻率。"大概""差不多"这一类说法,不应该出于工程人员之口。
　　——詹天佑

科学进步与经济发展是不可分离的。　　——张岱年

科学同思想自由是不可分离的。
　　——张岱年

学科学,是一口气也松不得的。科学的成就是毅力加耐心。——张广厚

科学是器,器无善恶。——张申府

没有现代化的技术,就没有现代化的工业。　　——周恩来

科学本身并不全是枯燥的公式,而是有着潜在的美和无穷的趣味,科学探索本身也充满了诗意。——周培源

科学研究是探索未知,科研人员既要有严肃、严密和严格的学风,又要有敢想、敢干和敢闯的精神。二者不可缺一。
——朱兆良

科学永远对抗着迷信以及一切蒙昧无知的思想。 ——竺可桢

科学是一个开放型的事业,结论总是被不断更新。纵然某个科学家认为某项研究已彻底结束,其他人却不以为然。
——艾尔·巴比[美国]

人们喜欢猎奇,这就是我们科学的种子。 ——爱默生[美国]

科学是一种强有力的工具,怎样用它,究竟是给人带来幸福还是带来灾难,全取决于人自己,而不取决于工具。刀子在人类生活上是有用的,但它也能用来杀人。 ——爱因斯坦[美国]

真正的科学家应当是个幻想家。谁不是幻想家,谁就只能把自己称为实践家。 ——巴尔扎克[法国]

科学是依赖于方法的进步程度为推动而前进的,这句话并不假。
——巴甫洛夫[苏联]

方法能够推进科学。
——巴甫洛夫[苏联]

科学的未来,只能属于勤奋而又谦虚的年轻一代。 ——巴甫洛夫[苏联]

科学是没有国界的,因为她是属于全人类的财富,是照亮世界的火把,但学者是属于祖国的。 ——巴斯德[法国]

科学家还必须具备想象力,这样才能想象出肉眼观察不到的事物如何发生、如何作用,并构思出假说。
——贝弗里奇[英国]

科学上为害最大的莫过于舍弃批判的态度,代之以轻信佐证不足的假设。一个没有经验的科学家常犯的错误是:轻信那些貌似有理的设想。
——贝弗里奇[英国]

留意意外之事是研究工作者的座右铭。 ——贝弗里奇[英国]

也许,对于研究人员来说,最基本的两种品格是对科学的热爱和难以满足的好奇心。 ——贝弗里奇[英国]

科学的界限就像地平线一样:你越接近它,它挪得越远。
——布莱希特[德国]

科学的目的不在于为无穷的智慧打开大门,而是在无穷的谬误前面划一条界线。 ——布莱希特[德国]

科学就是整理事实,以便从中得出普遍的规律和结论。——达尔文[英国]

世界上一切好东西对于我们,除了加以使用外,实在没有别的好处。
——笛福[英国]

科学的伟大进步,源自崭新与大胆的想象力。 ——杜威[美国]

真正的思想家、科学家是为人类服

务的,同时也是为真理服务的。

——费尔巴哈[德国]

科学的永恒性就在于坚持不懈地寻求之中。科学就其容量而言,是永不枯竭的;就其目的而言,是永远不可企及的。 ——冯·伯尔[德国]

科学的真正的与合理的目的在于造福于人类生活,用新的创造和财富丰富人类生活。 ——弗兰西斯·培根[英国]

科学家的成果是全人类的财产,而科学是最无私的领域。

——高尔基[苏联]

科学与艺术属于整个世界,在它们面前,民族的障碍都消失了。

——歌德[德国]

诗人的创造,哲学家的辩论,探索家的技艺——这就是组成一个伟大的科学家的材料。 ——季米里亚捷夫[俄国]

没有科学和艺术,就没有人和人的生活。 ——列夫·托尔斯泰[俄国]

科学是不分国家、民族、信仰的,是人类的共同财富。——卢瑟福[新西兰]

"变化"是科学上的,"进步"是伦理上的;变化是无可怀疑的,而进步是见仁见智的。 ——罗素[英国]

在科学上没有平坦的大道,只有不畏劳苦沿着陡峭山路攀登的人,才有希望达到光辉的顶点。——马克思[德国]

"一切事物的开头总是困难"这句话,在任何一种科学上都是适用的。

——马克思[德国]

生活给科学提出了目标,科学照亮了生活的道路。

——米哈伊洛夫斯基[俄国]

对全人类来说,只有一种共同利益,那就是科学的进步。——圣西门[法国]

往往有这样的情形:为科学和技术开拓新道路的,有时并不是科学界的著名人物,而是科学界毫不知名的人物,平凡的人物,实践家,工作革新者。

——斯大林[苏联]

要想建立科学功勋,就必须敢于与占统治地位的意见相违背,要善于提出并捍卫标新立异的科学假说。

——苏霍金[苏联]

只有有效地继承人类知识,同时把世界最先进的科学技术知识拿到手,我们再向前迈出半步,就是最先进的水平、第一流的科学家。 ——温伯格[美国]

任何科学上的雏形,都有它双重的形象:胚胎时的丑恶,萌芽时的美丽。

——雨果[法国]

科学本身无所谓道德和不道德,只有利用科学成果的人们才有道德或不道德之分。

——约里奥-居里[法国]

84　物情；事理

方以类聚,物以群分。①
　　　　　　——[周]《周易》

穷则变,变则通,通则久。②
　　　　　　——[周]《周易》

仁者见之谓之仁,知(zhì)者见之谓之知(zhì)。③　　——[周]《周易》

不进则退,不喜则忧,不得则亡,此世人之常。　　——[春秋]邓析

一蜂至微,亦能游观乎天地;一虾至微,亦能放肆乎大海。④
　　　　　　——[春秋]《关尹子》

众志成城,众口铄金。⑤
　　　　　　——[春秋]《国语》

合抱之木,生于毫末;九层之台,起于累(lěi)土;千里之行,始于足下。⑥
　　　　　　——[春秋]《老子》

天之道,损有余而补不足;人之道则不然,损不足以奉有余。⑦
　　　　　　——[春秋]《老子》

飘风不终朝(zhāo),骤雨不终日。⑧
　　　　　　——[春秋]《老子》

大直若屈,大巧若拙,大辩若讷(nè)。⑨　　——[春秋]《老子》

少则得,多则惑。⑩
　　　　　　——[春秋]《老子》

有无相生,难易相成,长短相形,高下相倾,音声相和(hè),前后相随。⑪
　　　　　　——[春秋]《老子》

工欲善其事,必先利其器。⑫
　　　　　　——[春秋]《论语》

不患人之不己知,患不知人也。⑬
　　　　　　——[春秋]《论语》

知之者不如好(hào)之者,好(hào)之者不如乐之者。⑭　　——[春秋]《论语》

---

① 方:方术,旧时指医术、占卜、星相、炼丹等技术。
② 穷:到了尽头;阻塞不通。
③ 仁者:仁慈的人。知:同"智"。知者:有智慧的人。
④ 放肆:毫无顾忌,指遨游。
⑤ 铄:熔化(金属)。金:金属。
⑥ 合抱:两臂围拢。毫末:秋毫之末,鸟兽秋天新生绒毛的末端,比喻微小的事物。累:堆积。足下:脚下。
⑦ 道:道理;规律。
⑧ 飘风:突然刮起的旋风。终:整个;全部。朝:早晨。日:白天。终朝、终日:这里指整整一天。
⑨ 大:极;非常。屈:弯曲。大辩:口才很好,说话清楚。讷:说话迟钝,不清楚。
⑩ 惑:迷惑;不明白。
⑪ 形:比较;对照。倾:超越;排斥。和:和谐地跟着唱。
⑫ 善:使善;做好。利:使锋利。器:器具;工具。
⑬ 不己知:不知己,不了解自己。
⑭ 好:喜好;喜欢。

割鸡焉用牛刀。①
——[春秋]《论语》

天作孽(niè)，犹可违；自作孽，不可逭(huàn)。②　——[春秋]《尚书》

它山之石，可以攻玉。
——[春秋]《诗经》

鼓钟于宫，声闻于外。
——[春秋]《诗经》

天道之数，至则反，盛则衰。③
——[战国]《管子》

海不辞水，故能成其大；山不辞土石，故能成其高。④　——[战国]《管子》

物多则贱，寡则贵。
——[战国]《管子》

不为不可成，不求不可得，不处不可久，不行不可复。⑤　——[战国]《管子》

冰炭不同器而久，寒暑不兼时而至。
——[战国]《韩非子》

木之折也，必通蠹(dù)；墙之坏也，必通隙。⑥　——[战国]《韩非子》

失火而取水于海，海水虽多，火必不灭矣，远水不救近火也。
——[战国]《韩非子》

右手画圆，左手画方，不能两成。
——[战国]《韩非子》

一手独拍，虽疾无声。⑦
——[战国]《韩非子》

知之难，不在见人，在自见。
——[战国]《韩非子》

恃人不如自恃也。⑧
——[战国]《韩非子》

一叶蔽目，不见泰山；两豆塞耳，不闻雷霆。　——[战国]《鹖冠子》

天下理无常是，事无常非。先日所用，今或弃之；今之所弃，后或用之。⑨
——[战国]《列子》

流水不腐，户枢不蠹(dù)。⑩
——[战国]《吕氏春秋》

甘露时雨，不私一物。⑪
——[战国]《吕氏春秋》

全则必缺，极则必反，盈则必亏。
——[战国]《吕氏春秋》

壹引其纲，万目皆张。⑫
——[战国]《吕氏春秋》

吞舟之鱼，陆处则不胜蝼(lóu)蚁。⑬
——[战国]《吕氏春秋》

---

① 焉：用于反问，相当于"哪里""怎么"。
② 孽：灾祸。违：躲避。逭：逃避。
③ 至：到达。反：同"返"，返回。
④ 辞：辞去；拒绝。
⑤ 行：行走。复：返回来。
⑥ 折：折断。通：由。蠹：蛀虫，引申为蛀蚀。隙：裂缝。
⑦ 疾：快；迅速。
⑧ 恃：凭借；倚靠。
⑨ 常：不变的。是：正确。非：错误。
⑩ 户：门。枢：门的转轴，用于固定和开合。蠹：蛀蚀；损害。户枢不蠹：比喻经常运动的东西不易被腐蚀。
⑪ 私：偏爱。
⑫ 纲：提网的粗绳。目：网眼。
⑬ 蝼蚁：蝼蛄和蚂蚁。

欲胜人者必先自胜,欲论人者必先论,欲知人者必先自知。
——[战国]《吕氏春秋》

察己则可以知人,察今则可以知古。[1]　——[战国]《吕氏春秋》

物之不齐,物之情也。[2]
——[战国]《孟子》

不以规矩,不能成方圆。[3]
——[战国]《孟子》

权,然后知轻重;度(duó),然后知长短。[4]　——[战国]《孟子》

饥者易为食,渴者易为饮。
——[战国]《孟子》

登泰山而小天下。[5]
——[战国]《孟子》

以卵投石也,尽天下之卵,其石犹是。[6]　——[战国]《墨子》

断指以存腕,利之中取大,害之中取小。　——[战国]《墨子》

染于苍则苍,染于黄则黄。[7]
——[战国]《墨子》

量腹而食,度(duó)身而衣。[8]
——[战国]《墨子》

良弓难张,然可以及高入深;良马难乘,然可以任重致远。[9]
——[战国]《墨子》

黄钟毁弃,瓦釜雷鸣。
——[战国]屈原

尺有所短,寸有所长。物有所不足,智有所不明。[10]　——[战国]屈原

新沐者必弹冠,新浴者必振衣。
——[战国]屈原

自井中视星,所见不过数星。
——[战国]《尸子》

鱼失水则死,水失鱼犹为水也。[11]
——[战国]《尸子》

天行有常,不为尧存,不为桀(jié)亡。[12]　——[战国]《荀子》

积土成山,风雨兴焉;积水成渊,蛟龙生焉。　——[战国]《荀子》

假舆马者,非利足也,而致千里;假舟楫(jí)者,非能水也,而绝江河。[13]
——[战国]《荀子》

---

[1] 察:考察;调查了解。
[2] 齐:一致。
[3] 规:画圆形的工具。矩:画方形或直角的工具。圆:一作"员"。
[4] 权:秤锤,引申为衡量。度:测量;估计。
[5] 泰山:在山东中部,山势峻拔。小天下:觉得天下很小。
[6] 犹:依然。是:这;这个。犹是:还是这个样子,指原封不动,没有损坏。
[7] 苍:深蓝或深绿。
[8] 度:推测;估计。
[9] 张:张开;拉开。
[10] 短:指短处、缺点。长:指长处、优点。
[11] 犹:依然。
[12] 常:规律。尧:上古帝王名,据说非常贤良。桀:夏代最后的君主,是有名的暴君。
[13] 假:借用;凭借。舆:车。楫:船桨。绝:横渡;渡过。

青,取之于蓝,而青于蓝;冰,水为之,而寒于水。① ——[战国]《荀子》

木受绳则直,金就砺则利。② ——[战国]《荀子》

不积跬(kuǐ)步,无以至千里;不积小流,无以成江海。③ ——[战国]《荀子》

岁不寒,无以知松柏;事不难,无以知君子。 ——[战国]《荀子》

短绠(gěng)不可以汲深井之泉。④ ——[战国]《荀子》

源清则流清,源浊则流浊。 ——[战国]《荀子》

多而贱,少而贵。 ——[战国]《荀子》

登高而招,臂非加长也,而见者远;顺风而呼,声非加疾也,而闻者彰。⑤ ——[战国]《荀子》

不闻不若闻之,闻之不若见之,见之不若知之,知之不若行之。⑥ ——[战国]《荀子》

天不为人之恶(wù)寒而辍冬,地不为人之恶(wù)辽远而辍广,君子不为小人匈匈而辍行。⑦ ——[战国]《荀子》

圆者之转,非能转而转,不得不转也;方者之止,非能止而止,不得不止也。 ——[战国]《尹文子》

一尺之棰,日取其半,万世不竭。⑧ ——[战国]《庄子》

水之积也不厚,则其负大舟也无力。 ——[战国]《庄子》

螳螂之怒臂以当车轶(zhé),则必不胜任矣。⑨ ——[战国]《庄子》

鹪鹩(liáo)巢于深林,不过一枝;鼹(yǎn)鼠饮河,不过满腹。⑩ ——[战国]《庄子》

朝菌不知晦朔(shuò),蟪蛄(gū)不知春秋。⑪ ——[战国]《庄子》

褚(zhǔ)小者不可以怀大,绠

---

① 青:指靛青,一种蓝色染料。蓝:指蓼蓝,叶子可提炼蓝色染料。
② 绳:指木工画直线用的绳墨。金:指金属制的刀、剑等兵器。就:接近;接触。砺:磨刀石。利:锋利。
③ 跬:抬起左脚或右脚迈出的距离,即半步。步:迈出一只脚后,再迈出另一只脚的距离,即一步。
④ 绠:井上取水的绳子。汲:从井里取水。
⑤ 彰:明显;显著。
⑥ 闻:听。行:履行;实践。
⑦ 恶:讨厌;憎恨。辍:中止;停止。匈匈:同"恟恟",形容喧扰不安的样子。
⑧ 棰:短木棒。竭:尽;用尽。
⑨ 当:阻挡。轶:车辙。
⑩ 鹪鹩:一种小鸟。鼹鼠:一种外形像老鼠的小动物。河:指河水。
⑪ 朝菌:菌类植物的一种,早晨生于粪土中,日出以后就死了。晦朔:农历每月的最后一天和下月的第一天,指从第一天到第二天,泛指日夜。蟪蛄:蝉的一种,春季出生,夏季死亡,或夏季出生,秋季死亡。春秋:从春季到秋季的时间,泛指全年。

物情;事理

(gěng)短者不可以汲深。①
——[战国]《庄子》

直木先伐,甘井先竭。②
——[战国]《庄子》

好(hào)面誉人者,亦好背(bèi)而毁之。③ ——[战国]《庄子》

皮之不存,毛将安傅?④
——[战国]《左传》

辅车相依,唇亡齿寒。⑤
——[战国]《左传》

末大必折,尾大不掉。⑥
——[战国]《左传》

虽鞭之长,不及马腹。
——[战国]《左传》

量力而动,其过鲜(xiǎn)矣。⑦
——[战国]《左传》

太山不让土壤,故能成其大;河海不择细流,故能就其深。⑧ ——[秦]李斯

不有臭秽,则苍蝇不飞。
——[汉]陈蕃

浴不必江海,要之去垢;马不必骐骥,要之善走。⑨ ——[汉]褚少孙

矫者不过其正,弗能直。⑩
——[汉]董仲舒

树欲静而风不止。 ——[汉]韩婴

百里不同风,千里不同俗。⑪
——[汉]《汉书》

临渊羡鱼,不如退而结网。⑫
——[汉]《汉书》

镌(juān)金石者难为功,摧枯朽者易为力。⑬ ——[汉]《汉书》

治乱绳不可急。 ——[汉]《汉书》

水积而鱼聚,木茂而鸟集。
——[汉]《淮南子》

物盛而衰,乐极则悲,日中而移,月盈而亏。⑭ ——[汉]《淮南子》

根浅则末短,本伤则枝枯。
——[汉]《淮南子》

见一叶落而知岁之将暮,睹瓶中之冰而知天下之寒。 ——[汉]《淮南子》

---

① 褚:囊;口袋。绠:井上取水的绳子。汲:从井中取水。

② 竭:干涸。

③ 面:当面。誉:称赞。背:背后。毁:诽谤。

④ 安:用于反问,相当于"哪里""怎么"。傅:依附;附着。

⑤ 辅:面颊骨。车:牙床。依:依靠。辅车相依:面颊骨和牙床彼此依靠在一起,比喻两种事物密不可分,相互依存。

⑥ 末:树梢。折:折断。掉:摇摆。

⑦ 鲜:少。

⑧ 太山:即泰山。让:拒绝;不接受。择:挑选;挑剔。就:成就。

⑨ 骐骥:骏马。走:跑。

⑩ 矫:矫正;纠正。弗:不。

⑪ 风:风尚。俗:习俗。

⑫ 临:面对着。渊:深水潭。羡:希望得到。临渊羡鱼:比喻只有愿望,不去实干,结果无济于事。结网:编织渔网。

⑬ 镌:雕刻。功:成效;效果。

⑭ 中:到了中午。盈:满,指月圆。亏:减损,指月缺。

非规矩不能定方圆,非准绳不能正曲直。① ——[汉]《淮南子》

积力之所举,则无不胜也;众智之所为,则无不成也。 ——[汉]《淮南子》

世异则事变,时移则俗易。
——[汉]《淮南子》

循流而下易以至,背风而驰易以远。
——[汉]《淮南子》

逐鹿者,不顾兔;决千金之货者,不争铢两之价。② ——[汉]《淮南子》

善用人者,若蚈(qiān)之足,众而不相害;若唇之与齿,坚柔相摩而不相败。③
——[汉]《淮南子》

金刚则折,革刚则裂。④
——[汉]刘向

君子爱口,孔雀爱羽,虎豹爱爪。
——[汉]刘向

高山之巅无美木,伤于多阳也;大树之下无美草,伤于多阴也。
——[汉]刘向

螳螂捕蝉,黄雀在后。
——[汉]刘向

河冰结合,非一日之寒;积土成山,非斯须之作。 ——[汉]《论衡》

千里不同风,百里不共雷。
——[汉]《论衡》

屋漏在上,知之在下。⑤
——[汉]《论衡》

美味腐腹,好色惑心,勇夫招祸,辩口致殃。⑥
——[汉]《论衡》

渊深而鱼生之,山深而兽往之。
——[汉]《史记》

飞鸟尽,良弓藏;狡兔死,走狗烹。
——[汉]《史记》

养虎自遗患。 ——[汉]《史记》

两虎共斗,其势不俱生。
——[汉]《史记》

毛羽未成,不可以高飞。
——[汉]《史记》

抱薪救火,薪不尽,火不灭。
——[汉]《史记》

当断不断,反受其乱。
——[汉]《史记》

象以齿焚身,蚌以珠剖体。
——[汉]王符

鱼处水而生,鸟据巢而卵。
——[汉]王符

一犬吠形,百犬吠声。
——[汉]王符

---

① 规:画圆形的工具。矩:画方形或直角的工具。准:水准器,测定平面的工具。绳:取直线用的工具。

② 决:最终确定。铢两:古代较小的重量单位,二十四铢为一两。

③ 蚈:百足虫,即马陆。败:损坏;毁坏。

④ 金:金属。刚:硬,不柔软。革:皮革。

⑤ 知:知道。

⑥ 腐腹:指消化不良,吃坏肚子。辩口:指能说会道的人。

金马不可以追速,土舟不可以涉水。① ——[汉]王符

大鹏之动,非一羽之轻也;骐骥之速,非一足之力也。② ——[汉]王符

冰炭不同器,日月不并明。
——[汉]《盐铁论》

狡兔有三窟,仅得免其死耳。
——[汉]《战国策》

行百里者,半于九十。
——[汉]《战国策》

事有不可知者,有不可不知者;有不可忘者,有不可不忘者。
——[汉]《战国策》

见兔而顾犬,未为晚也;亡羊补牢,未为迟也。③ ——[汉]《战国策》

高飞之鸟,死于美食;深泉之鱼,死于芳饵。 ——[汉]赵晔

山不厌高,水不厌深。④
——[三国]曹操

伐深根者难为功,摧枯朽者易为力。
——[三国]曹冏

百足之虫至死不僵,扶之者众也。⑤
——[三国]曹冏

舟非水不行,水入舟则没(mò)。⑥
——[三国]《孔子家语》

近朱者赤,近墨者黑。⑦
——[晋]傅玄

金以刚折,水以柔全。⑧
——[晋]葛洪

云厚者雨必猛,弓劲者箭必远。
——[晋]葛洪

弹(tán)鸟,则千金不及丸泥之用。
——[晋]葛洪

缝缉(qī),则长剑不及数寸之针。⑨
——[晋]葛洪

所见少,则所怪多,世之常也。
——[晋]葛洪

泉竭则流涸(hé),根朽则叶枯。
——[晋]《三国志》

扬汤止沸,不如灭火去薪。
——[晋]《三国志》

不探虎穴,安得虎子?⑩
——[晋]《三国志》

士别三日,即更刮目相待。⑪
——[晋]《三国志》

---

① 金马:金属制作的马。土舟:泥土制作的船。
② 骐骥:骏马。
③ 顾:回头看。指回身召唤。亡:逃跑;丢失。牢:关牲畜的圈。
④ 厌:满足。
⑤ 百足之虫:指马陆,一种多足节肢动物。僵:倒下。扶:支撑。
⑥ 没:沉没。
⑦ 朱:朱砂,一种矿物,大红色,可做颜料、药材。赤:红。
⑧ 金:金属。刚:硬,不柔软。
⑨ 缉:一针连一针,密密地缝。
⑩ 安:用于反问,相当于"哪里""怎么"。
⑪ 士:指有一定文化和社会地位的男子。别:分别;离别。刮目:擦亮眼睛。

识时务者,在乎俊杰。①
——[晋]《三国志》

堤溃蚁孔,气泄针芒。
——[南朝]《后汉书》

反水不收,后悔无及。②
——[南朝]《后汉书》

柔能制刚,弱能制强。③
——[南朝]《后汉书》

苍蝇之飞,不过十步;自托骐骥之尾,乃腾千里之路。④
——[南朝]《后汉书》

登山则情满于山,观海则意溢于海。
——[南朝]刘勰

覆巢之下,复有完卵乎?
——[南朝]《世说新语》

大厦将颠,非一木所支也。
——[隋]王通

离离原上草,一岁一枯荣;野火烧不尽,春风吹又生。⑤
——[唐]白居易

草萤有耀终非火,荷露虽团岂是珠。⑥
——[唐]白居易

难将一人手,掩得天下目。
——[唐]曹邺

会当凌绝顶,一览众山小。⑦
——[唐]杜甫

水深鱼极乐,林茂鸟知归。
——[唐]杜甫

无边落木萧萧下,不尽长江滚滚来。⑧
——[唐]杜甫

公道世间唯白发(fà),贵人头上不曾饶。
——[唐]杜牧

时人不识凌云木,直待凌云始道高。
——[唐]杜荀鹤

担雪塞井徒用力,炊砂作饭岂堪吃。⑨
——[唐]顾况

不塞不流,不止不行。
——[唐]韩愈

弱之肉,强之食。——[唐]韩愈

蚍(pí)蜉撼大树,可笑不自量。⑩
——[唐]韩愈

不是一番寒彻骨,争得梅花扑鼻香。⑪
——[唐]黄蘖

花开堪折直须折,莫待无花空折枝。⑫
——[唐]《金缕衣》

---

① 识:了解;明白。时务:当前的形势或时代潮流。俊杰:杰出人物。
② 反:颠倒;倾覆。
③ 柔:柔和。制:克制;约束。刚:刚强。
④ 骐骥:骏马。
⑤ 离离:形容生长旺盛的样子。枯:草枯萎。荣:草木茂盛。
⑥ 萤:萤火虫。耀:光芒。荷露:荷花叶子上的露珠。团:圆。
⑦ 会当:应该;应当。凌:登临;攀登。绝顶:顶峰,最高峰。览:看,指俯视。
⑧ 落木:落叶。萧萧:形容树叶随风飘落的声音。
⑨ 徒:白白地。堪:可以;能够。
⑩ 蚍蜉:大蚂蚁。
⑪ 争:怎;怎么。
⑫ 堪:可以;能够。

貂不足，狗尾续。——[唐]《晋书》

基广则难倾，根深则难拔。
——[唐]《晋书》

荆山之璞(pú)虽美，不琢不成其宝。① ——[唐]《晋书》

天若有情天亦老。 ——[唐]李贺

天意怜幽草，人间重晚晴。②
——[唐]李商隐

春种一粒粟，秋收万颗子。
——[唐]李绅

假金方用真金镀，若是真金不镀金。
——[唐]李绅

沉舟侧畔千帆过，病树前头万木春。③ ——[唐]刘禹锡

莫道桑榆晚，为霞尚满天。④
——[唐]刘禹锡

山不在高，有仙则名；水不在深，有龙则灵。⑤ ——[唐]刘禹锡

采得百花成蜜后，为谁辛苦为谁甜。
——[唐]罗隐

冬日之扇，夏日之裘，无用于己，则生尘垢。 ——[唐]马总

镂(lòu)冰为璧，不可得而用也；画地为饼，不可得而食也。⑥
——[唐]《史通》

天下之理，不可穷也；天下之性，不可尽也。⑦ ——[唐]王勃

求木之长者，必固其根本；欲流之远者，必浚(jùn)其泉源。⑧ ——[唐]魏徵

山雨欲来风满楼。——[唐]许浑

居高声自远，非是借秋风。⑨
——[唐]虞世南

磨剑莫磨锥，磨锥成小利。
——[唐]元稹

鉴往可以昭来。⑩ ——[唐]张九龄

玉虽有美质，在于石间，不值良工琢磨，与瓦砾(lì)不别。
——[唐]《贞观政要》

凡大事皆起于小事，小事不论，大事又将不可救。——[唐]《贞观政要》

良玉未剖，与瓦石相类；名骥未驰，与驽马相杂。⑪ ——[唐]《周书》

天下大势之所趋，非人力之所能

---

① 璞：含玉的石头；未经雕琢的玉。
② 怜：爱惜。幽草：生长于幽僻处的小草。重：注重，看重。晚晴：傍晚的晴朗天气，比喻人生的晚年。
③ 沉舟：沉没的船。病树：指枯老的树木。
④ 桑榆：指桑榆暮景(落日的余晖照在桑榆树梢上，比喻老年的时光)。
⑤ 名：出名。
⑥ 镂：雕刻。
⑦ 穷：穷尽，到尽头。
⑧ 浚：疏通；挖深水道。
⑨ 居：处于；处在。借：原作"藉"，利用，依靠。
⑩ 鉴：借鉴。往：以往。昭：看清。来：未来。
⑪ 骥：骏马。驽马：劣马。

移也。① ——[宋]陈亮

绳锯木断,水滴石穿。
——[宋]《鹤林玉露》

成人不自在,自在不成人。
——[宋]《鹤林玉露》

有名而无实,天下之大患。
——[宋]李觏

山穷水复疑无路,柳暗花明又一村。② ——[宋]陆游

春寒、秋热、老健,为此三者,终是不久长之物也。 ——[宋]欧阳修

万物生于天地之间,其理不可以一概。③ ——[宋]欧阳修

骑虎者势不得下。——[宋]欧阳修

鸟栖不择山林,唯其木而已;鱼游不择江湖,唯其水而已。 ——[宋]秦观

水之不涸(hé),以其有源也;木之不拔,以其有本也。 ——[宋]石介

凡人之情,穷则思变。④
——[宋]司马光

世道如弈棋,变化不容覆。
——[宋]苏轼

不识庐山真面目,只缘身在此山中。⑤ ——[宋]苏轼

天涯何处无芳草。 ——[宋]苏轼

不一则不专,不专则不能。
——[宋]苏轼

物必先腐,而后虫生。
——[宋]苏轼

陶者能圆而不能方,矢者能直而不能曲。⑥ ——[宋]苏轼

竹外桃花三两枝,春江水暖鸭先知。⑦ ——[宋]苏轼

一叶落知天下秋。 ——[宋]唐庚

不畏浮云遮望眼,只缘身在最高层。⑧ ——[宋]王安石

矫枉者,欲其直也,矫之过,则归于枉矣。⑨ ——[宋]王安石

只看后浪催前浪,当悟新人换旧人。
——[宋]文珦

青山遮不住,毕竟东流去。⑩
——[宋]辛弃疾

近水楼台先得月,向阳花木易为春。⑪ ——[宋]俞文豹

---

① 趋:倾向;归向。
② 穷:穷尽,到尽头。复:返回来;往回流。
③ 概:概括;总括。
④ 穷:困厄,处境艰难。
⑤ 缘:因为。
⑥ 陶:陶器。矢:箭。
⑦ 竹:指竹林。春江:春天的江水。
⑧ 只:只是。"只"一作"自",自然。缘:因为。
⑨ 矫:矫正;纠正。枉:弯曲。归:回来;回。
⑩ 遮:遮挡;拦截。毕竟:终究。
⑪ 木:树木。易:容易,这里指先,时间或行动在前。

卧榻之侧,岂容他人鼾睡。
——[宋]赵匡胤

天下之物,莫不有理。唯于理有未穷,故其知有不尽也。 ——[宋]朱熹

问渠那得清如许,为有源头活水来。
——[宋]朱熹

迎霜破雪是寒梅。 ——[宋]朱熹

船到江心补漏迟。——[元]关汉卿

人无害虎心,虎有伤人意。
——[元]《连环计》

画虎画皮难画骨,知人知面不知心。
——[元]孟汉卿

人无千日好,花无百日红。
——[元]杨文奎

路遥知马力,日久见人心。
——[元]《争报恩》

木无本必枯,水无源必竭。①
——[明]冯梦龙

剖开顽石方知玉,淘尽泥沙始见金。
——[明]冯梦龙

大厦之成,非一木之材也;大海之润,非一流之归也。② ——[明]冯梦龙

蝮蛇口中草,蝎子尾后针。两般犹未毒,最毒负心人。 ——[明]冯梦龙

天下无有不散筵席。
——[明]冯梦龙

见不尽者,天下之事;读不尽者,天下之书;参不尽者,天下之理。③
——[明]冯梦龙

大凡做好事的心,一日小一日;做歹事的胆,一日大一日。 ——[明]冯梦龙

种瓜得瓜,种豆得豆。
——[明]冯梦龙

牡丹虽好,绿叶扶持。
——[明]顾起元

苍蝇不钻没缝的鸡蛋。
——[明]《金瓶梅词话》

留得青山在,不怕没柴烧。
——[明]凌濛初

当局者迷,旁观者清。
——[明]吕坤

两虎相斗,必有一伤。
——[明]《三国演义》

瓮中捉鳖,手到拿来。
——[明]《水浒传》

酒乱性,色迷人。
——[明]《水浒传》

蛇无头而不行,鸟无翅而不飞。
——[明]《水浒传》

强宾不压主。 ——[明]《水浒传》

人不可貌相,海水不可斗量。
——[明]《西游记》

有风方起浪,无潮水自平。
——[明]《西游记》

---

① 木:树木。本:树根。竭:枯竭;干涸。
② 才:同"材"。归:汇聚。
③ 参:探究并领会。

花不常好,月不常圆。
——[明]于谦

宁(nìng)有瑕而为玉,毋似玉而为石。① ——[明]张居正

宜未雨而绸缪,毋临渴而掘井。② ——[明]朱柏庐

远水难救近火,远亲不如近邻。
——[明、清]《增广贤文》

观人必于其微。③
——[清]《官场现形记》

胖子也不是一口儿吃的。
——[清]《红楼梦》

丈八的灯台,照见人家,照不见自己。 ——[清]《红楼梦》

瘦死的骆驼比马大。
——[清]《红楼梦》

前人栽树,后人乘凉。
——[清]《黄绣球》

无愧于事,不如无愧于身;无愧于身,不如无愧于心。 ——[清]石成金

便宜没好货,好货不便宜。
——[清]史襄哉

要知山下路,须问过来人。
——[清]王有光

海水藏蛟龙,不拒虾与鱼。
——[清]吴嘉纪

多见为常,少见为怪。
——[清]徐增

新竹高于旧竹枝,全凭老干为扶持。
——[清]郑燮

人间没有永恒的夜晚,世界没有永恒的冬天。 ——艾青

一个人像一块砖砌在大礼堂的墙里,是谁也动不得的,但是丢在路上,挡人走路的是要被人一脚踢开的。
——艾思奇

停留是刹那,转身即天涯。
——白落梅

有多少繁花满枝,就会有多少秋叶零落。 ——白落梅

大海的水,是不能温热的;孤傲的心,是不能软化的。 ——冰心

天下唯不明白人多疑人,明白人不疑人也。 ——蔡锷

迷路者摆脱困境的最佳方法是先按原先足迹退回去。 ——曹锦清

人只能取一个立场,取一个角度。你站在哪里,你就看不见哪里。
——陈家琪

鹏鸟纵遭鸠鹦(yàn)笑,凤鸾虽死不为鸡。 ——郭沫若

---

① 宁:宁可;宁愿。瑕:玉上的斑点。毋:不要;不可以。
② 宜:应当。绸缪:紧密缠缚。成语"未雨绸缪":趁着天没下雨,先修缮房屋门窗,比喻事先做好准备。毋:不要;不可以。
③ 微:指细小处。

在黑暗的尽头,太阳扶着我站起来。
——海子

下棋找高手,弄斧到班门,这是我一生的主张。只有不怕在能者面前暴露自己的弱点,才能不断前进。 ——华罗庚

有生命力的种子,总要出芽、伸枝、展叶的,不管压上怎样的石头!有生命力的枝丫,你在这边折断它,它也会在另一边暴出一片新绿。 ——黄宗英

瓜熟了,蒂不落也得落;水到了,没渠也流成了渠。 ——贾平凹

很多时候做任何事要舍得。正所谓舍得,舍得,有舍就有得! ——赖妙林

你可以看不惯一些东西,但是你应该学会接受——如果你没法儿改变那一切的话。 ——李开复

来之,安之,逆水行舟回头难。
——李连杰

有一分热,发一分光。 ——鲁迅

其实地上本没有路,走的人多了,也便成了路。 ——鲁迅

幼稚是会成长,会成熟的,只要不衰老、不腐败就好。 ——鲁迅

要有茂林嘉卉,却非先有这萌芽不可。 ——鲁迅

审时度势,顺势而为。 ——罗康瑞

牢骚太盛防肠断,风物长宜放眼量。
——毛泽东

在温室里培养出来的东西,不会有强大的生命力。 ——毛泽东

心好像一扇厚重的城堡之门,没有外面的锁,只有里面的闩,别人在外面怎么使劲地踹,不如里面自己轻轻一拨。①
——庞永力

最最优美的钻石往往深埋在地底的最深处。 ——三毛

一堆沙子是松散的,可是它和水泥、石子、水混合后,比花岗岩还坚韧。
——王杰

走路有两个法子:一个是跟前面人走,信任他是认识路的;一个是走自己的路,相信你自己有能力认识路的。
——徐志摩

因能容纳,而成其大;因能调适,而成其久。 ——许倬云

成熟是一种明亮而不刺眼的光辉,一种无须声张的厚实,一种能够看得很远却又并不陡峭的高度。 ——余秋雨

只有知道如何停止的人才知道如何加快速度。 ——俞敏洪

种子适时发芽,花蕾适时绽放,果实适时成熟,这种状态就是一种自由。
——张乃光

贝壳虽然死了,却把它的美丽留给了整个世界。 ——张笑天

知道世界之大,才知道自己之小!
——朱自清

---

① 闩:门闩,插在门后使门推不开的横木或铁棍。

能知道"自己"的小,便是大了;最要紧是在小中求大! ——朱自清

不为物累(léi),才是自由人。① ——朱自清

凡事顺其自然,遇事处之泰然,得意时淡然,失意时坦然,艰难曲折属必然,历经沧桑悟自然。 ——庄则栋

非但不要制止自然,还要顺从自然。
——埃斯库罗斯[古希腊]

最优秀的东西也常是最难被理解的。 ——爱迪生[美国]

没有踏过的地方,路也不会展宽的。
——安徒生[丹麦]

海里的浪涛很大,而人心里的浪涛却更大。 ——安徒生[丹麦]

一匹马如果没有另一匹马紧紧追赶并要超出它,就永远不会疾驰飞奔。
——奥维德[古罗马]

无论鸟翼是多么的完美,如果不凭借着空气,它是永远不会飞翔高空的。
——巴甫洛夫[苏联]

猫即使当了女王,也改变不了捕鼠的旧习。 ——贝尔奈[德国]

葡萄酒对普通人而言是百药之长,但对发烧之人却有害,难道因此便说它不好吗? ——薄伽丘[意大利]

小草也有点缀春天的价值。
——布迪曼[印度尼西亚]

从一粒沙子可看见整个世界。
——布莱克[英国]

狐狸永远只会咒骂陷阱,从不责怪自己。 ——布莱克[英国]

如果熊饿了,你喂它蜂蜜,是会丢掉胳膊的。 ——布莱希特[德国]

令人吃惊的事如果每天发生,就不再会令人吃惊。 ——蔡斯[美国]

在令人厌倦的旅途上,一个性格明快的伙伴胜过一乘轿子。
——查尔斯·里德[英国]

只有服从大自然,才能战胜大自然。
——达尔文[英国]

海水是最纯洁的,又是最不纯洁的。对于鱼,它是能喝的,有益的;对于人,它是不能喝的,有害的。
——德谟克里特[古希腊]

既然习惯是人生的主宰,人们就应当努力求得好的习惯。
——弗兰西斯·培根[英国]

使人疲惫的不是远方的高山,而是鞋子里的一粒沙子。 ——伏尔泰[法国]

舌头虽软,却能伤人。
——富兰克林[美国]

对一个伤痛不要打探得太深,以免造成一个新的伤痛。 ——富勒[英国]

高明的射手之所以出名,不是因为他的箭好,而是因为他箭无虚发。
——富勒[英国]

---

① 为:被。物:指自己以外的人或跟自己相对的环境,包括名利地位等。累:牵连

一片云就足以掩住整个太阳。
——富勒[英国]

啜饮蜜糖的苍蝇在甜蜜中丧生。
——盖伊[英国]

瑰丽的大厦建成以后,就该把杂乱无章的脚手架拆掉。 ——高斯[德国]

并非凡是有水的地方都有青蛙,但是有青蛙的地方总会找到水。
——歌德[德国]

如果是玫瑰,它总会开花的。
——歌德[德国]

你的脸歪着,却责备镜子,这有什么用呢!
——果戈理[俄国]

有了阴影,光明才更加耀眼。
——海泽[德国]

手中的一根羽毛也强似空中一只鸟。 ——赫伯特[英国]

你不可能两次踏进同一条河流,因为水在不断地流动。
——赫拉克利特[古希腊]

事实并不因无人注意而不存在。
——赫胥黎[英国]

存在即合理。 ——黑格尔[德国]

因寒冷而打战的人,最能体会到阳光的温暖。 ——惠特曼[美国]

青蛙也许会叫得比牛更响,但是它们不能在田里拉犁,也不会在酒坊里牵磨,它们的皮也做不出鞋来。
——纪伯伦[黎巴嫩]

当你背向太阳的时候,你只看到自己的影子。 ——纪伯伦[黎巴嫩]

最弱的人集中其精力于单一目标,也能有所成就;反之,最强的人分心于太多事物,可能一无所成。
——卡莱尔[英国]

毁坏只需一瞬间,而修复则要花费整整一个时代。 ——康格里夫[英国]

矮子爬在巨人肩上,看得比巨人远。
——柯勒律治[英国]

狐狸如果能够保全它的尾巴,就不必惋惜这里、那里的几根毫毛。
——克雷洛夫[俄国]

风可以把蜡烛吹灭,也可以把篝火吹旺。 ——拉罗什富科[法国]

天地间没有两个彼此完全相同的东西。 ——莱布尼茨[德国]

只有疼痛的地方才能感到别人在碰它。 ——列夫·托尔斯泰[俄国]

没有任何脂粉可以挽救容颜的凋残。 ——罗曼·罗兰[法国]

习惯造成表面的正确合理,但进步的最大敌人正是习惯。——马蒂[古巴]

铜墙铁壁也阻止不了流言蜚语。
——莫里哀[法国]

吃别人不能吃的苦,忍受别人不能忍受的委屈,做别人不能做的事,就能享受别人不能享受的一切。
——拿破仑[法国]

只有当你身处最低的山谷的时候,才能知道置身最高的山峰会有多么壮丽。
——尼克松[美国]

如果说我看得远,那是因为我站在巨人们的肩上。
——牛顿[英国]

只有在失去可贵的事物之后,人们才理解到它们的价值。
——普劳图斯[古罗马]

船锚是不怕埋没自己的。当人们看不见它的时候,正是它在为人类服务的时候。
——普列汉诺夫[俄国]

路是人的脚走成的,为了多辟几条路,必须多向没有人的地方走去。
——契诃夫[俄国]

妥协的人是在喂一条鳄鱼——希望它最后吃掉自己。
——丘吉尔[英国]

口袋里装着一瓶麝香的人,不会到十字街头去叫叫嚷嚷让所有的人都知道,因为他身后飘出的香味已说明了一切。
——萨迪[波斯]

如果一个人身受大恩而后来又和恩人反目的话,他要顾全自己的体面,一定比不相干的陌路人更加恶毒,他要证实对方罪过才能解释自己的无情无义。
——萨克雷[英国]

阳光普照大地,不分人间善恶。
——塞涅卡[古罗马]

弓弦不能老绷紧了不放。人是个软弱的东西,没一点儿适当的松散,是支持不住的。
——塞万提斯[西班牙]

猫儿被包围、追赶得走投无路,也会变成狮子。
——塞万提斯[西班牙]

毒蛇虽然杀人,但它有毒不是它的罪过,那是天生的。
——塞万提斯[西班牙]

河床越深,水面越平静。
——莎士比亚[英国]

发光的不全是黄金。
——莎士比亚[英国]

每一杯过量的酒,都是魔鬼酿成的毒汁。
——莎士比亚[英国]

黑夜使眼睛的视力失去了作用,却使耳朵的听觉更为灵敏。
——莎士比亚[英国]

黑夜无论怎样悠长,白昼总会到来。
——莎士比亚[英国]

乌鸦是孵不出云雀来的。
——莎士比亚[英国]

要看日出,必须守到拂晓。
——司各特[英国]

每一件美好的事情,开始都是很困难的。
——斯宾塞[英国]

在这个世界上,除了变幻无常本身,没有东西是始终不变的。
——斯威夫特[英国]

象总是被画得比实际小,跳蚤则总是被画得比实际大。
——斯威夫特[英国]

有总是从无开始的,是靠两只手和一个聪明的脑袋变出来的。
——松苏内吉[西班牙]

使卵石臻于完美的,并非锤的打击,而是水的且歌且舞。——泰戈尔[印度]

摆脱土壤的束缚,对于树来说并不是自由。 ——泰戈尔[印度]

一件事情的原因一旦产生,那么结果就将不可避免地随之而来。
——泰勒[美国]

先相信你自己,然后别人才会相信你。 ——屠格涅夫[俄国]

一个人的后半辈子均由习惯组成,而他的习惯却是在前半辈子养成的。
——陀思妥耶夫斯基[俄国]

同时追两只兔子,将会一无所获。
——陀思妥耶夫斯基[俄国]

越是受到压抑的东西,就越是拐弯抹角地寻找出路。
——瓦西列夫[保加利亚]

一件事人人管,就等于没人管。
——沃尔顿[英国]

钟的完美不在于走得快,而在于走得准。 ——沃夫纳格[法国]

石头虽然自己不能够割什么东西,它却能把宝剑的刃磨得飞快。
——《五卷书》[印度]

不结果的树是没有人去摇的,唯有那些果实累累的树才有人用石头去打。
——西德尼[英国]

被同一块石头绊倒两次,可说是奇耻大辱。 ——西塞罗[古罗马]

大理石虽然是珍贵的,它本身却不成东西,只有当雕刻家把它变成一个杰作的时候,它才有真正的价值。
——显克微支[波兰]

一个人只有经过东倒西歪的、让自己像个笨蛋那样的阶段才能学会滑冰。
——萧伯纳[爱尔兰]

从黑暗里走出来的人,才真正懂得光明的可贵。 ——小林多喜二[日本]

让预言的号角奏鸣!哦,西风啊,如果冬天来了,春天还会远吗?
——雪莱[英国]

如果你过分珍爱自己的羽毛,不使它受一点儿损伤,那么你将失去两只翅膀,永远不再能够凌空飞翔。
——雪莱[英国]

一块小石头可以阻挡一块岩石的滚动,一根柳枝可以改变雪崩的方向。
——雨果[法国]

秘密是个网,只要一个网眼破了,整个网就保不住。 ——雨果[法国]

所有的果实,都曾经是鲜花。然而,却不是所有的鲜花都能成为果实。
——雨果[法国]

金子放在金盘子里,不显得怎么样。然而,把金子放在泥土上,它就立即闪光耀眼。 ——雨果[法国]

如果没有乌云,我们就感受不到太阳的温暖。 ——约翰[英国]

新的意见永远被人怀疑,并因为它

的新奇而常遭人反对。
——约翰·洛克[英国]

好的习惯愈多,则生活愈容易,抵抗引诱的力量也愈强。——詹姆斯[美国]

85 其他

虽无飞,飞必冲天;虽无鸣,鸣必惊人。　　——[战国]《韩非子》

为渊驱鱼,为丛驱雀。①
——[战国]《孟子》

一日暴(pù)之,十日寒之。②
——[战国]《孟子》

人弃我取,人取我与。③
——[汉]《史记》

缘木求鱼,煎水作冰。④
——[晋]《三国志》

实迷途其未远,觉今是而昨非。⑤
——[晋]陶潜

养鱼沸鼎之中,栖鸟烈火之上。
——[南朝]《后汉书》

上穷碧落下黄泉,两处茫茫皆不见。⑥　　——[唐]白居易

前不见古人,后不见来者。⑦
——[唐]陈子昂

黄鹤一去不复返,白云千载空悠悠。⑧　　——[唐]崔颢

驾轻车,就熟路。　——[唐]韩愈

一夫当关,万夫莫开。⑨
——[唐]李白

大鹏一日同风起,扶摇直上九万里。
——[唐]李白

清水出芙蓉,天然去雕饰。⑩
——[唐]李白

欲取鸣琴弹,恨无知音赏。⑪
——[唐]孟浩然

曾经沧海难为水,除却巫山不是云。
——[唐]元稹

---

① 渊:水潭。丛:密集生长在一起的草木。雀:鸟名,泛指小鸟。
② 暴:同"曝",晒。
③ 与:给予;给。
④ 缘:攀缘。木:树木。求:设法得到。缘木求鱼:爬到树上去找鱼,比喻方向、方法不对,一定达不到目的。
⑤ 迷途:迷路。今是:现在对。昨非:过去错。
⑥ 穷:穷尽,遍及。碧落:道家称东方一层天,碧霞遍布,借指天上。黄泉:人死后埋葬在地下的墓穴,借指阴间、地下。茫茫:形容没有边际、看不清楚的样子。
⑦ 古人:指古代的贤才。来者:指后世的有为之士。
⑧ 悠悠:形容长久、遥远的样子。
⑨ 夫:成年男子。当:守卫。关:关防;要塞。开:打开;攻克。
⑩ 芙蓉:荷花。雕饰:雕琢、修饰。
⑪ 知音:指真正了解自己的人。赏:欣赏。

往事已成空,还如一梦中。
——[五代]李煜

不如意事常八九,可与语人无二三。
——[宋]方岳

但存方寸地,留与子孙耕。①
——[宋]贺亢

山外青山楼外楼,西湖歌舞几时休。
——[宋]林升

只许州官放火,不许百姓点灯。
——[宋]陆游

万事以心为本,未有心至而力不能者。
——[宋]欧阳修

醉翁之意不在酒,在乎山水之间也。②
——[宋]欧阳修

横看成岭侧成峰,远近高低各不同。③
——[宋]苏轼

爆竹声中一岁除,春风送暖入屠苏。④
——[宋]王安石

明珠自有千金价,莫为游人作弹丸。
——[宋]夏竦

无可奈何花落去,似曾相识燕归来。⑤
——[宋]晏殊

春色满园关不住,一枝红杏出墙来。
——[宋]叶绍翁

万事俱备,只欠东风。
——[明]《三国演义》

长他人锐气,灭自己威风。
——[明]《三国演义》

来说是非者,就是是非人。
——[明]《西游记》

道高一尺,魔高一丈。
——[明]《西游记》

三百六十行,行行出状元。
——[明、清]《增广贤文》

落红不是无情物,化作春泥更护花。⑥
——[清]龚自珍

宁撞金钟一下,不打破鼓三千。
——[清]《红楼梦》

管山吃山,管水吃水。
——[清]《儒林外史》

天不会下黄金雨,地不会结金苹果,谎话填不饱肚子,吹牛皮代替不了粮食。
——艾青

求自由的人常常得不到自由,得到自由的当是后一代的人。
——巴金

背靠大树,不要以为你就是大树。
——白岩松

人们常常以为拒绝是一种迫不得已

---

① 方寸:一寸见方之地,比喻很小的处所。心处胸中方寸之间,故又指心或内心,也指心思。
② 乎:相当于"于"。
③ 横:指正面。岭:指顶端略平坦的山。侧:指侧面。峰:指高而尖的山头。
④ 岁:年。除:指流逝、过去。屠苏:指用屠苏草泡制而成的一种酒。古时正月初一有饮屠苏酒庆贺新年的习俗。
⑤ 似:似乎;好像。曾:曾经。
⑥ 落红:落花。

的防卫,殊不知它更是一种主动的选择。
———毕淑敏

胸怀广大,须从"平淡"二字用功。
———蔡锷

你的房子首先要足够坚固,然后才可以装修。　　　———陈天桥

橘子过了淮水变成苦枳,并不是橘子的不幸,而是淮北人的不幸,他们的泥土里长不出甜橘。　　———费孝通

上帝给人一只左手,又给了一只右手,就是为了使人自己帮助自己。
———冯骥才

一个字的意义,不是全在字典上所能查出的。　　　　　———冯友兰

凡是热情的人多半流于执着。
———傅雷

工业式批量产出的文化很难呈现出个人的光彩。　　　　———韩少功

兴趣不但和责任心没有冲突,并且可以补助责任心。　　　———胡适

借鉴不是照搬,更不是偷窃。
———华君武

每个人身上的潜力是巨大的,意识能超越自身,守住自己,世界就会向你靠拢。　　　　　　———蒋子龙

一个人的地位高低,要看行为而定。
———李嘉诚

吸收面窄,像豆芽菜。一条细丝,怎能长大？一棵树要成长,根须吸收面广,才能长成参天大树。　———李可染

任何名胜,游览一次有一次的情趣,再游便另是一种风光。　———梁实秋

我们所以重海洋,是在它的广浩无边;重山岭,是在它的高大绵延。
———林语堂

想象是人类的天赋之一。
———刘湛秋

你想知道一个人的内心缺少什么,不看别的,就看他炫耀什么;想知道一个人自卑什么,不看别的,就看他掩饰什么。　　　　　　　———卢志文

以人为鉴,明白非常,是使人能够反省的妙法。　　　　　———鲁迅

我好像一只牛,吃的是草,挤出来的是奶、血。　　　　　———鲁迅

"一劳永逸"的话是有的,而"一劳永逸"的事却极少。　　———鲁迅

对于任何东西都用鼻子嗅一嗅,鉴别其好坏,然后才决定欢迎它,或者抑制它。　　　　　　———毛泽东

大凡一件事的性质由"消遣的"而变为"义务的",便觉得兴味索然了。
———茅盾

在鼠患严重的地方,猫是照例不称职的。换过来说,也许本来是猫不像猫,这才使老鼠肆无忌惮,而且又因为鼠患太可怕了,猫被当作宝贝,猫既养尊处优,借鼠以自重,当然不肯出力捕鼠了。不要看轻它们是畜生,这一点儿骗人混饭的诀窍似乎也很内行的呢!　———茅盾

鹰对尸首也有兴趣,它们也是噬腐者,但它们不与乌鸦合流,保持着虚伪的高傲态度。　　　——莫言

没有一个清洁美好的环境,再优裕的生活条件也无意义。　——曲格平

企业发展就是要发展一匹狼。狼有三大特性:一是敏锐的嗅觉,二是不屈不挠、奋不顾身的进攻精神,三是群体奋斗的意识。　　　　　　——任正非

过分为己,是自私自利;完全舍我,也是虐待了一个生灵——自己。
　　　　　　　　　　——三毛

从容不迫的举止,比起咄咄逼人的态度,更能令人心折。　——三毛

没有人在世界上能够"弃"你,除非你自己自暴自弃,因为我们是属于自己的,并不属于他人。　——三毛

思想是物质文明、精神文明的源泉,思想也是惹是生非、招灾闯祸的根源。
　　　　　　　　　　——沙叶新

有些路看起来很近,走去却很远,缺少耐心永远走不到头。——沈从文

摔倒了,赶快爬起往前走,莫欣赏摔倒的地方,莫停下来哀叹。——沈从文

给(jǐ)予一切后,你反而更丰富更充实地存在。　　　　——沈从文

宁静工夫最重要的也就是自己检查自己。　　　　　　——沈钧儒

偶像如太阳落下,明天会有新的太阳升起。　　　　　　——施武

其实都用不着什么甜,苦尽了也就很甜了。　　　　——史铁生

知责任,明责任,负责任。
　　　　　　　　　　——陶行知

公平的世界里,只有人中人,不该有"人上人"和"人下人"。——陶行知

面子在没有实力支撑的时候,是不存在的,因为没有里子。——涂磊

如果你不想被拒绝,最好的方法是先拒绝别人。　　——王家卫

妄自膨胀与妄自菲薄同样的无益。在野心家与凡夫俗子之间,我宁愿选择后者。　　　　　　　——王蒙

从容才能幽默,平等待人才能幽默,超脱才能幽默,游刃有余才能幽默,聪明透彻才能幽默。　　——王蒙

最大的庸俗是装腔作势,最大的媚俗是人云亦云,最大的卑俗是顾影自怜。
　　　　　　　　　　——王蒙

草地上开满鲜花,可牛群来到这里发现的只是饲料。　　——王朔

趣味是人生中不可缺少的东西,一切的力量,一切的创造,一切的罪恶,全在这上面培养、教育、结束。——王统照

越是主动的选择,对选择者来说就越不容易,因为他们要为这选择的后果负全部的责任。　　——王晓明

打扮过分就是不会打扮。
　　　　　　　　　　——王朝闻

真正的兴趣是一种由衷的和不能抑制的爱好,好像不能扑灭的火焰那样有一种顽强的劲头。　　——王朝闻

小草和大树没有优劣之分,不应期望每一棵小草都长成大树,但小草同样无愧于大地和春天。　　——杨东平

万无一失意味着止步不前,那才是最大的危险。　　——杨澜

男人的帅不在脸蛋,而在岁月积淀下来的睿智与淡定。　　——杨澜

把一粒沙投入大海不等于把一滴水滴入沙漠,因为前者是融入,后者则是消失!　　——姚明

松柏四季常青,但绝不嘲笑桃李的短暂。　　——余薇野

唯平淡自然才有真切的体味。
　　——俞平伯

我们从来不说我们是老大,但是也绝对没有说我们是老二。　　——张近东

每一天升起的,每一座高山、每一片大海升起的都是同一个太阳。然而,每一个太阳都是不同的。　　——张抗抗

暖房里的花总赶不上风霜中的常青松柏,闺房里的小姐、富贵人家的少爷就赶不上千锤百炼的勇士。　　——周恩来

与其被淘汰,不如自我更新。
　　——周颖南

去的尽管去了,来的尽管来着,去来的中间,又怎样地匆匆呢?　　——朱自清

切不可用过去来计划未来。
　　——埃德蒙·伯克[英国]

没有野心,内心就会平静。
　　——爱·扬格[英国]

锻炼记忆力的良好方法是锻炼自己的注意力。　　——爱德华兹[英国]

纯洁的灵魂,是世界上最珍贵的东西。　　——爱默生[美国]

有一种方法可以获得恬静。我认为,这种方法不仅对我,而且对所有的人,都是行之有效的。这个方法是:临窗遥望繁星。　　——爱默生[美国]

一个人的价值,应当看他贡献什么,而不应当看他取得什么。
　　——爱因斯坦[美国]

一个人对社会的价值,首先取决于他的感情、思想和行动对于人类利益有多大作用。　　——爱因斯坦[美国]

最好把一个人的爱好和职业尽可能远地分开。把一个人的生计所在和上帝所赐的禀赋硬凑在一起,那是不明智的。
　　——爱因斯坦[美国]

兴趣是最好的老师。
　　——爱因斯坦[美国]

与其咒骂黑暗,不如燃起一支明烛。
　——安娜·路易斯·斯特朗[美国]

任何事物都不如习惯那样强有力。
　　——奥维德[古罗马]

一定时间的休息好比是记忆的润滑油,会加快你储存信息的过程。
　　——保坂荣之介[日本]

大多数人想要改造这个世界,但却很少有人想改造自己。——保罗[德国]

良好的方法能使我们更好地发挥天赋,而拙劣的方法则可能妨碍才能的发挥。 ——贝尔纳[法国]

早晨醒来时,问一问自己:"我应当做什么?"晚上睡觉前,问一问自己:"我做了什么?" ——毕达哥拉斯[古希腊]

旅行者是主动的,他劲头十足地寻找人,寻找冒险,寻找经验;旅行者是被动的,他等待着有趣的事情在他身上发生,他只是到处"观光"。
——布尔斯廷[美国]

如果一个人尽想着"我办不到",那他果然就会办不到。
——车尔尼雪夫斯基[俄国]

不尽责任的自由,只能产生无秩序的混乱;不重视伦理的个人生活,只能是对人性的蔑视。 ——池田大作[日本]

人人都应有一种深厚的兴趣或嗜好,以丰富心灵,为生活添加滋味,同时也许可以借着它,对自己的国家有所贡献。 ——戴尔·卡内基[美国]

任何人都厌恶受人摆布,被人驱使,而希望自主行动,同时更盼望别人能尊重自己。 ——戴尔·卡内基[美国]

人家的窃窃私语与你何干?走自己的路,让人家去说长道短吧!要像一座卓立的塔,绝不因为风暴而倾斜。
——但丁[意大利]

管理者的任务在于运用每一个人的才干,以一当十,以十当百,发生相乘的效果。 ——德鲁克[美国]

深刻的思想就像铁钉,一旦钉在脑子里,什么东西也无法把它拔出来。
——狄德罗[法国]

一个人尽可以诅咒、发誓、夸口、保证——到头来都还是难以改变一种习惯。 ——弗兰西斯·培根[英国]

对年轻人来说,旅行是教育的一部分;对老年人来说,旅行是阅历的一部分。 ——弗兰西斯·培根[英国]

意外的事情是不存在的。我们所谓的意外,不过是我们没看到的原因所造成的后果。 ——伏尔泰[法国]

大方的坦白可以免除他人的诽谤。
——富勒[英国]

不记得自己睡得不舒服的人,就是睡了一个好觉。 ——富勒[英国]

用消过毒的棉花包起来的孩子,未必就能免受诱惑或污染。
——甘地[印度]

反省是一面莹澈的镜子,它可以照见心灵上的污点。 ——高尔基[苏联]

自己的思想是大海,别人的思想是江河,无论多少条江河流入大海,海水依然是咸的。 ——高尔基[苏联]

你若要喜爱你自己的价值,你就得给世界创造价值。 ——歌德[德国]

谴责后的鼓励,好比雨后的阳光。
——歌德[德国]

一个杰出人物受到一伙傻瓜的赏识,是可怕的事。　　——歌德[德国]

人之所以要旅行,不是为了抵达目的地,而是为了享受旅途中的种种乐趣。
　　　　　　　　　——歌德[德国]

付出多少,得到多少,这是一个众所周知的因果法则。回报也许无法立刻得到,却可能会在不经意间,以出人意料的方式出现。　　——哈伯德[美国]

愿为磨刀石,虽不能切削,却使刀刃锋利。　　　——贺拉斯[古罗马]

一朵花做不成花环。
　　　　　　　　——赫伯特[英国]

赞美高山,但要留在山下;赞美大海,但要留在陆上。——赫伯特[英国]

相信一切,失望有日;怀疑一切,收获无期。　　——赫伯特[英国]

点燃蜡烛照亮他人者,也不会给自己带来黑暗。　——杰弗逊[美国]

管理就是把复杂的问题简单化,混乱的事情规范化。
　　　　　　——杰克·韦尔奇[美国]

人世间最可怕的怀疑就是对自己的怀疑。　　　——卡莱尔[英国]

鹰有时比鸡还飞得低,但鸡永远不能飞得像鹰那样高。
　　　　　　　——克雷洛夫[俄国]

过分的赞美,对于心智是有害的。
　　　　　　——克雷洛夫[俄国]

年轻人根据其血液的热度改变他的趣味,老年人则根据习惯保持他的趣味。
　　　　　——拉罗什富科[法国]

好的趣味更多地来自判断力,而非来自理性。　——拉罗什富科[法国]

人们往往从爱好走向热望,但很少能从热望回到爱好。
　　　　　——拉罗什富科[法国]

有所尝试,就等于有所作为。
　　　　　　　　——朗费罗[美国]

狗请骡子吃肉,骡子请狗吃草,两下里都落个饿肚子。
　　　　——列夫·托尔斯泰[俄国]

我走得很慢,但我从来不会后退。
　　　　　　　　——林肯[美国]

不能被人牵着鼻子走。
　　　　　　　　——刘易斯[美国]

习惯是很难打破的,谁也不可能把它从窗户扔出去,只能哄着它一步一步地从楼梯走下来。
　　　　　　——马克·吐温[美国]

制作幽默的秘诀不是快乐而是忧伤。天堂里没有幽默。
　　　　　　——马克·吐温[美国]

收留一条饿狗,养肥后不会咬你。
　　　　　　——马克·吐温[美国]

对自己的谴责,别人总是相信;对自己的赞美,从来没人相信。
　　　　　　　　——蒙田[法国]

什么也不选,有时候反而是好的

选择。　　　　　——蒙田[法国]

习惯是第二天性，并绝不亚于第一天性。　　　　　——蒙田[法国]

人支配习惯，而不是习惯支配人。
——尼古拉·奥斯特洛夫斯基[苏联]

乐趣不在人们的手中，而是在人们的眼里。一旦享受它，它就会消失；如果憧憬它，它就会出现。　——蒲柏[英国]

高贵的出身是一件好事，但这荣誉属于我们的祖先。
——普鲁塔克[古罗马]

匆忙和赶快做完全是两码事。
——切斯特菲尔德[英国]

旅游有几大好处：能使人心胸豁达，意气勃发，能耳闻目睹各种名胜古迹，心情欢畅，结交新友，见世面。
——萨迪[波斯]

羞耻感一旦离去，便再也不知回返。
——塞涅卡[古罗马]

习惯比理性更强有力。
——桑塔亚那[西班牙]

一个人思虑太多，就会失却做人的乐趣。　　　——莎士比亚[英国]

大洋里所有的水都不能使天鹅的黑腿变成白色，尽管它每时每刻在波浪里清洗。　　　——莎士比亚[英国]

纪律是达到一切雄图的阶梯。
——莎士比亚[英国]

看见邻人的眼里有一根稻草，却看不见自己眼里有一根大梁。——《圣经》

一个人在世界上受到重视和轻视，取决于他的行动，取决于他自己。
——泰戈尔[印度]

老虎不吃老虎，只有人用人来养肥自己。　　　　——泰戈尔[印度]

埋在地下的树根使树枝结满果实，却并不要求什么报酬。
——泰戈尔[印度]

蜜蜂从花中啜蜜，离开时嘤嘤地道谢。浮夸的蝴蝶却相信花是应该向他道谢的。　　　——泰戈尔[印度]

如果你因失去了太阳而流泪，那么你也失去了群星。　——泰戈尔[印度]

等待的方法有两种：一种是什么事也不做地空等，另一种是一边等一边把事业向前推动。　——屠格涅夫[俄国]

起初我们造成习惯，后来是习惯造成我们。　　　——王尔德[英国]

最令人气愤的是要比自己的邻居多缴税。　　　——威廉·佩蒂[英国]

每个人都有他自己的价值。
——温德姆[英国]

我们是平等的……至少我们通过坟墓，平等地站到上帝面前。
——夏洛蒂·勃朗特[英国]

不要向井里吐痰，也许你还会来喝井里的水。　　——肖洛霍夫[苏联]

要警惕挨打不还手的人。
——萧伯纳[爱尔兰]

把玩笑开得太过分就变成戏弄,而一点儿玩笑也不开的人实属呆板。
——亚里士多德[古希腊]

平坦的道路走起来似乎是最轻松的。实际上,再也没有比平坦、单调的道路更无味、更令人厌烦的了。
——亚历山大·奥斯特洛夫斯基[俄国]

奉承不用花钱,但是绝大多数的人却不自觉地向奉承者付出巨款。
——叶芝[爱尔兰]

渺小的人常常认为自己最重要。
——伊索[古希腊]

存心要干凶恶残酷的坏事情,那是很容易找到借口的。——伊索[古希腊]

眼睛是透明的,通过它们,可以看到人的心灵。 ——朱迪思·戈蒂埃[法国]